Richard Holbrooke
Meine Mission

Richard Holbrooke

Meine Mission

Vom Krieg zum Frieden in Bosnien

Aus dem Amerikanischen von Helmut Dierlamm,
Norbert Juraschitz und Heike Schlatterer

Piper
München Zürich

Die Originalausgabe erscheint 1998 unter dem Titel
»To End A War« bei Random House, New York.

ISBN 3-492-03939-1
© Richard Holbrooke 1998
Deutsche Ausgabe: © Piper Verlag GmbH, München 1998
Satz: Dr. Ulrich Mihr GmbH, Tübingen
Karten: David Lindroth Inc.
Druck und Bindung: Pustet, Regensburg
Printed in Germany

Robert C. Frasure

Joseph Kruzel

S. Nelson Drew

No words men write can stop the war
Or measure up to the relief
Of its immeasurable grief…
May such heart and intelligence
As huddle now in conference
Whenever an impasse occurs
Use the Good Offices of verse;
May an Accord be reached, and may
This aide-memoire on what they say,
Be the dispatch that I intend;
Although addressed to a Whitehall,
Be under Flying Seal to all
Who wish to read it anywhere;
And, if they open it, En Clair.

aus: W. H. Auden, *New Year Letter.*

Inhaltsverzeichnis

An den Leser

Zwischen 1991 und 1995 kamen in den Kriegen, die im ehemaligen Jugoslawien tobten, fast 300 000 Menschen ums Leben. Die Reaktion der internationalen Gemeinschaft auf diese Katastrophe war bestenfalls unentschlossen, und schlimmstenfalls vernichtend. Sowohl die Vereinigten Staaten als auch die Europäische Gemeinschaft (und später die Europäische Union) betrachteten die Kriege auf dem Balkan als ein europäisches Problem. Dennoch scheuten die Europäer vor einem energischen Eingreifen zurück und beschränkten sich darauf, »friedenserhaltende« UN-Truppen in ein Land zu entsenden, in dem es keinen Frieden gab, der hätte gehalten werden können – und ihnen die für eine Beendigung der Kämpfe notwendigen Mittel und Machtbefugnisse vorzuenthalten. Schließlich beschlossen die Vereinigten Staaten 1995 angesichts immer neuer Greueltaten und unverhüllter Drohungen der bosnischen Serben, einen eigenen Verhandlungsvorstoß zu unternehmen. Dieses Buch erzählt die Geschichte, wie die Vereinigten Staaten sich verspätet und zögerlich entschlossen, auf dem Balkan zu intervenieren – und wie diese Intervention den Krieg in Bosnien beendete.

In den letzten beiden Jahren wurde ich oft danach gefragt, wie die Verhandlungen in Dayton und davor auf dem Balkan im einzelnen abgelaufen sind oder wie wir es geschafft hatten, das Blutbad in Bosnien zu beenden. Mit einer trockenen Aufzählung der jeweiligen Standpunkte und der getroffenen Vereinbarungen lassen sich diese Fragen nicht beantworten. In den Verhandlungen waren Geist und Körper gleichermaßen gefordert, sie waren zugleich abstrakt und sehr persönlich. Die vierzehn Wochen, die den Kern dieser Geschichte bilden, steckten voller Konflikte, Verwirrungen und tragischer Ereignisse – und endeten schließlich mit einem fast nicht mehr für möglich gehaltenen Erfolg. Hier handelte es sich nicht um ein theoretisches Spiel zwischen Nationalstaaten, sondern um einen realen, gefährlichen und nie vorhersehbaren Prozeß – etwas wie eine Art Kombination aus Schach und Bergsteigen.

Beschreibungen der beteiligten Personen, Anekdoten und persönliche Umstände gehören ebenso zu dieser Geschichte wie die Gespräche selbst; in der Diplomatie sind es, wie in der Architektur, die Details, aus denen sich schließlich das Endprodukt ergibt. Dieser Bericht über die Bosnien-Verhandlungen ist aus der Sicht des Vermittlerteams geschrieben; ich habe ihn jedoch um die Ansichten zahlreicher ehemaliger Kollegen und Mitarbeiter sowie anderer Balkanexperten erweitert, die mir ihre eigenen Erinnerungen an wichtige Ereignisse schilderten, von denen sich viele fernab vom Verhandlungsteam abspielten: in Washington, auf dem Balkan, den Vereinten Nationen und in den großen europäischen Hauptstädten. Die meisten habe ich hier aufgenommen, allerdings notgedrungen nicht so ausführlich erörtert, wie sie es vielleicht verdient hätten. Von besonderer Bedeutung waren die parallel geführten Verhandlungen mit Moskau, die in erster Linie Verteidigungsminister William Perry und der Stellvertretende Außenminister Strobe Talbott führten. Am Ende dieser Verhandlungen stand etwas, was noch vor zehn Jahren niemand für möglich gehalten hätte: Russische Soldaten nahmen unter amerikanischem Kommando an einer internationalen Friedenstruppe teil.

Die Arbeit in einer Regierung ist ein kollektiver Prozeß, und unser Team war nur Teil einer viel größeren Regierungsmannschaft, an deren Spitze Präsident Clinton, Vizepräsident Gore und Außenminister Warren Christopher standen – und ohne deren Unterstützung unsere Bemühungen hätten scheitern müssen. Eine Liste mit Danksagungen findet sich am Ende dieses Buches, aber sie erfaßt längst nicht alle, die unsere Shuttle-Diplomatie und Dayton ermöglicht haben – von David Lipton aus dem Finanzministerium über die Männer und Frauen im Operationszentrum des Außenministeriums und die Air-Force-Piloten, die uns auf einem ständig wechselnden Flugplan quer durch Europa geflogen haben, bis hin zu den Botschaftsangehörigen vor Ort, die wir oft genug ohne Vorwarnung heimsuchten.

*

Die in diesem Buch vertretenen Ansichten und Meinungen sind ausschließlich die des Autors und repräsentieren nicht unbedingt die offiziellen Ansichten des Außenministeriums oder der Regierung der Vereinigten Staaten. Heute hat der Staatsdienst einen großen Teil der Aura verloren, den er noch in den Tagen besaß, als John F. Kennedy uns Amerikaner fragte, was wir für unser Land tun könnten. Dieser Satz hatte damals, bevor er zu einem Klischee verkam, eine geradezu elektrisierende Wirkung, und er hat viele aus meiner Generation – der Kennedy-Generation – veranlaßt, in den Staatsdienst einzutreten. Ich entschied mich unmittelbar nach meinem College-Abschluß für den diplomatischen Dienst. Kein Jahr später fand ich mich plötzlich in Saigon wieder. Obwohl das nun fast sechsunddreißig Jahre zurückliegt, kommt es mir vor, als wäre es gestern gewesen.

Ich möchte nicht behaupten, daß in einem fernen»Goldenen Zeitalter« alle Menschen selbstlos für eine Sache gekämpft hätten, oder daß heute der Idealismus tot sei. Solche leicht dahingesagten Mythen mögen vielen genügen, wahr sind sie deshalb noch lange nicht: In jedem Zeitalter gibt es Helden *und* Halunken. Aber in einem Zeitalter, in dem die Medien dem Charakter der handelnden Personen mehr Wert beimessen als der Handlung selbst, können viele zu dem Schluß kommen, daß der Staatsdienst entweder ein Job wie jeder andere ist, oder aber ein Spiel, bei dem es darum geht, möglichst schnell die Karriereleiter zu erklimmen.

Wer so denkt, sieht nur die eine Hälfte. Im öffentlichen Sektor sind zahllose Männer und Frauen tätig, die, ganz gleich ob sie liberal oder konservativ eingestellt sind, immer noch an so altmodische Werte wie harte Arbeit, ethische Grundsätze und Patriotismus glauben. In den besten Augenblicken können sie, wie diese Geschichte eindrucksvoll belegt, tatsächlich etwas bewegen. Wenn dieses Buch dazu beiträgt, einige junge Menschen zum Eintritt in die Regierung oder in andere Einrichtungen des Staates zu bewegen, dann hat es eines seiner Ziele erreicht.

Aufgrund meiner eigenen Erfahrungen in der Regierung in den vergangenen fünfunddreißig Jahren bin ich zu der Überzeugung gelangt, daß die meisten Darstellungen wichtiger historischer Ereignisse, auch Memoiren, nicht enthüllen, wie sich der Prozeß damals den Beteiligten selbst darbot. Das ist zum Teil darauf zurückzuführen, daß jeder Historiker enorm komplexe und häufig widersprüchliche Ereignisse zu einer in sich schlüssigen Erzählung zusammenfassen muß, deren Ausgang der Leser (im Gegensatz zu den damals Beteiligten) bereits kennt. Andere, subtilere Faktoren spielen ebenfalls eine Rolle: die natürliche Neigung des Memoirenschreibers, sich selbst in ein günstiges Licht zu stellen, lückenhafte oder falsche Erinnerungen sowie der verzerrende Effekt der nachträglichen (und allwissenden) Einsicht. Memoiren bilden einen Kreuzungspunkt politischer Einstellung, persönlichen Ehrgeizes und historischer Ereignisse, an dem die Neigung besonders stark ist, sich auf Fälle zu beschränken, in denen man richtig geurteilt hat, und Momente, in denen man einen Fehler gemacht hat, zu beschönigen oder zu übergehen.

Wegen der nachträglichen Einsicht der Betroffenen haftet historischen Darstellungen oft ein Gefühl der Unvermeidbarkeit an – so, als ob Geschichte eine Reihe von Ereignissen sei, die unerbittlich auf ein vorherbestimmtes Ende hinführen. Doch der Ausgang der Verhandlungen zu Bosnien war alles andere als vorherbestimmt. Im August, als sie aufgenommen wurden, herrschte die fast einhellige Ansicht, daß sie genau wie alle vorherigen Bemühungen scheitern würden. Das einzige, was wir wußten, war, daß der Krieg weitergehen würde, falls wir scheitern sollten.

Richard Holbrooke
New York, im März 1998

Fußabdrücke im Zement

Bei meinem ersten Aufenthalt in Sarajevo im Sommer 1960 setzte ich meine Füße für einen Augenblick in die Fußabdrücke, die an der Stelle in Zement gegossen worden waren, an der Gavrilo Princip stand, als er 1914 die tödlichen Schüsse auf Erzherzog Franz Ferdinand abgab. Ich trampte damals zusammen mit einem Freund durch Südosteuropa. Ich war neunzehn.

Plötzlich erschien ein Führer und bot an, die eingravierten Worte in der Wand über den Fußabdrücken zu übersetzen. Die Inschrift lautete (zumindest erinnere ich mich so daran): »Hier tat Gavrilo Princip am 28. Juni 1914 den ersten Schritt für die Freiheit der Serben.«

Ich erinnere mich immer noch, wie erstaunt ich damals war. »Freiheit der Serben?« Was hatte das zu bedeuten? Jeder College-Student wußte doch, daß Princips Attentat am Anfang einer Kette von Ereignissen stand, die zum Aufstieg des Kommunismus und des Faschismus führten und Europa in zwei Weltkriege stürzte. Wie konnte irgend jemand das als Heldentat preisen? Abgesehen davon, es gab doch gar kein unabhängiges »Serbien«; das Land war Teil des kommunistischen Jugoslawien, in dem es von Soldaten und Polizisten mit grimmigen Gesichtern nur so wimmelte, zumindest kam es mir als Neunzehnjährigem, der zum ersten Mal in Osteuropa war, so vor. Ich habe diese erste Begegnung mit einem so ausgeprägten Nationalismus nie vergessen. Bei der Auflösung Jugoslawiens stand sie mir wieder deutlich vor Augen.

Als ich Sarajevo zum zweiten Mal besuchte, waren zweiunddreißig Jahre vergangen. Bosnien war zum schlimmsten Schlachtfeld auf europäischem Boden seit dem Zweiten Weltkrieg geworden, und ein neuer Begriff war in unseren Wortschatz eingegangen – »ethnische Säuberung«. Kurz vor dem scheinbar endgültigen Zusammenbruch Bosniens bereiste ich das Land zweimal, um für das International Rescue Committee Informationen zu sammeln. Bei der zweiten Reise war es, daß ich wieder nach Sarajevo kam. Ich überquerte damals illegal in einem dänischen Schützenpanzerwagen die serbischen Linien, um in die Stadt zu kommen. Die Fahrt war wesentlich gefährlicher, als ich es mir vorgestellt hatte. Sarajevo war nicht mehr länger das, wofür es berühmt gewesen war – ein faszinierendes, kosmopolitisches Gemisch muslimischer, katholischer und orthodoxer Kultur. Die Stadt war ein Ort der Verzweiflung geworden, eine Vorhölle unter heftigem Mörser-, Artillerie- und Heckenschützenbeschuß. Kinder sammelten Zweige als Feuerholz, und in den Straßen wurden ausgebrannte Busse als provisorische Deckung gegen die ständige Bedrohung durch Heckenschützen aufgetürmt.

In der vom Krieg geschundenen Stadt traf ich John Burns, den berühmten Kriegsberichterstatter der *New York Times*, und bat ihn, mich zu Princips Fußabdrücken zu bringen. Unmöglich, erwiderte er lachend. Die Abdrücke waren von den bosnischen Muslimen aus dem Beton gehackt worden. Doch der Geist, in dem die Inschrift verfaßt worden war, war zum Leben erwacht – auf mörderische Weise zum Leben erwacht.[1]

KAPITEL EINS

Die gefährlichste Straße Europas

»Für uns alle existiert eine Zwielichtzone zwischen der Geschichte und der Erinnerung; zwischen der Vergangenheit als einem grob skizzierten Bericht, der einer relativ nüchternen Überprüfung zugänglich ist, und der Vergangenheit als eines erinnerten Bestandteils oder Hintergrunds des eigenen Lebens.«
Eric J. Hobsbawn, *Das imperiale Zeitalter 1875–1914*

Die Strecke über den Berg Igman nach Sarajevo wurde oft als die gefährlichste Straße Europas bezeichnet. Teile der Straße, einer engen, kurvenreichen Fahrspur aus rotem Lehm, die vormals nur von Bauern und Hirten benutzt wurde, wurden von serbischen Scharfschützen kontrolliert, die regelmäßig UN-Fahrzeuge auf dem Weg in die bosnische Hauptstadt beschossen. Erst vor ein paar Wochen war der Wagen Carl Bildts, des EU-Vermittlers für das ehemalige Jugoslawien, auf der Fahrt durch serbisches Territorium unter Feuer genommen worden. Das Straßenbett hatte keinen festen Untergrund, die Bankette waren nicht befestigt, und an einigen Stellen war die Fahrspur so schmal, daß zwei Autos kaum aneinander vorbeikamen. Wrackteile von Fahrzeugen, die von der Straße abgekommen oder von serbischen Schützen getroffen worden waren, lagen verstreut auf den steilen Abhängen und in den tiefen Schluchten. Da jetzt, im Sommer 1995, der Flughafen von Sarajevo unter serbischem Artilleriebeschuß stand, bot die Fahrt über den Berg Igman die einzige Möglichkeit, in die Stadt zu gelangen, ohne die bosnisch-serbischen Linien kreuzen zu müssen.

Bildt warnte uns eindringlich davor, die Straße zu benutzen. Aber um unsere Mission durchführen zu können, waren wir darauf angewiesen, in die bosnische Hauptstadt zu kommen. Am 15. August versuchten wir es zum ersten Mal. Wir flogen mit einem Hubschrauber der Vereinten Nationen von der kroatischen Küstenstadt Split zu einem Landeplatz hoch auf dem Berg Igman, von wo aus wir mit Panzerfahrzeugen nach Sarajevo fahren wollten. Doch unser Pilot konnte keine Lücke in der dichten Wolkendecke über dem Landeplatz finden, und nachdem wir einige Stunden lang über den Bergen gekreist waren, kehrten wir frustriert und müde nach Split zurück.

Als der bosnische Außenminister Mohammed Sacirbey erfuhr, daß wir nicht nach Sarajevo gelangen konnten, fuhr er in Begleitung von John Menzies, dem amerikanischen Botschafter in Sarajevo, über den Berg Igman, um uns am Flughafen von Split zu treffen. Den meisten Amerikanern war Sacirbey aus dem Fernsehen als redegewandter Vertreter seines jungen und umkämpften Landes bekannt. Er selbst war vielleicht am meisten stolz darauf, früher einmal in der Football-Mannschaft der Universität Tulane als Verteidiger zu den Stammspielern gezählt zu haben. Obwohl Sacirbey immer noch durchtrainiert war, hatte ihn die lange und holprige Fahrt ermüdet, und er war so erschöpft wie wir alle. Aus Angst, abgehört zu werden, zwängten wir uns in die Kabine unseres kleinen Air-Force-Jets auf dem Rollfeld und setzten ihm dort unsere Pläne auseinander. Ich betonte, daß unsere Mission keine Erfolgsgarantie besaß, auch wenn sie die volle Unterstützung von Präsident Clinton genoß und die letzte und größte Hoffnung für einen Frieden auf dem Balkan darstellte. Wir beendeten unser Gespräch bei Anbruch der Dunkelheit und flogen zu einer Unterredung mit dem kroatischen Präsidenten Franjo Tudjman in die kroatische Hauptstadt Zagreb. Am darauffolgenden Tag, dem 17. August, flogen wir weiter nach Belgrad, wo wir mit dem Hauptakteur in dieser Phase des Dramas zusammentrafen, dem serbischen Präsidenten Slobodan Miloševic.

*

Obwohl ich die anderen führenden Politiker der Region kannte, war es meine erste Begegnung mit dem Mann, der unserer Ansicht nach die Hauptverantwortung für diesen Krieg trug. Ich sah dem Treffen mit großer Unsicherheit entgegen, vertraute jedoch auf die Erfahrung meines Stellvertreters Robert Frasure, der im Frühjahr wiederholt mit Miloševic verhandelt hatte.

Frasures wichtigster Trumpf bei den Verhandlungen waren die wirtschaftlichen Sanktionen, die von den Vereinten Nationen 1992 gegen die »Bundesrepublik Jugoslawien« verhängt worden waren, wie sich

Serbien und Montenegro immer noch nannten, obwohl sich die anderen vier Republiken des ehemaligen Jugoslawiens – Slowenien, Kroatien, Mazedonien und Bosnien-Herzegowina – für unabhängig erklärt hatten. Die Sanktionen hatten der serbischen Wirtschaft erheblichen Schaden zugefügt, und Miloševic wollte sie beendet sehen. Doch seit über sechzehn Monaten lehnte er es ab, im Austausch für eine Aufhebung oder Milderung der Sanktionen konkrete Zugeständnisse anzubieten.

Unser erstes Treffen mit Miloševic am 17. August dauerte fast sechs Stunden. Der Serbe erwies sich als gerissen, charmant – und ausweichend. Oder, wie Warren Zimmermann, der letzte amerikanische Botschafter in Jugoslawien, ihn beschrieb: »Miloševic macht großen Eindruck auf Leute, die schlecht informiert sind und daher seine oft falschen Behauptungen nicht durchschauen. Es gibt eine Vielzahl von US-Senatoren und Kongreßabgeordneten, die aus Miloševics Büro kamen und erstaunt verkündeten: ›Der Mann ist nicht halb so schlimm, wie ich dachte!‹«[1] Genau betrachtet beschränkte er sich auf das bloße Spiel um Worte – und war sich dessen auch bewußt. Ohne von seinen Positionen abzurücken, forderte er belanglose Änderungen im Wortlaut der Vertragsentwürfe, über die er schon seit Anfang des Jahres mit Frasure verhandelte. Miloševic hielt unbeirrt an seinem Ziel fest, eine Aufhebung der Sanktionen ohne serbische Gegenleistungen zu erreichen.

Unser wichtigstes Anliegen betraf die Frage der Verhandlungspartner. Die USA, ließ ich Miloševic wissen, waren nicht bereit, jemals wieder direkt mit dem Führer der bosnischen Serben Mladić zu verhandeln, der von seiner Hauptstadt Pale aus die Muslime und Kroaten mit Artillerie und rassistischen Hetzparolen bombardieren ließ.[2] »Sie müssen für Pale sprechen«, erklärte ich. »Mit Mladić werden wir uns nie wieder an einen Tisch setzen.«

Frasure, der mit Miloševic schon öfter verhandelt hatte, beurteilte das Treffen positiv. Ich war anderer Ansicht und beschloß, Miloševic am nächsten Morgen noch einmal aufzusuchen. Mir ging es darum, ihm ein für allemal klarzumachen, daß wir uns nicht auf das Katz-und-Maus-Spiel einlassen würden, welches er mit früheren Unterhändlern gespielt hatte. Um meiner Erklärung mehr Nachdruck zu verleihen, hielt ich es für notwendig, die Spielregeln ein wenig zu verändern. Beim ersten Treffen war unser gesamtes sechsköpfiges Team anwesend gewesen. Miloševic dagegen war nur von zwei Leuten begleitet worden – seinem neuen Außenminister Milan Milutinović sowie seinem bewährten Stabschef Goran Milinović. Neun Leute waren einfach zu viel für ein offenes, ungeschminktes Gespräch.

Am nächsten Morgen traf ich mich noch vor meiner zweiten Unterredung mit Miloševic im Garten der Botschaft mit Frasure und Rudy Perina, dem Geschäftsträger der US-Gesandtschaft in Belgrad.[3] Während wir zwischen dem stattlichen alten Steinhaus und dem Tennisplatz unter prächtigen Kastanienbäumen und vermutlich außerhalb der Reichweite eventuell vorhandener Abhörmikrofone spazieren gingen, setzte ich den beiden meinen Plan auseinander. Ich beabsichtigte, bei dem bevorstehenden Treffen »einen kontrollierten Wutanfall« zu markieren und damit Miloševic zu zeigen, daß sein Verhalten völlig inakzeptabel sei. Deshalb, fügte ich hinzu, hielte ich es für besser, wenn das nächste Treffen in einem kleineren Kreis stattfinden würde.

Ich entschuldigte mich bei Rudy und bat ihn, an dem Treffen nicht teilzunehmen. Dann kehrten wir ins Haus zurück, wo ich die beiden anderen Mitglieder unseres Teams – Joseph Kruzel, Stellvertretender Staatssekretär für internationale Sicherheit im Verteidigungsministerium, und den Planungsleiter im Joint Chiefs of Staff, Generalleutnant Wesley Clark – bat, ebenfalls auf die Teilnahme an dem Treffen zu verzichten. Ich wollte nur Frasure und Nelson Drew mitnehmen, Oberstleutnant bei der Air Force, der als Mitglied des Nationalen Sicherheitsrates das Weiße Haus in unserem Team repräsentierte. Frasure unterstützte meinen Vorschlag.

Nichts verursacht in Regierungskreisen mehr Aufregung als die Frage, wer an einem wichtigen Treffen teilnimmt. Mein Vorschlag verstieß gegen eine diplomatische Konvention, die ich ansonsten penibel genau beachtete und die besagt, daß der ranghöchste amerikanische Diplomat vor Ort an jedem offiziellen Treffen mit einem Regierungschef teilnimmt. Dennoch akzeptierten alle drei Männer meinen Vorschlag widerspruchslos, wenn auch nicht gerade begeistert. Es hätte ein heikler Moment werden können, und ich war ich sehr dankbar für diesen frühen Hinweis auf den guten Zusammenhalt in unserem Team.

*

Eine knappe Stunde später saßen Frasure, Drew und ich in einem hohen Konferenzzimmer – einem ehemaligen Büro Titos – im Belgrader

Präsidentenpalast. Es war ein Raum, den ich in den kommenden sieben Monaten noch sehr oft sehen sollte. Wie so viele Konferenzräume in kommunistischen und ehemals kommunistischen Ländern von Peking bis Bratislava versuchte auch dieser, seinen Mangel an Charme durch düsteren Gigantismus wettzumachen. Frasure, Drew und ich saßen auf einer langen Couch, Miloševic auf einem Sessel in meiner Nähe am Ende der Couch. Außenminister Milutinović saß direkt uns gegenüber, und Goran Milinović, ganz der loyale Stabsoffizier, hatte etwas abseits Platz genommen und machte Notizen.

Im Laufe der Unterredung fielen mir der Zeitaufwand, die Schwierigkeiten und die Gefahren ein, denen wir jedes Mal auf dem Weg von und nach Sarajevo ausgesetzt sein würden. Mich ärgerte die Vorstellung, auf UN-Hubschrauber angewiesen und den Launen des Wetters ausgeliefert zu sein – ganz zu schweigen von der ebenso miserablen wie gefährlichen Straße über den Berg Igman.

»Es ist ein Skandal«, sagte ich schließlich, »daß Präsident Clintons Friedensmission nur auf eine so mühselige und gefahrvolle Weise nach Sarajevo gelangen kann. Für die Verhandlungen müssen wir uns schnell und sicher zwischen hier und Sarajevo bewegen können. Wir waren eine ganze Woche in dem Gebiet und haben es nicht geschafft, in die Stadt zu kommen. Das ist doch lächerlich. Sie behaupten, Sie wollten Frieden. Ich verlange von Ihnen, uns einen Flug nach Sarajevo zu ermöglichen oder dafür zu garantieren, daß wir die Stadt auf dem Landweg sicher erreichen können, ohne einen Zwischenfall mit den bosnischen Serben zu riskieren.«

Miloševic starrte mich einen Moment lang durchdringend an. Dann antwortete er in seinem ausgezeichneten Englisch: »Sie haben ganz recht. Ich werde mich sofort darum kümmern.« Auf Serbisch und in einem sehr scharfen Ton erteilte er Milinović ein paar Anweisungen. Der Stabsoffizier erhob sich und rannte fast aus dem Zimmer. An uns gewandt, erklärte Miloševic: »Ich lasse Mladić benachrichtigen. Wir werden sehen, was er tun kann.«

Frasure, Drew und ich verfolgten die kurze Szene fasziniert. Seit langem suchten wir nach Hinweisen, wie die geheimnisvollen Beziehungen zwischen Miloševic und dem Befehlshaber der bosnisch-serbischen Truppen Ratko Mladić funktionierten. Hier wurden wir zum ersten Mal Zeuge einer Szene, die zu einem festen Bestandteil der Verhandlungen werden sollte: eine direkte Verständigung zwischen

Miloševic und Mladić, demselben Mann, den das Internationale Kriegsverbrechertribunal vor kaum ein paar Wochen der direkten und indirekten Verantwortung für die Ermordung Tausender Muslime und Kroaten angeklagt hatte.

Nach nicht einmal zwanzig Minuten kehrte Milinović zurück und reichte Miloševic ein Blatt Papier. »Mladić meint, der Flughafen sei zu gefährlich«, erklärte Miloševic, nachdem er das Papier überflogen hatte. »Er kann keine Garantie dafür übernehmen, daß Sie nicht von muslimischen oder kroatischen Soldaten beschossen werden.« Das war absurd. Jeder wisse doch, erwiderte ich heftig, daß die einzige Gefahr für die Menschen auf dem Flughafen von Sarajevo von der auf den umliegenden Hügeln postierten serbischen Artillerie ausgehe. Doch Miloševic war noch nicht fertig. »Mladić schlägt vor, daß Sie nach Kiseljak fliegen und von dort nach Sarajevo fahren. Sie werden völlig sicher sein.«

Ich kannte die Straße, die er meinte. Das Gelände war flach, und die gut ausgebaute Straße versprach eine erheblich angenehmere Fahrt als die Route über den Igman. Allerdings verlief sie quer durch bosnisch-serbisches Gebiet – »Indianerland«, wie Bob Frasure es nannte. Knapp drei Jahre zuvor, am 31. Dezember 1992, war ich als Zivilist auf dieser Straße unterwegs gewesen. Damals kauerte ich auf dem Beifahrersitz eines dänischen Schützenpanzerwagens und versuchte mit meinem UN-Helm und der blauen, kugelsicheren Weste möglichst unauffällig auszusehen. Wir wurden mindestens fünfmal von schwer bewaffneten Serben angehalten, die ihre Maschinengewehre in das Wageninnere hielten, während sie unsere Ausweise kontrollierten. (Was die Sache besonders gefährlich machte: mein UN-Ausweis war nur eine plumpe Fälschung.)[4] Nur knappe zwei Wochen später hatten die Serben auf der gleichen Strecke bei der Durchsuchung eines französischen Schützenpanzerwagens einen bosnischen Vizepremierminister erschossen.

»Wir können die Strecke nur in Betracht ziehen«, erklärte ich, »wenn Sie persönlich garantieren, daß wir nicht von bosnischen Serben angehalten werden.«

»Ich kann Ihnen diese Garantie nicht geben«, erwiderte Miloševic, »aber ich werde Mladić bitten –«

»Das kommt nicht in Frage, Herr Präsident. Wir können auf keinen Fall irgendwelche Garantien von Mladić akzeptieren, nur von Ihnen.«

Bob Frasure, der neben mir auf der langen Couch saß, beugte sich zu mir herüber und flüsterte: »Uns bleibt nur der Igman.«

*

Noch am selben Abend flogen wir nach Split zurück. Vor vier Tagen hatten wir dort im Kastile übernachtet, einem stilvollen, altertümlichen Hotel direkt am Meer. Wir hatten Joe Kruzel und Wes Clark dazu angestiftet, aus den Fenstern im zweiten Stock ins Wasser zu springen. Die beiden waren tatsächlich gesprungen – und hinterher sehr stolz auf sich gewesen. Doch das Kastile lag 40 Minuten vom Flughafen, zu weit für unser erschöpftes Team, und so entschieden wir uns für ein schmuckloses Hotel in der Nähe des Flughafens.

Auf der kurzen Busfahrt vom Flughafen zum Hotel hängten sich Kruzel und Frasure in die Haltegriffe und improvisierten in Erwartung unserer Fahrt am nächsten Tag eine Reggaenummer, deren Refrain ungefähr so lautete: »Goin' Up Mount Igman, Mon, Tryin' to Make Da Peace, Mon.« Nicht unbedingt Hit-Material, wie sie fröhlich einräumten, während sie im Bus zu ihrem eigenen Lied tanzten. Beim Abendessen im trostlosen Speisesaal des Hotels nahm niemand Notiz von uns. Ich saß mit Frasure, Kruzel und Clark an einem Tisch, Drew und meine Sekretärin Rosemarie Pauli hatten am Nachbartisch Platz genommen.

Wir redeten lange über einen gemeinsamen Freund, Frank Wisner, der kürzlich Botschafter in Indien geworden war. Wann immer es um Personalfragen im State Department ging, beriet ich mich zuerst mit Frank. Als ich im Sommer 1994 zum Staatssekretär für europäische und kanadische Angelegenheiten im Außenministerium ernannt wurde, empfahl mir Frank für den Posten des Stellvertreters Bob Frasure, der zehn Jahre zuvor im Afrika-Büro für ihn gearbeitet hatte. Bereits nach meinem ersten Treffen mit Frasure, der damals gerade eine Vorstellungstour als erster amerikanischer Botschafter in Estland machte, bot ich ihm die Stelle an und bat ihn, die Abteilung Mitteleuropa im Europa-Büro so umzustrukturieren, daß sie die gesteigerte Bedeutung widerspiegelte, die wir dieser Region einräumen wollten.[5]

Der 53jährige Frasure war ein kantiger, zynischer Karrierediplomat, der seine Arbeit liebte, auch wenn er ständig darüber schimpfte. Er ging – man könnte fast sagen schlurfte – stets leicht vornübergebeugt, so, als ob er jeden Moment hinfallen würde. Dabei verfügte er über eine ungeheure Energie, große Geduld und einen für einen Karrierediplomaten ungewöhnlichen Sinn für Strategie. Seine Telegramme wurden im Außenministerium von vielen gelesen, nicht nur wegen ihres Inhalts, sondern auch wegen ihrer scharfsinnigen Beobachtungen und ihrer anschaulichen Beschreibungen. Frasures Schilderungen seiner Verhandlungen mit Milošević bei reichlich Lamm und Slibowitz galten geradezu als Klassiker, sowohl wegen ihrer Präzision als auch wegen ihres Humors – zwei Eigenschaften, die in den Telegrammen des Außenministeriums nicht gerade häufig anzutreffen sind. So oft es ihm die Zeit erlaubte, zog er sich auf seine Farm im Shenandoah-Tal in Virginia zurück und richtete zusammen mit seiner Frau Katarina und seinen beiden Töchtern Sarah und Virginia die zu der Farm gehörende Scheune her. Als sich Ende 1994 die Lage in Bosnien zuspitzte, schlug Außenminister Warren Christopher, der Frasures kühle Distanziertheit, unerschütterliche Loyalität und seinen Patriotismus sehr schätzte, vor, Frasures Aufgabenbereich noch den Posten des Chefunterhändlers für Bosnien hinzuzufügen. Obwohl Frasure zuvor einmal geäußert hatte, er wolle keine direkte Verantwortung für Bosnien tragen, akzeptierte er diese enorme zusätzliche Arbeitsbelastung ohne Murren. Im Sommer 1995 war er jedoch sichtlich erschöpft von den ebenso häufigen wie fruchtlosen Reisen auf den Balkan, und wir kamen überein, daß er nach dieser Reise in Amerika bleiben und dort unsere Arbeit unterstützen sollte. Frasure fragte sich ständig, ob die USA nach ihren traumatischen Erfahrungen in Vietnam und Somalia überhaupt noch den Willen und die Kraft besaßen, den, wie er sie nannte, »Straßenkötern und Stinktieren auf dem Balkan« Paroli zu bieten. So sehr er von der Notwendigkeit von Luftangriffen überzeugt war, so sehr bezweifelte er, daß die USA politisch dazu bereit waren.

Joe Kruzel war kleiner und stämmiger als Frasure. Mit 50 Jahren verfügte er über einen scharfen Geist, der in sich in gleichem Maße theoretische und praktische Fähigkeiten vereinigte. Er trug seine Brille häufig fast auf der Nasenspitze und hatte eine Art, einen über die Gläser hinweg anzuschauen, die seine akademische Herkunft betonte. Auf seine College-Jahre an der United States Air Force Academy war er ebenso stolz wie auf seinen Doktorhut aus Harvard. Kruzel legte üblicherweise ein ernstes, fast schon düsteres Wesen an den Tag, besaß aber auch eine verspielte, leichte Ader, in die er jederzeit mühelos überwechseln konnte. Nach unserem Abendessen in Split bot er sich freiwillig an, unsere Rede für das Treffen mit den Bosniern zu überarbeiten. Als ich am nächsten Morgen den Text durchlas, stutzte ich. Kruzel hatte, vielleicht um unsere Aufmerksamkeit zu testen, einen Einzeiler eingeschoben: »Wir werden einen Mini-Marshallplan brauchen (Sie kennen sicher Minnie Marshall, Georges Schwester).«

Etwas später gesellte sich General Wesley Clark zu uns. Seine Position in unserem Team war nicht einfach. Als Absolvent der Militärakademie in West Point, Cecil-Rhodes-Stipendiat aus Arkansas und Vietnamveteran gehörte er jahrelang zu den am schnellsten die Karriereleiter hinaufsteigenden Offizieren der US-Armee – als er seinen ersten Stern bekam, war er der jüngste Brigadegeneral der Army. Zwischen ihm und einem anderen Rhodes-Stipendiaten aus Arkansas, der inzwischen unser Oberbefehlshaber war, bestand eine gewisse Verbindung, auch wenn die beiden nicht direkt befreundet waren. Mit drei Sternen am Revers stand Clark an einem Scheidepunkt in seiner Laufbahn: entweder würde ihm unser Auftrag einen vierten Stern einbringen – der Traum eines jeden Generals – oder seine Verabschiedung. Die Berufung in ein diplomatisches Verhandlungsteam konnte einem zwar ungeahnte Möglichkeiten eröffnen, doch für einen Militär wie Clark barg sie auch ein Risikopotential. Es war nicht auszuschließen, daß einen ein Verhandlungsauftrag in Konflikte mit ranghöheren Offizieren brachte und sich dies abträglich auf die Aufstiegschancen auswirkte. Clarks jungenhaftes Benehmen und sein Charme verdeckten, wenn auch nur teilweise, ein außergewöhnliches Engagement. Keiner arbeitete länger oder trieb sich selbst mehr an als Wesley Clark. Man erwartete Großes von ihm, und das tat er selbst auch.

Am wenigsten von allen Anwesenden an jenem Abend kannte ich Samuel Nelson Drew, der in Zivil weniger wie ein Offizier und mehr wie ein Intellektueller aussah. Der 47jährige Air-Force-Colonel bei der Air Force hatte an der Universität von Virginia promoviert und war erst kürzlich in den Nationalen Sicherheitsrat berufen worden. Davor hatte er fast vier Jahre im NATO-Hauptquartier gearbeitet, unter anderem als Leiter eines Jugoslawien-Krisenstabs. Ansonsten beschränkte sich mein Wissen über Drew darauf, daß er ein hingebungsvoller Familienvater und überzeugter Christ war.

Bei unserem ersten Treffen mit Miloševic hielt Drew sich zurück und sagte fast nichts. Doch gegen Ende des Abends machte er einige

Bemerkungen, die Miloševics Aufmerksamkeit erregten. Ich spürte, daß er zu einem wichtigen Mitglied in unserem Team werden konnte, daher nahm ich ihn nach dem Abendessen beiseite und drängte ihn, sich in Zukunft aktiver an den Gesprächen zu beteiligen. Als wir später die notwendigen Vorbereitungen für die Abfahrt am anderen Morgen trafen, wirkte er gedrückt, und schließlich zog er sich zurück, um einen langen Brief an seine Frau zu schreiben.

*

Am 19. August frühstückten wir zeitig und kehrten zum französischen Luftwaffenstützpunkt zurück. Im Hubschrauber war nur Platz für sechs Passagiere, doch wir waren, Rosemarie und Colonel Dan Gerstein, General Clarks Adjudant, eingerechnet, zu siebt. Da Rosemarie mit mir schon zweimal in Sarajevo gewesen war, verzichtete sie zugunsten Gersteins auf ihren Platz.

Der Flug verlief relativ ereignislos, obwohl es nie ganz zur Routine werden kann, in einem Hubschrauber zwischen Bergen herumzukurven und nach einem Loch in den Wolken zu suchen. Nelson Drew, der die wilde Landschaft unter uns zum ersten Mal sah, starrte schweigend aus dem kleinen Fenster. Nach rund eineinhalb Stunden landeten wir auf einem Fußballfeld bei Veliko Polje in der Nähe des Igman-Passes. Unser Begrüßungskomitee wurde von Lieutenant Colonel Randy Banky angeführt, dem leitenden US-Verbindungsoffizier zu den UN-Truppen in Sarajevo. Auf dem Fußballfeld warteten zwei Fahrzeuge auf uns: ein großer französischer Schützenpanzerwagen, kurz APC genannt, der wie alle UN-Fahrzeuge weiß gestrichen war, und ein Humvee der US-Armee.

General Clark sprach kurz mit dem Verbindungsoffizier. Dann wandte er sich an mich und rief über das Knattern des Hubschraubers hinweg: »Sind Sie je in einem unserer neuen Humvees mitgefahren? Sie werden sehen, wie viel besser sie sind als die Jeeps, die Sie aus Vietnam kennen.«

Der Rest unseres Teams sollte mit dem französischen APC nach Sarajevo fahren. Auf dem Weg zum APC fragte ich Kruzel, was das Pentagon davon hielte, sollten die USA als Teil einer Friedensregelung Bodentruppen nach Bosnien entsenden? »Sehr wenig«, erwiderte er in seiner halb süffisanten, halb scherzhaften Art, »das würde nämlich ihr Trainingsprogramm auf den Kopf stellen.«

Am Heck des APC stand ein weiterer Amerikaner, der sich uns als Pete Hargreaves vorstellte, Sicherheitsoffizier der amerikanischen Botschaft in Sarajevo. Die Türen an der Rückseite des schweren Fahrzeuges gingen auf, und alle setzten sich auf die Bänke an den Seitenwänden, Bob Frasure vorne links, dann die anderen, und auf den Plätzen an der Hecktüre Gerstein und Hargreaves. »Laß' dir was einfallen, wie wir bei dem Treffen mit Izetbegović vorgehen sollen«, sagte ich zu Frasure. Er stieß ein ironisches Lachen aus, dann schlossen sich die Türen des APC, und ich ging zurück zum Humvee.

*

Clark saß rechts neben mir auf der Rückbank des Humvee, Colonel Banky im Fond neben dem Fahrer, einem amerikanischen Sergeant. Obwohl das Fahrzeug schwer gepanzert und die Panzerglasscheiben fast 5 Zentimeter dick waren, bestand Clark darauf, daß wir uns anschnallten und kugelsichere Westen und Helme anzogen. Wie sich später herausstellte, verzichteten unsere Kollegen im APC wegen der Augusthitze auf diese Vorsichtsmaßnahme.

Fast eine Stunde lang fuhren wir durch scheinbar friedliche Wälder. Die Straße war holperig und in schlechtem Zustand. Das französische Militär, in dessen Zone Sarajevo und der Berg Igman lagen, hatte erst kürzlich damit begonnen, die Straße auszubauen und mit Panzerpatrouillen zu kontrollieren. Die Panzer gehörten zu der neuen und schlagkräftigen Schnellen Eingreiftruppe (RRF), mit der Chirac den Serben demonstrieren wollte, daß Frankreich in Zukunft eine aggressivere Politik verfolgen würde.

Schließlich ließen wir den Wald hinter uns und erreichten den steilen Anstieg über dem Tal von Sarajevo, wo sich die Straße plötzlich verengte und dicht an den Berg schmiegte. Links von uns stieg eine fast senkrechte Felswand in die Höhe, rechts von uns ging es steil bergab. Wir näherten uns dem gefährlichsten Streckenabschnitt, wo wir direkt den serbischen Maschinengewehrschützen ausgesetzt waren, doch in unseren gut gepanzerten Fahrzeugen fühlten wir uns sicher. Es war ungefähr halb zehn Uhr morgens.

*

Wir bogen um eine Kurve. Auf der linken Seite hielt ein entgegenkommender französischer Konvoi dicht an der Felswand, um uns außen vorbeizulassen. Als wir uns dem letzten französischen Panzer näherten, erblickten wir einen laut rufenden und gestikulierenden Soldaten, doch durch die dicken Fenster hindurch konnten wir ihn nicht verstehen. Unser Fahrer stieg aus und versuchte vergeblich, sich mit dem Franzosen zu unterhalten. »Ich verstehe ihn nicht«, rief er. »Er spricht Französisch.« Ich stieg ebenfalls aus, um ihm zu helfen, wurde aber auch nicht so ganz schlau aus dem, was der Soldat sagte. Irgend etwas über ein Fahrzeug hinter uns, das von der Straße abgekommen sei. Zuerst dachte ich, ihn falsch verstanden zu haben. Hinter uns war doch – nichts. Ich winkte Clark zu mir. Der APC muß sehr weit hinter uns sein, dachte ich noch. Dann, auf einen Schlag, begriff ich.

Clark und ich rannten die Straße zurück. Nach knapp 30 Metern kamen wir an eine Stelle, an der der Straßenrand ein Stück abgebrochen war. Aus dem Wald unter uns drangen Stimmen herauf, aber außer ein paar umgeknickten Bäumen konnten wir nichts sehen. Irgendwo dort unten mußte der APC liegen.

Mit Helm und Weste – darunter trug ich bereits meinen Anzug – kletterten wir über die Böschung und machten uns an den steilen Abstieg. Wir waren noch keine drei Meter weit gekommen, als zwei gewaltige Explosionen ertönten und um uns herum Gewehrfeuer losbrach. Unter und über uns riefen Leute auf französisch: »Minen! Zurück auf die Straße!« Uns an Baumwurzeln hochziehend, kletterten wir zurück auf die Straße.

Das Gewehrfeuer hielt an. Weit unter uns lagen Dörfer mit einer klar erkennbaren Feuerlinie. Wir hatten nicht die geringste Ahnung, ob es Serben oder Muslime waren. Ich rannte zum Humvee zurück und bat den Fahrer, für den Fall, daß wir uns in den relativ sicheren Wald oder auf den Hubschrauberlandeplatz zurückziehen mußten, den Wagen zu wenden. Dann versuchten wir, unsere tragbare Satellitenantenne aufzubauen und eine Verbindung zur Außenwelt herzustellen, doch die fast senkrecht aufragenden Berge hinter uns machten einen Funkkontakt unmöglich. Colonel Banky war verschwunden.

Endlich – es erschien uns wie eine Ewigkeit, doch tatsächlich waren weniger als zehn Minuten vergangen – kam ein französischer Unteroffizier auf uns zugerannt. Das vermißte Fahrzeug, berichtete er, befand sich nicht, wie wir vermuteten, direkt unter uns, sondern war noch *über* den nächsten Straßenabschnitt gestürzt und erst unterhalb der nächsten Haarnadelkurve zum Liegen gekommen.

Bis dahin hatten wir erwartet, unsere Kollegen zwar nicht unversehrt, aber doch nicht allzu schwer verletzt vorzufinden. An Schlimmeres zu denken hatte ich mir einfach nicht erlaubt. Doch in diesem Moment erkannten wir die ganze Tragweite des Unfalls.

Trotz der zehn Kilogramm, mit der die kugelsicheren Westen und die Helme auf unseren Nacken und auf Schultern drückten, rannten Clark und ich die Straße hinunter. Wir ließen die Haarnadelkurve hinter uns und folgten der Straße fast einen Kilometer weit. Schließlich trafen wir auf eine Ansammlung französischer Fahrzeuge, darunter auch ein Sanitätsfahrzeug, das zufällig gerade auf der Strecke unterwegs gewesen war. Die Insassen der Fahrzeuge standen an der Stelle, wo, wie wir jetzt erkannten, der APC auf der Straße aufgeschlagen und von wo aus er weiter den Berg hinuntergestürzt war. Die Bäume unter sahen aus, als seien sie von einem überdimensionalen Pflug umgemäht worden.

Das Schießen hörte auf, und Regen setzte ein. Neben den fünf Amerikanern wurden auch vier Franzosen vermißt – der Fahrer und drei weitere Soldaten, die in dem APC gewesen waren. Wir stellten einen schwachen Funkkontakt zur amerikanischen Botschaft in Sarajevo her, doch da wir immer noch keinen Überblick über die Lage hatten, baten wir sie, Washington vorerst noch nicht zu benachrichtigen. In Washington war es noch nicht einmal vier Uhr morgens, und was immer auch geschehen war, bevor wir nicht mehr wußten, konnte Washington nichts unternehmen.

Da ich der einzige war, der sowohl Englisch als auch Französisch sprach, blieb ich auf der Straße, während sich Clark an den Abstieg machte. Wir befestigten ein Seil an einem Baumstumpf, an dem er sich zum Wagen hinunterhangeln konnte, den französische und bosnische Soldaten bereits erreicht hatten. Dichte Rauchwolken stiegen unter uns auf. Nach einer Weile konnten wir Clark verzweifelt in sein Walkie-talkie schreien hören, daß er dringend Feuerlöscher benötige. Ich blickte panisch umher; es gab keine.

Ein französischer Jeep fuhr vor und hielt an. Auf dem Rücksitz saß aufrecht eine einzelne Gestalt, blutverschmiert und in Verbände gewickelt. Das Gesicht war nicht zu erkennen. Ich fragte den Mann, wer er sei. Er murmelte etwas Unverständliches. »Wer?« fragte ich noch einmal. »Hargreaves... Ihr... Sicherheits... offizier... Sir«, brachte er endlich mühsam heraus. Ich kletterte in den Jeep und fragte ihn, ob er sich hinlegen wolle. Er sagte, er wisse nicht, ob das ginge, er glaube, sein Rückgrat sei gebrochen. Zwei französische Soldaten halfen mir, Hargreaves behutsam aus dem Jeep zu heben und auf ein Feldbett auf der Straße zu legen. Ich kniete mich neben ihn. Er hatte große Schwierigkeiten beim Reden. Soweit ich verstand, warf er sich vor, die anderen nicht gerettet zu haben, daß er an allem schuld sei, daß seine Wirbelsäule gebrochen sei. Ich versuchte, ihn zu beruhigen. Da ich unbedingt wissen mußte, was passiert war, fragte ich ihn, einen nach dem anderen, nach den Mitgliedern unseres Teams.

»Frasure. Was ist mit Staatssekretär Frasure?« Ich redete nicht, ich brüllte fast.

»Tot.« Er brachte das Wort kaum über die Lippen.

Ich stand auf. Während meiner drei Jahre als Zivilist in Vietnam hatte ich hin und wieder Kampfhandlungen und ihre schrecklichen Folgen miterlebt, aber das hier war etwas anderes. Das war mein Team, und mein Stellvertreter war vermutlich tot. Doch mir blieb keine Zeit zu trauern. Wes Clark war immer noch irgendwo da unten auf dem Berghang, und was ich wußte, beschränkte sich auf Hargreaves Aussage, daß Bob Frasure tot sei.

Ich kniete mich nochmals hin. »Joe Kruzel«, sagte ich. »Was ist mit Kruzel?«

»Weiß nicht. Ich glaub', er hat's überlebt.«

»Nelson Drew?«

»Hat's nicht geschafft.« Hargreaves brach in Tränen aus. »Ich hab' versucht…«

»Es ist nicht Ihre Schuld«, sagte ich niedergeschlagen. »Es gab nichts, was Sie hätten tun können.« Eine Floskel, die wir im Laufe der nächsten drei Tage immer wieder zu Hargreaves sagten. Seine erste – und für einen engagierten Sicherheitsbeamten typische – Reaktion auf den Unfall war, sich für seine Unfähigkeit schuldig zu fühlen, die ihm anvertrauten Menschen zu beschützen.

Clark kam, sich mühsam an dem Seil hochziehend, den Hang heraufgeklettert. Er sah um Jahre gealtert aus. »So etwas wie da unten habe ich noch nie gesehen«, sagte er. Als er beim APC ankam, brannte der Wagen bereits, vermutlich entflammt durch scharfe Munition, die im Fahrzeug gewesen und »hochgegangen« war. Bosnische Soldaten, die gerade in der Nähe waren, hatten den APC als erste erreicht und zwei Amerikaner, vermutlich Joe Kruzel und Dan Gerstein, ins nächste Feldlazarett gebracht. Clark hatte die verkohlten Überreste zweier weiterer Insassen gesehen, die er für Bob Frasure und Nelson Drew hielt.

Während wir noch auf der Straße standen und versuchten, die schreckliche Nachricht zu verarbeiten, kam ein Jeep angefahren und hielt neben uns. Ein großer, dünner französischer Offizier sprang heraus und stellte sich als General René Bachelet vor, Kommandant des Sarajevo-Sektors. Er begann, seinen Truppen Anweisungen zu erteilen. Hinter ihm folgten ein französisches Sanitätsfahrzeug und die ersten Amerikaner, drei Sicherheitsbeamte von der Botschaft.

Mittlerweile hatten Journalisten einige Funksprüche der Franzosen aufgefangen und waren bereits dabei, eine entstellte Version des Unfallhergangs in die Welt zu setzen, darunter auch die falsche Information, daß das Fahrzeug auf eine Landmine gefahren sei. Es war höchste Zeit, sich mit Washington in Verbindung zu setzen. Ich wies die Sicherheitsbeamten der amerikanischen Botschaft an, ihre Befehle von General Clark entgegenzunehmen und fuhr mit General Bachelet nach Sarajevo. Unterwegs kamen wir an den Wracks mehrerer Fahrzeuge vorbei, die abgeschossen worden oder von der Straße abgekommen waren; eines war nur eine Woche zuvor abgestürzt und hatte zwei britische Mitarbeiter einer Hilfsorganisation in den Tod gerissen.

*

Die amerikanische Botschaft in Sarajevo, die erst kürzlich aus den überfüllten und ungeschützten Räumen im Holiday Inn ausgezogen war, residierte in einer kleinen Villa neben dem UN-Militärhauptquartier. Die Kommunikationszentrale befand sich in einem kleinen, fensterlosen Raum. Von dort aus versuchten wir, unser Vorgehen zu koordinieren. John Menzies, ein junger Karrierediplomat von der United States Information Agency, der nur noch darauf wartete, daß der Senat ihn als Botschafter in Bosnien bestätigte, hatte Washington bereits über den Vorfall informiert. Kurz nach 8 Uhr Ortszeit (14 Uhr in Sarajevo) hatte die Einsatzzentrale des Außenministeriums – das Nervenzentrum, das die Verbindung zwischen den leitenden Mitarbeitern des Außenministeriums und anderen Regierungsmitarbeitern 24 Stunden am Tag und auf der ganzen Welt aufrecht erhält – eine Konferenzschaltung mit Tony Lake, dem Nationalen Sicherheitsberater, seinem

Stellvertreter Sandy Berger, dem Stellvertretenden Außenminister Strobe Talbott und General John Shalikashvili, dem Vorsitzenden der Joint Chiefs of Staff, geschaltet. (Außenminister Warren Christopher und Verteidigungsminister William Perry befanden sich gerade im Urlaub.) Ich beschrieb den Vorfall und fügte hinzu, daß wir nur über unvollständige Information verfügten und General Clark immer noch auf dem Berg Igman war.

Inzwischen hatten Associated Press, Reuters und UPI gemeldet, der französische APC sei auf eine serbische Landmine gefahren. Um ein weiteres Ausufern der Medienspekulationen zu verhindern und dem Ruf nach einem Militärschlag zuvorzukommen, mußten wir diese Meldung so schnell wie möglich korrigieren. Ich bat Washington, in ihrer ersten Stellungnahme unmißverständlich darauf hinzuweisen, daß die Tragödie durch einen Verkehrsunfall verursacht worden sei. Wir kamen überein, daß die Beamten, die Mrs. Frasure und Mrs. Drew verständigten, sie auf das Schlimmste vorbereiten, den Tod ihrer Ehemänner aber noch nicht bestätigen sollten. Schließlich bat ich noch darum, daß jemand meine Frau Kati anrief – wir waren damals noch nicht einmal drei Monate verheiratet – und sie persönlich von dem Vorfall in Kenntnis setzte, damit sie nach dem Aufstehen nicht eine unvollständige Version in den Nachrichten hörte.

Kurz darauf traf Clark ein und beschrieb ausführlich seine Bemühungen, die sterblichen Überreste der beiden Männer zu bergen, von denen er nun sicher war, daß es sich um Bob Frasure und Nelson Drew handelte. Wir telefonierten noch einmal mit General Shalikashvili und besprachen die nötigen Vorbereitungen für den Abtransport der Verletzten und Toten. Hargreaves und Gerstein sollten vor ihrem Weiterflug in die Staaten zunächst einmal im US-Militärkrankenhaus auf dem Luftwaffenstützpunkt Ramstein versorgt werden. Während ich noch mit Shalikashvili sprach, kam Menzies herein. »Kruzel ist gestorben«, sagte er leise. »Er hat es nicht mehr bis ins Krankenhaus geschafft. Schwere Kopfverletzungen.«

In gewisser Hinsicht war das der schlimmste Moment des ganzen Tages. Wir hatten mit Mühe und Not die Nachricht verkraftet, daß Frasure und Drew tot waren, und da hatten wir noch geglaubt, Kruzel und Gerstein hätten es geschafft. Der Gedanke daran, wie Kruzel – der witzige, sarkastische und ernste Kruzel – hilflos auf der Fahrt ins Lazarett starb, war einfach zuviel für mich. Ich bat noch General Shalikashvili, die anderen in Washington zu informieren, bevor ich Clark den Telefonhörer in die Hand drückte.

Wenig später rief Präsident Clinton aus Jackson Hole an, wo er ein paar Tage Urlaub machte. Ich dachte damals nicht daran, daß er an diesem Tag seinen 49. Geburtstag feierte. »Mr. President«, begann ich sehr förmlich, »wir haben die traurige Pflicht, Ihnen mitteilen zu müssen, daß drei Mitglieder unseres Verhandlungsteams heute morgen bei einem Autounfall auf dem Berg Igman ums Leben gekommen sind ...«

Strobe Talbott hörte schweigend mit, während der Präsident einige Worte zu dem schrecklichen Verlust sagte, den das Unglück für ihn persönlich und die ganze Nation bedeutete. Ich sagte ihm, daß er besonders stolz auf das Verhalten seines Landsmannes aus Arkansas sein könnte, dann schaltete ich General Clark dazu. Clark gab dem Präsidenten eine kurze Schilderung dessen, was er an der Unfallstelle vorgefunden hatte, und beschrieb die Straße als »eine Art Boston Road«, eine steile und gefährliche Strecke in Arkansas, die beide gut kannten.

Der Präsident erkundigte sich nach den Auswirkungen der Tragödie auf die Verhandlungen und wann wir mit unserem Auftrag fortfahren konnten. »Sie haben uns als ein Team hierher geschickt, Mr. President,« antwortete ich, »und wir wollen als Team heimkehren. Danach sind wir bereit, unsere Mission fortzusetzen.«

»Schön«, erwiderte der Präsident. »Kommen Sie zurück, sobald es Ihnen möglich ist. Aber stellen Sie zuvor öffentlich klar, daß wir unsere Bemühungen um einen Friedensschluß fortsetzen und Sie die Verhandlungen führen werden. Und noch etwas: Treffen Sie sich mit Izetbegović, bevor Sie abreisen.« Clinton war klar, daß wir nur das Unglück im Kopf hatten, und dachte für uns weiter. Er wollte öffentlich demonstrieren, daß der Unfall die Friedensbemühungen nicht aufhalten würde.

»Keiner von uns, auch nicht Frasure, Kruzel oder Drew, würde wollen, daß wir jetzt aufgeben«, antwortete ich. Als sich der Präsident wenige Minuten später von Jackson Hole aus an das amerikanische Volk wandte, erklärte er: »Sie würden von uns erwarten, daß wir weitermachen. Und genau das werden wir auch tun.«

Die nächsten Stunden verschwammen zu einer Abfolge leer und sinnlos erscheinender Tätigkeiten. Der Unfall war noch so gegenwärtig, daß wir ständig darüber grübelten, wie die kleinste Veränderung der Ereignisse ihn hätte verhindern können. Und doch hatte er sich schon unauslöschlich in unsere Erinnerung eingebrannt. Wir besuchten Gerstein im französischen Behelfskrankenhaus im Erdgeschoß der Hauptpost von Sarajevo. Dafür, wie mitgenommen er aussah, befand er sich in verhältnismäßig guter Verfassung und war auch in der Lage, uns ein paar Details über den Unfall zu berichten: wie der Wagen langsam über die Kante gerutscht war, wie keiner Zeit gehabt hatte, auszusteigen oder auch nur irgend etwas zu sagen, wie er sich an eine Metallstange über seinem Kopf geklammert und sein Gesicht mit aller Kraft gegen die Außenwand des APC gepreßt hatte, während der Wagen sich immer wieder überschlug – seiner Schätzung nach insgesamt zwanzig- oder dreißigmal – und dabei 400 Meter tief den Hang hinunterstürzte, wie das Fahrzeug schließlich liegengeblieben und er durch die Luke auf dem Dach herausgeklettert war. Dann hatte er Pete Hargreaves stöhnen gehört und war zurück in den Wagen gestiegen, um ihm herauszuhelfen.

Danach, erzählte Gerstein, waren er und Hargreaves noch einmal zu dem APC zurückgegangen und hatten, nur Momente, bevor das Fahrzeug explodierte, Joe Kruzel durch die Luke nach draußen gezogen. Das letzte, was er von ihm gesehen hatte, war, wie die Bosnier ihn ins Lazarett abtransportierten. Nach seinem Eindruck waren die anderen gleich nachdem der Wagen von der Straße abgekommen war, mit voller Wucht gegen die Innenwände geschleudert worden und bewußtlos geworden. Sie hatten keine Chance gehabt. Hargreaves hatte nur überlebt, weil er sich unter seinen Sitz gezwängt hatte, nachdem er auf den ersten Metern des Sturzes fast durch die Hintertüren hinausgeschleudert worden wäre.

*

Wir hatten beschlossen, Sarajevo noch am selben Abend gemeinsam mit unseren verletzten und toten Teamkameraden zu verlassen. Allerdings standen wir vor dem Problem, daß die Verletzten nur auf dem Luftweg transportiert werden konnten. Doch plötzlich war das, was zuvor völlig undenkbar gewesen war und was den Unfall überhaupt vermieden hätte, kein Problem mehr: Nach einer kurzen Unterredung mit Mladić erhielten die Franzosen von den bosnischen Serben die Erlaubnis zur Benutzung des Flughafens. Die Franzosen und Briten erklärten sich bereit, zwei Hubschrauber zum Flughafen zu schicken und uns aus Sarajevo herauszufliegen.

Unterdessen berichtete Menzies dem bosnischen Präsidenten Izetbegović, daß wir ihn trotz des Unfalls treffen wollten, es allerdings – in Anbetracht der Umstände – vorzögen, wenn er zu uns in die Botschaft käme, anstatt uns wie sonst üblich in seinem Büro zu empfangen. Pünktlich um 18 Uhr schritten Izetbegović und Muhamed Sacirbey die Stufen zur amerikanischen Botschaft hinauf. Menzies, Clark und ich begrüßten sie am Eingang vor einem ganzen Pulk Journalisten und begleiteten sie in ein Konferenzzimmer, wo General Bachelet zu uns stieß.

Mehrere Leute in Washington hatten den Wunsch geäußert, daß wir mit Izetbegović intensive Gespräche führen sollten, doch unter den gegebenen Umständen war eine ernsthafte Diskussion undenkbar. Vor versammelter Presse dankte ich den Franzosen und Bosniern für ihre Hilfe während des langen Tages. Sacirbey und Izetbegović schien nach so vielen eigenen Verlusten der Tod von drei Amerikanern wenig zu bewegen. Verärgert über Izetbegovićs ungerührte Haltung erklärte Menzies schließlich indigniert, wir wüßten sehr wohl, wie viele Bosnier in diesem Krieg bereits ihr Leben gelassen hätten; dies seien jedoch die ersten Amerikaner, die in Bosnien ums Leben gekommen seien. Izetbegović schien betroffen und sprach uns sein Beileid aus.

*

Die Hubschrauber mußten in Kürze auf dem Flughafen eintreffen. Es dämmerte, und das Wetter verschlechterte sich zusehends. Wir machten uns auf den Weg zum Flughafen, wo noch eine weitere schreckliche Pflicht auf uns wartete: die offizielle Identifizierung des Leichnams von Joseph Kruzel. Als wir das hinter uns gebracht hatten, nahmen wir bei leichtem Nieselregen Habachtstellung ein. Eine französische Ehrengarde eskortierte die drei schlichten Holzsärge, jeder mit der amerikanischen Flagge bedeckt, zu dem wartenden französischen Hubschrauber. Inzwischen war es fast dunkel geworden. Der Regen nahm an Heftigkeit zu. Die Berge um den Flughafen verschwanden hinter dichten Wolken. Ich hatte den Eindruck, als würden sie auf uns niedersinken wollen.

Ich wandte mich an General Clark: »Wir haben heute genug durchgemacht. Lassen Sie uns die Nacht in Sarajevo verbringen und es morgen noch einmal versuchen.«

Wir schliefen, wenn auch nur kurz, auf Armeefeldbetten im Arbeitszimmer des Botschafters. Der Abend und die Nacht vergingen mit endlosen Telefongesprächen mit Washington, mit der Familie und mit Kollegen. Sacirbey, der über eine Kusine seiner amerikanischen Frau mit Kruzel verwandt war, kam vorbei und blieb mehrere Stunden. Zu erschöpft zum Denken, fanden wir keinen Schlaf, bis wir uns schließlich weit nach Mitternacht unseren Kummer von der Seele geredet hatten.

*

Am anderen Morgen brachen wir noch einmal zum Flughafen auf. Dieses Mal luden wir die drei Särge ohne Ehrengarde in einen französischen Hubschrauber und die beiden Verletzten in einen britischen Hubschrauber. Obwohl ich seit Vietnam zahllose Male und ohne jede Angst in Hubschraubern mitgeflogen war, überfiel mich vor dem französischen Hubschrauber plötzlich eine irrationale Angst. Ich wandte mich zum britischen Hubschrauber. Doch Clark hielt mich zurück und sagte: »Wir sollten die Särge den ganzen Weg über begleiten.« Wir beide waren, wie es mir vorkam, seit Tagen nicht getrennt gewesen, also nahm ich neben ihm in dem französischen Hubschrauber Platz.

Die Hubschrauber stiegen lärmend auf. Während des Fluges wurde mein Knie gegen einen der Särge gepreßt. Um mich abzulenken, versuchte ich einen Roman von John LeCarré zu lesen, *Der heimliche Gefährte*, den ich schon die ganze Zeit dabei hatte, war aber unfähig, mich auf die Buchstaben vor meinen Augen zu konzentrieren.

In Split hatte Rosemarie Pauli-Gilkas die notwendigen Vorbereitungen übernommen. Sie hatte bereits in Deutschland und Washington für mich gearbeitet und besaß mein vollstes Vertrauen. Wir mußten die zwei Verletzten und die drei Särge vom Hubschrauber zu einem mit medizinischen Geräten ausgestatteten und einer Ärztecrew besetzten amerikanischen Militärflugzeug bringen, mit dem wir weiter nach Deutschland fliegen sollten. Ich gab Rosemarie nur eine einzige Anweisung: Sie sollte sicherstellen, daß der Transport von Gerstein und Hargreaves, die beide auf Tragen lagen und keinen schönen Anblick boten, außerhalb der Reichweite der Fernsehkameras erfolgte und mit Würde durchgeführt wurde. Rosemarie widmete sich der Sache mit ihrem üblichen Geschick. Sie war erschüttert von dem Verlust unserer drei Kollegen. Außerdem war ihr nur zu deutlich bewußt, daß sie ebenfalls in dem APC gesessen hätte, wenn im Hubschrauber noch Platz für sie gewesen wäre. Dennoch verrichtete sie bis zu unserer Ankunft auf der Andrews Air Force Base am nächsten Tag ihre Arbeit gefaßt und mit gewohnter Zuverlässigkeit.

Als wir in Split das Flugzeug wechselten, gaben wir eine kurze Presseerklärung ab. Wir erklärten, daß wir unsere Verhandlungen in ungefähr einer Woche wieder aufnehmen würden. Insbesondere verlieh ich meiner Empörung über die Erklärung Radovan Karadžićs Ausdruck, der gesagt hatte, wir hätten »ein unnötig hohes Risiko« auf uns genommen, als wir die Route über den Igman wählten, anstatt durch bosnisch-serbisches Gebiet zu fahren – eine gehässige Anspielung auf das serbische Angebot, die Strecke über Kiseljak zu benutzen. Ich bezeichnete die Tragödie als »einen Unfall, aber einen Kriegsunfall«.

Noch während des Flugs zum Luftwaffenstützpunkt Ramstein wurden Gerstein und Hargreaves von Militärärzten untersucht. General George Joulwan, NATO-Oberkommandeur und ein alter Freund aus meiner Zeit in Vietnam, war vom NATO-Hauptquartier in Belgien nach Ramstein gekommen und erwartete uns bereits. Als wir aus dem Flugzeug ausstiegen, trat er vor und salutierte, bevor er mich umarmte. Dann nahmen wir Habachtstellung ein, während die drei Särge die erste von vielen offiziellen amerikanischen Ehrenbezeugungen auf ihrem Weg zur letzten Ruhe erfuhren.

Das amerikanische Militärkrankenhaus in Ramstein war mir aus meiner Zeit als Botschafter in Deutschland noch gut in Erinnerung. Deutlich steht mir noch der Nachmittag vor Augen, als ich die verwundeten US-Soldaten besuchte, die im Oktober 1993 in Mogadischu in einen Hinterhalt geraten waren. Ich war beeindruckt von dem ungebrochenen Lebenswillen und dem Patriotismus der jungen Männer, von denen einige bei den Kämpfen ihr Augenlicht oder Gliedmaßen verloren hatten. Dieselben Ärzte, die damals an den Krankenbetten gestanden hatten, behandelten jetzt Gerstein und Hargreaves, während wir zum erstenmal seit zwei Tagen duschten und uns auf unsere Heimkehr vorbereiteten.

*

Am nächsten Tag, dem 21. August, landeten wir um 12.15 Uhr auf der Andrews Air Force Base. Während die große C-141 langsam zu der

Stelle rollte, an der schon so manche triumphale und tragische Heimkehr stattgefunden hatte, kümmerten wir uns darum, daß die Verletzten getrennt von uns und außerhalb der Reichweite der Fernsehkameras aus dem Flugzeug geladen wurden. Clark, Rosemarie und ich wurden von einer schweigend dastehenden Gruppe von Freunden und Familienmitgliedern empfangen. Hinter einer Samtkordel erblickte ich einige unserer engsten Kollegen steif auf ihren Stühlen sitzend – Warren Christopher, Bill Perry, Strobe Talbott, Madeleine Albright, Tony Lake, Sandy Berger, Peter Tarnoff und andere. Neben meiner Frau war ein Platz für mich reserviert worden. Sie drückte stumm meine Hand, als ich mich neben sie setzte.

Wir hatten unsere Kameraden nach Hause gebracht. Jetzt mußten andere die schmerzhaften, aber notwendigen Rituale der Andacht und des Abschieds übernehmen. Von einem Moment auf den anderen erfüllte uns eine tiefe Erschöpfung. Die helle Nachmittagssonne des strahlenden Augusttages blendete unsere übermüdeten Augen. Zu den Klängen einer Air-Force-Kapelle, die »Näher mein Gott zu Dir« intonierte, wurden die Särge ausgeladen und von einer Ehrenwache zu drei Leichenwagen getragen. Christopher, Lake und Verteidigungsminister Perry sprachen in bewegenden Worten von den drei Verstorbenen. Wir umarmten uns und suchten nach den Ehefrauen und Kindern von Frasure, Kruzel und Drew. Dann standen wir einige Minuten lang benommen da, unsicher, was wir jetzt tun sollten. Peter Tarnoff, Staatssekretär im Außenministerium und seit über 30 Jahren ein enger Freund, fand mich und bot mir an, Kati und mich nach Hause zu bringen. Zusammen mit Brooke Shearer, Strobe Talbotts Frau, fuhren wir nach Washington. Tarnoff setzte uns vor unserem Haus ab und meinte, es wäre wohl am besten, wenn ich mir den Rest des Tages freinehmen und erst am nächsten Morgen ins Ministerium kommen würde.

BUCH EINS

Vor den Verhandlungen

Twelve months ago in Brussels, I
Heard the same wishful-thinking sigh
As round me, trembling on their beds,
Or taut with apprehensive dreads,
The sleepless guests of Europe lay
Wishing the centuries away,
And the low mutters of their vows
Went echoing through her haunted house,
As on the verge of happening
There crouched the presence of the thing.
All formulas were tried to still
The scratching on the window-sill,
All bolts of custom made secure
Against the pressure on the door,
But up the staircase of events
Carrying his special instruments,
To every bedside all the same
The dreadful figure swiftly came.

W. H. Auden, *New Year Letter*

KAPITEL ZWEI

»Das größte Debakel des Westens ...«

(1991 bis 1993)

»Amerika, auf immer geschützt durch den Atlantik, verlangte danach, seine Selbstgerechtigkeit zu befriedigen und sich seiner Verantwortung zu entziehen.«

Harold Nicolson, *Peacemaking 1919*

»Wir mischen uns nicht in amerikanische Angelegenheiten ein; wir vertrauen darauf, daß Amerika sich nicht in europäische Angelegenheiten einmischt.«

Jacques Delors, Präsident der Europäischen Gemeinschaft, 1991

»Europa nahm [am Krieg] als Zeuge teil, doch wir müssen uns fragen: War der Zeuge immer voll verantwortlich?«

Papst Johannes Paul II. am 13. April 1997 in Sarajevo

Zu Beginn des Jahres 1995 bezeichnete ich in einem Artikel in *Foreign Affairs* die Haltung Europas und der USA gegenüber dem ehemaligen Jugoslawien als das »größte kollektive sicherheitspolitische Debakel des Westens seit den dreißiger Jahren«.[1] Obwohl der Artikel vor seiner Veröffentlichung wie üblich durch das Außenministerium freigegeben worden war, zeigte sich die US-Regierung über diese Äußerung nicht gerade erfreut. Die Aussage bezog sich zwar auf Ereignisse zwischen 1990 und 1992, doch es gab Bedenken, daß manche den Satz auch auf die ersten zwei Jahre der Regierung Clinton beziehen könnten.

*

Dem Krieg auf dem Balkan liegt unbestritten ein Versagen historischen Ausmaßes zugrunde. Wie und warum konnte es dazu kommen – und vor allem gerade im Moment des Triumphs des Westens über den Kommunismus?

Darauf gibt es natürlich nicht nur eine und schon gar keine einfache Antwort. Meiner Ansicht nach trugen fünf wesentliche Faktoren zu der Tragödie bei: die Fehlinterpretation der historischen Situation auf dem Balkan, das Ende des Kalten Krieges, das Verhalten der jugoslawischen Politiker, die unzureichende amerikanische Reaktion angesichts der Krise und schließlich der irrige Glaube der Europäer, sie könnten ihre erste große außenpolitische Herausforderung nach dem Kalten Krieg selbst meistern.

*

I. Historische Fehlinterpretation oder Der Rebecca-West-Faktor.
Viele Bücher und Artikel über Jugoslawien hinterließen bei Außenstehenden den Eindruck, der Krieg auf dem Balkan sei unvermeidbar gewesen. Das berühmteste unter den englischsprachigen Büchern über die Region ist Rebecca Wests monumentaler, 1941 erstmals erschienener Reisebericht *Black Lamb and Grey Falcon*. Wests offenkundig proserbische Haltung und ihre Ansicht, daß Muslime rassisch minderwertig seien, beeinflußten zwei Generationen von Lesern und Politikern. Einige ihrer Thesen werden in modernisierter Form in Robert Kaplans hochgelobtem Buch *Die Geister des Balkan: Eine Reise durch die Geschichte und Politik eines Krisengebiets* von 1993 wieder aufgegriffen. Kaplans Buch erweckte in den meisten Lesern den Eindruck, daß Außenstehende in der von alten Feindschaften und Haß geprägten Region nichts ausrichten konnten. Verschiedenen Presseberichten zufolge machte das Buch kurz nach dem Regierungswechsel auch einen tiefen Eindruck auf Präsident Clinton und andere Mitglieder der Regierung.[2]

So entstand die Vorstellung, daß »historische Feindschaften« – eine vage, aber nützliche Bezeichnung, wenn Geschichte für Nichteingeweihte zu kompliziert (oder zu trivial) erscheint – alle Versuche, von außen den Konflikt zu verhindern, zum Scheitern verurteilten.

Diese Theorie bagatellisierte und vereinfachte die Kräfte, die Jugoslawien Anfang der neunziger Jahre auseinanderdriften ließen. Sie wurde im Laufe des Krieges von vielen Politikern vertreten und findet auch heute noch in bestimmten Kreisen Washingtons und Europas Anklang. Allerdings schoben viele Protagonisten dieser Sichtweise den Verweis auf die historische Zwangsläufigkeit lediglich vor, um ihr eigenes Zögern oder ihre Unfähigkeit zu kaschieren, sich den Problemen der Region zu stellen. Überraschenderweise gehörte zu den Anhängern dieser Sichtweise auch Lawrence Eagleburger, der ehemalige amerikanische Botschafter in Jugoslawien, der Ende des Jahres 1992 James Baker als Außenminister ablöste. Eagleburger brachte regelmäßig seine Frustration über jene Amerikaner zum Ausdruck, die ein entschlossenes Eingreifen in Bosnien forderten. Zwei Monate, nachdem Journalisten erstmals die Greueltaten gefilmt hatten, welche die Serben an Muslimen in westbosnischen Gefangenenlagern begingen, erklärte Eagleburger öffentlich:

>»Ich habe es schon 38 000 Mal gesagt, und ich muß es auch den Menschen in diesem Land sagen. Die Tragödie im ehemaligen Jugoslawien läßt sich nicht von außen beilegen. Es ist verdammt noch mal an der Zeit, daß jeder das kapiert. Wir als Außenstehende können nichts unternehmen, solange die Bosnier, Serben und Kroaten nicht selbst beschließen, mit dem Morden aufzuhören.«

Es läßt sich natürlich nicht abstreiten, daß die ethnischen Gruppen in Jugoslawien einen tiefsitzenden Groll gegeneinander hegen. Aber die ethnischen Spannungen zwischen den verschiedenen Bevölkerungsteilen machten weder die Tragödie unausweichlich, noch luden sie allen drei Gruppen die gleiche Schuld daran auf.[3] Natürlich gab es in Jugoslawien zwischen den ethnischen Gruppen Spannungen, doch die gab es auch in anderen Teilen der Welt, und dort führte der gegenseitige Haß nicht zu Massenmorden und ethnischen Säuberungen. Auf dem Balkan gab es wiederholt Perioden heftiger ethnischer Konflikte, zuletzt während des Zweiten Weltkrieges. Doch die blutigen Auseinandersetzungen zwischen 1941 und 1945 müssen als Teil der weitaus größeren Katastrophe gesehen werden, in die Hitler mit seinen Großmachtansprüchen Europa stürzte.

Obwohl die Serben seit ihrer Niederlage gegen die Türken auf dem Amselfeld im Jahre 1389 eine uralte Feindschaft gegenüber ihren Nachbarn pflegten, lebten die drei Gruppen jahrhundertelang weitgehend konfliktfrei zusammen. Die drei Volksgruppen trennten keine sichtbaren äußeren oder ethnischen Unterschiede, und Mischehen waren an der Tagesordnung. Viele Leute erzählten mir, sie hätten bis zum Zusammenbruch ihres Landes gar nicht gewußt, wer von ihren Freunden Serbe oder Muslim war. Während des Krieges hörte ich immer

Geschichten über alte Freunde, die sich persönliche Nachrichten und Geschenke schickten oder manchmal sogar zur Flucht über die feindlichen Linien verhalfen. Noel Malcolm schrieb in seiner 1994 erschienenen *Geschichte Bosniens*: »Nachdem ich Bosnien ausgiebig über 15 Jahre lang bereist und in muslimischen, kroatischen und serbischen Dörfern gelebt habe, kann ich nicht glauben, daß das Land für immer von ethnischem Haß beherrscht werden wird.«[4]

Die Tragödie in Jugoslawien war nicht vorherbestimmt. Sie war das Produkt machthungriger, teilweise sogar krimineller Politiker, die ethnische Spannungen zu ihrem persönlichen, politischen und finanziellen Vorteil mißbrauchten. Anstatt in den Jahren nach Titos Tod die konkreten Regierungsprobleme anzugehen, führten sie ihr Volk in einen Krieg. Warren Zimmermann, der miterlebt hatte, wie der Rassenhaß im Land bewußt geschürt wurde, schrieb dazu in seinen Erinnerungen an seine Zeit als US-Botschafter in Belgrad:

Diejenigen, die behaupten, daß die »historischen Feindschaften auf dem Balkan« für die Gewalt verantwortlich seien, die Jugoslawien überwältigte und zerstörte, vergessen die Macht des Fernsehens mit seinem offiziell propagierten Rassismus. Die Geschichte, vor allem das Blutbad des Zweiten Weltkriegs, bot zwar ausreichend Zündstoff für den gegenseitigen Haß in Jugoslawien, doch es brauchte den institutionalisierten Nationalismus von Milošević und Tudjman als Funke, der alles in Brand setzte ... Jugoslawien mag eine von Gewalt geprägte Geschichte besitzen, einzigartig ist sie nicht. Wir wurden Zeugen eines Gewalt provozierenden Nationalismus von oben, der hauptsächlich über das Medium Fernsehen verbreitet wurde ... Viele Menschen auf dem Balkan mögen leicht beeinflußbar oder engstirnige Fanatiker sein, doch die Verbrecher sind in erster Linie ihre Politiker. Über das Fernsehen breitete sich der Virus des Rassenhasses wie eine Epidemie über ganz Jugoslawien aus ... Eine ganze Generation von Serben, Kroaten und Muslimen wurde durch Fernsehbilder zum Haß auf ihre Nachbarn verleitet ...[5]

Noel Malcolm machte ähnliche Beobachtungen:

Nachdem ich in den Jahren 1991 und 1992 Radio Television Belgrad gesehen habe, kann ich nachvollziehen, warum viele einfache bosnische Serben zu der Überzeugung gelangten, daß sie bedroht würden, von Ustaschahorden, fundamentalistischen Dschihads oder wem auch immer... Ungefähr so, als ob das ganze amerikanische Fernsehen vom Ku-Klux-Klan übernommen worden wäre.[6]

*

II. Das Ende des Kalten Krieges. Josip Broz Tito kam in Jugoslawien während der Partisanenkämpfe gegen die Nationalsozialisten an die Macht und hielt seine Position ohne ernstliche Herausforderung über den erstaunlichen Zeitraum von 35 Jahren. Im Jahr 1948 kam es zu dem historischen Ereignis, das für die nächsten vierzig Jahre Jugoslawiens weltpolitische Stellung definierte: Tito brach mit der Sowjetunion. Wegen der überragenden strategischen Bedeutung eines antisowjetischen Staates in dieser vitalen Region war der Westen bereit, alle internen Probleme Jugoslawiens zu übersehen oder zumindest zu bagatellisieren. Titos Abkehr von Stalin garantierte Jugoslawien für die kommenden vierzig Jahr eine Sonderbehandlung durch den Westen.

Als Jugoslawien sich 1991 auflöste, verdeckten andere bedeutende Ereignisse den Blick auf die Vorgänge auf dem Balkan. Die Berliner Mauer war gefallen und Deutschland wiedervereinigt, der Kommunismus in Mitteleuropa war am Ende oder lag in seinen letzten Zügen, und die Sowjetunion zerfiel in fünfzehn unabhängige Staaten. Zudem überfiel im August 1991 der Irak Kuwait und setzte damit die Aktion Desert Storm unter Führung der US-Streitkräfte in Gang, die Anfang 1992 mit der Befreiung Kuwaits endete.

Jugoslawien hatte in den Augen der meisten westlichen Politiker seine strategische Bedeutung verloren und steuerte fast unbemerkt vom Westen auf den Abgrund zu.

*

III. Das Drama im Inneren. Zu Lebzeiten Titos existierte der berühmte Ausspruch, in Jugoslawien gebe es sechs Republiken, fünf Nationen, vier Sprachen, drei Religionen, zwei Alphabete und eine Partei. Doch nach Titos Tod im Jahr 1980 verlor die kommunistische Partei ihre Vormachtstellung. Wie so viele autokratische Herrscher hatte Tito den Aufstieg eines starken Nachfolgers nicht zugelassen, und das Rotationsprinzip, nach dem sich die sechs föderativen jugo-

Das ehemalige Jugoslawien

Serbien und Montenegro bilden zusammen die sogenannte Bundesrepublik Jugoslawien. Die anderen ehemaligen jugoslawischen Republiken sind unabhängige Staaten. Der Kosovo gehört als »autonome Provinz« zu Serbien.

slawischen Republiken jährlich im Vorsitz über das Staatspräsidium abwechselten, führte zu einer weiteren Schwächung der Zentralmacht.

Im restlichen Mittel- und Osteuropa stellten die Demokratie und demokratische Ideale die stärksten Waffen im Kampf gegen den Kommunismus dar. In Jugoslawien dagegen fiel diese Rolle dem extremen Nationalismus zu. So konnten Rassisten und Demagogen – meist Kommunisten oder ehemalige Kommunisten – unter dem Banner eines ethnischen Bewußtseins große Gefolgschaften um sich scharen. Politiker, die sich für den Fortbestand eines multinationalen Jugoslawiens oder eine andere, friedliche Lösung einsetzten, die den einzelnen Republiken mehr Autonomie gewährt hätte, wurden vertrieben oder auf mitunter brutale Weise zum Schweigen gebracht.

Ihren Anfang nahm die Krise im katholischen, westlich orientierten Slowenien, der kleinsten und reichsten der sechs jugoslawischen Republiken. 1989, im selben Jahr, als die Berliner Mauer fiel, fing Slowenien an, die Bundesregierung direkt herauszufordern, und die zu Serbien gehörende autonome Region Kosovo, deren albanische Mehrheit von den Serben brutal unterdrückt wurde, stand kurz vor der Abspaltung und offenen Revolte.

In Serbien sah daraufhin Slobodan Miloševic, der wendigste jugoslawische Politiker, seine Chance gekommen. Die Serbische Kommunistische Partei wurde in Serbische Sozialistische Partei umbenannt, und Miloševic nahm sich der Sache des serbischen Nationalismus an. Anläßlich des 600. Jahrestags der serbischen Niederlage gegen die Türken auf dem Amselfeld hielt Miloševic 1989 auf dem legendären Schlachtfeld vor einer Million Serben eine flammende Rede. (Als ich Miloševic 1995 nach dieser berühmten Rede fragte, stritt er entrüstet ab, darin zum Rassenhaß aufgerufen zu haben. Statt dessen beschuldigte er den US-Botschafter Zimmermann, einen diplomatischen Boykott der Rede im Westen organisiert zu haben und warf der westlichen Presse vor, die Rede entstellt wiedergegeben zu haben.)

*

IV. Amerikanische Ermüdungserscheinungen nach dem Golfkrieg. Der Sieg in der Wüste gegen Saddam Hussein war das Verdienst einer von der Regierung Bush exzellent koordinierten, antiirakischen Koalition. Doch die Anforderungen, die »Desert Storm« und die Auflösung der Sowjetunion gleichzeitig an Washington stellten, hatten die US-Regierung erschöpft. Wie Zimmermann in seinen Memoiren trocken bemerkte: »Selbst eine Weltmacht hat Probleme, mit mehr als einer Krise auf einmal umzugehen.«[7] Dazu kam, daß im darauffolgenden Jahr die amerikanischen Präsidentschaftswahlen anstanden. Aus diesem Grund, und weil viele die Probleme auf dem Balkan für unlösbar hielten, wollten die amerikanischen Parteiideologen sich aus der sich zuspitzenden Jugoslawienkrise heraushalten. Nach Ansicht von David Gompert, damals hochrangiges Mitglied des Nationalen Sicherheitsrates, wußte die Regierung Bush

> bereits ein Jahr vor Ausbruch der Kampfhandlungen, daß Jugoslawien von einer kleinen Schar demagogischer Politiker in den Abgrund geführt wurde, sah [jedoch] einfach keine Möglichkeit, es zu verhindern … Bushs nationales Sicherheitsteam, das sich in anderen Krisen so bewährt hatte, war in der Frage gespalten und ratlos.[8]

Im Juni 1991 unternahm Außenminister James Baker seine einzige Reise nach Belgrad; ein eintägiger Ausflug, eingeschoben zwischen ein wichtiges Treffen mit sowjetischen Parteifunktionären in Berlin und einer emotionsgeladenen Reise nach Albanien, wo ihm auf den Straßen der Hauptstadt eine Million Albanier zujubelten. Bakers Fehleinschätzung der Situation spiegelt sich wider in seinem persönlichen Bericht, den er noch am Abend seiner Visite in Belgrad an Präsident Bush sandte. In seinen Memoiren zitiert er daraus:

> Mein instinktives Gefühl ist, daß wir keinen Dialog über die Zukunft Jugoslawiens zustande bringen werden, solange nicht alle Parteien die Dringlichkeit und bevorstehenden Gefahren klarer erkennen. Auch wenn wir von außen das vielleicht nicht vermitteln können, sollten wir und andere weiterhin in diese Richtung drängen.[9]

Eine krasse Fehleinschätzung. Die Jugoslawen erkannten die Dringlichkeit der Lage und ihre Gefahren sehr genau. Sie hatten nur auf ein Zeichen gewartet, ob die USA und ihre Verbündeten einen Konflikt gewaltsam verhindern würden. Nachdem absehbar war, daß die auf dem Höhepunkt ihres weltweiten Einflusses stehenden USA nicht eingreifen würden, schritten die Sezessionisten zur Tat. Nur vier Tage nach Bakers Abreise aus Belgrad verkündeten Kroatien und Slowenien ihre Unabhängigkeit. Zwei Tage später, am 27. Juni 1991, brach mit dem Einmarsch der jugoslawischen Volksarmee in Slowenien der erste (und kürzeste) der Balkankriege aus. Drei weitere Kriege – zwischen Kroaten und Serben, Serben und Bosniern, Kroaten und Bosniern – folgten, in deren Verlauf hunderttausende Menschen getötet und mehr als zwei Millionen aus ihrer Heimat vertrieben wurden; Kriege, die nicht nur Jugoslawien zerstörten, sondern auch die Hoffnung auf die friedliche neue Weltordnung, von der Präsident Bush einmal gesprochen hatte. Der ehemalige US-Botschafter in Belgrad, Zimmermann, kam im Nachhinein zu einem wenig schmeichelhaften Urteil über die Politik der USA in dieser Phase:

Die Weigerung der Regierung Bush, schon früh ihren Einfluß geltend zu machen, war unser größter Fehler im Verlaufe der Balkankrise. Sie ließ einen ungerechten Ausgang unvermeidlich werden und die Chance ungenutzt verstreichen, Hunderttausende von Menschenleben zu retten.[10]

Baker war so fest entschlossen, die USA aus dem Konflikt herauszuhalten, daß er sogar den Vorschlag seines Staatssekretärs Thomas Niles ablehnte, einen Beobachter zu den von Europäern initiierten Gesprächen zwischen den jugoslawischen Parteien zu entsenden. Allein damit, so befürchtete er, könne eine mögliche amerikanische Beteiligung angedeutet werden.

Die USA befanden sich in der paradoxen Situation, ein Staatsgebilde zu unterstützen, welches nicht mehr existierte. In Anbetracht ihrer Sachkenntnis hätten eigentlich Lawrence Eagleburger und der Nationale Sicherheitsberater Brent Scowcroft die amerikanische Jugoslawienpolitik federführend gestalten müssen. Eagleburger war unter Carter Botschafter in Jugoslawien gewesen, Scowcroft zu Beginn seiner Karriere bei der Air Force Militärattaché in Belgrad. Darauf angesprochen, erklärte Scowcroft 1995:

Innerhalb der Regierung waren Eagleburger und ich am meisten über die Entwicklung in Jugoslawien besorgt. Der Präsident und Baker neigten dem anderen Extrem zu. Baker sagte mir immer wieder: »Wir haben kein Pferd in diesem Rennen.« Und Präsident Bush bat mich jede Woche einmal, ihm zu erklären, um was es da eigentlich überhaupt gehe.[11]

*

V. Atlantische Verwirrung und europäische Passivität. Zum ersten Mal überließ Washington den Europäern in einer Angelegenheit der europäischen Sicherheitspolitik die Führung. In seinen Memoiren spricht Außenminister Baker offen über diese Entscheidung:

> Es war an der Zeit, die Europäer dazu zu bringen, ernst zu machen und zu beweisen, daß sie als vereinte Macht handeln konnten. Jugoslawien eignete sich als erster Versuch so gut wie alles andere.[12]

Tatsächlich war Jugoslawien als »erster Versuch« für die neue amerikanische Politik, die Europäer zu einem geschlossenen Handeln zu bewegen, denkbar ungeeignet. Nach dem Ende der Sowjetunion und der deutschen Wiedervereinigung mußten (und wollten) die Europäer natürlich allmählich eine größere Rolle in der atlantischen Allianz übernehmen. Doch über ein halbes Jahrhundert hinweg waren sie ohne die Führung der Amerikaner unfähig gewesen, als »vereinte Macht« zu handeln. Die Haltung der Regierung Bush in den Jahren 1989 bis 1990 bei einem der letzten großen Themen des Kalten Krieges, der Wiedervereinigung Deutschlands, stellte eines der ruhmreichsten Kapitel amerikanischer Außenpolitik des 20. Jahrhunderts dar. In Anbetracht der ablehnenden Haltung Frankreichs und Großbritanniens wäre die deutsche Einheit ohne die nachdrückliche Unterstützung Washingtons wohl kaum zustande gekommen. Doch nur ein Jahr später wandten sich dieselben amerikanischen Politiker von der ersten großen Herausforderung in Europa nach dem Kalten Krieg ab.

Die von den USA dominierte Nato wäre wohl am ehesten zu einer Lösung der Jugoslawienkrise in der Lage gewesen. Eine unmißverständliche Ankündigung, die Nato Lufteinsätze gegen jede Partei fliegen zu lassen, die die ethnischen Spannungen in Jugoslawien gewaltsam zu lösen versuchte, hätte den Ausbruch von offenen Feindseligkeiten wahrscheinlich verhindern können. Auf dieser Grundlage hätten Amerikaner und Europäer gemeinsam mit den Jugoslawen Teilungsvereinbarungen der Republiken untereinander aushandeln können, die (wenn auch sicherlich umstritten und kompliziert) gute Aussichten auf eine dauerhafte und friedliche Lösung geboten hätten. Leider sah man das in Washington anders, wie David Gompert bestätigt:

> Das Verhalten der US-Regierung während des Jugoslawienkonfliktes zwischen 1990 und 1992 widersprach ihrer politischen Willenserklärung hinsichtlich der zentralen Stellung und der Aufgabe der Nato in Europa nach dem Kalten Krieg, [welche] die Verantwortung der Nato zur Reaktion auf genau die Art von Konflikt beinhaltete, die damals den Balkan heimsuchte ... Wie vorauszusehen war, ersparte der Versuch, sich die Jugoslawienkrise vom Leib zu halten, den USA weder die Folgen noch die Verantwortung für den daraus resultierenden Mißerfolg.[13]

Aber auch die Europäer beurteilten die Lage gänzlich falsch. Ihre Fehleinschätzung ist in einem denkwürdigen Satz des luxemburgischen Außenministers Jacques Poos zusammengefaßt, dessen Land damals gerade die Präsidentschaft der Europäischen Gemeinschaft innehatte. »Die Stunde Europas«, verkündete Poos, »ist angebrochen.«

So kam es, daß am Tag nach Ausbruch des Krieges zwischen »Jugoslawien« und Slowenien, also sechs Tage nach Bakers Belgradvisite, Poos und die EG-»Troika« – die Außenminister des vorherigen, des aktuellen und des zukünftigen Landes mit Vorsitz im EG-Ministerrat – nach Belgrad reisten. Poos erreichte auch nicht mehr als Baker. Ansonsten bewirkte die Reise lediglich, den Jugoslawen die uneinheitliche Haltung der USA und der EG zu verdeutlichen.

Beide, die EG und die USA, irrten sich. Die Europäer glaubten, sie könnten die Probleme ohne die USA lösen; in Washington war man der Ansicht, daß man nun, da der Kalte Krieg der Vergangenheit angehörte, Jugoslawien den Europäern überlassen könnte. Die Stunde Europas war in Jugoslawien nicht angebrochen, und Washington hatte immer noch ein Pferd in diesem besonderen Rennen. Es dauerte vier Jahre, bis diese Fehlannahme revidiert wurde – vier Jahre, bis Washington nach langem Zögern endlich einschritt und, unterstützt von den Europäern, die Führungsrolle übernahm. Und das auch erst, nachdem es innerhalb der Atlantischen Allianz zu noch heftigeren Auseinandersetzungen gekommen war und sich in Bosnien eine Katastrophe von historischem Ausmaß ereignet hatte.

Am 27. Juni 1991 brach der jugoslawisch-slowenische Krieg aus. Er war kurz und, gemessen an den späteren Ereignissen, eine Bagatelle. Nach zehn Tagen und geringen Verlusten auf beiden Seiten befahl Miloševic den Rückzug der Jugoslawischen Volksarmee. Wenige Tage später kamen die beteiligten Parteien unter dem Vorsitz des niederländischen Außenministers und Leiters der Außenministerkonferenz der EG, Hans Van den Broek, auf der Adriainsel Brioni überein, Slowenien in die Unabhängigkeit zu entlassen, erreichten damit aber nur eine weitere Verschärfung der Situation. »Das Abkommen von Brioni wurde als Triumph der europäischen Diplomatie gefeiert«, heißt es bei Laura Silber und Allan Little. »Es war nichts dergleichen. Alle strittigen Punkte blieben ungelöst ... Der diplomatische Triumph gebührte Miloševic und [dem slowenischen Präsidenten] Milan Kučan, die untereinander die Loslösung Sloweniens aus der Gesamtrepublik vereinbarten ... und damit dem föderativen Jugoslawien den Todesstoß versetzten.«[14]

Die Abmachung zwischen Kučan und Milošević war ein charakteristisches Beispiel für Miloševics taktische Flexibilität und überragende Verhandlungskünste. Seinen langfristigen Zielen war damit in einer Art und Weise gedient, die zu der Zeit noch niemand so ganz erfaßte. Sloweniens Austritt erleichterte es Miloševic, ein serbisch dominiertes Jugoslawien zu schaffen, da er mit Slowenien eine Republik aus dem Land entließ, in der fast keine Serben lebten.

Kroatien, auf dessen Gebiet Hunderttausende von Serben lebten, war mit dem Ergebnis der Konferenz nicht einverstanden. Der kroatische Präsident Tudjman träumte schon seit langem von einem unabhängigen Kroatien. Doch sein »Staatsgebiet« (das Tito für eine kroatische Republik innerhalb Jugoslawiens festgelegt hatte) umfaßte Gebiete, in denen schon seit Jahrhunderten Serben siedelten. In dem kurzen Krieg mit Slowenien hatte es noch den Anschein gehabt, als würde die jugoslawische Armee die territoriale Integrität Jugoslawiens verteidigen; als dieselbe Armee nur wenige Wochen später gegen Kroatien in den Krieg zog, war aus ihr eine *serbische* Armee geworden, die mit und für die Serben in Kroatien kämpfte.

Der kroatisch-serbische Krieg begann mit lokalen Scharmützeln irregulärer Truppen, eskalierte aber rasch zu einem ausgewachsenen Krieg. Im August 1991 vereinte ein damals noch unbekannter Oberleutnant der jugoslawischen Armee namens Ratko Mladić seine regulären Truppen mit örtlichen irregulären – meistenteils Mitglieder jugendlicher Rassisten- und Schlägerbanden – und überfiel Kijevo, ein isoliert in der von Serben kontrollierten Krajina gelegenes kroatisches Dorf. Es war zwar schon vor Kijevo zu Kämpfen gekommen, doch dieser Überfall, der von Belgrad voll unterstützt wurde, »lieferte das Muster für den Krieg in Kroatien: die [jugoslawische] JVA-Artillerie unterstützte eine Infanterie, die zum Teil aus regulären Soldaten, zum Teil aus vor Ort rekrutierten serbischen Freiwilligen bestand.«[15] Innerhalb weniger Wochen hatten die Kampfhandlungen einen Großteil Kroatiens erfaßt. Die JVA begann einen brutalen Artillerieangriff auf das kroatische Vukovar, eine strategisch wichtige Stadt an der serbischen Grenze. Vukovar und das umliegende Ostslawonien fielen Mitte November an die Serben. Damit war Zagreb gefährdet, und in Kroatien brach Panik aus. (Die friedliche Rückgabe Ostslawoniens an Kroatien sollte eines der zentralen Themen bei unseren Verhandlungen vier Jahre später werden.)

Unterdessen hatte die Europäische Gemeinschaft, nachdem mehrere andere Anläufe gescheitert waren, den ehemaligen britischen Außenminister Lord Carrington beauftragt, einen Frieden für Jugoslawien zu vereinbaren. Carrington, ein gewandter Mann von geradezu legendärer Integrität, erzählte mir später, er habe noch nie in seinem Leben so schamlose Lügner wie auf dem Balkan erlebt. Während der Krieg in Kroatien eskalierte und Vukovar unter serbischem Granatfeuer in Schutt und Asche fiel, legte Carrington einen Kompromißplan zur Beendigung des Krieges vor.

Wieder beschränkten sich die USA auf die Rolle des weitgehend passiven Zuschauers. Kein amerikanischer Unterhändler nahm an den Verhandlungen teil, und Washingtons Unterstützung für den Carrington-Plan beschränkte sich auf laue öffentliche Erklärungen und den Austausch diplomatischer Botschaften auf unterer Ebene. Mitte November ernannte UN-Generalsekretär Butros-Ghali Cyrus Vance zum Sonderbeauftragten der Vereinten Nationen und hielt ihn zur engen Zusammenarbeit mit Carrington an. Daß Butros-Ghali mit Vance einen ehemaligen amerikanischen Außenminister bestellt hatte, erweckte vielfach den Eindruck, nun seien auch die USA an den Verhandlungen beteiligt – ein Eindruck, den die Regierung Bush nicht zu widerlegen versuchte.

Die Ernennung von »Cy« Vance verstärkte mein Interesse an Jugoslawien. Ich hatte zweimal mit Vance zusammengearbeitet – zuerst bei den Pariser Friedensverhandlungen mit Nordvietnam 1968, und dann, als ich in der Regierung Carter Staatssekretär für die Ressorts Ostasien und Pazifik war. Während der Regierungszeit Carters waren Vance und ich enge Verbündete gewesen, und ich empfand großen Respekt und Zuneigung für ihn und seine Familie. Vance war der geborene Unterhändler. Trotz seines fortgeschrittenen Alters (er war über siebzig) ging er seiner Arbeit immer noch mit großer Sorgfalt, einem ebensolchen Eifer und einer konzentrierten Tatkraft nach, mit der er Leute, die nur halb so alt waren wie er, in den Schatten stellte. Außerdem hatte Vance etwas im Gepäck, was Carrington nicht anbieten konnte – die Aussicht auf die Stationierung einer UN-Friedenstruppe in Kroatien für den Fall einer Waffenstillstandsvereinbarung.

*

Die Deutschen anerkennen Kroatien. Mit Beginn der Bemühungen von Vance und Carrington ging die Europäische Gemeinschaft eine der kontroversesten Entscheidungen des Krieges an: die Frage, ob man Kroatien als unabhängigen Staat anerkennen sollte. Monatelang hatte Deutschland die EG und die USA gedrängt, Kroatien anzuerkennen. Vance und Carrington lehnten die deutsche Forderung entschieden ab. Beide berichteten mir später, daß sie ihren alten Freund und Kollegen Hans-Dietrich Genscher unmißverständlich davor gewarnt hatten, mit der Anerkennung Kroatiens eine Kettenreaktion auszulösen, an deren Ende ein Krieg in Bosnien stünde. Eine Anerkennung Kroatiens würde Bosnien dazu zwingen, dem Beispiel zu folgen und sich ebenfalls für unabhängig zu erklären. Es wäre absehbar, prophezeiten Vance und Carrington, daß die bedeutende serbische Minderheit in Bosnien sich gegen einen von Muslimen dominierten Staat erheben würde. Oder, wie es ein Jugoslawe später formulierte, jede ethnische Gruppierung würde fragen: »Warum soll ich eine Minderheit in *Deinem* Staat sein, wenn *Du* in meinem Staat eine Minderheit sein kannst?« Ein Krieg wäre unausweichlich.

Doch Genscher, der erfahrenste unter den europäischen Außenministern, schlug die Warnungen seiner alten Freunde in den Wind. Ganz untypisch ließ Deutschland seine Muskeln spielen. Auf dem entscheidenden Treffen der europäischen Außenminister Mitte Dezember des

Jahres 1991 erklärte Genscher gegenüber seinen Kollegen, Deutschland werde, sollten die anderen EG-Staaten nicht mitziehen, Kroatien notfalls auch im Alleingang anerkennen. Die Europäer standen kurz vor der Unterzeichnung des historischen Maastrichter Vertrages, ein Vertrag, der den Beginn eines neuen, vereinten Europas symbolisieren sollte und zu dessen treibenden Kräften Helmut Kohl zählte. In dieser Situation wollte keiner der anderen Außenminister einen offenen Bruch in der europäischen Front riskieren, und so gab man Genschers Forderung nach. Zu Carringtons großem Verdruß hatten die Briten nicht einmal ihren Außenminister zu dem Treffen geschickt, sondern überließen es einem Stellvertreter, London in dieser wichtigen Angelegenheit zu vertreten.

Die USA lehnten die Entscheidung der Europäer zwar ab, aber ohne sonderlichen Nachdruck. »Unser Hauptanliegen für die nächsten Monate lag in einer friedlichen Auflösung der Sowjetunion«, räumte Baker in seinen Memoiren ein.[16] Selbst der stets höfliche Warren Zimmermann kritisierte seine Vorgesetzten in diesem Punkt. Er beschrieb das Telegramm mit den Anweisungen aus Washington zur Anerkennung Kroatiens durch die EG später als »nichtssagend ..., gerade genug, um sagen zu können, daß wir etwas getan haben, aber nicht genug, um etwas zu bewirken«. Die Stellungnahme des Außenministeriums war, schrieb Zimmermann, »zurückhaltend und nuanciert, vor allem darauf bedacht, die kroatische Gemeinde in den USA nicht zu verprellen.«[17] Washington selbst erkannte Kroatien nur wenige Monate später an.

*

In den letzten Jahren wurde ich wiederholt gefragt, ob die Anerkennung Kroatiens durch Deutschland und die EG den Krieg in Bosnien ausgelöst habe. Eine schwierige Frage. Einerseits halte ich die Entscheidung der Deutschen für einen Fehler. Andererseits erwiesen sich viele Entscheidungen außenstehender Regierungen aus dem Jahr 1991 als weitaus schwerwiegendere Fehler. Auch wenn die Entscheidung der Deutschen den Ausbruch des Krieges in Bosnien beschleunigte, nachdem einmal klar war, daß der Westen nicht eingreifen würde, war der Ausbruch des Krieges letztlich nur noch eine Frage der Zeit. Bonn allein die Schuld für den Ausbruch des Krieges in Bosnien aufzubürden hieße, die Verantwortung vieler anderer zu ignorieren.

Deutschland wurde von Leuten zu einem Sündenbock für die Ereignisse in Bosnien gemacht, die damit vor allem von ihren eigenen Versäumnissen ablenken wollten.

In Anbetracht der Rolle Nazi-Deutschlands auf dem Balkan, seinen engen Verbindungen zu dem faschistischen Ustascha-Regime in Zagreb und den Vernichtungslagern in Kroatien, in denen viele Juden *und* Serben starben, versteht man, warum Bonns kroatienfreundliche Haltung die Besorgnis wachrief, das zum ersten Mal seit 1945 wiedervereinigte Deutschland strebe eine aktivere, vielleicht auch aggressivere Politik in Mittel- und Osteuropa an. Aber ich sehe nichts, was dafür spricht, daß sich Bonns Balkanpolitik aus der deutschen Vergangenheit ableitete oder den Ausbau der deutschen Machtposition in Mitteleuropa zum Ziel hatte. Während meiner Zeit als Botschafter in Deutschland lernte ich Genscher und viele seiner früheren Kollegen im Außenministerium kennen. Sie gehörten zu den intelligentesten und weitblickendsten Leuten, mit denen ich je zusammengearbeitet habe. Sie waren sich der schrecklichen Geschichte ihres Landes während der nationalsozialistischen Herrschaft bewußt und arbeiteten engagiert dafür, ein demokratisches Deutschland zum Fundament eines demokratischen und friedlichen Europas zu machen. Ich war der Meinung – und erklärte dies auch als Botschafter –, daß es nach Ende des Kalten Krieges für Deutschland wünschenswert sei, eine aktivere Außenpolitik zu verfolgen, eine Politik, die Deutschlands Größe und Wirtschaftskraft angemessen ist.

Präsident Clinton, der das Land als Student mehrmals besucht hatte und Deutsch gelernt hatte, begrüßte Deutschlands neue Rolle als maßgeblicher Mitgestalter der europäischen Politik. Es erschien besser, Deutschland bei seiner allmählichen Entwicklung zu einer europäischen Großmacht zu unterstützen, als seine Energien aufzustauen und später einen plötzlichen Ausbruch zu riskieren. Selbst wenn die Anerkennung Kroatiens durch Bonn ein Fehler war, sollte man die Bedeutung dieser Entscheidung nicht überbewerten. Tatsächlich deutete eine bemerkenswert offenherzige Erklärung von Alija Izetbegović, die er am 27. Februar im bosnischen Parlament abgab – also fast zehn Monate, *bevor* Deutschland Kroatien anerkannte, die zukünftigen Probleme bereits an. »Ich würde den Frieden für ein unabhängiges Bosnien-Herzegowina opfern«, verkündete er, »aber für diesen Frieden niemals die Souveränität Bosnien-Herzegowinas opfern.« Für die Serben kam das, wie Silber und Little anmerkten, »einer Kriegserklärung gleich.«[18]

*

Anfang des Jahres 1992 gelang es dem UN-Sonderbeauftragten Vance, zwischen den Bürgerkriegsparteien in Kroatien ein Waffenstillstandsabkommen zu vermitteln. Im Februar hatte er den Widerstand der Krajina-Serben überwunden, Miloševics Unterstützung gewonnen und den Vereinten Nationen offiziell die Stationierung von 12 500 Blauhelmen empfohlen. Innerhalb weniger Tage beschloß die Uno, das zweitgrößte Kontingent an Friedenstruppen, das je aufgestellt wurde, nach Kroatien zu entsenden.

Damit war zwar einiges erreicht, aber zu einem hohen Preis. Fast ein Drittel des Landes wurde nun offiziell von den UN-Friedenstruppen, tatsächlich aber von Serben kontrolliert. Die Krajina-Serben, die auf diesem Gebiet unter Mißachtung des Abkommens eine unabhängige »Republik« ausriefen, führten unter den Kroaten der »UN-Schutzzonen« ethnische Säuberungen durch – unter den Augen der untätig bleibenden UN-Friedenstruppen. Vance und Carrington hatten einen Krieg beendet, doch die in der Folgezeit inkonsequente Politik der Vereinten Nationen vor Ort schürte den kroatischen Nationalismus, der drei Jahre später in der Krajina-Offensive zum Ausbruch kam, genau zu der Zeit, als wir mit unserer Pendeldiplomatie begannen.

KAPITEL DREI

Ein persönlicher Auftakt

(1992)

»Vielleicht hätte sich ein anderer dadurch nicht verführen lassen, mich aber zog es unablässig in die Ferne. Ich habe meine Freude daran, auf verbotenen Meeren zu segeln und an barbarischen Küsten zu landen.«
Herman Melville, *Moby Dick*

Eine private Reise

Am 3. März 1992 erklärte Bosnien seine Unabhängigkeit. Am 7. April anerkannten die USA und die Europäische Gemeinschaft den Staat Bosnien-Herzegowina. Unterstützt von Belgrad, forderten die bosnischen Serben die Regierung in Sarajevo auf, die Unabhängigkeitserklärung zurückzuziehen. Izetbegović lehnte das Ansinnen ab, und kurz darauf fielen die ersten Schüsse. Der Krieg hatte Bosnien erreicht – und wütete dort mit einer solchen Grausamkeit, daß die Welt – als sie im Laufe des Sommers 1992 endlich von den Vorgängen erfuhr – entsetzt feststellen mußte, daß sich im, wie es so schön heißt, »Hinterhof Europas« eine Tragödie ungeahnten Ausmaßes abspielte. Daß die Welt von den Grausamkeiten auf dem Balkan erfuhr, verdankte sie vor allem dem Einsatz einer Reihe engagierter Journalisten – darunter insbesondere Roy Gutman von *Newsday*, John Burns von der *New York Times*, Kurt Schork von Reuters und Christiane Amanpour von CNN. Die rücksichtslose Vertreibungspolitik der Serben bescherte der Welt einen neuen, häßlichen Euphemismus: »Ethnische Säuberung«. Ethnische Säuberung bedeutete die Ermordung, Vergewaltigung und gewaltsame Vertreibung von Menschen aufgrund ihrer ethnischen Herkunft. Dabei fielen der brutalen serbischen Vertreibungspolitik Muslime und Kroaten gleichermaßen zum Opfer. Auch die Entsendung zusätzlicher UN-Friedenstruppen zur Unterstützung humanitärer Maßnahmen in Bosnien konnte eine weitere Zuspitzung der Lage nicht verhindern.

*

Fast zufällig fing ich an, mich mehr mit der Region zu beschäftigen. Im Frühjahr 1992 sah ich im Fernsehen, wie Mohammed Sacirbey, damals noch bosnischer UN-Botschafter, die Welt zur Rettung seines Volkes aufrief. Tief beeindruckt von seiner Leidenschaftlichkeit und Redegewandtheit, rief ich ihn an. Ich sagte ihm, wie sehr ich sein Engagement bewunderte und bot ihm meine Unterstützung an. Sacirbey wurde mein erster bosnischer Freund. Damals konnte keiner von uns beiden ahnen, daß ich eines Tages über das Schicksal seines Landes verhandeln würde – oft sogar mit ihm.

Sacirbey verkörperte eine der großen Hoffnungen der noch unerfahrenen bosnischen Regierung. Er war mit einer Amerikanerin verheiratet und bis 1992 ebenso sehr Amerikaner wie Bosnier. Das ging so weit, daß seine Gegner in Bosnien ihm sogar vorwarfen, seine Muttersprache mit amerikanischem Akzent zu sprechen. Doch als das noch junge Land einen Sprecher bei den Vereinten Nationen brauchte, fiel Izetbegovićs Wahl auf Sacirbey. Bosniens Gründungspräsident war mit Sacirbeys Vater, einem erfolgreichen Arzt, der in einem noblen Vorort von Washington lebte, eng befreundet.

Es war eine gute Wahl. Die schrecklichen Bilder im Fernsehen bewegten die Zuschauer, doch die Amerikaner brauchten einen redegewandten Bosnier, mit dem sie sich identifizieren konnten und der die Sache seines Volkes verkörperte. Ich war nur einer von vielen, der von Sacirbeys öffentlichen Auftritten so beeindruckt war, daß er ihm seine Hilfe anbot. Leider war Sacirbey bei vielen Regierungsmitarbeitern in Washington und Europa weniger beliebt, die dem Bosnier in politischer Hinsicht Unerfahrenheit und Unreife vorwarfen. Er liebte Journalisten und Fernsehkameras und gab oft ohne Rücksicht auf mögliche Folgen dramatische Erklärungen ab. Aber es machte Spaß, mit ihm zu arbeiten, und er hatte zu vielen Amerikanern, darunter auch zu mir, seit Beginn unserer Zusammenarbeit im Jahr 1994 eine entspannte, fast brüderliche Beziehung. Als Sacirbey 1995 zum Außenminister ernannt wurde, gehörte er zu den zwei wichtigsten bosnischen Politikern, mit denen wir regelmäßig zu tun hatten. Der andere war Sacirbeys Erzfeind, der bosnische Ministerpräsident Haris Silajdzic.

Im Sommer des Jahres 1992 lag all das noch in weiter Ferne. Ich war immer noch Privatmann, als ich Anfang August einen Anruf von meinem alten Freund und Tennispartner Winston Lord erhielt, der vom Botschafterposten in China auf die Stelle des Vizepräsidenten des International Rescue Committee (IRC) gewechselt war, einer privaten Flüchtlingsorganisation, deren Vorstand ich angehörte.[1] Lord fragte, ob ich Interesse hätte, an einer IRC-Untersuchungskommission in Bosnien teilzunehmen. Wenige Minuten später rief mich IRC-Präsident Robert deVecchi an: Ob ich noch diese Woche abreisen könnte?

Die erste Reise

Am 11. August 1992 brachen wir nach Kroatien auf. Unsere Gruppe bestand aus deVecchi, John Richardson, der Staatssekretär unter Nixon und Ford gewesen war, und Sheppie Abramowitz, eine alte Freundin und Flüchtlingsexpertin, deren Ehemann Morton Abramowitz Botschafter in Thailand und der Türkei gewesen war und der jetzt als Präsident der Carnegie-Stiftung für internationalen Frieden tätig war. Das Ehepaar Abramowitz und ich hatten während der vietnamesischen »Boat People«-Flüchtlingskrise in den Jahren 1979 und 1980 eng zusammengearbeitet.

Während meines Aufenthaltes im ehemaligen Jugoslawien führte ich ein Tagebuch. Als ich es nach vier Jahren zum ersten Mal wieder las, stellte ich mit Erstaunen fest, in welchem Ausmaß diese Reise mein späteres Verständnis der Situation beeinflußt hatte:[2]

12. August 1992: Wir reisen praktisch blind in das Kriegsgebiet. Bislang hat noch kaum jemand viel in diesem Gebiet gesehen, und wenn, dann nur in den letzten Tagen. Wir wollen versuchen, Zugang zu den Todeslagern zu erhalten, die so großes Aufsehen erregt haben, aber das könnte sich als schwierig erweisen. Es ist unwahrscheinlich, daß die Serben uns irgend etwas sehen lassen, das ihrem ohnehin schon sehr lädierten Ansehen noch mehr schaden könnte…

Zagreb: Auf den ersten Blick sieht Zagreb aus wie jede andere Stadt in Mitteleuropa; eine Altstadt, die Erinnerungen an die k.u.k.-Zeit wachruft, und neuere Viertel mit häßlichen und nichtssagenden Gebäuden. In der Lobby des Hotel Intercontinental hat sich eine merkwürdige Mischung von Menschen versammelt, wie sie typisch ist für Orte, an denen sich bewegende Dinge abspielen: ein großer Mann mit wallender weißer Mähne, Journalisten, etliche Araber oder Iraner, die in einer Ecke miteinander flüstern, und Militärangehörige in verschiedenen Uniformen.

13. August: Nach einem Tag voller Besprechungen in Zagreb ist mir mittlerweile klar, daß die Situation viel komplizierter und schwieriger ist als alles, womit ich bislang zu tun hatte, einschließlich Kambodscha. Was die Sache so komplex macht, ist die Tatsache, daß sich hier nicht zwei, sondern drei Gegner gegenüberstehen. Alle sagen, daß eigentlich niemand wollte, daß so etwas passiert. Aber es ist passiert. Alle sagen, es muß aufhören. Aber es hört nicht auf.

Die Lagebesprechung der Uno gestern war deprimierend. Im ganzen Raum hingen Landkarten mit Angaben zu den Flüchtlingszahlen in den einzelnen Gebieten. Unser Gastgeber Tony Land – ein bärtiger Engländer mit trockenem Humor, dem die Undurchführbarkeit seiner Aufgabe klar bewußt ist – setzte uns die Situation auseinander. Seine Antwort auf die Frage nach Gefangenenlagern überrascht uns. »Wir sind völlig verblüfft über die Reaktionen der Medien und der Öffentlichkeit«, sagt Land. »Sechs Monate lang wurde Sarajevo systematisch zerstört, ohne daß die Welt sich besonders darüber aufgeregt hätte. Dann erscheinen ein paar Bilder von Menschen hinter Stacheldrahtzäunen, und die Welt spielt verrückt. Wir haben in Sarajevo weit mehr Tote gesehen als in den Gefangenenlagern …«

Diese Ansicht ist, wie sich zeigt, unter den Mitarbeitern der internationalen Hilfsorganisationen weit verbreitet. Natürlich hat Land recht – der Krieg fordert mehr Opfer als die Lager. Andererseits rütteln die Fernsehbilder die Menschen auf, etwas zu tun – aus diesem Grund sind beispielsweise wir hier –, helfen ihm also bei seiner Aufgabe …

Mittag: Wir sind unterwegs nach Banja Luka. Ich schreibe das, während wir in einer langen Auto- und Lastwagenschlange 60 Kilometer vor Banja Luka an der kroatischen Grenze stehen, am Rande der »Serbischen Republik Krajina« – die von Serben kontrollierten Gebiete im Westen Kroatiens. Die nächste Stadt, in die wir kommen, ist bewohnt, doch die Stimmung ist sehr angespannt – kaum ein Geräusch ist zu hören, niemand hebt die Stimme. Einen Moment später ertönt Maschinengewehrfeuer, in der Nähe steigt Rauch auf. Unser Fahrer ist nervös. Er hat mich gebeten, nicht mehr aus dem Wagen heraus zu filmen. Im Auto steigt die Spannung, wir reden kaum.

Fünf Uhr nachmittags: Nach einer Fahrt durch ein vom Krieg zerstörtes Gebiet erreichen wir Banja Luka. In der Stadt gibt es keine Elektrizität mehr. Unsere Zimmer im Hotel Bosna sind klein und stickig. Direkt vor dem Hotel ist schweres Geschützfeuer zu hören. Keiner kann erkennen, woher es kommt. Draußen auf der Straße gehen die Leute weiter und fahren Fahrrad, als sei nichts geschehen.

Später: Der Nachmittag beginnt mit einem gehörigen Schrecken – ich werde von serbischen Polizisten aus meinem Hotelzimmer geholt. Jemand hat gemeldet, ich hätte verbotenerweise in einem Lagerhaus der Uno gefilmt. Ich protestiere laut und und lösche währenddessen rasch die entsprechenden Stellen auf dem Videoband. Dann werde ich, begleitet von einem UNHCR-Mitarbeiter, zu einem serbischen Sicherheitsoffizier ins UN-Lagerhaus gebracht. Unser Dolmetscher erklärt dem grimmig blickenden Serben, daß ich kein Journalist sei usw. Nach einem heftigen Wortwechsel scheint alles wieder in Ordnung zu sein.

Unser Dolmetscher ist ein lebendes Beispiel für das Dilemma, in dem sich viele Jugoslawen befinden. Als ich ihn nach seiner Herkunft frage, antwortet er:»Ich weiß nicht, was ich bin.« Seine Familie (Eltern, Großeltern und angeheiratete Verwandte) sei, sagt er, eine Mischung aus Kroaten, Serben, Armeniern, Russen, Muslimen und Slowenen. »Was kann ich tun?« fragt er.»Ich habe drei Möglichkeiten: Fliehen, in die Armee eintreten oder den Leuten helfen. Ich habe mich für die dritte Möglichkeit entschieden – vorläufig...«

14. August: Ein merkwürdiger Tag! Schon beim Aufstehen hören wir vor dem Hotel Lärm und Schüsse. Wir gehen nach draußen und sehen Serben, die gerade dabei sind, direkt vor Journalisten und laufenden Fernsehkameras eine Art »gemäßigte« ethnische Säuberung durchzuführen. Wir nehmen die ganze Szene auf. Praktisch mit vorgehaltener Waffe werden ein paar Muslime gezwungen, ihren Besitz an serbische Nachbarn zu überschreiben. Als Gegenleistung erhalten sie die Erlaubnis, Bosnien zu verlassen. Dann werden sie in Busse verfrachtet, die sie zur Grenze bringen sollen, obwohl sie keinerlei Garantie haben, daß sie auch tatsächlich ausreisen dürfen. Manche weinen, andere

bleiben stumm. Ihr Leben an einem Ort, den ihre Familien seit Jahrhunderten bewohnen, ist zu Ende.

Nach diesem schrecklichen Vorfall, der uns erschüttert und in gedrückter Stimmung zurückläßt, brechen wir nach Sanski Most auf. Wir quetschen uns in die weißen Fahrzeuge des UN-Flüchtlingskommissariats. Wenige Kilometer nördlich von Banja Luka sehen wir die schrecklichen Folgen des Krieges – ausgebombte, ausgebrannte Häuser säumen die Straße. Mit zunehmender Nähe zur Front steigt das Ausmaß der Zerstörung. Gelegentlich entdecken wir ein Haus, das völlig unversehrt in einer Reihe von Ruinen steht – es wird von Serben bewohnt. Solche Zerstörungen sind eindeutig nicht die Folge von Kämpfen, sondern das Ergebnis eines systematischen und methodischen Pogroms, bei dem Serben ihre muslimischen Nachbarn ans Messer lieferten. So muß es vor einhundert Jahren in Mitteleuropa und Rußland zugegangen sein – mit dem Unterschied, daß heute die ganze Sache dank modernster Waffen und Kommunikationsmittel viel effektiver abläuft.

Unsere Führerin durch diese Schreckenslandschaft ist Senja, eine zierliche, lebhafte junge Montenegrinerin, die für die UNHCR arbeitet und ein Jahr als Austauschstudentin in Fort Collins in Colorado gelebt hat. Bei jeder Straßensperre weist sie uns in entschiedenem Ton an, im Auto zu bleiben und auf keinen Fall zu fotografieren. Dann springt sie aus dem Wagen und überredet die martialisch aussehenden Wachposten, die lässig mit ihren Waffen herumstehen, uns passieren zu lassen.

Die Männer in diesem Land führen sich auf, als seien sie ohne Waffen impotent. Männer, die bis vor kurzem noch Automechaniker oder Ladenbesitzer waren, sind berauscht von der Macht, die ihnen die Waffen verleihen. Noch nie habe ich so viele Menschen mit so vielen Waffen gesehen, nicht einmal in Vietnam oder Kambodscha.

Nach einem weiteren Kontrollpunkt an einer Brücke erreichen wir Sanski Most. Vor dem Gebäude des örtlichen Roten Kreuzes kommt es zu einem unangenehmen Zwischenfall: Ein wütend aussehender Mann in schlampiger Uniform mit Zigarette im Mund und Reebok-Turnschuhen fängt plötzlich an, uns anzuschreien und fuchtelt dabei wild mit einer Halbautomatik herum. Er wirkt betrunken. Er gibt uns zu verstehen, daß er unseren Wagen »ausleihen« will und uns irgendwo am Stadtrand aussteigen lassen will oder Schlimmeres. Nach einer hitzigen Debatte bringt Senja ihn dazu, uns zur örtlichen Polizeistation zu bringen. Dort weist sie uns an, im Wagen zu warten, sie würde allein hineingehen. Eine Stunde lang warten wir angespannt, von den schwerbewaffneten Männern, die vor der Polizeistation herumlungern, mit unverhohlener Feindseligkeit betrachtet. Wir machen uns Sorgen um Senja. Endlich kommt sie und drängt: »Wir müssen sofort losfahren. Die Leute hier sind sehr wütend und sehr gefährlich.« Wir brechen in aller Eile auf und fahren zurück nach Zagreb, erleichtert und erschreckt zugleich …

15. August: Wieder in Split. Nachdem wir unsere Zimmer in einem idyllischen Ferienhotel am Meer bezogen haben, machen wir uns auf den Weg zu einem bosnischen Flüchtlingslager direkt an der Grenze zu Kroatien. Wir durchqueren eine typische Mittelmeerlandschaft: steile, felsige Berge, Häuser am Meer und kleine Dörfer. Die Dörfer könnten auch in Italien auf der anderen Seite der Adria liegen, doch die allgegenwärtigen Milizen erinnern mich eher an den Libanon.

Wir erreichen Posesje, ein Dorf direkt hinter der bosnischen Grenze. Das Flüchtlingslager bietet einen furchtbaren Anblick. Ungefähr 3000 muslimische Flüchtlinge sind in einer Schule und auf dem dazugehörigen Gelände untergebracht. Sie sind aus den von Serben kontrollierten Gebieten in Bosnien geflohen, wurden jedoch von den Kroaten daran gehindert, über die Grenze nach Kroatien einzureisen.

Bei glühender Hitze erzählen uns die Flüchtlinge stundenlang von dem Martyrium, das sie und ihre Familien durchgemacht haben. Frauen drängen sich um uns und erzählen von ihren spurlos verschwundenen Männern, wie sie von den Serben verschleppt und seitdem nicht wieder gesehen wurden. Nirgends im Lager sind junge Männer zu sehen. Bedrückt und erschöpft kehren wir nach Split zurück.

Auf der Suche nach Abwechslung besichtigen wir die römischen Ruinen in der Nähe der Hauptstraße. Um diese Jahreszeit wimmelt es in Split normalerweise von Touristen, doch jetzt sind nur wenige unterwegs, meist Deutsche. Hier Touristen zu sehen, wirkt angesichts der furchtbaren Dinge, die sich nur wenige Kilometer entfernt abspielen, wie blanker Hohn. Wir besichtigen den ehemaligen Diokletianpalast und das zum Dom umgebaute Mausoleum des Kaisers.

Im Dom werden wir Zeuge einer Szene, die in scharfem Kontrast zu dem steht, was wir bislang an diesem Tag zu sehen bekommen haben. Zwei Nonnen kommen herein und setzen sich an die Orgel. Ein junges

Mädchen beginnt zu singen. Offensichtlich üben sie für eine Hochzeit. Ihre klare Stimme füllt den Raum und hallt in dem antiken Gemäuer wider. Verzaubert bleiben wir stehen. Die Schrecken des Krieges in Bosnien sind weit weg, gleichzeitig aber auch sehr nah. Wir können uns nicht losreißen. Könnten solche Augenblicke voller Liebe, Familie und Tradition länger währen, vielleicht könnten sie dann den Platz einnehmen, den der Krieg in diesem sich selbst zerfleischenden Land beansprucht.

16. August: Zagreb. Wieder ein Abendessen im Intercontinental. Im Speisesaal treffen wir Steve Engelberg, Korrespondent der *New York Times,* der uns ein paar seiner Ansichten mitteilt: Miloševics potentielle Nachfolger seien wahrscheinlich noch schlimmer, Cy Vance habe bei der Beendigung des serbisch-kroatischen Krieges Erstaunliches geleistet, wenn dem Krieg hier nicht bald ein Ende gesetzt werde, bestehe die Gefahr, daß eine radikale europäisch-islamische Bewegung entstehe.

New York, 23. August 1992. Wieder zurück. Wie immer sind New Yorks Probleme so drängend, daß man die Menschen hier kaum für eine Tragödie interessieren kann, die sich Tausende von Kilometern entfernt abspielt. Doch für mich zählt das Argument nicht, daß wir es uns nicht leisten können, uns mit so weit entfernten Problemen zu beschäftigen, da wir zu Hause selbst genug Schwierigkeiten haben. Ein solches Denken führt zu einer globalen Triage, die wir nicht hinnehmen können. Unsere Gesellschaft ist immer noch reich genug, sich mit der Außenwelt zu beschäftigen, auch wenn der Kalte Krieg zu Ende ist.

*

Die Eindrücke meiner Reise ließen mich nicht mehr los. Seit Vietnam war ich nicht mehr mit einem so schwierigen und drängenden Problem konfrontiert worden. Gegenüber Strobe Talbott, damals noch Kolumnist für *Time*, äußerte ich die Ansicht, daß Bosnien bei einem Regierungswechsel »das schlimmste Erbe [wäre], das man sich vorstellen kann – George Bushs und Larry Eagleburgers Rache an einem siegreichen Clinton.« Vor meiner Reise hatten die *Washington Post* und *Newsweek* bei mir angefragt, ob ich bereit wäre, einen Artikel über meine Reiseeindrücke zu schreiben. Ich war nur zu bereit. Der Artikel in *Newsweek*, der in der Ausgabe vom 17. September 1992 erschien, stellt meinen ersten vorsichtigen Versuch dar, eine Strategie für den Umgang mit der Bosnienkrise zu formulieren:

…Durch ihre bisher unzulängliche Reaktion zerstören die USA und die Europäische Gemeinschaft vielleicht nicht nur den Traum von einem »gemeinsamen europäischen Haus« nach dem Ende des Kalten Krieges, sondern legen womöglich auch den Grundstein für ein neues Zeitalter der Not und des Leidens in Europa.

Nicht, daß eine so düstere Zukunft unvermeidbar wäre… Wenn die Europäer und Amerikaner die Initiative ergreifen und ihren Worten entsprechenden Nachdruck verleihen, muß der schlimmste Fall nicht eintreten… Geht [aber] der Krieg weiter, und drängen die Serben die Muslime erfolgreich auf einen kleinen Staat oder »Kanton« in einem zwischen Kroatien und Serbien aufgeteilten Bosnien zurück, dann wird das schreckliche Folgen haben – sowohl auf kurze und noch mehr auf lange Sicht. Zunächst werden die Muslime aus Gebieten vertrieben werden, die sie seit Jahrhunderten bewohnen, dabei werden Tausende ermordet, viele von ihren bisherigen Nachbarn. Hunderttausende, vielleicht sogar über eine Million Flüchtlinge werden der Weltgemeinschaft aufgebürdet, die schon jetzt kaum der enormen Flüchtlingsfluten in Afrika und Asien Herr wird… Die meisten Beobachter sind sich einig, daß nur solche Maßnahmen die Serben aufhalten können, die den Preis, den sie für ihre Völkermordpolitik bezahlen müssen, in eine für sie untragbare Höhe treiben.

Was muß man sich darunter konkret vorstellen? Zunächst einmal müssen internationale Beobachter (vermutlich von den Vereinten Nationen) so schnell wie möglich in die Grenzgebiete, in den Kosovo und nach Mazedonien entsandt werden, *bevor* der Krieg auch auf diese kritischen Gebiete übergreift…

Eine weitere Möglichkeit bestünde darin, die Regeln des gegenwärtigen Waffenembargos – das momentan die Serben bevorteilt, die den ehemaligen jugoslawischen militärisch-industriellen Komplex kontrollieren – so abzuändern, daß die Bosnier mehr Waffen für ihre Selbstverteidigung erhalten…

Auch andere Maßnahmen, wie etwa die Bombardierung von Brücken zwischen Serbien und Bosnien oder Angriffe auf Einrichtungen der serbischen Armee sollten in Betracht gezogen werden.

Diese Maßnahmen würden natürlich kurzfristig das Ausmaß an Gewalt erhöhen. Doch da der Westen weder die Absicht hegt noch den Wunsch verspürt, eigene Truppen in den Krieg zu schicken, wäre es ungerecht, den Muslimen die Mittel zur Selbstverteidigung zu verweigern …

Jeder weitere Tag, den das Töten andauert, verringert die Chance, eine langfristige Tragödie zu verhindern. Was würde der Westen machen, wenn die religiösen Überzeugungen der Beteiligten genau umgekehrt wären und ein muslimisches Land versuchen würde, zwei Millionen belagerte Christen und/oder Juden zu vernichten?

Der Clinton-Wahlkampf

Im Wahljahr 1988 hatte ich Senator Al Gore bei den innerparteilichen Vorwahlen unterstützt und ihn gelegentlich bei seinen Wahlkampfreisen begleitet. Seine Kampagne begann spät, aber verheißungsvoll. In den Vorwahlen einiger Staaten im Norden, vor allem in New York, stieß Gore jedoch auf, wie sich herausstellte, unüberwindbare Hindernisse. Ich verbrachte einige schwierige Tage mit ihm, seinem Wahlkampfteam und seiner Familie, deren enger Zusammenhalt mich beeindruckte.

Ich ließ Gore wissen, daß ich ihn wieder unterstützen würde, sollte er 1992 noch einmal einen Anlauf wagen. Als er sich entschied, nicht zu kandidieren – größtenteils wegen der Folgen eines Autounfalls, bei dem sein Sohn beinahe ums Leben gekommen wäre –, konnte ich mich nicht für einen anderen Kandidaten entscheiden. Doch schließlich machten mich einige enge Freunde auf den mir nur flüchtig bekannten Bill Clinton aufmerksam, den damaligen Gouverneur von Arkansas.

Einer dieser engen Freunde war Strobe Talbott, der mit Clinton, wie er Rhodes-Stipendiat, in Oxford studiert und zusammen gewohnt hatte. Talbott, mit dem ich seit seiner Zeit im Außenministerium unter Carter befreundet war, konnte sich selbst nicht am Wahlkampf beteiligen, da er immer noch für *Time* arbeitete. Brooke Shearer, seine Frau, arbeitete jedoch für Hillary Clinton und reiste während eines Großteils des Wahlkampfes mit ihr zusammen durchs Land. Joe Klein, ebenfalls ein Journalist, den ich gut kannte und der damals für das *New York Magazine*, später für *Newsweek* und *The New Yorker* arbeitete, hatte mit mehreren Kolumnen die allgemeine Aufmerksamkeit auf Clinton gelenkt. Der Gouverneur von Arkansas, schwärmte Klein mir gegenüber, sei der aufregendste Demokrat seit Jahren. Ein dritter Freund, Samuel Berger (allgemein als Sandy bekannt), Partner einer namhaften Washingtoner Anwaltskanzlei und unter Vance einer meiner Kollegen im Außenministerium, fragte mich, ob ich in Clintons Wahlkampfteam mitarbeiten wollte.

Im Frühherbst 1991 traf ich Gouverneur Clinton und seine Frau Hillary bei verschiedenen Wahlkampfveranstaltungen in New York und wurde gebeten, ihn bei einem dieser Anlässe vorzustellen. Ich hatte noch nie jemanden erlebt, der eine solche Wirkung auf Menschen hatte, sei es auf Gruppen oder Einzelpersonen, wie Bill Clinton. Er vereinte in sich eine profunde Kenntnis der aktuellen Probleme, den Willen, sie zu lösen, und praktische politische Fähigkeiten in einem Grade, wie ich es nie gesehen habe. Nach einem Treffen mit George Stephanopoulos, Clintons intelligentem und – wie mir schien – sehr jungem persönlichen Berater, rief ich Sandy an und teilte ihm mit, daß ich bereit sei, Gouverneur Clinton auf jede mir mögliche Weise zu unterstützen.

Bush werde, prophezeite Berger, versuchen, Gouverneur Clinton als unerfahren darzustellen, als jemanden, der in Fragen der nationalen Sicherheit unqualifiziert war – eine Methode, die sich für die Republikaner schon in vielen früheren Wahlkämpfen bewährt hatte, zuletzt als Reagan 1980 Carter besiegt hatte und acht Jahre später bei Bushs Triumph über Michael Dukakis. Um dem vorzubeugen, plante Berger die Bildung eines kleinen Stabes, der sich schon früh mit Fragen der nationalen Sicherheit befassen sollte. Die Kerngruppe, die Berger sich vorstellte, bestand aus uns beiden sowie Tony Lake, der unter Vance Bergers Vorgesetzter im Außenministerium gewesen war. Lake lehrte in Mount Holyoke und würde, spekulierte Berger, den Sommer über mehr Zeit zur Verfügung haben als wir und könnte sich dann, wenn er im Herbst seine Lehrtätigkeit an der Universität beendete, unterstützt durch uns voll und ganz dem Wahlkampf widmen. Doch Lake zögerte. Offenbar zog er es vor, ein Buch über den Wahlkampf zu schreiben, statt selbst daran teilzunehmen. Berger bat mich, bei Tony Lake anzurufen und ihn zu überreden, sich der Herausforderung zu stellen.

Mit seiner Bitte rannte er offene Türen ein. Tony Lake und ich waren schon seit langem eng befreundet. Wir hatten 1962 gemeinsam die diplomatische Laufbahn eingeschlagen, hatten miteinander Vietnamesisch gelernt und waren zusammen in Vietnam gewesen. Zweimal in meiner Laufbahn hatte ich mit seiner Unterstützung seine Nachfolge angetreten, einmal als Assistent des US-Botschafters in Saigon und später als Assistent von Nicholas Katzenbach, dem zweiten Mann im Außenministerium unter Präsident Johnson. Ich dagegen war der Vorsitzende des Auswahlkomitees gewesen, das ihn für die Stelle des Leiters von International Voluntary Services ausgesucht hatte, eine kleine, dem Peace Corps vergleichbare private Organisation. Auch ansonsten gab es vieles, was uns verband: Tony hatte die Vorbereitungen für meine Hochzeit 1964 in Saigon in die Hand genommen, und ich war der Pate seines zweiten Kindes. Obwohl wir uns in Anbetracht der seitdem vergangenen Zeit und der unterschiedlichen Laufbahnen, die wir eingeschlagen hatten, seit 1980 nicht mehr so nahe standen wie früher, waren wir doch seit 30 Jahren immer in Verbindung geblieben.

Nur wenige Tage nach unserem Telefonat traf er sich in Little Rock mit Clinton. Das Treffen verlief erfolgreich, und Tony stürzte sich mit Feuereifer in den Wahlkampf. Mit großem Geschick rekrutierte er Einzelpersonen und Gruppen, die um Unterstützung für Clinton warben und ihnen berieten.

Auch wenn die Clinton-Kampagne vor allem wirtschaftliche Fragen thematisierte, wäre es unklug gewesen, Bushs Führungsposition in der Außenpolitik unangefochten zu lassen – ein Versäumnis, das Dukakis 1988 sehr geschadet hatte. Lake, Berger und das Team entwickelten daher eine Strategie, die das Problem auf zwei Ebenen gleichzeitig anging. Zum einen beschlossen wir, Bushs bisherige Leistungen, die wir nicht für so unangreifbar hielten, wie man allgemein annahm, zu kritisieren. Zum anderen sollte Clinton Positionen vertreten, die ihn als fähigen, verantwortungsvollen Außenpolitiker mit mehr Weitblick als Bush auswiesen. Im Laufe des Sommers 1992 nahm diese Doppelstrategie allmählich konkrete Form an. Das geeignetste Thema – weil sich daran sowohl Bushs Schwächen als auch Clintons Stärken darstellen ließen – war Bosnien.

Ungefähr zur Zeit meiner ersten Reise ins Krisengebiet rückten die Ereignisse im ehemaligen Jugoslawien ins Blickfeld der Weltöffentlichkeit. Plötzlich sah man auf der ganzen Welt schockierende Filme von ausgezehrten Gefangenen in Nordbosnien, die durch Stacheldrahtzäune hindurch in die Kamera blickten; Szenen, die aus dem Zweiten Weltkrieg zu stammen schienen – die sich aber heute und mitten in Europa abspielten. Das war für uns das Signal zum Angriff. Clinton warf der Regierung Bush vor, sie kehre den »Menschenrechtsverletzungen den Rücken zu« und tue sich schwer damit, »die Tragweite der Situation zu erfassen«. Clinton rief Präsident Bush dazu auf, endlich »wahre Führungsqualitäten« zu beweisen und forderte Luftangriffe gegen die Serben, nötigenfalls auch mit amerikanischer Unterstützung, sollten die Serben weiterhin den Transport humanitärer Güter nach Sarajevo behindern. Präsident Bush feuerte zurück: Clintons »unausgereifter Ansatz« beweise, daß der demokratische Kandidat erst noch seine Hausaufgaben machen müsse. Bereits Anfang August jedoch hatte die Regierung Bush, teils wegen Clintons Kritik, ihre Meinung geändert und drängte den Sicherheitsrat der Vereinten Nationen, die Versorgung Sarajevos mit Hilfsgütern notfalls auch mit Hilfe von Gewalt durchzusetzen. Aber Clinton ließ nicht locker. In einer Rede in Los Angeles am 14. August (zufällig derselbe Tag, an dem ich in Banja Luka war) versprach er, »die USA zu einem Katalysator des kollektiven Widerstandes gegen jegliche Form der Aggression« zu machen. »In einer Welt der Veränderungen«, verkündete Clinton, »wird Sicherheit durch Initiative gewährleistet, nicht durch Trägheit.« Seine Aussagen machten keinen großen Eindruck auf die amerikanischen Wähler, doch in Europa erregte er damit einiges Aufsehen.

Ich sagte Tony und Berger, daß Clintons Vorschläge – sowohl in moralischer als auch in politischer Hinsicht – richtig und zukunftsweisend seien, und lobte sie dafür, ihm diese Positionen unterbreitet zu haben. Ich hätte nur eine Sorge, fuhr ich fort: Würde der *Präsident* Clinton auch durchführen, was der *Kandidat* Clinton vorschlug? Tony, der ungeheuer stolz war, Clinton zur Annahme dieser Positionen bewegt zu haben, sagte, er sei zuversichtlich, daß er als Präsident seinen Worten auch Taten folgen lassen würde. Vor diesem Hintergrund verfaßte ich nach meiner Jugoslawienreise am 23. August 1992 ein Memorandum:

An: Gouverneur Clinton, Senator Gore
(zur Kenntnisnahme Tony Lake und Sandy Berger)
Von: Richard Holbrooke
Betr.: Das ehemalige Jugoslawien

… Was immer auch passieren mag, die nächste Regierung wird sich mit einem Problem von weitreichenden politischen, strategischen und humanitären Dimensionen auseinandersetzen müssen. Ich will Sie daher auf folgende Punkte aufmerksam machen:

1. Die Reaktionen der Regierung Bush fielen bisher schwach und unzureichend aus …

2. Die Berichterstattung in den Medien, die Bemühungen der internationalen Hilfsorganisationen und die – wenn auch verspäteten – Reaktionen der europäischen Regierungschefs und Präsident Bushs haben die schrecklichen Auswirkungen der Tragödie zwar etwas gemildert, aber nur marginal …

3. Ihre Äußerungen in der Öffentlichkeit zeigen bereits Wirkung, vor allem, indem sie die Regierung Bush dazu zwangen, mehr zu tun, als sie eigentlich beabsichtigte. Man hat Ihre Äußerung auch dahingehend interpretiert, daß Sie im Falle eines Wahlsieges gegenüber den serbischen Aggressoren eine energischere Haltung einnehmen werden, was auch für die anderen Kriegsparteien das richtige Signal wäre …

Es geht nicht darum, sich zwischen einem zweiten Vietnam und völliger Passivität zu entscheiden, wie es die Regierung Bush darstellt. Es gibt viele Möglichkeiten, jetzt einzugreifen, beispielsweise das Waffenembargo gegenüber den Bosniern aufheben, UN-Beobachter an den Grenzen des Kosovo und Mazedoniens stationieren … Jetzt nichts unternehmen, heißt, die Gefahr eines weitaus umfassenderen und kostspieligeren Engagements zu einem späteren Zeitpunkt riskieren.

*

In den Wochen nach Clintons Sieg hörte ich nur wenig von meinen Wahlkampfkollegen. Leute, mit denen ich viele Stunden verbracht hatte, berieten nun in Little Rock hinter verschlossenen Türen oder waren auf andere Weise unerreichbar. Schließlich wurde ich von einem Vertreter des Übergangskomitees in Washington offiziell gefragt, welche Funktion in der Regierung Clinton ich anstreben würde. Ich hatte mit dieser Frage gerechnet. Sollte ich – was äußerst unwahrscheinlich war – nicht die Stelle des stellvertretenden Außenministers angeboten bekommen, würde ich es vorziehen, als Privatmann in New York zu bleiben und die Regierung bei besonders schwierigen Verhandlungen als Unterhändler zu vertreten – quasi als eine Art Krisenfeuerwehr. Seit ich 1968 als noch unerfahrenes Mitglied der Vietnamverhandlungsgruppe unter Averell Harriman und Cyrus Vance in Paris gewesen war, brannte in mir der Ehrgeiz, meine eigenen Fähigkeiten in möglichst schwierigen Verhandlungen zu erproben. Zur Zeit, fuhr ich fort, würden die Verhandlungen in Bosnien die größten Probleme aufwerfen; ich wäre daher interessiert, dort als amerikanischer Unterhändler eingesetzt zu werden, ein Posten, der unter Bush nicht existierte.

In diesen Wochen stand ich in engem Kontakt zu Strobe Talbott und seiner Frau Brooke Shearer.[3] Nachdem Talbott den Botschafterposten in Rußland aus familiären Gründen ablehnte, bot ihm Clinton die Stelle des Chefberaters für die Beziehungen zur ehemaligen Sowjetunion an. Der Posten war wie für Talbott geschaffen; ohne es zu wissen, hatte er sich sein halbes Leben lang darauf vorbereitet. Er hatte Russisch gelernt, sich in die Landesgeschichte eingearbeitet und eine Reihe wichtiger Bücher über die Beziehungen zwischen den USA und der Sowjetunion verfaßt. Ich half Talbott, einen Aufgabenbereich abzugrenzen, der ihm eine größere Rolle als die seiner Vorgänger garantierte. Die Stelle hatte es zwar schon unter früheren Regierungen gegeben, war aber immer nur mit einer Planstelle ausgestattet gewesen. Angesichts der Auflösung der Sowjetunion in fünfzehn unabhängige Staaten hatten wir beide das Gefühl, daß diese zusätzliche Belastung die Kapazitäten der Abteilung für europäische und kanadische Angelegenheiten überstieg. Talbott schlug Clinton daher vor, eine in enger Verbindung zur alten Europa-Abteilung stehende Sonderabteilung zur Koordinierung der Beziehungen zu den ehemaligen sowjetischen Republiken einzurichten.[4] Trotz einigem Gemurre in der Verwaltung wurde dieser Plan im Laufe des folgenden Jahres unter Talbotts Führung und mit der Unterstützung durch Außenminister Christopher verwirklicht.

Weihnachten in Kambodscha, Silvester in Sarajevo

Mitte Dezember rief mich Tony an. Er werde, berichtete er, als Clintons Nationaler Sicherheitsberater in der Regierung mitarbeiten. Einige Leute, die unsere zugegebenermaßen komplizierte Beziehung nicht durchschauten, hatten das Gerücht in Umlauf gebracht, Lake und ich seien Konkurrenten um diesen Posten. Das war nicht der Fall. Im Gegenteil, wie Tony und Berger wußten, hatte ich ihm geholfen, den Posten zu bekommen. Mit seiner Erfahrung als Henry Kissingers Assistent unter Nixon – ein Posten, von dem er 1970 aus Protest gegen den Einmarsch in Kambodscha zurückgetreten war – war er der ideale Mann für den verantwortungsvollen Posten des Nationalen Sicherheitsberaters. Außerdem wollte ich, wie ich Tony gegenüber mehrfach versichert hatte, nicht mit ihm konkurrieren, sondern mit ihm zusammenarbeiten, wie wir es früher oft – und immer mit Erfolg – getan hatten.

Bei der Dinnerparty eines Freundes in New York traf ich Tony in der Küche und bot ihm zusammen mit meinen Glückwünschen auch meine Unterstützung an. Als er mich fragte, welche Tätigkeit mich interessieren würde, wiederholte ich, was ich schon dem Beauftragten des Übergangskomitees gesagt hatte, und hob nochmals hervor, daß mein derzeitiges Hauptinteresse Bosnien gelte. Anschließend hingen wir gemeinsamen Erinnerungen nach. Es war ein langer Weg, der ihn von Saigon auf den Stuhl des Nationalen Sicherheitsberaters geführt hatte – der Posten, von dem er schon immer geträumt hatte. Am Ende des Gesprächs versprach Tony mir, in engem Kontakt zu bleiben.

*

Da mich die ganze Aufregung in Washington nur am Rande betraf, beschloß ich, eine Reise zu unternehmen, die zwar für die Weihnachtszeit etwas ungewöhnlich war, aber meiner Laune entsprach. Heiligabend verbrachte ich in Bangkok auf einem Restaurantschiff. Zusammen mit einer offiziellen Thai-Delegation sowie Senator Sam Nunn und seiner Frau fuhren wir den Fluß hinab. Der Abend geriet zu einer jener kulturübergreifenden Erfahrungen, wie sie Amerikaner in Asien manchmal machen. Wir sangen amerikanische Weihnachtslieder und lauschten einem thailändischen Geschäftsmann, der seine Begeisterung für die Vereinigten Staaten demonstrierte, indem er Wort für Wort Präsident Kennedys Antrittsrede rezitierte. Am nächsten Morgen flog ich in die kambodschanische Hauptstadt Phnom Penh, um die Weihnachtsfeiertage bei Tim Carney zu verbringen, einem amerikanischen Diplomaten, den Washington zur Mithilfe bei den Vorbereitungen der UN-überwachten Wahlen in das Land entsandt hatte. Im Laufe des Tages unterhielt ich mich ausführlich mit Yasushi Akaski, dem leitenden UN-Vertreter in Kambodscha. Akaski hatte angesichts schier unlösbarer Probleme Erstaunliches geleistet. Zu der Zeit waren unsere Gespräche nicht mehr als ein interessanter Gedankenaustausch unter Freunden, doch später erhielten sie eine tiefere Bedeutung: Als wir 1995 zu unserer diplomatischen Mission antraten, war Akaski der oberste Stellvertreter des UN-Generalsekretärs im ehemaligen Jugoslawien, und unsere frühere Verbindung erwies sich als sehr hilfreich. Auch Carney, der später Botschafter im Sudan wurde, sollte ich wiedertreffen. In der Abschlußphase der Dayton-Verhandlungen stieß er zu unserem Planungsteam und beriet uns in der Frage der Organisation demokratischer Wahlen kurz nach einem Krieg.

Nach einem weiteren Tag in Südostasien, das seit langem zu meinen Lieblingsregionen auf der Welt gehörte, brach ich nach Zagreb auf und dachte mir, daß außer mir wahrscheinlich niemand auf den Gedanken verfallen würde, Weihnachten in Kambodscha und Silvester in Bosnien zu feiern. Oder, wie es mein ältester Sohn David formulierte: »Wer sonst könnte so etwas Verrücktes tun wollen?«

*

Erste Eindrücke von der Krajina. Ich kam am Nachmittag des 28. Dezember in Zagreb an und wurde gleich zu einem Treffen mit dem kroatischen Außenminister Mate Granić eingeladen. Es war meine erste Begegnung mit Granić, der zu dem Zeitpunkt schon eine Schlüsselrolle in den Verhandlungen spielte und mit dem ich später noch viel zu tun haben sollte. Granić war tadellos gekleidet, höflich und charmant. Er begrüßte mich und begann sich fast sofort darüber auszulassen, warum ein weiterer Krieg zwischen Serbien und Kroatien unvermeidbar sei, sollte die Uno nicht ihren Verpflichtungen gemäß des Vance-Owen-Plans nachkommen und dafür sorgen, daß die Krajina ihrem rechtmäßigen Besitzer zurückgegeben wurde.

Granić dirigierte mich auf ein Sofa – »Hier sitzt ansonsten immer Cy Vance«, verkündete er mit sichtbarem Stolz – und breitete eine riesige Karte seines Landes aus. Dann beschrieb er sachlich und eindringlich zugleich, wie die Serben den Vance-Owen-Plan als Deckmantel mißbraucht hatten, um die Kroaten aus der Krajina zu vertreiben. »Über ein Viertel unseres Landes ist von den Serben besetzt«, erläuterte Granić. »Vor dem Krieg haben 295 000 Kroaten in der Krajina gelebt. Mittlerweile sind es nur noch 3500. Es ist unser Land. Es ist unser Staat. Die Serben haben unser Land praktisch in zwei Teile zerrissen. Wir können uns damit unmöglich abfinden.«

Granićs zurückhaltende, fast ehrerbietige Art stand in scharfem Gegensatz zu seinen Worten. Falls die Serben nicht bereit seien, auf die Krajina zu verzichten, müsse sein Land wieder in den Krieg ziehen. Während er mit seinen Fingern auf der großen Karte vor uns »die verlorenen Gebiete« Kroatiens nachfuhr, fiel mir ein, daß sich so auch die Franzosen gefühlt haben mußten, als Elsaß-Lothringen nach dem deutsch-französischen Krieg 1870 /71 von Deutschland annektiert wurde, bis sie es nach dem Ersten Weltkrieg wieder zurückgewannen; ein Verlust, wie Henry Kissinger schrieb, nach dem »die französische Politik über ein halbes Jahrhundert von den Bemühungen bestimmt war, dieses Gebiet zurückzugewinnen.«[5]

Granić vermittelte den Eindruck, daß der Krieg zur Rückeroberung der Krajina spätestens im Sommer 1993 beginnen würde. Tatsächlich aber dauerte es noch über zweieinhalb Jahre, bis Tudjman angriff. Dennoch werde ich dieses Gespräch nie vergessen, das mir erstmals die absolute Entschlossenheit der Regierung in Zagreb vor Augen führte, jeden Zentimeter ihres Landes zurückzuerobern.

*

Eine Statue aus Holz. Während meines Aufenthalts in Zagreb besuchte ich mehrere Flüchtlingslager. Dabei begleitete mich Stephanie Frease, eine engagierte junge amerikanische Flüchtlingshelferin aus Cleveland, die fließend Kroatisch sprach. Sie war die Tochter eines kroatisch-serbischen Ehepaars, und vor dem Krieg war ihr die Feindschaft zwischen den beiden Völkern nie bewußt geworden. Wir besuchten ein Lager in der ungefähr eine Stunde von Zagreb entfernt gelegenen Stadt Karlovac, wo wir grauenvolle Schilderungen der ethnischen Säuberungen der Serben in Westbosnien zu hören bekamen. In einem Bericht nach dem anderen kam die Angst und Hilflosigkeit der Muslime zum Ausdruck. Eine Gruppe von Flüchtlingen berichtete, wie auf einmal im Sommer 1992 Serben, mit denen sie seit Jahrzehnten friedlich zusammengelebt und -gearbeitet hatten, auf sie losgingen. Stephanie kämpfte beim Übersetzen mit den Tränen.

Zu den Flüchtlingen, mit denen wir sprachen, gehörte ein junger Mann, der sich uns nur als Bäcker aus Sanski Most vorstellte. Irgendwann zog er eine Plastiktüte unter seiner dünnen Matratze hervor und überreichte mir zwei sorgfältig eingewickelte Holzfiguren. »Die habe ich mit einer Glasscherbe im Gefangenenlager Manjaca geschnitzt«, erklärte er. »Sie zeigen, wie wir den ganzen Tag über dastehen mußten, mit gesenktem Kopf und den Händen hinter dem Rücken zusammengebunden.« Der Schmerz und das Leid, das in diesen kleinen Figuren gefangen war, waren so intensiv, daß sie in meiner Hand förmlich zu brennen schienen. Ich murmelte etwas über ihre Kraft und Schönheit und wollte sie dem Mann zurückgeben. »Nein«, sagte er, »bitte, nehmen Sie sie mit zurück in Ihr Land und zeigen Sie sie den Menschen dort. Zeigen Sie den Amerikanern, was mit uns gemacht wurde. Erzählen Sie Amerika, was mit uns geschieht.«

Nach meiner Rückkehr nach New York eine Woche später nahm ich die hölzernen Statuen mit zu einem Interview in der »Charlie Rose Show« und präsentierte sie vor laufender Kamera. Einige Tage später erhielt ich eine Anfrage von Jack Rosenthal, dem Chefredakteur des *New York Times Magazine*, eine ganzseitige Farbfotografie von einer der Statuen zusammen mit einer Beschreibung, wie ich in ihren Besitz gekommen war, abdrucken zu dürfen. Im Jahr 1993 ließ das IRC eine Bronzeplakette mit dem Bild der Statue herstellen, die jährlich an jemanden verliehen wurde, der sich besonders für die Belange von Flüchtlingen einsetzte. Die Bitte des Bäckers wurde erfüllt – und 1995 verlieh das IRC mir diese Auszeichnung.

*

Sarajevo. Nach der Rückkehr von dem Flüchtlingslager flogen Stephanie und ich nach Split. Wir übernachteten bei dem lokalen IRC-Repräsentanten und brachen am anderen Morgen ins Landesinnere von Bosnien auf – ein weiteres unvergeßliches und gefährliches Abenteuer. Wir fuhren einen Tag lang durch die steilen und felsigen Schluchten, die Jugoslawien schon immer zu einem so schwierigen Terrain für militärische Unternehmungen gemacht haben. Gelegentlich machten wir Halt und unterhielten uns mit Mitarbeitern internationaler Hilfsorganisationen – engagierte Männer und Frauen aus vielen Ländern – und hörten Erzählungen von Familien, die durch den Krieg auseinandergerissen worden waren.

Bei Einbruch der Dunkelheit fuhren wir weiter nach Vitez, wo wir die Nacht verbringen wollten. Wir hatten vor, uns am nächsten Tag über die Arbeit der Flüchtlingshilfe zu informieren und dann zurück zur Küste zu fahren. Doch wieder einmal kam alles ganz anders. Bei unserer Ankunft wartete bereits eine Nachricht von Lionel Rosenblatt auf mich, der sich zufällig nur eine Stunde von uns entfernt in Zenica aufhielt. Lionel war mit Sylvana Foa unterwegs, der Pressesprecherin des UN-Flüchtlingskommissariats. Sie wollten versuchen, am nächsten Tag nach Sarajevo zu gelangen und fragten, ob wir sie begleiten würden. Natürlich sagten wir zu.

Rosenblatt, der rührigste Flüchtlingshelfer, dem ich jemals begegnet bin, war zwanzig Jahre lang überall dort gewesen, wo die Flüchtlingsprobleme am dringlichsten waren – in Kambodscha, an der türkisch-irakischen Grenze, in Somalia und jetzt in Bosnien. Wo immer er war, versuchte er, die Aufmerksamkeit der Weltöffentlichkeit auf das Schicksal der Flüchtlinge zu richten und ihre Not zu lindern. Rosenblatts kleine Hilfsorganisation Refugees International war dafür bekannt, Regierungen auf der ganzen Welt mit konventionellen und unkonventionellen Mitteln unter Druck zu setzen, mehr für die unerwünschten Flüchtlinge in ihrem Land zu tun.[6]

Wenn wir Sarajevo am nächsten Tag, Silvester, erreichen wollten, mußten wir noch in derselben Nacht nach Zenica fahren. Auf der Straße von Vitez nach Zenica kam unser Fahrzeug in der Dunkelheit in einer scharfen Kurve auf eine Eisplatte. Wir drehten uns einmal im Kreis und kamen an einer Erdböschung zum Stehen, ein paar Zentimeter von einem acht Meter tiefen Sturz in einen eisigen Fluß entfernt. Nachdem wir uns von dem Schrecken erholt hatten, fuhren wir weiter nach Zenica, wo wir im trostlosen Hotel International inmitten der üblichen Ansammlung von Militärs und Mitarbeitern von Hilfsorganisationen Rosenblatt und Sylvana Foa beim Abendessen antrafen.

Aus Sicherheitsgründen mußten wir einen Teil der Strecke nach Sarajevo in Schützenpanzerwagen der Uno zurücklegen. Dafür brauchten wir gemäß dem Abkommen, das die Uno mit den Serben, die diesen Streckenabschnitt kontrollierten, getroffen hatte, UN-Akkreditierungen. Jeder in unserer Gruppe besaß einen solchen Ausweis, nur ich nicht.

Rosenblatt löste das Problem mit Frechheit und dem für ihn typischen Einfallsreichtum. Aus einer Tüte fischte er eine bunte Sammlung Verbrecherfotos und wählte bedächtig eines aus. Wie sich herausstellte, trug er eigens für solche Gelegenheiten stets eine Sammlung von Fotos bei sich. »Das dürfte passen«, verkündete er und hielt mir ein Paßbild hin, das meiner Meinung nach keinerlei Ähnlichkeit mit mir aufwies.

Am nächsten Morgen organisierte Rosenblatt von einem seiner vielen Freunde – er schien hier alles und jeden zu kennen – einen Blankoausweis der Uno und fabrizierte einen UN-Ausweis für mich. Mit einem Feuerzeug schmolz er ein Stück Plastikfolie, das er irgendwo gefunden hatte, als Hülle um den Ausweis. Während ich die Prozedur mit einer Mischung aus Bewunderung und Besorgnis verfolgte, mußte ich an Milo Minderbinder denken, den Kasino-Offizier und Anführer eines Schieberrings aus Joseph Hellers Buch *Catch 22*, der im Zweiten Weltkrieg mit beiden Seiten ebenso eifrig wie skrupellos Handel trieb.

Mit meinem höchst dubiosen Ausweis in der Tasche fuhren wir in unserem eigenen Wagen nach Kiseljak. Weiter kam man ohne Genehmigung der Uno nicht. Die letzte Etappe unserer Fahrt kreuzte die serbischen Linien und mußte daher in einem UN-Schützenpanzerwagen zurückgelegt werden. In einem Laden in der Nähe des UN-Stützpunktes kauften wir noch einige Lebensmittel, die wir in Sarajevo verschenken wollten, dann zwängten wir uns zu viert in einen dänischen Schützenpanzerwagen. Ich nahm auf dem Vordersitz Platz und versuchte, mich so gut wie möglich unter dem riesigen Helm, den man mir verpaßt hatte, zu verstecken. Auf dem Weg in die bosnische Hauptstadt wurden wir vier- oder fünfmal an serbischen Kontrollpunkten, angehalten wo Männer und Frauen – die zum Teil schon für die Silvesternacht zurechtgemacht waren – mit vorgehaltenen Waffen unsere Ausweise kontrollierten. Wie gefährlich diese Fahrt gewesen war, ging mir erst viel später auf.

Die Dänen fuhren uns zur Hauptpost in Sarajevo, dem Arbeitsplatz der meisten Journalisten und Mitarbeiter der internationalen Hilfsorganisationen. Als wir aus dem Panzerwagen kletterten und ins schwache Licht der Nachmittagssonne blinzelten, fuhr eine schwarze Limousine langsam an uns vorbei, dicht gefolgt von einem weiß gestrichenen UN-Panzer und einer ganzen Journalistenphalanx. Hinter den dunkel getönten Scheiben der Limousine konnte ich für einen Augenblick einen müde aussehenden und starr geradeaus blickenden Cy Vance ausmachen. Neben ihm saß UN-Generalsekretär Butros Butros-Ghali. Vance konnte mich durch die getönten Scheiben nicht sehen.

Abgesehen davon hätte er mich wahrscheinlich auch gar nicht erkannt, wie ich da in meiner kugelsicheren Weste, den Helm tief ins Gesicht gezogen, zum Schutz gegen die Kälte dick eingepackt und überall mit Dreck beschmiert, am Straßenrand stand. Es war ein merkwürdiges Gefühl, meinen ehemaligen Vorgesetzten hinter getönten Scheiben in einem gepanzerten Fahrzeug sitzen zu sehen, während ich mit einem Panzerwagen in die Stadt kam.

Zwei Tage in Sarajevo hinterließen Eindrücke, die ein ganzes Leben anhielten. In jenem Winter heizten die Menschen ihre Wohnungen mit Büchern und Möbeln (wobei sie üblicherweise zuerst Schränke und Regale verfeuerten). Zwar erreichten ein paar Lebensmittellieferungen die Stadt, doch die Verteilung war mangelhaft organisiert, worunter besonders die Vororte litten. Die eisige Kälte hatte das Leben in der Stadt fast zum Erliegen gebracht. Sie raubte den Menschen so viel Kraft, daß jede Tätigkeit, und sei es Lebensmittel bei einer Verteilungsstelle abzuholen, enorme Selbstüberwindung kostete. Die ständigen Detonationen, das immer wieder ertönende Geräusch von Schußwechseln und die Angst vor Heckenschützen wirkten sich selbst auf die ungewöhnlich tapferen Einwohner Sarajevos demoralisierend aus. Die internationale Gemeinschaft aus Journalisten und Mitarbeitern von Hilfsorganisationen lebte dicht zusammengedrängt in drei erbärmlichen und häufig von Heckenschützen unter Feuer genommenen Quartieren – der Hauptpost, dem stark zerstörten Holiday Inn und dem Flughafen. In den Straßen lagen ausgebrannte Autowracks herum, und ich sah kein einziges Gebäude, das nicht in irgendeiner Weise beschädigt war. Abgesehen von einigen Orten außerhalb der Stadt, die jedoch im Visier der Heckenschützen lagen, gab es nirgends fließendes Wasser. Einige Stadtteile waren von den Serben, andere von den Muslimen zerstört worden; in manchen Gebieten trennte die feindlichen Seiten nur ein Häuserblock.

Inmitten dieses Infernos verhandelten die UN-Vertreter und die Unprofor (die UN-Friedenstruppe) mit den bosnischen Serben über die Ladung und Größe jedes einzelnen Hilfskonvois. Die bosnischen Serben ließen nur rund die Hälfte dessen passieren, was zur Versorgung der Stadt gebraucht wurde, gerade einmal soviel, daß die Weltöffentlichkeit keine Militärintervention verlangte. Es war, als verhandelte die Uno mit dem Hinrichtungskommando Sarajevos darüber, ob die Stadt den Hunger- oder den Kältetod, ob sie langsam oder schnell sterben sollte. Daß die Uno den bosnischen Serben die Kontrolle über die Hilfslieferungen überließ, machte sie letztendlich zum unfreiwilligen Komplizen der serbischen Politik. Statt das unzulängliche Versorgungssystem oder die steigende Todesrate anzuprangern, prahlte die UN-Flüchtlingskommission in ihren Pressemitteilungen damit, wieviel Hilfsgüter sie nach Sarajevo schaffte.

*

Aus meinem Tagebuch:

Sarajevo, 1. Januar 1993, ein Uhr morgens: Am Ende dieses merkwürdigsten Silvesterabends sitze ich in einem eiskalten Zimmer im Holiday Inn, ohne Wasser und mit einer kleinen Lampe, die ohne Vorwarnung an und aus geht, und höre das Gewehrfeuer der Heckenschützen (oder sind es Silvesterknaller?).

Das Holiday Inn in Sarajevo ist wohl eines der absonderlichsten Hotels, die diese Welt je gesehen hat. Die höhlenartige Hotelhalle ist eiskalt, dunkel und trübselig. Die völlig zerstörten oberen Stockwerke, in deren Außenwänden Löcher gähnen, sind für die Gäste gesperrt. Sie wurden bei den Kämpfen, die im Inneren des Hotels tobten, in Schutt und Asche gelegt, und die Räume und Flure sind immer noch vom Blut der Toten und Verletzten beschmiert.

Von Fahrstühlen oder Hotelpagen kann natürlich keine Rede sein. Wir tragen unsere Taschen selbst in unsere eisigen Zimmer hinauf. Zusammen mit John Burns von der *New York Times* essen wir im Speisesaal des Hotels zu Abend. Burns, den ich in Asien kennengelernt habe, ist geradezu der Inbegriff des Auslandskorrespondenten alter Schule. Verwegen, vielleicht sogar tollkühn, und genau der richtige Mann für einen Silvesterabend in Sarajevo. Nach und nach kommen andere Journalisten herein, und allmählich füllt sich der Saal mit lärmenden und kettenrauchenden Medienleuten, die unisono Butros-Ghali für seinen Auftritt bei der heutigen Pressekonferenz kritisieren. Der UN-Generalsekretär hat tatsächlich gesagt, er kenne wenigstens zehn Orte auf der Welt, an denen es schlimmer zugehe als in Sarajevo – eine sonderbare und unkluge Bemerkung, vor allem hier.

Nach dem Abendessen lädt Burns uns ein, ihn zu einer Silvesterparty zu begleiten. So endet das Jahr in einer überfüllten, lauten und verrauchten Kneipe namens »Das Loch in der Wand«, die so heißt, weil man sie nur durch ein von einer Granate in die Wand gerissenes Loch betreten kann. Die Kneipe ist voll mit jungen Leuten, die tanzen, schreien, trinken und versuchen, den Alptraum um sich herum zu vergessen. Eine Mischung aus Journalisten, UN-Mitarbeitern und jungen Bosniern, die für sie arbeiten oder die sie kennen. Sie tanzen wie besessen zu Musik von den Rolling Stones, kippen sich Punkt Mitternacht gegenseitig Bier über die Köpfe und umarmen sich ständig… Die Mädchen sind hübsch, aber alles wirkt hoffnungslos melancholisch. Hat so auch der Spanische Bürgerkrieg auf Außenstehende gewirkt, wie eine romantische, aber hoffnungslose Sache?

1. Januar 1993, Mittag: Um halb acht stehen wir auf; wir ziehen uns nicht an – wir haben in unseren Kleidern geschlafen; wir waschen uns nicht – es gibt kein Wasser. Dann gehen wir runter zum Frühstück: eine Tasse exzellenter Tee, ein Stück ranziger Käse und zwei dubiose Scheiben Dauerwurst. Ein starker Schneesturm ist angekündigt. Ich spiele mit dem Gedanken, bald aufzubrechen, kann in meinem eingefrorenen Kopf aber keinen klaren Gedanken fassen. Schließlich bezahlen wir die Hotelrechnung (nur Barzahlung) und fahren in einem gepanzerten Wagen zur Hauptpost, vor der Kinder im Schutt nach Eßbarem suchen und in der eisigen Kälte betteln… Bei der Fahrt durch die Stadt sind immer wieder Feuersalven aus automatischen Waffen zu hören. Wir kommen am Pressehaus vorbei, einst ein stolzes Hochhaus, jetzt kaum mehr als ein Trümmerhaufen. Und doch entsteht im Keller des Gebäudes immer noch jeden Tag eine neue Zeitung.[7] Ein Mann sitzt auf dem Wrack eines Busses und hält den Kopf in den Händen; wahrscheinlich ist er noch betrunken von der gestrigen Feier.

In einem »Soft Skin«, einem ungepanzerten Wagen, fahren wir von der Hauptpost auf vereisten Straßen im Eiltempo weiter zum Flughafen, über die Brücke, auf der so viele Menschen Heckenschützen zum Opfer gefallen sind, und vorbei an Kontrollpunkten, umgekippten Lastwagen und ausgebrannten Bussen.

14.30 Uhr: Wir sind immer noch auf dem Flughafen von Sarajevo, warten, um uns herum eine Mischung aus Spannung und Verwirrung. In der vergangenen Stunde wurden die britischen und kanadischen Flüge abgesagt, die Besatzung einer Air-Force-Maschine hat sich geweigert, uns mitzunehmen. Gerüchte machen die Runde, bosnische Truppen marschierten in den Hügeln um den Flughafen auf und die

UNHCR habe die sofortige Evakuierung aller ihrer Mitarbeiter aus Sarajevo angeordnet.

Wie in Vietnam besteht auch hier ein Großteil des Krieges aus dumpfem Warten. Doch das Warten im Krieg ist merkwürdig paradox. Die eigenen Sinne sind aufgrund der ständigen Bedrohung enorm geschärft, zugleich jedoch hat man das Gefühl, unendlich viel Zeit und Mühe zu vergeuden.

Zagreb, später: Völlig erschöpft kommen wir kurz vor der Dämmerung doch noch aus Sarajevo heraus. Unsere kanadische Flugzeugbesatzung hat es offensichtlich sehr eilig wegzukommen, man schubst uns förmlich an Bord. Im Bauch der C-130 ruft uns ein Crewmitglied zu: »Okay, halten Sie sich fest. Wir legen einen Zoomstart hin!« und schnallt sich hastig an. Das Flugzeug hebt schnell ab, steigt zuerst jedoch nicht auf. In kaum zwei Meter Höhe schweben wir über dem Boden dahin, bis wir fast das Ende der Startbahn erreichen. Dann, mit einem enormen Kraftschub, läßt der Pilot die Maschine fast senkrecht in die Höhe steigen. Unter uns bleiben die Hügel zurück, in denen serbische Scharfschützen lauern und wo sich möglicherweise gerade bosnische Truppen sammeln.

Nach der Landung in Zagreb fahren wir direkt zum Hotel Intercontinental. Noch nie ist mir eine Dusche so wunderbar vorgekommen. Ich schalte den Fernseher an und höre, wie CNN den Beginn einer Großoffensive in Bosnien meldet.

*

Erfüllt von der Überzeugung, daß dringend etwas getan werden mußte, kehrte ich nach New York zurück. Leslie Gelb, ein guter Freund von mir und damals Kolumnist für die *New York Times*, warnte mich, die neue Regierungsmannschaft, noch voll und ganz mit der Regelung ihrer internen Beziehungen beschäftigt, schere sich gerade keinen Deut um Bosnien. Genau das hatte ich befürchtet, als ich frierend auf dem Flughafen in Sarajevo saß und in mein Reisetagebuch schrieb:

Wenn es mir nicht gelingt, der neuen Regierung meine Eindrücke zu vermitteln, habe ich nicht genug getan, um den verzweifelten Menschen zu helfen, die wir hier gesehen haben; dränge ich mich mit meinen Ansichten auf, wirke ich zu aggressiv. Ich habe das Gefühl, in einer Falle zu sitzen...

Das Memorandum von 1993

Am 13. Januar 1993, eine Woche vor Clintons Amtsantritt, schickte ich Warren Christopher und Tony Lake ein langes Memorandum:

> Bosnien stellt eine Bewährungsprobe für die amerikanische Politik in Europa dar. Wir müssen daher in allem, was wir zu erreichen suchen, Erfolg haben. Die neue Regierung kann es sich nicht leisten, entweder mit einem internationalen Desaster oder einem Schlamassel zu beginnen... Trotz der damit verbundenen Schwierigkeiten und Risiken glaube ich, daß Untätigkeit oder eine Fortsetzung der Politik Bushs durch die Regierung Clinton in Bosnien die am wenigsten wünschenswerte Option darstellt... Eine fortgesetzte Passivität würde langfristige Risiken heraufbeschwören, die sich störend auf die Beziehungen zwischen den USA und Europa auswirken, die NATO schwächen, die Spannungen zwischen Griechenland und der Türkei verstärken und verheerenden Schaden in Moskau anrichten könnten...
>
> Niemand, mit dem ich letzten August sprach, erwartete, daß die Bosnier so lange standhalten würden... Eine Erklärung für das Überleben der bosnischen Muslime ist in dem Umstand zu sehen, daß sie verstärkt umfangreiche Waffenlieferungen aus islamischen Ländern beziehen, unter anderem wohl auch aus dem Iran. Die Lieferungen erfolgen über Kroatien, und zwar mit Billigung der Kroaten... Vier Bemerkungen zu diesen *gar-nicht-so-geheimen*[8] Geheimlieferungen an die Muslime:
>
> Erstens: Da die Kroaten die Muslime nicht zu stark werden lassen wollen, sind sämtliche schwere Waffen und Artillerie von den Lieferungen ausgenommen.
>
> Zweitens: Jede Waffenlieferung unterliegt einer kroatischen »Waffensteuer«, sprich, die Kroaten zweigen einen Teil der Waffen für die eigene Armee und die HVO [die bosnischen Kroaten] in Bosnien-Herzegowina ab.
>
> Drittens: Inzwischen liegen klare Hinweise dafür vor, daß eine

kleine, aber zunehmende Zahl von »Freiheitskämpfern« oder Mudschaheddin die bosnischen Streitkräfte unterstützt, obwohl, wie zu erwarten war, die radikalen Fundamentalisten aus dem Nahen Osten und die weniger strenggläubigen, weltlich orientierten Muslime Bosniens sich weder besonders gut verstehen, noch gut zusammenpassen.

Viertens und letztens: Diese Waffenlieferungen werden weitergehen – und an Umfang zunehmen.[9]

Ich nannte der neuen Regierung vier Ziele: Erstens: »So viele Leben wie möglich in Bosnien retten.« Zweitens: »Der Eindämmung des Krieges oberste Priorität einräumen.« Drittens: »Die Serben für ihr Verhalten bestrafen ... und bestimmte Personen zu Kriegsverbrechern erklären.« Viertens: »Die Krise als Chance zur Stärkung des UN-Systems benutzen«. Wir sollten, wie ich hinzufügte, »im Einvernehmen mit anderen Staaten« handeln und vielleicht sogar »so etwas wie eine *nur für diesen Zweck bestimmte* Militärkoalition« formen, dabei jedoch vermeiden, in einen Bodenkrieg in der Region hineingezogen zu werden.

Zu der Zeit, als ich dieses Memorandum entwarf, diskutierte die neue Regierung darüber, ob sie die von Cyrus Vance und David Owen ausgearbeiteten Friedensvorschläge unterstützen sollte. Owen, ein ehemaliger britischer Außenminister, war Lord Carringtons Nachfolger als EG-Unterhändler für das ehemalige Jugoslawien. Der Vance-Owen-Plan sah die Aufteilung Bosniens in insgesamt zehn muslimische, serbische und kroatische »Kantone« vor. Von vielen amerikanischen Kommentatoren wurde der Plan als eine Art Ausverkauf angegriffen, als ein zweites Münchner Abkommen und Auftakt zur endgültigen Auflösung Bosniens.

In der neuen Regierungsmannschaft hatte sich bereits eine tiefe Kluft bezüglich der amerikanischen Bosnienpolitik aufgetan. Vor allem die Vereinten Stabschefs unter ihrem Vorsitzenden Colin Powell opponierten gegen ein amerikanisches Engagement im ehemaligen Jugoslawien. Der Vance-Owen-Plan wies zwar Mängel auf, doch wenn die USA ihn ohne einen Gegenvorschlag ablehnten, würde das weitaus schlimmere Konsequenzen nach sich ziehen. Daher empfahl ich Washington, sich öffentlich mit Einschränkungen für den Vance-Owen-Plan auszusprechen:

Wenn Vance-Owen zu einer zeitweisen Beendigung der Kämpfe führen und für die Muslime eine Erleichterung bedeuten würde, dann sollte man den Plan unterstützen. Das könnte der neuen Regierung eine Atempause zur Formulierung einer [eigenständigen] Politik verschaffen. Vance-Owen wird den Konflikt nicht lösen, höchstens in der Öffentlichkeit den Eindruck vermitteln, er sei für eine Weile beigelegt. Wird der Vance-Owen-Plan abgelehnt, müssen wir uns der Tatsache stellen, daß der Verhandlungsweg ausgereizt ist – und daß Verhandlungen nicht mehr länger als Entschuldigung für Untätigkeiten oder unzureichendes Handeln vorgeschoben werden können.

Ich schloß das Memorandum mit einer Reihe konkreter Empfehlungen, welche Schritte die USA in Erwägung ziehen sollten, insbesondere für den Fall, daß der Vance-Owen Plan abgelehnt werden oder sich als unwirksam erweisen sollte. Diese Empfehlungen stellten den provokativsten Teil des Memorandums:

Aufhebung des Waffenembargos gegen Bosnien: Ich habe schon vor meinem Aufenthalt in der Region die Aufhebung des Embargos gegen die Bosnier befürwortet und spreche mich auch jetzt dafür aus, falls der UN-Sicherheitsrat seine Zustimmung dazu erteilt. Dies könnte sich jedoch als schwierig erweisen (und zu Spannungen mit Moskau führen)…

Ich würde daher auch ein Vorgehen in Erwägung ziehen, von dem ich weiß, daß es vielen Leuten Kopfschmerzen verursachen wird: Die Genehmigung verdeckter Waffenlieferungen an die bosnischen Muslime, *damit die Unterstützung, die Bosnien von außen erhält, nicht mehr länger nur aus islamischen Staaten erfolgt.* Eine solche Politik verlangt viel Fingerspitzengefühl von der Regierung und vom Kongreß, und, sollten die USA direkt daran beteiligt sein, zudem eine legale Form der Finanzierung. Informationen darüber würden zweifellos nach außen dringen, so wie unsere Unterstützung der afghanischen Mudschaheddin bekannt wurde, bevor wir sie öffentlich eingestanden. Dem entgegen steht, daß Waffenlieferungen der *schnellste* Weg sind, den Bosniern zu helfen, ohne eine neue Runde serbischer Vergeltungsmaßnahmen auszulösen. Ein ernsthafter Nachteil dieser Option besteht allerdings darin, daß sie die USA zwingt, offen eine Resolution des UN-Sicherheitsrates zu umgehen, die sie bislang unterstützen. Dieser Eindruck könnte gemildert werden, wenn wir uns parallel dazu bei der Uno für eine Qualifizierung des Embargos einsetzen, oder wenn wir – wie in Afghanistan – *nur durch Drittparteien handeln.*

Direkter Einsatz von Gewalt gegen die Serben: Eine Bombardierung der bosnischen Serben und, wenn nötig, ganz Serbiens würde die richtige Botschaft vermitteln. Allerdings müssen solche Aktionen militärisch und politisch effektiv sein! ... Werden sie nur ausgeführt, um der Welt zu beweisen, daß wir »etwas unternehmen«, dann wären leichte Luftschläge – wie auch die Durchsetzung der Flugverbotszone – vielleicht ein schneller PR-Erfolg, würden auf lange Sicht aber in die Katastrophe münden.

Die Einrichtung einer amerikanischen diplomatischen Niederlassung in Sarajevo: Dies würde der Welt unmißverständlich zeigen, wo wir stehen. Die amerikanische Botschaft könnte sehr klein sein; was zählt, ist die symbolische Bedeutung.

Weiter Druck in der Kriegsverbrecherfrage ausüben: Diese Strategie ist, auch wenn sie etwas spät kommt, sehr nützlich. Nennen Sie mehr Namen. Setzen Sie ein Sonderkomitee ein, um in dieser Richtung mehr Druck auszuüben ...

*

Mein Memorandum blieb ohne Antwort. Schließlich rief ich wenige Wochen nach dem Amtsantritt des Präsidenten Tony Lake an und fragte ihn, ob er mein Schreiben erhalten habe. Ja, sie hätten es bekommen, erklärte er. Es sei »nützlich«, enthalte aber einige Vorschläge, die den USA bei der Uno einen schlechten Stand verschaffen würden. Wir diskutierten kurz darüber, jedoch mit wenig Aussicht auf eine Einigung. Ich äußerte gegenüber Tony nochmals mein besonderes Interesse an einer diplomatischen Mission in Bosnien, doch er reagierte nicht. Ein paar Wochen später wurde der frühere Nato-Botschafter Reginald Bartholomew zum amerikanischen Sondergesandten für Bosnien ernannt.

KAPITEL VIER

Via Bonn nach Washington

(1993/94)

»Das Leben kann nur in der Schau nach rückwärts verstanden, aber nur in der Schau nach vorwärts gelebt werden.«

Sören Kierkegaard

Eine unerwartete Berufung

Am Dienstag, dem 8. Juni 1993, riß mich um 6.45 Uhr das Klingeln des Telefons aus dem Schlaf. In den fünf Monaten seit Clintons Amtsantritt hatte ich zwar gelegentlich Gespräche mit verschiedenen Mitgliedern des neuen Regierungsteams geführt, allerdings nicht über die Bosnienkrise, wegen der das außenpolitische Team des Präsidenten stark unter Druck stand. Im Januar hatte mich Peter Tarnoff im Auftrag Warren Christophers angerufen und gefragt, ob ich an der Stelle des Botschafters in Japan interessiert sei. Ich war schon fast einhundertmal in Japan gewesen, und dazuhin war der Botschafterposten in Tokio hoch angesehen. Ich würde mich geehrt fühlen, hatte ich erwidert, wenn mein Name dem Präsidenten zu Ohren käme.

*

Ein einziges Mal hatte ich mich in der Zeit doch in die Bosnienpolitik eingemischt. Im Februar, kurz nach Tarnoffs Anruf wegen Tokio, bat ich Tony Lake um ein persönliches Gespräch. Les Gelb riet mir erneut von dem Treffen ab, da es seiner Ansicht nach meine Chancen, Tokio – oder überhaupt einen Posten – angeboten zu bekommen, verringern würde. Obwohl ich wußte, daß diese Befürchtung keineswegs aus der Luft gegriffen war, fühlte ich mich verpflichtet, ja fast gezwungen, unaufgefordert meinen Rat zu Bosnien anzubieten.

Der Sicherheitsberater und ich aßen in seinem Dienstzimmer im

Westflügel gemeinsam zu Mittag, ein Navy-Steward aus der Kantine des Weißen Hauses bediente uns. In Anspielung auf die Tatsache, daß Tony vor seinem plötzlichen Rücktritt nach der Invasion in Kambodscha im Mai 1970 unter Henry Kissinger gedient hatte, sagte ich: »Henrys Aura scheint immer noch in der Luft dieses Raums zu schweben.« Ich drängte ihn, sich für stärkere amerikanische Bemühungen zur Beendigung der sich immer mehr ausweitenden Katastrophe in Bosnien einzusetzen. Tony protestierte. Natürlich, gestand er ein, würden in Bosnien immer noch viele Menschen sterben, fügte aber hinzu: »Du weißt nicht, wieviel mehr Menschen ohne unsere Bemühungen ihr Leben verloren hätten.« Ich entgegnete, sein Einwand sei ebenso richtig wie belanglos. Die Situation mochte, fuhr ich fort, zwar besser sein, als wenn die Regierung Bush noch im Amt wäre. Aber was bisher unternommen worden sei, bliebe immer noch weit hinter dem zurück, was die Lage erforderte und was die Welt nach Gouverneur Clintons Wahlkampfreden erwarten durfte, auf deren Urheberschaft er, Tony, im übrigen so stolz gewesen sei. Sichtlich getroffen erwiderte er, er gebe sein Bestes, und bat mich um etwas Geduld. Das Gespräch endete kühl und ohne konkrete Ergebnisse.

Einige Wochen später stellte Warren Christopher in den wichtigsten europäischen Hauptstädten das »lift and strike«-Konzept vor, das die Aufhebung des Waffenembargos (lift) und gleichzeitig die Durchführung von Luftangriffen (strike) gegen die bosnischen Serben vorsah. Die Europäer reagierten erwartungsgemäß ablehnend, und die amerikanische Politik geriet in immer größere Schwierigkeiten. Insbesondere in Bonn stieß Christopher auf harsche Ablehnung. Die Art und Weise, wie die deutsche Regierung ihn behandelte, brachte ihn dermaßen auf, daß er in den folgenden drei Jahren nur mit äußerster Mühe zu Deutschland-Besuchen überredet werden konnte. Angesichts der sich zuspitzenden Lage in Bosnien und Christophers erfolglosem Vorstoß machte sich in der amerikanischen Regierung spürbare Frustration breit. Resigniert bezeichnete Christopher Bosnien in aller Öffentlichkeit als »the problem from hell«. Die bosnischen Muslime straften zwar alle Pessimisten Lügen und hielten den Winter über durch, doch es war unverkennbar, daß sie zusehends schwächer wurden. Da zugleich die Aussichten auf ein Eingreifen der Amerikaner sanken, wagten sich die Serben immer weiter vor. Parallel dazu nahmen die Angriffe der Kroaten auf die Muslime zu, und schon bald tobte zwischen den ehemaligen Verbündeten ein Krieg im Krieg, der sich auf das Gebiet um die einst so malerische Stadt Mostar konzentrierte. Obgleich keiner die Vereinigten Staaten in einen Landkrieg in Bosnien verwickelt sehen wollte, war die amerikanische Öffentlichkeit geteilter Meinung darüber, was unternommen werden sollte, und die Presse bezichtigte das Weiße Haus der Schwäche.

*

Nach Tarnoffs Anruf im Februar beschränkte sich das, was ich aus Washington über den Botschafterposten in Tokio hörte, auf Gerüchte. Wenn es um Stellenentscheidungen ging, war eine Verzögerung von mehreren Monaten nicht ungewöhnlich für die Regierung Clinton. Dennoch zehrte das Warten an den Nerven, und je mehr Zeit verging, desto größer war die Gefahr, daß etwas nach außen durchsickerte. Im April lehnte Walter F. Mondale den Posten des Botschafters in Moskau ab und bekundete gegenüber dem Weißen Haus sein Interesse an Tokio. Als Grund gab er die Leidenschaft seiner Frau für japanische Keramik an. Am 4. Juni, die Frage war noch immer unentschieden, griff Elaine Sciolino auf der Titelseite der *New York Times* die prekäre Situation auf: »Zwei alte Freunde und Verbündete«, der eine ein ehemaliger Vizepräsident der Vereinigten Staaten, der andere ein ehemaliger Staatssekretär im Außenministerium, seien »gegen ihren Willen zu Gegnern in einem unziemlichen Wettstreit geworden, in dem politischer Rang gegen diplomatische Erfahrung ins Feld geführt wird«. Mondale, einer der integersten Politiker, für die ich je gearbeitet habe, rief mich sofort an und teilte mir mit, wie sehr er die ganze Angelegenheit bedauere. Am Ende meinte er: »Wir werden diese Sache schon durchstehen.«

*

»Ich habe eine gute und eine schlechte Nachricht für Sie.« Ich war noch im Halbschlaf, als Christopher das Gespräch am 8. Juni mit einer für ihn untypischen Schalkhaftigkeit begann. »Die schlechte Nachricht ist, daß der Präsident Fritz Mondale gebeten hat, nach Tokio zu gehen. [Pause] Die gute Nachricht ist, daß er Sie nach Deutschland schicken möchte.«

Zu sagen, ich sei völlig verblüfft gewesen, wäre eine Untertreibung. Der Gedanke, nach Deutschland zu gehen, war mir nie in den Sinn gekommen, und niemand hatte jemals auch nur die leiseste diesbezügliche Andeutung gemacht. »Ich weiß, das kommt sehr überraschend«, sagte Christopher, »aber wir brauchen Ihre Entscheidung so rasch wie möglich.« Von dem Angebot wie vor den Kopf gestoßen, brachte ich nur eine Frage heraus: »Chris, wie ist der Präsident denn auf diese Idee gekommen?«

»Ich habe keine Ahnung«, entgegnete Christopher. Dann legte er mit der Entschuldigung auf, er müsse jetzt an Bord seines Flugzeuges gehen.[1] Tarnoff rief mich wenige Minuten später an und sagte, ich müsse mich möglichst schnell entscheiden, die Sache werde mit Sicherheit durchsickern. Im übrigen, meinte er, müsse mir das doch leicht fallen. Als ich Gelb die Neuigkeit mitteilte, stieß er am Telefon einen Freudenschrei aus und sagte, dies sei viel besser als Japan. Deutschland befinde sich gerade in einer kritischen Phase seiner Geschichte, und der Posten in Bonn werde mich mehr herausfordern. Er sollte recht behalten.

Ich rief meine Mutter an. Ich wußte, daß die Nachricht sie zutiefst schockieren würde. Deutschland war etwas, was ihr persönlich sehr nahe ging. So kam es dann auch. Die Neuigkeit ließ sie nach Atem ringen, und auch nachdem sie ihre Fassung zurückgewonnen hatte, fiel es ihr schwer, meine Entscheidung zu akzeptieren.

*

Meine Mutter ist in Deutschland geboren und in Hamburg aufgewachsen. Nach der Machtergreifung der Nationalsozialisten Anfang 1933 verließ sie zusammen mit ihrer Familie das Land. Ihr Vater, Sami Moos, leitete damals die schon von seinem Großvater gegründete Lederexportfirma Elias Moos & Co. Sami, dem im Ersten Weltkrieg für seine Verdienste in (ausgerechnet) Serbien das Eiserne Kreuz Zweiter Klasse verliehen worden war, erkannte die Gefahr, die Hitler darstellte, lange vor den meisten anderen Juden. Er wußte, daß Deutschland von nun an für jede jüdische Familie, ob assimiliert oder nicht, ein gefährlicher Ort sein würde. Seine vier Kinder – von denen meine Mutter das älteste war – schickte er zunächst zu meiner Großmutter in die Schweiz, dann weiter nach Buenos Aires, wo das Hauptquartier des südamerikanischen Zweigs der Lederexportfirma seinen Sitz hatte. Seit dieser Zeit hat meine Mutter die ganze Welt bereist, dabei aber immer einen großen Bogen um Deutschland gemacht.

In meiner Zeit in Bonn besuchte mich meine Mutter mehrmals in Deutschland, aber nur, weil ich hartnäckig darauf bestand. Sie erregte dort einiges Aufsehen und wurde sogar von der Frau des Bundeskanzlers zum Tee eingeladen. Die Rückkehr nach Deutschland bewegte meine Mutter sehr und rief ihr lange unterdrückte Erinnerungen ins Gedächtnis zurück. Es war überaus interessant, dies zu beobachten, insbesondere war für mich die Erkenntnis neu, daß sie an ihre Kindheit in Hamburg vor 1933 ausschließlich schöne Erinnerungen hatte. Mehrere Anläufe waren nötig, bis sie einwilligte, nach Hamburg zu fahren, wo ihr an der Alster gelegenes Haus bei einem britischen Bombenangriff im Jahr 1944 zerstört worden war.

Die Rückkehr meiner Mutter nach Deutschland stellte einen bemerkenswerten persönlichen Gewinn aus der Berufung dar, ein Gewinn, den wir beide uns stets bewahren werden. Als Präsident Clinton mich zum Botschafter in Deutschland berief, wußte er nichts von der Lebensgeschichte meiner Mutter. Er und seine Frau waren erstaunt und bewegt, als ich ihnen ein Jahr später die Geschichte erzählte.

Ein Jahr in Deutschland

Mit der Berufung auf den Botschafterposten in Bonn nahm eine Folge beinahe zufälliger Ereignisse ihren Anfang, die mich auf verschlungenen Pfaden wieder zurück zu der Aufgabe in Bosnien führten, für die ich mich schon einmal freiwillig gemeldet hatte.

Die Mitarbeiter der amerikanischen Botschaft in Bonn, der größten US-Vertretung in Europa, waren überaus hilfreich. Vielleicht hatten sie Mitleid mit einem Botschafter, der seine Stelle ohne Frau und Familie antrat. Der unangenehmste Aspekt des Postens war die Notwendigkeit eines drastischen Personal- und Kostenabbaus, nachdem in der Zeit des Kalten Krieges der Botschaftsstab auf über 2000 Mitarbeiter angewachsen war. Dabei konnte ich mich auf die Unterstützung meiner ausgezeichneten Mitarbeiter verlassen, allen voran mein Stellvertreter Don Kursch und der Verwaltungsleiter der Botschaft, Don Hays, auf dessen Schultern die Hauptlast der Kürzungen ruhte. Als besonderer Glücksfall erwies sich, daß ich von meinem Vorgänger Robert Kimmitt eine unermüdliche und unverzichtbare Sekretärin übernehmen konnte, Rosemarie Pauli, die später mit mir nach Washington zurückkehrte und dann im Bosnienteam mitarbeitete.

Vier Jahre nach der Wiedervereinigung war Deutschland immer noch auf der Suche nach sich selbst. Diese für jede Gesellschaft schwierige Aufgabe wurde den Deutschen durch die Bürde der eigenen Geschichte zusätzlich erschwert.

Von meiner Ankunft im September 1993 an reiste ich ständig durch das Land, wobei ich wenigstens einmal wöchentlich Berlin einen Besuch abstattete. Ich versuchte, auf diesen Reisen eine neue Beziehung zwischen meinem Heimatland und Deutschland zu fördern, die nicht allein auf den aus dem Kalten Krieg übernommenen strategischen Bindungen beruhte, sondern zunehmend auch auf den Handelsbeziehungen und dem kulturellen Austausch. Die bestehenden Bindungen auf diesen Gebieten waren zwar sehr stark, aber vorwiegend informeller Natur, und ich sah die Möglichkeit, sie mit Unterstützung der Botschaft zu intensivieren. Ich schloß einige persönliche Freundschaften in Bonn und pflegte mit den meisten politischen Führungspersönlichkeiten engen Kontakt, darunter Bundeskanzler Helmut Kohl, Außenminister Klaus Kinkel und Verteidigungsminister Volker Rühe. Im Auswärtigen Amt waren einige überaus fähige Diplomaten tätig. Viele wurden nicht nur Kollegen von mir, sondern echte Freunde. Besonders dankbar war ich für die enge Freundschaft, die sich zwischen mir und dem politischen Direktor des Auswärtigen Amtes Wolfgang Ischinger, entwickelte, der später eine wichtige Rolle in der Bosnien-Kontaktgruppe spielte.

Besonders intensiv arbeitete ich mit Joachim Bitterlich zusammen, dem außenpolitischen Berater des Bundeskanzlers. Man hatte mich vor meiner Abreise nach Bonn gewarnt, Bitterlich sei profranzösisch und antiamerikanisch eingestellt. Diese Einschätzung gab, wie sich zeigte, nur die halbe Wahrheit wieder. Bitterlich, nahe der französischen Grenze geboren, in Frankreich aufgewachsen und mit einer Französin verheiratet, unterhielt enge persönliche Beziehungen zur französischen Regierung und träumte davon, eine tragende Rolle bei der französisch-deutschen Versöhnung zu spielen. In seinem Dienstzimmer hing nur ein einziges großes Foto: die berühmte Aufnahme von Kohl und dem französischen Staatspräsidenten François Mitterrand, Hand in Hand vor der großen Gedenkstätte auf dem Weltkriegs-Schlachtfeld von Verdun. Dennoch ließ sich Bitterlichs Weltanschauung ohne weiteres mit den amerikanischen nationalen Interessen vereinbaren. Meiner Einschätzung nach war er alles andere als ein Anti-Amerikaner. Er kannte die amerikanische Kultur und Politik sehr genau und setzte ebenso sehr wie sein Chef auf eine enge und dauerhafte Beziehung zwischen Deutschland und den Vereinigten Staaten. Jedenfalls war es längst an der Zeit, eine Lieblingsbeschäftigung Washingtons während des Kalten Krieges aufzugeben: Bonn zu einer Entscheidung zwischen Paris und Washington zu zwingen oder, alternativ, als Briefträger der USA zur französischen Regierung zu benutzen.

Auch wenn sich die Bedeutung Deutschlands für die Vereinigten Staaten seit dem Ende des Kalten Krieges grundlegend verändert hat, geringer geworden ist sie nicht. Die alte Bundesrepublik, auf deren Gebiet mehrere hunderttausend amerikanische Soldaten stationiert waren, war das Bollwerk der Freiheit Europas, und West-Berlin ihr leibhaftiges Symbol. Als 1989 die Berliner Mauer fiel, ließ sich Bundeskanzler Kohl die einmalige Gelegenheit nicht entgehen und führte Deutschland in der verblüffend kurzen Zeit von 326 Tagen zur Wiedervereinigung – einer der großen politischen Erfolge in diesem Jahrhundert. Großbritannien unter Margaret Thatcher und Frankreich unter Mitterrand verfolgten die Entstehung eines vereinten Deutschlands mit sehr gemischten Gefühlen. Als einziger Bündnispartner unterstützen die Vereinigten Staaten Kohl und machten damit die deutsche Wiedervereinigung auch zur einer der Sternstunden George Bushs. Es war beeindruckend für mich mitzuerleben, wie jedesmal, wenn ich in einer Rede auf die Rolle Amerikas bei der Wiedervereinigung zu sprechen kam, die deutschen Zuhörer spontan Beifall klatschten.

Präsident Clinton, der Deutsch gelernt hatte und während seiner Studienzeit in Oxford durch Deutschland gereist war, machte sich viele Gedanken über das Europa nach dem Kalten Krieg und sah in Deutschland unseren künftigen Hauptpartner in Europa, eine Entwicklung, die er sowohl fördern als auch anleiten wollte. Aus verständlichen Gründen hatte Deutschland im Nachkriegseuropa eine relativ passive politische Rolle gespielt; das Land war primär Objekt der westlichen Politik gewesen, nicht ihr Gestalter, eine Nation, die nicht imstande war, sich selbst zu verteidigen, eine Nation, die verteidigt werden mußte. Doch mit der Wiedervereinigung, der Ablösung der alten Führungsgarde und dem Aufstieg einer neuen Generation deutscher Politiker an die Hebel der Macht war Deutschland nach Über-

zeugung der Vereinigten Staaten jetzt bereit, als Förderer der Demokratie und Kapitalgeber für den wirtschaftlichen Aufbau Mitteleuropas und der ehemaligen Sowjetunion eine wichtigere Rolle auf der europäischen Bühne zu spielen. Wie sich herausstellte, hatten die
Amerikaner in vielen Fällen ein positiveres und optimistischeres Bild
von der Zukunft Deutschlands als die Deutschen selbst.

Während meines Jahres in Deutschland verfolgte ich, wie das Land
kleine, aber vielversprechende Schritte hin zu einer wichtigeren Rolle
in Europa unternahm, Bemühungen, die die Vereinigten Staaten dis-
kret förderten. Im Juli 1994 fällte das Bundesverfassungsgericht ein
historisches Urteil, das prinzipiell den Einsatz von deutschen Soldaten
auch außerhalb der eigenen Grenzen gestattete, eine Entscheidung,
die später in Bosnien und Kroatien eine wichtige Rolle spielen sollte.
Bundeskanzler Kohl, der dieses Urteil sehr begrüßte, drängte besonders vehement auf eine stärkere internationale Rolle Deutschlands,
orientierte sich dabei aber stets an dem, was das Land seiner Auffassung nach zu akzeptieren bereit war.

Eines meiner wichtigsten Anliegen in Deutschland war die Ausarbeitung einer gemeinsamen deutsch-amerikanischen Rußland-Politik.
Boris Jelzin hatte öffentlich erklärt, von den ausländischen Regierungschefs Kanzler Kohl und Präsident Clinton am meisten zu schät-
zen. Obwohl ganz offenkundig Bedarf vorhanden war, gab es keine ef-
fektive Struktur zur Koordinierung der amerikanischen und deutschen
Politik gegenüber Moskau. Eine solche Struktur zu entwickeln, hatte
ich mir zum Ziel gesetzt. Strobe Talbott und Joachim Bitterlich sollten
dabei eine wichtige Rolle spielen. Gemeinsam entwarfen wir einen
strategischen Dialog zwischen unseren beiden Staaten – und vor allem
zwischen den beiden Regierungschefs – über eine gemeinsame Politik
gegenüber Rußland und Boris Jelzin.

Talbott und ich hatten einen Einfall, wie wir diesem Ziel näherkom-
men konnten. Wir luden Talbotts russischen Widerpart, den stellvertretenden Außenminister Georgij Mamedow, zu der nächsten Runde
der bilateralen amerikanisch-russischen Verhandlungen nach Bonn
ein, zu denen wir dann die Deutschen zu einem bislang einmaligen,
dreiseitigen Dialog hinzuziehen wollten. Das Treffen kam schließlich
im November 1993 zustande, und seine Wirkung war geradezu elek-
trisierend. Bei einem Abendessen, das ich für die drei Delegationen
gab, bemerkte ich, die drei Länder hätten in den letzten einhundert

Jahren in jeder nur denkbaren Konstellation zueinander gestanden, ausgenommen der Freundschaft zwischen allen drei Parteien. Mamedow reagierte auf meine Worte mit einer sehr emotionalen Äußerung. »Ich habe das Gefühl, als würde ich heute abend in einem Traum leben«, verkündete er überaus bewegt und blickte dabei den Staatssekretär im Verteidigungsministerium, Jörg Schönbohm, an, der als westdeutscher General bei der Vereinigung den Oberbefehl über die ostdeutschen Streitkräfte übernommen hatte. Die Deutschen waren ebenso gerührt, und Strobe Talbott brachte in einer ausdrucksvollen Ansprache die Hoffnungen der amerikanischen Regierung auf eine erfolgreiche Zusammenarbeit mit Rußland zum Ausdruck.

Deutschland und seine Vergangenheit. Gelegentlich war die amerikanische Politik dem, was die Deutschen über sich selbst dachten, weit voraus. Viele deutsche Politiker, Industrielle und Intellektuelle plagten bei der Vorstellung eines weltpolitisch wichtigeren Deutschlands immer noch große Selbstzweifel. Bei meinen Gesprächen mit den Führern aller wichtigen politischen Gruppierungen wurde immer wieder deutlich, daß die meisten sich noch sehr schwer taten mit der Bewältigung ihrer Geschichte, konkreter des Erbes des Dritten Reiches und vor allem des Holocaust. Die Deutschen wußten die Wahrheit über ihre Geschichte – aber die Wahrheit wissen ist nicht dasselbe, wie sie verstehen oder sich mit ihr abfinden.

In Anbetracht der historischen Umstände war ein gewisses Maß an Selbstzweifel unter den Deutschen natürlich durchaus angebracht. Allerdings lähmte das auch die Fähigkeit des Landes, selbständig und außerhalb eines verwässerten EU-Konsens zu agieren. Wegen der ambivalenten Haltung der Briten zur Europäischen Gemeinschaft und später zur Europäischen Union konnte Paris dank seiner besonderen Beziehungen zu Bonn die französische Position häufig auch zur deutschen machen. Einige Deutsche, vor allem auf der Seite der Linken, bedienten sich zudem der Geschichte als willkommener Ausrede, sich in Fragen wie dem Krieg in Bosnien vor eindeutigen Aussagen zu drücken.

Jedesmal, wenn ich in Deutschland eine Rede hielt, wurde, direkt oder indirekt, die Vergangenheit des Landes thematisiert. Oft geschah das in Form der Frage danach, warum der Rest der Welt noch dem kleinsten neonazistisch motivierten Vorfall in Deutschland so viel Aufmerksamkeit widmete, wo doch diese Bewegung weder politische Unterstützung genoß noch nennenswerte Bedeutung hatte. Häufig wurde ich auch gefragt, ob oder ob nicht der Rest der Welt den Deutschen inzwischen vertraute. Nach einer Weile erkannte ich, was die Deutschen in Wahrheit wissen wollten: Können wir uns selbst trauen?

In Japan wären mir ähnliche Fragen zur Rolle der Japaner im Zweiten Weltkrieg wahrscheinlich nie gestellt worden.[2] So sehr sich die Deutschen daran stießen, daß die Diskussion über das Dritte Reich kein Ende fand, so sehr trugen sie selbst dazu bei, das Thema wach zu halten. Im Gegensatz zu Japan beispielsweise wurde in den staatlichen Schulen nicht versucht, die Schrecken der jüngsten Vergangenheit abzuschwächen oder totzuschweigen. Meiner Ansicht nach war dies in gewisser Weise ein Tribut an die angestrengten Bemühungen der Deutschen, die eigene Vergangenheit einschließlich der Frage nach dem Verhalten ihrer Familienangehörigen in der Hitlerzeit zu bewältigen. Und tatsächlich wurde der Gegenstand in Deutschland weit ausführlicher diskutiert als in irgendeinem anderen Land der Welt.

Auf die wiederholten Fragen, wie lange die Welt denn noch diese Themen erörtern wolle, antwortete ich meinen deutschen Freunden, es werde nie irgendwelche Beschränkungen für Ermahnungen an die Nazizeit geben. So einzigartig, wie diese Greueltaten waren, werden sie vermutlich noch in einhundert Jahren für Forschungs- und Diskussionsstoff sorgen.

Damit wollte ich nicht andeuten, daß die Deutschen für immer und ewig in der Kollektivschuld für das gehalten werden, was zwischen 1933 und 1945 passierte. Unablässig wurde ich gefragt, wie ich persönlich zu der Frage nach der Schuld des deutschen Volkes an den Naziverbrechen stehe.

Meiner Antwort fehlten zwar die umfassenden historischen Einsichten meines Freundes und Mentors Professor Fritz Stern, der sich von der Columbia University beurlauben ließ, um als Chefberater in meinen Botschaftsstab einzutreten. Doch mit Sterns Hilfe gelangte ich zu einigen, wenn auch nicht sonderlich neuen, so doch aber zutiefst empfundenen Schlußfolgerungen über die Deutschen und den Nationalsozialismus. Wie sich herausstellen sollte, prägten diese Ansichten ein Jahr später auch meine Einstellung zu Bosnien, als die Frage der Kollektivschuld der Serben immer wieder auf den Tisch kam.

Ich glaube nicht an die Kollektivschuld des deutschen Volkes. Die

Deutschen haben keinen genetischen Fehler, der sie als einzige zu solchen Taten befähigt. Unbestritten, Deutschland war aufgrund bestimmter historischer Faktoren anfälliger als die meisten anderen Länder für einen in der Geschichte beispiellosen Rassismus, der in einen ebenso beispiellosen, staatlich organisierten Massenmord mündete. Aber es gibt keinerlei Anzeichen dafür, daß die gegenwärtige Generation geneigt ist, die Sünden ihrer Eltern und Großeltern zu wiederholen.

Rassismus als Vorspiel zu Mord, auch zu organisiertem Mord, hat es nicht nur im Holocaust gegeben. Die Judenvernichtung im Dritten Reich ist wegen ihres Ausmaßes und der kaltblütigen, bürokratischen Art und Weise ihrer Durchführung einzigartig. Wenn aber der Holocaust in einer eigenen Kategorie geführt wird, in der nur er enthalten ist, dann laufen wir Gefahr, die wichtigste Lehre daraus zu versäumen: daß der Holocaust auf andere Weise und vielleicht in geringerem Ausmaß auch in anderen Ländern geschehen und anderen Völkern zustoßen kann. Wenn sich heute irgendwo auf der Welt eine solche Tragödie ereignen würde, dann gewiß nicht in Deutschland, sondern in einem Land, wo sich der extreme Nationalismus noch nicht an der Macht austoben konnte. Wer behauptet, lediglich in Deutschland seien solche Handlungen möglich, der übersieht nicht nur die vielen anderen Beispiele für radikalen Antisemitismus, sondern relativiert auch die Greueltaten, die beispielsweise im ehemaligen Jugoslawien, in der alten Sowjetunion, in Ruanda und in Kambodscha begangen wurden.

Geschichte wurde und wird in der ganzen Welt dazu benutzt, oder besser mißbraucht, die gegenwärtigen Generationen für die Sünden, die realen wie die erfundenen, der Vergangenheit zur Verantwortung zu ziehen. Aber jede Mehrheit war immer auch woanders eine Minderheit. Und immer wieder verurteilte die mißbrauchte Geschichte noch ungeborene Generationen dazu, die Kämpfe und Kriege ihrer Väter und Vorväter fortzuführen. Auch wenn das ehemalige Jugoslawien hierfür ein gutes Beispiel ist, extreme Nationalisten, die aus Machtgier ethnische Spannungen oder alte Feindseligkeiten schüren, finden sich in vielen Ländern. Der russische Extremist Wladimir Schirinowskij ist nur der bekannteste, bei weitem aber nicht der einzige Vertreter dieser Spezies; in praktisch jedem ehemals kommunistischen Land, das seit dem Ende des Kalten Krieges entstanden ist, treiben vergleichbare Gestalten ihr Unwesen.

Ich dachte oft an die intensiven Gespräche in Deutschland zurück, als ich mir die ebenso endlosen wie vor Selbstmitleid triefenden Geschichtsversionen anhören mußte, die ein ständiger Bestandteil unserer Verhandlungen auf dem Balkan waren, einer Gegend, in der sich offenbar jeder als Angehöriger einer gefährdeten Minderheit betrachtet.

*

Obwohl Deutschland lediglich eine Flugstunde vom Kriegsgebiet entfernt liegt, kam das Thema Bosnien während meines Jahres in Deutschland überraschend selten zur Sprache. Auf der politischen Ebene spielten die Deutschen allerdings eine wichtige Rolle, weil die Ansichten der Bonner Regierung innerhalb der Kontaktgruppe in der Regel denen Washingtons am nächsten kamen. Die Bosnienkrise unterlag der Federführung von Charles Redman, der Botschafter Bartholomew als US-Sondergesandter für Bosnien abgelöst hatte. Ich begrüßte Redman zwar jedesmal, wenn er nach Bonn kam, doch ich hielt mich vom Verhandlungsprozeß fern und warf kaum einen Blick auf die zahllosen Telegramme zur Lage in Bosnien. Ich fühlte mich abgekoppelt von dem Thema, weil ich zum einen in der Sache nichts unternehmen konnte, zum anderen aber auch, weil ich in meiner neuen Aufgabe voll und ganz aufging.

*

Unterdessen geriet Washington zusehends in eine Zwangslage. Die Bosnienkrise schadete dem Ansehen der amerikanischen Außenpolitik in Europa, und zu Hause ließ die Presse kein gutes Haar an der Regierung. Der Druck wirkte sich bis in die obersten Regierungsebenen aus: Im Zuge einer großangelegten Reorganisation, welche die Chefetage des Ministeriums stärkte, ernannte Warren Christopher im Herbst 1993 zu meiner großen Freude Strobe Talbott zu seinem Stellvertreter. Um dieselbe Zeit trat leider Les Aspin als Verteidigungsminister zurück und beendete damit eine kurze und schwierige Amtszeit auf dem Posten, von dem er so lange geträumt hatte. Tragischerweise erwies sich sein erzwungener Abgang aus dem Pentagon als das Ende seiner eindrucksvollen Laufbahn; keine zwei Jahre später starb er an einem Schlaganfall. Wie Frank Wisner mir aus Indien schrieb, war Aspins Leben trotz seiner enormen Leistungen unerfüllt geblieben.

Seine zahllosen Freunde dachten immer mit einem tiefen Gefühl der Trauer an ihn zurück – an seine stets zerknitterten Kleider, an seinen raschen, ständig nachfragenden Verstand und an seine unbeschwerte Art, die aber nur eine tiefer liegende Unsicherheit und Einsamkeit kaschierte.

*

Anfang 1994 mehrten sich die Gerüchte um Führungsprobleme im Europa-Büro des Außenministeriums. Im Frühjahr riefen mich Tarnoff und Talbott an und fragten, ob ich mir vorstellen könnte, Bonn zu verlassen und das Europa-Büro zu übernehmen. Ich erwiderte, ich sei bereits vor 15 Jahren als Staatssekretär im Außenministerium tätig gewesen und nicht daran interessiert, auf einen ähnlichen Posten nach Washington zurückzukehren. Mein Botschafterleben in Deutschland gefiel mir, und ich hatte vor, wenigstens zwei Jahre in Bonn zu bleiben. Aber Tarnoff und Talbott ließen nicht locker und baten mich eindringlich, nach Washington zu kommen. Obwohl ich bei meiner ablehnenden Haltung blieb, ließ der Druck nicht nach, wobei insbesondere Talbott mich immer heftiger drängte.

Im Mai spielte er schließlich seinen Trumpf aus: Sowohl Außenminister Christopher als auch Präsident Clinton befürworteten den Wechsel. Damit änderte sich die Natur der Bitte grundlegend. Ich war voll und ganz der Auffassung, daß der amerikanische Präsident, der mich an den Rhein geschickt hatte, auch das Recht besaß, mich wieder von hier abzuberufen. Wer vom Präsidenten ernannt worden ist, schuldet ihm in solchen Dingen Loyalität.

Nach einem privaten Treffen mit Christopher in Rom willigte ich ein, den Posten zu übernehmen, unter der Bedingung, daß ich meine Stellvertreter selbst bestimmen durfte. Außerdem bat ich darum, mit der Abberufung noch eine Weile zu warten. Zum einen wollte ich ein volles Jahr in Deutschland absolvieren, zum anderen lag mir viel daran, Clinton bei seinem Staatsbesuch in Bonn und Berlin zu begleiten.

*

Talbott und Tarnoff hatten für meine Stelle drei Prioritäten aufgelistet: die Neuorganisation des Europa-Büros, die Gestaltung einer kohärenten Politik für die NATO-Erweiterung sowie den Krieg in Bosnien. Ich sagte Talbott, daß ich wegen einer Sache schwere Bedenken hätte. Im

Außenministerium gab es inzwischen dreißig Staatssekretäre oder auf einer vergleichbaren Ebene angesiedelte Ämter. Die Position verfügte nicht mehr über dieselbe Autorität wie früher und eignete sich damit kaum als angemessene Ausgangsbasis für die von Strobe formulierten, hochgesteckten Ziele. Um in so umstrittenen Politikfeldern wie Bosnien und NATO-Erweiterung etwas bewegen zu können, mußte ich sehr bestimmt auftreten. Damit würde ich mir so viele Feinde schaffen, daß ich schon nach einem Jahr ausgebrannt sei. Wenn ich andererseits der üblichen Routine entsprechend vorging und zugunsten kleiner Fortschritte auf wesentliche Inhalte verzichtete, würde ich zwar weniger Freunde verlieren, aber auch meine Mission nicht erfüllen.

Talbott lachte, als ich ihm diese doppelte Verlustrechnung präsentierte. »Wir erwarten, daß Sie angreifen«, sagte er. »Genau deshalb brauchen wir Sie. Wir werden Ihnen den Rücken stärken.« Nun war es an mir zu lachen. »Nun ja, *ich* werde Ihnen den Rücken stärken«, sagte er. »Außerdem«, schloß er, »gehören Sie dann endlich zu unserem Team.«

*

Clinton besucht Deutschland. Der Traum eines jeden Botschafters ist der Besuch seines Regierungschefs während seiner Amtszeit. Auch wenn eine Präsidentenvisite ein logistischer Alptraum ist und Außenstehende sich keine Vorstellung von den immensen Sicherheitsanforderungen machen, kann ein solcher Besuch einen enormen Unterschied bewirken. Wenn der Präsident kommt, ist das nicht nur ein unvergeßliches Erlebnis für den Botschafter; er kann sich auch für den Rest seines Lebens mit Anekdoten über heillos chaotische Zustände und Beinahe-Katastrophen und dramatischen Nacherzählungen von eigenen Glanztaten bei der Verhinderung diverser Peinlichkeiten und Schilderungen seiner persönlichen Momente mit dem Präsidenten Einladungen zum Essen sichern.

Glücklicherweise war Präsident Clintons Deutschlandbesuch im Juli 1994 sehr gut organisiert – was nicht heißt, daß es nicht auch den einen oder anderen kritischen Moment gegeben hätte. Als Clinton nach Bonn kam, wartete ich immer noch auf die Bestätigung meines neuen Postens durch den Senat. Die Deutschen hatten erst vor kurzem die Präsidentschaft in der EU angetreten, und so gelang es uns, zusätzlich zu den Gesprächen mit den deutschen Spitzenpolitikern noch einen »EU-Gipfel« im Terminplan unterzubringen – eine sehr hochtrabende Bezeichnung für ein zweistündiges Gespräch im Reichstagsgebäude, an dem neben Bundeskanzler Kohl auch der scheidende Präsident der Europäischen Kommission Jacques Delors teilnahm. Zu Clintons Programmpunkten zählten ein Besuch in Bonn und ein Familientreffen in Kohls Wochenendhaus in der Nähe der Domstadt Worms.

Der Höhepunkt der Reise – und zugleich einer der Höhepunkte meiner gesamten Laufbahn – war die Fahrt am 12. Juli nach Berlin. Seit der Wiedervereinigung war dies der erste Besuch eines amerikanischen Präsidenten in Berlin. Aus diesem Grund regte ich an, Clinton und Kohl sollten als Symbol für das neue Deutschland nach dem EU-Gipfel gemeinsam das Brandenburger Tor von West nach Ost durchschreiten. Sobald sie in dem ehemaligen Ostteil von Berlin angelangt waren, sollten die beiden Regierungschefs eine Ansprache vor einer möglichst großen Menschenmenge halten.

Alles lief nach Plan. Unter einem fast wolkenlosen Himmel schritten Clinton und Kohl in Begleitung ihrer Ehefrauen durch das große Tor mitten hinein in eine jubelnde Menge aus über 100 000 Menschen. Viele schwenkten kleine amerikanische Flaggen, die vorausschauende lokale Händler für diesen Anlaß zum Verkauf angeboten hatten. Es war vermutlich der letzte große amerikanische Tag für die Bewohner Berlins, einer Stadt, die keinen Hehl aus ihrer Liebe zu Amerika macht und uns einige der denkwürdigsten Erinnerungen der letzten 50 Jahren beschert hat: die Luftbrücke, den Mauerbau, den Aufmarsch der sowjetischen und amerikanischen Panzer am Checkpoint Charlie im Jahr 1961, Ronald Reagans »Reißen Sie diese Mauer ein, Herr Gorbatschow«-Rede und, vor allem, John F. Kennedys berühmten Satz aus dem Jahre 1963: »Ich bin ein Berliner.«

Präsident Clintons Rede war kurz, aber ausdrucksvoll. Im Gegensatz zu Kennedy sprach er tatsächlich etwas Deutsch und hatte in einem Empfangszimmer im Reichstag mit Rosemarie Pauli einige Sätze einstudiert, ehe er und Kohl ihren Gang antraten. Riesige Videoeinwände, in Kennedys Tagen noch unvorstellbar, übertrugen sein Gesicht und seine Worte bis weit in die Allee Unter den Linden. Die Menge drängte sich bis hin zu dem riesigen Gebäude der russischen Botschaft, von wo aus Moskau bis vor kurzem Ostdeutschland kontrolliert hatte. Ich sah viele Deutsche, auch zwei Minister, mit Tränen

in den Augen, als Clinton sprach – ein stiller Tribut an den Symbolge-
halt des Anlasses.

Nachdem er geendet hatte, nahm Clinton sein gewohntes Bad in der
Menge. Unter dem Ansturm der Menschen riß die Kette der Wachtpo-
sten, und es wäre beinahe zu einem freundschaftlichen Tumult gekommen. Das war das Alarmzeichen für die Sicherheitsbeamten vom Secret Service. Sie versuchten, Clinton zurück zu seinem Wagen zu
bugsieren, wo seine Frau bereits wartete, doch der Präsident genoß
das Gedränge sichtlich.

Wieder im Wagen sagte er, dieser Tag in Berlin sei einer der bewegendsten Momente seiner Präsidentschaft gewesen, und die Versammlung die »nach der Amtseinführung zweitgrößte Menschenmenge, seit
ich im Weißen Haus bin«.[3]

»Nun, dann darf ich also doch hierbleiben?« warf ich im Scherz
ein.

»Auf keinen Fall«, erwiderte er in freundlichem Ton. »Und außerdem, diesen Tag könnten Sie ohnehin nicht mehr überbieten.«

*

Während der Fahrt vom Flughafen zum Hotel in Berlin und am nächsten Morgen noch einmal sprach ich zum erstenmal direkt mit Präsident Clinton über meine neue Aufgabe. Nach den üblichen Äußerungen, daß ich die Arbeit zweifellos gut machen würde, fügte er noch
etwas hinzu, was bislang noch niemand erwähnt hatte: »Wenn Sie zu-
rückkommen, möchte ich, daß Sie oft an die Öffentlichkeit treten. Sie
können das gut, und wir stecken wirklich in Schwierigkeiten.« Später
sagte Hillary Clinton zu mir mit noch deutlicheren Worten dasselbe.

Am selben Tag erwähnte ich auf der Fahrt zu einem weiteren Treffen in Berlin gegenüber Warren Christopher, was der Präsident zu mir
gesagt hatte. Er stimmte völlig überein mit Clinton. Aber trotz Christophers Kommentar sah ich Schwierigkeiten auf mich zukommen.
Was die Arbeit in einer Regierung betrifft, ist der Umgang mit der
Presse zweifellos der sensibelste Punkt. In gewisser Hinsicht konnte
man auch hier nur verlieren: Was die Beziehung innerhalb des bürokratischen Apparats angeht, ist es angebracht, sich nicht allzu sehr in
den Vordergrund zu drängen. Andererseits läßt sich eine umstrittene
Politik nicht ohne breite öffentliche Unterstützung durchsetzen, und
wer die öffentliche Meinung auf seine Seite ziehen will, muß sich der

Presse verfügbar machen. Ich war seit jeher der Auffassung, daß Politiker für die Menschen zugänglich sein sollten, die ihr Gehalt bezahlten – und dazu gehörte nun einmal auch die Presse. Allerdings setzt man sich damit der Gefahr des Vorwurfs aus, nur Publicity zu suchen, und oftmals kommt dieser Vorwurf gerade von den Journalisten, die auf diesen Zugang pochen.

*

EUR. Nach einer routinemäßigen Anhörung wurde ich am 13. September 1994 als Assistant Secretary of State for European and Canadian Affairs vereidigt. Ich verzichtete auf die großartige Zeremonie und den Empfang, der üblicherweise zu einem solchen Ereignis gehört, und arrangierte statt dessen eine kleine Feier mit ein paar engen Freunden und meiner Familie im großen Amtszimmer des Außenministers. Nach der Feier ging ich sofort an die Arbeit. Als erstes wollte ich das Europa-Büro – das »EUR«, wie es in der Kurzsprache des Außenministeriums genannt wurde –, reorganisieren. Zunächst wollte ich Kanada aus der Abteilung herausnehmen. Unsere Beziehung zu Kanada war besonders eng und verdiente mehr Aufmerksamkeit, als ihr ein Staatssekretär widmen konnte, der nebenbei auch für ganz Europa von Island bis zur Türkei zuständig war. Deshalb schlug ich vor, die Verantwortung für Kanada aus dem Europa-Büro herauszulösen und in die Hand eines direkt dem Außenminister unterstellten Sondergesandten zu legen.

Mein Vorschlag wurde abgelehnt, und so bat ich den erfahrenen Wirtschaftswissenschaftler Richard Hecklinger, Kanada seinem Aufgabenbereich hinzuzufügen. Hecklinger hatte sich zuvor bereit erklärt, den Posten eines Stellvertretenden Staatssekretärs für Wirtschaft und Regionales zu übernehmen. Bob Frasure war mein designierter Stellvertretender Staatssekretär für Mitteleuropa. Damit war nur noch eine Personalentscheidung offen, und zwar die wichtigste: Ich mußte meinen obersten Stellvertreter ernennen.

Die Auswahl der richtigen Mitarbeiter macht die Hälfte der Entscheidungen eines Führungsjobs aus. Wer eine schlechte Wahl trifft, wird während seiner restlichen Amtszeit ständig darunter leiden, im Verborgenen ebenso wie bei konkreten Vorfällen. Da ich wußte, daß ich einen großen Teil meiner Amtszeit auf Achse sein würde, mußte mein oberster Stellvertreter das Vertrauen des Außenministers und dessen oberster Berater haben. Nach langem Überlegen bot ich den Posten John Kornblum an, dem erfahrensten Europaexperten im Außenministerium.

Ich hatte für mich wie auch für das Büro eine glückliche Wahl getroffen. Kornblum wurde zu meinem Alter ego. Er war in der Lage, die Themen zu übernehmen, für die ich keine Zeit hatte, und er verstand es, den Standpunkt des Büros wortgewandt darzulegen, wenn ich außer Landes war. In dem Maße, wie sich Kornblum beim Außenminister und seinen Beratern Respekt verschaffte, stieg mein Vertrauen, daß er das Zeug hatte, die Leitung des Büros zu übernehmen. Als ich 1996 aus der Regierung ausschied, vernahm ich mit Freude, daß Präsident Clinton und Außenminister Christopher Kornblum als meinen Nachfolger ausgewählt hatten und damit ein Höchstmaß an Kontinuität und Führungsqualität garantierten. Später boten die beiden Kornblum seinen Traumjob an: die Stelle des Botschafters in Deutschland.

*

In meinem ersten Gespräch nach meiner Vereidigung ging es um Bosnien, in meinem letzten 17 Monate später ebenfalls. Dazwischen hatte ich mit einer Vielzahl anderer Probleme zu tun, von denen einige – beispielsweise die NATO-Erweiterung, die baltischen Staaten, Albanien, Zypern, die Türkei, Irland und der ganze Mitteleuropa-Komplex – ebenso interessant wie wichtig waren. Allerdings verging kaum ein Tag, an dem die Bosnienkrise nicht alle anderen Themen ins Abseits drängte. Und es verging kein Tag, an dem wir nicht das Gefühl hatten, daß Bosnien bestenfalls einen blutigen Zwischenfall vom Abgrund entfernt stand.

Sowohl Warren Christopher als auch Strobe Talbott hatten die Befürchtung geäußert, daß wir uns auf dem besten Weg in eine neue und noch schlimmere Phase in der Bosnien-Krise befanden. Sie behielten recht.

KAPITEL FÜNF

Der Weg in die Katastrophe

(September 1994 bis August 1995)

Wir stehen vor der schrecklichen Frage des Bösen, ohne auch nur zu wissen, was uns bevorsteht, geschweige denn, was wir ihm entgegenstellen sollen.

Carl Gustav Jung

Die folgenden elf Monate waren überaus schwierig. Wir erzielten zwar Fortschritte in einer ganzen Reihe von Fragen, die für die Gestaltung der Beziehungen Amerikas zu Europa nach dem Kalten Krieg wichtig waren – vor allem bei der Nato-Erweiterung und den Beziehungen zu den ehemaligen Warschauer-Pakt-Mitgliedern in Mitteleuropa. Gleichzeitig aber spitzte sich die Krise in Bosnien immer weiter zu und warf grundlegende Fragen nach der Natur des zukünftigen amerikanischen Engagements in Europa auf.

In den ersten Wochen nach meinem Amtsantritt beherrschte das Thema Nato-Erweiterung alles andere. Nach einer intensiven internen Debatte erarbeiteten wir in neun Wochen eine Position zur Frage der Nato-Erweiterung, gerade rechtzeitig, daß Christopher die amerikanische Position beim Außenministertreffen in Brüssel Anfang Dezember 1994 vorlegen konnte. Wir kündigten an, daß die Nato 1995 einen offiziellen Dialog mit allen potentiellen Nato-Mitgliedern und den anderen von dieser Entscheidung betroffenen Ländern, auch mit Rußland, führen werde. Nach unserem Zeitplan sollte kein Land vor 1997 zum Beitritt eingeladen und vor 1999 formell aufgenommen werden. Für Leute wie Zbigniew Brzezinski und Henry Kissinger, die eine sofortige Aufnahme neuer Mitglieder in die Nato forderten, war dieser vorsichtige und methodische Ansatz zu langsam, und zu schnell für Leute wie George Kennan und Paul Nitze, die vor negativen Auswirkungen der Osterweiterung auf die Beziehungen zu Rußland warnten und generell gegen eine vergrößerte Nato votierten. Trotz der von beiden Seiten vorgebrachten heftigen Kritik an dieser Politik hielt das Weiße Haus in den folgenden drei Jahren an dem ursprünglichen Fahrplan fest und steuerte damit angesichts der generell schwierigen Umstände und des anhaltenden Widerstands von beiden Seiten einen bemerkenswert geradlinigen Kurs. Im Mai 1997 unterzeichnete Präsident Jelzin in Paris die Grundakte über die Beziehungen Rußlands zur Nato und legte damit den Grundstein für ein neues Verhältnis zwischen der Allianz und Moskau. Sechs Wochen später lud die Nato offiziell Polen, Ungarn und die Tschechische Republik zum Beitritt ein und hielt weiteren potentiellen Mitgliedern die Tür für einen späteren Beitritt offen.

Wir konnten in meinem ersten Jahr in Washington noch weitere Erfolge verzeichnen, darunter einige von den Vereinigten Staaten vermittelte Lösungen oder Durchbrüche in zweitrangigen Themen, die sich durchaus zu ernsthaften Krisen hätten auswachsen können: den griechisch-albanischen Disput um den Grenzverlauf zwischen beiden Staaten und die Frage der politischen Gefangenen sowie Spannungen zwischen Ungarn und der Slowakei und Rumänien wegen der Behandlung der dortigen ungarischen Minderheiten. Auf amerikanischen Druck hin billigte die Europäische Union im Frühjahr 1995 eine umstrittene, aber wichtige Zollunion mit der Türkei und nahm Zypern in die Liste der Länder auf, die vorrangig für eine künftige Mitgliedschaft in Frage kommen sollten. Und nicht zuletzt half Präsident Clinton mit seinem geschickt eingesetzten persönlichen Einfluß, daß sich trotz einiger ernsthafter Krisen das Verhältnis der Russen zu ihrem temperamentvollen Präsidenten stetig verbesserte.

Im Herbst 1994 allerdings deutete noch nicht viel auf diese Fortschritte auf dem Weg zu einem ungeteilten und sicheren Europa hin. Von November 1994 bis Ende Juli 1995 hatten wir weder Grund zum Feiern, noch Zeit, uns für die Erfolge in der Frage der Nato-Osterweiterung oder in anderen Bereichen auf die Schulter zu klopfen. In Bosnien folgte auf eine Katastrophe eine noch schlimmere, bis die Grausamkeiten schließlich in dem Massaker von Srebrenica ihren Höhepunkt erreichten. Was immer Washington sonst in Europa erreicht hatte, am Ende würde die amerikanische Europapolitik an ihrem Erfolg oder Mißerfolg in Bosnien gemessen werden.

Nadelstiche. Ende November 1994 griffen die Serben kroatische und muslimische Stellungen in Westbosnien an und setzten dabei Kriegsflugzeuge ein, die auf einem Militärflughafen bei Udbina im serbisch kontrollierten Teil Kroatiens stationiert waren. Diese Attacke stellte eine bemerkenswert dreiste Eskalation der Auseinandersetzungen dar: Nicht nur, daß der Einsatz der Flugzeuge gegen das Flugverbot der Vereinten Nationen verstieß, die Flugzeuge hatten auch die international anerkannte Grenze zwischen Kroatien und Bosnien überflogen. Von London aus, wo ich mich zur Zeit des Vorfalls aufhielt, drängte ich Christopher, innerhalb der Nato einen Angriff auf die serbischen Flugzeuge und den Luftwaffenstützpunkt bei Udbina durchzusetzen. Die Nato reagierte auch, aber ganz anders, als ich es mir erhofft hatte: Am folgenden Tag verkündete ein Nato-Sprecher, die Allianz habe – in der massivsten Militäraktion ihrer Geschichte – einen Luftangriff auf die Startbahn bei Udbina geflogen. Zum Beleg veröffentliche die Nato Luftbilder von der Startbahn, auf denen Bombenkrater zu erkennen waren. Wie sich jedoch vierundzwanzig Stunden später herausstellte, war die angeblich »massive Militäraktion« nichts mehr als eine Reihe kleinerer Luftangriffe gewesen, die später in der Presse ebenso verächtlich wie zutreffend als »Nadelstiche« bezeichnet wurden. Die Serben benötigten gerade einmal zwei Tage, um die Startbahn wieder herzurichten. Die Vereinten Nationen verfielen wieder in ihre vorherige Passivität, während die Serben sich auf die Winterpause vorbereiteten. Diese angebliche Machtdemonstration der Nato ließ Bob Frasure und mich nichts Gutes erwarten.

*

Sarajevo. Anfang Januar 1995 reiste ich nach Sarajevo und Zagreb. Der Aufenthalt erlaubte mir einen Einblick in das politische Chaos, das zu der Zeit in Bosnien herrschte. Das Verhältnis zwischen Kroaten und Muslimen war sehr angespannt, und die Föderation – das muslimisch-kroatische Staatsgebilde, das im März 1994 in Washington ausgehandelt worden war – existierte nur auf dem Papier. Dank eines viermonatigen Waffenstillstands im Winter, den der amerikanische Ex-Präsident Jimmy Carter bei einer Blitzreise nach Sarajevo und Pale Ende Dezember ausgehandelt hatte, blieb Sarajevo selbst von Angriffen verschont. Allerdings hatten, wie Präsident Izetbegović mir mitteilte, beide Parteien nur wegen der beschwerlichen Kriegführung im Winter dem Waffenstillstand zugestimmt. Der Krieg, prophezeite er, werde schon vor Ende der viermonatigen Waffenstillstandsfrist, und dann noch heftiger als zuvor, fortgesetzt werden.

Angesichts der hoffnungslosen Lage, in der sich die bosnischen Muslime befanden, erstaunte mich Izetbegović́s Entschlossenheit. Er residierte in seinem unbeheizten und schlecht beleuchteten Präsidentenpalast, dessen *Innenwände* übersät waren mit Einschußlöchern. Überall bröckelte der Putz, und die Fensterscheiben waren teilweise durch dicke Plastikfolie ersetzt worden. Dennoch machte Izetbegović keinerlei Anstalten, den Regierungssitz ins weitaus sicherere Tuzla zu verlegen. Später am selben Tag spazierten Ministerpräsident Haris Silajdzic und ich zu zweit durch die vereisten Straßen Sarajevos. Er erzählte mir von seiner Jugendzeit im multiethnischen Sarajevo, in der er nicht einmal die Religion oder die ethnische Abstammung seiner Freunde gekannt habe. »Die Stadt, die ich gekannt und geliebt habe, stirbt, weil der Westen diesen Krieg nicht gestoppt hat«, sagte er verbittert.

*

Im März 1995 forderte Tudjman die Serben auf, die Krajina an Kroatien zurückzugeben. Die ostkroatische Grenzregion war 1991 von den Serben erobert worden und wurde nun von den Vereinten Nationen »verwaltet« – unter deren Deckmantel die Serben die ethnische Säuberung der einstmals gemischt kroatisch-serbischen Region ungehindert fortsetzten. Sollte es nicht zu einer Rückgabe auf friedlichem Wege kommen, kündigte Tudjman ungeachtet der damit verbundenen Risiken eine baldige kroatische Offensive an. Damit drohte genau das einzutreten, wovor mich der kroatische Außenminister Granić im Dezember 1992 bei meiner ersten privaten Reise durch die Region gewarnt hatte.

Die amerikanischen und britischen Nachrichtendienste waren sich seit langem darüber einig, daß die Serben bei einem kroatischen Angriff auf die Krajina den Sieg davontragen würden. Verteidigungsminister Perry und General Shalikashvili teilten diese Einschätzung bei einem Treffen in München im Februar 1995, an dem ich teilnahm, dem kroatischen Verteidigungsminister Gojko Šušak mit. Sie sagten ihm, daß die Serben jeden kroatischen Angriff abwehren würden, entweder aus eigenen Kräften oder mit der Unterstützung der Milošević unterstehenden regulären jugoslawischen Armee. Später, nachdem die Kroaten die Krajina zurückerobert hatten, machte sich Šušak einen Spaß daraus, mich mit dem Treffen in München aufzuziehen.[1]

Anfang März 1995 flog ich nach Zagreb und versuchte, Tudjman von einem Angriff abzubringen. Der kroatische Präsident willigte nicht nur ein, die Krajina nicht anzugreifen, sondern sagte sogar zu, dies öffentlich anzukündigen, falls er in der kommenden Woche mit Vizepräsident Gore in Kopenhagen zusammentreffen könne, wo beide an dem Weltgipfel für soziale Entwicklung teilnehmen sollten. Eine Woche später, am 12. März, trafen sich Tudjman und Gore in dem hektischen Treiben einer riesigen Messehalle in Kopenhagen. Gore erklärte Tudjman, die Vereinigten Staaten lehnten den Einsatz von Gewalt zur Lösung der Probleme in der Krajina strikt ab. Tudjman seinerseits versicherte, er werde nicht angreifen – vorausgesetzt, Kroatien werde die Region auf friedlichem Weg zurückerhalten. Die gemeinsame Erklärung von Tudjman und Gore in Kopenhagen wurde weithin als ein wichtiger Schritt hin zu einer friedlichen Lösung auf dem Balkan begrüßt; für den Augenblick war die Kriegsgefahr gebannt. Aber letzten Endes war die kroatische Offensive in der Krajina nur aufgeschoben und nicht verhindert worden. Die Einschätzung des amerikanischen Geheimdienstes, was auf einen kroatischen Angriff folgen würde, erwies sich – glücklicherweise – als völlig falsch.

*

Die Mission von Robert Frasure. Wie Izetbegović es prophezeit hatte, häuften sich ab März die Verstöße gegen den »Carter-Waffenstillstand«, und jede Kriegspartei gab der Gegenseite die Schuld daran. Frasure führte inzwischen intensive Gespräche mit Milošević, die von den Europäern begeistert unterstützt wurden. Mehrere Male stand er kurz vor einem Kompromiß, der vorsah, die UN-Wirtschaftssanktionen im Gegenzug für eine teilweise Anerkennung von Bosnien auszusetzen, doch immer wieder scheiterten die Verhandlungen. Ende Mai empfahl Frasure schließlich, daß wir uns zurückziehen und dem neuen EU-Friedensvermittler Carl Bildt, der kurz zuvor Lord David Owen abgelöst hatte, für ein oder zwei Monate die Führung überlassen sollten und danach die Lage neu zu beurteilen. Niemand hatte damit gerechnet, daß gerade in dieser kurzen Zeitspanne, in der der ehemalige schwedische Ministerpräsident den Verhandlungsprozeß leitete, mit das schlimmste Kapitel des Krieges aufgeschlagen werden würde.

*

Ein persönliches Zwischenspiel. Auch wenn dies nicht unbedingt wie ein passender Zeitpunkt für eine Heirat erscheinen mochte, tat ich am Sonntag, dem 27. Mai 1995, genau das. In Budapest, ihrer Geburtsstadt, gab ich der amerikanischen Autorin und Journalistin Kati Marton das Jawort. Es war eine herrliche Hochzeitsfeier, Botschafter Donald Blinken und seine in Budapest geborene Frau Vera hatten alles wunderbar arrangiert. Die Zeremonie und den Empfang verlegten wir in den Garten der amerikanischen Botschaft, einem Gebäude, das während des Kalten Krieges für Kati und ihre Eltern ein Symbol für Amerika und für die Freiheit gewesen war. Ihre Eltern waren tapfere Journalisten, die im Jahr 1957 aus Ungarn flohen, nachdem die Kommunisten sie vor der Revolution von 1956 ins Gefängnis gesteckt hatten.

Unsere Hochzeitsvorbereitungen wurden von der Krise in Bosnien überschattet. Zwei Tage vor der Feier bombardierte die Nato Stellungen der bosnischen Serben als Vergeltungsmaßnahme für den immer dreisteren Beschuß Sarajevos und der anderen sogenannten »UN-Schutzzonen«, die alles andere als geschützt waren. Die Luftangriffe fielen etwas schwerer aus als die vorigen »Nadelstiche«, konnten aber längst noch nicht ernsthaft oder nachhaltig genannt werden. Als Antwort erhöhten die bosnischen Serben den Einsatz drastisch: Sie nahmen mehr als 350 UN-Blauhelme gefangen und ketteten viele als »menschliche Schutzschilde« gegen weitere Angriffe an Bäume und Telefonmasten. Die Medien der ganzen Welt wurden aufgefordert, die hilflos der sengenden Hitze ausgesetzten UN-Soldaten zu filmen. Zum Entsetzen des neu gewählten französischen Staatspräsidenten Jacques Chirac wurden in der ganzen Welt Aufnahmen von französischen Soldaten ausgestrahlt, die als Zeichen der Kapitulation weiße Flaggen schwenkten.

Die Fernsehbilder waren demütigend. Es wollte mir nicht in den Kopf, daß sich die mächtigsten Staaten der Welt von solchen Mördern in die Knie zwingen lassen sollten. Während Kati und ich uns auf die Hochzeit vorbereiteten, stand ich in ständigem Kontakt mit Washington. Für den frühen Nachmittag des 27. Mai wurde ein hochrangiges

Treffen im Weißen Haus anberaumt, genau der Termin, auf den meine Hochzeitsfeier angesetzt war.

Ein paar Stunden vor Beginn der Zeremonie rief ich ein letztes Mal im State Department an. Über die Zentrale wurde ich mit Madeleine Albright, John Kornblum und Christophers Stabschef Tom Donilon verbunden, die gerade in den letzten Vorbereitungen für das Treffen steckten. Den Europäern, deren Soldaten in großer Gefahr schwebten, einen Rat zu erteilen, war eine heikle Sache für die Vereinigten Staaten, zumal wir selbst keine Truppen vor Ort stehen hatten. Die betroffenen Länder, unter anderem Großbritannien, Frankreich und die Niederlande, fürchteten, jeder Vergeltungsschlag gegen die bosnischen Serben werde die Ermordung der Geiseln und weiterer UN-Soldaten zur Folge haben. Vor allem deshalb befürworteten sie eine Verhandlungslösung in der Geiselkrise, was jedoch, wie ich befürchtete, die Position der Vereinten Nationen weiter schwächen und zu einer Stärkung der Serben führen würde. Aus diesem Grund plädierte ich dafür, mit weiteren Nato-Luftangriffen zu drohen, sollten die Geiseln nicht unverzüglich freigelassen werden. Ich schloß das Gespräch mit der Bitte, meine Ansichten bei dem Treffen vorzubringen. »Ich rate dazu«, sagte ich, »den Serben eine Frist von 48 Stunden für die Freilassung aller Geiseln, und zwar unverletzt, einzuräumen und ihnen zu sagen, daß wir andernfalls Pale bombardieren werden. Und das, sollte es so weit kommen, dann auch tun. Natürlich werden die Europäer, wie mir sehr wohl bewußt ist, dagegen aus Angst vor serbischen Vergeltungsmaßnahmen Einspruch erheben. Aber noch ist kein einziger UN-Soldat exekutiert worden, und wir können nicht länger dulden, daß die Serben die ganze Welt zum Narren halten. Ich bin überzeugt, wenn die Drohung glaubhaft ist, werden sie klein beigeben.« Die Stille am anderen Ende der Leitung deutete an, daß meine Kollegen in Washington der Ansicht waren, ich habe angesichts der unmittelbar bevorstehenden Hochzeit meine Sinne nicht mehr ganz beisammen. »Es ist mein voller Ernst«, sagte ich, »aber jetzt muß ich zu meiner Hochzeit gehen.«

*

Während unserer Flitterwochen, in denen Kati und ich vergebens versuchten, nicht an den Balkan zu denken, entließen die bosnischen Serben sämtliche Geiseln. Es gab deutliche, wenn auch nur indirekte Hinweise, daß der Freilassung heimliche Absprachen zwischen der Uno und den bosnischen Serben vorangegangen waren. Die Freilassung der Geiseln erfolgte phasenweise nach einem Geheimtreffen zwischen dem UN-Oberbefehlshaber, dem französischen General Bernard Janvier, und dem Kommandeur der bosnisch-serbischen Armee, General Ratko Mladić, am 4. Juni in Zvornik. Es war nicht klar, ob und – wenn überhaupt – welche Zusagen General Janvier den Serben gegeben hatte, aber schon nach kurzer Zeit kam der Verdacht auf, die Serben und die lokalen UN-Kommandeure hätten die unbefristete Aussetzung von Nato-Luftangriffen auf Ziele in Bosnien vereinbart. Während Milošević und die Serben in Pale öffentlich erklärten, man habe ihnen entsprechende Zusagen gemacht, dementierten die Repräsentanten der Franzosen und der Vereinten Nationen solche Abmachungen. Bis heute weiß das Weiße Haus nicht genau, was die Uno und die Serben vereinbart hatten. Doch auch als nach Freilassung der Geiseln die bosnischen Serben ihre militärischen Bemühungen drastisch verstärkten, folgten keine weiteren Luftschläge der Uno oder der Nato.

Der ranghöchste UN-Gesandte im ehemaligen Jugoslawien, Yasushi Akashi, der ursprünglich Luftangriffe befürwortet hatte, erklärte gegenüber seinen Mitarbeitern, die Ereignisse vom Mai hätten »endgültig [deren] Wirkungslosigkeit gezeigt«. Damit wandte er sich gegen den britischen Befehlshaber in Sarajevo, General Rupert Smith, der eine energischere Linie hatte durchsetzen wollen. Daß UN-Generalsekretär Butros Butros-Ghali General Smith die Vollmacht entzog, die Nato um Luftangriffe zu ersuchen, und erklärte, er werde künftig alle Entscheidungen persönlich von New York aus fällen, verringerte die Aussicht auf zusätzliche Luftangriffe noch weiter.

Die Geiselkrise löste innerhalb des westlichen Bündnisses eine Debatte über die Frage nach einer weiteren Präsenz in Bosnien aus. Einige Regierungen, die Soldaten in Bosnien stationiert hatten, darunter Kanada und Großbritannien, sprachen bereits offen von einem Truppenabzug. Am 3. Juni wurde der amerikanische Pilot Kapitän Scott O'Grady abgeschossen, als er mit einer F-16 Bosnien überflog. Er überlebte und entkam eine Woche später; für kurze Zeit wurde er zu einem amerikanischen Helden.

Der britische Premier John Major sprach sich zwar für eine Fortsetzung der britischen Truppenpräsenz aus, doch innerhalb seines Kabinetts favorisierte eine Mehrheit einen Abzug der britischen Blauhelme noch vor Beginn des Winters auf dem Balkan. Jenseits des Ärmelkanals verfolgte der französische Staatspräsident Chirac eine härtere Linie. Sein deutlich älterer Vorgänger François Mitterrand hatte noch die proserbischen Gefühle vieler Franzosen seiner Generation geteilt, die auf den serbischen Widerstand gegen die Deutschen in zwei Weltkriegen zurückgingen. Chirac, der einen anderen politischen Stil pflegte und andere Positionen als sein Vorgänger vertrat, hielt die Situation in Bosnien für hoffnungslos verfahren. Entweder, so der französische Staatspräsident, verstärkten die Westmächte ihre Truppen und gingen gegen die bosnischen Serben vor, oder sie beendeten ihren Einsatz. Auf Chiracs Druck hin kündigten die Briten und Niederländer gemeinsam mit den Franzosen am 3. Juni die Aufstellung einer schnellen Eingreiftruppe zur Stärkung der Uno in Bosnien an. Ob diese schnelle Eingreiftruppe das UN-Engagement in Bosnien absichern oder sie bei ihrem raschen Abzug unterstützen sollte, war allerdings nicht einmal ihren Gründern so ganz klar. Das halbherzige Engagement des Westens war, wie Chirac ganz richtig erkannte, auf Dauer weder politisch noch militärisch tragbar. Sollten die Briten abziehen, wäre die Stellung der Franzosen unhaltbar. Die Fortsetzung der britischen Präsenz in Bosnien hing nach Chiracs Einschätzung von einer stärkeren amerikanischen Beteiligung und Unterstützung ab. Sollte diese ausbleiben, erklärte er, würde auch er einen Abzug befürworten.

Damit nahm Chirac die amerikanische Regierung in die Pflicht. Der französische Staatspräsident zwang uns, uns mit der Realität auseinanderzusetzen – daß wir uns so oder so nicht länger aus der Krise heraushalten konnten.

*

OpPlan 40–104. Wie sich zeigen sollte, hatte sich Washington bei dem Beschluß, keine Bodentruppen nach Bosnien zu entsenden, eine kaum beachtete, aber entscheidende Hintertür offengehalten: die Zusage Präsident Clintons, einen eventuellen Abzug der Uno aus Bosnien durch die Entsendung amerikanischer Truppen zu unterstützen. Als sich im Frühjahr 1995 die Lage in Bosnien zuspitzte und viele Länder offen über ihren Rückzug aus der Friedenstruppe nachdachten, arbeiteten das Pentagon und die Nato den streng vertraulichen Einsatzplan 40–104 aus, in dem – vom Brückenbau bis hin zur Bereitstellung von

Leichensäcken – die Aufgaben der Nato bei der Unterstützung eines UN-Abzugs detailliert festgeschrieben wurden.

Unmittelbar nach der Rückkehr aus den Flitterwochen am 8. Juni bat ich das Pentagon um ein Briefing zum OpPlan 40–104. Anfangs lehnte das Verteidigungsministerium mein Ansinnen mit Hinweis auf die Vertraulichkeit des Plans ab. Schließlich aber kam Generalleutnant Howell Estes, der Leiter der Planungsabteilung des Pentagons, in mein Dienstzimmer und erläuterte Kornblum, Frasure und mir einen Plan, der uns die Sprache verschlug. Estes, der an der Ausarbeitung des Einsatzplanes selbst nicht beteiligt gewesen war, teilte uns mit, er sei kühn und zugleich riskant – und als Planungsdokument bereits offiziell vom Nato-Rat gebilligt worden, was die Handlungsmöglichkeiten Washingtons deutlich einschränkte. Der OpPlan 40–104 sah die Entsendung von 20 000 amerikanischen Soldaten vor, von denen einige aus der Luft sehr riskante nächtliche Evakuierungsaktionen von UN-Soldaten aus isolierten Enklaven durchführen sollten – ein Einsatz, der sich nach Estes Einschätzung mit großer Wahrscheinlichkeit nicht ohne Verluste durchführen ließe. Unmittelbar nach Estes Ausführungen benachrichtigte ich Christopher und bestand gegenüber dem Pentagonstrategen darauf, daß der Außenminister und sein engster Mitarbeiterkreis dasselbe Briefing erhielten. Christopher war von diesem OpPlan 40–104 ebenso überrascht wie ich.

Das Nato-Gedankenspiel brachte mich zu der Überzeugung, daß die Vereinigten Staaten sich nicht länger aus dem Krieg in Bosnien heraushalten konnten. Einen Abzug der UN-Friedenstruppen zu unterstützen, auf den eine noch größere Katastrophe folgen mußte, ergab überhaupt keinen Sinn. Den Krieg mit amerikanischen Bodentruppen fortzuführen stand gleichfalls außer Frage. Aber etwas mußte unternommen werden, sollte ein Sieg der Serben und damit weitere ethnische Säuberungen verhindert werden. Welche Entscheidung auch gefällt werden würde, eines war klar: Washington konnte sich nicht mehr länger aus der Sache heraushalten. Ich befürwortete zwar immer noch Luftangriffe, stieß damit aber bei den meisten Mitgliedern der amerikanischen Regierung und bei allen europäischen Partnern auf energischen Widerstand.

Innerhalb des US-Kabinetts sorgte der Plan, als er endlich auf den Tisch kam, für einige Verwirrung. Präsident Clinton hatte zwar zugesagt, einen eventuellen UN-Abzug durch US-Truppen abzusichern, doch was den Nato-Einsatzplan betraf, war er darüber weder gebrieft worden, noch hatte er ihn jemals gebilligt. Allerdings war der Plan vom Nato-Rat jedoch bereits angenommen worden. Nach den komplexen, noch auf die Zeit des Kalten Krieges zurückgehenden Entscheidungsmechanismen, die nie ernsthaft in der Praxis getestet worden waren, mußte der Nato-Rat nun nur noch beschließen, den Abzug der UN-Soldaten zu unterstützen, um aus OpPlan 40–104 einen an die besonderen Umstände angepaßten Einsatzbefehl zu machen. Sollte die Uno also aus Bosnien abziehen, würde OpPlan 40–104 die sofortige Entsendung von 20000 amerikanischen Soldaten auf den Balkan vorschreiben. Angesichts der zentralen Rolle, die der Plan für die amerikanischen Einheiten und logistischen Einrichtungen vorsah, von einem amerikanischen Befehlshaber ganz zu schweigen, lag auf der Hand, daß die Operation und der Abzug der Uno ohne amerikanische Beteiligung nicht durchführbar sein würden. Dadurch wurde das übliche Verfahren auf den Kopf gestellt, nach dem allein der amerikanische Präsident die Entsendung von amerikanischen Truppen befehlen konnte.

Allerdings waren die Handlungsoptionen des Präsidenten sowieso schon drastisch eingeschränkt. Bei einem Abzug der UN-Soldaten keine amerikanischen Truppen einzusetzen, hieße, daß die Vereinigten Staaten zum ersten Mal eine Entscheidung des Nato-Rates ignorieren würden, ein Schritt, der vermutlich das Ende der Nato als handlungsfähiges Militärbündnis nach sich ziehen würde. Briten und Franzosen hatten uns gegenüber unter der Hand schon entsprechende Andeutungen fallen lassen. Es ist nicht übertrieben, wenn ich sage, daß die Zukunft der amerikanischen Rolle in Europa auf dem Spiel stand. Uns blieb keine Wahl: Wir mußten versuchen, den drohenden Abzug der Uno aus Bosnien zu verhindern – und das bedeutete eine stärkere amerikanische Beteiligung.

*

Chirac in Washington. Während wir die dunklen Wolken am Horizont heraufziehen sahen, traf Jacques Chirac am 14. Juni in Washington zu seinem ersten Besuch als französischer Staatspräsident ein. Chirac, der nicht umsonst den Kosenamen »Le Bulldozer« erhalten hatte, forderte unverblümt ein amerikanisches Eingreifen in Bosnien. Er war direkt und offen, wo sein Vorgänger François Mitterrand sich unklar und gewählt ausgedrückt hatte. Da die Visite zugleich als das halbjährliche Gipfeltreffen zwischen der EU und den USA geplant gewesen war, wurde Chirac von dem Präsidenten der Europäischen Kommission Jacques Santer begleitet. Doch aus dem Besuch wurde rasch eine Krisensitzung zum Thema Bosnien, das die übrigen Tagesordnungspunkte – Wirtschaft, Handel, Gesetzesvollzug und Umweltschutz – ins Abseits drängte.

Das sogenannte »pre-brief«, eine in der Regel routinemäßige Zusammenfassung der Tagesordnungspunkte zur Vorbereitung des Präsidenten, wuchs sich rasch zu einer leidenschaftlichen und kontroversen Diskussion über Bosnien aus. Die Ausführungen der Mitglieder des Nationalen Sicherheitsrats gaben meiner Ansicht nach die Ausgangslage nicht korrekt wieder, vor allem im Hinblick auf den amerikanischen »Automatismus« bezüglich der Unterstützung eines Abzugs der UN-Truppen. Als ich versuchte, eine gegenteilige Auffassung darzulegen, fiel mir Präsident Clinton scharf ins Wort. Offensichtlich störte es ihn, so kurz vor dem Besuch eines bedeutenden Gastes widersprüchliche Informationen zu erhalten. Als anschließend mehrere Teilnehmer unterschiedliche Positionen vortrugen, mußten Christopher und ich uns entschuldigen und uns in die französische Botschaft begeben, wo Chirac uns zum Mittagessen erwartete. Im Wagen äußerte ich mein Erstaunen über den Verlauf des Gesprächs. Christopher, von dem Treffen ebenfalls sichtlich enttäuscht, pflichtete mir bei und meinte, daß wir so bald wie möglich noch einmal mit Clinton sprechen sollten.

Der Rest des Tages verlief chaotisch. Anstelle der geplanten zwanzig Minuten sprach Clinton weit über eine Stunde allein mit Chirac, während Vizepräsident Gore, Christopher und das halbe amerikanische Regierungskabinett im Kabinettszimmer warteten und mit den verdutzten EU-Vertretern plauderten. Clinton forderte Chirac auf, sich zu einer wichtigen Unterredung auf dem Capitol mit dem Führer der Mehrheit im Senat Bob Dole und dem Sprecher des Repräsentantenhauses Newt Gingrich zu treffen. Er spekulierte, der französische Präsident werde die republikanischen Führer dazu bewegen können, das Weiße Haus bei dem Thema Bosnien stärker zu unterstützen. Chiracs Gespräche auf dem Capitol verliefen zwar in einer herzlichen Atmosphäre, änderten aber nichts an der ablehnenden Haltung des Kongresses. Dann kehrte Chirac zu einem kleinen Dinner im Weißen Haus zurück, bei dem wir die meiste Zeit über alles mögliche sprachen, nur nicht über Bosnien.

Nachdem Chirac gegangen war, stand ich mit Christopher, Berger und Albright in der Eingangshalle des Weißen Hauses vor dem Nordportal. Clinton und die First Lady tanzten zur Musik einer Marinekapelle, die bereits während des Dinners aufgespielt hatte. Es war ein herrlicher Juniabend, und das Weiße Haus strahlte eine ganz besondere Atmosphäre aus. Besorgt, er würde die Gelegenheit ungenutzt verstreichen lassen, warf ich Christopher einen auffordernden Blick zu. Doch dann kam Clinton in einer Pause zu uns her und schnitt von sich aus das Thema Bosnien an.

»Ich hasse es, Ihnen einen so wunderschönen Abend zu verderben, Mr. President«, begann ich, »aber ich muß eine Sache klarstellen, die sich im Laufe des Tages ergeben hat. Ich fürchte, uns bleibt nicht sehr viel Entscheidungsspielraum. Nach den bestehenden Nato-Plänen sind die Vereinigten Staaten verpflichtet, Soldaten nach Bosnien zu entsenden, sollte sich die Uno zu einem Abzug entschließen.«

Clinton sah mich ungehalten an. »Wie meinen Sie das?« fragte er. »Ich werde über die Entsendung von Truppen entscheiden, sobald die Zeit dafür gekommen ist.«

Einen Moment lang schwiegen alle. »Mr. President«, sagte ich, »die Nato hat den Abzugsplan bereits gebilligt. Gewiß können Sie ihn jederzeit stoppen, aber dies zieht eine Vielzahl von Automatismen nach sich, vor allem, weil wir öffentlich zugesagt haben, die Nato zu unterstützen, sollte sich die Uno aus Bosnien zurückziehen.«

Präsident Clinton sah Christopher an. »Stimmt das?« fragte er. »Ja, wir haben ein Problem«, bestätigte Christopher knapp. »Ich schlage vor, daß wir morgen darüber sprechen«, sagte Clinton und ging mit Hillary am Arm ohne ein weiteres Wort davon.

*

Ich hegte die Hoffnung, daß der Tag mit Chirac einen Wendepunkt in der internen Debatte markieren würde. Clinton setzte die Diskussion am folgenden Tag auf dem Flug ins kanadische Halifax zum jährlichen G-7-Gipfeltreffen fort und drängte dabei seine Berater, nach alternativen Optionen zu suchen. Er verstand, daß es wenig öffentlichkeitswirksam sein würde, amerikanische Truppen zur Abwicklung eines Fehlschlags nach Bosnien zu entsenden.

Ende Juni berief Tony Lake mehrere Meetings ein, um das Problem zu erörtern. Mich lud er nicht ein, aber andere Teilnehmer hielten mich auf dem laufenden. Verärgert über diesen Ausschluß bat ich Vernon Jordan um Rat, ein enger Freund Clintons und einer der klügsten Köpfe in Washington. Ich hatte Kati versprochen, spätestens nach einem Jahr aus der Regierung auszuscheiden; jetzt sagte ich zu Jordan, ich würde mir überlegen, noch vor Ende des Sommers den Dienst zu quittieren. Sollte die Bosnienpolitik ohne meine Beteiligung formuliert werden, sähe ich kaum noch einen Grund, länger zu bleiben. Jordan war bestürzt und sagte, ich könne Clinton in einem so kritischen Moment doch nicht »im Stich lassen«. In seiner gewohnt diskreten Weise sprach Jordan dann mit mehreren Leuten in der Regierung, darunter auch mit Clinton und Christopher, und die Situation entspannte sich ein wenig.

In der Zwischenzeit hatten die Ereignisse in Bosnien den politischen Entscheidungsprozeß in Washington überholt. Während im Weißen Haus noch hin und her überlegt wurde, gingen die bosnischen Serben zum Angriff über. Und dieses Mal sollten ihre Taten in die Geschichte eingehen.

*

Srebrenica. Angespornt von seiner erfolgreichen Einschüchterung der Blauhelme erhöhte General Mladić den Druck auf die drei isolierten muslimischen Enklaven in Ostbosnien, Srebrenica, Žepa und Goražde, die seit der Anfangsphase des Krieges vollständig von den Serben eingekreist waren. 1992 hatte der Weltsicherheitsrat die drei Enklaven zu »UN-Schutzzonen« erklärt, eine Bezeichnung, die den Realitäten allerdings kaum entsprach. Zwar war in jede Enklave ein kleines Kontingent UN-Friedenstruppen entsandt worden, aber den selbst eingeschlossenen Blauhelmen gelang es nicht, eine Erleichterung der Belagerungsbedingungen zu erreichen. Bis zum Sommer 1995 waren die Städte durch den Zustrom muslimischer Flüchtlinge aus den umliegenden Gegenden gewaltig angewachsen. Zu diesem Zeitpunkt beschloß Mladić, die Enklaven von der Landkarte zu tilgen und damit den Serben den ganzen Osten Bosniens zu sichern.

Am 6. Juli 1995 begannen seine Streitkräfte mit dem Artilleriebeschuß von Srebrenica, angeblich als Vergeltung für Attacken der in den Enklaven eingeschlossenen bosnisch-muslimischen Streitkräfte auf serbische Gebiete. Drei Tage später nahmen die Serben dreißig niederländische UN-Soldaten als Geiseln. Am 10. Juli eroberten sie die Stadt und nahmen auch die übrigen rund 370 niederländischen Blauhelme gefangen. Einen Tag später betrat Mladić Srebrenica und verkündete, er mache »diese Stadt dem serbischen Volk zum Geschenk«. Er fügte hinzu: »Endlich ist nach der Rebellion der Dahijas die Zeit der Rache an den Türken in dieser Region gekommen« – eine Anspielung auf den Serbenaufstand von 1804 gegen die blutige Terrorherrschaft der Janitscharen. Die Tatsache, daß Mladić die heutigen bosnischen Muslime mit den Türken von vor fast zweihundert Jahren gleichsetzte, entlarvte seine gefährliche und aberwitzige Weltanschauung.

In dieser Woche ereignete sich der größte Massenmord auf europäischem Boden seit dem Zweiten Weltkrieg, doch der Rest der Welt tat nichts, um die Tragödie aufzuhalten. Mladićs Soldaten brachten Tausende Muslime um, die meisten davon bei kaltblütigen Exekutionen nach der Kapitulation Srebrenicas. Auch wenn genaue Einzelheiten über die Vorgänge in der Stadt damals noch nicht bekannt waren, stand es außer Frage, daß entsetzliche Greueltaten verübt wurden. Zufällig stand mir über die offizielle Berichterstattung hinaus eine weitere Informationsquelle zur Verfügung, die unsere schlimmsten Befürchtungen bestätigte: Anthony , mit 25 Jahren mein jüngster Sohn, hielt sich gerade in Tuzla auf, wo er dem State Department bei der Befragung von Flüchtlingen behilflich war. Anthony hatte in einem thailändischen Flüchtlingslager gearbeitet, als der Vorsitzende von Refugees International Lionel Rosenblatt ihn bat, mit ihm nach Bosnien zu kommen. Die beiden trafen Ende Juli in Tuzla ein, zur selben Zeit, als die ersten Überlebenden aus Srebrenica und Žepa die Stadt erreichten. Kurz darauf stießen der Staatssekretär für humanitäre Angelegenheiten John Shattuck und die Staatssekretärin für Flüchtlingsfragen Phyllis Oakley zu ihnen.

Unterstützt von Anthony befragten Shattuck und Oakley die von den furchtbaren Ereignissen noch völlig verstörten Überlebenden aus Srebrenica und hörten Geschichten, welche später die ganze Welt entsetzten: Die Serben hätten unter der persönlichen Führung von General Mladić alle Muslime in der Stadt zusammengetrieben und auf Busse verteilt; danach seien die meisten Männer spurlos verschwunden; zahllose Menschen seien auf einem Fußballfeld zusammengetrieben und niedergemacht worden; immer noch würden Tausende versuchen, durch die Wälder nach Tuzla zu fliehen. Shattuck und Oakley kehrten nach Washington zurück und drängten das Weiße Haus zu einem energischeren Durchgreifen, während Anthony in Tuzla blieb und mich über die neuesten Entwicklungen auf dem laufenden hielt. In der für ihn typischen ungeschminkten und leidenschaftlichen Art brüllte er mehr als einmal ins Telefon, daß Washington etwas tun und ich »endlich meinen Arsch hochkriegen« solle. In Wirklichkeit hatte ich immer wieder vergeblich nach einer Möglichkeit gesucht, die Tragödie in Srebrenica und Žepa aufzuhalten. Aber meine Empfehlung, in Srebrenica und auch in anderen Teilen des Landes mit Luftangriffen gegen die bosnischen Serben vorzugehen, waren vom Pentagon und den westeuropäischen Staaten, deren Soldaten in Bosnien immer noch in Gefahr schwebten, abgelehnt worden. Am 13. Juli, am selben Tag, als die Serben mit der systematischen Ermordung von Muslimen im Fußballstadion von Srebrenica begannen, rief Chirac Clinton an und sagte, daß endlich etwas unternommen werden müsse. Chirac schlug vor, daß amerikanische Hubschrauber französische Soldaten nach Srebrenica bringen sollten, um die Stadt zu befreien. Dieser Vorschlag war bereits in offiziellen Kanälen der französischen Regierung erwogen worden und stieß nicht nur seitens der Briten und des Pentagons auf heftigen Widerstand, sondern auch unter Chiracs eigenen Generälen. Chiracs Vorstoß hatte keine Chance.

Die internationale Gemeinschaft war hilflos. Wohin man sich auch wandte, überall herrschte angesichts der Grausamkeit der bosnischen Serben Ratlosigkeit. Der entschiedenste Widerstand gegen härtere Maßnahmen ging von der niederländischen Regierung aus, die Luftschläge kategorisch ausschloß, solange sich ihre Soldaten noch in den Händen Mladićs befanden. Über alle uns zur Verfügung stehenden Kanäle in London, Paris und im Nato-Hauptquartier forderten wir eine Vergeltung in irgendeiner Form. Vergeblich. Eine Woche lang bedrängte ich unseren Botschafter in den Niederlanden Terry Dornbush am Telefon immer wieder, Den Haag zu einem Ja zu Luftangriffen zu bewegen – umsonst. Aber auch die übrigen Europäer waren an ihren Grenzen angelangt; da ihre eigenen Soldaten ebenfalls in Gefahr schwebten, verweigerten sie sich jeder Maßnahme, die die Holländer gefährdet hätte. Die Serben in Srebrenica wußten das und hielten den Großteil der niederländischen Streitkräfte in einem UN-Lager in dem nahegelegenen Dorf Potocarič gefangen, bis sie ihr schmutziges Werk in der ehemaligen Enklave getan hatten. Nach Angaben des Internationalen Komitees des Roten Kreuzes wurden zwischen dem 12. und 16. Juli 1995 in Srebrenica 7079 größtenteils unbewaffnete bosnische Muslime ermordet, die meisten davon bei Massenhinrichtungen oder bei Überfällen aus dem Hinterhalt. Allein schon wegen der Zahlen konnte sich kein Kriegsereignis mit Srebrenica messen oder sollte ihm jemals gleichkommen. Der Name der Stadt wird zum Synonym für die Greueltaten des modernen Krieges werden, genau wie Lidice, Oradour-sur-Glane, Babi Jar und Katyn.

*

Die Londoner Krisenkonferenz. Das Massaker von Srebrenica war ein gewaltiger Schock für die westlichen Bündnispartner. Doch das war längst noch nicht alles, was sich in diesem schrecklichen Monat Juli 1995 ereignen sollte. Am 19. Juli griffen die Krajina-Serben, ermutigt von den Erfolgen in Ostbosnien, die muslimische Enklave Bihać im äußersten Nordwestzipfel Bosniens an. Die weit nach Kroatien hineinreichende Region Bihać war im Verlauf des Krieges von Sarajevo abgeschnitten worden. Die Enklave lag kaum eine Stunde Autofahrt von Zagreb entfernt, und ihr Fall hätte das Kräfteverhältnis in Kroatien verschoben und eine Rückeroberung der Krajina erheblich erschwert.

Der Krieg schien nun vollends außer Kontrolle zu geraten. Im Osten waren die verbliebenen Enklaven Žepa und Goražde schutzlos den marodierenden Soldaten Mladićs ausgeliefert. Im äußersten Nordwesten schien Bihać kurz davor, in zwei Hälften geteilt zu werden. Tudjman bereitete eine Wiedereröffnung des Krieges in der Krajina vor; die Vereinbarung, die er mit Vizepräsident Gore und mir im März getroffen hatte, in der Krajina keine Gewalt anzuwenden, war inzwischen überholt. Die Regierung in Washington wußte immer noch nicht, was sie als nächstes unternehmen sollte. Der Sprecher des Repräsentantenhauses Gingrich beurteilte Srebrenica als »die schlimmste Erniedrigung für die westlichen Demokratien seit den 30er Jahren«, nahm danach aber eine wenig hilfreiche Haltung ein und erklärte:»Es gibt zwanzig Möglichkeiten, dieses Problem zu lösen, ohne auch nur einen einzigen Amerikaner direkt in die Angelegenheit hineinzuziehen.« Ich stimmte zwar mit Gingrichs Urteil über-

– 121 –

ein, aber von seinen »zwanzig Möglichkeiten« wollte mir beim besten Willen keine einfallen.

Chirac beklagte sich öffentlich, Frankreich werde »allein gelassen«, und fügte hinzu: »Wir können uns nicht vorstellen, daß die UN-Soldaten nur als Zuschauer präsent bleiben und in gewisser Weise zu Mitschuldigen werden. Sollte dies der Fall sein, dann wäre es besser, die Soldaten abzuziehen.« Chirac erwähnte natürlich nicht, daß die UN-Friedenstruppe unter dem Oberbefehl eines französischen Generals stand. Der britische Premierminister Major lehnte öffentlich die wiederholten Vorschläge Chiracs ab, Srebrenica zu entsetzen und die UN-Truppen in Goražde aufzustocken. Statt dessen regte er eine internationale »Krisenkonferenz« unter seinem Vorsitz am 21. Juli an.

Washington reagierte mit einer hektischen Aktivität. General Shalikashvili reiste sofort nach Europa zu einem Treffen mit den anderen Nato-Generalstabschefs, dann traf er sich vor Majors Konferenz in London mit Christopher und Perry. Da mir die Ärzte wegen einer schweren Ohrenentzündung ein Reiseverbot auferlegt hatten, konnte ich zu meinem großen Bedauern nicht an der Konferenz in London teilnehmen. So mußte ich von Washington aus zusehen, wie Christopher und Perry darum kämpften, der UN-Friedenstruppe in Bosnien größere Befugnisse einzuräumen – genaugenommen, den drohenden Abzug der Blauhelme zu verhindern.

Die Londoner Konferenz zählt zu den seltenen Ereignissen, bei denen eine anfangs wenig verheißende Idee unerwartet positive Folgen zeitigte. Die Briten hatten für die Konferenz kein klares Ziel formuliert; dasselbe galt für die Vereinigten Staaten, als Christopher und Perry die Einladung annahmen. Aber gerade als die Lage in Bosnien ihren Tiefpunkt erreicht hatte, führte die bloße Tatsache, daß alle Außen- und Verteidigungsminister der Nato-Länder und Rußlands zusammenkamen, zu einem konstruktiven Ergebnis, das bei der Wiederbelebung der Nato in letzter Minute eine wichtige Rolle spielen sollte.

Die Resolutionsentwürfe für die Londoner Konferenz lagen noch nicht vor, als Christopher ins Flugzeug stieg. Doch bis er in London landete, hatten seine Mitarbeiter – Stabschef Tom Donilon, John Kornblum, Bob Frasure und der Leiter der Planungsabteilung James Steinberg – ein Dokument mit zwei wesentlichen Änderungen der bisherigen politischen Linie entworfen:

- Erstens, die Nato sollte rund um die Enklave Goražde »eine Linie im Sand« ziehen – die Anspielung auf Präsident Bushs Erklärung im Golfkrieg 1990/91 war beabsichtigt.
- Zweitens, die Entscheidung, ob und in welchem Ausmaß Luftstreitkräfte in Goražde eingesetzt werden, sollte allein der Nato überlassen werden, womit den Vereinten Nationen die verhängnisvolle doppelte Entscheidungsgewalt bezüglich Goražde entzogen würde, jedoch nicht für andere Teile Bosniens.[2]

Die europäischen Konferenzteilnehmer lehnten solche Maßnahmen zunächst ab. Doch in zwei persönlichen Gesprächen mit Premierminister Major zeigte sich Christopher unnachgiebig, und in dem neuen Außenminister Malcolm Rifkind und dem neuen Verteidigungsminister Michael Portillo fand er zwei Verbündete für den neuen Kurs, die gegen den Widerstand ihrer Untergebenen den amerikanischen Entwurf annahmen. Weil auf dieser Konferenz ein Ort festgelegt wurde, den die Nato mit allen Mitteln verteidigen wollte, bildete London einen wichtigen Markstein, wurde gewissermaßen im letzten Moment vor einer noch größeren Katastrophe der Tiefpunkt überwunden. Aus diesem Grund hängte Bill Perry später eine gerahmte Fotografie von Christopher, Shalikashvili und sich selbst auf der Konferenz an einen Ehrenplatz in seinem Dienstzimmer auf und nannte das Bild »Wendepunkt«. Allerdings ließ sich diese Entwicklung zum damaligen Zeitpunkt noch nicht absehen. Die Weltöffentlichkeit, die erst jetzt erfuhr, was sich in Srebrenica wirklich zugetragen und die so viele frühere Versicherungen westlicher Entschlossenheit gehört hatte, nur um sie angesichts der Grausamkeit der bosnischen Serben wirkungslos verpuffen zu sehen, nahm die Ergebnisse der Londoner Konferenz verständlicherweise mit Skepsis auf.

Die Londoner Erklärung ging längst nicht so weit, wie viele, auch ich, es sich gewünscht hätten. Zum einen gab sie Žepa, das inzwischen ins Visier der bosnisch-serbischen Kriegsmaschinerie gerückt war, dem Untergang preis. Zum anderen betraf die neue Entschlossenheit, die in London an den Tag gelegt worden war, weder Sarajevo noch Bihać und lud damit im Endeffekt die Serben an diesen Fronten zu weiteren Angriffen ein. Auch wenn wir dies damals nicht wissen konnten, die Tatsache, daß Bihać in der Londoner Erklärung ausgespart worden war, gab den Ausschlag dafür, daß Tudjman beschloß, die Krajina-Frage ein für allemal in die eigene Hand zu nehmen.

*

Die kroatische Offensive. Anfang August starteten die Kroaten eine Großoffensive zur Rückeroberung der Krajina. Präsident Tudjman spielte ein gewagtes Spiel – und gewann es. Die gegen die ausdrückliche Empfehlung der Amerikaner durchgeführte Offensive war ein voller Erfolg, und die Krajina-Serben gaben ihre »Hauptstadt« Knin ohne Gegenwehr auf. Entgegen den Vorhersagen der westlichen Geheimdienste war Milošević den Serben in der Krajina nicht zu Hilfe gekommen, und zum ersten Mal seit vier Jahren hatten die Serben einen militärischen Rückschlag erlitten.

Die kroatische Offensive drohte nicht nur Amerikaner und Europäer zu spalten, sondern auch die Führungsriege im Weißen Haus. Die meisten Regierungsmitarbeiter sahen durch den kroatischen Angriff lediglich ein weiteres Kapitel in der düsteren Geschichte der Kämpfe und des Blutvergießens in der Region aufgeschlagen. Sie hielten es für die Pflicht der Vereinigten Staaten, den Kämpfen ein Ende zu bereiten, unabhängig davon, wer gerade die besseren Karten in der Hand hielt. Meiner Ansicht nach jedoch war der Erfolg der Kroaten (und später unter ähnlichen Umständen der muslimisch-kroatischen Föderation) ein klassisches Beispiel für die Tatsache, daß das Kräfteverhältnis auf der diplomatischen Ebene in der Regel das auf der militärischen Ebene widerspiegelt. Im konkreten Fall hieß das, daß wir kaum auf ein serbisches Nachgeben am Verhandlungstisch hoffen durften, solange sie auf dem Schlachtfeld stets siegreich blieben.

Mit dem leichten, beinahe kampflos errungenen Sieg Zagrebs fing das Kräfteverhältnis in der Region an, sich zu verschieben. Und daß Milošević die kroatischen Serben im Stich gelassen hatte, beseitigte mit einem Schlag eine unserer größten Befürchtungen: ein Wiedereintritt in den Krieg der regulären Streitkräfte unter dem Befehl Belgrads.

Joe Kruzel gab die allgemeine Auffassung unseres Teams in seiner letzten Botschaft nach Washington wieder, die er am Abend vor seinem Tod abschickte, die aber erst nach dem Unfall in Washington eintraf. »Zum ersten Mal«, schrieb er, »erkenne ich, wie grundlegend die kroatische Offensive in der Krajina das Wesen des Konflikts auf dem Balkan und folglich unsere diplomatische Offensive verändert hat.«

Bob Frasure war derselben Auffassung gewesen. Bei unserem Mittagessen mit Präsident Tudjman in Zagreb am 17. August, zwei Tage vor dem tödlichen Unfall am Berg Igman, versuchte ein Mitglied unseres Teams, Tudjman von der Notwendigkeit einer auch von Washington gewünschten sofortigen Einstellung der Offensive zu überzeugen. Frasure schob mir eine Notiz zu, die er auf eine Tischkarte geschrieben hatte. Ich bewahrte sie auf und übergab sie später Katarina Frasure – es war die letzte Notiz, die Bob mir gab:

Dick: Wir haben diese Leute als unsere Kettenhunde »angeheuert«, weil wir verzweifelt waren. Natürlich müssen wir versuchen, sie zu »kontrollieren«. Aber jetzt ist nicht die Zeit für Überempfindlichkeiten. Zum ersten Mal ist die Angriffswelle der Serben zurückgeworfen worden. Das ist wichtig für uns, um endlich Stabilität zu erlangen.

In Washington war man anderer Ansicht, was insbesondere auf das Militär und den CIA zutraf, die immer noch ein militärisches Eingreifen seitens der regulären jugoslawischen Armee befürchteten und prophezeiten. Diese Haltung war auch dafür verantwortlich, daß die tatsächliche Bedeutung der kroatischen Offensive bei der internen Neubewertung der amerikanischen Bosnienpolitik in Washington Anfang August – und damit mehrere Wochen vor dem tragischen Auftakt unserer Shuttle-Diplomatie – nicht berücksichtigt wurde.

*

Die Neubewertung der amerikanischen Bosnienpolitik und das Sieben-Punkte-Programm. Anfang August berief Präsident Clinton innerhalb von drei Tagen drei Sitzungen zum Thema Bosnien ein. Christopher hielt sich in Asien auf, ich befand mich mit Kati gerade auf einer privaten Reise durch den Westen der Vereinigten Staaten. Tarnoff und Talbott vertraten das Außenministerium bei den Treffen und hielten mich über die Entwicklung auf dem laufenden. Am Ende beschloß Clinton eine zweistufige Strategie: Zunächst sollten Lake und Tarnoff als Sonderbeauftragte des Präsidenten sieben europäische Staaten, darunter auch Rußland, aufsuchen und einen Entwurf für einen Friedensplan vorlegen. Danach sollte ich eine allerletzte Verhandlungsrunde einleiten, in der nichts unversucht bleiben sollte.

Die Vorlage von Lake und Tarnoff wurde auf dem üblichen Weg von den beteiligten Ministerien ausgearbeitet. Meine Abwesenheit von Washington löste später eine wahre Flut von Spekulationen aus, ich sei von dem weiteren Geschehen ausgeschlossen worden. In Wahrheit hielt ich mich aber absichtlich fern, nicht nur wegen meiner familiären Verpflichtungen, sondern auch, weil eine Beteiligung in der Entwurfphase meine Flexibilität bei den folgenden Verhandlungen möglicherweise beeinträchtigt hätte.

Der endgültige Entwurf enthielt sieben Punkte, von allgemeinen Fragen bis hin zu spezifischen Problemen. Als *erstes* wurde eine »umfassende Friedensregelung« gefordert. *Zweitens* sollten sich die drei Staaten Bosnien-Herzegowina, Kroatien und die Bundesrepublik Jugoslawien (Serbien und Montenegro) gegenseitig anerkennen. *Drittens* wurde für den Fall, daß ein Abkommen zustande kam, die volle Aufhebung aller Wirtschaftssanktionen gegen Jugoslawien sowie ein von den Vereinigten Staaten unterstütztes Programm zur Ausrüstung und Ausbildung der Streitkräfte der muslimisch-kroatischen Föderation in Aussicht gestellt. *Viertens* mußte Ostslawonien auf friedlichem Weg an Kroatien zurückgegeben werden – der kleine, erdölreiche Streifen kroatischen Territoriums an der Grenze zu Serbien, den die Serben besetzt hielten. *Fünftens* war unter allen Umständen ein Waffenstillstand oder ein Ende aller Offensivoperationen anzustreben. *Sechstens* sollten die betroffenen Vertragspartner nochmals bestätigen, daß sie den sogenannten Kontaktgruppenplan billigten, auf den sich die Außenminister der Vereinigten Staaten, Großbritanniens, Frankreichs, Deutschlands und Rußlands im Juni 1994 geeinigt hatten – eine Aufteilung Bosniens in zwei Einheiten mit 49 % des Landes für die bosnischen Serben und 51 % für die muslimisch-kroatische Föderation. *Siebtens* war ein umfassendes Programm für den Wiederaufbau der regionalen Wirtschaft vorgesehen.

Mit der Entsendung seines nationalen Sicherheitsberaters machte Clinton, der in letzter Zeit wegen der Vernachlässigung des Bosnienkriegs scharf angegriffen worden war, deutlich: Das ist sie, die wichtigste und vielleicht letzte amerikanische Friedensinitiative. Mit der großen Linie der Initiative hatte ich wenig Probleme, doch einige Details der Vorlage bereiteten mir Kopfzerbrechen. Ich beschloß aber, meine Zweifel erst nach Lakes Rückkehr aus Europa zu äußern.

*

Der »Schichtwechsel«. Strobe Talbott und Peter Tarnoff hatten mich schon vorab darauf vorbereitet, daß ich meine Reise eventuell vorzeitig abbrechen müßte. Am 12. August, einem Samstag, kehrte ich nach ein paar Tagen Urlaub in Colorado nach Washington zurück, packte meine Koffer und flog weiter nach London, wo Tony Lake und das Verhandlungsteam bereits warteten. Am 14. August traf ich zu unserem »Schichtwechsel« in der amerikanischen Botschaft in London ein.

Bevor ich mit dem Team zusammentraf, unterhielten Tony und ich uns eine Stunde lang unter vier Augen. Das Gespräch verlief ruhig, was angesichts der Tatsache, daß uns beide durch fünf amerikanische Regierungen hindurch enge persönliche und berufliche Kontakte verbanden, auch wenig überraschte. »Das ist genau die Sache, von der wir vor dreißig Jahren träumten, als wir in Vietnam anfingen«, erklärte Tony vorab. »Egal was kommt, ich werde dir zur Seite stehen. Wenn die Sache in die Hose geht, dann geht es mehr um meinen Arsch als um deinen.« Wir mußten beide lachen.

Tony informierte mich über seine erfolgreich verlaufenen Gespräche mit den Bündnispartnern und den Russen, die ausnahmslos das stärkere Engagement des amerikanischen Präsidenten begrüßten. Ich sagte ihm, der Rahmenplan, den er bei seiner Europareise vorgeschlagen hatte, sei mit einer wesentlichen Ausnahme ausgezeichnet: Ich könnte weder den Vorschlag unterstützen, den Serben einen breiteren Landkorridor in der Save-Ebene bei Brčko einzuräumen, noch die Anregung, Goražde den Serben preiszugeben. Beide Ideen waren Bestandteil eines Konzepts, durch den Tausch von muslimischen Enklaven gegen serbische Gebiete in anderen Regionen »lebensfähigere Grenzen« für die Föderation zu schaffen. Das Pentagon ließ keinen Zweifel daran, daß es bei einer späteren Durchsetzung einer Friedensregelung nicht bereit sei, Enklaven oder Landstreifen zu verteidigen. Dennoch beharrte ich darauf, daß die Vereinigten Staaten dieses Konzept nicht unterstützen durften. »Das würde weitere 40 000 oder noch mehr Menschen zu Flüchtlingen machen«, sagte ich. »Das können wir, vor allem nach Srebrenica, nicht zulassen.« Tony blieb skeptisch.

Habe nicht Izetbegović selbst mir gegenüber einmal geäußert, sehr wohl zu wissen, daß die drei östlichen Enklaven nicht lebensfähig seien und aufgegeben werden müßten? Ich erwiderte, Izetbegović habe sich in der Tat vor einiger Zeit so geäußert, doch das sei vor den Greueltaten von Srebrenica und Žepa gewesen. »Tauschgeschäfte sind nicht mehr möglich«, sagte ich. »Nicht nach Srebrenica.« Nach einem Gespräch mit dem restlichen Team und einem Besuch bei mehreren hohen britischen Regierungsbeamten verabschiedeten wir uns mit einem herzlichen Händedruck. Tony und Sandy Vershbow flogen zurück nach Washington. Unser Team – Wesley Clark, Rosemarie Pauli, Bob Frasure, Joe Kruzel, Nelson Drew und ich – flog auf den Balkan und nahm die Verhandlungen auf, die, wie wir hofften, den Krieg beenden würden.

BUCH ZWEI

Pendeldiplomatie

(22. August bis 31. Oktober 1995)

Tonight a scrambling decade ends,
And strangers, enemies and friends
Stand once more puzzled underneath
The signpost on the barren heath
Where the rough mountain track divides
To silent valleys on all sides,
Endeavouring to decipher what
Is written on it but cannot,
Nor guess in what direction lies
The overhanging precipice ...
Far down below them whence they came
Still flickers feebly a red flame,
A tiny glow in the great void
Where an existence was destroyed;
And now and then a nature turns
To look where her whole system burns
And with a last defiant groan
Shudders her future into stone.

Wystan H. Auden, *New Year Letter*

KAPITEL SECHS

Pales letzte Provokation

(22. bis 28. August 1995)

»Die Unergründlichkeit der Geschichte bewahrt die Freiheit des Menschen und seine Verantwortung. Da wir nicht imstande sind, die Geschehnisse vorauszusagen, können wir so handeln, als ob unsere Entscheidungen tatsächlich etwas veränderten. Denn niemand kann das Gegenteil beweisen, und es gibt keine andere Möglichkeit, die Würde des Menschen aufrecht zu erhalten und ein Leben nach moralischen Grundsätzen zu führen.«
Arthur Schlesinger Jr., *The Wall Street Journal,* 20. September 1993.

Am 22. August, dem Tag nach unserer Rückkehr aus Sarajevo, berief Außenminister Christopher sein Beraterteam auf 10 Uhr zu einer Lagebesprechung ein. Wie üblich trafen wir uns in seinem Arbeitszimmer, einem kleinen Raum unmittelbar hinter seinem offiziellen Dienstzimmer im sechsten Stock des State Departments. Als ich im Jahr 1961 während der Collegeferien im Frühjahr zum ersten Mal das Außenministerium betrat – ein Besuch, der den Ausschlag dafür gab, daß ich im nächsten Jahr in den diplomatischen Dienst eintrat –, nutzte der damalige Außenminister Dean Rusk noch den großen Raum als Amtszimmer. Die letzten Außenminister hatten dagegen das gemütlichere Interieur des hinteren Arbeitszimmers vorgezogen, und auch Warren Christopher nutzte das prunkvolle Vorderzimmer fast ausschließlich für offizielle Gespräche mit ausländischen Regierungsbeamten.

Auch wenn der einzigartige Verwaltungsapparat des Außenministeriums bislang noch jeden seiner Führer überlebt (und manche sogar besiegt) hat, prägte der persönliche Stil jedes Außenministers die Arbeitsweise des Ministeriums. Warren Christopher pflegte einen sehr methodischen und bedachtsamen Arbeitsstil. Er war, wie die Medien oft sagten, der Anwalt eines Anwalts. Christopher sprach selten über sich selbst, aber einmal gab er einem Reporter eine aufschlußreiche Antwort zu seinem Stil: »Ich bin seit jeher der Ansicht, daß ich Dinge auf konservative Weise angehen muß, um meine politischen Positionen möglichst effektiv durchsetzen zu können ... Wer zuvorkommend und umsichtig agiert, kann Anliegen vorantreiben und Ideen fördern, die sonst inakzeptabel wären.«[1] Christopher, der in Los Angeles eine sehr erfolgreiche Anwaltspraxis aufgebaut hatte, wurde 1977 von Cyrus Vance als Stellvertreter Außenminister nach Washington geholt und bekam eine Reihe wichtiger Missionen übertragen. Bekannt wurde er vor allem durch die langwierigen Verhandlungen um die Freilassung der 52 amerikanischen Geiseln, die gegen Ende der Amtszeit von Präsident Carter in der Teheraner US-Botschaft festgehalten wurden. Christopher war nicht nur stets höflich, er verstand es auch mit großem Geschick, jeden Ärger oder jede Ungeduld zu verbergen, die er möglicherweise empfand. Er zog es vor, andere mit Empfehlungen, was zu tun sei, vorpreschen zu lassen, und richtete sein Augenmerk statt dessen auf die damit verbundenen Gefahren. Folglich waren seine Berater oft in zwei Gruppen gespalten: die Fürsprecher schneller Handlungen und die Zweifler, die auf die Gefahren der vorgeschlagenen Maßnahmen hinwiesen.

Christopher fällte seine Entscheidungen meist erst nach sorgfältigen und häufig langwierigen Diskussionen im hinteren Dienstzimmer. An diesen Diskussionen nahmen nicht nur die wichtigsten Regierungsbeamten teil, in deren Zuständigkeitsbereich die Angelegenheit fiel, sondern auch ein harter Kern bewährter Berater, die zu beinahe jeder Unterredung hinzugezogen wurden. Im allgemeinen hörte Christopher schweigend zu, stellte einige klärende Fragen, vom Stil her eher Richter als Anwalt, und behielt seine Ansicht bis zum Ende der Diskussion für sich. Wenn Christopher in einer Sache eindeutig Stellung bezog, konnte er innerhalb der Regierung großen Einfluß ausüben.

*

Am Morgen des 22. August war Christophers gesamter harter Kern anwesend: Peter Tarnoff, Stabschef Tom Donilon und James Steinberg, der Leiter der politischen Planungsabteilung, saßen eingezwängt Seite an Seite auf dem Sofa; die anderen, darunter Strobe Talbott, Wendy Sherman, Staatssekretärin für legislative Angelegenheiten sowie mein oberster Stellvertreter John Kornblum nahmen auf im Raum herumstehenden Stühlen Platz. Die Spätankömmlinge mußten mit einer schmalen Bank unter dem Fenster vorlieb nehmen, das auf den Potomac und das Lincoln-Denkmal hinausging. Christopher saß wie immer hinter seinem Schreibtisch in der Ecke. Hin und wieder lehnte er sich in seinem Stuhl zurück, meistens aber machte er ausgiebig Notizen in einem kleinen Block. Ich saß auf dem Stuhl, der Christophers Schreibtisch am nächsten stand, nach altem Brauch der Platz, der dem für den jeweiligen Gesprächsgegenstand zuständigen Regierungsmitarbeiter vorbehalten war.

Die Stimmung war verständlicherweise gedrückt. Als erstes mußten wir ein neues Team zusammenstellen. Ich sagte, Christopher Hill, der brillante Leiter des Balkanressorts, sei bereit, Bob Frasures Nachfolge anzutreten, wie wir es schon vor dem Unfall geplant hatten. Die Ernennung der Delegierten aus dem Sicherheitsrat und dem Verteidigungsministerium überließen wir Tony Lake und Bill Perry.

Christopher wies darauf hin, daß uns noch das für ernsthafte Verhandlungen unerläßliche juristische Expertenwissen fehlte. Er schlug vor, Roberts Owen, einen respektierten Anwalt aus Washington, ins Team aufzunehmen. Owen, den ich noch aus seiner Zeit als Carters Rechtsberater im Außenministerium kannte, zeichnete sich nicht nur durch Besonnenheit und einen scharfen Verstand aus, sondern war, obwohl er mittlerweile schon auf die Siebzig zuging, immer noch stets bereit, auch die schwierigsten Missionen zu übernehmen. Christophers Vorschlag erwies sich als Glücksfall. Mit Owen stieß ein ebenso erfahrener wie fähiger Experte für internationales Recht zum Team, den wir bei Verhandlungen ständig brauchen sollten.

*

Nachdem die Personalfragen geklärt waren, brachen wir auf und fuhren zur Fort Myer Memorial Chapel auf dem Staatsfriedhof von Arlington. Die Frauen von Frasure, Kruzel und Drew hatten Arlington als letzte Ruhestätte für ihre Männer ausgewählt. Als erster wurde Bob Frasure bestattet. So schmerzhaft alle drei Zeremonien für uns waren, Bob Frasures Beerdigung ging uns wegen der von Leid und Ratlosigkeit erfüllten Rede seiner 16jährigen Tochter Sarah besonders ans Herz.

»Ich werde mir immer die Frage stellen: ›Warum?‹«, sagte sie mit einer vor Schmerz halb erstickten Stimme vom Altarraum oberhalb des Sarges herab. »Ich nahm ihn für gegeben hin. Ich habe ihm nie gesagt, wie sehr ich ihn liebte, und ihm nie gezeigt, wieviel er mir bedeutete. Jetzt ist es zu spät. Ich werde nie mehr an einem Sonntagmorgen aufwachen und hören, wie er in der Küche Pfannkuchen macht.«

Es gab wohl niemanden, den Sarahs Rede nicht berührt und getroffen hätte. Schweigend verließen wir die Kapelle, nur hier und da ließ sich ein unterdrücktes Schluchzen vernehmen. Wir folgten Bobs Sarg zu einer Grabstätte hoch auf dem Hügel über Washington. Eine drückende, unheimliche Stille lastete auf der Versammlung, während ein Geistlicher den Sarg segnete. Ich legte eine Blume auf den Sarg und nahm zum letzten Mal Abschied von Bob Frasure.

*

Eine Stunde später trat das Principals Committee zusammen, das oberste Entscheidungsgremium der Exekutive. Die Bezeichnung war etwas irreführend, weil die eigentlichen Hauptpersonen, der Präsident und der Vizepräsident, bei den Sitzungen so gut wie nie anwesend waren. In der Theorie sollten die Ansichten der Ausschußmitglieder sowie alle abweichenden Meinungen dem Präsidenten vorgelegt werden, der dann die endgültige Entscheidung traf. In der Praxis jedoch geriet der Entscheidungsprozeß häufig ins Stocken. Wurde kein Konsens gefunden, liefen die Telefone heiß, und in einem langwierigeren und mühseligen Prozeß wurden private Absprachen ausgehandelt. Man konnte den Eindruck gewinnen, als fürchteten die »Principals«, ihr Unvermögen, sich auf eine Meinung zu einigen, würde sie vor dem Präsidenten irgendwie in einem schlechten Licht erscheinen lassen. Diese Einstellung führte dazu, daß bei dem Prozeß oftmals die Konsensfindung auf Kosten der Wahrheitsfindung im Vordergrund stand.

Die meisten Bosnien-Meetings, an denen ich in meinen ersten zehn Monaten als Staatssekretär teilnahm, verliefen in einer entmutigenden Atmosphäre und erbrachten so wenig konkrete Ergebnisse, daß Bob Frasure und ich hinterher oftmals enttäuscht, um nicht zu sagen deprimiert waren. Obwohl sich die Bosnienkrise nicht mehr ignorieren ließ, stießen unsere Vorschläge für konkrete Maßnahmen auf wenig Gegenliebe, und statt daß eine klare Strategie entwickelt wurde, schwankte die amerikanische Bosnienpolitik zumeist zwischen Passivität und Halbherzigkeit.

Unmittelbar nach dem Unfall war das jedoch anders. Der Verlust dreier Freunde erfüllte uns mit dem Gefühl, daß es kein Zurück mehr gab. Außerdem gab jetzt Präsident Clinton jedem einzelnen zu verstehen, für wie drängend er selbst das Problem erachtete. Nicht zum ersten Mal sah ich, wie wichtig – ja sogar unerläßlich – es war, daß der Präsident sich direkt und persönlich engagierte, um eine Pattsituation oder die Trägheit des Verwaltungsapparates zu überwinden und der Politik eine Richtung und ein strategisches Ziel zu verleihen.

*

Wir trafen uns im Lageraum, dem fensterlosen, ebenerdigen Raum im Westflügel des Weißen Hauses, der in den letzten dreißig Jahren Schauplatz so vieler historischer Krisensitzungen gewesen war. Wer den Raum zum ersten Mal betritt, ist meist erstaunt darüber, wie klein und unscheinbar er ist, wahrscheinlich, weil er in Kinofilmen immer größer und prächtiger dargestellt wird. In Wahrheit ist er relativ niedrig und klein, drei seiner Wände sind mit Holz getäfelt, die vierte wird teilweise von einem Vorhang aus einem unansehnlichen grauen Stoff verdeckt, und der in der Mitte des Raums aufgestellte Konferenztisch bietet gerade einmal zehn Menschen Platz. An der Stirnseite des Raums sind mehrere Uhren angebracht, die die Zeit in den verschiedenen Teilen der Welt anzeigen, und an einer anderen Wand hängen ein Fernsehschirm und eine Kamera, die an ein abhörsicheres Kommunikationsnetz angeschlossen sind, über das abwesende Regierungsmitarbeiter an den Lagebesprechungen teilnehmen können.

Als Vorsitzender des Principals Committee saß Tony Lake, flankiert von Außenminister Christopher und Verteidigungsminister Perry, am Kopfende des Tisches. Die übrigen Ausschußmitglieder setzten sich nach ihrem Rang an den Tisch, die Mitarbeiter aus dem zweiten Glied mußten mit an den Wänden aufgereihten Stühlen vorlieb nehmen. Daß der Raum meist überfüllt war, verlieh ihm ein physisches Gefühl der Intimität, das sich jedoch nur selten im Ton der Sitzungen selbst niederschlug. Wenn, was öfter vorkam, UN-Botschafterin Albright zu den Treffen nicht nach Washington kommen konnte, flimmerte sie über uns auf dem Monitor – eine körperlose, aber gleichwohl überaus aktive Partizipantin. Sie sagte mir einmal, wenn sie einem Treffen per Videokamera beiwohne, habe sie das Gefühl, zugleich zu beobachten und teilzunehmen. Das verlieh ihr eine gewisse

Distanziertheit, die ihre Kommentare scharfsichtiger und überzeugender als die der anderen Teilnehmer erscheinen ließ.

*

Das Team ist komplett. Zur Vorbereitung auf den nächsten Tag, an dem Präsident Clinton sich nach einer weiteren Gedenkfeier in Arlington mit uns treffen wollte, ging Tony Lake die anstehenden Punkte einen nach dem anderen durch. Nach dem Treffen nahm Tony mich zur Seite und sagte, er schlage vor, als Ersatz für Nelson Drew Brigadegeneral Donald Kerrick in unser Team zu berufen. Kerrick, den ich vor kurzem flüchtig kennengelernt hatte, schien mir eine ausgezeichnete Wahl, und so gab ich mein Einverständnis.

Nun fehlte uns nur noch ein ziviler Vertreter des Verteidigungsministeriums. Perry sagte, er spiele mit dem Gedanken, General Clark sowohl für den zivilen wie für den uniformierten Teil des Pentagons sprechen zu lassen. Ich lehnte das ab und erklärte, es sei dringend erforderlich, daß wir einen Vertreter der zivilen Seite des Verteidigungsministeriums mit im Team hätten, der das volle Vertrauen des Ministers genieße.

Wenn ich auf diesen scheinbar nebensächlichen Punkt so großen Wert legte, so tat ich das aufgrund meiner Erfahrung als Juniormitglied der amerikanischen Delegation, die 1968/69 mit den Nordvietnamesen in Paris verhandelt hatte. Obwohl das damalige Team hochkarätig besetzt war – Averell Harriman als Delegationsleiter, Cyrus Vance als seine rechte Hand und Philip C. Habib, der aufstrebende Star im damaligen Foreign Service, als Nummer drei –, hatte ihm die uneingeschränkte Rückendeckung aus Washington gefehlt. Die Vertreter des Militärs im Verhandlungsteam taktierten gegen Harriman und Vance und schickten oft heimlich Informationen an das Pentagon und untergruben damit die Autorität des Chefunterhändlers. Zwar standen Verteidigungsminister Clark Clifford und der Stellvertretende Außenminister Nicholas Katzenbach hinter Harriman und Vance, doch Außenminister Dean Rusk, der Nationale Sicherheitsberater Walt Rostow und Ellsworth Bunker, der US-Botschafter in Saigon, trauten ihnen nicht.

Für mich als 27jährigem Nachwuchsdiplomat im Foreign Service war diese Episode in Paris ein ebenso einprägsames wie unerfreuliches Erlebnis. Vor meinen Augen hatte Gouverneur Harriman, eine historische Persönlichkeit, die schon mit Stalin und Churchill persönlich verhandelt hatte, unablässig seine Wut und Enttäuschung über die seiner Ansicht nach überpräzisen und viel zu detaillierten Anweisungen aus Washington und über die inneren Streitigkeiten mit den Militärs und Bunker zum Ausdruck gebracht. Kein anderes Erlebnis war bei der Vorbereitung auf unsere Bosnienmission so wichtig für mich. Ich wollte auf keinen Fall ähnliche Streitigkeiten innerhalb unseres Teams dulden, und die nötige Flexibilität bei der Verhandlungsführung setzte die volle Unterstützung aller Entscheidungsträger im Principals Committee voraus.

Perry, selbst ein Veteran der Vietnam-Ära im Pentagon, verstand meinen Einwand und schlug James Pardew vor, der als Leiter der Balkan-Einsatztruppe im Pentagon Joe Kruzels engster Mitarbeiter zu Bosnien gewesen war. Ich kannte Pardew, einen ehemaligen Offizier der Army, zwar nicht persönlich, aber ich sagte Perry, daß ich mit jedem zufrieden sei, dem er vertraue.

Damit war unser siebenköpfiges Team vollständig: ich selbst, General Wesley Clark, Bob Owen, Chris Hill, General Kerrick, Jim Pardew und Rosemarie Pauli. Auch wenn im Laufe der Verhandlungen noch viele andere Leute wesentlichen Anteil an unseren Bemühungen hatten, blieb diese Besetzung in den folgenden sechs Monaten unverändert. Wie ich unter den Bedingungen äußerster Anspannung schon bald feststellen sollte, hätte ich mir keinen besseren Ersatz für die verunglückten Mitarbeiter wünschen können.

*

Die Europäer. Am nächsten Tag, dem 23. August, trafen Peter Tarnoff und ich nach einem gemeinsamen Frühstück mit dem bosnischen Außenminister Sacirbey im Sitzungssaal des Außenministeriums mit Stellvertretern der europäischen Nationen zusammen, die zu den Beisetzungsfeierlichkeiten nach Washington gekommen waren.

Der Umgang mit den Europäern war während der gesamten Bosnienkrise äußerst heikel und stellte gerade zu einer Zeit, als die Bindungen aus dem Kalten Krieg, die uns zusammengehalten hatten, sich auflösten, das Verhältnis innerhalb der Nato auf eine extreme Belastungsprobe. Unsere Verbündeten, die während des Kalten Krieges die Vereinigten Staaten in ihrer Führungsrolle akzeptiert hatten, standen nun der Rolle der Amerikaner in Europa und vor allem in Bosnien zwiespältig gegenüber. Obwohl sie schon seit längerem ein stärkeres Bosnienengagement der Amerikaner forderten, fürchteten sie gleichzeitig, daß sie öffentlich gedemütigt würden, falls die Vereinigten Staaten die Führung übernehmen würden. Die anderen Mitglieder der Kontaktgruppe – Frankreich, Deutschland, Großbritannien und Rußland – reagierten mit Besorgnis auf unsere Ankündigung, zuerst mit den Kriegsparteien zu verhandeln und sie erst im Nachhinein zu konsultieren. Damit stellten wir das bisherige Verfahren auf den Kopf, nach dem die fünf Kontaktgruppenstaaten eine gemeinsame Position ausarbeiteten, *bevor* sie diese den Kriegsparteien auf dem Balkan vorlegten – ein ebenso schwerfälliges wie unpraktikables Verfahren.

Jacques Blot, stellvertretender Generalsekretär im französischen Außenministerium, erwähnte, Izetbegović werde Anfang nächster Woche nach Paris kommen, und regte ein Treffen der Kontaktgruppe zur selben Zeit an. Die Franzosen konnten zwar sehr launisch sein, aber derzeit verfolgten sie von allen Europäern die konsequenteste Bosnienpolitik. Mit über fünfzig Toten hatten sie bislang von allen ausländischen Staaten den höchsten Blutzoll für ihr Bosnienengagement entrichtet. Wir waren auf die Unterstützung der Franzosen angewiesen und ich war überzeugt, daß wir bei einem Treffen in Paris alle möglicherweise auftretenden Probleme bewältigen konnten. Wenn wir unsere hochtrabenden Worte von der Partnerschaft ernst meinten, dann mußten wir einen Weg finden, mit Paris zusammenzuarbeiten. Also ging ich trotz der Abneigung einiger amerikanischer Regierungsbeamter gegen Frankreich als Verhandlungsort ohne zu Zögern auf Blots Vorschlag ein.

Eine unserer größten Herausforderungen bestand darin, das Atlantische Bündnis, das über fünfzig Jahre lang die Hauptsäule der amerikanischen Außenpolitik war, davor zu bewahren, über der Bosnienkrise auseinanderzubrechen. Nach meinem Jahr als Botschafter in Deutschland fühlte ich mich besonders verpflichtet, die infolge der Bosnienkrise aufgetretenen Risse zu kitten. Wir waren bei einer ganzen Reihe wichtiger Themen auf eine partnerschaftliche Zusammenarbeit mit den Europäern angewiesen – angefangen bei der Nato-Erweiterung und der gemeinsamen Politik gegenüber den Staaten der ehemaligen Sowjetunion über den Nahen Osten und den Kampf gegen den Terrorismus und das organisierte Verbrechen bis hin zur Menschenrechtsfrage und dem Umweltschutz –, doch die Bosnienkrise führte auf allen Ebenen zusehends zu einer Belastung unserer Beziehungen.

Ich brachte dieses Problem in einer persönlichen Notiz vom 23. August an Christopher zur Sprache:

> Die Kontaktgruppe bereitet uns unablässig Kopfzerbrechen. Wir kommen ohne sie nicht weiter, mit ihr aber auch nicht. Enthalten wir den anderen Kontaktgruppenmitgliedern Informationen über unsere Aktivität vor, beschweren sie sich öffentlich. Unterrichten wir sie, widersprechen sie und lassen Informationen nach außen durchsickern.
>
> Letzten Endes müssen wir die Kontaktgruppe zusammenhalten, vor allem, weil wir sie als Forum zur Billigung und Legitimierung späterer Abkommen benötigen ... Wie mir am 20. August [ein Mitglied der Kontaktgruppe] im Vertrauen mitgeteilt hat, geht [seine Regierung] inzwischen davon aus, daß »zumindest ein Mitglied« der Kontaktgruppe Einzelheiten aus den Gesprächen in der Gruppe direkt nach Belgrad weiterleitet ...[2]
>
> Mit einer etwaigen Verärgerung der Europäer über spärlich fließende Informationen können wir leben. Das dringende Bedürfnis nach Schnelligkeit und Sicherheit muß hier Vorrang haben ... Dabei dürfen wir aber niemals vergessen, daß wir sie *alle* brauchen werden, falls es jemals zu einer Verständigung kommt: die EU wegen ihrer wirtschaftlichen Unterstützung, unsere Nato-Partner für die neue friedenssichernde Mission nach Abzug der UN-Kräfte, die Uno für die Legitimierung von Resolutionen, die Islamische Konferenz wegen zusätzlicher Hilfe und die Russen und Griechen wegen ihres Einflusses auf Belgrad (so begrenzt er auch sein mag).

*

Die Gedenkfeier. Die gereizte Stimmung bei unserem Treffen mit den Europäern rief uns nachdrücklich die rauhe Wirklichkeit ins Gedächtnis zurück, in die wir bald zurückkehren würden. Doch zuvor standen uns noch drei weitere Abschiedszeremonien in der Kapelle von Fort Myer bevor. Auf der Gedenkfeier an diesem Tag, so war angekündigt worden, würde es nur einen Redner geben: Präsident Clinton.

Unabhängig vom Anlaß, der Auftritt eines Präsidenten folgt immer gewissen eigenen Gesetzmäßigkeiten. Die Stimmung in der Kapelle von Fort Myer war an diesem Tag eine ganz andere als am Vortag. In die Trauer, die am Vortag noch beherrschend gewesen war, mischte sich eine seltsame Erwartungshaltung, verstärkt noch durch die allgegenwärtigen Sicherheitsleute, die den eigentlichen Anlaß der Versammlung offenbar vergessen hatten.

Insgesamt drängten sich an die vierhundert Menschen in der Kapelle. Clinton verlieh jedem der drei am Igman umgekommenen Männer posthum die Citizen Medal des Präsidenten, bevor er sich zu einem privaten Gespräch mit den Hinterbliebenen zurückzog. Solche Anlässe verstand Clinton meisterhaft zu handhaben, und Katarina Frasure bestätigte mir hinterher, er habe sie sehr getröstet und persönlichen Anteil an ihrem Verlust genommen.

Danach hielt Clinton vor der Kapelle eine Ansprache. Er wandte sich mit bewegenden Worten direkt an die Witwen und Kinder und sagte, die drei Männer hätten »die Vernunft zu ihrer Waffe, die Freiheit zu ihrer Sache und den Frieden zu ihrem Ziel« erkoren. Er rühmte sie als »die heimlichen Helden Amerikas« und schloß seine Rede mit den Worten: »Bob Frasure, Joe Kruzel und Nelson Drew waren in Bosnien, weil sie das schreckliche Unrecht und Leid in dem Land gerührt hat.«

In völliger Stille stieg Präsident Clinton vom Podest herab und trat zu den Familien der drei Männer. Kurz und sichtlich bewegt gab er jeder Witwe und den sechs Kindern die Hand, bevor er mit seinen obersten Beratern und dem Vermittlerteam in einem schmalen Korridor verschwand, der zu einem kleinen, weißgestrichenen Zimmer führte, das mit Regalen voller geistlicher Literatur vollgestellt war.

*

Das Treffen mit dem Präsidenten markierte einen wichtigen Wendepunkt in der amerikanischen Bosnienpolitik. Auch wenn es vom Termin her fast eine Art Nachsatz zu der Gedenkfeier darstellte, war diese informelle, vom Gedenken an unsere Freunde geprägte Zusammenkunft mit dem Präsidenten genau das, was nötig war, um den Regierungsapparat aus seiner Lethargie zu reißen und der Friedensinitiative neuen Schwung zu geben.

Wir zogen wahllos Stühle heran und bildeten einen Kreis, was die Förmlichkeit der Meetings im Weißen Haus aufhob, wo die Sitzordnung eindeutig durch Rang und Tradition bestimmt war. Ein paar Leute, die etwas später gekommen waren und keinen Sitzplatz mehr gefunden hatten, standen an die Wände gelehnt.

Präsident Clinton forderte mich auf, einen Überblick über den Status der sieben Punkte zu geben, die Lake und Tarnoff auf ihrer Europareise zwei Wochen zuvor vorgelegt hatten. Wir hakten die allgemeineren Punkte rasch ab und konzentrierten uns dann auf die problematischeren Fragen.

Lake hatte den Westeuropäern mitgeteilt, wir würden »einen Waffenstillstand oder ein Ende aller offensiven Operationen auf dem Boden« anstreben. Dies widersprach natürlich der sich herausbildenden Auffassung des Vermittlerteams, das, wie ich darlegte, davon ausging, daß die kroatische Offensive den Verhandlungsprozeß voranbringen werde. Der Zeitpunkt werde kommen, an dem ein Waffenstillstand wünschenswert sei, aber momentan begünstige das Geschehen auf dem Schlachtfeld erstmals die Föderation. Solange wir keine gegenteiligen Anweisungen erhielten, sagte ich, werde das Verhandlungsteam keinen Waffenstillstand anstreben. Zu meiner Erleichterung stieß dies auf keinen Widerspruch.

Lake hatte die Europäer auch informiert, die Vereinigten Staaten seien bereit, die Landkarte der Kontaktgruppe zu aktualisieren und »eine lebensfähigere Grenzziehung und Gebietsverteilung« anzustreben. Er hatte hinzugefügt, die amerikanische Regierung ziehe das Angebot in Betracht, den Korridor in der Save-Ebene zu erweitern und den Serben »de jure die Kontrolle über die östlichen Enklaven« einzuräumen; im Gegenzug sollten die Muslime und die bosnischen Kroaten ein größeres Gebiet um Sarajevo und andere Territorien in Zentral- und Westbosnien erhalten, damit sich ein kompakteres und zusammenhängenderes Gebiet für die Föderation ergebe. Schließlich hatte Lake unseren europäischen Bündnispartnern erklärt, da die Enklave Goražde kaum verteidigt werden könne und ihre Existenz die Durchsetzung des Friedensplans zusätzlich behindere, würden wir beide Parteien zu einer Lösung drängen, die darauf hinauslief, Goražde »gegen eine andere umfangreiche serbische Konzession« einzutauschen. Ich hatte Lake bereits in London gesagt, eine solche Politik nicht zu unterstützen, doch davon wußte man in Washington noch nichts.

Dennoch dürften wir auf keinen Fall Sarajevo dazu drängen, Goražde einzutauschen oder in eine Ausweitung des Posavina-Korridors einzuwilligen. Weder könne man von der bosnischen Regierung erwarten, nach den Massakern von Srebrenica und Žepa freiwillig auf Goražde zu verzichten, noch wäre es von unserer Seite her klug, eine Politik zu verfolgen, die die Vertreibung von mehreren zehntausend Menschen nach sich ziehen müsse. Die Vertreter des Pentagons, die in diesem Punkt bislang keinerlei Verhandlungsbereitschaft gezeigt hatten, sagten nichts, und mit einem weiteren Seufzer der Erleichterung ging ich rasch zum nächsten Punkt über.

Schließlich kam das von Lake angeregte Programm für den Wiederaufbau der regionalen Wirtschaft zur Sprache. An dieser Frage entzündete sich die erste echte Diskussion bei diesem Treffen, und zwar eine, an die wir später noch oft denken sollten.

Dieser Punkt ging weit über Bosnien hinaus. Der Gezeitenwechsel, der sich in der Haltung des Kongresses im Hinblick auf Hilfeleistungen für andere Länder vollzogen hatte, war niemandem in Washington entgangen. Seit der Machtübernahme der Republikaner in beiden Häusern hatte der Kongreß, traditionell der Entwicklungshilfe abgeneigt, in diesem Bereich besonders massiv gekürzt.

Eine Einigung in Bosnien war ohne ein großangelegtes Programm für den wirtschaftlichen Wiederaufbau undenkbar. Auch wenn manche Leute das nur für leere Worte hielten, ein dauerhafter Frieden in der Region erfordert den Wiederaufbau der miteinander verflochtenen Wirtschaft, die bis zum Kriegsausbruch im ehemaligen Jugoslawien existiert und von Eisenbahnlinien und Straßen bis hin zu Fabriken und den Menschen selbst über eine gemeinsame ökonomische Infrastruktur verfügt hatte. Das aber setzte weit mehr als leere Worte voraus, nämlich eine klare amerikanische Führung und beträchtliche Geldmittel.

Wegen der politischen Konsequenzen zusätzlicher finanzieller Verpflichtungen waren Lake und Tarnoff bei ihrer Europareise nicht befugt gewesen, sich über die Höhe des amerikanischen Beitrags zum zivilen Wiederaufbau in Bosnien zu äußern.

Dieser offensichtliche Widerspruch in der amerikanischen Außenpolitik war höchst problematisch. Auf der einen Seite präsentierten sich die Vereinigten Staaten der Welt als die unumstrittene politische, wirtschaftliche und militärische Führungsmacht; auf der anderen Seite zögerte die Regierung, vom Kongreß ausreichend finanzielle Mittel zu fordern, um diese Führungsrolle auch ausfüllen zu können – und das in einer Zeit, in der vom Kongreß mit Sicherheit ein noch größerer Geiz zu erwarten war. Trotz der Haushaltsengpässe und der gewaltigen Defizite war Amerika unserer Auffassung nach immer noch in der Lage, diese von uns als lebenswichtig für das nationale Interesse erachteten Maßnahmen zu finanzieren. Clinton hatte mit der Entscheidung, für den Fall einer Friedensregelung amerikanische Soldaten nach Bosnien zu entsenden, seine Entschlossenheit in der Bosnienfrage nachdrücklich zum Ausdruck gebracht. Wie konnten wir uns dann vor der Beteiligung am Wiederaufbau des Landes drücken?

Aus Furcht, mit einer definitiven Zahl eine heftige Diskussion auszulösen, beschränkte ich mich darauf, 500 Millionen Dollar als angemessenen Betrag für das erste Jahr vorzuschlagen. Perry sagte, er halte eher eine noch höhere Summe – vielleicht eine Milliarde im ersten Jahr – für angemessen.

»Falls wir einen Frieden zustande bringen, sollten wir bereit sein, eine Milliarde Dollar zur Verfügung zu stellen«, stimmte Clinton nachdrücklich zu.

Aus mehreren Ecken des Raums kamen Einwände von Leuten, die bei der Beantragung von Haushaltsgeldern vor dem neuen Kongreß Abfuhren erlitten hatten. In Anbetracht der massiven Probleme, vom Kongreß auch »nur 10 Millionen Dollar für Ecuador« zu erhalten, sei es unrealistisch, eine Bewilligung für eine Milliarde Dollar für Bosnien zu erhoffen. Clinton wandte sich dem Stabschef des Weißen Hauses Leon Panetta zu, dem ehemaligen Direktor des Haushaltsbüros. Vor dem Hintergrund des Sturms, der sich um den Bundeshaushalt zusammenbraute, umriß Panetta die immensen Probleme, die eine zusätzliche Beantragung von Geldmitteln unweigerlich nach sich ziehen mußte. Klarer als alle anderen Anwesenden sah er die außerordentliche Haushaltskrise voraus, die noch im selben Jahr zwischen den Republikanern unter Gingrichs Führung und der Exekutive ausbrach und so weit eskalierte, daß über einen Monat lang ein Großteil der bundesstaatlichen Einrichtungen die Tätigkeit einstellen mußte.

Ich unternahm einen letzten Versuch, die Bedeutung des Wiederaufbaus herauszustreichen, aber ein Konsens hatte sich bereits herauskristallisiert: Erstens, die europäischen Staaten mußten die Führung übernehmen, und zweitens, der Kongreß würde auf keinen Fall einen amerikanischen Beitrag von über 30% des Wiederaufbauprogramms bewilligen. Somit war klar, daß das Ausmaß der amerikanischen Unterstützung weit geringer ausfallen würde, als es für eine optimale Verhandlungsposition nötig gewesen wäre.

Mit diesem Wortwechsel war das Treffen beendet. Präsident Clinton bat uns, so schnell wie möglich auf den Balkan zurückzukehren und solange zu verhandeln, bis wir etwas erreicht hätten. Nachdem er jedes neue Mitglied des Teams persönlich begrüßt hatte, klopfte er mir auf die Schulter und nahm mich kurz zur Seite. Er sagte, er zähle auf uns, und schon war er wieder unterwegs nach Wyoming.

*

Leon Fuerth und die UN-Sanktionen. Am Morgen des 24. August nahmen wir Abschied von Nelson Drew, und am Nachmittag folgten wir dem von Pferden gezogenen Sarg von Joe Kruzel zu seiner letzten Ruhestätte. Zwischen den zwei Begräbnissen rief ich das Vermittlerteam zu einem Treffen im Offiziersklub in Arlington zusammen, um – uns blieben nur noch drei Tage bis zur Abreise – allmählich die Reiseplanung in Angriff zu nehmen. Da die UN-Sanktionen gegen Serbien stets ein zentrales Thema waren, stieß Gores Sicherheitsberater Leon Fuerth zu uns, mit dem ich während Gores Präsidentschaftskandidatur von 1988 zusammengearbeitet hatte.

Fuerth war eine der einflußreichen, aber selten öffentlich in Erscheinung tretenden Personen, die hinter den Kulissen in Washington die Fäden zogen. Von Haus aus Rüstungskontrollexperte, hatte er sich als Mitglied der nationalen Sicherheitsgemeinschaft einen gewissen Ruf erworben, bevor er 1982 Mitarbeiter eines jungen Kongreßmitglieds aus Tennessee namens Al Gore wurde. Im Jahr 1993 übertrug die Regierung Fuerth zusätzlich zu seinen Pflichten als engster außenpolitischer Ratgeber des Vizepräsidenten eine weitere verantwortungsvolle Aufgabe: die weltweite Koordination der amerikanischen Wirtschaftssanktionspolitik.[3] Daß ein Mitglied des Vizepräsidentenstabs mit einer solchen Aufgabe betraut wurde, war ohne Beispiel. Als im selben Jahr die Sanktionen gegen Bosnien ins Rampenlicht rückten, entzog das Principals Committee dem Außenministerium offenbar wegen Umsetzungsschwierigkeiten die Zuständigkeit und übertrug sie Fuerth.

Die monatelange, heftige Debatte über die Sanktionen hatte innerhalb der Kontaktgruppe zu einer Polarisierung geführt, mit den Vereinigten Staaten und Deutschland auf der einen und Großbritannien,

Frankreich und Rußland auf der anderen Seite. Miloševic waren die Sanktionen ein Dorn im Auge. Serbien litt unter den Handelsbeschränkungen, und es gab Anzeichen, daß er bei Aufhebung der Sanktionen zu Zugeständnissen bereit war. Damit hielten wir zwar ein potentielles Druckmittel gegen ihn in der Hand, doch im Herbst 1994 deuteten die Briten, Russen und Franzosen ihre Bereitschaft an, einen Großteil der Sanktionen auch ohne nennenswerte Gegenleistungen der Serben aufzuheben. Auch innerhalb der amerikanischen Regierung bestand in dieser Frage keine völlige Einigkeit. Einige meiner Kollegen plädierten dafür, Miloševic mit einer teilweisen Aufhebung der Sanktionen einen kleinen Anreiz zu bieten und damit eine Art »Starthilfe« für den Friedensprozeß zu leisten. Andere, darunter auch Fuerth und Albright, lehnten jedes Nachgeben ohne erhebliche Gegenleistungen seitens Miloševics kategorisch ab. Obwohl ich in taktischer Hinsicht nicht in allen Punkten mit den Hardlinern übereinstimmte, wandte auch ich mich dagegen, Miloševic irgendwelche Erleichterungen zu gewähren, solange er im Austausch dafür keine konkreten Zugeständnisse anbot.

Seit Ende des Kalten Krieges hatte kaum ein Thema unsere Beziehungen zu den wichtigsten europäischen Bündnispartnern und Rußland mehr belastet als die Sanktionen gegen das ehemalige Jugoslawien. Doch die Entscheidung, in der Sanktionenfrage hart zu bleiben, erwies sich, wie Fuerth, Gore und Albright es vorausgesagt hatten, als richtig. Hätten wir nachgegeben, wären wir praktisch ohne Verhandlungsmasse in die Verhandlungen gezogen.

*

Freitag, der 25. August, war unser letzter Tag in Washington, bevor die Pendeldiplomatie zwischen den europäischen Hauptstädten von neuem begann. Ich verbrachte ihn mit endlosen Gesprächen mit ausländischen Botschaftern und Kollegen im Ministerium. Daneben warteten noch ein wichtiger Trauerakt und ein Neuanfang auf mich. Das Europa-Büro im Außenministerium war durch den Verlust eines wichtigen und beliebten Mitarbeiters tief getroffen und brauchte dringend moralische Unterstützung. Also bestellte ich am frühen Nachmittag alle Mitarbeiter zu Strobe Talbott und mir ins Dean-Acheson-Auditorium im Erdgeschoß des Außenministeriums, um darüber zu reden, wie wir mit dem tragischen Verlust umgehen sollten. Ich schilderte ausführlich den Unfall und hoffte, damit einige Mißverständnisse oder Gerüchte auszuräumen, die in solchen Situation unweigerlich entstehen. Ich forderte jeden Mitarbeiter auf, John Kornblum voll zu unterstützen und kündigte an, für Bob Frasure vorläufig keinen Ersatz zu suchen. Wir müßten, erklärte ich, trotz Bobs Tod unser Bestes geben, die Geschichte werde uns an unseren Ergebnissen messen.

Einige fragten, wie Bobs Familie den Verlust verkraftete. Talbott erzählte ihnen von der außerordentlichen und uns alle mitreißenden Kraft, die Katarina Frasure ausstrahlte, und wie sie auf eigenen Wunsch hin am Vortag Pete Hargreaves im Krankenhaus aufgesucht und ihm versichert habe, daß sie wisse, daß er ihren Mann nicht habe retten können. (Talbott war bei dem Besuch dabeigewesen und sagte mir später, das sei einer der bewegendsten Momente seines Lebens gewesen.) Schließlich forderte ich meine Mitarbeiter auf, sich Gedanken zu machen, auf welche Weise wir ein bleibendes Gedächtnis an Bob schaffen konnten. Zum Abschluß bat ich alle, zu einer Schweigeminute für Bob Frasure, Joe Kruzel und Nelson Drew aufzustehen.[4]

*

Ich flog nach Long Island und verbrachte das Wochenende mit Kati. Wir waren noch keine zwei Monate verheiratet. Als Autorin eines vor kurzem erschienenen Buches über Extremismus im Nahen Osten war sie besorgt, daß der harte, kompromißlose Flügel der bosnischen Serben – der »Hamas-Flügel der Serben«, wie sie ihn nannte – versuchen werde, uns umzubringen, und zwar vor allem dann, wenn wir im Friedensprozeß Fortschritte erzielten. Diese Gefahr bestünde durchaus, entgegnete ich, aber wir hätten einfach keine andere Wahl: Die Verhandlungen konnten nicht zum Erfolg führen, wenn wir nicht nach Sarajevo gingen.

Unsere Abreise nach Europa war auf Sonntag, den 27. August angesetzt worden. Vor dem Abflug gab ich in der Sendung *Meet the Press* von NBC noch ein letztes Interview. Die ganze Woche über hatten die Serben in Pale provozierende Erklärungen abgegeben und einmal sogar das Feuer auf UN-Soldaten eröffnet. Dieses Interview bot die Gelegenheit, eine deutliche Warnung an die Adresse der Serben auszusprechen, daß die Geduld der Amerikaner nicht unbegrenzt sei. Da ich das nur in Absprache mit der Regierung tun konnte, rief ich am Samstag nachmittag Tom Donilon an, Warren Christophers Stabschef. Donilon schlug vor, ich solle deutlich zu verstehen geben, daß wir feindselige Aktionen der bosnischen Serben nicht länger tatenlos hinnehmen würden, gleichzeitig aber tunlichst vermeiden, konkrete Verpflichtungen einzugehen, die andere Verantwortliche vielleicht ablehnen würden. Sollte später irgend jemand dagegen Einspruch erheben, versicherte er mir, mich innerhalb der Regierung »in Schutz zu nehmen«.

Donilon, der einzige ranghohe Regierungsbeamte im Außenministerium mit wirklicher politischer Erfahrung, brachte eine dringend benötigte Scharfsicht und Entschlossenheit in den Entscheidungsprozeß ein. Als stolzes »Arbeiterkind« aus Providence, Rhode Island, war er schon 1977 im Alter von 22 Jahren zu Carters Regierungsteam gestoßen– einer der jüngsten und klügsten Mitarbeiter des hervorragenden Teams, das Vizepräsident Mondales Stabschef James A. Johnson um sich geschart hatte.[5] 1993 trat Donilon, der damals Partner im Washingtoner Büro der Anwaltsfirma von Warren Christopher war, ins Außenministerium ein und wurde, etwas überraschend, der engste Berater des neuen Außenministers. Auch wenn er in der Öffentlichkeit beinahe unbekannt war, genoß er bei der Presse und in der Regierung ein hohes Ansehen; für das reibungslose Funktionieren des Außenministeriums war er buchstäblich unverzichtbar.

Am Sonntag morgen um sechs Uhr stand das NBC-Fernsehteam im Wohnzimmer unseres Wochenendhauses in Bridgehampton. Kati und meine Stieftochter Elizabeth stolperten schlaftrunken über dicke Kabel und sahen fassungslos zu, wie die Techniker den Raum in ein behelfsmäßiges Aufnahmestudio verwandelten. In dem von Brian Williams moderierten Interview kamen zahlreiche Themen zur Sprache, die in den folgenden Monaten eine kritische Rolle spielen sollten. Gleich zu Beginn der Fragerunde stellte der konservative Kolumnist Robert Novak die große Bedeutung in Frage, die das Weiße Haus der Tatsache beimaß, daß die Führer der bosnischen Serben, »Präsident« Radovan Karadžić und General Ratko Mladić, vor dem Internationalen Kriegsverbrechertribunal als Kriegsverbrecher angeklagt worden waren: »Sind Sie der Ansicht, es ist hilfreich, [Karadžić] einen Kriegsverbrecher zu nennen? Glauben Sie, daß das die Verhandlungen voranbringt?« Ich antwortete:

Es geht nicht darum, als was ich oder wie Sie ihn bezeichnen. Ein internationaler Gerichtshof befaßt sich mit der Angelegenheit. Lassen Sie mich eines klarstellen: In Srebrenica sind vor einem Monat zahllose Menschen in ein Stadion gekarrt, in einer Reihe aufgestellt und massakriert worden. Das war ein Verbrechen gegen die Menschlichkeit, wie wir es in Europa selten erlebt haben, und gewiß nicht mehr seit den Tagen von Himmler und Stalin; das ist eine Tatsache, und damit müssen wir umgehen. Ich werde mich auf keine Vereinbarung einlassen, die die dafür verantwortlichen Personen freispricht.

Doyle McManus von der *Los Angeles Times* stellte die Frage, auf die wir uns vorbereitet hatten: »Welches Druckmittel haben Sie [gegen die bosnischen Serben] in der Hand?« Ich entgegnete:

Ich möchte hier auf die diplomatischen Details nicht näher eingehen. Ich meine, geheime Verhandlungen sollten auch einigermaßen geheim bleiben. Eines möchte ich aber betonen: Wenn diese Friedensinitiative in den nächsten ein oder zwei Wochen nicht vorankommt, und zwar merklich vorankommt, dann wird sich dies für die Ziele der Serben nachteilig auswirken. In der einen oder anderen Form wird sich dann die Nato einmischen, und das ist etwas, was die Serben nicht wollen.

Bis zum Ende der Konferenz versuchte ich, jede konkrete Aussage darüber zu vermeiden, was dies bedeutete. Drohte ich Luftschläge der Nato an? Wie lauteten die Kriterien für einen Verhandlungserfolg? Unter welchen Umständen würden wir Bodentruppen entsenden?

Die meisten Zeitungen kommentierten das Interview am folgenden Tag positiv. Die *New York Times* brachte unter der Schlagzeile: »US-Regierungsbeamte drohen mit Nato-Angriff auf bosnische Serben, falls die Gespräche scheitern« einen Artikel auf dem Titelblatt – diese Schlagzeile wurde weder durch meine Äußerungen im Interview noch durch den Artikel selbst gerechtfertigt, aber sie erweckte den Eindruck einer härteren Linie, als wir tatsächlich verfolgten, und das konnte uns nur nutzen. Die *International Herald Tribune,* der wir besondere Bedeutung beimaßen, weil sie auch auf dem Balkan erhältlich war, machte ähnlich auf: »USA warnen vor Luftangriffen, falls die Serben nicht verhandeln.«

Nach dem Interview versuchte ich den Rest des Tages, mich zu entspannen, Ich fand sogar genug Zeit, bei einem Wettkampf des örtlichen Reiterclubs vorbeizuschauen, an dem meine Stieftochter Elizabeth teilnahm. Aufmunternde Anrufe von Vizepräsident Gore, Warren Christopher, Tony Lake und Madeleine Albright hellten den tristen Tag etwas auf. Am frühen Abend kamen einige Freunde zu einer seit langem geplanten Einzugsparty. Die Feier war noch in vollem Gange und die meisten Gäste noch da, als ich zum West Islip Airport aufbrach. Die C 20 der Air Force – die militärische Version der Gulfstream III – mit dem neuen Vermittlerteam an Bord machte dort zum Auftanken Halt und nahm mich auf. Die Stimmung an Bord war merklich gespannt, und nach ein paar nervösen Witzen versuchten wir, vor unserer Ankunft in Paris noch ein wenig Schlaf zu finden.

*

Die letzte Greueltat. Um acht Uhr landeten wir auf dem Militärflughafen außerhalb von Paris, wo wir bereits von der amerikanischen Botschafterin in Frankreich, Pamela Harriman, erwartet wurden. Es war typisch für sie, daß sie als Zeichen der Unterstützung selbst zu einer so frühen Stunde den Weg zum Flughafen auf sich genommen hatte. Während wir durch den dichten Berufsverkehr in die Stadt hineinfuhren, informierte uns die Botschafterin über die Haltung der französischen Regierung und besprach mit uns unseren umfangreichen Terminplan, der unter anderem Gespräche mit den Franzosen und den Vertretern der Kontaktgruppe sowie eine Unterredung mit Präsident Izetbegović vorsah, der sie noch am Vorabend um ein Treffen mit uns gebeten hatte. Vor unserem ersten Termin, einem Höflichkeitsbesuch beim französischen Außenminister Hervé de Charette, legte ich mich noch kurz hin. Als ich aufwachte, schaltete ich CNN ein und hörte eine schreckliche Nachricht: eine von den bosnischen Serben auf den Marktplatz von Sarajevo abgefeuerte Mörsergranate hatte 35 Menschen getötet. Das war der zweitschlimmste Angriff auf Zivilisten in Sarajevo seit Ausbruch des Krieges. Als ich auf dem Bildschirm die Bilder des neuerlichen Blutbads sah, fragte ich mich, ob das eine gezielte Antwort auf meine öffentliche Warnung vom Vortag war, über die in Bosnien ausführlich berichtet worden war. Es schien durchaus möglich, und ich fühlte mich, wie ich damals in mein Tagebuch schrieb, wie »ein Häufchen Elend«.

Die öffentlichen Reaktionen ließen nicht lange auf sich warten. Pale warf den bosnischen Muslimen vor, das Blutbad inszeniert zu haben, um die Nato in den Krieg hineinzuziehen. Die bosnisch-muslimische Führung forderte eine Aussetzung der amerikanischen Friedensinitiative, »bis die Pflichten und die Rolle der Nato geklärt« seien. UN-Generalsekretär Butros-Ghali gab eine Erklärung ab, die typischerweise genau das Gegenteil von dem bedeutete, was sie zu besagen schien: Er verurteilte den Granatbeschuß »rückhaltlos« und wies die militärischen Befehlshaber an, »sofort Nachforschungen über diesen Angriff anzustellen und unverzüglich angemessene Maßnahmen einzuleiten«. Tatsächlich dienten seine markigen Worte nur dazu, konkrete Maßnahmen zu verhindern.

*

Das alles spielte jedoch keine große Rolle. Was zählte, war einzig und allein, ob die Vereinigten Staaten eingreifen und ihre Nato-Partner dazu bewegen würden, sich an einem massiven Luftangriff zu beteiligen. Schon so oft hatten wir damit gedroht, aber noch nie hatten wir die Drohung wahrgemacht. Würden unseren Drohungen und Warnungen, auch meinen eigenen in der Sendung *Meet the Press* vom Vortag, nun endlich Taten folgen?

Schon vor Bekanntgabe der genauen Zahl der Opfer – 38 Tote und über 85 Verwundete – hatte ich das Gefühl, daß dies ein letzter Test des Westens sein sollte. Handelte es sich bei dem Angriff um einen bewußten Versuch der bosnischen Serben, der ganzen Welt vorzuführen, daß wir nur leere Drohungen aussprachen? Oder war das Blutbad das Werk eines unberechenbaren Einzeltäters? Und die eigentliche Frage: Wie sollten wir darauf reagieren?

Kurze Zeit später rief Strobe Talbott in seiner Eigenschaft als geschäftsführender Außenminister an. Seiner Auffassung nach war eine militärische Antwort auf die letzte Greueltat »unbedingt erforderlich«. Er wollte wissen, ob das Vermittlerteam der gleichen Ansicht sei und wie sich unserer Auffassung nach Vergeltungsangriffe aus der Luft auf die Verhandlungen auswirken würden. »Ihr Ratschlag könnte ausschlaggebend sein«, sagte er. »Die Meinungen hier laufen stark auseinander.«

Ich brauchte nicht lange nachzudenken. Ich sagte, die Nato solle Luftangriffe gegen die bosnischen Serben aufnehmen, und zwar keine bloßen »Nadelstiche«, sondern einen schweren und wenn möglich nachhaltigen Luftkrieg. Die brutale Dummheit der bosnischen Serben hatte uns eine unerwartete letzte Chance in die Hände gespielt, das zu tun, was schon vor drei Jahren hätte getan werden müssen. Es sei besser, ein Scheitern der Verhandlungen in Kauf zu nehmen, als den Serben ein weiteres Verbrechen nachzusehen. Dies sei, fuhr ich fort, seit dem Ende des Kalten Krieges der wichtigste Test für den amerikanischen Führungsanspruch nicht nur in Bosnien, sondern in ganz Europa.

Unser Gespräch betraf nicht nur die Frage, wie wir auf diese jüngste Greueltat der bosnischen Serben reagieren sollten. Es war auch Teil der alten Kontroverse um das Verhältnis von Diplomatie und Luftstreitmacht, welche die amerikanischen Entscheidungsträger seit 1965 immer wieder beschäftigte, als die massiven Bombenangriffe auf Nordvietnam einer der umstrittensten Punkte in dem umstrittensten Krieg waren, den Amerika je führte.

Ohne Frage, Vietnam war das prägende Ereignis meiner Generation. Mitte der neunziger Jahre waren seine Schatten zwar allmählich länger geworden, dennoch, Vietnam hatte jeden zeitgenössischen Regierungsbeamten und Politiker in Washington beeinflußt – die einen als studentische Aktivisten, die anderen als Vietnamkämpfer; die einen als Tauben, die anderen als Falken. Daß ich Luftangriffe gegen die Serben befürwortete, entbehrte nicht einer gewissen Ironie. Als junger Mitarbeiter im Foreign Service hatte ich viel mit Vietnam zu tun gehabt und hatte damals den Luftkrieg gegen Nordvietnam abgelehnt. Viele Gegner von Lufteinsätzen in Bosnien verwiesen auf Vietnam und Kuwait und meinten, Luftschläge seien wirkungslos, solange sie nicht durch Bodentruppen unterstützt würden – was im Fall Bosnien undenkbar war. Doch der Vergleich hinkte: Nicht nur war die Lage in Bosnien eine andere, wir verfolgten auch andere Ziele. Wir mußten von Vietnam lernen, aber wir durften uns davon nicht gefangennehmen lassen. Bosnien war nicht Vietnam, die bosnischen Serben waren nicht der Vietcong und Belgrad nicht Hanoi. Die Armee der bosnischen Serben, die größtenteils aus schlecht ausgebildeten Schlägern und Kriminellen bestand, würde Nato-Luftangriffen nicht annähernd so lange standhalten wie die kampferprobten und ideologisierten Vietcong und die Nordvietnamesen den amerikanischen Bombern. Außerdem würde Belgrad, wie wir bereits in der Krajina gesehen hatten, die bosnischen Serben nicht so massiv unterstützen, wie Hanoi den Vietcong unterstützt hatte.

*

Die Mörsergranate, die am 28. August auf dem Marktplatz von Sarajevo explodierte, war weder die erste Herausforderung der westlichen Politik noch der schlimmste Vorfall in diesem Krieg. Worin er sich allerdings von anderen Vorfällen dieser Art unterschied, war sein Zeitpunkt: Der Angriff war unmittelbar nach dem Start der amerikanischen Pendeldiplomatie und dem tragischen Unfall am Berg Igman erfolgt. Deshalb war er nicht nur ein Terrorakt gegen unschuldige Menschen in Sarajevo, sondern der erste direkte Affront gegen die Vereinigten Staaten. Während wir in Paris hoffnungslos übermüdet durch einen prallvollen Terminplan hetzten, ging ich in Gedanken die vielen Fehler der westlichen Regierungen in den vergangenen Jahren durch und hoffte – und betete –, daß es diesmal anders laufen würde.

KAPITEL SIEBEN

Bombardement und Durchbruch

(28. bis 31. August)

Die Zeit wird kommen, wenn diese wenigen Stunden viel über den Krieg und Frieden in Bosnien sagen werden, über die Rolle, die die USA bei dem Ergebnis spielten, über die wirkliche Bedeutung Frankreichs und vielleicht auch über die Weltordnung, die es widerspiegeln wird.

Bernard-Henri Lévy, *Le Lys et la Cendre.*

Paris, 28. August 1995. Die Regierung Clinton stand vor einigen der wichtigsten Entscheidungen seit ihrem Amtsantritt, doch die Hauptakteure, einschließlich des Präsidenten und des Vizepräsidenten, befanden sich im Urlaub. Während Stunden und Tage zu einer einzigen permanenten Krisensitzung verschwammen, hatten die Stellvertreter die Verantwortung zu tragen – in einem solchen Ausmaß, daß sie anfingen, einander damit aufzuziehen. »Wir scherzten«, erinnerte sich Strobe Talbott, der als amtierender Außenminister fungierte, »daß die ›Stunde der Stellvertreter‹ geschlagen habe und wir uns wie der kleine Junge in *Kevin allein zu Haus* fühlten.«

Über das Thema selbst wurden natürlich keine Witze gerissen. Es sollte eine der entscheidenden Wochen des Krieges werden, eine Woche, die auf die Gestaltung der amerikanischen Außenpolitik nach dem Kalten Krieg prägenden Einfluß ausübte. Zu dem Team unter Führung des stellvertretenden Nationalen Sicherheitsberaters Sandy Berger gehörten unter anderem der Stellvertretende Verteidigungsminister John White, der Vizevorsitzender der Vereinten Stabschefs Admiral Bill Owens, der amtierende CIA-Direktor George Tenet, der Staatssekretär im Verteidigungsministerium Walter Slocombe und der Staatssekretär im Außenministerium Peter Tarnoff. Das einzige Regierungsmitglied im Kabinettsrang, das sich nicht im Urlaub befand, war Madeleine Albright, die unablässig zwischen Washington und New York hin und her pendelte und sich bemühte, den Widerstand der Uno gegen ein entschiedenes Vorgehen zu überwinden. Der Rest des Teams verbrachte den Großteil seiner Zeit an dem Eichentisch im Lagerraum des Weißen Hauses, ernährte sich von kalten Pizzas und versuchte, eine gemeinsame Front mit unseren Verbündeten in der Nato und der Uno zu schmieden.

*

Pamela Harriman. In Paris verschoben wir unsere Abreise nach Belgrad um einen Tag. Von dem provisorischen Büro aus, das wir in der herrlichen Residenz von Botschafterin Harriman in der Rue du Faubourg St. Honoré eingerichtet hatten, drängten wir in Washington erneut auf Luftschläge. Keine 200 Meter vom Elyséepalast entfernt, wo der französische Präsident residiert, wäre dieses riesige *hotel particulier* aus dem 18. Jahrhundert mit seinen großen Gärten eine mächtige Waffe in der Hand eines jeden Diplomaten gewesen; und Pamela Harriman verstand es vielleicht besser als jeder amerikanische Botschafter vor ihr, diese Waffe einzusetzen.

Pamela Harriman war alles andere als eine gewöhnliche Statthalterin. Ihr fast schon legendärer Lebenslauf wurde immer wieder von sensationshungrigen Journalisten durchgekaut, wobei meist die Tatsache in Vergessenheit geriet, daß sie in Paris wirklich hervorragende Arbeit leistete. Sie hatte in den späten vierziger und frühen fünfziger Jahren lange Zeit in Paris gelebt und speziell die Franzosen waren anfangs nur von Harrimans glänzender Vergangenheit beeindruckt gewesen. Mit der Zeit jedoch erkannten sie, daß die Botschafterin viel für die französisch-amerikanischen Beziehungen tun konnte. Über ihren direkten Draht zu praktisch allen wichtigen Entscheidungsträgern in Washington sorgte sie dafür, daß die französischen Regierungsbeamten über einen besseren Zugang zur US-Regierung als je zuvor verfügten. Pamela Harriman hielt Frankreich für den Schlüssel zu Europa – überraschend für eine Frau, die den größten Teil ihres Lebens britische Staatsbürgerin und obendrein die Schwiegertochter Winston Churchills gewesen war.

Nach dem Tod ihres zweiten Ehemannes, des gefeierten Broadway-Produzenten Leland Heyward, hatte sie 1970 Averell Harriman geheiratet. Ein pikanter Aspekt dieser Geschichte war, daß Pamela Digby

Churchill – zu der Zeit noch mit Randolph Churchill verheiratet – und W. Averell Harriman während des Zweiten Weltkriegs schon einmal eine Beziehung gehabt hatten, als Harriman als Präsident Roosevelts persönlicher Vertreter in London weilte. Die Heirat mit der damals 50jährigen Pamela wirkte auf den fast 80jährigen Harriman wie ein Jungbrunnen. Eines Tages, als wir kurz vor seinem Tod in seinem Haus in den Westchester-Bergen bei New York beieinandersaßen, fragte ich meinen alten Chef, ob er irgendetwas in seinem Leben bereute. Harriman, der nicht gerade zur Selbstanalyse neigte, antwortete unwirsch: »Daß ich sie nicht gleich das erste Mal geheiratet habe.«

Als Averell Harriman anfing, sich aus dem politischen Tagesgeschäft zurückzuziehen, begann Pamela zunehmend ins Rampenlicht zu treten, und nach seinem Tod 1986 setzte sie ihre gemeinsamen Anstrengungen alleine fort. Obwohl sie in der Folgezeit in mehreren Artikeln und schließlich auch in zwei Büchern als rücksichtslos und ehrgeizig dargestellt wurde, ließ sie sich von den Anschuldigungen nicht beirren und setzte ihren Weg fort.

Wir waren auch nach dem Tod Gouverneur Harrimans enge Freunde und politische Verbündete geblieben, und das Treffen mit Izetbegović in Paris gab uns die Gelegenheit, nach über 20jähriger Freundschaft wieder in einer politischen Krisensituation zusammenzuarbeiten. Trotz der übervollen Agenda an diesem so wichtigen Tag konnte ich es mir nicht verkneifen, sie einen Augenblick beiseite zu nehmen und zu fragen, ob sie schon daran gedacht habe, wie außergewöhnlich dieses Zusammentreffen doch sei. »Natürlich«, erwiderte sie. »Und Averell wäre auf uns beide sehr stolz gewesen.«

*

Am 28. August traf ich zweimal mit Izetbegović und Sacirbey zusammen, zuerst im Hotel Crillon und später in der Residenz der US-Botschaft in der Rue du Faubourg St. Honoré. Auf der ersten Sitzung trug Izetbegović noch immer den Anzug, den er bei den offiziellen Gesprächen mit seinen französischen Gastgebern getragen hatte, doch zum zweiten Treffen erschien er in einer Art paramilitärischem Aufzug, einer locker sitzenden Khakiuniform mit Halstuch und einem mit den bosnischen Insignien geschmückten Barett. Ich sah amüsiert zu, wie er im Wagen über den Hof der Residenz zum Haupteingang rollte, wo ihn die Botschafterin in einem Kleid von Courrèges erwartete.

Beide waren einen Augenblick sprachlos über den Anblick des anderen – Pamela, die den kleinen Bosnier wie ein Pariser Wahrzeichen überragte, brauchte einen Moment, bis sie erkannte, daß dieser merkwürdige, wie ein in die Jahre gekommener Revoluzzer von der Rive Gauche gekleidete Mann der bosnische Präsident war, und auf Izetbegović, der erst am Tag zuvor das zerstörte und belagerte Sarajevo verlassen hatte, wirkte die elegante Amerikanerin wie eine Erscheinung aus einer anderen Welt.

Bei den folgenden Gesprächen verlangte Izetbegović, daß die Nato sofort Luftangriffe auf die bosnischen Serben durchführte. Sacirbey ging noch einen Schritt weiter und drohte, sein Präsident würde die Gespräche mit uns aussetzen, bis die Nato die bosnischen Serben angegriffen habe, eine Position, die er am Telefon gegenüber Strobe Talbott wiederholte. Ich versicherte Sacirbey, daß Talbott und ich zwar gleichfalls Luftangriffe favorisierten, wir solche Drohungen jedoch für nicht akzeptabel hielten.

*

Was wollen die Bosnier? Um unsere Verhandlungsziele bestimmen zu können, mußten wir wissen, was Izetbegović und seine Regierung anstrebten. Dies in Erfahrung zu bringen, war sehr viel schwieriger als erwartet und führte zu einer Debatte, die sich noch jahrelang fortsetzen sollte und die sich hauptsächlich um die politische Gestalt Bosnien-Herzegowinas nach dem Krieg und die Frage drehte, ob es ein Staat bleiben oder in zwei oder drei Länder aufgeteilt werden sollte.

An diesem Abend stellte ich Izetbegović und seinen Kollegen zum ersten Mal die zentrale Frage, die vor Verhandlungsbeginn geklärt sein mußte: Sollten wir mit dem Ziel eines einzigen bosnischen Staates mit einer notwendigerweise relativ schwachen Zentralregierung verhandeln? Oder sollte Bosnien aufgeteilt werden und Izetbegović eine relativ starke Kontrolle über ein erheblich kleineres Land erhalten?

Wir kamen immer wieder auf dieses Problem zurück, und auch nach dem Ende des Krieges wurde die Debatte von der Frage beherrscht, ob ein ungeteiltes Bosnien politisch durchsetzungs- und lebensfähig sei. Im Westen sind bis heute viele der Ansicht, daß es am besten gewesen wäre, mit dem Ziel einer Aufteilung des Landes zu verhandeln. Anfangs waren wir sogar bereit, dies in Erwägung zu ziehen, obgleich es sowohl den erklärten Zielen der Vereinigten Staaten als auch denen der Kontaktgruppe widersprach – *aber nur, wenn alle drei ethnischen Gruppen den Wunsch nach einer Aufteilung geäußert hätten.* Die Haltung der Mehrheit der bosnischen Serben war klar. Schließlich hatten sie zu den Waffen gegriffen, weil sie sich von Bosnien abtrennen und Serbien anschließen wollten. Auch die meisten bosnischen Kroaten würden sich wohl für eine Sezession entscheiden. Allerdings gab es insbesondere in ethnisch gemischten oder isoliert gelegenen Städten und Dörfern Bosniens viele Serben und Kroaten, die wußten, daß sie nur in einem multiethnischen Staat überleben konnten. Es gab keine einfache Antwort auf diese zentrale Frage. Eine Aufspaltung Bosnien-Herzegowinas in zwei unabhängige Landesteile würde die serbische Aggression und die ethnischen Säuberungen nachträglich legitimieren und Landstriche, die sich jahrhundertelang in muslimischem oder kroatischem Besitz befunden hatten, würden ihren rechtmäßigen Einwohnern für immer verlorengehen. Andererseits war nach den Grausamkeiten und Brutalitäten des Krieges absehbar, daß es fast unmöglich sein würde, Serben, Kroaten und Muslime zu einer friedlichen Koexistenz in einen gemeinsamen Staat zu zwingen.

Die entscheidende Stimme in dieser Frage mußte den Hauptopfern des Krieges vorbehalten bleiben. Auch wenn viele die Aufteilung Bosnien-Herzegowinas als die »realistischste« Option betrachteten, fürchteten Clinton und seine Regierungsmannschaft, daß ein solcher Schritt als nachträgliche Legitimation der serbischen Aggression interpretiert werden würde und waren daher nicht bereit, diese Option in Erwägung zu ziehen – es sei denn, die bosnische Führung selbst würde sich dafür aussprechen.

Izetbegović war nicht darauf vorbereitet, die zukünftige Gestalt Bosniens zu diskutieren, als ich diese Frage am 28. August in Paris zum ersten Mal zur Sprache brachte. Einerseits ging es ihm allein darum, sofortige Bombenangriffe der Nato zu erreichen, andererseits war er frustriert von der Tatsache, daß die bisherigen Verhandlungen den Muslimen unterm Strich nichts außer gebrochenen Versprechen eingebracht hatten. Zudem hatten die Bosnier, bislang vor allem mit dem Kampf um ihr Überleben beschäftigt, noch gar nicht die Zeit gefunden, diese Frage und ganz allgemein ihre Nachkriegsziele intern endgültig zu klären. Trotzdem vermittelte Izetbegović bereits in seiner ersten Antwort, so konfus und ambivalent sie auch ausfiel, ein klares

Bild dessen, was er anstrebte. Er wollte, daß Bosnien ein geeintes Land bliebe, war jedoch bereit, dem serbischen Teil einen hohen Grad an Autonomie zuzugestehen.

Der bosnische Ministerpräsident Haris Silajdzic, mit dem wir einige Tage später in Zagreb eine ähnliche Diskussion führten, trat zwar ebenfalls für ein geeintes Bosnien ein, jedoch mit einer völlig anderen Struktur. Silajdzic strebte eine stärkere multiethnische Zentralregierung mit – wenig überraschend – einem mächtigen Ministerpräsidenten an. Dabei setzte er sich einerseits leidenschaftlich für die Wiederherstellung eines multiethnischen Staates ein, sprach andererseits aber mit einem solchen Haß von den Kroaten, daß ich mir nicht vorstellen konnte, wie er glaubte, jemals mit ihnen kooperieren zu können. Diese Uneinigkeit zwischen Izetbegović und Silajdzic war beunruhigend, und sie sollte sich in den folgenden Monaten noch häufiger bemerkbar machen.

Im Zentrum der Ereignisse stand die bemerkenswerte Gestalt von Alija Izetbegović. Izetbegović hatte den »Traum« von einem vereinten Bosnien jahrelang unter den widrigsten Umständen am Leben gehalten, eine außerordentliche Leistung, die vor allem seinem Mut und seiner großen Entschlossenheit zu verdanken war. Für den 70jährigen bosnischen Präsidenten, der acht Jahre in Titos Gefängnissen gesessen und vier Jahre serbischer Angriffe überstanden hatte, war Politik ein permanenter Kampf, und er hatte wahrscheinlich noch nie ernsthaft darüber nachgedacht, was es hieß, einen Staat in Friedenszeiten zu regieren. Jede Art Kompromiß, selbst kleine Versöhnungsgesten gegenüber jenen Serben, die den Krieg nicht gewollt hatten und bereit waren, irgendeine Form multiethnischer Gemeinschaft wiederherzustellen, fiel ihm extrem schwer. Seine Augen wirkten kalt und distanziert; nach soviel Leid schienen sie für die Nöte anderer Menschen vollkommen unempfindlich. Izetbegović war ein frommer Muslim, wenn auch nicht der bosnische Ajatollah, als den ihn seine Feinde oft darstellten. Doch obwohl er Lippenbekenntnisse zu den Prinzipien eines multiethnischen Staates leistete, war er auch nicht der Demokrat, für den ihn etliche seiner Fürsprecher im Westen hielten. Er erinnerte mich ein wenig an Mao Tse-tung und andere radikale chinesische Kommunistenführer – seine Fähigkeiten als Revolutionär waren umgekehrt proportional zu seinen Fähigkeiten als Regierungschef.

Drei Signale aus Pale. Am Dienstag, dem 29. August, hieß es in den morgendlichen Presseberichten aus Washington, die Regierung Clinton dränge bei der Nato und der Uno auf eine militärische Antwort. Die *New York Times* vertrat in einem Kommentar eine andere Haltung. »Diplomatie ist eindeutig der bessere Weg«, stand dort zu lesen. »Auch wenn Richard Holbrooke das Risiko eingeht, als nächster Unterhändler an der Balkandiplomatie zu scheitern, der Versuch ist es wert.«

In Pale schien es den bosnischen Serben zu dämmern, daß die Beschießung des Marktplatzes von Sarajevo ein schwerer Fehler gewesen war. In dem Bemühen, drohenden Bombenangriffen zuvorzukommen, unternahmen sie drei aufschlußreiche Schritte. Zuerst veröffentlichten sie eine Erklärung, in der sie die amerikanische Friedensinitiative begrüßten. Auch wenn das für sich genommen nichts bedeutete, zeigte es doch, daß die Führung in Pale sich isoliert und bloßgestellt fühlte.

Das zweite Signal kam von Karadžić. Er bat den ehemaligen Präsidenten Jimmy Carter in einem Fax, nach Bosnien zurückzukehren, um eine sofortige Waffenruhe auszuhandeln und Friedensverhandlungen aufzunehmen. Nach außen begrüßte die Regierung Clinton die Carter zugedachte Rolle. Laut Außenamtssprecher Nicholas Burns enthielt das Schreiben an Carter »einige positive Elemente, die wir sorgfältig analysieren werden«. In Wirklichkeit jedoch betrachteten wir das Fax als einen geschickten Versuch, uns wieder zu direkten Verhandlungen mit Pale zu verlocken, ein Schritt, mit dem wir sechs Monate zuvor zwar geliebäugelt, dann jedoch als schädlich verworfen hatten. Auch wenn die vor allem von Bob Frasure entwickelte Strategie, ausschließlich mit Milošević zu verhandeln, noch keine Früchte getragen hatte, war ich wie meine Washingtoner Kollegen überzeugt, damit auf dem richtigen Weg zu sein. Obwohl uns nicht daran gelegen war, Milošević aufzuwerten, hielten wir es für sinnvoll, nur noch mit ihm zu verhandeln und ihn gleichzeitig strikt für das Verhalten der bosnischen Serben verantwortlich zu machen.

Carters wichtigste Kontaktperson in Washington bezüglich des Bosnienkonflikts war Harry Barnes, der als ehemaliger US-Botschafter in Indien, Chile und Rumänien großen Respekt genoß und mit dem ich und meine Kollegen viele Jahre zusammengearbeitet hatten. Zu unserem Glück hatte Barnes begriffen, daß die Öffnung eines direkten

Kanals nach Pale zu diesem kritischen Zeitpunkt unsere Strategie unterlaufen würde. Nach einem Gespräch mit Tarnoff und mir verfaßte er für Carter eine Antwort an Karadžić, die diesen auf Distanz hielt und den direkten Austausch zunächst unterband.

Pales dritter und abwegigster Versuch, einen direkten Kontakt zu uns herzustellen, lief über Mike Wallace. Wallace rief mich in Paris an und berichtete mir, daß er in Pale weilte und für die Fernsehsendung *60 Minutes* an einem Porträt von Karadžić drehte. Karadžić und er hätten, erzählte er, zusammen vor dem Fernsehapparat gesessen – eine Vorstellung, die mich zum Lachen brachte –, und als CNN ein Interview mit mir brachte, habe Karadžić den Wunsch geäußert, mich zu treffen. Als Wallace ihm sagte, daß wir alte Freunde seien, hatte Karadžić ihn gebeten, für den folgenden Tag ein Treffen mit mir in Belgrad zu arrangieren.

Ich mußte lachen. Wallace war einer der fähigsten Journalisten im Fernsehgeschäft, und was er hier versuchte, war, sich eine Exklusivgeschichte zu sichern. Ich erwiderte, ich würde ihm zwar gerne helfen, einen weiteren Journalistenpreis zu gewinnen, daß ein Treffen mit Karadžić aber außer Frage stand, es sei denn als Mitglied einer von Belgrad geführten Delegation.

In Anbetracht der späteren Ereignisse war es mehr als ratsam gewesen, daß wir die drei Annäherungsversuche aus Pale zurückgewiesen hatten. Hätten wir eine der drei Türen geöffnet, wären die folgenden drei Monate wesentlich anders verlaufen.

*

Dinner bei Pamela Harriman. Unterdessen kam in New York UN-Botschafterin Albright, die sich weiterhin um die Unterstützung der Uno für ein härteres Vorgehen bemühte, das Glück zu Hilfe: Da UN-Generalsekretär Butros-Ghali auf Reisen und nicht erreichbar war, verhandelte sie mit seinem für die friedenserhaltenden Operationen zuständigen Stellvertreter Kofi Annan. Um 11.45 Uhr, Ortszeit New York, kam der Durchbruch: Annan informierte Talbott und Albright, er habe die Zivilbeamten und Militärkommandeure der Uno angewiesen, für einen befristeten Zeitraum auf ihr Vetorecht gegen Bombenangriffe in Bosnien zu verzichten. Damit lag zum ersten Mal seit Kriegsbeginn die Entscheidung über Luftschläge allein bei der Nato – in erster Linie bei zwei amerikanischen Offizieren, dem Nato-Oberbefehlshaber General George Joulwan und dem Oberbefehlshaber der Nato für Südeuropa und die gesamten Seestreitkräfte der USA in Europa, Admiral Leighton Smith.

Ich bat Admiral William Crowe, unseren einflußreichen Botschafter in London und früheren Vorsitzenden der Vereinten Stabschefs unter Bush und Reagan, sich bei den Briten für Bombenangriffe einzusetzen, während Nato-Botschafter Robert Hunter und Nato-Oberbefehlshaber General Joulwan gegenüber den Alliierten dieselbe Sache vertraten. Fast noch wichtiger war, daß wir die Unterstützung des belgischen Nato-Generalsekretärs Willy Claes gewannen. Der frühere belgische Außenminister Claes war noch relativ neu auf seinem Posten, und es handelte sich für ihn um eine brisante Entscheidung. Schließlich befürwortete er nun die größte Militäraktion in der 45jährigen Geschichte der Nato, und das, obwohl sie von der Mehrheit seiner europäischen Landsleute keineswegs begeistert begrüßt wurde. Claes traf eine jener bürokratischen Entscheidungen, deren Wichtigkeit den meisten außenstehenden Beobachtern entgeht. Statt eine offizielle Sitzung einzuberufen und den Nato-Rat über die Maßnahme entscheiden zu lassen, *informierte* Claes die anderen Nato-Mitglieder lediglich, daß er General Joulwan und Admiral Leighton Smith ermächtigt habe, wenn nötig militärisch in Bosnien einzugreifen. Claes' Manöver war von entscheidender Bedeutung; trotz der Entscheidung auf der Londoner Konferenz im Juli hätte der Nato-Rat Bombenangriffe zweifellos entweder verschoben oder ganz abgelehnt.

Da absehbar war, daß Izetbegović bis nach einer Dinner-Rede mit offiziellen Anlässen beschäftigt sein würde, organisierte Botschafterin Harriman in letzter Minute ein Dinner für das Vermittlerteam und einige französische und bosnische Regierungsbeamte, darunter Sacirbey, der den bekannten französischen Philosophen und Schriftsteller Bernard-Henri Lévy und mehrere andere Freunde mitbrachte.

Obwohl das Dinner so perfekt vorbereitet war, wie es Pamela Harrimans Art entsprach, herrschte am Tisch von Anfang an eine heillose Hektik. Unaufhörlich klingelte das Telefon, und Wesley Clark und ich wurden ständig vom Tisch geholt, um mit Washington, Brüssel oder New York irgendein neues Problem bei der Vorbereitung der Bombenangriffe zu diskutieren. Zu guter Letzt, schon auf dem Weg nach draußen, erspähte Lévy in einem der großen Empfängsräume einen unangekündigten Besucher in einer Khakiuniform und mit einem paramilitärischen Barett auf dem Kopf...

Mit scharfem, leicht zynischem Blick beschrieb Lévy das Dinner in seinem ein Jahr darauf erschienenen Bestseller *Le Lys et la Cendre*. Da Lévy einer von zwei oder drei Außenstehenden war, die die Verhandlungsdelegation je bei der Arbeit erlebten, ist sein Journal es wert, etwas ausführlicher zitiert zu werden – auch wenn ich hoffe, daß Lévy, den wir als ebenso charmanten wie engagierten Menschen kennenlernten, im nachhinein erkannte, daß wir nicht wirklich so unhöflich waren, wie wir ihm an diesem Abend erscheinen mußten.

... Sacirbey und ich besuchten zusammen die Residenz der reizenden amerikanischen Botschafterin Pamela Harriman. Pamela Harriman war mir nicht ganz unbekannt... Ich hatte bereits die Gelegenheit gehabt, mich an ihrem angenehmen Wesen zu erfreuen, an ihrer Aufmerksamkeit im Umgang mit anderen, an der Art, wie sie Unwissenheit mimte und einen damit dazu verführte, zu reden und sich ihr anzuvertrauen. Und nicht zu vergessen ihr Charme und ihre besondere Schönheit, die den Angriffen des Alters mühelos zu widerstehen scheint.

An meinem Tisch saßen zwei Leute, die ich, wie ich zugeben muß, nicht gleich einordnen konnte. Mir gegenüber saß General Wesley Clark, angetan mit einer ordensübersäten Uniform, die direkt aus der Requisite von *Platoon* oder *Full Metal Jacket* hätte stammen können... Zu meiner Linken ein jovialer, athletisch gebauter Zivilist in den Fünfzigern, der eine Brille mit Drahtgestell trug... und Mohammed »Mo« nannte, wofür sich Sacirbey revanchierte, indem er ihn unfehlbar mit »Dick« ansprach. Zuerst fand ich den Mann ziemlich unhöflich, da er ständig vom Tisch aufstand und zum Telefon ging. Es war Richard Holbrooke persönlich, der Führer der Friedensmission, der »Bulldozer-Diplomat«, der, wie man sagte, vielleicht im Begriff stand, den Krieg auf dem Balkan zu beenden...

»Was ist hier eigentlich los?« fragte ich mich, als Holbrooke zum achten oder neunten Mal ans Telefon gegangen war... »Hat er den Veitstanz, oder was? Und wen hofft er damit zu beeindrucken, wenn er während des Dinners achtmal aufsteht?«...

Inzwischen war es Mitternacht. Pamela Harriman, die bis dahin eine perfekte Gastgeberin gewesen war, sah plötzlich demonstrativ auf ihre Armbanduhr, fast so, als hätte sie es mit einemmal sehr eilig, daß wir gingen ... Wir ließen uns von dem allgemeinen Aufbruch, um nicht zu sagen Sturm, in Richtung Tür mitreißen, ein Aufruhr, für den ich absolut keine Erklärung hatte ... Und wen fanden wir dann, ganz verloren in dem riesigen [förmlichen Salon], der um so eindrucksvoller wirkte, weil er ansonsten ganz leer war? Unter einem Renoir saß ein kleiner, dürrer Kerl in einem locker sitzenden Jackett, das von ferne wie ein Malerkittel oder eine Schlafanzugjacke aussah, lässig auf der Lehne eines Sessels und telefonierte mit gesenkter Stimme ... der bosnische Präsident Izetbegović.

Zutiefst verlegen kam die Botschafterin zu uns. Sie ließ uns noch zwei oder drei Minuten weiterreden ..., dann nahm sie ihn sanft beim Arm und führte ihn zu Holbrooke, Clark und den anderen hinüber ... Das letzte, was ich sah, war eine äußerst würdige und und plötzlich sehr ernste Pamela Harriman, gefolgt von dem schweigenden Izetbegović in seiner Quasi-Schlafanzugjacke und den amerikanischen Diplomaten, die alle irgendwie angespannt wirkten, eingetaucht in ein fahles Licht, das sie wie auf frischer Tat ertappte Verschwörer wirken ließ.

Natürlich erhielt ich am nächsten Tag die Erklärung für diese seltsame Szene. Der bosnische Präsident hatte das [offizielle französische] Dinner verlassen und sich kurz in seinem Hotel geduscht und umgezogen, um in der amerikanischen Residenz die anderen wichtigen Hauptfiguren zu treffen, als die ersten massiven Bombenangriffe gegen die Serben geflogen wurden.

Ich wußte nun, daß Holbrooke während des ganzen Dinners diese Aktion im Kopf hatte ... und vermutlich gerade dabei war, die letzten choreographischen Details zu regeln ... während wir sein scheinbar übertriebenes Geltungsbedürfnis mit leichter Verärgerung quittierten.

Die Zeit wird kommen, wenn diese wenigen Stunden viel über den Krieg und Frieden in Bosnien sagen werden, über die Rolle, die die USA bei dem Ergebnis spielten, über die wirkliche Bedeutung Frankreichs und vielleicht auch über die Weltordnung, die es widerspiegeln wird.[1]

Lévys Einschätzung war fast korrekt. Die endgültige Entscheidung, mit den Bombenangriffen zu beginnen, war zwar noch nicht gefallen, aber sie stand unmittelbar bevor – daher die Dramatik und die Anspannung des Abends. Nachdem Lévy gegangen war, breitete Clark in der Hoffnung, Izetbegović einige vorläufige Gedanken zur geographischen Lage zu entlocken, auf dem Boden der Residenz riesige Landkarten von Bosnien aus. Unter Pamela Harrimans van Gogh und ihren Picassos wanderte Izetbegović ziellos auf den Karten umher und versuchte sich zu orientieren, während Clarks Adjutanten auf dem Boden knieten und die Ecken der Karten festhielten. Der bloße Anblick der Landkarten versetzte die Bosnier, wie Jim Pardew es ausdrückte, in einen Zustand »höchster Erregung«. Izetbegović sagte uns, die territoriale Frage – »die Landkarte« – sei weitaus schwieriger zu lösen als die verfassungsrechtliche. Damals konnte ich diese Einschätzung noch nicht richtig würdigen, aber als wir uns schließlich über zwei Monate später ernsthaft mit der territorialen Frage befaßten, zeigte sich, daß er nur zu recht gehabt hatte.

Kurz nach Mitternacht, nach einem weiteren Telefonanruf aus Washington, nahm ich Izetbegović zur Seite. »Herr Präsident«, sagte ich, »ich habe gute Nachrichten für Sie. Der amtierende Außenminister Talbott hat mich gebeten, Sie darüber zu informieren, daß Flugzeuge der Nato in weniger als zwei Stunden mit den Bombenangriffen in Bosnien beginnen werden.« Ich schüttelte ihm herzlich die Hand. Entweder, weil er erschöpft war, oder weil er miterlebt hatte, wie sich frühere »Luftfeldzüge« der Nato als harmlose Nadelstiche entpuppt hatten, lächelte er nur sein seltsames kleines Lächeln und ging hinaus in die Nacht von Paris.

*

Die Luftangriffe vom August 1995. Am 30. August um 2.00 Uhr Ortszeit begann die Operation *Deliberate Force*. Über sechzig Flugzeuge, die von Stützpunkten in Italien und dem Flugzeugträger *Theodore Roosevelt* in der Adria aufgestiegen waren, bombardierten in der größten Militäraktion in der Geschichte der Nato serbische Stellungen in der Umgebung von Sarajevo. Französische und britische Artillerieeinheiten der Schnellen Eingreiftruppe beteiligten sich an dem Angriff und nahmen die Kaserne in Lukavica unter Beschuß. Im Gegensatz zu früheren Bombenangriffen, bei denen sich Uno und Nato auf

Angriffe auf individuelle serbische Flugabwehrstellungen oder einzelne Panzer beschränkt hatten, waren diese Schläge massiv. Admiral Smith und sein brillanter Luftwaffenchef Generalleutnant Michael E. Ryan hatten die Ziele in Erwartung eines eventuellen Angriffsbefehls schon Monate zuvor ausgewählt. Als der Befehl dann kam, führten Smith und Ryan, dessen Piloten seit Jahren für einen möglichen Einsatz in Bosnien trainiert hatten, die Operation mit großem Geschick und erstaunlichem Erfolg durch. Ich hatte die dicken Bände mit den Aufnahmen der Luftaufklärung über ein Jahr zuvor bei einem Besuch in Smiths Hauptquartier in Neapel studiert und wußte daher, daß die Nato Tausende von Zielen fotografiert hatte – vom kleinsten Bunker bis hin zu den neuinstallierten, hochmodernen Flugabwehrstellungen der Serben, die für die Nato-Piloten ein beträchtliches zusätzliches Risiko darstellten.

Die Medien und die Öffentlichkeit reagierten sehr positiv auf die Luftangriffe. Izetbegović, dessen Zweifel kurzfristig zerstreut waren, verkündete: »Die Welt hat endlich getan, was sie schon vor langer, langer Zeit hätte tun sollen.« Der republikanische US-Senator Dole nannte die Angriffe »schon seit langem überfällig« und erklärte, voll hinter ihnen zu stehen. »Nach 40 Monaten peinlichen Zauderns hat die Nato heute entschlossen auf dem bosnischen Kriegsschauplatz eingegriffen…«, begann Roger Cohen, Leiter des Sarajevo-Büros der *New York Times*, seinen Artikel. Ähnlich urteilte das *Wall Street Journal,* dessen Bericht mit folgenden Worten anfing: »Nach vier Jahren der Uneinigkeit und der wirkungslosen Interventionen haben die USA und ihre Verbündeten in der Nato…« Im Leitartikel der *Financial Times,* deren Berichterstattung über Bosnien unübertroffen gewesen war, hieß es: »Wäre eine harte Reaktion ausgeblieben, hätte der Westen seinen letzten Rest an Glaubwürdigkeit verspielt.« Die *New York Times*, die praktisch über Nacht ihre redaktionelle Linie revidierte, kam zu dem Schluß, daß »die Bombenangriffe in dieser speziellen Situation und zur Unterstützung der besonderen diplomatischen Initiative, die derzeit im Gange ist, das Risiko wert waren«. Besonders ins Auge stach mir ein *Times*-Artikel von Steven Greenhouse, der ungenannten führenden Politikern in Washington eine Ansicht zuschrieb, die zu meiner eigenen in diametralem Widerspruch stand. »Es wäre«, schieb Greenhouse, »nicht sonderlich klug, wenn [Mr. Holbrooke]…- diese Woche nach Belgrad gehen würde, um mit dem serbischen Präsidenten Slobodan Miloševic zu verhandeln, just nachdem Nato-Flugzeuge dessen serbische Brüder in Bosnien bombardiert haben ... Die serbischen Nationalisten könnten die massiven Bombenangriffe zum Anlaß nehmen, Mr. Miloševic dazu zu drängen, Mr. Holbrooke die Tür zu weisen – und damit die Friedensinitiative zum Scheitern zu bringen.«

Der weitsichtigste Kommentar stammte von dem in Paris akkreditierten amerikanischen Journalisten William Pfaff. Pfaff erkannte sofort, wofür andere Monate brauchen sollten: daß die Bombenangriffe der Nato eine historische Entwicklung in den Beziehungen zwischen den Vereinigten Staaten und Europa nach dem Kalten Krieg markierten. »Das Ausmaß der Demütigung Europas in einer Phase, die sich vielleicht als der Endkampf in Jugoslawien erweist, muß in den Hauptstädten Europas erst noch voll zur Kenntnis genommen werden«, schrieb er am 1. September in der *International Herald Tribune*. »Die Vereinigten Staaten haben sich heute wieder zum Führer Europas aufgeschwungen; es gibt keinen anderen. Sowohl die Regierung Bush als auch die Regierung Clinton haben versucht, und sind darin gescheitert, die europäischen Regierungen zur Übernahme der Führungsrolle in Europa zu bewegen.«

*

Die Operation *Deliberate Force* war das Ergebnis eines gewaltigen diplomatischen Kraftaktes, an dem auf ziviler Seite Sandy Berger, Strobe Talbott und Madeleine Albright und vom Pentagon Admiral Owens, John White und Walt Slocombe maßgeblich beteiligt waren. Als alles vorbei war und wir beurteilen konnten, wer uns am meisten geholfen hatte, verwiesen meine Washingtoner Kollegen in der Regel auf Kofi Annan von den Vereinten Nationen sowie Willy Claes und General Joulwan von der Nato. Annans beherztes Handeln in den entscheidenden 24 Stunden war mit entscheidend dafür, daß Washington ein Jahr später seine Kandidatur für die Nachfolge von Butros-Ghali als Generalsekretär der Vereinten Nationen massiv unterstützte. In gewisser Hinsicht gewann Annan seine Nominierung an diesem Tag.

Clinton, der während der entscheidenden Phase in Wyoming weilte, schaltete sich zwar selbst nicht direkt ein, stellte jedoch klar, daß er eine militärische Reaktion wünschte. Er sagte Berger und Talbott, er wolle die Serben »hart treffen« und sei bereit, nötigenfalls auch selbst zum Telefon zu greifen. Dieser klare Hinweis auf die Entschlossenheit des Präsidenten trug entscheidend mit dazu bei, daß wir die Europäer und die Uno von der Unvermeidlichkeit eines Militärschlags überzeugen konnten.

Nach all den Jahren kleinster Schritte war die historische Entscheidung für »harte Schläge« bemerkenswert schnell gefallen. Was war der Grund für diesen plötzlichen und dramatischen Meinungsumschwung, nachdem die Nato monatelang nichts unternommen hatte, nicht einmal in Reaktion auf die Massaker von Srebrenica und Žepa?

Die Antwort auf diese Frage differierte je nach Position und Rolle des Befragten. Als ich sie später meinen Kollegen stellte, führten sie vor allem vier Faktoren an: Erstens das Gefühl, daß wir das Ende der Fahnenstange erreicht hatten und das Massaker auf dem Marktplatz von Sarajevo einfach nicht ungestraft durchgehen lassen durften. Zweitens die Verbitterung, die der Verlust von drei engen und geschätzten Kollegen am Berg Igman in Washington ausgelöst hatte. Drittens die Entschlossenheit Clintons, und viertens die unmißverständliche Empfehlung des Verhandlungsteams, die Bombenangriffe ungeachtet ihrer potentiellen Auswirkungen auf die Verhandlungen durchzuführen.

Vom Standpunkt der Europäer sah das zweifellos anders aus. Aus Angst, ihre Soldaten könnten von den Serben als Geiseln genommen werden und weil sie die Lage in Bosnien generell anders einschätzten, hatten sie massive Bombenangriffe stets abgelehnt. Unmittelbar vor Beginn der Bombenangriffe hatte die Uno die letzten britischen Blauhelme aus der Enklave Goražde abgezogen. Damit waren zwar die am meisten verwundbaren, aber noch lange nicht alle UN-Einheiten aus Positionen abzogen worden, wo sie der Gefahr von Angriffen oder einer Geiselnahme durch die Serben ausgesetzt waren. Entsprechend groß waren die Besorgnis und sogar der Widerstand, als die ersten Angriffe geflogen wurden. Trotz der auf der Londoner Konferenz verabschiedeten neuen Regeln für Bombenangriffe zweifle ich nicht daran, daß die Europäer ohne die neue Entschlossenheit Washingtons die Angriffe verhindert oder auf ein Minimum beschränkt hätten.

Uns war klar, daß wir uns ab Beginn der Operation in einem permanenten Streit mit unseren Verbündeten in der Nato und der Uno über die Dauer und das Ausmaß der Angriffe befinden würden – und daß die Vereinigten Staaten weiterhin Druck ausüben müßten.

Geschichte wird oft durch scheinbar unzusammenhängende Ereignisse gemacht, deren tatsächlicher Zusammenhang erst im Rückblick deutlich wird. Dies galt auch für die letzten beiden Wochen des August 1995. Als es in den Wochen nach Beginn des Bombardements zu Fortschritten am Verhandlungstisch kam, folgerten die meisten Beobachter, die Operation *Deliberate Force* sei Teil einer umfassenderen Verhandlungsstrategie gewesen. Das traf nicht zu. In keiner der Diskussionen vor unserer Mission waren Bombenangriffe als Bestandteil der Verhandlungsstrategie in Erwägung gezogen worden. Lake selbst hatte auf seiner Europareise niemals über die Möglichkeit von Luftangriffen gesprochen und sich in privaten Unterhaltungen sehr zwiespältig darüber geäußert. Gleichermaßen skeptisch war das Pentagon gewesen. Im Nachhinein erntete die US-Regierung für ihre – wie die Chinesen sie vielleicht bezeichnet hätten – Strategie des »Redens und Bombardierens« viel Lob und Tadel. In der Tat wäre das keine schlechte Strategie gewesen – und Frasure und ich hatten ein solches Vorgehen schon länger befürwortet. Doch daß es dazu kam, war nicht das Verdienst irgendwelcher genialer Strategen in der US-Regierung. Es war die serbische Granate, die auf dem Marktplatz von Sarajevo einschlug, die den Anstoß zur Operation *Deliberate Force* gab.

*

Gegen drei Uhr morgens, die Bombenangriffe waren seit fast einer Stunde in Gang, zog ich mich zurück, um ein wenig Schlaf zu finden. Doch ich war kaum auf meinem Zimmer, als Wesley Clark mit einer beunruhigenden Nachricht zu mir kam: Die US-Luftwaffe wollte uns nicht nach Belgrad reisen lassen, da es ihrer Ansicht nach zu gefährlich sei, das Kriegsgebiet oder angrenzende Gebiete zu überfliegen. Wie Clark sagte, fürchtete die Luftwaffe insbesondere, wir könnten durch serbische Raketen abgeschossen werden.

Dies sei absurd, antwortete ich und bat Clark, dafür zu sorgen, daß wir auf die eine oder andere Weise am nächsten Morgen nach Belgrad gelangten, und wenn wir dazu die Kampfzone umfliegen mußten. Ich mußte sehen, welche Wirkung die Bombenangriffe auf Milošević und die Serben von Pale hatten, und dazu mußten wir so schnell wie möglich nach Belgrad kommen

Am anderen Morgen, es war der 30. August, stand ich um sieben Uhr auf und stellte fest, daß Clark – offensichtlich kam er sogar mit noch weniger Schlaf aus als der Rest von uns – über Nacht die zuständigen Leute bei der Luftwaffe überredet hatte, uns nach Belgrad zu fliegen. Nach einem einstündigen Aufschub, während dem die neue Flugroute mit der Nato abgesprochen wurde, sagte ich zu Clark, daß wir auch ohne die noch immer ausstehende Landeerlaubnis aus Belgrad starten sollten. Im Notfall, setzte ich hinzu, könnten wir immer noch nach Zagreb ausweichen. Der Flug verlief in einer sehr angespannten Atmosphäre, woran sich auch nichts änderte, als schließlich aus Belgrad die Landeerlaubnis eintraf. Wir nutzten die Zeit, um uns für jede mögliche Reaktion in Belgrad die richtige Antwort zu überlegen. Würde sich Milošević weigern, uns zu empfangen? Würde er uns einen Tag oder länger warten lassen? Würde er uns empfangen, aber über kein anderes Thema als die Einstellung der Bombenangriffe reden? Würde er die Verhandlungen forcieren? Wir bereiteten uns auf alles mögliche vor – nur nicht auf das, was dann passieren sollte.

Mir kam eine, wenn auch etwas schiefe, historische Analogie in den Sinn: das riskante Spiel, auf das sich Kissinger und Nixon eingelassen hatten, als sie unmittelbar vor dem Moskauer Gipfel im Mai 1972 die Verminung des Hafens von Haiphong anordneten. Sie setzten die Angriffe auf Nordvietnam fort, obwohl ihnen klar war, damit das Gipfeltreffen, das Herzstück ihrer globalen diplomatischen Strategie, zu gefährden. Ich war mit der Maßnahme selbst nicht einverstanden gewesen, respektierte jedoch die kaltblütige Kalkulation, die dem Eingehen eines solchen Risikos zugrunde lag und die Tatsache, daß die Strategie aufging – sprich, den amerikanisch-sowjetischen Gipfel nicht zum Scheitern brachte. Ohne den Vergleich überzustrapazieren, erwähnte ich ihn gegenüber meinen Kollegen, als unser Flugzeug mit dem Landeanflug auf einen Militärflughafen am Stadtrand von Belgrad begann.

*

Am Flughafen wurden wir von Rudy Perina erwartet. Auf dem Weg in die Stadt sagte er, bislang habe es noch keine öffentliche Reaktion auf die Bombenangriffe gegeben, die inzwischen schon seit beinahe acht Stunden im Gang waren. Das Treffen mit Milošević stand, doch Rudy Perina hatte keine Ahnung, was uns erwartete. Später, auf dem Weg vom Hyatt zum Präsidentenpalast, spürte ich, wie sich mein Magen verkrampfte, etwas, was mir oft vor Verhandlungen passierte, bei denen sehr viel auf dem Spiel stand.

*

Das Patriarchenpapier. Wir waren seit der Tragödie am Berg Igman nicht mehr in Belgrad gewesen, und Milošević eröffnete das Gespräch mit einigen erstaunlich teilnahmsvollen Worten des Beileids für unsere drei bei dem Unfall ums Leben gekommenen Kameraden. Besonders ausführlich sprach Milošević über Frasure, den er besser gekannt hatte als Joseph Kruzel und Nelson Drew. Verblüfft registrierte ich, wie viel Milošević über Frasures Familie, seine Farm und seine Zukunftspläne wußte, und mir wurde zum ersten Mal klar, daß die beiden sich auch viel über persönliche Angelegenheiten unterhalten haben mußten.

Dann wechselte Milošević plötzlich das Thema. »Ich war während Ihrer Abwesenheit ein vielbeschäftigter Mann«, sagte er, griff in seine Brusttasche und zog zwei Bogen Papier heraus.

»Ich habe Ihre öffentlichen Äußerungen aufmerksam verfolgt«, fuhr er fort. »Und ich habe mich mit den Führern der bosnischen Serben an einen Tisch gesetzt, mit Karadžić, Mladić, Krajišnik, Buha, mit allen – das ganze letzte Wochenende und gestern noch einmal. Hier ist das Ergebnis.« Er überreichte mir das Dokument. Da ich es – es war auf serbisch verfaßt – nicht lesen konnte, gab ich es ihm unverrichteterdinge wieder zurück.

»Durch dieses Papier wird für alle künftigen Friedensgespräche eine gemeinsame Verhandlungsdelegation der Jugoslawischen Bundesrepublik und der Republika Srpska konstituiert«, verkündete Milošević, wobei er den Namen der bosnischen Serben für ihr Gebiet verwandte. »Ich werde den Vorsitz der gemeinsamen Delegation führen. Dieses Papier wurde von Patriarch Pavle, dem Oberhaupt der serbisch-orthodoxen Kirche, beglaubigt. Sehen Sie, hier.« Milošević deutete auf eine einzelne Unterschrift unter zwei vertikalen Spalten von Unterschriften am Ende der zweiten Seite des Dokuments. Unter der Signatur prangte das Kreuz der serbisch-orthodoxen Kirche.

Einen Augenblick wagte ich meinen Augen nicht zu trauen. Seit fast eineinhalb Jahren stritt sich die Kontaktgruppe mit Milošević vergeblich darüber, wie man die bosnischen Serben zu einer Teilnahme an den Verhandlungen im Rahmen des Kontaktgruppenplans bewegen könnte. Endlich hatten wir die Antwort auf die Frage, die wir uns seit 16 Monaten stellten: Wer spricht für Pale? Und die Antwort lautete: Slobodan Milošević. Washingtons Entscheidung, nur mit Belgrad zu verhandeln und eine Isolierung Pales anzustreben, hatte ihren ersten Erfolg gezeitigt – er betraf zwar nur das Verfahren, war aber trotzdem ein echter Durchbruch. Jetzt konnte mit wirklichen Verhandlungen begonnen werden.

Das Dokument, das wir intern als das Patriarchenpapier bezeichneten, verlieh Milošević praktisch die totale Macht über das Schicksal der bosnischen Serben, die mit ihren Unterschriften der Gründung einer sechsköpfigen, paritätisch mit je drei Abgesandten Belgrads und Pales besetzten Verhandlungsdelegation zugestimmt hatten. Milošević wies stolz auf die wichtigste Klausel des Patriarchenpapiers hin: bei Stimmengleichheit gab das Votum des Delegationsleiters den Ausschlag. Und wer war der Delegationsleiter? fragte Milošević rhetorisch. Die Antwort auf diese Frage kannten wir bereits: Slobodan Milošević!

»Wenn nur Bob Frasure das noch hätte sehen können«, flüsterte ich Chris Hill zu, während Milošević das bemerkenswerte Dokument erläuterte. Hill erzählte mir später, genau den gleichen Gedanken gehabt zu haben.

Milošević zeigte sich jetzt von seiner liebenswürdigsten Seite. Er zündete sich eine riesige Monte-Christo-Zigarre an und schlug vor, ich solle sofort eine internationale Friedenskonferenz einberufen, auf der er sich mit Izetbegović und Tudjman treffen und »alles regeln« könne. Das entsprach zwar genau den Wünschen Washingtons, aber, wie sich bei unseren Gesprächen in Paris gezeigt hatte, waren die Muslime noch nicht so weit. Außerdem hatten die Bombenangriffe gerade erst begonnen.

»Es wird früher oder später eine Konferenz geben«, blockte ich seinen Vorstoß ab. »Aber jetzt ist es noch zu früh.« Worauf es mir jetzt vielmehr ankam, war, die Haltung der bosnischen Serben auszuloten. »Woher wollen Sie wissen, daß ihre Freunde in Pale –«

Milošević wurde einen Moment lang wütend – ob wirklich oder nur gespielt, konnte ich nicht sagen. »Sie sind nicht meine Freunde. Sie sind nicht meine Kollegen. Es ist furchtbar, stundenlang mit ihnen in ein- und demselben Raum sitzen zu müssen. Sie sind ein Haufen Scheiße (shit).« Auch wenn Milošević das letzte Wort mit einem osteuropäischen Akzent aussprach, so daß es wie »sheet« (Leintuch) klang, war ich dennoch beeindruckt, wie undiplomatisch er sich der englischen Sprache zu bedienen verstand.

*

In den folgenden acht Stunden diskutierten wir fast alle Probleme, für die wir später in Dayton eine Lösung aushandelten. Zum ersten Mal wurde alles auf den Tisch gebracht, einschließlich mehrerer Themen, die im Rahmen des Friedensprozesses bislang noch nie angesprochen worden waren.

*

Kriegsverbrecher ... und Bombenangriffe. Es dauerte fast zwei Stunden, bis Milošević endlich auf die Bombenangriffe in Bosnien zu sprechen kam. Ich war verblüfft, wie emotionslos er das Thema behandelte, ganz im Gegensatz etwa zu der Leidenschaftlichkeit, mit der er die Aufhebung der Wirtschaftssanktionen gegen Serbien forderte.

Wenn wir das Bombardement stoppten, sagte er, werde Mladić den Beschuß Sarajevos einstellen. Es lag auf der Hand, daß er mit diesem Angebot bei der Uno, bei den Regierungen der meisten Nato-Länder und den Militärs auf freudige Zustimmung stoßen würde. Dort hielt sich die Begeisterung für die Bombenangriffe in Grenzen, und der Verlust eines Mirage-Kampfflugzeugs hatte sie nicht gerade wachsen lassen. Die beiden französischen Piloten wurden vermißt und waren vermutlich in Gefangenschaft geraten.

Ich erwiderte, wenn er, Milošević, die Aufhebung der Belagerung Sarajevos garantieren könne, würde ich in Erwägung ziehen, eine *Aussetzung* der Bombenangriffe »zu empfehlen«. In einer Neuauflage seiner Vorstellung vor zehn Tagen wies Milošević seinen Assistenten Goran Milinović an, sich unverzüglich mit Mladić in Verbindung zu setzen. Während wir auf eine Antwort Mladićs warteten, wurde uns ein Essen serviert, das wie üblich aus Lammfleisch in verschiedenen Zubereitungen mit Kartoffeln und Gemüse als Beilagen und zur Abwechslung etwas Schweinefleisch bestand.

Noch während des Essens kehrte Milinović mit einer Nachricht von Mladić zurück. Milošević las sie laut vor: »Mladić sagt, er werde alle Aktionen gegen die Muslime in Sarajevo einstellen, wenn sowohl die Nato als auch die Muslime die Angriffe auf seine Truppen einstellen.«

Es war typisch für Mladić, daß er versuchte, uns eine zusätzliche Bedingung aufzuzwingen: die bosnischen Muslime sollten ihre militärischen Aktivitäten im ganzen Land einstellen. Daß die Muslime sich darauf nicht einlassen würden, war Milošević natürlich genau bewußt, und er unternahm auch gar nicht erst den Versuch, Mladićs Position zu verteidigen. Als er sich dann wieder anderen Gesprächsthemen zuwenden wollte, beschloß ich, zum ersten Mal an diesem Abend ein kritisches Problem zur Sprache zu bringen.

»Herr Präsident«, begann ich. »Es gibt eine Sache, die ich jetzt mit Ihnen besprechen muß, um spätere Mißverständnisse auszuschließen. Es handelt sich um die Frage des Internationalen Kriegsverbrechertribunals.«

Milošević versuchte Einspruch zu erheben, aber ich ließ mich nicht beirren: »Herr Präsident, zwei der Männer, die das Patriarchenpapier unterzeichnet haben, werden als Kriegsverbrecher angeklagt – Radovan Karadžić und Ratko Mladić. Diese Männer können unmöglich an einer wie auch immer gestalteten internationalen Friedenskonferenz teilnehmen. Nach internationalem Recht werden sie verhaftet, sobald sie auch nur einen Fuß auf den Boden der Vereinigten Staaten oder irgendeines Mitgliedslands der EU setzen.« Zusätzlich wies ich noch darauf hin, daß auch die Geschehnisse in Srebrenica und Žepa noch untersucht werden müßten.

Milošević zweifelte unsere Version der Ereignisse beim Fall der beiden östlichen Enklaven an und beharrte darauf, weder im voraus über die Angriffe informiert noch in irgendeiner Form daran beteiligt gewesen zu sein. Ich sagte ihm, ich wisse, daß Mladić sich als Offizier der jugoslawischen Armee betrachte und von deren bei Srebrenica unmittelbar hinter der serbischen Grenze stationierten Einheiten unterstützt worden sei, mithin von Soldaten, die Miloševics Befehl unterstanden. »Da dies der Beginn ernsthafter Verhandlungen mit Ihnen als dem Leiter einer gemeinsamen jugoslawisch-serbischen Delegation ist, will ich sichergehen, daß Sie eines begreifen: Wir sind in der Frage des Kriegsverbrechertribunals weder in der Lage noch willens, irgendwelche Kompromisse einzugehen.«

»Aber Sie brauchen Karadžić und Mladić, um Frieden zu schließen«, protestierte er.

»Das ist Ihr Problem, Herr Präsident. Ich wiederhole: Karadžić und Mladić können an einer internationalen Konferenz nicht teilnehmen.

Sie werden verhaftet, sobald sie den Fuß in irgendein europäisches Land setzen. Und sollten sie in die Vereinigten Staaten kommen, dann werde ich sie höchstpersönlich und mit Vergnügen auf dem Flughafen in Empfang nehmen und bei ihrer Verhaftung behilflich sein. Sie haben uns soeben ein Stück Papier gezeigt, welches Sie dazu ermächtigt, für sie zu verhandeln. Wie gesagt, es ist Ihr Problem.«

Milošević protestierte erneut gegen den Ausschluß von Karadžić und Mladić vom Friedensprozeß. Schließlich erklärte er verdrossen, es sei wohl am besten, diese Frage nicht jetzt sofort zu entscheiden und kam dann nochmals auf Srebrenica zu sprechen. »Was Srebrenica betrifft, kann ich nur wiederholen, daß ich weder etwas damit zu tun hatte noch wußte, was Pale plante.« Als Zeichen seines guten Willens kündigte er an, internationalen Inspektoren die Einreise in die Enklave zu ermöglichen, damit sie vor Ort Informationen über die Ereignisse sammeln konnten – ein wichtiges Zugeständnis, wenn er es denn ernst meinte.

*

Wir brauchten eine Pause, um Washington über das Patriarchenpapier zu informieren, bevor Milošević es der Weltöffentlichkeit präsentierte. Bevor ich den Raum verließ, um mit Washington zu telefonieren, versuchte ich die optimistische Stimmung zu dämpfen, die von einer nicht unerheblichen Menge an Scotch, Wein und Pflaumenschnaps angeheizt worden war. »Ich bin gleich wieder da, Herr Präsident«, sagte ich. »Aber vergessen Sie eins nicht: während wir hier sprechen, bombardieren Nato-Flugzeuge serbische Stellungen in Bosnien.«

»Das werde ich nicht, Mr. Holbrooke«, antwortete er. »Und auch nicht, daß Sie die Macht haben, sie zu stoppen.«

*

Die Presse. Als wir am Morgen im Präsidentenpalast eingetroffen waren, hatten sich vor dem Gebäude die Journalisten gedrängt. Vor dem Unfall am Berg Igman und den Bombenangriffen war das Medieninteresse nicht annähernd so groß gewesen. In einer kurzen, improvisierten Erklärung erklärte ich unter anderem: »Präsident Clinton hat uns in einer Zeit des Krieges auf eine Mission des Friedens geschickt«. Als wir den Präsidentenpalast acht Stunden später wieder verließen, warteten noch mehr Journalisten auf uns. Wir erkannten, daß unsere Anstrengungen in Zukunft von einem großen und aggressiven Pressekorps verfolgt werden würden – eine bedeutsame Entwicklung, die wir bei unserem weiteren Vorgehen einkalkulieren mußten.

Inzwischen hatte Milošević das Patriarchenpapier den Medien vorgestellt, und es war notwendig, einen öffentlichen Kommentar dazu abzugeben. Ich sagte, das Dokument stelle »einen wichtigen prozeduralen – und zwar ausschließlich einen prozeduralen – Durchbruch dar«. Unser Bemühen, vorschnellem Optimismus entgegenzuwirken, war fast zu erfolgreich; John Pomfret von der *Washington Post* beschrieb das Dokument zwar weitgehend zutreffend als einen »versöhnlichen Schachzug« und einen »beträchtlichen Fortschritt«, doch die *New York Times* berichtete mehrere Tage lang überhaupt nicht über das Papier.

Aus demselben Grund baten wir auch Washington, sich nicht allzu euphorisch zu äußern. Bosnien war nicht der richtige Ort für den üblichen Washingtoner »spin«, jene natürliche Neigung des Weißen Hauses, jeden kleinen Erfolg in einem möglichst positiven Licht darzustellen. Ich hielt es für angebracht, einerseits die Anzeichen für einen Fortschritt herunterzuspielen und den Optimismus auf ein Minimum zu beschränken, und andererseits das Bild einer entschlossen handelnden US-Regierung weiter zu stärken. Auch wenn das Glas allmählich voller wurde – ich zog es noch immer vor, wenn wir von einem noch fast leeren Glas sprachen.

*

Wir hatten ursprünglich geplant, »Funkstille« zu wahren und Washington für uns sprechen zu lassen. Aus genau diesem Grund waren wir auch ohne Pressesprecher nach Belgrad gereist – etwas, was es im Zusammenhang mit einer wichtigen Verhandlungsdelegation noch nie gegeben hatte. Doch das war nun nicht mehr möglich. Die rasante Entwicklung der Dinge und das hohe Medieninteresse vor Ort machten sorgfältig nuancierte Stellungnahmen notwendig, die mehr auf die Journalisten vor Ort als auf die Reporter in Washington ausgerichtet waren. Allerdings setzte das eine grundlegende Änderung unserer Strategie gegenüber den Medien voraus, bei der uns die sechs Stunden Zeitunterschied zu Washington vor ein besonderes Problem stellten: Unser Tag war schon halb vorbei, bevor die meisten Washingtoner Beamten auch nur ihre Büros betraten. Dadurch liefen wir Gefahr, daß das Weiße Haus auf Medienberichte über unsere Aktivitäten reagieren mußte, bevor sie sich mit uns abstimmen oder uns auch nur ausfindig machen konnten. Angesichts dieses unerwarteten Problems wurden wir von Tom Donilon, Nick Burns und dem Pressesprecher des Weißen Hauses Mike McCurry gebeten, die Führung im Umgang mit der Presse zu übernehmen. Mit der tatkräftigen Unterstützung der USIA-Pressesprecher der regionalen Botschaften organisierte Rosemarie Pauli mit bewundernswertem Geschick unsere Beziehungen zu den Medien. Außerdem ermutigte ich alle Mitglieder unserer kleinen Delegation, direkt mit Journalisten zu sprechen, wann immer sie wollten, vorausgesetzt, sie hielten sich an dasselbe Drehbuch. Dieser Wandel in unserem Umgang mit der Presse sollte weitreichende und positive Konsequenzen haben. Daß das System gut funktionierte, war ein bemerkenswertes Zeichen für die Geschlossenheit und Disziplin des Teams. Abgesehen von einigen wenigen Ausnahmen fielen die Berichte der regionalen Presse über unsere Arbeit zutreffend und fair aus.

*

Wir kehrten spät am Abend aus Miloševics Büro ins Hyatt zurück. Das Gefühl, daß endlich wirkliche Verhandlungen begonnen hatten, wirkte sich sehr positiv auf unsere Stimmung aus, und wir blieben die halbe Nacht auf, sprachen die uns offenstehenden Handlungsoptionen durch und telefonierten mit Washington und Brüssel. Jim Pardew brachte unsere Stimmung in einer handschriftlichen Notiz auf den Punkt: »Ich habe den Hammer weggelegt, mit dem ich bislang meinen Optimismus zerschlagen habe«, schrieb er. »So könnte es funktionieren.«

Der Abend im Hotel entbehrte nicht einer komische Seite: Clark, der unsere Gastgeber daran hindern wollte, unsere Telefongespräche zu belauschen, hatte eine bizarre Abhörsicherung mit ins Hotel gebracht, mit der wir, wie er uns versicherte, selbst hochsensible Angelegenheiten mit Washington diskutieren konnten. Clarks Abhörspezialisten bauten in einem der Hotelzimmer ein kleines Militärzelt auf und installierten darin ein Gebläse, das ein ununterbrochenes, lautes Geräusch verursachte und damit jedem potentiellen Lauscher einen Strich durch die Rechnung machte. Also krabbelten wir einer nach dem anderen in das Zelt und führten über ein vorsintflutliches Telefonsystem abhörsichere Gespräche mit Washington. Unglücklicherweise war das Gebläse so laut und die abhörsichere Telefonverbindung oftmals so schlecht, daß wir schreien mußten, wollten wir von unserem Gesprächspartner am anderen Ende der Leitung (und jeder andern in der näheren Umgebung befindlichen Person oder Wanze) verstanden werden.

Die zweite Antiabhör-Vorrichtung, die Clarks Team auf Lager hatte, wird für immer einen Ehrenplatz in unserem Gedächtnis haben, und Clark mußte sich noch lange, nachdem wir sie als unbrauchbar ausgemustert hatten, von uns damit aufziehen lassen. Das System bestand aus einer Kollektion unförmiger Plastikkegel, die wir über Mund und Nase stülpten. Die Kegel waren durch ein Gewirr von Drähten miteinander verbunden, das sich wie eine Ladung Spaghetti auf dem Tisch vor uns ausbreitete. Wir saßen Ellbogen an Ellbogen am Tisch, hielten uns die Kegel vor sich Gesicht und versuchten, eine ernsthafte Unterhaltung zu führen. Abgesehen davon, daß die Kegel nach altem Gummi stanken und das Ganze überaus komisch aussah, funktionierte das System bestenfalls sporadisch. Um zwei Uhr morgens, nach einem zwanzigstündigen, spannungsgeladenen und anstrengenden Tag, der mit einem diplomatischen Durchbruch zu Ende gegangen war, lösten die abstrusen Gummikegel bei uns nur noch Heiterkeit aus. Wir rissen gerade Witze und schossen Erinnerungsfotos von uns, wie wir mit der Vorrichtung im Gesicht am Tisch saßen, als Rosemarie hereinkam und sagte, wir würden so laut schreien, daß man unsere angeblich hochgeheime Unterhaltung noch auf dem Flur problemlos mitverfolgen könne.

*

Am nächsten Morgen, dem 31. August, führten wir ein kurzes Gespräch mit den Vertretern der britischen, französischen, deutschen und russischen Regierung in Belgrad. Der britische Vertreter Ivor Roberts war charmant und sehr belesen, und ich achtete ihn für seinen scharfen Verstand und sein Wissen, auch wenn er einen übermäßig proserbischen Eindruck auf mich machte. Roberts zeigte sich beeindruckt über das Patriarchenpapier, warnte mich jedoch in einem ausführlichen Brief, nie zu vergessen, daß die Serben sich als Opfer der Geschichte fühlten. Drängen Sie sie nicht in die Ecke, mahnte er, sonst schlagen sie zurück. Zwischen den Zeilen war klar zu lesen, daß Roberts die Bombenangriffe für einen Fehler hielt. Ich dankte ihm, daß er mir seine Ansichten mitgeteilt hatte, und mußte wieder an Rebecca West denken. Das Geschichtsbild der Serben sei deren Problem, sagte ich später zu Roberts; unseres war die Beendigung des Krieges.

Nach dem Frühstück flogen wir nach Zagreb, wo wir Präsident Tudjman und Muhamed Sacirbey über die Gespräche in Belgrad informierten. Tudjman erfaßte sofort die volle Bedeutung der Entwicklung. »Die Sanktionen haben gewirkt«, bemerkte er. »Nun kommt es darauf an, den militärischen Druck aufrechtzuerhalten.«

Und genau das tat die Nato. Tatsächlich brachte der 31. August, an dem im gesamten Norden und Westen Bosniens Luftangriffe geflogen wurden, die massivste Militäraktion in der Geschichte der Allianz. Damit hatte die Nato die Bombenangriffe auch auf weit von Sarajevo entfernt gelegene Regionen ausgedehnt, die mit dem Granatenangriff nichts zu tun hatten. Die bosnischen Serben waren wie betäubt, und ich wußte, daß es großen Druck von der Uno geben würde.

Obwohl die Zeit eindeutig noch nicht reif für eine internationale Friedenskonferenz war, suchte ich nach irgendeinem Zwischenschritt, an dem sich der erzielte Fortschritt ablesen ließe. Vielleicht – unter amerikanischer Schirmherrschaft – ein kurzes Treffen der drei Außenminister, etwas, wozu es seit über zwei Jahren nicht mehr gekommen war?

Ich erkundigte mich bei Tudjman und Sacirbey, was sie von der Idee hielten. Tudjman antwortete ohne zu zögern, er werde seinen Außenminister Granić nach Genf schicken, wann immer wir es für angebracht hielten. Sacirbey erklärte sich ebenfalls bereit zu kommen, auch wenn er bezweifelte, daß ohne Miloševics Anwesenheit irgend etwas erreicht werden könnte.

Als wir am Abend nach Belgrad zurückflogen, kam es innerhalb unserer Delegation zu einer hitzigen Debatte über die Zweckmäßigkeit des von mir angeregten baldigen Außenministertreffens. Vor allem unser Oberskeptiker Bob Owen wurde seinem Ruf wieder einmal gerecht. »Was können wir schon erreichen?« fragte er. »Wir haben weder Positionspapiere noch eine Vorstellung davon, auf was sich die Parteien einigen könnten. Ich bezweifle, daß wir für eine solche Konferenz schon bereit sind.«

Ich hielt ihm entgegen, daß wir dank des Patriarchenpapiers und der

Bombenangriffe inzwischen weitaus bessere Karten auf der Hand hielten. Es sei, sagte ich, an der Zeit auszuprobieren, wie viel sich bei einem vorbereitenden Treffen herausholen ließ. Zudem würden wir beobachten können, wie sich die Delegationen zueinander und intern verhielten – eine gute Vorbereitung auf die eigentliche Friedenskonferenz, die noch immer in einer unsicheren Zukunft lag. Ich bat Owen, die Grundlinien eines Zwischen- oder Teilabkommens zu skizzieren. Wir beschlossen, Washington nicht vorab zu konsultieren oder zu informieren.

*

Bei diplomatischen Verhandlungen spielt die Kunst, im Rahmen eines vorgegebenen Ziels improvisieren zu können, eine große Rolle. Nach den sich überstürzenden Ereignissen der vergangenen drei Tage hatte sich in meinem Kopf ein Verhandlungskonzept herauskristallisiert. Washington drängte uns zwar, die drei Präsidenten vom Balkan so schnell wie möglich an einen Tisch zu bringen, doch dafür war es eindeutig noch viel zu früh. Vielversprechender erschien mir der Versuch, im Rahmen begrenzter Zwischenabkommen einen schrittweisen Abbau der gewaltigen Differenzen zwischen den Parteien auszuhandeln und die dabei erzielten Fortschritte auf anschließenden eintägigen Treffen auf Außenministerebene vorzustellen. Zum einen würde das, spekulierte ich, ein Gefühl einer Bewegung in Richtung Frieden erzeugen, zum anderen die Kluft zwischen den Parteien so weit schließen, daß ein Treffen der Präsidenten Aussicht auf Erfolg hatte.

Obwohl wir noch nicht einmal eine Woche zusammenarbeiteten, hatte sich im Vermittlerteam bereits ein charakteristischer Arbeitsstil herausgebildet, der sich durch gutmütige Frotzeleien, harte, aber stets freundschaftliche Debatten und eine strikte Disziplin auszeichnete. Um kraftraubende Fraktionenbildung, Intrigen und heimliche Verbindungen nach Washington zu vermeiden, waren wir auf absolutes Vertrauen und Offenheit zwischen allen sieben Teammitgliedern angewiesen. Diese Haltung war nicht ganz unproblematisch für die Vertreter jener Institutionen im Team, die – wie der Nationale Sicherheitsrat, die Vereinten Stabschefs oder das Pentagon – oft einander mißtrauten oder miteinander konkurrierten, und deren Vertreter in der Regel täglich einen Privatbericht an ihr Heimatbüro schickten. (Während Harriman und Vance 1968 an diesem Problem gescheitert waren, hatte Kissinger sich später kurzerhand damit beholfen, alle anderen aus dem Verhandlungsprozeß auszuschließen. Das hatte ihm kurzfristig zwar zu spektakulären Erfolgen verholfen, langfristig aber viele Feinde geschaffen.) Daß wir dieses Problem umgehen konnten, lag zum einen daran, daß unser Verhandlungsteam relativ klein war. Zum anderen tauschten wir prinzipiell alle Informationen untereinander aus und bauten enge, teils sogar intensive persönliche Beziehungen zueinander auf. Konnten wir uns in einer Frage nicht auf eine gemeinsame Position einigen, stand es jedem Teammitglied frei, seinen Standpunkt nach Washington zu berichten. Einzige Voraussetzung: das gesamte Team mußte über die abweichende Stellungnahme informiert werden. Daß dieses System funktionierte, spielte bei dem Erfolg unserer kleinen Mannschaft eine Schlüsselrolle.

KAPITEL ACHT

Das längste Wochenende

(1. bis 4. September 1995)

Der Historiker muß ... sich immer an einen Punkt in der Vergangenheit versetzen, an dem die bekannten Faktoren scheinbar noch verschiedene Ergebnisse zulassen. Wenn wir von Salamis sprechen, dann müssen wir dies so tun, als ob die Perser noch gewinnen könnten; und wenn wir vom Staatsstreich am 18. Brumaire sprechen, dann muß noch offen sein, ob Bonaparte eine schmähliche Niederlage erleiden wird.

Johan Huizinga.

Unsere Shuttle-Diplomatie erreichte eine neue Intensität. Nach einem Terminplan, der sich alle paar Stunden änderte, bewegten wir uns kreuz und quer durch Europa, so daß man in Washington oft nicht wußte, wo wir gerade waren. Angetrieben durch die Bombenangriffe und einem Gefühl des »Jetzt oder nie«, fühlten wir uns fast jeder Herausforderung gewachsen. Das ging so weit, daß wir zusätzlich zu den Bosnienverhandlungen ein weiteres Problem in Angriff nahmen – die seit zwei Jahren schwelende Krise zwischen Griechenland und der ehemaligen jugoslawischen Republik Mazedonien, wo 500 amerikanische Soldaten stationiert waren, um den Ausbruch von Feindseligkeiten zu verhindern.

Wir waren uns an diesem Freitag kaum bewußt, daß in den USA das Labor Day Weekend bevorstand, an dem traditionell das halbe Land in den Urlaub fährt. Unser Wochenende sollte uns nach Belgrad, Bonn, Brüssel, Genf, Zagreb, Belgrad, Athen, Skopje (der Hauptstadt von Mazedonien), Ankara und ein drittes Mal zurück nach Belgrad führen. In diesen vier Tagen sollten wir:

– das erste Treffen auf Spitzenebene zwischen den drei kriegführenden Parteien seit über zwei Jahren vermitteln und bekanntgeben;

- unsere Kollegen von der Kontaktgruppe (und ein halbes Dutzend mitteleuropäische Regierungschefs) in Bonn treffen;
- im Nato-Hauptquartier in Brüssel fast eine ganze Nacht lang für eine Wiederaufnahme der Bombenangriffe kämpfen;
- mit Vertretern der Organisation der Islamischen Konferenz in Genf zusammentreffen, um die Unterstützung der islamischen Länder für unsere Verhandlungen zu gewinnen;
- mit Milošević und Izetbegović einen Vertragsentwurf für das geplante Treffen der Außenminister aushandeln – das erste solche Abkommen zwischen den kriegführenden Parteien, das Bestand haben sollte;
- die gefährlichen Spannungen zwischen Griechenland und der ehemaligen jugoslawischen Teilrepublik Mazedonien entschärfen;
- telefonisch in Washington für eine Wiederaufnahme der Bombenangriffe eintreten und einen weiteren Versuch Jimmy Carters abblocken, in die Verhandlungen einzugreifen.

Freitag, 1. September

Am 1. September um 5 Uhr morgens stellte die Nato die Bombenangriffe in Bosnien vorläufig ein. Ich hatte nach Washington gemeldet, daß wir eine kurze Unterbrechung unterstützen würden, damit der UN-Oberbefehlshaber General Bernard Janvier mit Mladić verhandeln konnte, vorausgesetzt, daß die Angriffe sofort wiederaufgenommen würden, sollten die bosnischen Serben die Belagerung Sarajevos nicht aufheben. Hill und Pardew warnten mit beträchtlicher Weitsicht, daß meine Position ein ernstes Problem verursachen könnte: Wären die Bombenangriffe erst einmal unterbrochen, würden die Uno und etliche europäische Regierungen unabhängig von den äußeren Umständen versuchen, ihre Wiederaufnahme zu verhindern. Wie um Hill und Pardew recht zu geben, versteckte das UN-Hauptquartier in Zagreb seinen Wunsch nach einer vollständigen Einstellung der Angriffe hinter unserer mit scharfen Bedingungen verknüpften Zustimmung zu einer kurzen Unterbrechung und erklärte gegenüber der Presse, wir hätten den Stop gefordert. Das brachte uns eine scharfe Kritik des Kolumnisten William Safire von der *New York Times* ein.

Am Nachmittag vor der Einstellung des Bombardements trafen wir mit General Janvier in seinem Hauptquartier in Zagreb zusammen. Janvier, einer kleiner, unglücklich wirkender Mann, schien uns sonstwohin zu wünschen und speiste uns mit höflichen, aber nichtssagenden Antworten ab. Ganz offensichtlich wartete er nur, daß wir, wie so viele andere Unterhändler in den vergangenen drei Jahren, wieder von der Bildfläche verschwanden und ihn in Ruhe seine Arbeit tun ließen. Seinem Verhalten nach war er überzeugt davon, erfolgreich mit Mladić verhandeln zu können, solange nur wir uns nicht einmischten.

*

Milošević empfing uns in Dobanovci, einem der vielen Jagdsitze, die Tito überall im Land unterhalten hatte. Die Ansammlung bescheidener Gebäude lag etwa 30 Minuten von Belgrad entfernt inmitten ausgedehnter Felder und Wälder an einem See und war lange nicht so elegant, wie Titos berühmtere Jagdsitze. Wir saßen an einem langen Tisch vor dem Hauptgebäude und aßen und tranken fast unaufhörlich. Milošević hatte sein Gefolge um Nikola Koljević ergänzt, einen kleinen, fülligen und trinkfreudigen Shakespeare-Experten, der früher einmal in Michigan englische Literatur gelehrt hatte. Koljević trug den Titel »Vizepräsident der Republika Srpska«, genoß jedoch nicht das Vertrauen der Bergbevölkerung von Pale, aus der sich die Führung der bosnisch-serbischen Bewegung rekrutierte und die ihn als Werkzeug Miloševics betrachtete. Er unterstrich seine Ansichten gerne mit ausgewählten Zitaten seines Lieblingsdichters und machte häufig Äußerungen wie »die Art der Gnade weiß von keinem Zwang« oder »nicht durch die Schuld der Sterne, lieber Brutus …« Ich versuchte bei dem Shakespeare-Wettbewerb mitzuhalten und zitierte Wendungen wie »›Mord!‹ rufen und des Krieges Hund entfesseln« oder »der Strom der menschlichen Geschäfte wechselt«, an die ich mich bruchstückhaft erinnerte.

Das Gespräch auf dem Jagdsitz dauerte einschließlich einer Pause, in der wir zu einer kurzen Pressekonferenz in unser Hotel zurückkehrten, zwölf Stunden. Milošević hatte den neuen Tagungsort gewählt, um eine entspanntere Atmosphäre zu schaffen. Den ganzen Tag über floß der Alkohol in Strömen, was man Koljević auch deutlich anmerkte. Milošević dagegen schien, wie mir auch später wiederholt auffiel, der Alkohol nichts auszumachen. Wir Amerikaner tranken nur wenig, und schließlich verlegten wir uns darauf, die von Milošević häufig angebotenen Drinks nur noch anzunehmen, wenn wir eine Übereinkunft erzielt hatten. Jim Pardew nannte den Tag später »den Tag der Bruderschaft mit dem Paten«.

Milošević konnte seine Stimmungen mit erstaunlicher Geschwindigkeit wechseln und nutzte das gerne, um seine Gesprächspartner zu verunsichern. Er konnte von Charme übergangslos auf Brutalität umschalten und von einem heftigen Gefühlsausbruch abrupt zur trockenen Diskussion juristischer Details übergehen.

Kurz nach Beginn des Treffens schlug ich ihm vor, in Begleitung von General Clark einen Spaziergang zu unternehmen. Während er uns durch die Wälder und Felder hinter dem Jagdsitz führte, erzählte er mit nostalgischem Unterton von seinen Geschäftsreisen nach New York. »Ich wünschte, ich könnte diese wundervolle New Yorker Luft wieder einmal riechen«, sagte er, offensichtlich ganz im Ernst. Er erzählte von seiner Karriere als erfolgreicher Geschäftsmann in der späten Tito-Ära und sprach – zum ersten Mal – von der Notwendigkeit lokaler wirtschaftlicher Zusammenarbeit, wobei er seine eigene Verantwortung für die Zerstörung Jugoslawiens unerwähnt ließ. Auf dem Rückweg fragten wir ihn nach seiner berühmten Rede im Kosovo, die den serbischen Extremismus entflammt hatte. Er bestritt vehement, eine solche Absicht verfolgt zu haben. Er wiederholte seine Beschuldigung gegen den damaligen Belgrader US-Botschafter Zimmermann, durch einen diplomatischen Boykott der Rede die Weltöffentlichkeit gegen ihn aufgehetzt zu haben, machte dann aber ein aufschlußreiches Geständnis. »Es war falsch von mir, mich so lange nicht mit Botschafter Zimmermann getroffen zu haben«, sagte er. »Natürlich, ich war wütend auf ihn, aber ich hätte dennoch nicht ein Jahr warten sollen.« Chris Hill, der die Geschichte im Detail kannte, verteidigte Zimmermann und erklärte Milošević ohne Umschweife, es könne kein Zweifel daran bestehen, daß die Rede aufwieglerisch gewesen sei.

*

Beim Mittagessen schlug ich vor, daß sich die drei Außenminister eine Woche später treffen und den Friedensprozeß in Gang bringen sollten. Milošević war sofort einverstanden und bat lediglich, daß die Vereinigten Staaten, nicht die Kontaktgruppe, den Konferenzvorsitz führten. Was Ort und Zeitpunkt betraf, wollte er alle Details uns überlassen. Dann kritisierte er die Russen, daß sie sich aufgrund historischer slavisch-serbischer Bindungen eines sehr viel größeren Einflusses in Serbien brüsteten, als sie in Wirklichkeit besaßen. Er spottete über die Bemühungen Moskaus, die Serben mit Hilfslieferungen – »Tonnen von verrottetem Fleisch und ähnlichem Schrott« – zu bestechen (oder durch ihre Verweigerung unter Druck zu setzen). Da die Russen seine stärksten Fürsprecher in der Kontaktgruppe waren, sagte er dies offensichtlich wenigstens teilweise, um uns zu beeinflussen.

Über das abhörsichere Telefonsystem, das Clark auf der Veranda aufgebaut hatte, rief ich Talbott in Washington an und sagte ihm, daß wir eine »kleine Überraschung« für ihn hätten: Alle drei Länder hätten sich bereit erklärt, ihre Außenminister in etwa einer Woche zu einer Konferenz unter amerikanischer Schirmherrschaft nach Genf zu schicken. Ich bat Talbott, sofort die Zustimmung der Briten, Franzosen, Deutschen und Russen einzuholen, damit wir das Treffen in vier Stunden bekanntgeben konnten. Talbott sagte, er werde sich sofort an die Arbeit machen und uns sobald wie möglich zurückrufen.

Auch wenn vier Stunden normalerweise viel zu kurz sind, um eine derart komplizierte Angelegenheit zu koordinieren, Talbott und John Kornblum brachten das Kunststück fertig. Nach Dutzenden von Telefonaten mit Verantwortlichen in Washington und zahlreichen europäischen Politikern hatten sie die Zustimmung der Regierungen in London, Paris, Moskau, Bonn und des EU-Vertreters Carl Bildt erwirkt. Nach gerade einmal zwei Stunden, die wir in gespannter Erwartung auf der Veranda verbrachten, rief Talbott zurück und verkündete in der für ihn typischen Art: »Alles klar, Leute. Wir haben alle an Bord.«

Ich hatte Talbott vorgeschlagen, Außenminister Warren Christopher bei dem Treffen in Genf den Vorsitz führen zu lassen. Talbott hatte die Sache mit Christopher und Donilon besprochen, und seine Antwort überraschte mich. »Der Minister will, daß Sie das Genfer Treffen leiten«, sagte Talbott am Telefon. »Er hat andere Aufgaben zu erledigen. Außerdem, wenn er kommt, werden auch die anderen Außenminister der Kontaktgruppenländer teilnehmen wollen. Und wenn die sich alle ins Rampenlicht drängen, besteht die Gefahr, daß die eigentliche Konferenz aus dem Blick gerät.«

Im Regierungsgeschäft gibt es immer wieder solche Momente wie diesen, deren wirkliche Bedeutung man erst später begreift. Nur wenige Außenminister hätten freiwillig auf den Vorsitz bei einer solchen

Konferenz verzichtet. Daß er das tat, war typisch für Christopher, der fest an die Delegation von Autorität und Verantwortung an seine Mitarbeiter glaubte, vorausgesetzt, diese handelten im Rahmen der von ihm gesetzten politischen Richtlinien.

Wir fuhren zu einer kurzen Presseerklärung von Dobanovci ins Belgrader Hyatt. Ein paar Minuten, nachdem Pressesprecher Nick Burns in Washington die Neuigkeit bekanntgegeben hatte, kündigten wir in Belgrad die Dreiländer-Außenministerkonferenz an. Was wir am meisten bedauerten, schloß ich, war, daß Bob Frasure, Joe Kruzel und Nelson Drew, denen unsere diplomatischen Anstrengungen gewidmet seien, diesen Erfolg nicht mehr miterleben konnten.

Kurz darauf kehrten wir auf den Jagdsitz zurück. Miloševics Außenminister Milan Milutinović brachte seine Furcht vor der Genfer Konferenz offen zum Ausdruck. Der sanfte, leutselige und stets makellos gekleidete Mann, der sich gewandt auf dem Parkett der internationalen Diplomatie zu bewegen verstand und die Spitzfindigkeiten der diplomatischen Sprache vollendet beherrschte, war gerade erst zum Außenminister ernannt worden. In einer der vielen Gesprächspausen nahm er mich beiseite und sagte, er könne seinen Job – ja, wie er mit einem schwachen Lächeln scherzte, »sogar seinen Kopf« – verlieren, wenn irgendetwas schief ginge. Alles müsse bereits vor unserer Ankunft in Genf »hundertprozentig« geregelt sein; wenn er erst einmal dort sei, werde er keine Autorität und Flexibilität mehr besitzen. »Der Meister«, sagte er mit einer Geste in Richtung Milošević, »wird alle Fäden ziehen.«

Samstag, 2. September.

Am nächsten Morgen flogen wir zu einem Treffen der Kontaktgruppe und einer internationalen Konferenz über die Zukunft Mitteleuropas nach Bonn. Das Treffen und die Konferenz fanden im Gästehaus der deutschen Regierung auf dem Petersberg bei Bonn statt, in denselben Räumen, wo ich Bundeskanzler Kohl zum ersten Mal getroffen hatte.[1]

*

Die Europäer. Carl Bildt war begeistert von der Idee eines gemeinsam von mir und ihm geleiteten Außenministertreffens. Daß ein

Schwede als Nachfolger Lord David Owens zum europäischen Chefunterhändler ernannt worden war, hatte für die Amerikaner zwar keine besondere Bedeutung. Für die Schweden jedoch war es von hohem symbolischen Wert, daß ein Landsmann (und zumal ein früherer Ministerpräsident) nur wenige Monate, nachdem das Land seine 150jährige Neutralität aufgegeben und sich der Europäischen Union angeschlossen hatte, zum Vertreter der gesamten Union ernannt worden war. Wie Bildt wußte, war die Wahl hauptsächlich dank des Einsatzes von Washington auf ihn gefallen; und selbst wenn es später zwischen uns zu Auseinandersetzungen kam, was angesichts des immensen Drucks, unter dem wir standen, nicht selten der Fall war, konnte das an unserer Freundschaft nichts ändern.

Auch wenn das Treffen in Genf allgemeine Zustimmung fand, waren manche Europäer ungehalten darüber, daß wir sie ohne vorherige Konsultationen vor vollendete Tatsachen stellten. Dies galt vor allem für die britische Abgesandte Pauline Neville-Jones, eine der dominantesten Persönlichkeiten in der Kontaktgruppe. Diese willensstarke und sehr engagierte Frau legte großen Wert auf formal korrektes Vorgehen, und sie machte keinen Hehl aus ihrem Unmut darüber, daß wir das Außenministertreffen ohne vorherige Zustimmung der Kontaktgruppe arrangiert hatten. Zusammen mit ihren deutschen und französischen Kollegen plädierte sie dafür, das Treffen in einem UN-Gebäude und nicht in der amerikanischen Mission in Genf auszurichten. Vize-Außenminister Igor Iwanow als Vertreter Rußlands in der Kontaktgruppe war dagegen sofort mit der Genfer US-Mission als Tagungsort einverstanden, vorausgesetzt, daß Rußland das nächste Treffen ausrichten würde.

Solche Auseinandersetzungen über den Tagungsort und die »Gastgeberschaft« bei Konferenzen mögen skurril erscheinen, und doch waren sie ein permanentes und zeitraubendes Element der Verhandlungen. Diese kleinen Dramen hatten relativ wenig mit Bosnien zu tun, sondern waren Ausdruck der Schwierigkeiten der Europäischen Union, sich auf eine gemeinsame politische Position zu einigen. Verfahrenstechnisch betrachtet hatte Pauline Neville-Jones sicher nicht unrecht. Wie ich zehn Tage zuvor an Warren Christopher geschrieben hatte, wären die Verhandlungen jedoch nicht vorangekommen und schon gar nicht erfolgreich gewesen, wenn wir vor jedem Schritt die Kontaktgruppe konsultiert hätten. Nun, da sich die USA endlich in

Bosnien engagierten, durften sie sich nicht durch interne Streitigkeiten in der Kontaktgruppe ablenken lassen.

*

Die Russen. Am selben Tag verlangte der russische Außenminister Andrej Kosyrew öffentlich, daß Rußland den dritten Vorsitzenden der Konferenz stellen sollte. Sollte Moskau bei den Verhandlungen eine aktive Rolle anstreben, würde dies vor allem aufgrund der pro-serbischen Haltung Rußlands ein ernstes Problem darstellen. Wir hatten jedoch das Gefühl, daß es Moskau weder darauf anlegte, die Verhandlungen zu bestimmen oder zum Scheitern zu bringen, sondern mit dieser weitgehend symbolischen Geste der Öffentlichkeit demonstrieren wollte, daß man in der Weltpolitik immer noch eine wichtige Rolle spielte. Wir gingen davon aus, daß wir mit den Russen, auch wenn sie gelegentlich Unruhe stifteten, besser zurechtkommen würden, wenn wir ihnen neben der EU und den Vereinigten Staaten einen gleichberechtigten Platz als Kovorsitzende der Genfer Konferenz einräumten, statt sie offen zu brüskieren.

Unsere allgemeine Rußlandpolitik mit der Suche nach einer Friedenslösung für Bosnien in Einklang zu bringen, stellte uns wiederholt vor erhebliche Probleme und erforderte, daß Talbott, Perry und ich unsere Aktivitäten laufend im Hinblick auf dieses Ziel koordinierten. Dennoch erwies sich am Ende unser Entschluß als richtig – unter anderem führte er dazu, daß sie in einem historischen Schritt ihr Friedenstruppen-Kontingent dem Befehl der USA und nicht dem der Nato unterstellten.[2]

Unserer Entscheidung, die Russen am bosnischen Verhandlungsprozeß zu beteiligen, lag die grundsätzliche Einsicht der Regierung Clinton in die Notwendigkeit zugrunde, den Russen wieder einen angemessenen Platz in der europäischen Sicherheitsstruktur einzuräumen, der sie seit 1914 nicht mehr angehört hatten. In Moskau tobte ein permanenter Machtkampf zwischen den alten Funktionären der kommunistischen Ära – der sogenannten *Nomenklatura* – und der neueren postsowjetischen Führungselite, die die Vereinigten Staaten zu unterstützen suchten. In enger Abstimmung mit Bundeskanzler Kohl beschloß Präsident Clinton Anfang 1993, die Zusammenarbeit mit Boris Jelzin zu intensivieren und die wirtschaftlichen Reformen und die Demokratisierung in Rußland zu unterstützen. Es bedurfte großer Geduld und Entschlossenheit, trotz des Putschversuchs von 1993 und des Krieges in Tschetschenien, trotz Jelzins schlechtem Gesundheitszustand und trotz der allgegenwärtigen, öffentlich sanktionierten Korruption an diesem Kurs festzuhalten, zumal diese Politik von den amerikanischen Konservativen ständig angegriffen wurde, die dem Weißen Haus und insbesondere Talbott ungerechtfertigterweise vorwarfen, »zu weich gegenüber den Russen« zu sein.

*

Als wir Bonn verließen, wurde hinter den Kulissen heftig über die Wiederaufnahme der Operation *Deliberate Force* gestritten. Einige UN- und Nato-Kommandeure hofften, erneute Bombenangriffe unabhängig vom Ergebnis der Gespräche zwischen Mladić und dem UN-Oberbefehlshaber der UN-Truppen im ehemaligen Jugoslawien Janvier verhindern zu können. Dies galt, abgesehen von Janvier selbst, vor allem für Admiral Leighton Smith, den Oberbefehlshaber der Nato in Südeuropa und der gesamten Seestreitkräfte der USA in Europa. Obwohl er die ihm übertragenen Aufgaben präzise und zuverlässig erfüllte, war er kein Befürworter der Bombenangriffe. Mir gegenüber hatte er einmal unbewußt genau dieselbe Wendung gebraucht, die Außenminister James Baker vier Jahre zuvor berühmt gemacht hatte, als er sagte, er habe »kein Pferd in diesem Rennen«.

Dagegen war General Clark für eine Wiederaufnahme der Bombenangriffe, und dies brachte ihn in eine schwierige Lage. Es ist der Karriere eines Drei-Sterne-Generals in der Regel nicht gerade förderlich, wenn er Männern mit vier Sternen auf der Schulter unwillkommene Vorschläge macht, aber seit der Tragödie am Berg Igman war Clark sehr engagiert. Als persönlicher Vertreter des Vorsitzenden der Vereinten Stabschefs war er General Shalikashvili direkt unterstellt und hatte das Recht, höheren Offizieren Vorschläge zu machen – aber nur Vorschläge. Der Konflikt zwischen Smith und Clark spitzte sich zu, als wir Samstagnachmittag in einem Wagen der Botschaft zum Kölner Flughafen fuhren, um von dort aus nach Brüssel zu fliegen, und Clark unterwegs mit Leighton Smith telefonierte. Er erklärte dem Admiral, warum die Bombenangriffe unserer Ansicht nach wahrscheinlich wieder aufgenommen werden mußten, und die Geräusche aus dem Hörer ließen erkennen, daß er von einem sehr wütenden und ranghöheren Marinekommandeur zusammengestaucht wurde. Da ich mir ernsthaft

Sorgen um Clarks Zukunft machte, nahm ich ihm das Telefon aus der Hand und sagte zu Smith, daß ich auf der Wiederaufnahme der Bombenangriffe bestünde, sollte Mladić unsere Forderungen bezüglich Sarajevos nicht innerhalb der nächsten paar Stunden erfüllen. Smith war immer noch wütend auf Clark und ließ sich nicht überzeugen.

Meiner Ansicht nach maßte sich Smith politische Urteile an, die der zivilen Führung vorbehalten waren. Smith sah die Sache anders. Er sagte, er sei »alleinverantwortlich« für die Sicherheit und das Wohl seiner Truppen, und er werde aufgrund der Vollmachten, die ihm der Nato-Rat übertragen habe, die Entscheidung treffen, die er für richtig halte. Außerdem unterstehe er als Nato-Kommandeur nicht dem Oberbefehl der Vereinigten Staaten, sondern erhalte seine Befehle aus Brüssel.

Das Verhältnis zwischen Clark und Smith blieb nach diesem Telefongespräch gespannt. Um sicherzustellen, daß Clarks Karriere keinen Schaden litt, sprachen Strobe Talbott, Sandy Berger und ich mit General Shalikashvili. Als Clark ein Jahr später seinen vierten Stern erhielt und zum Oberkommandierenden des Southern Command der Vereinigten Staaten in Panama ernannt wurde, sagte mir General Shalikashvili, daß Clarks Leistungen in Bosnien mit ausschlaggebend für seine Beförderung gewesen seien. Im darauffolgenden Jahr wurde er sogar als Nachfolger von General Joulwan zum Oberbefehlshaber der Nato befördert. Ironischerweise verdankte er es also gerade seinem Dienst in der Verhandlungsdelegation, der zunächst seine Karriere zu bedrohen schien, daß er die Aufgabe seines Lebens erhielt.

Derartige Differenzen zwischen Militärs und Zivilisten sind keineswegs außergewöhnlich. Auch wenn ich bezüglich der Bombenangriffe mit Smith nicht übereinstimmte, war seine Position als unmittelbar Verantwortlicher für die Nato-Truppen vollkommen rational. Man darf unter solchen Umständen nie vergessen, daß jede Entscheidung eine Entscheidung über das Leben junger Männer und Frauen darstellt, sie der Gefahr aussetzt, auf dem Schlachtfeld zu sterben oder in Gefangenschaft zu geraten, wie es beispielsweise keine zwei Jahre zuvor in Somalia geschehen war. Andererseits stand auch das Leben vieler anderer Menschen auf dem Spiel: das der UN-Soldaten, von denen bereits über einhundert getötet worden waren, und das der zahllosen Zivilisten auf allen Seiten. Wenn die Verhandlungen scheiterten, würde der Krieg weitergehen – was nicht nur den amerikanischen Führungsanspruch weiter untergraben, sondern auch noch mehr UN-Soldaten das Leben kosten würde

*

Im Nato-Rat. Bedrückt über die wachsenden Spannungen zwischen unserer Delegation und Admiral Smith, kamen wir im Nato-Hauptquartier in Brüssel an. Im Büro von Generalsekretär Claes herrschte ein aufgeregtes Kommen und Gehen, während er inmitten der allgemeinen Verwirrung mit seinen Militärkommandeuren telefonierte und herauszufinden versuchte, wie die Gespräche zwischen General Janvier und General Mladić verlaufen waren. General Joulwan war bereit gewesen, eine Wiederaufnahme der Bombenangriffe zu befürworten, hatte sich jedoch von Admiral Smith umstimmen lassen, der bereits angerufen und sich über General Clark beschwert hatte.

Die Bombenangriffe waren inzwischen seit 36 Stunden eingestellt. Meiner Meinung nach mußten sie nach spätestens 72 Stunden wiederaufgenommen werden, falls – was unwahrscheinlich war – General Mladić nicht sämtliche Bedingungen zur Entlastung Sarajevos akzeptierte. Doch im Nato-Hauptquartier waren viele Ständige Vertreter gegen eine Fortsetzung der Bombenangriffe.

Zufällig stand der Nato-Rat bei unserer Ankunft gerade kurz davor, die Sache zu diskutieren. Claes und Joulwan baten mich, unseren Aufbruch zu verschieben und dem Rat unsere Ansichten direkt vorzutragen. Wir willigten sofort ein.

Der Rat trat am frühen Abend zusammen. Nach einigen einleitenden Worten von Botschafter Hunter sagte ich, daß wir es in seiner denkbar reinsten Form mit einem »klassischen Dilemma in den politisch-militärischen Beziehungen zu tun hätten, an dem wir bereits in Vietnam gescheitert waren: die Wechselwirkung zwischen dem Einsatz militärischer und dem Einsatz diplomatischer Mittel. Die Entscheidung der Nato für die Bombenangriffe war angesichts der gegebenen Provokationen notwendig. Jetzt gilt es unmißverständlich klarzustellen, daß wir aus einer Position der Stärke heraus verhandeln ... Falls die Wiederaufnahme der Bombenangriffe dem Verhandlungsprozeß schadet, dann müssen wir das in Kauf nehmen.«

Die Befragung durch die Nato-Botschafter dauerte noch mehrere Stunden. Nach Mitternacht zogen Clark und ich in einen anderen Konferenzraum um und sprachen zunächst mit Admiral Smith und dann sehr ausführlich mit dem Weißen Haus, wo Talbott, Berger, Admiral Owens, Vershbow und Slocombe die Nato-Debatte und die Gespräche zwischen Janvier und Mladić verfolgten. Die Nachrichten aus Bosnien waren höchst unerfreulich, aber nicht überraschend: Mladić hatte Janvier einen unzureichenden Vorschlag unterbreitet, den dieser öffentlich als annehmbar bezeichnet hatte und darin auch sofort von Admiral Smith unterstützt worden war. »Wir stehen nun vor dem Problem«, erklärte Berger, »daß Janvier und Smith auf Mladić' ungenügenden Vorschlag eingegangen sind. Er hat sie zum Narren gehalten.« Wir erklärten Washington, daß Smith zwar gegen eine Wiederaufnahme der Bombenangriffe war, es aber tun würde, wenn der Befehl dazu von der Nato erteilt würde. Daraufhin telefonierten Berger und Talbott mit Joulwan, Smith und Claes und drängten sie zum Handeln.

Da die Botschafter im Nato-Rat in eine bürokratische Sackgasse geraten und gelähmt waren, ergriff Generalsekretär Claes zum zweiten Mal innerhalb einer Woche die Initiative und entschied in seiner Eigenschaft als Ratsvorsitzender, daß auch die Wiederaufnahme der Bombenangriffe keinen Beschluß des Nato-Rats voraussetzte. Claes' wichtige Rolle in dieser Woche wurde damals kaum anerkannt und war wenige Wochen später praktisch vergessen, als er wegen eines persönlichen Skandals von seinem Amt zurücktreten mußte. Der flämische Sozialist und frühere belgische Außenminister war als Amateurdirigent bekannt, ein Hobby, das seine Kritiker gerne erwähnten, um ihn als einen schwachen, um jeden Preis auf Konsens-Entscheidungen bedachten Politiker hinzustellen. Unser Botschafter in Belgien Allan Blinken hatte uns versichert, daß diese Einschätzung falsch sei und vorausgesagt, Claes werde uns alle noch überraschen. Blinken lag richtig. Bevor Claes als Nato-Generalsekretär zum Rücktritt gezwungen wurde, weil er und seine Partei angeblich Bestechungsgelder von einer Hubschrauberfirma angenommen hatten – Vorwürfe, die auch zwei Jahre später noch vor keinem Gericht zur Sprache gekommen waren –, hatte er einen wesentlichen Beitrag zu einer historisch neuen Politik geleistet.

Sonntag, 3. September.

Unsere Delegation teilte sich auf. Ich schickte die meisten meiner Kollegen zu Verhandlungen mit Tudjman nach Zagreb und flog selbst nach Genf, wo ich Gespräche mit Vertretern der Organisation der Islamischen Konferenz führen wollte, die schon lange das Gefühl hatten, daß ihre pro-bosnische Haltung vom Westen nicht entsprechend gewürdigt wurde. Das Treffen fand unter der souveränen Leitung unseres Botschafters Daniel Spiegel in der amerikanischen UN-Mission in Genf statt. Wegen der Anwesenheit des iranischen Botschafters, den ich ignorierte, verlief die Begegnung zwar etwas gespannt, doch hocherfreut vermerkte ich, daß mehrere Länder, insbesondere das Nato-Mitglied Türkei sowie Pakistan und Malaysia, unsere Position nachdrücklich unterstützten. Ich hatte absolutes Vertrauen in Spiegel, der in den Carter-Jahren Außenminister Cyrus Vance beraten hatte und später Rechtsanwalt in Washington geworden war. Daher übertrug ich ihm die heikle Aufgabe, für die Logistik der Außenministerkonferenz zu sorgen, die schon in fünf Tagen stattfinden sollte.

*

Am frühen Sonntagmorgen rief Vizepräsident Gore Izetbegović an und informierte ihn, daß die Vereinigten Staaten eine Wiederaufnahme der Bombenangriffe befürworteten. Gore wollte dem zunehmend verunsicherten Izetbegović das Gefühl geben, daß wir ihn nicht im Stich ließen und für eine Wiederaufnahme der Bombenangriffe kämpften. Inzwischen flog ich von Genf nach Belgrad, wo meine Kollegen bereits die Verhandlungen mit Milošević aufgenommen hatten. Owen und Hill hatten für Genf eine Erklärung über drei »Vereinbarte Grundprinzipien« zusammengestellt. Wie Lake den Europäern bereits mitgeteilt hatte, verwendeten wir als Ausgangspunkt den Plan der Kontaktgruppe von 1994, das Land in zwei Einheiten aufzuteilen, mit 51 Prozent der Fläche für die kroatisch-muslimische Föderation und 49 Prozent für die Serben. Die Marathon-Sitzung endete mit einem Teilabkommen über einen Entwurf, den wir am folgenden Tag mit Izetbegović in der Türkei besprechen wollten, wo dieser sich zu einem Staatsbesuch aufhielt. Nach unserer Rückkehr ins Hotel standen zunächst noch die obligatorischen Telefonate mit Washington an. Als wir um 4 Uhr morgens endlich ins Bett kamen, kämpften unsere

Kollegen in Washington immer noch um die Wiederaufnahme der Bombenangriffe.

*

Jimmy Carter. Am frühen Sonntagmorgen rief Jimmy Carter etwa zur selben Zeit, als ich in Genf mit den Vertretern der Organisation der Islamischen Konferenz verhandelte, Strobe Talbott an. In der Hoffnung, eine Wiederaufnahme der Bombenangriffe verhindern zu können, hatte Radovan Karadžić erneut versucht, mit Carter Verbindung aufzunehmen. Er hatte einen serbisch-amerikanischen Schönheitschirurgen aus Beverly Hills als Kontaktmann benutzt, der die Familie Carter gut kannte, und versprochen, die Angriffe auf Sarajevo einzustellen, falls die Uno die Sicherheit der bosnisch-serbischen Armee garantierte. Carters Vorstoß brachte Talbott, einen der höflichsten Politiker in Washington, der immer mit Hochachtung von dem ehemaligen Präsidenten sprach, über dessen Regierung er als Journalist berichtet hatte, in eine schwierige Lage. Er war jedoch fest entschlossen, die Verhandlungen nicht zu gefährden, und teilte Carter mit, daß er mit Karadžić zumindest so lange keinen Kontakt aufnehmen dürfe, bis wir mit unserer Initiative eine faire Erfolgschance gehabt hätten. Die Regierung, sagte er zu Carter, werde sich auf keinen Handel mit Karadžić einlassen, unabhängig davon, was er anbot. Carter war nicht gerade erfreut; ein Kamerateam von CNN stand bereits vor seinem Büro und er hatte gehofft, eine Übereinkunft mit Karadžić verkünden zu können. Nach mehreren schwierigen Gesprächen mit Talbott erklärte er sich jedoch einverstanden, vorerst nicht aktiv zu werden.

Montag, 4. September: Die mazedonische Frage

Während für uns der längste Tag unseres gesamten diplomatischen Shuttles anbrach, freute sich Amerika auf den arbeitsfreien Labor Day. Obwohl der Kampf um die Wiederaufnahme der Bombenangriffe noch immer nicht entschieden war und wir zur Besprechung des Abkommenentwurfs für Genf Izetbegović ins türkische Ankara nachreisen mußten, wo er zu seinem Staatsbesuch weilte, beschlossen wir, auf dem Flug in die Türkei einen Umweg über Athen und Skopje zu machen. Unser Ziel war, in dem erbitterten Konflikt zu vermitteln, der zwischen Griechenland und der ehemaligen jugoslawischen Republik Mazedonien (FYROM) über den Namen und die Flagge des neuen Staates tobte.

Die Weltpresse tendierte dazu, diesen Konflikt ins Lächerliche zu ziehen. Doch für die beiden betroffenen Ländern war er sehr ernst, und in Washington und Europa fürchtete man, daß der kleine Binnenstaat der Schauplatz des nächsten Krieges auf dem Balkan sein könnte.

Die FYROM hatte große Probleme mit praktisch allen ihren Nachbarn – fast dreißig Prozent der Bevölkerung des Landes waren Albaner, seine Sprache war praktisch identisch mit dem Bulgarischen, und da das Land die Wirtschaftssanktionen gegen Belgrad unterstützte, herrschte auch an der Grenze zu Serbien eine gespannte Lage. Am bedrohlichsten jedoch war sein Verhältnis zu Griechenland, das den neuen Staat, der sich auf die hellenistische Tradition berief und einen geheiligten Namen beanspruchte, als eine direkte Bedrohung seiner Identität betrachtete. In den Augen der Griechen versuchte die Regierung in Skopje, indem sie ihren Staat »Republik Mazedonien« nannte, die Grundlage für eine künftige Usurpation nicht nur der griechischen Kultur und Geschichte, sondern womöglich auch von Teilen der nördlichsten Provinz Griechenlands zu schaffen, die schon immer Mazedonien geheißen hatte. Für die Bevölkerung der ehemaligen jugoslawischen Republik Mazedonien dagegen definierten Name und Flagge die Identität eines neuen Staates, der wie Slowenien, Kroatien und Bosnien-Herzegowina aus dem alten Jugoslawien hervorgegangen war. Daß Skopje ein altes griechisches Symbol, die 16zackige Sonne der Vergina vom Grab Philips von Mazedonien (des Vaters von Alexander dem Großen), als zentrales Motiv in seine Nationalflagge aufnahm, heizte den Streit mit Athen noch weiter an.

Im Februar 1994 hatte Griechenland ein Wirtschaftsembargo über den neuen Nachbarn im Norden verhängt, was dessen durch die Sanktionen gegen Serbien ohnehin schon schwer in Mitleidenschaft gezogene Wirtschaft noch zusätzlich schwächte. Um zu verhindern, daß der Krieg in Bosnien sich nach Süden ausweitete und der Balkan von einem Flächenbrand erfaßt wurde, verstießen die Vereinigten Staaten zum ersten Mal gegen ihren Grundsatz, keine Truppen in der Region zu stationieren, und entsandten im Rahmen einer friedenserhaltenden Mission der Vereinten Nationen 550 amerikanische Soldaten.

Zwei Unterhändler bemühten sich seit über zwei Jahren hartnäckig darum, in dem Konflikt zu vermitteln: Cyrus Vance für die Vereinten Nationen und als Vertreter der Vereinigten Staaten der New Yorker Rechtsanwalt Matthew Nimetz, der unter der Regierung Carter Rechtsberater des damaligen Außenministers Vance gewesen war. Vance und Nimetz hatten sich durch ein Labyrinth komplizierter Probleme tasten müssen und waren mehrmals kurz vor einer Lösung gestanden, nur um dann miterleben zu müssen, wie beide Seiten in letzter Minute vor den erforderlichen Zugeständnissen zurückschreckten.

Die Idee, daß wir versuchen sollten, den Konflikt beizulegen, ging auf Chris Hill und Marshall Adair zurück, dem für Griechenland und die Türkei zuständigen Stellvertretenden Staatssekretär im Außenministerium. Sie hatten uns vorgeschlagen, nach Athen und Skopje zu fliegen und unter Ausnutzung des Schwungs unserer bosnischen Reisediplomatie eine Lösung dieses gefährlichen Konflikts herbeizuführen. Als eine große Hilfe bei diesem riskanten Unternehmen erwies sich die Unterstützung des hervorragenden griechischen Botschafters in Washington, Loucas Tsilas, der uns drängte, einen Durchbruch anzustreben.

Hill und Pardew waren am 1. September zu einer geheimen Unterredung mit dem mazedonischen Präsident Kiro Gligorow nach Skopje geflogen und mit einem optimistischen Bericht zurückgekehrt. »Als ich hörte, daß Sie heute kommen werden, beschloß ich, daß der Zeitpunkt für ein Abkommen gekommen war«, hatte Präsident Gligorow sie begrüßt. Er sei jetzt bereit, auf die alte Vorbedingung zu verzichten, daß Griechenland zuerst das Embargo aufheben müsse, bevor er über ein Abkommen zur endgültigen Lösung des Konflikts verhandelte.

Griechenland unterhielt – vor allem aufgrund des gemeinsamen religiösen Erbes – von allen Mitgliedern der Nato und der EU das beste Verhältnis zu Belgrad, und Milošević hatte es stets vermieden, die Griechen durch eine Anerkennung Mazedoniens gegen sich aufzubringen. Bei unserem letzten Gespräch in Belgrad hatte er prophezeit, daß in absehbarer Zukunft keine Einigung zwischen Athen und Skopje erreichbar wäre, und ich hatte schon damals insgeheim gehofft, ihn mit einem Durchbruch an dieser Front schockieren zu können. Natürlich hatten wir ihm nicht gesagt, daß wir nach Athen und Skopje fliegen würden.

Wir landeten am späten Morgen des 4. September in Athen. Während sich unsere Autos mit Hilfe einer ansehnlichen Polizeieskorte durch den dichten Verkehr der griechischen Hauptstadt bewegten, verfaßten Chris Hill und der geschäftsführende amerikanische Botschafter Tom Miller eine kurze handschriftliche Erklärung, von der wir hofften, daß die beiden Parteien sie noch am selben Tag verabschieden und verkünden würden. Im griechischen Außenministerium, unserer ersten Station, wurden wir von einer Horde von Journalisten empfangen, die einander im Wettstreit um ein Interview niederschlugen, uns Mikrofone vor das Gesicht hielten und rückwärts in Glastüren hineinstolperten. Als wir endlich hinter geschlossenen Türen waren, stellten wir fest, daß der griechische Außenminister Karlos Papoulias jedem Fortschritt in den Verhandlungen offen feindselig gegenüberstand. Er glaubte nicht, daß Gligorow bereit war, sich zu bewegen, und er legte auch gar keinen Wert darauf. »Diesen Leuten kann man nicht über den Weg trauen«, lautete seine Maxime.

Entmutigt fuhren wir zur sogenannten Rosa Villa, dem luxuriösen neuen Anwesen des griechischen Ministerpräsidenten Andreas Papandreou in einer Vorstadt im Norden Athens. Die Villa hatte wegen ihres Prunks für beträchtliche Kontroversen gesorgt, aber das machte Papandreou nichts aus. Er hatte die Villa als Geschenk für seine neue Frau Dimitra bauen lassen, die er 1989 nach einer langen öffentlichen Affäre und dem bitteren Bruch mit seiner amerikanischen Frau Margaret geheiratet hatte.

Bei unserer Ankunft war Papandreou nirgends zu erblicken. Statt dessen wurden wir von Frau Papandreou in einem erstaunlichen, fast transparenten Seidenpyjama empfangen, der wichtige Teile ihrer eindrucksvollen Anatomie nur schlecht verbarg. Sie begrüßte uns herzlich, entschuldigte sich für die Verspätung ihres Mannes und versicherte, daß wir ihn in Kürze sprechen könnten. Frau Papandreou hatte den Ruf, eine Art griechische Imelda Marcos zu sein. Aber was immer sie in der Vergangenheit auch gewesen sein mochte, ich hatte schon früher die unverfälschte Zärtlichkeit bemerkt, die zwischen ihr und ihrem alten, gebrechlichen Mann existierte. Ich wußte, daß sie, auch wenn sie an dem Gespräch selbst nicht teilnahm, trotzdem einen beträchtlichen Einfluß auf ihren Mann ausüben würde. Also nahm ich sie beiseite und teilte ihr mit, daß wir eine Nachricht von Gligorow hätten, die ihrem Mann eine einzigartige Gelegenheit eröffne, Ge-

schichte zu schreiben. Wenn wir in dieser Sache einen Durchbruch erzielen könnten, würde das die Chancen auf einen Frieden in Bosnien
stark erhöhen. Die neue Frau Papandreous war sehr umstritten, und in
Anbetracht ihrer Aufmachung war auch leicht einzusehen, warum das
so war. Trotzdem hatte ich das Gefühl, daß ihr die Interessen ihres
Mannes wirklich am Herzen lagen und sie unser Anliegen verstand.
Sie zeigte keinerlei Interesse an Details, sondern schien sich ganz auf
das Wohl ihres Mannes und seinen Platz in der Geschichte zu konzentrieren.

Das Wort »legendär« wird zwar arg strapaziert, doch auf den 77jäh-
rigen Papandreou traf es zweifellos zu. Als in Griechenland geborener
amerikanischer Staatsbürger hatte er in Harvard einen Doktor in Wirt-
schaftswissenschaft gemacht, im Zweiten Weltkrieg in der US Navy ge-
dient und später in Harvard, an der University of Minnesota und in
Berkeley gelehrt, wo er Vorsitzender der wirtschaftswissenschaftlichen
Fakultät gewesen war. Zudem hatte er Adlai Stevenson bei seinen zwei
Präsidentschaftskandidaturen als Berater gedient. Später war er in sein
Geburtsland zurückgekehrt und hatte sich den Weg zurück an die
Macht erkämpft, nachdem er nach dem erzwungenen Rücktritt seines
Vaters Georgios Papandreou zwei Jahre vor dem Militärputsch eine
lange Periode der politischen Wirren überlebt hatte. Fünfzehn Jahre
nach dem Rücktritt seines Vaters war er Ministerpräsident geworden,
hatte das Amt jedoch aufgrund einer Serie von Korruptionsskandalen
wieder verloren, um es dann nach einem erstaunlichen Comeback im
Jahr 1993 wiederzugewinnen. Konservativen Amerikanern war er ein
Greuel, ein Amerikaner, der das Lager gewechselt hatte. In Griechenland jedoch war er für seine Anhänger wie für seine vielen erbitterten
Gegner die beherrschende politische Figur der Ära.

*

Papandreou kam mit vorsichtigen, langsamen Schritten aus einem der
rückwärtigen Zimmer heraus. Seine Hände waren so dünn, daß man
beim Händedruck meinte, jeden einzelnen Knochen zu spüren. Aber
geistig war er völlig wach, und mit überaus herzlichen Worten bat er
uns in sein Studierzimmer. Seine Frau stützte ihm den Kopf mit ein
paar Kissen ab, flüsterte ihm etwas ins Ohr und ließ uns mit ihm, seinem Außenminister und seinem diplomatischen Berater Dimitrius Ka-
raitides allein.

Wir skizzierten Gligorows neue Position. Papandreou war im Gegensatz zu seinem Außenminister sofort interessiert. Doch Papoulias erhob Einspruch. Zunächst, sagte er, müsse die Sache vom gesamten Kabinett unterstützt werden. Das war ein Ablenkungsmanöver und das sagte ich auch, wobei, wie ich registrierte, der Ministerpräsident mir zuzustimmen schien. Schließlich wandte sich Papoulias mit einem bösen Funkeln in den Augen an Hill. »Wann haben Sie Gligorow zum letzten Mal gesehen?« fragte er. »Wenn es mehr als 24 Stunden her ist« – Papoulias wußte genau, daß es drei Tage her war – »dann ist sein Wort nichts mehr wert.«

Der von uns vorgeschlagene Handel würde die wichtigsten Interessen Griechenlands nicht verletzen. Im Gegenteil, Athen würde im Flaggenstreit bekommen, was es wollte und könnte das Wirtschaftsembargo aufheben, das beiden Ländern schadete. Gleichzeitig sollte die Namensfrage für spätere Verhandlungen offengelassen werden, ohne eine Vorentscheidung zugunsten einer Seite zu treffen.

Während der Außenminister mit uns herumstritt, wurde Papandreou zusehends müde. Wir mußten noch mit Gligorow in Skopje sprechen und dann Izetbegović in Ankara treffen, aber Papandreou schien nicht in der Lage, eine Entscheidung zu treffen. Er war uns offenbar günstig gesinnt, besaß jedoch nicht mehr die unglaubliche Stärke, mit der er die griechische Politik so lange beherrscht hatte. Ich beschloß, eine letzte Anstrengung zu unternehmen und mich sehr persönlich auf seine alte und komplexe Haßliebe zu den Vereinigten Staaten zu beziehen.

»Herr Ministerpräsident, Sie und ich haben etwas gemeinsam«, begann ich. »Wir haben unser Engagement in der amerikanischen Politik beide 1952 mit der Arbeit für Adlai Stevenson begonnen, nur daß ich ein elfjähriger Junge war, der Autoaufkleber verteilte, während Sie als führendes Mitglied in Stevensons wirtschaftspolitischem Beirat tätig waren. Wir beide haben Nixon verachtet. Und doch müssen wir heute zugeben, daß es einen Nixon brauchte, um nach China zu gehen, und einen Sadat, um nach Jerusalem zu gehen. Beide Männer haben mit ihrem Mut und ihrer Vision Geschichte gemacht. Heute, Herr Ministerpräsident, könnten Sie etwas Vergleichbares vollbringen – und das nicht auf Kosten ihres Volkes, sondern ausschließlich zu seinem Nutzen. Und Sie könnten uns am Vorabend der Genfer Gespräche den Weg zu einem Frieden in Bosnien ebnen.«

Der Außenminister warf mir einen bösen Blick zu und redete griechisch auf den Ministerpräsidenten ein. Ich versuchte, Papandreou ein Gefühl für die Dringlichkeit meines Anliegens zu vermitteln und setzte eine weitere Idee in die Tat um, die mir gekommen war, als sich Papoulias so verächtlich über Gligorows Glaubwürdigkeit geäußert hatte.

»Herr Ministerpräsident, Ihr Außenminister scheint nicht zu glauben, daß Sie sich auf das Wort der Führung in Skopje verlassen können. Ich biete Ihnen an, daß die Vereinigten Staaten als Garant für die Zusage Skopjes eintreten. Wir werden Gligorows Versprechen garantieren.«

Papandreou sah verwirrt aus. »Sie müssen sich in keiner Hinsicht auf Gligorows Wort verlassen«, erklärte ich. »Wir werden jetzt nach Skopje fliegen und uns anhören, was Gligorow zu sagen hat. Und dann rufen wir Sie aus seinem Büro an und sagen Ihnen, ob er tatsächlich zu seinem Wort steht und ob man es in den Vereinigten Staaten für verläßlich hält. Sie brauchen nichts von ihm anzunehmen, nur von den Vereinigten Staaten.«

Es gab eine lange Pause. Dann sagte der alte Mann mit sehr schwacher Stimme: »Ich mag Sie. Ich möchte etwas tun, um den Friedensprozeß in Bosnien voranzubringen und um Ihnen und Ihrem Land zu helfen. Ich vertraue Ihnen. Rufen Sie mich von Skopje, von Gligorows Büro aus an.«

Es war Zeit zum Aufbruch. Natürlich würde Papoulias versuchen, unseren Erfolg ungeschehen zu machen, sobald wir gegangen waren, deshalb bat ich Tom Miller, in der Rosa Villa zu sein, wenn wir von Skopje aus anriefen. Dann verabschiedete ich mich von dem alten Mann, der jedes Auf und Ab in den stürmischen Beziehungen zwischen den USA und Griechenland seit dem Zweiten Weltkrieg miterlebt hatte. Ich sah ihn zum letzten Mal, als er in der Tür der Rosa Villa stand und uns schwach zuwinkte.

*

Auf dem Flug nach Skopje waren wir zuversichtlich, das Abkommen schnell unter Dach und Fach bringen und ohne große Verzögerung nach Ankara weiterfliegen zu können. Doch Gligorow hatte andere Vorstellungen. Obwohl sein neuestes Angebot an Hill und Pardew gerade einmal drei Tage alt war, schien er uns noch eine Weile schwitzen lassen zu wollen. Wir mußten erfahren, daß die Rücknahme früherer Angebote zu den Grundelementen des politischen Stils auf dem Balkan zählte. Doch so starrköpfig diese alten Männer – Gligorow war wie Papandreou über siebzig – auch waren, sie reagierten auf den Druck der Vereinigten Staaten, wenn dieser im rechten Moment angewandt wurde.

Gligorow ging jede Einzelheit seiner früheren Gespräche mit Hill und Pardew mit uns durch. Er war einst Titos Finanzminister gewesen und hatte Mazedonien Ende 1991 und Anfang 1992 buchstäblich »erfunden«. Natürlich wollte er, daß das Embargo aufgehoben wurde. Aber lieber hätte er seine Bevölkerung weiter leiden lassen, als das zu verraten, was er als seine heilige Mission zur Bewahrung der nationalen Identität seines Landes betrachtete. Endlich gab er nach, und ich erhob mich schon, um Papandreou anzurufen. Doch Gligorow bestand darauf, daß wir zuerst aßen und ließ ein opulentes Mahl mit Fleisch und Ohridsee-Forellen, einem berühmten lokalen Fisch, auftragen. Noch während des Essens entschuldigte ich mich und rief Tom Miller in der Rosa Villa an. Dieser berichtete, Papandreou sei so aufgeregt, daß er auf seinen Mittagsschlaf verzichtet habe und in dringender Erwartung des Anrufs ruhelos auf und ab gehe. Ich unterrichtete Papandreou, daß das Abkommen besiegelt sei, und schlug vor, es gleichzeitig in Washington, Athen und Skopje bekanntzugeben. Er stimmte zu und bat nur, daß die Vereinbarung in allen drei Hauptstädten von den Amerikanern verkündet würde.

Ich rief Talbott und Berger im Lageraum an. Sie waren völlig vom Kampf um die Wiederaufnahme der Bombenangriffe in Anspruch genommen und hatten keine Zeit, sich auch noch mit Mazedonien zu beschäftigen. Sie rieten mir, George Stephanopoulos anzurufen, einen wichtigen Berater des Präsidenten und zugleich der einflußreichste Kontaktmann der Regierung zur griechisch-amerikanischen Gemeinde. Als Stephanopoulos die Nachricht hörte, drohte seine ansonsten ruhige und emotionslose Stimme einen Moment lang von seinen Gefühlen überwältigt zu werden. Er sagte, er werde sofort die wichtigsten Mitglieder der griechisch-amerikanischen Gemeinde anrufen. Ich bat ihn, außerdem Papandreou im Namen des Präsidenten anzurufen. Am Ende unseres Gesprächs zitterte seine Stimme erneut einen Augenblick, als er sich mit den Worten: »Gott segne Sie und Ihr Team. Das ist wirklich wundervoll« von mir verabschiedete.

Nick Burns verkündete das Abkommen im Namen des Außenministeriums in Washington, und ich gab es zusammen mit dem mazedonischen Außenminister auf einer kurzen Pressekonferenz vor dem Präsidentenpalast in Skopje bekannt. Auf Papandreous Bitte hin verkündete Tom Miller in Athen eine ähnliche Erklärung – ein weiterer Beweis für das tiefe Bedürfnis der politischen Führer der Region, daß die USA die Führung übernahmen und Lösungen für ihre historischen Probleme erzwangen. Wir betonten die besondere Rolle von Vance und Nimetz, die so lange an dem Problem gearbeitet hatten. Die großen Zeitungen begriffen, wie wichtig das Abkommen war. So hieß es beispielsweise in der *New York Times,* daß das Abkommen »einen vierjährigen Konflikt beendete, der in einen Krieg zu münden drohte.« Eine Woche später gab es noch einige unangenehme Szenen in New York, als die Unterhändler Skopjes und Athens von dem am 4. September geschlossenen Abkommen abzurücken drohten, doch schließlich unterzeichneten beide Seiten ein formelles Abkommen zur Lösung des Flaggenstreits und zur Aufhebung des Embargos. Über den Namen des neuen Staates wurde zwar noch weiter verhandelt, aber die Gefahr eines Krieges an der Nordgrenze Griechenlands war gebannt.

*

Es wird oft gesagt, daß alles vom richtigen Timing abhängt. Uns wurde erst später deutlich, wie sehr dies für den Konflikt zwischen Griechenland und der ehemaligen jugoslawischen Teilrepublik Mazedonien zutraf. Papandreou kam im November ins Krankenhaus, trat im Januar 1996 als Ministerpräsident zurück und starb am 22. Juni, Gligorow wurde bei einem Attentat am 3. Oktober 1995 beinahe getötet. Wären wir nur ein paar Wochen später gekommen, wäre das Abkommen nicht zustande gekommen.[3] Hätten wir nicht damals unseren kurzen Abstecher gemacht, dann wäre dieser bedrohliche Konflikt in einer der instabilsten Regionen der Welt vielleicht noch immer nicht gelöst. Doch dank des von uns erzielten Durchbruchs nahmen die Spannungen in der Region drastisch ab, und die Volkswirtschaften beider Länder profitierten erheblich davon. Mitte 1997 war Griechenland der größte Investor in Mazedonien und der drittgrößte Handelspartner des neuen Staates.

Der Erfolg unserer Intervention hatte erneut die Gültigkeit zweier zentraler politischer Realitäten auf dem Balkan demonstriert: Erstens, die Vereinigten Staaten waren die einzige Nation, die alle Parteien zu einer Lösung zwingen konnte; und zweitens, um dies tun zu können, mußten sie sehr entschieden auftreten.

*

Wir trafen gegen 21 Uhr in Ankara ein, zu spät, um noch mit Präsident Süleyman Demirel oder Ministerpräsidentin Tansu Çiller zusammenzutreffen. Da auch Izetbegović, der sich auf einem offiziellen Dinner mit den beiden befand, nicht erreichbar war, begaben wir uns in die Residenz des amerikanischen Botschafters Marc Grossman und nahmen an einem Essen mit einigen führenden türkischen Politikern und Geschäftsleuten teil. Grossman, damals vielleicht der hervorragendste amerikanische Diplomat in Europa, hatte das Problem vorausgesehen und für uns ein Treffen mit Izetbegović und Sacirbey nach dem Staatsdinner arrangiert. Dies bedeutete, daß dieser lange Tag noch länger werden würde, aber wir hatten keine Wahl. Die Verhandlungen bezüglich der Genfer Konferenz mußten in Ankara abgeschlossen werden, andernfalls würde uns, mit vermutlich katastrophalen Folgen, die Zeit ausgehen.

Inzwischen spitzte sich der Kampf um die Wiederaufnahme der Bombenangriffe zu. Den ganzen Tag über telefonierten Regierungsbeamte in Washington unablässig mit Brüssel, Neapel, Zagreb, Sarajevo und den Hauptstädten der Kontaktgruppenländer. Auch wir riefen wiederholt und mit wachsender Besorgnis in Washington an. Da ich wußte, welch hohes Ansehen General Kerrick bei seinen Kollegen im Nationalen Sicherheitsrat genoß, bat ich ihn, direkt mit Berger zu sprechen und ihm die Dringlichkeit der Lage vor Augen zu führen.

Bei der Nato waren sowohl General Joulwan als auch Willy Claes verunsichert und wußten nicht recht, welchen Weg sie einschlagen sollten. Janvier und Smith hatten ihnen den Eindruck vermittelt, Mladić wichtige Zugeständnisse abgerungen zu haben. Dies erstaunte uns, da in Wahrheit Mladić sehr grob mit Janvier umgesprungen war. Doch der französische General versuchte offensichtlich noch immer, eine Wiederaufnahme der Bombenangriffe zu vermeiden und gab sich deshalb alle Mühe, seine Gespräche als »Fortschritt« darzustellen.

Während zwischen Washington, Brüssel, New York, Zagreb und den wichtigsten Hauptstädten der Nato-Länder der Streit um die Luftangriffe tobte, trafen zwei ausgesprochen unterschiedliche Dokumente der bosnischen Serben ein – ein scheinbar versöhnliches und ein offen provokatives. Das erste kam mir von Anfang an unaufrichtig vor, doch es hätte unsere Anstrengungen, eine Fortsetzung der Bombenangriffe zu erreichen, fast zunichte gemacht. Das zweite erleichterte die Entscheidung für die Wiederaufnahme.

Das erste Dokument war ein kurzer Brief von »Vizepräsident« Koljević an Yasushi Akashi, den UN-Sonderbeauftragten für das ehemalige Jugoslawien. Koljević versicherte darin, er sei bereit [sic!], die in General Janviers Brief festgehaltenen »Bedingungen« zu akzeptieren. Während wir in der Residenz des amerikanischen Botschafters in Ankara auf Izetbegović warteten, sprach ich mit Washington und setzte auseinander, daß der Brief aus mindestens zwei Gründen bedeutungslos sei. Erstens besitze Koljević in seiner Eigenschaft als Miloševics Kreatur in Pale keinerlei Autorität, und zweitens verrate das Weglassen eines bestimmten oder unbestimmten Artikels vor dem Wort »Bedingungen« allzu deutlich die Unaufrichtigkeit des Schreibens. Warum hatte Koljević kein »alle« oder wenigstens ein »die« vor das Wort »Bedingungen« gesetzt? Ich wies darauf hin, daß der Verfasser des Briefes ein Shakespeare-Experte sei und über die Bedeutung englischer Wörter sehr genau Bescheid wisse. Die Nachricht, daß manche Leute in der Uno und Washington diesen albernen Brief tatsächlich ernst nahmen, überraschte und erschreckte uns.

Der zweite Brief stammte von General Mladić – und er ließ einem das Blut in den Adern gefrieren. Das Schreiben war an General Janvier adressiert und stellte einen fünfseitigen, einzeilig getippten Tobsuchtsanfall dar, der vermuten ließ, daß sein Autor völlig die Beherrschung verloren hatte. Mladić beschuldigte Janvier, sich von den »vielen Stunden angenehmer Gespräche« zu distanzieren, die ein paar Tage zuvor in Zvornik stattgefunden hätten und von denen es »Fernseh- und Hörfunkaufnahmen« gebe. In einer bemerkenswerten Passage erhob Mladić den Vorwurf, die Bombenangriffe der Nato seien verheerender gewesen als die der Nazis auf Belgrad am 6. April 1941, einem wichtigen Datum in der jugoslawischen Geschichte. »Hitler stellte die Bombenangriffe am 7. und 8. April ein, damit die Opfer nach christlicher Sitte begraben werden konnten«, schrieb Mladić. »Dagegen nahm die Nato vorsätzlich unsere Kirchen und Friedhöfe ins Visier, als wir unsere Toten begruben.« Auf diese abstrusen Behauptungen folgte eine Reihe wilder Drohungen gegen die UN-Mitarbeiter in Bosnien.

Diesen Drohungen ließ Mladić ein lächerliches Friedensangebot folgen. »Ich versichere Ihnen, « schrieb er, »daß Sarajevo von der Armee der Republika Srpska keinerlei Gefahr droht.« Im Anschluß rief er zu einer »eiligen Konferenz zwischen den Befehlshabern der kriegführenden Parteien« auf, um ein »Abkommen über die absolute, dauerhafte und bedingungslose Beendigung der Feindseligkeiten im ehemaligen Bosnien-Herzegowina zu unterzeichnen«. Bis zu dieser Konferenz kündigte er »eine einseitige Einstellung der Feindseligkeiten im Raum Sarajevo« an.

Nachdem wir Mladićs Brief gelesen hatten, waren wir sicher, daß damit alle Probleme bezüglich der Wiederaufnahme der Bombenangriffe gelöst waren. Welche andere Reaktion wäre unter diesen Umständen noch möglich gewesen?

Und doch stimmte Mladićs Kombination von Drohungen und einem Friedensangebot Janvier und andere UN-Beamte nachdenklich. Der französische General verhandelte fast eine ganze Nacht mit Mladić und verkündete anschließend öffentlich, daß »vielleicht noch Spielraum für Verhandlungen mit den bosnischen Serben besteht«. Ein UN-Sprecher in Zagreb bezeichnete Mladićs Brief gar als »den ersten Schritt zur vollständigen Erfüllung der Bedingungen«.

Wie wir auf diese Anzeichen, daß die Uno weiterhin nur nach einer Entschuldigung für die Hinauszögerung erneuter Bombenangriffe suchte, reagierten, kann man sich leicht vorstellen. Noch während Clark, Kerrick, Pardew und ich in Telefongesprächen mit Washington unsere Empörung zum Ausdruck brachten, trafen Izetbegović und Sacirbey in Grossmans Residenz ein. Es war schon nach 23 Uhr, und wir stellten das Problem der Bombenangriffe vorerst zurück und widmeten uns wieder dem für die Genfer Konferenz vorbereiteten Papier.

*

Die nun beginnenden Verhandlungen in Grossmans Residenz nahmen einen denkwürdigen Verlauf. Wir alle waren müde, insbesondere der 70jährige bosnische Präsident, doch wir hatten wichtige Themen zu besprechen. Während der Gespräche hing ständig jemand am Telefon, da Clark oder eines der anderen Mitglieder der Delegation mit Washington, Neapel oder Brüssel über die Wiederaufnahme der Bombenangriffe verhandelte und immer wieder Aspekte des Abkommens zwischen Athen und Skopje diskutiert werden mußten, das gerade die öffentliche Aufmerksamkeit zu erregen begann.

Das zentrale Thema an diesem Abend waren die Namen – der Name des Landes und die Namen seiner Einheiten. Nachdem wir den Tag in Athen und Skopje mit Gesprächen über den Namen und die Flagge einer anderen früheren jugoslawischen Republik verbracht hatten, waren wir besonders sensibilisiert für die Besessenheit, mit der die regionalen Führer über Namen und Wörter diskutierten – und wurden dieser Besessenheit zunehmend überdrüssig. Ein vollständiger militärischer Sieg war für keine Partei mehr zu erringen; doch die Führer aller drei Parteien waren bereit, ihren Streit fortzusetzen, auch wenn das nur noch mehr Opfer und noch mehr Leid mit sich brachte.

Ich beobachtete Izetbegović genau. Er und Sacirbey saßen in der Mitte des Raumes nebeneinander. Sie studierten sorgfältig den von uns in Belgrad ausgehandelten Entwurf der »vereinbarten Grundprinzipien«, konnten sich aber nicht damit anfreunden. Trotz der späten Stunde äußerte sich Izetbegović nicht so vage wie sonst, sondern nahm eine härtere, konzentriertere Haltung ein. Mit zusammengekniffenen Augen ging er den Entwurf durch, als suchte er nach verbalen Fallen, die sein Land dem Untergang weihen könnten. Er wiederholte einzelne Wendungen langsam auf Englisch, während Sacirbey sie übersetzte, und stritt sich mit ihm hitzig über ihre Bedeutung.

Einige Zeit nach Mitternacht konzentrierte sich die Diskussion eigentlich nur noch auf zwei Sätze, die jedoch für die Zukunft Bosniens von entscheidender Bedeutung waren. Am Vortag hatte Milošević in Belgrad erstmals anerkannt, daß Bosnien-Herzegowina »seine rechtmäßige Existenz innerhalb der derzeitigen Grenzen und mit fortgesetzter internationaler Anerkennung behalten« würde.

Damit hatten Owen und Hill Milošević drei entscheidende Zugeständnisse abgerungen, die jahrelang unerreichbar erschienen waren:

– Erstens hatte Milošević, indem er die Wendung *»seine rechtmäßige Existenz ... behalten«* akzeptierte, anerkannt, daß die staatliche Existenz Bosniens rechtmäßig war, wobei das Wort »behalten« eindeutig eine rückwirkende Anerkennung des bosnischen Unabhängigkeitsanspruchs implizierte, die von den Serben während des gesamten Krieges verweigert worden war. Dies war das erste Mal, daß die bosnischen Serben Bosnien-Herzegowina ausdrücklich das Recht zugestanden, als ein unabhängiges Land zu existieren.

– Zweitens hatte Miloševic in seiner Eigenschaft als Vertreter Serbiens *und* Pales durch die Wendung *»innerhalb der derzeitigen Grenzen«* die bestehenden Grenzen Bosnien-Herzegowinas anerkannt und damit offiziell auf die serbischen Gebietsansprüche gegenüber Bosnien verzichtet und die separatistischen Ziele der bosnischen Serben verworfen.

– Drittens hatte Miloševic durch die Wendung *»mit fortgesetzter internationaler Anerkennung«* nicht nur die internationale Anerkennung Bosniens akzeptiert, sondern auch eventuelle Unsicherheiten darüber ausgeräumt, was anerkannt wurde. Der Begriff »fortgesetzt« schloß eine mögliche Doppeldeutigkeit aus. »Bosnien-Herzegowina« war durch ihn eindeutig als der Staat definiert, der von zahlreichen Ländern anerkannt war und einen Sitz in den Vereinten Nationen hatte. Wir betrachteten diese Wendung als einen entscheidenden Durchbruch, denn sie kam praktisch einer Anerkennung Bosniens durch die Serben gleich.

Trotzdem war der Entwurf nicht unproblematisch:

– Erstens hatte Miloševic es abgelehnt, daß das Land den Namen »Republik Bosnien-Herzegowina« beibehielt. Er bestand auf »Union« oder vielleicht »Konföderation«, Begriffe, von denen wir genau wußten, daß Izetbegović sie ablehnen würde.

– Zweitens bestand Miloševic darauf, daß der serbische Teil des Landes die Bezeichnung »Republika Srpska« (RS) erhielt. Und die Verwendung des Namens, den Karadžić und die Serben in Pale sich selbst gegeben hatten, war natürlich ein großes Problem für Sarajevo.

Izetbegović ging mit keinem Wort auf die beispiellosen Zugeständnisse ein, die wir Miloševic abgerungen hatten, war jedoch wie erwartet unglücklich darüber, daß Miloševic den Namen seines Landes ändern wollte und lehnte die Verwendung des Begriffs »Republika Srpska« entschieden ab.

Wir versicherten ihm, daß die Vereinigten Staaten Miloševics Ansinnen, die Begriffe »Union« oder Konföderation« zu verwenden, niemals zustimmen würden, und drängten Izetbegović, uns schlicht und einfach den Namen »Bosnien-Herzegowina« vorschlagen zu lassen. Er widersprach. Wir argumentierten, daß viele Länder einschließlich Japans keine Begriffe wie »Republik« oder »Königreich« oder eine andere Beschreibung ihres politischen Systems im Namen trugen. »Wenn Sie das Wort ›Republik‹ aufgeben, geben Sie nichts auf«, sagte Owen zu Izetbegović. »Insbesondere, da Milošević Ihr Land in seinen gegenwärtigen Grenzen effektiv anerkannt hat.« Der zweite Punkt war heikler. »Dieser Name [Republika Srpska] entspricht dem nationalsozialistischen Namen«, sagte Izetbegović. Wir antworteten, daß der Name nichts bedeute und daß der beherrschende – entscheidende – Satz der vorhergehende sei, in dem Bosnien-Herzegowina »*in seinen gegenwärtigen Grenzen*« anerkannt werde, also als ein Land, von dem die Republika Srpska nur ein Teil sei. »In unserer Heimat«, bemerkte Owen, »nennen sich einige Staaten wie etwa Texas oder Massachusetts ›Republik‹ oder ›Commonwealth‹. Dies spielt keine Rolle, solange sie anerkennen, daß sie Teile eines Landes sind und in dieser Eigenschaft von der Welt anerkannt werden.«

Izetbegović protestierte noch über eine Stunde lang. Von Zeit zu Zeit verließ ich den Raum und sprach mit dem Weißen Haus über die Bombenangriffe. Es half, daß Izetbegović mich hart für etwas kämpfen sah, das er verzweifelt wünschte. Dennoch fiel es ihm sehr schwer, einem Dokument zuzustimmen, das den Namen Republika Srpska enthielt.

Es war ein Uhr morgens. »Wir verstehen, daß Sie mit dem Dokument Probleme haben«, sagte ich zu dem Präsidenten, »doch es ist das Maximum dessen, was wir gegenwärtig von Milošević erhalten können. Wir glauben nicht, daß der Name Republika Srpska, so belastet er auch sein mag, viel zu bedeuten hat, solange Sie alles andere bekommen – internationale Anerkennung, klare Grenzen, Anerkennung Ihres völkerrechtlichen Status. All das hatten Sie vorher nicht. Wir können den Begriff ›Republika Srpska‹ nicht aus dem Entwurf entfernen. So leid es mir tut, aber mehr können wir einfach nicht herausholen.«

Es folgte eine lange Pause, in der sich die Bosnier besprachen. Die Antwort kam schließlich von Sacirbey, nicht von Izetbegović, der schweigend und unglücklich dabeisaß. »Dies ist schlimm für meinen

Präsidenten«, sagte Sacirbey, »aber er versucht, es zu akzeptieren. Es wird für ihn sehr schwierig werden, dies seinem Volk zu erklären.«

*

Als Izetbegović und Sacirbey Grossmans Residenz verließen, war es zwar schon einige Zeit nach ein Uhr, aber wir setzten uns nochmals mit Washington in Verbindung. Einer nach dem anderen erklärten Kerrick, Pardew und Clark ihren Vorgesetzten, warum die Bombenangriffe wiederaufgenommen werden mußten. Dann appellierte ich ein letztes Mal an meine Freunde. Berger, Talbott, Owens, Vershbow und Slocombe hielten im Lageraum des Weißen Hauses die Stellung. Ich sah sie vor mir, wie sie, Pizzas und Sandwiches essend, im Lageraum saßen, während wir von Serbien nach Griechenland, weiter nach Mazedonien und schließlich in die Türkei flogen. Die meisten von ihnen waren seit drei vollen Tagen im Dienst, und fast alle hatten ihre seit langem geplanten Labor-Day-Ausflüge mit ihren Familien geopfert. (Berger und Talbott hatten ihre Teilnahme an der Hochzeit von Madeleine Albrights Tochter abgesagt.)

Doch es war noch keine Entscheidung gefallen, und wir spürten, daß im Lageraum mehrere verschiedene Ansichten vertreten wurden. Wie ich später erfuhr, hatten Berger und Talbott, die beide für Bombenangriffe plädierten, am Morgen gedacht, ihre Wiederaufnahme sei relativ leicht zu erreichen. Doch dann hatte es im Verlauf des Tages Widerstand aus verschiedenen Richtungen, etwa von den örtlichen UN-Kommandeuren und den Franzosen, gegeben, und der Ausgang war nun viel ungewisser. In Ankara hatten wir nicht mitbekommen, welche Wirkung ein CNN-Bericht auf die Stimmung gehabt hatte. Peter Arnett, einer der Starkorrespondenten des Senders, war von den bosnischen Serben zu Stellungen vor Sarajevo gebracht worden und hatte Szenen gefilmt, die, wie ihm gesagt wurde, den Beginn des von Mladić zugesagten Abzugs der schweren Waffen aus dem Gebiet um Sarajevo darstellten. Es war ein alter Trick der bosnischen Serben, einseitig und zum Schein »Gehorsam« zu demonstrieren, um damit Strafmaßnahmen der Nato abzuwenden – doch er hatte jahrelang funktioniert. In diesem Fall hatte er bewirkt, daß General Rupert Smith, der britische Kommandeur der UN-Truppen in Bosnien, nun empfahl, die Bombenangriffe *nicht* wiederaufzunehmen – eine erstaunliche und deprimierende Revision seiner bisherigen Position.

»Hier ist es offen gesagt sehr spät, und wir sind hoffnungslos übermüdet«, sagte ich. »Aber in einer Sache sind wir uns absolut einig:
Die Bombenangriffe müssen wiederaufgenommen werden. Natürlich
werden wir so oder so unser Bestes tun, aber sollte es nicht dazu kommen, wird das unsere Erfolgschancen in den Verhandlungen drastisch
vermindern. Die Bosnier haben unseren Entwurf für die Genfer Konferenz nur sehr widerstrebend akzeptiert. Wenn wir Izetbegović morgen früh zu einer letzten Unterredung über den Entwurf treffen, müssen die Luftangriffe wieder begonnen haben.«

Ich wollte der Sache großes historisches Gewicht geben, was in dieser Art von Gespräch durchaus ungewöhnlich ist. »Wenn wir die
Bombenangriffe nicht wiederaufnehmen, dann haben sie insgesamt
weniger als 48 Stunden gedauert. Was das bedeutet, liegt auf der
Hand. Die Nato wird wieder einmal als Papiertiger dastehen, und die
bosnischen Serben werden zu ihrer Erpressungstaktik zurückkehren.«
Auf der anderen Seite der Leitung herrschte kurzes Schweigen. Don
Kerrick, der auf einem Nebenapparat mithörte, sah mich an, lächelte
und hielt den Daumen nach oben. Ich sagte abschließend: »Ich weiß,
wie schwierig das alles ist. Was ich jetzt sagen werde, klingt vielleicht
etwas melodramatisch, doch es könnte gut sein, daß heute nacht eine
Entscheidung von historischer Bedeutung fällt. Ich glaube wirklich,
daß Sie als Regierungsbeamte vielleicht nie eine wichtigere Entscheidung treffen werden. Wir brauchen Bomben für den Frieden. Und wir
brauchen sie bis morgen früh.«

KAPITEL NEUN

Genf

(5. bis 8. September 1995)

Es gibt kein Verfahren, mit dem die komplexen, multikausalen Zusammenhänge historischen Handelns durch das geschriebene Wort wahrheitsgetreu wiedergegeben werden könnten.

C. V. Wedgwood, *History and Hope,* S. 488.

Als wir am Dienstag, dem 5. September, in Ankara aufstanden, wußten wir immer noch nicht, ob die Bombenangriffe wieder beginnen würden. Unsere Anfragen im Nato-Hauptquartier blieben unergiebig, und für einen Anruf in Washington war es noch zu früh, auch wenn Talbott dafür bekannt war, daß er häufig zu unchristlichen Zeiten aufstand. Noch immer vom Damoklesschwert einer negativen Entscheidung bedroht, fuhren wir zu einer Unterredung in der Residenz der türkischen Ministerpräsidentin Tansu Çiller, zu der Izetbegović dazustoßen sollte. Danach wollten wir nach Belgrad fliegen und das Genfer Abkommen mit Milošević zum Abschluß bringen.

Die Türkei hat historische Bindungen zu Bosnien. In Erinnerung an eine ferne Vergangenheit, in der die osmanischen Eroberer bis auf den Balkan vorgedrungen waren, bezeichnen Serben und Kroaten die muslimischen Bosnier sogar heute noch abfällig als »Turki«. Izetbegović respektierte die führenden türkischen Politiker, insbesondere Präsident Demirel. Was immer an friedenserhaltenden Maßnahmen nach einer Beilegung des Konflikts geplant war, beispielsweise der Ausbau der bosnisch-kroatischen Streitkräfte, die Unterstützung Ankaras würde eine wichtige Rolle spielen.

Auf dem Flug nach Ankara am Abend zuvor hatten wir über das Zypernproblem diskutiert, das schon so lange Spannungen zwischen Griechenland und der Türkei verursachte, vor allem jedoch seit der türkischen Invasion von 1974. Das Bild der seit 21 Jahren in zwei Teile zerschnittenen Insel verfolgte uns während unserer gesamten Friedensmission in Bosnien. Würde Bosnien so aussehen, wenn wir unsere Aufgabe erledigt und den Krieg beendet hatten? Auch wenn ein solcher Zustand zweifellos besser als der Krieg wäre, ein wirklicher Frieden wäre das kaum. Haris Silajdzic und einige der besser informierten Journalisten wiesen uns mehrfach auf diese wenig erfreuliche Aussicht hin, und innerhalb des Teams diskutierten wir häufig darüber, wie sich verhindern ließe, daß sich die vorläufige Waffenstillstandslinie zu einer endgültigen Trennlinie verfestigte und Bosnien als zweites Zypern in die Geschichte einging.

*

Nach Ende des Kalten Krieges hatten die USA zunächst nicht erkannt, daß die Türkei auch weiterhin eine zentrale politische Rolle spielen würde, doch seit einiger Zeit setzte sich diese Erkenntnis in Washington rasch durch. Ich hatte in einer Reihe von Reden und öffentlichen Erklärungen die Ansicht vertreten, daß mit dem Ende des Kalten Krieges die Türkei zum »neuen Frontstaat in Europa« geworden sei – nicht als Teil eines klar definierten Kampfes zwischen den beiden Supermächten, sondern als Partner in dem Anliegen, Europa nach einem Jahrhundert der Unruhe, in dem die Türkei und zuvor das Osmanische Reich häufig ein destabilisierender Faktor gewesen waren, Frieden und Stabilität zu bringen.

Seit dem Auseinanderbrechen der Sowjetunion hatte die Türkei als Bindeglied zwischen Europa, dem Nahen Osten und Zentralasien sogar noch an Gewicht gewonnen. Die Türkei war kulturell mit mindestens vier der neuen, postsowjetischen Staaten in Zentralasien eng verbunden, in denen der Iran, Saudi-Arabien, Rußland und möglicherweise auch der Irak um politischen Einfluß buhlten. Sowohl die USA als auch die EU mußten daran interessiert sein, daß die Türkei als Nato-Mitglied und der säkularisierteste Staat in dieser Region eine wichtige Rolle spielte. Doch dem standen erhebliche Probleme entgegen; Ankara fühlte sich wie immer von feindlichen Nachbarn umgeben – vor allem von Syrien, dem Iran und dem Irak – und hatte mit einer unterdrückten kurdischen Minderheit zu kämpfen, die nie voll assimiliert worden war und von Unabhängigkeit oder zumindest von größerer Autonomie träumte. Im unmittelbaren Norden und Osten der Türkei lagen mit Tschetschenien, Nagorny-Karabach, Georgien und

Tadschikistan weitere Spannungs- oder Konfliktregionen. Da die Beziehungen der Türkei zum restlichen Europa – und insbesondere zu Deutschland, wo über zwei Millionen Türken lebten – insgesamt nicht gut waren, hatte ich unsere Botschafter in den Ländern der Europäischen Union gebeten, sich für bessere Beziehungen zwischen Europa und der Türkei einzusetzen.

Der Schlüssel zur Stabilität in der Region lag in dem Verhältnis zwischen der Türkei und Griechenland. 1995 standen die Spannungen zwischen diesen beiden Nato-Mitgliedern in keinem Verhältnis zu den tatsächlichen Problemen. Was 1974 auf Zypern geschehen war, hatte sich in das kollektive Gedächtnis Griechenlands eingebrannt; und im Gefolge einer Reihe schon lange bestehender Streitigkeiten einschließlich eines explosiven Konflikts in der östlichen Ägäis waren beide Länder mehrfach kurz vor einem offenen Zusammenstoß gestanden. Die Lage war ernst, und die Vereinigten Staaten, die mit ihrer Politik in den späten sechziger und frühen siebziger Jahren wesentlich zu den Spannungen beigetragen hatten, taten inzwischen ihr Bestes, eine weitere Zuspitzung in der Region zu verhindern. Das griechisch-türkische Verhältnis zeigte Symptome eines wieder erwachenden Hasses zwischen den Volksgruppen, der sich nicht zuletzt in einem verschärften Nationalismus niederschlug, wie er seit dem Ende des Kalten Krieges auch den Rest des Balkans und andere Teile Mitteleuropas heimsuchte.

*

Die türkische Ministerpräsidentin Tansu Çiller löste bei den Amerikanern immer wieder Erstaunen aus. Viele, auch Präsident Clinton, ließen sich von ihrem Harvard-Abschluß, ihrer Attraktivität, ihrer Eleganz und ihrer großen Intelligenz mehr beeindrucken als von jedem anderen europäischen Regierungschef. Dabei hielt sich ihre Fähigkeit, Entscheidungen zu treffen und durchzusetzen, eher in Grenzen. Sie stand an der Spitze eines politisch-militärischen Apparats, der ihr mißtraute, und ihre Beziehungen zu vielen Mitgliedern ihrer eigenen Koalition und zu Präsident Demirel waren gespannt. Das türkische Militär verfügte über eine unabhängige Machtbasis und setzte die zivile Führung bei so hochsensiblen Problemen wie der Zypernfrage und den Hoheitsrechten über die kleinen Inseln in der östlichen Ägäis unter Druck, über die schon lange ein Konflikt mit Griechenland bestand. Bezüglich der schweren Menschenrechtsverstöße, die den Beziehungen der Türkei zum restlichen Europa und den Vereinigten Staaten so sehr schadeten, spielte sich Çiller sehr zur Bestürzung Washingtons als Hardlinerin auf. Dabei verfolgte die amerikanische Politik vor allem drei Ziele: Zum einen traten wir für eine stärkere Achtung der Menschenrechte und die Entlassung einer beträchtlichen Anzahl von Journalisten aus dem Gefängnis ein. Zum anderen drängten wir auf Fortschritte in der Zypernfrage – das Land befand sich seit über zwanzig Jahren in einem gefährlich instabilen Zustand. Und schließlich strebten wir die Lösung einer Reihe anderer, kaum weniger konfliktträchtiger Probleme des Landes mit Griechenland an, unserem anderen engen Verbündeten in der Region.

Nach Izetbegovićs Ankunft fand eine trilaterale Sitzung unter Beteiligung Tansu Çillers statt. Dies war eine unübliche Zusammensetzung, die jedoch die gespannte Stimmung nach dem schwierigen Treffen der vorigen Nacht etwas entschärfte. Izetbegović war eindeutig besorgt und schien unsicher, ob er den Text, dem er am Vorabend zugestimmt hatte, wirklich absegnen sollte. Auch war er höchst aufgebracht, daß die Luftangriffe noch immer auf sich warten ließen und machte seine endgültige Zustimmung zu dem Entwurf von der Wiederaufnahme des Bombardements abhängig. Ich wartete selbst auf eine Nachricht von der Nato und fand seine Position absolut nachvollziehbar.

*

Nach dem Treffen fuhren Sacirbey und ich zum Hilton, wo wir eine gemeinsame Pressekonferenz abhalten wollten. Unterwegs rief Talbott an. Da er keine geheimen Angelegenheiten an einem leicht abzuhörenden Autotelefon besprechen, uns jedoch unbedingt die heiß ersehnte gute Nachricht übermitteln wollte, bediente er sich einer Art Geheimsprache. »Die Smith-Brothers und unser junger Freund haben eine Entscheidung getroffen, die unsere Gespräche von gestern nacht obsolet gemacht hat.«

Es dauerte einen Augenblick, bis ich begriff, was er mir zu sagen versuchte: Die beiden (nicht miteinander verwandten) Smiths, General Rupert und Admiral Leighton Smith sowie »unser junger Freund« General Joulwan hatten ihre Einstellung zu den Bombenangriffen geändert und damit unsere Gespräche in der letzten Nacht hinfällig gemacht. Mit anderen Worten, die Bombenangriffe würden wieder aufgenommen werden.

Die hartnäckigen Anstrengungen von Männern wie Willy Claes und General Joulwan in Brüssel und von Berger, Talbott und Admiral Owens in Washington hatten sich ausgezahlt. Wieder einmal hatten sich die bosnischen Serben – zum Glück für uns – völlig unnötigerweise selbst ein Bein gestellt. Natürlich ist es nicht möglich, mit Gewißheit zu sagen, welche Auswirkungen ein Verzicht auf die Wiederaufnahme der Bombenangriffe auf unsere Friedensinitiative gehabt hätte. Nach dem erfolgreichen Abschluß des Friedensabkommens wurde in einigen europäischen Hauptstädten die Ansicht geäußert, daß die Verhandlungen auch ohne die Bombenangriffe Erfolg gehabt hätten. Das mag sein, aber ich bin froh, daß wir in diesem Punkt nicht die Probe aufs Exempel gemacht haben.

*

Auf dem Flug von Ankara nach Belgrad prophezeiten Hill und Owen, Milošević werde mehrere Schlüsselbestimmungen in unserem Entwurf für Genf nicht akzeptieren. Wir seien, sagten sie, drei Tage vor Beginn der Genfer Konferenz in eine Sackgasse geraten. Wir hatten Izetbegović bis an seine Grenzen getrieben, und wir konnten weder tatsächlich noch metaphorisch nach Sarajevo zurückkehren und um Änderungen bitten. Die entscheidende Frage lautete, ob Milošević dem in Ankara ausgehandelten Dokument zustimmen würde. Der Pessimismus von Hill und Owen, die in diesem Bereich den größten Teil der Verhandlungen mit Milošević geführt hatten, bereitete mir Sorgen. Wir erwarteten ein konfliktreiches Treffen und kamen überein, daß ich allein mit Milošević sprechen sollte – mein erstes Gespräch unter vier Augen mit dem serbischen Präsidenten.

Nach unserer Ankunft in Belgrad ließ ich meine Kollegen im großen Salon zurück und begab mich sofort mit Milošević in einen Nebenraum, wo wir nebeneinander auf einem Sofa Platz nahmen. »Das ist es, was wir mit Izetbegović vereinbart haben«, sagte ich und übergab ihm den Entwurf aus Ankara. »Wir können nichts daran ändern.«

Milošević, der sich gerne seiner juristischen Ausbildung und seiner Fähigkeit brüstete, auch komplexe juristische Texte in kürzester Zeit aufzunehmen, überflog das Dokument rasch. Selbst Bob Owen, ein ebenso hervorragender Jurist wie kritischer Beobachter, war beeindruckt gewesen, wie schnell Milošević jede Nuance von auf Englisch verfaßten Dokumenten erfaßte. Diese Fähigkeit machte ihn ziemlich gefährlich; er versuchte regelmäßig Wörter oder Wendungen einzuschmuggeln, die ganz unschuldig wirkten, jedoch potentiell tödliche Fallen enthielten.

Milošević erhob gegen mehrere Bestimmungen Einspruch. Er wollte das Land entweder »Union Bosnien-Herzegowina« oder »Vereinigte Staaten von Bosnien-Herzegowina« nennen. Ich konterte mit dem Vorschlag, auf den Begriff »Republika Srpska« zu verzichten. Das bezeichnete Milošević zwar als »absolut unmöglich«, doch nahm er daraufhin allmählich von seinen ursprünglichen Forderungen Abstand und akzeptierte das Dokument schließlich nach nur 30 Minuten völlig unverändert.

Wir kehrten in das große Zimmer zurück, wo meine Kollegen sich das Lamento des serbischen Außenministers über seine Teilnahme an der Genfer Konferenz hatten anhören müssen. »Wir haben ein Abkommen«, sagte ich und reichte Owen das Dokument. Er sah mich erstaunt an, dann hob er den Daumen.

*

Insgesamt hatte Sarajevo mit dem Dokument beträchtliche Vorteile erzielt, und das war sowohl Izetbegović als auch Milošević klar. Was ich bedaure, ist, daß wir gegenüber Milošević nicht stärker darauf gedrängt hatten, den Namen Republika Srpska fallen zu lassen. Wir hatten unterschätzt, wie wichtig es für die Serben in Pale war, diesen bluttränkten Namen beibehalten zu dürfen. Möglicherweise hatten wir auch die Stärke unserer damaligen Verhandlungsposition unmittelbar nach der Wiederaufnahme der Bombenangriffe unterschätzt. Im nachhinein ist mir klar, daß wir Milošević härter darauf hätten drängen müssen, den Namen der bosnisch-serbischen Einheit zu ändern. Auch wenn das, wie Owen und Hill gewarnt hatten, wohl zu nichts geführt hätte, einen Versuch wäre es jedenfalls wert gewesen.

*

Die Genfer Konferenz lag noch immer vier Tage in der Zukunft, und es konnte tödlich sein, wenn von den Absprachen etwas durchsickerte, denn dann wäre die Regierung in Sarajevo unter Druck gekommen, Nachforderungen zu stellen. Um keinerlei Risiko einzugehen, schickten wir eine Kopie des Dokuments per Fax zu Talbott nach Washington und baten ihn, es persönlich bestimmten ranghohen Regierungsbeamten zu übergeben. Es ist eine traurige Wahrheit des modernen Washington, daß bei jedem Bericht, der über die normalen Kanäle im Außenministerium zugestellt wird, unabhängig von den Adressaten die Gefahr besteht, daß er unkontrolliert weitergegeben wird oder an die Öffentlichkeit durchsickert.

Wir verbrachten die Nacht in Belgrad und flogen am anderen Morgen nach Zagreb weiter, wo wir die bevorstehende Konferenz mit einem desinteressierten Tudjman noch einmal durchsprachen, der nichts anderes im Kopf hatte, als den Serben Ostslawonien wieder zu entreißen. Wir warnten ihn erneut davor, Gewalt anzuwenden, und versprachen, Ostslawonien bei allen internationalen Verhandlungen mit einzubeziehen. Tudjman begrüßte dies, weigerte sich aber, auf öffentliche Drohungen zu verzichten.

*

Wir hatten unser Abkommen. Aber wir mußten vor der Konferenz noch unsere Verbündeten und die Kontaktgruppe ins Bild setzen, die noch weitgehend uninformiert über unsere Absichten war. Clark und Pardew flogen nach Brüssel, um mit der Nato über auf einen Friedensabschluß folgende Entsendung von Truppen zu reden. Hill flog nach Paris, wo er zusammen mit Peter Tarnoff führende französische, britische und deutsche Politiker über unsere Pläne informierte. Mir fiel eine scheinbar angenehmere Aufgabe zu. Tony Lake und Botschafter Reginald Bartholomew hatten mich gebeten, nach Rom zu fliegen und die sehr aufgebrachten Italiener zu besänftigen.

In Rom suchte ich als erstes eine alte Bekannte auf, Außenministerin Susanna Agnelli. Agnelli, allgemein Sunni genannt, war von Ministerpräsident Lamberto Dini nicht zuletzt aufgrund ihres persönlichen Formats zur Außenministerin ernannt worden. Die frühere Bürgermeisterin und Senatorin, Schwester von Italiens bekanntestem Geschäftsmann Giovanni Agnelli und Autorin erfolgreicher Memoiren mit dem vergnüglichen Titel *Wir trugen immer Matrosenkleider,* verband aristokratisches Benehmen mit lockerer Ungezwungenheit. Ihre gewaltige weiße Haarmähne und ihre Körpergröße trugen mit zu ihrer Ausstrahlung bei. Sie versah ihr Amt mit demselben Vertrauen in die eigene Intuition, mit dem sie auch sonst fast alles anpackte, und wirkte sehr amüsiert über die Parade übereifriger Männer, die ein politisches Programm nach dem anderen entwarfen. Wir kannten einander schon seit Jahren, aber nur privat. Ich mochte sie und rechnete wie Bartholomew mit einem freundschaftlich verlaufenden Besuch bei einer alten Freundin, bei dem wir ein vergleichsweise marginales Problem lösen würden – den Verdruß der Italiener darüber, daß sie von der Kontaktgruppe ausgeschlossen worden waren, eine Entscheidung, die, wie ich bereits wiederholt zu erklären versucht hatte, nicht von den Amerikanern zu verantworten war.

Es wurde kein freundschaftlicher Besuch. Flankiert von ihren Mitarbeitern, erhob die Außenministerin scharfe Angriffe gegen die Vereinigten Staaten, die ihr Land nicht angemessen informiert oder beteiligt hätten. Gestützt auf Notizen, die ihr Stab für sie vorbereitet hatte, sagte sie, wir hätten entgegen Lakes ausdrücklicher Zusage Italien nicht an der Kontaktgruppe beteiligt. Ihre Mitarbeiter waren hocherfreut, daß ihre Beschwerden vorgetragen wurden und gossen immer wieder mit kurzen Kommentaren Öl ins Feuer.

Ich war verblüfft, und Bartholomew, einer der fähigsten Botschafter der USA, nicht weniger. Nur wenige Stunden zuvor hatte ich in Belgrad und Zagreb einen Krieg zu beenden versucht, der die Stabilität Europas bedrohte. Und nun las mir hier in einer der schönsten Städte der Welt, im einzigen Nato-Land mit einer gemeinsamen Grenze zum Kriegsgebiet, eine Außenministerin, die ich mochte und als Freundin kannte, die Leviten. Bartholomew hatte erwartet, daß meine Visite die Italiener beruhigen würde, doch wie es aussah, schien meine Anwesenheit sie nur noch mehr aufzubringen.

Obwohl wir darauf hinwiesen, daß Lake nie zugesagt habe, Italien in die Kontaktgruppe zu bringen – etwas, was gar nicht in unserer Macht stand –, beharrten Agnellis Berater darauf, daß er ein solches Versprechen abgegeben habe. Vielleicht, räumten wir begütigend ein, habe es ein Mißverständnis gegeben. Außerdem sei es nicht Washington gewesen, das sich einer Mitgliedschaft Italiens in der Kontaktgruppe widersetzt habe, sondern die EU-Mitglieder in der Kontaktgruppe. Wir betonten, daß Italien nach dem Willen der USA als einziges an das Kriegsgebiet angrenzende Nato-Land eine größere Rolle in der Region spielen sollte. Das einzige, was Lake zugesagt hatte, war, daß wir versuchen würden, von Zeit zu Zeit eine erweiterte Kontaktgruppe einzuberufen.

Dies entsprach absolut der Wahrheit. Großbritannien, Frankreich und Deutschland waren scharf auf das Prestige als führende Mitglieder eines angesehenen internationalen Verhandlungsgremiums gewesen (wie ineffektiv es auch sein mochte). Die Zulassung Italiens hätte die Gruppe nach Ansicht dieser Länder nicht nur unnötig aufgebläht, sondern auch einen Präzedenzfall für die Beteiligung weiterer Staaten wie Spanien und Holland geschaffen, die ebenfalls Truppen in Bosnien stationiert hatten. Wir erfuhren später, daß ranghohe Diplomaten aus Paris, London und Bonn auf einem privaten Treffen nicht nur beschlossen hatten, Italien aus der Kontaktgruppe herauszuhalten, sondern in Rom auch den Eindruck zu erwecken, daß Washington dafür verantwortlich sei!

Ich konnte das Kontaktgruppenproblem nicht lösen, versuchte jedoch, die Spannung zu mildern und schlug vor, im Oktober eine Konferenz der »erweiterten Kontaktgruppe« in Rom abzuhalten, vorausgesetzt natürlich, die anderen Mitglieder der Gruppe willigten ein. Susanna Agnelli war sofort einverstanden. Nach diesem Gespräch trafen Bartholomew und ich mit Ministerpräsident Dini zusammen, der dieselbe Position wie seine Außenministerin vertrat. Mir war inzwischen klar, daß wir gegen dieses tiefgreifende Mißverständnis seitens unserer italienischen Freunde nur wenig ausrichten konnten, also wiederholte ich unser Angebot, eine Sondersitzung der Kontaktgruppe in Rom abzuhalten und betonte noch einmal, wie wichtig Italien für die Vereinigten Staaten war.

Erschöpft von unseren permanenten Reisen, die nun bereits ohne Unterbrechung elf Tage dauerten, kehrte ich in die Villa Taverna, die Residenz unseres Botschafters in Rom, zurück und aß mit den Bartholomews in aller Ruhe zu Abend. Auch wenn der Besuch nicht der erwartete angenehme, entspannte Aufenthalt unter Freunden in der Ewigen Stadt gewesen war, kamen Bartholomew und ich zu dem Ergebnis, daß er sich letztlich gelohnt hatte, da er zu einer stärkeren Beteiligung der Italiener an den Friedensanstrengungen in Bosnien führen konnte. Tatsächlich fanden in der Folge mehrere wichtige Treffen der Kontaktgruppe in Rom statt, einschließlich eines entscheidenden Balkangipfels im Februar 1996.

Genf

Wir trafen am Donnerstag, dem 7. September, in Genf ein und fuhren mit Botschafter Spiegel direkt in die amerikanische Mission. Ich war beeindruckt. Innerhalb von nur vier Tagen hatte Spiegel alles arrangiert und einen Raum und einen Tisch gefunden, der unseren Bedürfnissen so sehr entsprach, daß wir ihn für alle folgenden Treffen, einschließlich der Abschlußverhandlungen, exakt kopierten.

In der Diplomatie sind Details sehr wichtig. Bei den Friedensgesprächen mit den Nordvietnamesen 1968 in Paris hatten wir über zwei Monate damit verloren, über die richtige Form des Tisches zu diskutieren, während der Krieg weitergegangen war. Ich hatte miterlebt, wie die beiden großen amerikanischen Diplomaten Averell Harriman und Cyrus Vance über die Frage der Sitzordnung gedemütigt wurden und war fest entschlossen, mich nicht auf dasselbe Spiel einzulassen. Deshalb hatte ich Botschafter Spiegel gebeten, einen runden Tisch anfertigen zu lassen, an dem höchstens neun Personen Platz fanden – je ein Vertreter der fünf Kontaktgruppen-Mitglieder, EU-Vermittler Bildt sowie je ein Vertreter der drei Balkanländer. Die Stühle sollten so dicht beieinander stehen, daß am Tisch kein Platz für die bosnischen Serben sein würde. Darüber hinaus bat ich um Namensschilder ohne die Namen der Länder und bestellte nur die Flaggen der fünf europäischen Staaten und der Europäischen Union. (Das mag übertrieben erscheinen. Aber ein Grund für den Streit um die Form des Tisches bei der Pariser Vietnamkonferenz war gewesen, daß Hanoi darauf bestanden hatte, dem Vietcong getrennt von der nordvietnamesischen Delegation einen eigenen Sitz am Verhandlungstisch einzuräumen.)

*

Einen Tag vor dem Treffen verstärkte die Nato das Bombardement und ließ die Lucavica-Kasernen südwestlich von Sarajevo sowie Munitionsdepots, Fernmeldeeinrichtungen und andere Einrichtungen unter Feuer nehmen. Ich freute mich über eine Kolumne von Charles Krauthammer in der *Washington Post,* der immer nur Kritik für die amerikanische Bosnienpolitik übrig gehabt hatte, nun aber zu dem Schluß kam, daß »die US-Politik in Bosnien endlich auf dem richtigen Gleis ist«. In einem Satz, der weitsichtiger war, als Krauthammer es vielleicht ahnte, schrieb er, daß die Bombenangriffe fortgesetzt werden sollten bis »a) die Serben Zugeständnisse am Verhandlungstisch gemacht haben ... oder b) uns die Ziele ausgehen«.

*

In dieser Nacht herrschte große Spannung in Genf. Bis jetzt hatten wir außer dem Abkommen zwischen Griechenland und der ehemaligen jugoslawischen Republik Mazedonien nichts erreicht. Ich stattete sowohl Milutinović als auch Sacirbey einen Besuch ab. Der serbische Außenminister war wie immer der sanfte, liebenswürdige Diplomat par excellence. Doch als ich ihn nach der bosnisch-serbischen Delegation fragte, machte er lediglich eine abfällige Handbewegung und sagte, sie habe in einem anderen Hotel Quartier bezogen. Was ihn beträfe, wolle er nichts mit ihnen zu tun haben. Sacirbey dagegen war sehr besorgt. Das Abkommen sei nicht gut für sein Land, sagte er, und sein Präsident sei deshalb zu Hause »schwer unter Beschuß geraten«.

*

8. September. Wir dachten, alles sei unter Dach und Fach. Das Abkommen war zwei Tage zuvor von allen Parteien angenommen worden. Im Prinzip diente die Konferenz nur noch dazu, es formell abzusegnen, informell über die Zukunft zu reden und uns anschließend der Presse zu stellen. Aber nichts läuft nach Plan auf dem Balkan – und einen Tag lang wurde die amerikanische Mission in Genf sozusagen Teil des Kriegsgebiets. Die Schwierigkeiten begannen eine knappe Viertelstunde vor Eintreffen der Kontaktgruppenvertreter, als mich Sacirbey aufsuchte und erklärte, er werde auf der Sitzung nicht erscheinen, wenn sein Land den Namen »Republik Bosnien-Herzegowina« nicht behalten dürfe. Er und Izetbegović seien in Sarajevo heftig kritisiert worden, und sie bräuchten diese Veränderung in letzter Minute.

Das nachträgliche Anmelden von Bedenken oder Abweichen von vereinbarten Positionen sollte sich zu einem typischen Verhaltensmuster der bosnischen Regierung entwickeln. Ich hatte Mitgefühl mit den Bosniern, aber Izetbegović hatte in Ankara einer Vereinbarung zugestimmt. Wenn wir den Versuch machten, sie in Genf neu zu verhandeln, mußte der jugoslawische Außenminister Milutinović seine Zustimmung verweigern, da er, wie er uns wiederholt gesagt hatte, nicht die Vollmacht besaß, selbst Entscheidungen zu treffen.

Ich machte Sacirbey in aller Deutlichkeit klar, daß ihn die Vereinigten Staaten in diesem Fall für das Scheitern der Konferenz verantwortlich machen würden und dies nur den Serben zugute käme. Es war ein hartes Gespräch – das schwierigste, das ich bis dahin mit Sacirbey geführt hatte –, und es wurde von mehreren anderen Leuten mitgehört. Als es später in übertriebener Form an die Presse durchsickerte, kam das Gerücht auf, der amerikanische Chefunterhändler sei ein »Tyrann«, der jeden in seiner Umgebung anschreie. Tatsächlich kam es nur äußerst selten zu solchen emotionsgeladenen Auseinandersetzungen, und wenn, dann geschah das in aller Regel bewußt. Wie immer ich mich auch ausgedrückt haben mochte, Sacirbey war jedenfalls überzeugt, daß es in seinem Interesse lag, pünktlich zu der Konferenz zu erscheinen. Um den Friedensprozeß nicht zu gefährden, telefonierte ich später mit Warren Christopher und bat ihn, Izetbegović und Silajdzic in Sarajevo anzurufen und sie zu beruhigen. Christopher rief sie sofort an und erklärte beiden, daß der erste Satz des Genfer Abkommens eine »eindeutige Anerkennung« von Bosniens Status darstelle, der ihre Zugeständnisse in der Namensfrage mehr als wettmache.

*

Kurz nach 10 Uhr morgens versammelten sich die Delegierten um Spiegels runden Tisch. Carl Bildt saß zu meiner Rechten, der stellvertretende russische Außenminister Igor Iwanow zu meiner Linken und direkt gegenüber die drei Außenminister. Im Hintergrund hatten Hunderte von Journalisten Posten bezogen. Ohne jede Einleitung erhob ich mich und ging um den Tisch herum zu den drei Außenministern und sagte: »Lassen Sie uns vor der Weltöffentlichkeit die Hand reichen.« Sacirbey, Granić und Milutinović waren überrascht, konnten sich der Bitte aber nicht entziehen, und so standen sie auf und posierten unbeholfen für ein Foto, das auf der ganzen Welt als Anzeichen für die Fortschritte im Friedensprozeß interpretiert wurde. Danach schickten wir die Presseleute hinaus und machten uns an die Arbeit.

Ich hatte die Sitzung kaum eröffnet, als das erste Problem auftauchte. Der Führer der bosnisch-serbischen Delegation, der »Vizepräsident« der Republika Srpska Nikolai Koljević, erhob sich von seinem Stuhl in der zweiten Reihe hinter dem Tisch. »Ich protestiere gegen diese Sitzordnung«, sagte er. »Meine Delegation sollte mit am Tisch sitzen. Wir werden an dieser Konferenz nicht teilnehmen, wenn man uns unsere Rechte verweigert.« Wie bereits erwähnt, hatten wir bewußt keinen Platz für die bosnischen Serben gelassen, und ich war froh, daß für Koljević auch beim besten Willen kein Platz mehr am Tisch war. Ich erwiderte, laut dem Patriarchenpapier fungiere der serbische Außenminister Milan Milutinović als Sprecher der bosnischen Serben. Koljević protestierte wütend. In der Erwartung, daß er Koljević zum Schweigen brachte, sah ich Milutinović an. Als Milutinović meinem Blick auswich, unterbrach ich sofort die Sitzung.

Wir hatten eine Anzahl kleiner Räume unmittelbar neben dem Hauptkonferenzraum für Einzelgespräche reserviert. Ich begab mich mit Milutinović allein in einen dieser Räume und fragte ihn, ob er sich dieses Spiel gemeinsam mit Koljević ausgedacht habe. Wenn ja, werde die Konferenz scheitern, und das werde ernste Folgen haben. »Wenn nicht«, sagte ich, »dann müssen Sie Ihre ›Freunde‹ unter Ihre Kontrolle bringen.«

Milutinović antwortete hifllos, daß er den kleinen bosnischen Serben nicht kontrollieren könne. »Nur mein Meister kann das.« Dann machte er einen überraschenden Vorschlag. »Ich glaube, wenn Sie energisch mit ihm reden, wird er begreifen.«

Ich forderte Koljević und seinen Kollegen, den bosnisch-serbischen »Außenminister« Aleksa Buha auf, zu uns in das Nebenzimmer zu kommen. Während Milutinović schweigend zuhörte, erklärte ich ihnen, daß sie, wenn sie ihren Protest gegen die Sitzordnung nicht zurückzogen, sich selbst aus dem Friedensprozeß ausschließen würden. »Sie können gehen, wenn Sie wollen«, sagte ich zu den erstaunten Serben. »Aber seien Sie sich darüber im klaren: Wenn Sie das tun, werden wir ohne Sie verhandeln, und die bosnisch-serbische Seite wird keinen Einfluß mehr auf den Friedensprozeß haben. Ich bezweifle zwar, daß dies im Sinne von Präsident Miloševic ist, aber das ist Ihr Problem.«

Koljević schien vor meinen Augen zusammenzuschrumpfen. Plötzlich war er jedermanns Freund, ein Mann des Friedens, der nur noch ein paar Verse aus seinem geliebten Shakespeare zitieren wollte, bevor er sich unsichtbar machte. Er bat darum, sich noch ein letztes Mal von seinem Sitz in der zweiten Reihe erheben und verkünden zu dürfen, daß Milutinović für ihn und seine Kollegen sprach. Danach, versprach er, würde er nichts mehr sagen.

Ich sagte, wir würden ihm seine Bitte erfüllen, vorausgesetzt, daß er sich nicht zum Verhandlungsgegenstand äußerte und daß Sacirbey sowie der kroatische Außenminister Granić einwilligten. Die Konfrontation war hitzig gewesen, aber sie war nach 30 Minuten vorüber. Koljević hielt sich an das vereinbarte Drehbuch, zitierte pathetisch ein paar Zeilen aus Shakespeares Werken und erklärte, zugunsten Milutinovićs auf sein Rederecht zu »verzichten«. Nun konnten wir endlich zur Sache kommen.

Der Rest der Sitzung war Routine. Jeder am Tisch hielt eine Rede, doch wie das bei solchen Gelegenheiten üblich ist, waren sie ziemlich bedeutungslos. Froh darüber, ein Publikum zu haben – auch wenn es in Abwesenheit der Journalisten recht klein war – ergingen sich alle drei Außenminister in steriler und anklagender Rhetorik.

*

Am Nachmittag stellte sich das Vermittlerteam, flankiert von Carl Bildt, Igor Iwanow, Pauline Neville-Jones, Jacques Blot und Wolfgang Ischinger im Hotel Intercontinental den über vierhundert dort wartenden Journalisten; CNN und mehrere europäische Fernsehgesellschaften brachten Live-Berichte von der Pressekonferenz. Wir hatten die drei Außenminister vom Balkan nicht eingeladen, weil wir wußten, daß ihre natürliche Neigung zum Streit von den »Vereinbarten Grundprinzipien« ablenken würde.

Bevor ich das Abkommen verlas, gab ich eine persönliche Erklärung ab:

> Unser erster Gedanke, als wir heute morgen den Konferenzraum betraten und feststellten, daß sich die Außenminister von Bosnien, Kroatien und Serbien erstmals nach so vielen Monaten wieder im selben Raum befanden und sie bereit waren, einander die Hand zu geben und ein Abkommen zu vereinbaren, das uns, so begrenzt es auch sein mochte, dem Frieden ein wenig näher bringen wird... Unser erster Gedanke – unser allererster Gedanke – war, wenn doch Nelson Drew, Joe Kruzel und Bob Frasure diesen Tag hätten miterleben dürfen.

Mir versagte die Stimme. Dankenswerterweise griff Carl Bildt meinen Gedanken auf und sagte über Frasure, daß »sein Genie, sein Wissen und sein Humor viel zu diesem Erfolg beigetragen haben«.

Die vereinbarten Grundprinzipien vom 8. September waren nur ein erster Schritt zum Frieden, und wir wollten sie nicht überbewerten. Schließlich dauerten die Bombenangriffe und der Krieg immer noch an. Ich betonte die Grenzen des Abkommens:

> Die Grundprinzipien bringen uns dem Frieden einen wichtigen Schritt näher. Doch so wichtig sie auch sind, sie setzen der Tragödie auf dem Balkan kein Ende. Ganz im Gegenteil ... Der größte Teil der Arbeit liegt noch vor uns. Die [beiden] Einheiten müssen noch einen Plan für eine gemeinsame Zentralstruktur entwickeln ... Außerdem müssen die Parteien ihre internen Grenzen innerhalb Bosniens gemäß dem 51-zu-49-Prinzip festlegen. Wir sollten uns nicht der Illusion hingeben, daß es sich dabei um einfache Aufgaben handelt.

Nach der Pressekonferenz bat ich alle Mitglieder unserer Delegation, sich den Journalistenfragen zu stellen oder mit den kleinen Gruppen zu reden, die der energische Presseoffizier des Europäischen Büros im State Department Aric Schwan zusammengestellt hatte. Schwan war nach Genf gekommen, um uns bei der Pressearbeit unter die Arme zu greifen. Wir wollten sichergehen, daß über die Sache korrekt berichtet wurde. Insbesondere kam es uns darauf an, begreiflich zu machen, daß wir als nächsten Schritt den größten Mangel des Genfer Jugoslawienabkommens in Angriff nehmen mußten – das völlige Fehlen irgendeiner Vereinbarung über eine Zentralregierung. Ohne eine solche konnte das Abkommen leicht als Teilung Bosniens interpretiert werden, obwohl wir genau das Gegenteil beabsichtigten.

Wir hatten die erste Phase der Verhandlungen hinter uns und die Aufmerksamkeit der Weltöffentlichkeit gewonnen. Doch einigen allzu optimistischen Berichten zum Trotz waren wir noch immer weit von unseren eigentlichen Zielen entfernt. Obwohl wir schon auf dem Rückflug wußten, daß wir unser diplomatisches Shuttle innerhalb einer Woche wieder aufnehmen mußten, hatten wir noch keinen klaren Plan, wie wir dabei vorgehen sollten.

KAPITEL ZEHN

Das Ende der Belagerung Sarajevos

(9. bis 14. September 1995)

In einer seiner vielen öffentlichen Kundgebungen sagte der Führer der bosnischen Serben, der Montenegriner Radovan Karadžić, daß an den Serben in der Vergangenheit, als jeder auf ihrer Seite stand, ein »Völkermord« verübt worden sei. Heute hingegen, wo so viele gegen sie seien, würden sie am wenigsten leiden.

Unter all den Absurditäten und Unwahrheiten, die in diesem Zusammenhang je geäußert wurden, schießt diese Erklärung den Vogel ab. Über vierzig Jahre lang lebten in Bosnien Bosnier, und niemand unterschied zwischen Serben, Muslimen und Kroaten, oder zumindest wurde solchen Unterscheidungen im gegenseitigen Umgang keine Priorität eingeräumt. Während dieser ganzen Zeit gab es nach Wissen der jugoslawischen und der Weltöffentlichkeit in Bosnien keine Straflager für Serben, keine Bordelle für serbische Frauen, und wurden keinen serbischen Kindern die Kehlen durchgeschnitten ... Doch nach Karadžićs Auffassung waren die Serben damals irgendwie unglücklich. Aber jetzt, im Krieg, nach so vielen Toten, ... jetzt ist für die bosnischen Serben nach Ansicht ihres Führers die Zeit angebrochen, in der sie am wenigsten leiden ... Ethnisch reine Staaten sind in der heutigen Welt unmöglich und der Versuch, einen solchen Staat zu errichten und zu erhalten, ist lächerlich, selbst wenn es dort nur ein Volk gibt.

Mira Markovic (die Frau Slobodan Miloševics)
in ihrer Zeitungskolumne, 20. Januar 1993[1]

Nach dreizehn Tagen ununterbrochener Verhandlungen – die längste unserer Shuttle-Reisen – wollten wir mindestens eine Woche in Washington verbringen. Neben persönlichen Gründen brauchten wir angesichts der bevorstehenden wichtigen Entscheidungen ein paar Tage Zeit, um in einigen wesentlichen Punkten einen Konsens auszuarbeiten.

Doch die Ereignisse in Bosnien ließen uns keine Zeit für eine Überprüfung unserer Politik, und nach nur einem Arbeitstag in Washington befanden wir uns bereits wieder auf dem Weg zurück ins Krisengebiet.

Dieses Mal sollten wir über die Beendigung der dreimonatigen Belagerung Sarajevos verhandeln – und dabei unerwarteterweise mit den zwei meistgesuchten Kriegsverbrechern der Welt zusammentreffen: Radovan Karadžić und Ratko Mladić.

Am Samstag, dem 10. September – wir hielten uns noch in Washington auf –, traf sich Janvier in der Grenzstadt Mali Zvornik mit Mladić. Das Treffen war von Chirac und Milošević arrangiert worden, die beide eine möglichst baldige, erneute Aussetzung des Bombardements wünschten. Chirac lag dabei vor allem die Freilassung der zwei französischen Piloten am Herzen, die nach ihrem Abschuß von den bosnischen Serben gefangengenommen worden waren. Janvier ging mit der Erwartung zu dem Treffen, daß Mladić ihm den Abzug der schweren Waffen aus den Bergen um Sarajevo anbieten würde. Doch wieder einmal verlief das Treffen nicht so, wie die Uno es sich vorgestellt hatte. Statt Janvier ein Angebot zu unterbreiten, drohte Mladić, die verbleibenden UN-»Schutzzonen« anzugreifen und weigerte sich, vor einem Ende der Bombardierungen überhaupt zu verhandeln.

Mladićs Verhalten provozierte zwei unerwartete und wichtige taktische Entscheidungen der Nato-Luftwaffe – den Angriff auf wichtige militärische Ziele in der Nähe von Banja Luka, der größten serbischen Stadt in Bosnien, sowie den Einsatz von Tomahawk Cruise Missiles. Insgesamt wurden dreizehn Marschflugkörper gegen wichtige militärische Zentren der bosnischen Serben in Westbosnien eingesetzt, weit entfernt von Sarajevo und Goražde. Natürlich konnten die paar 700pfündigen Tomahawks von ihrer Zerstörungskraft kaum mit den zahllosen, 2000 Pfund schweren Bomben mithalten, die aus den Flugzeugen abgeworfen wurden. Doch die psychologische Wirkung dieser hochtechnisierten Waffensysteme aus der Ära des Kalten Krieges, die zuvor nur im Golfkrieg zum Einsatz gekommen waren, war enorm. Dennoch war der Schaden, den sie anrichteten, nicht nur psychologischer Natur: Einer der Marschflugkörper legte das Hauptkommunikationszentrum der Armee der bosnischen Serben im Westen des Landes lahm, ein schwerer Schlag für ihre Kampffähigkeit.

Karadžić wirkte zunehmend verzweifelt. In einem Brief an die Präsidenten Clinton, Jelzin und Chirac, in dem sich Wutausbrüche mit Bitten und wilden Drohungen abwechselten, verurteilte er die Angriffe auf Banja Luka als »abstrus« und »barbarisch«. Sollten sie andauern, warnte er, würden die bosnischen Serben »ihre Beteiligung an weiteren Friedensgesprächen noch einmal überdenken«. Die Nato habe, so Karadžić weiter, »der Republik Srpska den Krieg erklärt ... Die Uhr läuft rasch ab.«

Obgleich der Brief Karadžićs meiner Meinung nach die Effizienz der Tomahawks unterstrich, trugen die Luftangriffe zu einer weiteren Verschärfung der Spannungen innerhalb der Nato bei. Am 11. September kritisierten Frankreich, Spanien, Kanada und Griechenland bei einer Sondersitzung des Nato-Rates die Angriffe in Westbosnien und behaupteten, sie würden eine nicht autorisierte Eskalation darstellen.

Auch aus Moskau wehte uns ein eisiger Wind ins Gesicht. Schon vor dem Einsatz der Tomahawks hatte Jelzin in einem Brief vom 7. September an Präsident Clinton seine Besorgnis über die Bombenangriffe ausgedrückt. Der Einsatz der Cruise Missiles, einer Waffe aus dem Arsenal des Kalten Krieges, löste bei den Russen beträchtliche Besorgnis aus. Sie könnten, ließen sie wütend verlauten, »dem Schicksal der Kinder ihrer slawischen Brüder nicht gleichgültig gegenüberstehen.« (Das Pentagon dementierte natürlich sofort, daß bei den Luftangriffen Kinder umgekommen seien.) Russische Diplomaten drohten mit einem Rückzug aus der Kontaktgruppe, und der russische Verteidigungsminister Pawel Gratschow warnte Bill Perry in einem Telefongespräch, daß die Luftangriffe Moskau dazu verleiten könnten, die Vereinbarungen über eine militärische Zusammenarbeit mit der Nato noch einmal zu überdenken. Er drohte sogar damit, daß die Russen bei fortgesetzten Luftangriffen »den Serben auf unilateralem Weg zu Hilfe kommen« würden. Einen Tag später schlugen die Russen vor, in einer Resolution des UN-Sicherheitsrates die Luftangriffe zu verurteilen, scheiterten jedoch mit ihrem Vorstoß an dem Veto der amerikanischen UN-Botschafterin Albright.

Diese heftige Reaktion Rußlands auf die Luftangriffe durfte nicht gänzlich außer acht gelassen werden. Perry und Gratschow hatten bereits über die Beteiligung Rußlands an einer Friedenstruppe in Bosnien gesprochen. Zudem stand neben der Balkankrise die umfassendere Frage der Beziehungen Rußlands zur Nato zur Debatte, ein brisantes Thema, seit Clinton erklärt hatte, die USA strebe eine Erweiterung der Atlantischen Allianz an. Angesichts der zunehmenden Spannung sandten der Präsident und Außenminister Christopher Strobe Talbott nach Moskau, um dort »stille Beratungen« zu führen, was sich als die rechte Maßnahme zur rechten Zeit erwies. Talbotts nachdrücklicher Hinweis darauf, daß die Luftangriffe im Zuständigkeitsbereich der Nato lägen und für den Erfolg der Verhandlungen ausschlaggebend seien, konnte die Sorgen der Russen zwar nicht gänzlich ausräumen, trug jedoch zu einer merklichen Entspannung der Lage bei und machte den Weg für eine Fortsetzung der Verhandlungen zwischen Perry und Gratschow wieder frei.

Während die Nato weiter Luftangriffe flog, erlebten die kroatischen und bosnischen Streitkräfte ihre erfolgreichste Woche seit Ausbruch des Krieges, obwohl sie ihr militärisches Vorgehen immer noch nicht koordinierten. In der Woche nach Genf nahmen die Kroaten Donji Vakuf ein und öffneten damit den Zugang zu einem großen Gebiet in Westbosnien. Karadžić beschuldigte die Nato, mit ihren Luftangriffen die kroatische Offensive zu unterstützen. Obwohl das Bombardement der muslimisch-kroatischen Föderation unbestritten half, traf Karadžićs Vorwurf nicht zu. Tatsächlich wäre eine solche Zusammenarbeit für viele Nato-Offiziere ein Alptraum gewesen, der Anfang eines Teufelskreises, an dessen Ende etwas drohte, was sie fürchteten und dem sie sich vehement widersetzten: eine direkte militärische Beteiligung der Nato an dem Krieg. Die Wahrheit war so einfach wie ironisch: Zu den Luftangriffen wäre es nie gekommen, hätten die Verantwortlichen in Pale nicht Präsident Clinton und die USA so gründlich unterschätzt.

*

Wir standen am Rande unserer Belastungsgrenze, als das Principals Committee am Nachmittag des 11. September im Weißen Haus zusammentrat. Daß der Präsident an der Sitzung teilnahm, half uns, konzentrierter zu diskutieren und relativ schnell einige wichtige Entscheidungen zu treffen.

Tony Lake plädierte dafür, sofort eine internationale Friedenskonferenz einzuberufen. Einige der Anwesenden unterstützten ihn darin, doch ich widersprach. Zum einen mußten wir der Föderation Gelegenheit geben, ihre Offensive weiter fortzusetzen, zum anderen war meiner Ansicht nach die Kluft zwischen den drei Seiten immer noch zu groß für ein direktes Treffen der drei Führer. Ich erklärte, daß unser nächstes diplomatisches Ziel die Korrektur »des wesentlichen Fehlers der Genfer Beschlüsse« sein müsse – das Fehlen eines »Bindegewebes« zwischen den Einheiten.

»Glauben Sie, daß die Luftangriffe uns in der jetzigen Situation mehr schaden als nutzen?« fragte der Präsident.

Die Frage deutete den starken Druck zur Beendigung der Luftschläge an, dem Clinton ausgesetzt war. »Nein, Mr. President«, antwortete ich. »Möglicherweise wird eine Fortsetzung der Luftangriffe irgendwann die Friedensbemühungen beeinträchtigen, doch so weit sind wir noch nicht. Das Vermittlerteam ist der Meinung, daß wir auf unserem Standpunkt beharren sollten. Unsere Führungsposition wird stärker. Wir sollten davon Gebrauch machen, sonst verlieren wir sie wieder. Die Luftangriffe schwächen die bosnischen Serben und helfen uns. Und was Milošević angeht, er macht keine große Affäre daraus.«

Christopher war derselben Meinung. »Das Bombardement sollte fortgesetzt werden«, erklärte er. »Jetzt aufzuhören, wäre ein Fehler.«

»In Ordnung«, meinte der Präsident. »Was mir jedoch nicht gefällt, ist, daß die Luftangriffe nicht besser auf die diplomatischen Bemühungen abgestimmt werden.«

Damit legte Clinton den Finger auf einen wunden Punkt, der auch mir schwer zu schaffen machte; uns fehlte ein Mechanismus oder eine Instanz, die eine solche Koordination hätte übernehmen können. Genau betrachtet, fiel die Koordination ressortübergreifender Angelegenheiten eigentlich in den Aufgabenbereich des Nationalen Sicherheitsrats. So sehr mir daran lag, den Präsidenten darauf aufmerksam zu machen, daß man sich unbedingt um dieses Problem kümmern mußte, war mir doch klar, daß es nicht Sache eines Staatssekretärs war, die Beziehungen zwischen dem Sicherheitsrat, dem Außenministerium und dem Pentagon zu regeln. Tatsächlich hatte, wie wir später erfuhren, Admiral Smith den für die Bombenangriffe zuständigen Admiral Ryan angewiesen, keinen Kontakt zum Verhandlungsteam aufzunehmen.

Unerwarteterweise regte Perry eine erneute Aussetzung der Luftangriffe an. Darauf waren weder Christopher noch ich gefaßt gewesen. Warum schlug der Verteidigungsminister gerade in dem Moment eine Bombenpause vor, in dem seine Truppen den Umfang ihrer Angriffe ausdehnten? Für jemanden, der mit den Abläufen im Pentagon nicht vertraut war, mußte Perrys Vorstoß unerklärlich erscheinen. Wer jedoch weiß, daß das Pentagon oft auf mehreren Ebenen gleichzeitig operiert, wird Perrys Verhalten nicht mehr ganz so überraschend finden. Bei der Verfolgung eines begrenzten politischen Zieles setzt das

Militär seine Piloten ungern Risiken aus. Daher drängte das Pentagon darauf, die Luftangriffe so bald wie möglich einzustellen. Solange ein entsprechender Befehl von oben vorlag, würde das Pentagon die Luftschläge natürlich fortsetzen, dabei aber so effektiv wie nur möglich vorgehen. Das erklärte auch den Wunsch des Pentagons, weiter Marschflugkörper und F-117-Tarnkappenbomber einzusetzen. Zudem wollten die Navy und die Air Force vor allem gegenüber dem Kongreß die Effizienz ihrer neuen Waffensysteme demonstrieren. Für die Navy waren das die Tomahawks, die von Kriegsschiffen in der Adria abgefeuert wurden, und für die Air Force die kostspieligen und umstrittenen F-117-Bomber, deren Nutzen von einigen Pentagon-Kritikern wiederholt in Frage gestellt worden war.

Warren Christopher erhob als erster Einwände. Da er normalerweise sehr leise und zurückhaltend sprach, erregte er besondere Aufmerksamkeit, wenn er dann doch einmal seine Stimme hob oder Gefühle zeigte. »Wir müssen die Luftschläge fortsetzen, bis sie tatsächlich etwas bewirkt haben«, erklärte er sehr bestimmt. »Wir müssen die Serben davon überzeugen, daß wir willens sind, die Luftangriffe, wenn nötig, ununterbrochen fortzusetzen.« Christopher wurde sofort von Lake, Albright und mir unterstützt.

Doch fast sofort tauchte ein neues – und ernsteres – Problem auf. Admiral Owens, der Stellvertretende Vorsitzende des Vereinten Generalstabs, machte eine Bemerkung, die Christopher und mich überraschte. In seiner ruhigen, methodischen und autoritären Art erklärte Owens, daß der Nato binnen zwei oder drei Tagen nicht mehr ausreichend neue »Option-2«-Ziele zur Verfügung stünden. Natürlich könne man mit den Angriffen fortfahren, indem man noch einmal alte Ziele der Optionen 1 und 2 bombardiere. Die Wirkung sei jedoch geringer, und die Piloten würden ständig größeren Gefahren ausgesetzt, da die Flugabwehr der bosnischen Serben immer effektiver werde. Allerdings setzten Angriffe auf Ziele der Option 3, eine weit größere Gruppe, die serbische Truppenmassierungen und Militäreinrichtungen in ganz Bosnien umfaßte, das Einverständnis des Nato-Rates und des UN-Sicherheitsrates voraus. Und wie jeder der Anwesenden wußte, tendierten die Aussichten, von unseren Verbündeten in der Nato die Freigabe für Ziele der Option 3 zu erhalten, gegen Null.

Als wir nach dem Treffen zurück zum Außenministerium fuhren, drückte Christopher mir gegenüber seine Skepsis aus, daß das Militär alle genehmigten Ziele der Option 2 bereits erschöpft habe. Leider hatten wir keine Möglichkeit, das Militär in seinem eigenen Zuständigkeitsbereich zu hinterfragen. Das Pentagon kontrollierte den Informationsfluß, und eine unabhängige Überprüfung der Angaben war praktisch unmöglich.

Obwohl Präsident Clinton kurz zuvor die Notwendigkeit zum Ausdruck gebracht hatte, die Luftangriffe an den politischen und diplomatischen Vorgaben auszurichten, war genau das Gegenteil der Fall. Das Pentagon hatte unseren Zeitplan für die Verhandlungen neu festgelegt. Falls das, was wir gerade besprochen hatten, an die Öffentlichkeit gelangte (und das war bei Besprechungen im Weißen Haus oft der Fall), könnte das unsere Verhandlungsposition entscheidend schwächen. Wir mußten das Bombardement zumindest so lange fortsetzen, bis wir etwas dafür ausgehandelt hatten. »Wenn der Nato die Ziele ausgehen, bevor wir unsere Gespräche mit Belgrad wieder aufnehmen, werden wir keinen Nutzen aus den Luftangriffen ziehen können«, sagte ich. »Das Bombardement darf nur gegen eine Gegenleistung eingestellt werden.« Christopher stimmte mir zu: »Wir müssen dafür sorgen, daß das Vermittlerteam den Militäreinsatz so lange wie möglich als Druckmittel verwenden kann.«

Aufgrund des Zeitdrucks kamen Christopher und ich überein, daß das Vermittlerteam am nächsten Tag nach Belgrad abreisen sollte, also vier Tage früher als geplant.

*

Vor unserer Abreise rief ich noch Admiral Smith in Neapel an und fragte ihn, wie lange er die Luftangriffe noch fortsetzen könne. Smith antwortete, daß er bei normalem Wetter noch ungefähr drei Tage Angriffe gegen neue Ziele fliegen könne. Danach könne man mit dem Bombardement nur fortfahren, wenn man Ziele anfliegen werde, die bereits bombardiert worden seien – oder, wenn man, wie es Smith in bester Seebärenmanier ausdrückte, übereinkäme, »unter den streunenden Katzen und Hunden ein wenig aufzuräumen«. Was Smith damit ausdrücken wollte, war klar: Er hatte keine Lust, das Bombardement von den Diplomaten »instrumentalisieren« zu lassen, und er würde entscheiden, wann es Zeit war aufzuhören. Das war zwar kaum das, was wir uns unter einer effektiven Integration diplomatischer und militärischer Druckmittel vorstellten, aber uns blieb keine Wahl.

Auf dem Flug nach Belgrad in der Nacht vom 12. auf den 13. September fanden wir kaum Schlaf. Während wir uns auf die Verhandlungen vorbereiteten, sprach ich ein heikles Thema an: Wie sollten wir uns verhalten, wenn man uns anbot, direkt mit den beiden verurteilten Kriegsverbrechern und Führern der bosnischen Serben zu verhandeln, Radovan Karadžić und Ratko Mladić? Sollten wir uns überhaupt mit ihnen an einen Tisch setzen? Und wenn ja, wie sollten wir uns ihnen gegenüber verhalten? Es war eine der seltenen Situationen, in denen sich politische und taktische Erwägungen mit moralischen Fragen vermischten.

Die Angelegenheit hatte eine Vorgeschichte. Karadžić und Mladić hatten sich schon früher mit Unterhändlern aus dem Westen getroffen, darunter auch mit Cyrus Vance, David Owen und Lord Carrington. Nur sieben Monate zuvor hatte Jimmy Carter bei einem Vermittlungsversuch viel Zeit mit Karadžić verbracht und stand auch jetzt noch per Telefon und Fax in ständigem Kontakt mit dem Serbenführer.

Die Aussicht, mich mit Männern an einen Tisch zu setzen, die wegen Kriegsverbrechen angeklagt wurden, widerstrebte mir zutiefst. Nach einigem Hin und Her entschied ich dann doch, daß es unter den gegebenen Umständen vertretbar sei. Dabei ließ ich mich vor allem durch die Geschichte von Raoul Wallenberg und Folke Bernadotte beeinflussen, zwei berühmten Schweden, die 1944 und 1945 mit Adolf Eichmann beziehungsweise Heinrich Himmler verhandelt hatten – und über die meine Frau Kati jeweils eine Biographie verfaßt hatte. Beide Männer hatten sich entschlossen, mit einem Massenmörder zu verhandeln, um Menschenleben zu retten. Die Geschichte hat die Richtigkeit ihrer Entscheidung gezeigt. Dem Mut der beiden Schweden ist es zu verdanken, daß Zehntausende von Juden gerettet wurden, bevor sie selbst getötet wurden – Wallenberg in einem sowjetischen Gefängnis, Bernadotte 1948 in Jerusalem von jüdischen Terroristen.

Wir kamen zu dem Schluß, daß ein Treffen mit Karadžić und Mladić vertretbar sei, wenn die Aussicht bestand, daß es die Verhandlungen voranbrachte. Beim Anflug auf den Militärflughafen von Belgrad beschlossen wir, zwar nicht den Wunsch zu äußern, die beiden Männer zu treffen, daß wir aber, sollte Milošević das vorschlagen, unter bestimmten Umständen darauf eingehen würden: Ein Treffen mit den bosnischen Serben – verurteilt oder nicht – käme nicht in Frage, wenn sie als eigene Delegation auftreten oder selbst verhandeln wollten. Gleichzeitig sagte ich, daß jeder aus dem Team selbst entscheiden könne, ob er an Verhandlungen teilnehmen wolle, bei denen einer der beiden oder beide Männer anwesend waren, und wenn ja, ob er ihnen die Hand reichte oder nicht.

*

Am späten Vormittag des 13. September landeten wir in Belgrad, und zwei Stunden später trafen wir in Miloševics Villa am Stadtrand von Belgrad ein. Er war bestrebt, so schnell wie möglich zur Sache zu kommen. Ein Fernsehteam von ABC unter Leitung der Auslandskorrespondentin Sheila Vicker filmte die Eröffnung unserer Verhandlungen für eine Spezialausgabe von *Nightline* und zog sich dann in den Garten zurück. Sobald sie gegangen waren, beklagte sich Miloševic über die Ausweitung der Luftangriffe. »Ihre Flugzeuge unterstützen die Muslime und Kroaten aus der Luft«, sagte er. Ich sagte ihm, daß man ihn in dieser Hinsicht falsch informiert habe, doch ich stimmte ihm bereitwillig und mit einer gewissen Freude zu, daß die Luftangriffe, auch wenn sie nicht mit dem Vorgehen der Bodentruppen der Föderation abgestimmt waren, zum Erfolg der Offensive der Muslime und Kroaten beitrugen. »Und das«, fügte ich hinzu, »haben die Serben sich selbst zuzuschreiben.«

Miloševic erklärte, daß die Situation auf dem Boden sich erst einmal »beruhigen« müsse. Er war der Ansicht, er könne die bosnischen Serben dazu bewegen, im Austausch für ein Aussetzen der Luftangriffe einer Waffenruhe im ganzen Land zuzustimmen. Sobald das erreicht wäre, sollten wir so schnell wie möglich eine internationale Konferenz einberufen, um den Krieg zu beenden.

Miloševics Vorschlag für einen landesweiten Waffenstillstand war neu. Ich wußte, daß Washington genau das wollte, doch solange die Offensive der Muslime und Kroaten noch Fortschritte machte, wäre eine Waffenruhe verfrüht gewesen. »Ein landesweiter Waffenstillstand kommt momentan nicht in Frage«, erwiderte ich. »Worüber wir sprechen können, ist eine Aussetzung der Kampfhandlungen für Sarajevo und Umgebung.«

Wir waren verblüfft über Miloševics plötzlichen Gesinnungswandel. Offensichtlich zeigten die muslimisch-kroatische Offensive und die Luftangriffe bei den bosnischen Serben Wirkung. Miloševic wirkte gehetzt. Leider hatten es manche westliche Politiker nicht weniger eilig. Nicht zum ersten Mal dachte ich: Die Chancen für einen dauerhaften Frieden steigen um so mehr, je länger die Luftschläge und die Offensive der Föderation andauern, zumindest noch eine Zeitlang.

*

Gegen 17 Uhr präsentierte uns Miloševic seine große Überraschung. »Karadžić und Mladić halten sich in einer Villa nur 200 Meter von hier entfernt auf«, verkündete er. »Die beiden könnten in zehn Minuten hier sein. Warum bitten wir sie nicht hierher, so daß Sie direkt mit ihnen verhandeln können?«

Ich war froh, daß wir uns darauf vorbereitet hatten. Dennoch war meine erste Reaktion auf Miloševics Angebot ein geradezu körperlicher Widerwille. Ich übertreibe nicht, wenn ich sage, daß ich die beiden Männer – die indirekt auch für den Tod meiner drei Kollegen verantwortlich waren – für das, was sie getan hatten, haßte und verabscheute.

»Ich denke, wir sollten uns darüber zunächst ein wenig unterhalten«, erklärte ich und versuchte dabei, nicht angespannt zu wirken. »Sind Sie sicher, daß wir dadurch etwas erreichen können? Warum treffen nicht Sie die beiden zuerst, während wir hier warten?«

Miloševic meinte, er sei überzeugt, daß ein Treffen mit den beiden produktiv wäre, vorausgesetzt, wir würden uns dabei seiner »Strategie« bedienen. Damit bezog er sich auf seinen theatralischen Stil, mit dem er andere Politiker auf dem Balkan so gerne blendete und hinters Licht führte.

»Falls in der Tat Erfolgsaussichten bestehen, sind wir bereit, uns mit ihnen zu treffen, allerdings nur unter zwei Voraussetzungen. Erstens, Mladić und Karadžić kommen als Mitglieder Ihrer Delegation, sprich, Sie müssen die Gespräche führen und sie kontrollieren. Zweitens, sie dürfen uns nicht wie allen anderen einen Haufen historische Scheiße erzählen. Sie müssen zu ernsthaften Gesprächen bereit sein.«

»Sie werden damit einverstanden sein«, sagte Miloševic. »Keine Scheiße. Ich werde sie sofort herbestellen.« Er beauftragte einen Adjutanten, die bosnischen Serben zu holen. Ohne ihnen einen Grund dafür zu nennen, erklärten wir den Mitgliedern des ABC-Fernsehteams, die draußen warteten, daß sie nun gehen müßten. Dann nahmen wir einen Drink auf der Terrasse und warteten auf die Männer aus Pale.

Nach ungefähr zwanzig Minuten bogen zwei Mercedes-Limousinen in die Auffahrt ein. Aus dem ersten Wagen stiegen zwei Männer, gefolgt von mehreren anderen. Als ich durch die Bäume des Gartens Karadžić und Mladić auf uns zukommen sah, fühlte ich erneut einen starken Widerwillen in mir aufsteigen: Der eine im Anzug, schlank und mit einer wilden Haarmähne; der andere, klein und stämmig und im Kampfanzug, bewegte sich, als ob er durch einen Sumpf waten würde.

Bevor sie bei uns angelangt waren, wandte ich mich an Miloševic: »Wir gehen ein wenig spazieren, während Sie ihnen die Spielregeln erklären. Wir werden erst zurückkehren, wenn Sie uns versichern, daß sie mit unseren Bedingungen einverstanden sind.« Wir zogen uns in ein Wäldchen knapp einhundert Meter hinter dem Haupthaus zurück, wo wir nochmals unsere Vorgehensweise besprachen. Nach zehn Minuten kam ein Adjutant angerannt und sagte, daß Miloševic und seine Gäste so weit seien.

*

Ich gab weder Karadžić noch Mladić die Hand, obwohl beide es versuchten. Manche aus unserem Team schüttelten ihnen die Hand, andere nicht; es blieb jedem selbst überlassen. Wir nahmen an einem langen Tisch auf der Terrasse einander gegenüber Platz. Neben Karadžić saßen aufgereiht andere bosnische Serben, die wir vom Namen her kannten, darunter auch Momčilo Krajišnik, der Sprecher der Volksversammlung der bosnischen Serben. Karadžić fing sofort an, sich, teils in Englisch, über die Ungerechtigkeit der Luftangriffe zu beschweren. Er erklärte, er sei zu einer landesweiten Einstellung der Feindseligkeiten bereit, allerdings nur unter der Voraussetzung, daß die Föderation daraus »keinen Vorteil zog«. Ich antwortete, daß die USA prinzipiell einen landesweiten Waffenstillstand befürworteten, allerdings nicht zum jetzigen Zeitpunkt. Wir seien nur hier, um die Lage in und um Sarajevo zu besprechen.

Während Karadžić antwortete, beobachtete ich Mladić. Hollywood könnte keinen überzeugenderen Darsteller für einen Kriegsverbrecher finden. Er – es gab keine bessere Bezeichnung dafür – brütete finster vor sich hin und versuchte, jeden einzelnen von uns in ein Blickduell zu verwickeln. Nichtsdestotrotz besaß er eine bezwingende Ausstrahlung; es war nicht schwer zu verstehen, warum seine Soldaten ihn verehrten. Er war, dachte ich, eine dieser furchtbaren Gestalten, die die Geschichte immer wieder hervorbringt: ein charismatischer Mörder.

Trotz seiner Größe war Karadžić bei unserem Treffen alles andere als imponierend. Sein Gesicht wirkte traurig, er hatte Hängebacken, ein weiches Kinn und überraschend sanfte Augen. Karadžić hatte in New York Psychoanalyse studiert und verstand gut Englisch. Kurz nach Beginn unseres Gesprächs verfiel er in eine selbstbemitleidende Litanei gegen die Nato und die Muslime und beschuldigte sie, die Granate, die am 28. August auf dem Marktplatz von Sarajevo explodiert war, selbst abgeschossen zu haben, um die Nato in den Krieg hineinzuziehen. Mehrere Male kam er dabei auf die »Erniedrigungen« zu sprechen, die die Serben erdulden mußten.

Nachdem ich mir Karadžićs Tirade einige Minuten lang angehört hatte, wandte ich mich an Milošević: »Herr Präsident«, sagte ich, »Sie haben uns versichert, daß so etwas nicht passieren würde. Wenn das so weitergeht, werden wir das Treffen sofort abbrechen.« Karadžić reagierte sehr erregt: »Wenn wir hier nichts zustande bringen, werde ich Präsident Carter anrufen. Wir stehen in ständigem Kontakt.« Natürlich wußten wir bereits, daß Karadžić den ehemaligen Präsidenten eingeladen hatte, sich noch einmal an den Verhandlungen zu beteiligen. Karadžić stand auf und tat so, als wolle er telefonieren gehen.

Zum ersten und einzigen Mal an diesem Abend sprach ich ihn direkt an. »Ich werde Ihnen jetzt einmal etwas sagen«, sagte ich und erhob dabei die Stimme. »Präsident Carter hat mich zum Staatssekretär ernannt. Ich habe vier Jahre für ihn gearbeitet. Wie die meisten Amerikaner bewundere ich ihn sehr. Doch er ist jetzt nichts weiter als ein Privatmann. Wir arbeiten nur für Präsident Clinton und nehmen nur von Präsident Clinton Befehle entgegen. Mehr ist dazu nicht zu sagen.«

Karadžić setzte sich abrupt wieder hin. Milošević sagte zu ihm etwas auf serbisch, und für den Rest des Abends zeigte sich Karadžić von seiner besten Seite. Pardew meinte später, Karadžić halte die bosnischen Serben »auf der richtigen Spur« – eine Rolle, bei der ihm, wie wir annahmen, seine Erfahrung als Psychiater zugute kam. An jenem Abend stellte er keine der Eigenschaften zu Schau, die selbst einen so vorsichtigen Beobachter wie unseren ehemaligen Botschafter in Belgrad Zimmermann dazu bewogen hatten, ihn als den Himmler seiner Generation zu bezeichnen.[2]

Karadžić schlug vor, einen Vertragsentwurf auszuarbeiten. Ich wies Clark, Owen, Hill und Pardew an, einen Vertrag zu formulieren, der den Belagerungszustand Sarajevos beenden würde. Während meine Kollegen sich an die Arbeit machten, gingen Milošević und ich im Garten spazieren und unterhielten uns über andere Themen. »Was Sie über Jimmy Carter sagten, war sehr clever«, meinte Milošević. »Diese Leute« – er meinte die bosnischen Serben – »sind so von der Welt abgeschnitten, daß sie denken, Carter würde noch immer die amerikanische Politik bestimmen.«

Es war bereits dunkel, als meine Kollegen einen ersten Entwurf erstellt hatten. Milošević und ich saßen ungefähr zwanzig Meter entfernt auf einer niedrigen Ziegelmauer und sahen zu, wie General Clark den Entwurf den Serben vorlas und dabei immer wieder Pausen für den Dolmetscher einlegte. Wir konnten ihn nicht genau verstehen, doch die tiefe, dröhnende Stimme des serbischen Dolmetschers drang bis zu uns. Eine unvergeßliche Szene: Clark stand unter der hohen Lampe und verlas den Entwurf, die Serben standen um ihn geschart und hörten aufmerksam zu. Die Gestalten Karadžićs und Mladićs zeichneten sich als Schatten ab. Gelegentlich hörten wir, wie einer der Serben seine Stimme erhob.

Nach einer Weile kam Milutinović zu uns und sagte etwas zu Milošević. »Wir sollten zu den anderen zurückgehen«, erklärte Milošević. »Es gibt Probleme.« Alle standen, nur Milošević zog sich einen Stuhl heran und setzte sich. Nach kurzem Zögern setzte ich mich ebenfalls, um eine Art Gleichstellung zwischen uns herzustellen.

Noch während Karadžić sichtlich verärgert verkündete, daß unser Entwurf inakzeptabel sei, explodierte Mladić. Er schob sich in die Mitte des Kreises und begann mit einer langen, emotional vorgetragenen Schmährede. »Die Situation ist gefährlich, schlimmer als je zuvor seit Ausbruch des Krieges«, fing er an. »Für die Luftangriffe gibt es keine Rechtfertigung. Die Nato unterstützt die reguläre kroatische Armee auf unserem Territorium. Sie sind schlimmer als die Nazis. Aber sie können den Kampfgeist des serbischen Volkes nicht brechen. Nicht einmal die USA kann das. Die Luftangriffe sind ein Verbrechen.« Dann kam ein denkwürdiger Satz: »Wir werden nicht einen Meter unseres geheiligten serbischen Bodens aufgeben.«

Dasselbe einschüchternde Auftreten hatte Mladić auch gegenüber dem niederländischen Kommandanten von Srebrenica, gegenüber General Janvier und vielen anderen angewandt. Er verströmte das Gefühl von Gefahr. Man konnte sich unschwer vorstellen, wie furchteinflößend dieser Mann sein konnte, vor allem, wenn er sich auf heimischem Terrain befand. Ich wußte nicht, ob seine Wut echt oder nur gespielt war, doch das, was wir jetzt erlebten, war der echte Mladić, ein Mann, der zu allem fähig war.

Ich wandte Mladić und Karadžić den Rücken zu, stand auf und blickte auf Miloševic hinunter. »Herr Präsident«, sagte ich, »wir hatten eine Abmachung. Mladićs Verhalten ist damit eindeutig nicht vereinbar. Wenn ihre ›Freunde‹« – ich sprach das Wort mit soviel Sarkasmus wie möglich aus – »kein ernsthaftes Gespräch führen wollen, werden wir jetzt gehen.«

Miloševic zögerte einen Moment; vielleicht wollte er abwägen, ob wir blufften. Vielleicht spürte er, daß es kein Bluff war. Er wußte, während wir uns hier unterhielten, bombardierten Flugzeuge der Nato bosnisch-serbisches Gebiet. Wir befanden uns auf dem Höhepunkt unseres Einflusses. Meine Drohung war alles andere als ein Bluff, auch wenn ich mir nur zu bewußt war, daß wir mit dem Ende der Luftangriffe binnen zwei oder drei Tagen unseren größten Trumpf aus der Hand geben würden.

Miloševic redete in scharfem Ton auf serbisch auf seine Kollegen ein, die daraufhin anfingen, sich untereinander zu streiten. Ich gab den Mitgliedern unseres Teams ein Zeichen, mir zu folgen, und ging zum anderen Ende der Terrasse. Dort warteten wir und hörten der immer lauter geführten Auseinandersetzung zu.

Nach ein paar Minuten war alles vorbei. Miloševic kam zu uns und bat uns wieder an den Tisch. Er erklärte, daß die bosnischen Serben bereit seien, auf der Grundlage unseres Entwurfs zu verhandeln.

*

Unser Entwurf begann damit, daß die bosnischen Serben sich verpflichteten, »alle Militäroperationen offensiver Natur« im Raum Sarajevo einzustellen und innerhalb einer Woche alle schweren Waffen aus diesem Gebiet abzuziehen. Außerdem mußten sie zwei Zufahrtswege nach Sarajevo für den ungehinderten Verkehr der humanitären Organisationen freigeben, darunter auch die Strecke nach Kiseljak. Weiterhin mußte der Flughafen in Sarajevo binnen 24 Stunden geöffnet werden. Als Gegenleistung würde die Nato ihre Luftangriffe für 72

Stunden einstellen, sie bei Nichteinhaltung der Bedingungen aber sofort wieder aufnehmen.

Ich überließ die Verhandlungen größtenteils meinen Kollegen und griff nur ein, wenn die Gespräche an einem toten Punkt angelangt waren. Ich wollte meine Position nicht herabsetzen, indem ich zuviel Zeit mit Karadžić und Mladić verbrachte, außerdem konnte ich mich völlig auf meine Kollegen verlassen. Ich rief Christopher und Tarnoff an und beschrieb die erstaunliche Szene, die sich in der Villa abspielte. Dann ging ich mit Milošević spazieren und besprach mit ihm die nächsten Schritte im Friedensprozeß. Später wurde auf der Terrasse das Abendessen serviert, und Milošević lud mich ein, mich zu ihm und Mladić zu setzen. Ich setzte mich kurz zu den beiden, erhob mich aber bald wieder und zog mich zurück, ohne etwas gegessen zu haben und kam erst zurück, nachdem Mladić im Haus verschwunden war. Milošević meinte später, daß ich Mladić damit, ihm weder die Hand gereicht noch mit ihm gegessen zu haben, schwer beleidigt hätte. Ein Verhalten, das, wie er sagte, die Verhandlungen nicht unbedingt erleichtern würde. »Falls dem so ist, dann soll es so sein«, antwortete ich und wiederholte ein früheres Leitmotiv unseres Treffens: »Wir erwarten von Ihnen, daß diese Verhandlung erfolgreich zu Ende geführt wird.«

*

Die bosnischen Serben stritten mit uns über so gut wie jedes Wort des Vertragsentwurfs, doch irgendwann nach Mitternacht hatten wir schließlich, was wir wollten: Der seit vier Jahren andauernde Belagerungszustand Sarajevos würde aufgehoben werden. Ein Punkt des Verfahrens mußte jedoch noch geklärt werden. Die Serben bestanden darauf, daß ich das Dokument unterzeichnete. Ich lehnte mit der Begründung ab, daß wir keinerlei formale Autorität über die Handlungen der Nato oder der Uno besaßen. Wir wollten einen Vertrag, den nur die bosnischen Serben unterschrieben hatten – und mit Milošević und Milutinović als Zeugen. Dieses Vorgehen stellte eine diplomatische Neuerung dar – ein Dokument, das zwar von uns aufgesetzt worden war, aber nur von den Serben als unilateral verpflichtend anerkannt wurde. Keiner von uns kannte einen diplomatischen Präzedenzfall dafür, doch es paßte genau in unser Konzept. Sobald der Vertrag unterschrieben und beglaubigt worden war, würden wir, erklärte ich, ihn Janvier mit der »Empfehlung« überreichen, die Luftangriffe auszusetzen. Die bosnischen Serben protestierten zwar heftig, doch ihnen blieb keine andere Wahl, und nach einer erneuten langen Debatte erklärten sie sich mit unserer Vorgehensweise einverstanden.

*

Am 14. September um 2.15 Uhr morgens unterzeichneten die bosnischen Serben nach über zehnstündigen Verhandlungen im Empfangsraum der Villa den von uns aufgesetzten Vertrag. Wir sahen zu, wie einer nach dem anderen seine Unterschrift auf das Papier setzte. Zuerst Karadžić, der ohne Zögern unterschrieb, dann Nikola Koljević, der »Vizepräsident der Republik Srpksa«, gefolgt von Krajišnik. Mladić unterzeichnete zuletzt. Er hatte sich schon lange nicht mehr an den Verhandlungen beteiligt, und brütete in sich zusammengesunken auf einer Couch auf der anderen Seite des Raumes vor sich hin. Ein Adjutant Miloševics brachte Mladić das Dokument. Er griff nach einem Stift, kritzelte seinen Namen auf das Papier, ohne auch nur einen Blick darauf zu werfen, und sank dann wieder zurück auf die Couch. Er wirkte völlig erschöpft.

Schließlich unterzeichneten Milošević und sein Außenminister das Dokument als Zeugen. Wir machten uns bereit zum Gehen, das kostbare Dokument trugen wir bei uns. Wenn die Abmachung eingehalten würde, wäre der lange Belagerungszustand Sarajevos zu Ende. Karadžić kam zu mir und griff nach meiner Hand. »Wir sind zum Frieden bereit«, sagte er auf Englisch. »Warum haben Sie uns bombardiert?«

»Ich glaube, das wissen Sie ganz genau«, erwiderte ich.

*

Allmählich entwickelte ich ein Gefühl für die Serben: Sie waren eigensinnig und nahmen den Mund gerne voll. Aber wenn man es darauf ankommen ließ und ihnen die Pistole auf die Brust setzte, waren sie letzten Endes nur kleine Rabauken. Der Westen hatte während der letzten Jahre den Fehler gemacht, die Serben so zu behandeln, als seien sie rational denkende Menschen, mit denen man ernsthaft diskutieren, vernünftig verhandeln und zu einer bindenden Übereinkunft gelangen konnte. Tatsächlich aber reagierten sie nur auf Gewalt, oder zumindest die unmißverständliche und glaubhafte Androhung, daß man davon Gebrauch machen würde.

KAPITEL ELF

Die Offensive im Westen

(14. bis 20. September)

> It's farewell to the drawing-room's mannerly cry,
> The professor's logical whereto and why,
> The frock-coated diplomat's polished aplomb,
> Now matters are settled with gas and with bomb.
> W. H. Auden, *Danse Macabre*

Was wir in Belgrad ausgehandelt hatten, stellte unserer Ansicht nach das Maximum des Möglichen dar. Trotzdem frage ich mich immer noch, was wir hätten erreichen können, wenn die Luftangriffe für weitere zwei Wochen fortgesetzt worden wären. In Washington verwandte man darauf jedoch keinen weiteren Gedanken. Ermutigt durch die enthusiastischen Reaktionen und Zusagen, uns weiter zu unterstützen, die wir während einer langen Nacht per Telefon aus Washington erhalten hatten, flogen wir am 14. September kurz nach Tagesanbruch von Belgrad nach Zagreb, um General Janvier das Abkommen der Serben zu überreichen. Das UN-Hauptquartier achtete geradezu besessen auf die Einhaltung des korrekten Prozederes. Da wir formal betrachtet nicht autorisiert waren, die Verhandlungen in ihrem Namen zu führen, mußten wir versuchen, den verletzten Stolz der Uno so weit wie möglich zu besänftigen. Wir erklärten Janvier, lediglich eine »unilaterale Zusicherung« der Serben über Sarajevo zusammen mit der Empfehlung an die Uno zu übermitteln, die Luftangriffe einzustellen. Wir baten ihn jedoch, damit zu warten, bis wir mit Izetbegović gesprochen hatten, den wir an diesem Nachmittag in Mostar treffen wollten.

Janvier, dessen eigene Verhandlungen mit Mladić mit einem in der Öffentlichkeit ausgiebig diskutierten Fiasko geendet hatten, war angesichts unseres Erfolges zunächst sprachlos. Doch er faßte sich rasch wieder, dankte uns und sagte, er würde eine zwölfstündige »Pause«

der Luftangriffe anfordern und das Ergebnis unseres Gesprächs mit Izetbegović abwarten. In der Militärterminologie besteht ein Unterschied zwischen einer Pause und einer Aussetzung. Eine Pause bezeichnet eine kurze Zeit, in der die Flugzeuge nicht fliegen, der Einsatzbefehl aber bestehen bleibt.

Vom UN-Hauptquartier rasten wir durch die Stadt zu Tudjman und informierten ihn über die Situation. Tudjman, der völlig von der Militäroffensive in Westbosnien beansprucht war, zeigte kein sonderliches Interesse an dem Abkommen. Die Armee der bosnischen Serben war in Auflösung begriffen, und es kursierten sogar Berichte, nach denen in einigen Einheiten serbische Soldaten ihre Offiziere erschossen hätten. Mindestens 100 000 serbische Flüchtlinge waren unterwegs nach Banja Luka oder noch weiter in den Osten, um dem Vormarsch der Föderation zu entkommen.

*

Ärger in Mostar. Auf eine schwierige Begegnung mit Izetbegović gefaßt, flogen wir nach Split und fuhren von dort drei Stunden durch die Berge in die mittelalterliche Stadt Mostar. Wir wußten, daß die Bosnier über unser Abkommen nicht unbedingt glücklich sein würden; von ihrem Standpunkt aus war eine Beendigung der Luftangriffe nur wenige Wochen nach ihrem Beginn ein armseliger Tausch für die Aufhebung der vierjährigen Belagerung Sarajevos.

Die Brücke von Mostar, die die beiden Teile der Stadt miteinander verband, gehörte zu den stärksten Eindrücken meiner Jugoslawienreise im Jahr 1960. Die aus dem 16. Jahrhundert stammende Brücke war vielleicht das bekannteste Wahrzeichen für die multiethnische Harmonie Jugoslawiens. Als ich die hohen Bögen der Brücke 1992 zuletzt gesehen hatte, zerfiel sie unter dem ständigen Granatbeschuß der Kroaten, nur dürftig geschützt von Autoreifen, die an Seilen von beiden Seiten herunterhingen. Zwei Jahre später, als ich zusammen mit General Charles Boyd, dem stellvertretenden Oberkommandeur der US-Streitkräfte in Europa, Mostar besuchte, war die Brücke verschwunden. An ihrer Stelle wurde die Neretva nun von einer schmalen, schwankenden Metallbrücke überspannt, die Boyd und ich vorsichtig überquerten, wobei wir große Schritte über die Löcher in den stählernen Planken machen mußten.

Als unser Vermittlerteam am Nachmittag des 14. September in Mostar ankam, waren die Kämpfe zwischen Kroaten und Muslimen dank der intensiven Bemühungen von Warren Christopher und dem amerikanischen Unterhändler Charles Redman seit über einem Jahr beendet. Die Föderation, die sie geschaffen hatten, existierte allerdings nur auf dem Papier. Silajdzic bezeichnete die Föderation als »ein Haus ohne Wände und mit einem Dach voller Löcher.« Die verheerenden Folgen des Krieges für die Beziehungen zwischen Kroaten und Muslimen waren in Mostar noch immer deutlich zu spüren. Aus der Vielvölkerstadt war ein Ort des Hasses geworden.

Obwohl der Vormarsch der kroatischen und bosnischen Truppen in Westbosnien eigentlich eine deutliche Verbesserung der Situation in Mostar und allgemein im Süden hätte mit sich bringen müssen, war davon nichts spürbar. Trümmer markierten die Trennungslinie zwischen den beiden Hälften Mostars, und die Stimmung in der Stadt war sehr angespannt. Aus den Blicken und Gesten der Bewohner sprach Feindseligkeit, und der kroatische Sektor war in der Hand von Verbrecherbanden. In jedem Stadtteil patrouillierten schwerbewaffnete Männer in Polizei- und paramilitärischen Uniformen. Als Boyd und ich 1994 die »Konfrontationslinie« besichtigten, gingen wir an bewaffneten Kroaten und Muslimen vorbei, die nur drei bis fünf Meter voneinander entfernt standen, miteinander tranken und sprachen, sich Witze erzählten und sogar zusammen Karten spielten – aber nur, weil ihnen ihre Waffen Sicherheit verliehen. Es war einer der traurigsten und angespanntesten Spaziergänge meines Lebens.

Ein Jahr später hatte sich daran nur wenig geändert. Während sich unser schwerbewaffneter Konvoi auf dem Weg in den muslimischen Sektor, wo unser Treffen stattfinden sollte, vorbei an Autowracks und Barrikaden durch die Straßen schlängelte, fühlte ich mich wieder einmal von der entsetzlichen Sinnlosigkeit dieses Krieges abgestoßen.

*

Das Treffen mit Izetbegović verlief noch schlimmer, als wir befürchtet hatten. Christopher hatte Izetbegović angerufen und ihn gedrängt, dem Abkommen zuzustimmen, doch der bosnische Präsident hatte ihm beschieden, mit seinem Urteil bis zu unserem Eintreffen in Mostar zu warten. Daß wir die Aufhebung der Belagerung Sarajevos erreicht hatten, schien ihn kalt zu lassen. Er hätte es vorgezogen, die Bewohner Sarajevos noch eine Weile unter serbischem Beschuß leben zu lassen, wenn er damit eine Fortsetzung der Nato-Luftangriffe erreicht hätte.

Haris Silajdzic war sogar noch aufgebrachter. Bei dieser Gelegenheit entdeckte ich, daß der ansonsten sehr beherrschte bosnische Ministerpräsident zu heftigen Wutanfällen neigte, eine Neigung, der er später noch mehrfach – und manchmal mit katastrophalen Folgen – bei angespannten Situationen im Verhandlungsprozeß nachgab. Silajdzic lehnte die Feuerpause als »völlig inakzeptabel« ab und forderte die Fortsetzung der Luftangriffe. Während Silajdzic sich in Rage redete, gab Izetbegović mir ein Zeichen, ihn nach draußen zu begleiten. Kaum waren wir allein, sagte er mir, daß er die Haltung der USA verstehe und uns, wenn auch widerstrebend, unterstützen würde. Aber ich müsse auch verstehen, daß er einer Feuerpause zumindest noch nicht öffentlich zustimmen könne. (Draußen wartete ein großes Pressekorps.) Zuerst müsse er nach Sarajevo zurückkehren und, wie er es ausdrückte, »seine Leute bearbeiten«. Um ihre Zustimmung zu erhalten, müßte er ihnen zeigen, daß er uns zu einer »Nachbesserung« des ursprünglichen Abkommens gezwungen habe. Mit anderen Worten, er wollte, daß wir noch einmal nach Belgrad zurückkehrten und das Abkommen »verstärkten«.

Ich erwiderte, für sein Dilemma Verständnis zu haben und fügte im Vertrauen hinzu, daß die Luftangriffe ohnehin in zwei Tagen eingestellt worden wären und sein Handlungsspielraum daher ebenso eingeschränkt sei wie meiner. Wir kehrten zu den anderen zurück, wo Silajdzic gerade mehrere Änderungen für das Abkommen verlangte. Ich erklärte mich einverstanden, gleich nach dem bevorstehenden Kontaktgruppentreffen in Genf nach Belgrad zurückzukehren und mit Milošević zu verhandeln. Dicht umlagert von Journalisten, die uns Fragen zuschrieen und versuchten, mit ihren Mikrofongalgen ein paar O-Töne einzufangen, verabschiedeten wir uns voneinander. Wie angekündigt, kommentierten die Bosnier das Abkommen vor der Presse sehr zurückhaltend, gingen aber nicht so weit, es offen zu kritisieren.

*

Genf. Am nächsten Morgen bat ich Owen und Chris Hill, mit Silajdzic nach Sarajevo zu fahren und ihn noch einmal hinsichtlich des Abkommens zu beruhigen. Außerdem sollten sie mit ihm über eine Verfassung nach dem Krieg sprechen. Für beide war es die erste Fahrt über den Igman. Als sie die Stelle erreichten, wo der Schützenpanzerwagen mit Frasure, Kruzel und Drew abgestürzt war, hielten sie kurz an und gedachten ihrer toten Kameraden.

Der Rest des Teams flog zur Sitzung der Kontaktgruppe nach Genf. Angesichts der drängenden Verhandlungen hatte ich das Treffen eigentlich verschieben wollen. Aber da wir uns einverstanden erklärt hatten, daß die Russen es in ihrer Genfer UN-Mission und nicht, wie geplant in Moskau, ausrichteten, war ein Rückzug nicht mehr möglich. Das Treffen verlief zwar chaotisch, erhielt in den Medien aber viel Beachtung, und das war es, worauf die Russen Wert legten. Igor Iwanow, der stellvertretende russische Außenminister, führte den Vorsitz. Iwanow war sehr umgänglich, und wenn er, was manchmal vorkam, einen Wutanfall hatte, konnte er sich schnell wieder beherrschen. Sein Englisch war nicht so gut, wie er selbst glaubte, und er verwendete selten einen Dolmetscher. Dadurch kam es zu einigen Mißverständnissen, die der gewandte deutsche Gesandte bei der Kontaktgruppe Wolfgang Ischinger jedoch schnell auszuräumen verstand.

Die Delegierten der vier anderen Kontaktgruppenländer drängten uns, möglichst unverzüglich eine internationale Friedenskonferenz einzuberufen. Ich erklärte, die Differenzen zwischen beiden Seiten seien dafür immer noch zu groß, äußerte mich aber zuversichtlich, daß es schlußendlich zu einer solchen Konferenz kommen werde. Statt dessen regte ich eine Neuauflage des Genfer Außenministertreffens während der Sitzung der UN-Generalversammlung Ende September in New York an. Was wir bräuchten, und was wir in Genf noch nicht hatten erreichen können, war ein Abkommen über den Aufbau zentraler Regierungsinstitutionen – eines »Bindegewebes« zwischen den Serben und der Föderation. Erst dann mache es Sinn, das »große Treffen«, sprich eine echte Friedenskonferenz der drei Präsidenten, zu planen.

*

Belgrad. Am Nachmittag des 16. September flogen wir zurück nach Belgrad, um Miloševic zu der Annahme der Änderungen der Waffenstillstandsvereinbarung zu bewegen. Auch wenn die Nato seit dem Morgen des 14. September keine Luftangriffe mehr geflogen hatte, könnten sie, betonten wir gegenüber Miloševic, jederzeit wiederaufgenommen werden. Präsident Clinton hatte auf unsere Bitte hin eine unmißverständliche öffentliche Erklärung abgegeben, die dieser Drohung Nachdruck verlieh: »Lassen Sie mich eines klarstellen: Sollten die bosnischen Serben ihren Verpflichtungen nicht nachkommen, werden die Luftangriffe wiederaufgenommen.«

Milošević hatte General Momčilo Perisić, den Generalstabschef der jugoslawischen Armee, zu unserem Treffen hinzugebeten. Perisić war ein verdrießlicher Kettenraucher und sah aus wie ein Überbleibsel aus dem Kalten Krieg. Milošević erklärte, Mladić sei im Krankenhaus, um sich Nierensteine entfernen zu lassen. Ich hoffte im stillen, daß diese Nierensteine die Art von medizinischem Problem darstellten, die totalitäre Regierungschefs manchmal bei ihren politischen Gegnern entdeckten, etwas, von dem man sich nicht mehr erholte. Vielleicht las Milošević meine Gedanken, denn er fragte uns, ob wir Mladić im Krankenhaus besuchen und uns davon überzeugen wollten, daß er wirklich krank sei. Ich lehnte ab.[1]

Wir legten Milošević und Perisić die Forderungen für ein weiteres Aussetzen der Luftangriffe dar: Erstens, die nach Sarajevo führenden Straßen wurden unter den Schutz der französischen Schnellen Eingreiftruppe gestellt. Zweitens, der Begriff »humanitäre« Güter umfaßte in Zukunft *alle* Güter des zivilen Bedarfs, darunter auch Zement, Glas, Schuhe und Radios, deren Einfuhr nach Sarajevo die Serben bisher verhindert hatten. Drittens verlangten wir eine Garantie, daß der Fehler hinsichtlich des Umfangs der abzuziehenden schweren Waffen behoben wurde, der sich in der langen Nacht vom 12. auf den 13. September in den Vertragstext eingeschlichen hatte. Dieses Versehen, hervorgerufen durch Müdigkeit bei einem unserer militärischen Berater, wurde bereits weltweit als »bedeutende Konzession« der amerikanischen Unterhändler interpretiert. Zu guter Letzt teilten wir den Serben mit, daß von nun an nicht mehr die Uno, sondern die USA und die Nato darüber befinden würden, ob sie die Vereinbarungen einhielten.

Während der Unterredung pendelte ich zwischen dem rauchgeschwängerten Eßzimmer der Villa und einem amerikanischen Feldtelefon auf der Terrasse hin und her, über das wir per Standleitung mit General Rupert Smith in Sarajevo verbunden waren, dem Oberkommandierenden der UN-Streitkräfte in Bosnien.[2] Milošević und Perisić erhoben zwar gegen einige unserer Forderungen Einwände, stimmten letzten Endes aber allen Bedingungen zu. Allerdings standen wir noch immer vor demselben Problem, an dem schon so viele frühere Waffenstillstandsvereinbarungen gescheitert waren: sicherzustellen, daß die Anordnungen, denen auf einer Ebene zugestimmt worden war, auf der anderen auch ausgeführt wurden. Die Serben verstanden es meisterhaft, so zu tun, als könnten sie ihre lokalen Befehlshaber nicht kontrollieren. Um dem vorzubeugen, verlangten wir den Namen eines serbischen Feldkommandanten im Gebiet von Sarajevo, mit dem General Rupert Smith gleich am nächsten Morgen verhandeln konnte. Perisicć schlug General Dragomir Milošević vor (nicht verwandt mit dem serbischen Präsidenten), der, wie er versprach, am nächsten Morgen zu Gesprächen in Sarajevo sein würde. Als ich Smith über die Zusage informierte, erwiderte er trocken, er bezweifle sehr, den serbischen General je zu Gesicht zu bekommen.

Smith und ich unterhielten uns über eine Stunde lang mit Hilfe des betagten Feldtelefons. Immer, wenn ich zurück zur Villa mußte, übernahm Wesley Clark das Gespräch. Das veraltete Feldtelefon war schwierig zu handhaben, und mehrere Male mußten wir das Gespräch unterbrechen, weil die Anlage überhitzt war, doch da es keine direkte Telefonverbindung mehr zwischen Belgrad und Sarajevo gab, blieb uns keine andere Wahl. General Smith stellte die Verhandlungen immer wieder in Frage. Ich verstand, warum er den serbischen Versprechungen nicht traute – uns erging es nicht anders –, doch wie Janvier schien er nur sehr langsam zu begreifen, daß die Lage sich verändert hatte und wir eine einzigartige Gelegenheit hatten, den Belagerungszustand Sarajevos zu beenden.

Inzwischen verhandelten wir seit fast sieben Stunden mit Milošević. Während Owen und Hill darauf warteten, daß ich mein Gespräch mit General Smith beendete, versuchten sie, mit Milošević über Verfassungsfragen zu sprechen. Doch trotz der höflichen, aber hartnäckigen Versuche Owens ging Milošević nicht auf das Thema ein. Schließlich kam Milutinović heraus und bat, mich kurz unter vier Augen sprechen zu dürfen. »Hören Sie«, sagte er, »sagen Sie Ihren Kollegen, daß mein Präsident Verfassungsfragen nicht vor General Perisicć diskutieren wird. Sie müssen warten, bis Perisicć gegangen ist.« Wir hatten inzwischen gelernt, daß dieses tiefe Mißtrauen gegenüber den eigenen Verbündeten auf dem Balkan so verbreitet war Slibowitz.

Die Annahme unserer Forderungen durch Miloševic an diesem Abend bedeutete das endgültige Ende der Nato-Luftangriffe. Sie hätten wiederaufgenommen werden können, falls die Serben das Abkommen nicht eingehalten hätten, doch allein schon die Drohung genügte, um sie bei der Stange zu halten. Den ersten Beweis dafür erhielten wir schon am folgenden Tag: Zu General Smiths Überraschung erschien General Miloševic wie vereinbart, um mit ihm den Abzug der schweren Waffen aus dem Gebiet um Sarajevo zu besprechen, der kurze Zeit später dann tatsächlich auch erfolgte.

*

Um dem Ende der Belagerung Sarajevos die gebührende Beachtung zu sichern, statteten wir am nächsten Tag allen drei Hauptstädten einen Besuch ab und sprachen mit allen drei Präsidenten. Diese Gewalttour war mehr als nur ein PR-Auftritt; die Verhandlungen traten nun in eine neue Phase ein, in der es notwendig war, daß wir an einem Tag alle drei Hauptstädte besuchen konnten.

Unsere erste Station am Sonntag morgen war Zagreb, wo die Offensive der Föderation, die zunehmend an Boden gewann, das Hauptthema war – obwohl die Föderation selbst natürlich nie erwähnt wurde; in den Augen der Kroaten war die Offensive ihre Militäroperation. Zwei weitere wichtige Städte waren gefallen: Bosanski Petrovac und Jajce. Trotz der fieberhaften Anstrengungen der Serben war das serbische Kommunikationsnetz in Westbosnien immer noch außer Betrieb. Inzwischen kontrollierte die kroatische Armee die Zufahrtsstraßen zu vielen der serbischen Hochburgen in der Region, und Tudjman stand nun vor der Frage, ob er die Offensive fortsetzen sollte, und wenn ja, bis wohin? Daß die Vereinigten Staaten widersprüchliche Signale sandten, half ihm bei dieser Entscheidung nicht unbedingt weiter.

Die Verwirrung Zagrebs hinsichtlich der amerikanischen Haltung war verständlich. Zwei Tage vor meiner Rückkehr nach Zagreb hatte Botschafter Galbraith beim kroatischen Verteidigungsminister Susak einen formalen Einspruch, eine, wie es im Jargon des State Department heißt, Demarche gegen die Fortsetzung der Offensive vorgetragen. Galbraith, der mit der Demarche nicht einverstanden war, hatte Washington um eine Überarbeitung gebeten, war damit aber abgeblitzt. So war ihm keine Wahl geblieben, als bei Susak formell Protest einzulegen. Fast zur gleichen Zeit jedoch empfahlen in Washington

Lake und Christopher in Einzelgesprächen dem kroatischen Außenminister Mate Granić, den Vormarsch erst nach einer »Stabilisierung« der Frontlinien zu beenden.

Das Vermittlerteam war, wie John Kornblum Washington mitteilte, anderer Meinung. So, wie wir es sahen, eroberten die Streitkräfte der Föderation nach vier Jahren serbischer Aggression nun Gebiete zurück, die sie zu Beginn des Krieges verloren hatten. Aus Gründen der Gerechtigkeit, aber auch aus taktischen Überlegungen heraus, sollten gegen die Offensive keine Einwände erhoben werden, solange sie nicht in Schwierigkeiten geriet oder zu weit ging.

Am Anfang der Auseinandersetzung über die Einschätzung der kroatischen Offensive stand, wie bei so vielen anderen Problemen auch, eine Fehleinschätzung der Geheimdienste. Jeden Morgen erreichte die führenden Regierungsmitglieder in Washington ein »täglicher Geheimdienstbericht« mit neuen Warnungen über die mit der Offensive verbundenen Risiken. Nach Ansicht der »Experten« stieg mit zunehmendem Erfolg der muslimisch-kroatischen Offensive die Gefahr, daß die reguläre jugoslawische Armee erneut in den Krieg eingriff. Diese Einschätzung basierte allerdings nicht so sehr auf geheimen Informationen über die Pläne der jugoslawischen Armee, als auf dem überholten Glauben der Geheimdienste an die drückende militärische Überlegenheit der Serben und ihre innere Geschlossenheit.

Zu Beginn der diplomatischen Mission hatte unser Team diese Einschätzung weitgehend geteilt. Mitte September, nachdem wir mehr Zeit mit der serbischen Führung verbracht hatten als jeder andere Amerikaner, revidierten wir unsere Meinung. Wir kamen zu dem Schluß, daß Milošević die bosnischen Serben ebenso wie die Krajina-Serben praktisch abgeschrieben hatte und nicht bereit war, zu ihrer Rettung militärisch zu einschreiten. Unserer Überzeugung nach gab es nur ein Szenario, das die jugoslawischen Truppen zu einem erneuten Einschreiten in Bosnien bewegen könnte: die Schließung des nur 5 Kilometer breiten Korridors bei Brčko, was die Mehrheit der bosnisch-serbischen Bevölkerung von Serbien abtrennen würde.

Washingtons Wunsch nach einer Beendigung der Offensive wurde just in dem Moment publik, als wir uns privat mit Tudjman trafen. In einem Artikel auf der Titelseite der *New York Times,* in dem Mitglieder der US-Regierung zitiert wurden, schrieb Chris Hedges:

In der Uno und der amerikanischen Regierung werden zunehmend Befürchtungen laut, daß die Offensive Serbien wieder in den Krieg hineinziehen könnte … »Alle Zeichen stehen auf Halt, unwiderruflich auf Halt« erklärte ein Regierungsmitglied. »[Die Offensive] beschwört die Gefahr herauf, alle bisherigen Erfolge zunichte zu machen.« Die Botschaft aus Washington lautet: »Hört auf, solange ihr noch vorne liegt.«

Am nächsten Tag hieb der Sprecher des Weißen Hauses Mike McCurry in dieselbe Kerbe. »In Westbosnien wird gekämpft«, erklärte er vor Journalisten. »Wir würden es vorziehen, wenn die Kampfhandlungen eingestellt und die Aufmerksamkeit sich mehr auf die seit einiger Zeit von unserem Sonderbotschafter Holbrooke geführten Gespräche richten würde.« Mir wäre eine andere Botschaft aus dem Weißen Haus zwar lieber gewesen, gleichzeitig war mir jedoch auch klar, daß McCurry, ein sehr erfahrener Pressesprecher, seine Äußerung mit dem Nationalen Sicherheitsrat abgesprochen haben mußte.

Obwohl Washington die Offensive beendet sehen wollte, wurden uns in dieser Sache zu keinem Zeitpunkt klare Anweisungen erteilt. Alles, was wir erhielten, waren relativ unspezifische Äußerungen unserer Vorgesetzten, deren Auslegung uns überlassen blieb. In Erinnerung daran, wie sehr das Übermaß an Vorgaben Harriman und Vance bei den Verhandlungen mit Nordvietnam 1968 behindert hatte, war ich dankbar dafür, daß Washington uns soviel Handlungsspielraum ließ. Tom Donilon erzählte mir später, daß wir unsere Flexibilität zu einem Großteil Warren Christopher verdankten, der die Lage selbst zwar anders einschätzte, aber dennoch vehement dafür eintrat, den Kurs des Vermittlerteams zu unterstützen.

*

Am 14. September trafen Galbraith und ich uns mit Tudjman. Tudjman verlangte eine Klärung der amerikanischen Position. Er fragte mich direkt nach meiner *persönlichen* Meinung. Ich deutete an, daß ich die Offensive generell unterstützte, verschob aber einen intensiveren Austausch auf das zweite Treffen, damit ich die Angelegenheit noch einmal mit meinen Kollegen und mit Washington besprechen konnte.

Am 17. September sprachen Galbraith und ich erneut mit Tudjman.

Zur selben Zeit trafen sich, wie wir es zuvor vereinbart hatten, Clark, Hill, Kerrick und Pardew mit Susak. Galbraith und ich saßen nebeneinander auf einem prunkvollen, mit goldenen Zierborten besetzten Sofa, Tudjman zu meiner Rechten in einem Louis-Quinze-Sessel.

Ich versicherte Tudjman, daß die Offensive für die Verhandlungen von großem Wert sei. Es sei sehr viel leichter, das zu behalten, was man auf dem Schlachtfeld erobert habe, als die Serben am Verhandlungstisch zur Herausgabe von Gebieten zu bewegen, die sich seit mehreren Jahren in ihrer Hand befanden. Ich drängte Tudjman, die Offensive auf Sanski Most, Prijedor und Bosanski Novi auszuweiten, Städte, die weltweit zu Symbolen für ethnische Säuberungen geworden waren. Die Städte am grünen Tisch zurückzugewinnen sei so gut wie aussichtslos, sollten sie aber vor Beginn der Gebietsverhandlungen fallen, würden sie unter Kontrolle der Föderation verbleiben.

Banja Luka dagegen, erklärte ich, sei eine andere Sache. Wie es aussah, konnte niemand mehr der kroatischen Offensive den Weg in diese größte bosnisch-serbische Stadt verlegen, auch wenn es keineswegs feststand, ob die Kroaten überhaupt in der Lage waren, die Stadt einzunehmen. Trotzdem drängte Susak, wie wir wußten, auf einen schnellstmöglichen Angriff. Ich wies Tudjman darauf hin, daß Banja Luka eindeutig im serbischen Teil Bosniens liege. Selbst wenn die Föderation Banja Luka einnehmen sollte, müßte sie die Stadt bei Friedensverhandlungen unweigerlich wieder an die Serben zurückgeben. Außerdem würde die Einnahme der Stadt über 200 000 Menschen zu Flüchtlingen machen, und ich gab Tudjman zu verstehen, daß die USA keine Aktion befürworten konnten, die unweigerlich zu einem erneuten, drastischen Anschwellen des Flüchtlingsstrom führen mußte. Ich schloß meinen Kommentar mit einer klaren Aussage: »Herr Präsident, ich bin dafür, daß Sie so weit vorrücken, wie Sie können, aber lassen Sie die Hände von Banja Luka.«

Damit, daß wir eine Militäroffensive in drei bestimmten Gebieten befürworteten und uns nur in Banja Luka dagegen aussprachen, setzten wir uns natürlich dem Vorwurf aus, mit zweierlei Maß zu messen. Doch die drei Städte, bei denen wir eine Offensive befürworteten, waren zu einem unbedeutender als Banja Luka, zum anderen waren sie weit weniger mit emotionalem und historischem Ballast befrachtet, und es bestanden gute Aussichten, sie auch am Verhandlungstisch behalten zu können.

Die Offensive im Westen, August bis September 1995

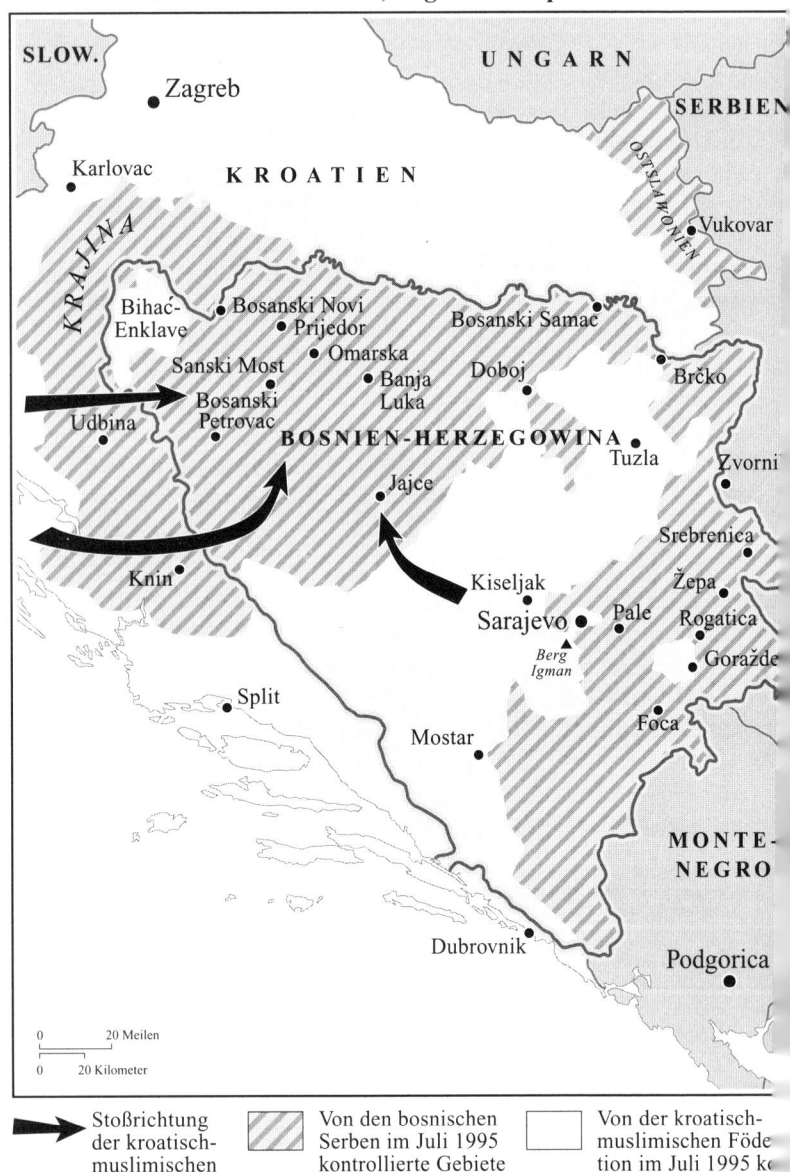

Während wir Tudjman zu einer Fortsetzung der Offensive ermutigten, äußerten wir uns zugleich sehr besorgt über das Schicksal der vielen aus ihrer Heimat vertriebenen Menschen. Galbraith und ich betonten gegenüber Tudjman, daß die brutale Behandlung der Serben, die mit den militärischen Erfolgen der Kroaten einhergehe, nicht entschuldigt werden könne. Für das rücksichtslose Vorgehen gegen die serbische Zivilbevölkerung, die zum Teil seit mehreren Generationen in den betroffenen Gebieten siedelte, gebe es keinerlei Rechtfertigung. Das gegenwärtige Verhalten der Kroaten könne, warnte ich Tudjman und benutzte dabei bewußt einen provozierenden Begriff, der im allgemeinen nur im Zusammenhang mit den Serben gebraucht wurde, leicht als eine gemäßigte Form der ethnischen Säuberungen interpretiert werden. Tudjman reagierte heftig, stritt meine Beschuldigung aber nicht gänzlich ab; sollten sich unsere Angaben als zutreffend erweisen, sagte er zu, dieses Treiben sofort unterbinden zu lassen. Was Banja Luka betraf, wollte Tudjman sich nicht festlegen, unterbreitete dann aber doch den ebenso merkwürdigen wie problematischen Vorschlag, daß wir Banja Luka gegen Tuzla, die Stadt mit dem größten muslimischen Bevölkerungsanteil in Bosnien, »eintauschen«. Galbraith beugte sich zu mir herüber und flüsterte: »Das ist eine seiner Obsessionen. Niemand sonst ist damit einverstanden.« Daraufhin entgegnete ich Tudjman, das stehe außer Frage. Auch wenn wir später nie wieder auf diese Idee zu sprechen kamen, hatte sie uns doch für einen kurzen Moment einen Einblick in sein wirkliches Denken und Fühlen eröffnet.

Tudjmans Vorschlag spiegelte seinen tiefen Haß auf die Muslime und seinen Traum wider, alle Kroaten in einem Land, unter einer Flagge und unter seiner Führung zu vereinen. Er wußte genau, daß er die internationalen Grenzlinien nicht neu ziehen konnte, solange der Krieg noch andauerte. Worauf es ihm ankam, war, die Aussichten auf einen großflächigen, die ganze Region umgestaltenden Landtausch auszuloten. Nach Tudjmans Plan sollte Kroatien *de facto* die Kontrolle über das Zagreb wirtschaftlich und von seiner Lage her näher als Sarajevo stehende Westbosnien übernehmen, Ostbosnien dagegen den Serben zugeschlagen werden, womit den Muslimen lediglich ein von allen Seiten eingeschlossener Ministaat um Sarajevo bleiben würde. Wir nannten diese Idee wegen ihrer Parallele zur Teilung Polens 1939 das »Stalin-Hitler-Szenario«. Wiederholt hatten wir von Tudjman verlangt, alle Spekulationen über einen derartigen Tauschhandel zurückzuweisen – eine Version davon hatte großes Aufsehen erregt, nachdem er bei einem Abendessen in London im Mai 1995 informell eine solche Möglichkeit angedeutet hatte.

*

Monate später schrieb Roger Cohen im *New York Times Magazine*, die Verhinderung des Angriffs auf Banja Luka sei »ein Akt der Realpolitik in höchster Vollendung« unsererseits gewesen: Hätten wir der Föderation die Einnahme der Stadt erlaubt, hätte das den Friedensprozeß »entgleisen« lassen.

Cohen, dessen Berichterstattung über den Krieg sehr fundiert war, mißdeutete unsere Motive bezüglich Banja Luka. Im Gegensatz zu seiner Auslegung hätte ein praktizierender Realpolitiker einen Angriff ohne Rücksicht auf die humanitären Folgen unterstützt.

Am Ende gaben, zumindest was mich betraf, humanitäre Bedenken den Ausschlag. In Anbetracht des rücksichtslosen Vorgehens der Föderationstruppen bei der Offensive erschien es als sicher, daß die Einnahme Banja Lukas nicht ohne massenhafte Vertreibungen und wahlloses Morden ablaufen würde. Obwohl wir die kroatische Offensive als solche unterstützten, durften die Vereinigten Staaten meiner Ansicht nach nicht zu einer Erhöhung der Flüchtlingszahl und des menschlichen Leides beitragen, zumal absehbar war, daß die Stadt später ohnehin wieder an die Serben zurückgegeben werden mußte.

Auch wenn das Rachemotiv ein wesentlicher Bestandteil des Ethos auf dem Balkan darstellen mochte, die amerikanische Politik durfte sich daran nicht beteiligen. Unsere Aufgabe bestand darin, die amerikanischen Interessen – zumindest insoweit wir sie ermitteln konnten – zu vertreten.

Inzwischen bin ich mir auch gar nicht mehr so sicher, ob es richtig war, einen Angriff auf Banja Luka abzulehnen. Hätten wir damals geahnt, wie häufig die bosnischen Serben 1996 und 1997 gegen die Bestimmungen des Friedensabkommens verstoßen oder sie schlichtweg ignorieren sollten, hätten wir als Vermittlerteam wahrscheinlich keine Einwände gegen einen Angriff auf Banja Luka erhoben. Allerdings ist es keineswegs sicher, daß die Föderation auch bei einer Unterstützung aus Washington Banja Luka tatsächlich angegriffen, geschweige denn erobert hätte. Zum einen hätte Tudjman die Hauptlast des Angriffs tragen müssen, zum anderen wurden die serbischen Linien bereits wieder verstärkt, und die Kroaten hatten an der Sana schwere Verluste hinnehmen müssen. Außerdem wäre Banja Luka bei einer Eroberung entweder an die Muslime gefallen oder hätte später an die Serben zurückgegeben werden müssen, war also für Tudjman so oder so ein Ziel von zweifelhaftem Wert. Banja Luka stellte noch aus einem anderen Grund einen Sonderfall dar: Die Stadt war einer der seltenen Fälle, in denen Milošević und Izetbegović einer Meinung waren. Banja Luka, erklärten beide, sei das Zentrum der gemäßigten bosnischen Serben, die mit der harten Linie Pales nicht immer einverstanden waren, und sie müsse als Gegengewicht zu Pale gestärkt werden. Zudem befürchtete Izetbegović, daß die Einnahme der Stadt die Spannungen zwischen Kroaten und Bosniern verschärfen würde.

*

Zur gleichen Zeit drängte sich ein weiteres, ernstes Problem in den Vordergrund: die wachsenden Spannungen zwischen Kroaten und Serben. Am Tag unseres Treffens mit Tudjman erreichten uns alarmierende Neuigkeiten. Nach der Einnahme von Bosanski Petrovac war es zu Kämpfen zwischen Muslimen und Kroaten gekommen, die drei Kroaten das Leben gekostet hatten. Es mußte sofort etwas unternommen werden.

Ich fragte Tudjman, ob er zu einem Treffen mit Izetbegović unter amerikanischer Schirmherrschaft bereit sei, um eine gemeinsame Position auszuarbeiten. Sacirbey hatte schon früher ein solches Treffen angeregt, doch die Vorstellung, daß ein amerikanischer Staatssekretär zwei Staatsoberhäupter zusammenrief, wirke sonderbar und anmaßend. Der Vorfall von Bosanski Petrovac änderte das: Die brisante Situation konnte alles, was die Föderation bisher erreicht hatte, wieder zunichte machen.

*

Rückkehr nach Sarajevo.   Wir hatten vorgehabt, von Zagreb mit unserem kleinen Jet nach Sarajevo zu fliegen und damit unser Vertrauen in die Waffenruhe zu beweisen. Doch die Air Force hielt unseren Plan für zu gefährlich, und so flogen wir von Zagreb zum amerikanischen Luftwaffenstützpunkt im italienischen Aviano und stiegen dort in einen C-130-Militärtransporter um. Bei diesem Flug wollte die Air

Force keinerlei Risiken eingehen: Als wir die Küstenlinie überflogen, bat der Crew-Kommandant, ein Colonel aus Deutschland, Order, kugelsichere Westen anzuziehen und Helme aufzusetzen, und beim Abstieg in das Tal von Sarajevo ließ der Pilot Alustreifen ab, die das feindliche Radar täuschen sollten. Ich saß bei den Piloten im Cockpit und hielt nach der Stelle auf dem Igman Ausschau, wo der APC in die Tiefe gestürzt war. Schon bald entdeckte ich eine Schneise aus umgeknickten Bäumen, die von der Straße aus abwärts verlief. Einen Moment lang blickten wir schweigend darauf, dann setzten wir auch schon auf der Landebahn des Flughafens von Sarajevo auf.

Es fällt mir schwer, meine Gefühle bei unserer Rückkehr an den Ort zu beschreiben, den wir vor genau vier Wochen an der Seite unserer drei toten Kollegen verlassen hatten. Diesmal schien die Sonne, und hinter einer Absperrung wartete eine große Zahl von Journalisten auf uns, an die ich ein paar kurze Sätze richtete, bevor ich rasch weiterging. Auf dem Weg in die Stadt sahen wir von unseren gepanzerten Fahrzeugen aus neben den üblichen umgestürzten Bussen und zerbombten Gebäuden zum ersten Mal seit Monaten Fußgänger. Einige der Passanten winkten den Wagen der amerikanischen Botschaft zu. Als wir am Amtssitz des Präsidenten ankamen, hatten sich auf der gegenüberliegenden Straßenseite mehrere hundert Menschen versammelt. Sie applaudierten, als wir ausstiegen, und einige schwenkten amerikanische Fähnchen. Die Belagerung Sarajevos war vorüber.

*

Im Innern des Gebäudes herrschte keine Jubelstimmung. Izetbegović war mißgelaunt und Silajdzic sichtlich unglücklich. Meine Versuche, über den Wiederaufbau Sarajevos zu sprechen, ignorierten sie. Sie glaubten nicht, daß die bosnischen Serben tatsächlich ihre schweren Waffen abziehen würden; schließlich hatten sie das bei früheren Vereinbarungen auch nicht getan. Mir gefiel diese Reaktion nicht. »Sie vergessen das große Bild«, sagte ich zu Izetbegović. »Wenn die Serben die Abmachung brechen, werden wir die Luftangriffe wieder aufnehmen. Aber wenn sie die Bedingungen einhalten, müssen auch Sie bereit sein zum Frieden und zum Wiederaufbau.«

Die Lage hatte sich für diese tapferen, aber isolierten Männer zu schnell verändert, als daß sie erkennen konnten, welche Fortschritte wir erzielt hatten. Da stärkerer Druck nur zu größeren Problemen führen würde, verzichtete ich auf unser restliches gemeinsames Programm, und wir gingen verstimmt auseinander. Beim Hinausgehen sagte mir Sacirbey noch, ich würde zu viel Zeit mit den Serben verbringen – ein ständig wiederkehrender Vorwurf der Muslime.

Unser nächster Besuch galt General Rupert Smith, den wir ermutigen wollten, gegenüber den bosnischen Serben eine harte Linie zu verfolgen. Wir hielten die Möglichkeit in Händen, ihren Widerstand im Raum Sarajevo zu brechen, allerdings nur, wenn Smith bei der Durchsetzung des Abkommens entsprechend unnachgiebig verfuhr. »Jetzt ist der Moment gekommen, die Serben herauszufordern«, sagte ich zu Smith. »Wir haben ein schriftliches Abkommen und damit einen Mechanismus, mit dem wir sie über Miloševic zur Einhaltung zwingen können. Miloševic weiß, daß wir die Luftangriffe jederzeit wiederaufnehmen können.« Smith war zwar bekannt dafür, daß er eine aggressivere Haltung als Janvier vertrat, dennoch zögerte er. Er wollte nicht für eine seiner Meinung nach zu rigorose Durchsetzung des Abkommens verantwortlich gemacht werden.

»Wir müssen das auf unsere Art erledigen«, erwiderte Smith steif. »Vielleicht verstehen Sie das nicht.« Er ging zur Wandkarte und begann mit ausführlichen Erklärungen zur strategischen Situation auf dem Schlachtfeld. Es war unverkennbar, daß er immer noch Vergeltungsmaßnahmen von seiten der Serben fürchtete. »Außerdem gibt es da noch die üblichen Schwierigkeiten, unsere Anweisungen allen Truppenteilen mitzuteilen«, erklärte er und bezog sich damit auf den Umstand, daß die verschiedenen Nationalitäten unter seinem Kommando seine Anordnungen höchst unterschiedlich interpretierten und ausführten. »Sie sind darauf trainiert, Befehle auf eine bestimmte Art auszuführen«, sagte er trocken. Was er damit meinte, war: Ein Teil meiner Truppen folgt meinen Befehlen nicht.

Beim Abschied zog mich Smith beiseite. »Um es genau zu sagen«, erklärte er mit plötzlich sehr viel freundlicherer Stimme und so leise, daß niemand sonst ihn hören konnte. »Ich habe keine Macht über den französischen Kommandeur des Sarajevo-Sektors.[3] Er erhält seine Anordnungen direkt von Janvier, und Sie wissen, was das bedeutet.«

*

Über Italien kehrten wir nach Belgrad zurück. Falls jemand mitgezählt habe, merkte irgendwann Chris Hill an, damit seien wir an einem

Tag in vier verschiedenen Ländern gewesen (in Italien und Serbien sogar zweimal). Doch uns standen noch ein dreistündiges Gespräch und ein Abendessen mit Miloševic bevor. Miloševic schien die allgemeine militärische Situation nicht zu beeindrucken. Als Pardew und Clark ihm mitteilten, daß die bosnisch-serbischen Truppen im Westen in Auflösung begriffen seien, stritt er das nicht ab. Statt dessen drängte er uns erneut, so schnell wie möglich eine internationale Friedenskonferenz in den USA einzuberufen.

Miloševic war stolz auf sein Wissen über Amerika und bewunderte besonders den Stunt-Motorradfahrer Evel Knievel. In meiner Antwort auf seine Forderung bezog ich mich auf einen berühmten (und gescheiterten) Stunt Knievels: »Man kann den Grand Canyon nicht mit zwei Sprüngen überqueren. Für eine Konferenz ist es noch zu früh. Die Kluft zwischen den verschiedenen Parteien ist noch zu tief, um alle zusammenzubringen.« Miloševic zuckte nur mit den Schultern; er würde es weiter versuchen.

*

Das Haus mit nur einem Dach. Am nächsten Morgen, dem 19. September, trafen wir in Zagreb mit Tudjman und Izetbegović zusammen. Seit wir das Treffen vor zwei Tagen arrangiert hatten, war seine Dringlichkeit aufgrund eines unerwarteten militärischen Rückschlags für die Kroaten noch gestiegen. Beim Versuch, über den hochwasserführenden Fluß Una an der kroatisch-bosnischen Grenze überzusetzen, waren reguläre Einheiten der kroatischen Armee auf heftigen serbischen Widerstand gestoßen und hatten zum ersten Mal seit Beginn größere Verluste hinnehmen müssen; ungefähr fünfundzwanzig Kroaten waren getötet worden, fünfzig weitere saßen auf dem gegenüberliegenden Ufer fest. Ein dänisches Unprofor-Bataillon, das von den Kämpfen überrascht worden war, beklagte zwei Tote und acht Verwundete. Empört über die Grenzverletzung durch die kroatische Armee rief mich General Rupert Smith an und drohte damit, einen Nato-Luftangriff *gegen die Kroaten* anzufordern, was jedoch mehr einen Ausdruck seines verständlichen Zorns als eine ernstzunehmende Drohung darstellte.

Dieser erste ernsthafte militärische Rückschlag seit Beginn der Offensive dämpfte die Euphorie der Kroaten sichtlich. Die Aggressivität, die sie noch vor zwei Tagen zur Schau getragen hatten, war nun einer vorsichtigeren Haltung gewichen. Dazu kam, daß die bosnisch-serbische Armee, ermutigt durch Mladić Rückkehr aus dem Krankenhaus, dabei war, ihre Linien wieder zu verstärken. Nach Geheimdienstmeldungen ließ Mladić östlich von Banja Luka schwere Artillerie zusammenziehen – eben die Waffen, die gemäß unseres Abkommens aus dem Raum Sarajevo abgezogen worden waren. Die kroatischen Truppen standen zwar immer noch kurz vor dem mit Flüchtlingen überfüllten Banja Luka, doch die Aussichten auf eine schnelle Einnahme waren bereits deutlich gesunken. Wollte die Föderation die Stadt immer noch erobern, würde sie sich auf eine massive Artillerieschlacht einlassen müssen. Da die Kroaten während des ganzen Krieges die Lieferung schwerer Waffen an die Muslime unterbunden hatten, waren sie die einzigen in der Föderation, die über die erforderlichen weitreichenden Geschütze verfügten. Die Entscheidung, ob Banja Luka angegriffen wurde oder nicht, lag also fast allein in Tudjmans Händen.

Das Treffen der beiden Präsidenten am 19. September, das in einem großen Konferenzzimmer im kroatischen Präsidentenpalast abgehalten wurde, begann unter denkbar schlechten Voraussetzungen. Izetbegović kam drei Stunden zu spät aus Sarajevo. Obwohl der Grund für die Verspätung des bosnischen Präsidenten – schlechtes Wetter – durchaus verständlich war, kochte Tudjman vor Wut. Außer Galbraith hatte keiner von uns je die beiden Männer zusammen erlebt, und ihre starke gegenseitige Abneigung übertraf unsere Befürchtungen bei weitem.

Tudjman begann aggressiv. Der Rückschlag an der Una hatte zwar seine Eroberungslust gedämpft, nicht aber seine Wut auf die bosnischen Verbündeten. »*Wir* haben die größten Verluste erlitten, und wir haben 80 Prozent dieses Gebietes selbst befreit«, schrie er den sichtlich eingeschüchterten bosnischen Präsidenten vor über vierzig schockierten Zuhörern an. »Jetzt verlangen Sie, daß wir Ihnen Städte aushändigen, die zu Kroatien gehören und die von Kroaten befreit wurden. Sie bestehen darauf, daß wir Gebiete erobern und dann an Sie weiterreichen. Das ist völlig inakzeptabel.« Izetbegović sank in seinem Stuhl förmlich zusammen und sagte nichts. Während ich über Kopfhörer die hektische Simultanübersetzung verfolgte, betrachtete ich Tudjman entsetzt, und Galbraith kommentierte die Szene später so: »Es war, als ob man durch einen Spionglasspiegel eine Therapiesitzung miterleben würde.«

Der neben mir sitzende Sacirbey drängte mich flüsternd: »Sie müssen dem ein Ende bereiten. Schreiten Sie ein, bevor es zu spät ist.« Ich bat um die Erlaubnis, etwas sagen zu dürfen. Beide Präsidenten wandten sich mir ruckartig zu. Man konnte ihnen ansehen, daß sie darauf warteten, daß die USA ihnen sagte, was zu tun sei. Es war ein merkwürdiger Augenblick, an den wir uns später noch oft erinnerten. Wieder einmal zeigte sich eine typische Charaktereigenschaft der Politiker auf dem Balkan; sobald sie in Rage geraten waren, konnten sie nur noch von Außenstehenden daran gehindert werden, sich gegenseitig zu zerfleischen.

Ich erinnerte sie daran, daß der eigentliche Zweck unseres Treffens darin bestand, die beiden Mitglieder der Föderation wieder zusammenzubringen. In Anbetracht der jüngsten Landgewinne bestehe eine wirkliche Aussicht auf Erfolg – vorausgesetzt, die Föderation funktionierte. Die Kämpfe zwischen Kroaten und Muslimen in Bosanski Petrovac und der Streit darüber, wer die Kontrolle über die neu eroberten Gebiete erhielt, nützten nur den Serben. Mit einer zerstrittenen Föderation sei eine Friedenskonferenz nicht möglich.

Ich wiederholte noch einmal meine Bedenken gegen eine Einnahme Banja Lukas. Dabei betonte ich, daß ich mich ausschließlich auf Banja Luka beziehe, nicht auf die übrige Offensive. Izetbegović sagte nichts. Die Entscheidung lag bei Tudjman. Der kroatische Präsident zögerte einen Moment, dann wandte er sich an Izetbegović und fragte ihn mit plötzlich wieder ruhiger Stimme: »Sollen wir Botschafter Holbrooke zustimmen?« Izetbegović zeigte sich schulterzuckend einverstanden.

Ich war überrascht, wie schnell sich die Sache hatte bereinigen lassen – und wie schnell Tudjmans Stimmung umgeschlagen war. Ich schlug vor, im Anschluß an das Treffen eine gemeinsame Erklärung abzugeben. Tudjman machte den Vorschlag, daß unser amerikanisches Verhandlungsteam die Erklärung abgeben solle – in seiner und Izetbegovićs Abwesenheit. Wie üblich wollten die Regierungschefs den Eindruck erwecken, daß die Amerikaner sie unter Druck gesetzt hätten, etwas zu tun, was sie wahrscheinlich ohnehin getan hätten.

Als wir aufbrachen, zog ich Verteidigungsminister Susak beiseite. »Lassen Sie mich eines nochmals klarstellen«, sagte ich. »Abgesehen von Banja Luka darf nichts von dem, was wir heute gesagt haben, so ausgelegt werden, daß der Eindruck entsteht, wir wollten die Offensive beendet sehen. Was jetzt zählt, ist rasches Handeln. Wir können das natürlich nicht in aller Öffentlichkeit sagen, aber ich empfehle Ihnen, Sanski Most, Prijedor und Bosanski Novi einzunehmen. Und zwar schnell, bevor die Serben sich neu formieren!«

Vor dem Präsidentenpalast wartete die Presse. Izetbegović und Tudjman, gab ich bekannt, hätten die USA gebeten zu verkünden, daß die Offensive nicht Banja Luka zum Ziel habe. Ich erwähnte ganz bewußt keine anderen Ziele. Dennoch erweckten die meisten Medienberichte den Eindruck, wir hätten die Bosnier und Kroaten gezwungen, »ihren Siegesmarsch durch das westliche und mittlere Bosnien zu stoppen«.[4] Natürlich hätten wir versuchen können, diesen Eindruck zu korrigieren, doch da er genau der Botschaft entsprach, die Washington vermitteln wollte, beließen wir es dabei.

Nach einer kurzen Unterredung mit dem britischen Außenminister Malcolm Rifkind, der gerade das Krisengebiet bereiste, flogen wir am Abend zurück nach Belgrad, wo uns Milošević zu einem Abendessen und einem weiteren Treffen erwartete. Im Anschluß daran wollten wir zurück nach Washington fliegen. Wir benötigten noch Miloševics Zustimmung für den Abkommensentwurf des Außenministertreffens am 26. September in New York. Milošević erklärte, daß er uns vor dem Treffen noch einmal sehen wollte und schlug vor, daß entweder ich selbst oder Owen und Hill nach Belgrad zurückkehrten, um noch einmal über den Entwurf für das Abkommen zu sprechen.

Ungefähr zu der Zeit, als unser Treffen mit Milošević endete, traf Rifkind in Belgrad ein. Nach Mitternacht ging ich daher noch zur britischen Botschaft und informierte ihn über den Verlauf unserer Gespräche. Ich war so müde, daß ich während der Unterhaltung, und einmal sogar, als ich eine Frage beantwortete, immer wieder kurz einnickte, doch Rifkind tat gnädigerweise so, als würde er es nicht bemerken.

*

Strobe Talbott hatte vorgeschlagen, daß ich vor meiner Rückkehr nach Washington eine persönliche Beurteilung der bisherigen Verhandlungen an Warren Christopher schickte, damit er das Treffen der drei Außenminister der Balkanländer am 26. September in New York vorbereiten konnte. Christopher hatte New York als den Ort bestimmt, an dem er erstmals persönlich in die Verhandlungen eingreifen wollte.

Talbott kam es vor allem darauf an, daß ich erklärte, inwiefern sich die Militäroffensive positiv auf den Friedensprozeß auswirkte. Es bestehe, wie er es formulierte, in dieser Hinsicht eine zunehmende Diskrepanz zwischen uns und Washington. Talbott schloß sich selbst und Christopher in die Gruppe derer ein, die »überzeugt werden mußte« – ein weiterer Beweis für seine Offenheit. Die inoffizielle handschriftliche Mitteilung, die ich am 20. September nach Washington faxte, war mein erster schriftlicher Bericht über unsere inzwischen nun über einen Monat andauernde diplomatische Mission:

Ich vermute, daß sich die dramatischste Phase der Offensive ihrem Ende nähert und die bisherigen Schwankungen im Frontverlauf allmählich durch eine verhältnismäßig stabile Front ersetzt werden ... Entgegen vieler Presseberichte und anderer Meinungen hat sich die Militäroffensive der Föderation bisher positiv auf den Friedensprozeß ausgewirkt. Diese simple Erkenntnis kann man jetzt vielleicht nicht publik machen ... Tatsächlich finden die Verhandlungen über die neue Landkarte Bosniens, die uns schon so viele Probleme bereitet haben, gerade auf dem Schlachtfeld statt – mit bisher positivem Effekt. Innerhalb einiger weniger Wochen wurde die bisherige 70/30-Aufteilung des Landes in ein ungefähres 50/50-Verhältnis verwandelt, was unsere Aufgabe erheblich leichter macht ....
Zwei potentielle Ziele sollten von der Offensive ausgeschlossen werden: Banja Luka und Ostslawonien. Am Dienstag [19.September] ist es uns in Zagreb gelungen, sowohl von Tudjman als auch von Izzy [Izetbegović] die Zusage zu bekommen, daß sie Banja Luka nicht angreifen werden. Beide benutzten »den amerikanischen Friedensplan« als Ausrede für diese plötzliche Zurückhaltung, obwohl sie allem Anschein nach Banja Luka so oder so nicht angegriffen hätten ...
Abgesehen von diesen beiden »Verbotszonen« fällt die Klärung der Frage, wie weit die Offensive gehen darf, sehr schwer. Früher haben wir unsere Glaubwürdigkeit dadurch geschwächt, daß wir so viele Verbote aussprachen, bis niemand mehr wußte, was wir eigentlich meinten ... Die Einnahme von Sanski Most oder Prijedor würde unsere Arbeit erleichtern. Beide Städte gehören nach der Karte der Kontaktgruppe zur Föderation, Milošević hat aber angekündigt, bei Verhandlungen nicht auf sie zu verzichten ...

Zum Schluß noch ein paar Worte zu unserer Unterstützung. Sie ist phantastisch, so gut, wie ich es noch nie erlebt habe. Obwohl ich einige Bemerkungen gegen mich persönlich in kürzlich erschienenen Artikeln sehr mißbillige, weiß ich doch, daß sie nicht von dem hinter uns stehenden Kernteam stammen. Sie, Strobe, Peter [Tarnoff], Tom [Donilon], John [Kornblum], Nick [Burns] und jetzt auch Beth Jones[5] waren großartig. Vielen Dank von uns allen. Wir sehen uns in Washington.

KAPITEL ZWÖLF

Drama in New York

(18. bis 26. September 1995)

> »Ich finde das Walroß sympathischer«, sagte Alice, »weil es wenig-
> stens noch ein *bißchen* Mitleid mit den armen Austern hatte.« »Dafür
> hat es aber mehr gegessen als der Zimmermann«, sagte Zwiddeldei …
> Nach einigem Nachdenken sagte Alice: »Also, dann waren sie eben al-
> le beide abscheuliche Gesellen.«
>
> Lewis Carroll, *Alice hinter den Spiegeln.*

Wir waren fest entschlossen, in New York nicht noch einmal das Chaos von Genf aufkommen zu lassen. Doch nicht zuletzt wegen meiner
eigenen Fehleinschätzungen geriet das Außenministertreffen in New
York beinahe zu einem völligen Desaster.

Das Drama, das sich im Umfeld des New Yorker Treffens abspielte,
würde die meisten Journalisten und außenstehenden Beobachter überrascht haben, die es allmählich als unvermeidlich betrachteten, daß die
Verhandlungen Fortschritte erzielten. Ihr Optimismus war von Regierungsbeamten geschürt worden, die der Meinung waren, wenn sie sich
schon gegenüber der Presse äußern sollten, dann müßten sie stets das
Positive hervorheben – was unweigerlich zu einer *Überbetonung* der
positiven Aspekte führte. Ob die Verhandlungen nun zu optimistisch
bewertet wurden oder nicht, zumindest gab es zum ersten Mal seit vier
Jahren gute Nachrichten. Sarajevo erwachte zu neuem Leben. Die Aura der Unbesiegbarkeit, die die Serben umgeben hatte, war verflogen.
Und Milošević, der vor allem deswegen in den Krieg gezogen war,
weil Bosnien seine Unabhängigkeit von Jugoslawien erklärt hatte, hatte in Genf Bosnien-Herzegowina nicht nur offiziell als ein unabhängiges Land, sondern auch seine bestehenden internationalen Grenzen
anerkannt.

Unter diesen Umständen hatten wir erwartet, daß Izetbegović und
seine Kollegen die New Yorker Konferenz als eine Chance für weitere

Fortschritte begrüßen würden. Doch während wir uns auf die Konferenz vorbereiteten, verstrickten sich die Muslime in interne Grabenkämpfe und schafften es nicht, sich auf ein gemeinsames Ziel zu einigen.

Miloševics oberste Maxime lautete, eine Aufhebung der Wirtschaftssanktionen gegen sein Land zu erreichen. Er setzte sich für eine frühzeitige internationale Konferenz ein, auf der die drei Staatspräsidenten eine Vereinbarung im Umfang von »nicht mehr als zwei oder drei Seiten« unterzeichnen und die kriegführenden Armeen auf ihren gegenwärtigen Stellungen eingefroren werden sollten. Er wollte die politischen Bestimmungen einer Friedensregelung möglichst zweideutig und begrenzt halten und die Funktionen und die Autorität einer möglichen Zentralregierung begrenzen. Im Prinzip strebte er eine ähnliche Situation wie auf Zypern oder auf der koreanischen Halbinsel an: ein Land, in dem aus einer vorübergehenden Trennungslinie eine dauerhafte wird.

Das entsprach ganz und gar nicht unseren Vorstellungen. Falls und wenn wir die drei Balkanländer zu einer Konferenz einluden, dann nur mit dem klaren Ziel, eine umfassende Friedensregelung zu erreichen, keine lahmen und bedeutungslosen Prinzipienerklärungen, die nach Ende der Konferenz wieder vergessen oder ignoriert werden würden.

Nicht zum ersten und auch nicht zum letzten Mal kam Tudjman die ausschlaggebende Rolle zu. Er hatte eine klare Vorstellung von dem, was er wollte: Erstens, Ostslawonien wiedergewinnen; zweitens, ein ethnisch reines Kroatien schaffen; und drittens, einen größtmöglichen Einfluß oder gar die vollständige Kontrolle über die Kroaten in Bosnien gewinnen. Tudjman, der weder Miloševic noch Izetbegović mochte, verfügte über erheblichen Einfluß in Sarajevo. Die Kroaten in Izetbegovićs Regierung, auch der einflußreiche Präsident der Föderation Kresimir Zubak, folgten in der Regel Zagrebs »Führung«. Der erfahrene britische Reporter Misha Glenny, der sich schon jahrelang mit dem Balkan befaßte, erkannte als einer der ersten die wichtige Rolle, die Zagreb in Sarajevo spielte. In einem scharfsichtigen Beitrag auf der Meinungsseite der *New York Times* unter dem Titel »Und der Gewinner heißt … Kroatien«, der unmittelbar vor Beginn der Konferenz erschien, pries Glenny unsere Verhandlungsbemühungen, stellte aber fest, daß Sarajevo bei jeder Friedensregelung »sehr stark von

Kroatien abhängig sein wird«. Er schloß: »In Zagreb können sie die Sektkorken knallen lassen – sonst nirgends.«

*

Washington: Der bürokratische Apparat. Wir hatten in den vergangenen drei Wochen nur einen Arbeitstag in Washington verbracht. Als wir zurückkehrten, mußten wir entdecken, daß das Interesse an unserer Tätigkeit erheblich zugenommen hatte. Institutionen und Regierungsbeamte, die uns bislang wenig beachtet hatten, wollten auf einmal in den Prozeß eingebunden werden. Beispielsweise beanspruchte die Agency for International Development (AID, Behörde für Internationale Entwicklung) mit dem Argument, sie werde am Ende das Wiederaufbauprogramm durchführen müssen, eine wichtige Rolle bei den Verhandlungen. Einige Behörden und Abteilungen wollten Stellvertreter in die Delegation entsenden; wir wiesen sie mit der Begründung ab, unser Flugzeug sei zu klein. Und Tony Lake sprach davon, einen dem Nationalen Sicherheitsrat unterstellten Ausschuß ins Leben zu rufen, der unsere Bemühungen überwachen sollte.

Wir fürchteten, die Verhandlungen würden wieder in eine Sackgasse geraten, falls das noch nie dagewesene Ausmaß an Flexibilität und Autonomie, das uns Washington eingeräumt hatte, verringert und wir wieder in den üblichen Entscheidungsprozeß in Washington eingebunden wurden. Andererseits war unser kleines Team aber auch erschöpft und unterbesetzt. Da uns bis zu der Konferenz in New York nur noch fünf Tage blieben, brauchten wir Hilfe, aber ich wollte weder die Kernmannschaft vergrößern noch unsere Autonomie aufgeben.

Bei ähnlichen Schwierigkeiten in früheren Krisen hatten einige Regierungen geheime Umgehungsmechanismen geschaffen, mittels derer relevante Informationen und die Entscheidungsgewalt bei einer kleinen Gruppe verblieben – gleichzeitig aber auch alle anderen hintergangen und ausgeschlossen wurden. Das berühmteste Beispiel ist Henry Kissinger, der in seiner Funktion als Nationaler Sicherheitsberater wiederholt das ganze Außenministerium übergangen hatte – einmal unternahm er ohne Wissen des amerikanischen Botschafters eine geheime Reise nach Moskau, und immer wieder enthielt er dem Außenminister Informationen über seine Gespräche mit China vor. Wir wollten nicht diese Atmosphäre des Mißtrauens und der Intrigen schaffen, die noch heute die Erinnerung an die Nixon-Kissinger-Ära prägt – eine Atmosphäre, die Kissinger, wie er mir einmal sagte, im nachhinein bedauert.

Um dieses klassische bürokratische Dilemma zu vermeiden, stellte John Kornblum uns ein kleines, informelles Team zur Seite. Unseren Vorstellungen entsprechend agierte die Gruppe als eine Erweiterung des Vermittlerteams, die ihre Arbeit auf Washington konzentrierte. Wir holten zwar Leute von außerhalb des Europa-Büros in die Gruppe, legten aber Wert darauf, daß sie ausschließlich für Kornblum und nur an diesem besonderen Projekt arbeiteten. Das bedeutete, daß die Beteiligten mit der zuvor eingeholten Zustimmung ihrer Vorgesetzten ihre Entwürfe *nicht* erst lange durch den üblichen zwischenbehördlichen »Klärungsprozeß« durchschleusen mußten. So unerläßlich dieser Klärungsprozeß für den üblichen Ablauf einer Regierung ist, für Verhandlungen, die so rasch voranschritten wie die unseren, ist er zu umständlich und zeitintensiv.

Was Kornblum und ich vorschlugen, war völlig unüblich, und eine ganze Reihe von Leuten hätte das Projekt auch scheitern lassen können. Aber Warren Christopher, tatkräftig unterstützt von Talbott und Donilon, deckte uns. Christoper war ein Mann, der seine Unterhändler rückhaltlos unterstützte, auch wenn er, wie in unserem Fall, nicht in allen Punkten mit ihnen einig war. Er, Talbott und Donilon wehrten alle Versuche Außenstehender ab, sich in Detailfragen einzumischen. Ohne die Unterstützung der drei hätte sich der Verhandlungsprozeß vermutlich kaum von dem der Vietnamverhandlungen von 1968 in Paris unterschieden, die mich eine überaus negative Lektion gelehrt hatten.

Auch Sandy Berger stand hinter den Verhandlungen. Jede Woche leitete er mehrere Bosniensitzungen des Stellvertreter-Ausschusses, des sogenannten Deputies Committee. Auf den Sitzungen informierte Kornblum den nationalen Sicherheitsapparat über den neuesten Stand unserer Tätigkeit, wehrte aber gleichzeitig alle Einmischungsversuche ab. Berger handhabe dies sehr geschickt und hielt alle ausreichend auf dem laufenden, womit er das »Kissingerproblem« – die Ausgrenzung von wichtigen Leuten – vermied.

Kornblums Kernmannschaft bestand vor allem aus Juristen: Jim O'Brien, ein Mitarbeiter des Washingtoner Büros von Madeleine Albright, der Rechtsberater für Europa Tim Ramish, Miriam Sapiro, eine Juristin aus Jim Steinbergs politischem Planungsstab, der Jurist John

Burley aus dem Europa-Büro, die ehrenamtlich mitarbeitende Laurel Miller, eine Juristin aus Bob Owens Firma, sowie der ehemalige Berater der Präsidenten Carter und Clinton Lloyd Cutler, der die Gruppe um die Perspektive eines erfahrenen Außenseiters bereicherte.

Kornblum, lange Zeit der erfahrenste Deutschlandexperte des Foreign Service und wegen seiner scharfen Intelligenz allgemein hoch angesehen, leitete diese Hilfstruppe souverän. Allerdings stand im Außenministerium »brillant« häufig auch für »arrogant«, und Kornblum hatte sich mit seinem scharfen und entschlossenen Auftreten einige einflußreiche Feinde in der Bürokratie gemacht. Da er seit längerem nicht mehr befördert worden war – keineswegs eine Folge beruflicher Probleme, sondern der vom Kongreß verordneten, drastischen Mittelkürzung, die zu einem Quasi-Beförderungsstop für höhere Beamte geführt hatte –, drohte ihm nach den Vorschriften des Außenministeriums in einem Jahr die zwangsweise Versetzung in den Vorruhestand. Diese merkwürdige Vorschrift war ursprünglich eingeführt worden, um alte Eisen aus dem höheren Foreign Service hinauszudrängen. Unter den gegebenen Umständen aber drohte sie einige der bestqualifizierten Diplomaten schlicht deshalb in den vorzeitigen Ruhestand zu schicken, weil sie schon früh befördert worden waren und nun unter den etatbedingten Beförderungsstop fielen.

Von Anfang an arbeiteten Kornblum und ich Hand in Hand. Ich konnte mitten im Satz ein Problem oder ein Treffen an ihn übergeben, und er setzte den Satz ohne Pause fort. Ich verspürte eine enge Geistesverwandtschaft zu ihm und achtete ihn wegen seines umfangreichen Wissens über Europa.

*

Am 21. September, am Tag nach unserer Rückkehr vom Balkan, berief Tony Lake ein Treffen im Weißen Haus ein. Er sagte, daß die »Stopsignale«, mit denen Washington Zagreb und Sarajevo zu verstehen gegeben habe, daß die Offensive beendet werden müsse, äußerst wichtig seien und weiterhin mit Nachdruck vertreten werden müßten. Ich fragte mich, ob Lake von unseren Gesprächen mit Tudjman und Izetbegović über die Fortführung der Kämpfe wußte. Kerrick, Clark und Pardew hatten ihre Dienststellen auf dem laufenden gehalten, und in meiner Unterhaltung mit Christopher und Talbott am Vortag hatte ich diesen Punkt ausführlich erörtert.

»In der Abgeschiedenheit dieses Raumes möchte ich ganz offen sprechen«, entgegnete ich. »Wir haben die Kroaten und Bosnier aufgefordert, Banja Luka nicht einzunehmen, haben ihnen aber keine weiteren ›Stopsignale‹ gegeben. Im Gegenteil, unser Team hat nichts unternommen, um sie von der Einnahme von Prijedor und Sanski Most und anderen Gebieten abzubringen, die der Föderation nach der Landkarte der Kontaktgruppe zustehen. Die Verhandlungen über die Landkarte spielen sich momentan auf dem Schlachtfeld ab, und genau aus diesem Grund haben wir die Gespräche über die territorialen Fragen auch nicht verschoben. Es würde den Verhandlungen sehr helfen, wenn diese Städte fielen.«

»Ich bin sehr besorgt, daß wir öffentlich dafür angegriffen werden könnten, weitere Kämpfe und noch mehr Blutvergießen gefördert zu haben«, sagte Tony. »Wir sollten nachdrücklich Frieden fordern. Auch wenn das Ihrer Ansicht vielleicht widerspricht, sollten Sie es auf eine Weise zum Ausdruck bringen, die eine Verschärfung der Meinungsdifferenzen auf anderen Gebieten, zum Beispiel mit den Russen, vermeidet.«

Christopher erklärte, er sei mit Lake einer Meinung, was die öffentlichen Äußerungen betreffe. Das war für mich überhaupt kein Problem. Das Vermittlerteam war in der Öffentlichkeit sehr behutsam vorgegangen, so behutsam, daß die Medien vor Ort immer noch glaubten und meldeten, wir hätten es darauf abgesehen, die Offensive insgesamt zu stoppen. Doch ich weigerte mich, irgend etwas zu unternehmen, um die Offensive zu stoppen.

Lakes Äußerungen bereiteten mir einiges Kopfzerbrechen. Kritisierte er die Position, die wir in Zagreb eingenommen hatten, oder fürchtete er einfach nur, daß etwas nach außen durchsickerte? Das wurde nie so ganz klar, weder mir noch meinen Mitarbeitern. Das galt sogar für Christopher, der mir später sagte, seine einzige Sorge sei gewesen, daß wir in der Öffentlichkeit den Eindruck erweckten, die Offensive zu unterstützen.

Nach dem Treffen sprachen Christopher, Lake und ich kurz am Telefon mit Präsident Clinton, der sich gerade in Kalifornien aufhielt. »Ich möchte, daß Sie mit allen Mitteln für einen Frieden kämpfen«, sagte er und forderte mich auf, sofort im Anschluß an die Konferenz nach Bosnien zurückzukehren. Als Clinton am selben Abend in einer Rundfunksendung mit Larry King nach Bosnien gefragt wurde, antwortete er: »Ich habe ein sehr gutes Gefühl, und ich bin zuversichtlich, daß die Verhandlungen zum Erfolg führen. Aber ich muß das amerikanische Volk daran erinnern, daß es hier um Bosnien geht und wir noch einen weiten Weg vor uns haben.«

*

Der Kongreß. Die Haltung des Kongresses läßt sich nie mit Sicherheit voraussagen. Ohne seine Zustimmung kann in kontroversen Fragen praktisch keine klare Politik formuliert oder umgesetzt werden – und nichts ist kontroverser, als das Leben amerikanischer Soldaten aufs Spiel zu setzen. Da inzwischen die Stationierung amerikanischer Soldaten in Bosnien eine realistische Möglichkeit war, wollte der Kongreß angehört werden. Obwohl der republikanische Mehrheitsführer im Senat, Bob Dole, Bosnien zu seinem Lieblingsthema erkoren hatte, blieb er in dieser Frage verhältnismäßig still. Nachdem er Clinton lange Zeit der Schwäche bezichtigt hatte, konnte er nun schlecht gegen ein stärkeres Engagement eintreten. Andere Kritiker von Clintons Bosnienpolitik, darunter die demokratischen Senatoren Joe Lieberman und Joe Biden, hoben sich ihre Argumente auf und warteten ab, was als nächstes kommen würde.

Der erste Warnschuß wurde am Tag des Treffens im Weißen Haus abgegeben, am 21. September, und zwar bei einer, wie man meinen sollte, routinemäßigen Anhörung im Streitkräfteausschuß des Senats, der einer zweiten Amtszeit von General Shalikashvili als Vorsitzender der Vereinten Stabschefs zustimmen sollte. Es war ein Glücksfall für die Regierung, daß sich kein Zivilist, sondern Shalikashvili als erster zu möglichen Bosnieneinsätzen amerikanischer Soldaten äußerte. Seine zurückhaltende Art und sein militärisch-steifes Auftreten machten ihn zusammen mit seinem unbestrittenen Patriotismus und seiner Integrität zum glaubwürdigsten Zeugen, den wir uns wünschen konnten.

Die Reihen der Skeptiker wurden von drei überaus eigenwillig denkenden Republikanern im Senat angeführt: John McCain aus Arizona, John Warner aus Virginia und William Cohen aus Maine.[1] »Die Vertreter der Regierung waren überrascht über das Ausmaß des republikanischen Widerstands gegen ihre Absichten«, meldete die *New York Times* am folgenden Tag. Die *Times* stellte fest, Shalikashvili sei »einen Moment lang über die Kritik verblüfft« gewesen, habe dann aber energisch widersprochen. »Wir können in der Allianz nicht ein- und ausgehen und uns die Führungsposition aussuchen, wenn es zu unserem Nutzen ist, und den anderen die Führung überlassen, wenn es uns nicht paßt«, sagte er. »Ohne die Führungsmacht Amerika klappt immer noch nichts richtig.«

Die Senatoren setzten Shalikashvili höflich, aber hartnäckig weiter unter Druck. »Weshalb können die Europäer diese friedenserhaltenden Maßnahmen nicht selbst durchführen?«, fragte McCain, ein ehemaliger Kriegsgefangener in Vietnam, mit dem sich im Senat niemand an Courage und Integrität messen konnte. Und Cohen wollte wissen, welche Folgen es für die Nato haben werde, »wenn US-Soldaten in Bosnien umkommen und die amerikanische öffentliche Meinung sich gegen die Operation wendet«. Diese und ähnliche Fragen signalisierten unmißverständlich, daß wir auf dem Kapitol noch viel Überzeugungsarbeit leisten mußten.

*

Kurz vor der Rückkehr unseres Teams vom Balkan hatte Kornblum französische und russische Regierungsbeamte nach Washington eingeladen, um mit ihnen in Einzelsitzungen über die militärische und zivile Struktur Bosniens nach einem Friedensschluß zu sprechen, ein Thema, über das die Briten mit uns bereits Gespräche aufgenommen hatten. Von Anfang an waren sich alle Beteiligten einig, daß der oberste militärische Befehlshaber der Bodentruppen ein Amerikaner sein müsse, da davon die Zustimmung des Kongresses zu einer Entsendung amerikanischer Truppen abhing.

Wie stand es aber mit dem obersten zivilen Entscheidungsträger in Bosnien, der mit der schwierigen Aufgabe betrauten Person, durchzusetzen, was immer in einem Friedensabkommen vereinbart wurde? Keineswegs überraschend beanspruchten die Europäer diese Position für einen aus ihren Reihen. Beide Seiten führten in diesem Punkt gute Argumente ins Feld, doch schlußendlich wurde nicht nach dem Verdienst der einzelnen Seiten oder nach der Lage in Bosnien selbst entschieden. Ausschlaggebend war am Ende, wer für die zivilen Bemühungen das Geld zur Verfügung stellen würde.

An diesem Punkt kollidierten innenpolitische Interessen und die Bosnienpolitik, und zwar zum denkbar ungünstigsten Zeitpunkt. Genau wie Leon Panetta es bereits vor einem Monat bei dem Treffen in Fort Myer prophezeit hatte, steuerten Regierung und Kongreß auf die schwerste haushaltspolitische Auseinandersetzung in diesem Jahrhundert zu – eine Auseinandersetzung, die so ernst war, daß im November die meisten bundesstaatlichen Einrichtungen schließen mußten. Die innenpolitischen Berater des Präsidenten warnten ihn, es werde außerordentlich schwierig werden, *überhaupt* Gelder für Bosnien bewilligt zu bekommen. Die einzige Ausnahme werde das militärische Budget sein. Den zivilen Wiederaufbau Bosniens, tönte es aus dem Kongreß, müßten die Europäer selbst finanzieren.

Unter diesen Umständen beschlossen Berger und das Deputies Committee, den Posten des ranghöchsten Zivilisten den Europäern zu überlassen. Als sie diese Entscheidung trafen, waren sie sich darüber im klaren, damit unsere Kontrolle über einen der wichtigsten Aspekte der Friedensbemühungen erheblich zu schwächen. Aber sie hatten schlicht keine Wahl. Da die Verankerung im zivilen Bereich ebenso wichtig war wie der militärische Einsatz, stimmte ich Bergers Entscheidung nur widerwillig zu. Wir informierten die Europäer über die Entscheidung, und diese sahen sich nun nach einer geeigneten Person um, die den zivilen Wiederaufbau leiten sollte.

Damit bot sich außerdem UN-Generalsekretär Butros-Ghali die Gelegenheit, den Rückzug der Vereinten Nationen aus Bosnien in Angriff zu nehmen, etwas, was er schon längst tun wollte. Nach einigen Gesprächen mit ihm war ich zu dem Schluß gekommen, daß der elegante und feinsinnige Ägypter, dessen koptische Familie ihren Stammbaum über Jahrhunderte zurückverfolgt,[2] für die selbstmitleidigen und ungepflegten Balkanvölker wenig übrig hatte. Offen gesagt, Butros-Ghali hatte sie schon immer verachtet. Bei seinem einzigen Besuch in Sarajevo im Jahr 1992 machte er gerade an dem Tag, als ich in der belagerten Hauptstadt eintraf, eine Bemerkung, die die Reporter schockierte: »Das hier ist ein Krieg reicher Leute. Ich verstehe Ihre Enttäuschung, aber es geht Ihnen hier immer noch besser als den Menschen in zehn anderen Orten der Welt... Ich kann Ihnen eine Liste geben.« Er beklagte sich mehrmals, Bosnien zehre sein Budget auf, ziehe Mittel von anderen Prioritäten ab und sei eine Gefahr für das ganze UN-System. »Bosnien hat ein Zerrbild der Arbeit der Uno geschaffen«, sagte er unmittelbar vor dem Massaker von Srebrenica. Butros-Ghali spürte, daß unsere diplomatischen Bemühungen ihm eine günstige Gelegenheit boten, sich aus Bosnien zu verabschieden. Am 18. September unterrichtete er den Weltsicherheitsrat von seiner

Bereitschaft, die Rolle der Vereinten Nationen im ehemaligen Jugoslawien abzuschließen, und gestattete die Übertragung sämtlicher Schlüsselfunktionen für die Implementation an andere Institutionen. Zwei Tage später teilte er Madeleine Albright mit, die Kontaktgruppe solle eigene Implementierungsmechanismen schaffen – womit Butros-Ghali von sich aus die Rolle der Uno in einem entscheidenden Augenblick reduzierte. Ironischerweise erleichterte sein Rückzug unsere Aufgabe beträchtlich.

*

Countdown für New York. Am 22. September sprach ich beinahe drei Stunden lang mit unserem Washingtoner Team die Planung für das Außenministertreffen in New York durch. Ich forderte sie auf, einen weit über Genf hinausreichenden Wurf zu versuchen – eine Rahmenvereinbarung über eine bosnische Zentralregierung, die sowohl die bosnischen Serben als auch die Föderation als die einzige souveräne Einheit akzeptieren konnten. Owen und Hill hatten mit der Hilfe von Jim O'Brien und Miriam Sapiro einen Vertragsentwurf verfaßt, der viele wesentliche Elemente und Institutionen definierte: eine Aufteilung der Zuständigkeiten zwischen der Zentralregierung und den beiden Entitäten, der Föderation und der Republika Srpska, Wahlen zum Präsidium und zur Nationalversammlung sowie die Schaffung eines Verfassungsgerichts. Gegenüber einem Journalisten erklärte ich unsere Strategie damals folgendermaßen: »Wenn wir einen Waffenstillstand erreichen können, werden wir das tun. Wenn wir weitere Grundsätze für eine Verfassung festlegen können, werden wir das ebenfalls tun. Wenn wir eine Regelung für Sarajevo finden, dann werden wir sie festschreiben. Wir erfinden den Frieden im Vorwärtsgehen.«

Wir beabsichtigten, zunächst in Washington mit dem bosnischen Außenminister Muhamed Sacirbey zu sprechen und dann nach Belgrad zurückzukehren. Wie in Genf durfte vor dem Treffen selbst nichts ungeklärt bleiben. Während Sacirbey auf ein starkes Präsidium drängte und verlangte, daß bereits in New York jedes kleinste Detail der endgültigen politischen Struktur ausformuliert wurde, beharrte ich auf einem schrittweisen Ansatz: Felder der Übereinstimmung erkunden und durch eine öffentliche Erklärung absichern, dann wieder zu einer weiteren Verhandlungsrunde auf den Balkan zurückkehren

– 276 –

und versuchen, die unterschiedlichen Meinungen weiter aneinander anzunähern.

Es wurde zunehmend deutlich, daß Sacirbey sich von seiner Abneigung gegenüber Silajdzic leiten ließ. Nach einer ganztägigen, heftigen Diskussion mit Owen und Hill, bei der sich die Gemüter immer wieder erhitzten und Sacirbey mehrmals drohte, »an die Öffentlichkeit« zu gehen, warnten uns die beiden Unterhändler, der bosnische Außenminister werde möglicherweise versuchen, die Delegation zu umgehen und an andere amerikanische Regierungsbeamte herantreten – vor allem an Strobe Talbott, Madeleine Albright oder Tony Lake – und versuchen, über sie unsere Position zu beeinflussen. Darüber hinaus bearbeitete Sacirbey auch hartnäckig den Kongreß und kritisierte in Gesprächen mit Senatoren, von denen einige uns unverzüglich informierten, häufig die amerikanische Regierung.

Sacirbeys Verhalten bei seinem Besuch in den Vereinigten Staaten irritierte zahlreiche Regierungsbeamte. Viele seiner Punkte verdienten durchaus Beachtung, aber er ließ die Leute im unklaren über die Ziele, die er anstrebte. Es war auch nicht ganz klar, was Sacirbey antrieb: Wollte er seinen Kollegen (und Feinden) zu Hause beweisen, daß er ein echter bosnischer Patriot war, obgleich er die meiste Zeit des Krieges in New York verbracht hatte? Oder wollte er Izetbegović für den bevorstehenden Kampf zu Hause in die richtige Ausgangsposition bringen? Oder kam es ihm nur darauf an, sich einfach vor den Medien aufzuspielen? Strobe Talbott sagte einmal: »So sicher Sacirbey an die Öffentlichkeit geht, so wenig kommt er an Ihnen vorbei.«

Während Sacirbey in Washington Klinken putzte, traf sich Talbott mit seinem wichtigsten russischen Gegenspieler, dem ebenso humorvollen wie gebildeten Stellvertretenden Außenminister Georgij Mamedow. Der Kanal Talbott-Mamedow, der damals noch kaum eine Rolle spielte, ist die moderne Version des besonderen »Kanals« zwischen Washington und Moskau, der von 1941 an bis zum Ende des Kalten Krieges bestanden hatte.[3] Heute bildet er den zentralen Kommunikationsträger bei der Verhandlung wichtiger Themen zwischen den beiden Ländern, wozu unter anderem die Nato-Erweiterung, die Wirtschaftshilfe, Gipfeltreffen der beiden Präsidenten und andere heikle politische Themen zählen.

Bosnien war zu Beginn des zweiten Monats unserer Pendeldiplomatie ein zentraler Bestandteil des Dialogs. In der Hoffnung, dadurch die Spannungen zwischen Bosniern und Russen zu reduzieren, lud Talbott am Freitag, dem 22. September, Sacirbey zu einem persönlichen Treffen mit Mamedow in seinem Dienstzimmer ein.

Talbott begann mit einem einfallsreichen Versuch, die Spannung zu entkrampfen und eine Verbindung zwischen den beiden Männern herzustellen. »Sie haben etwas miteinander gemeinsam«, sagte er zu ihnen. »Sie haben beide muslimische Vorfahren und denselben Namen!« (Mamedow ist eine slawisierte Version von Sacirbeys Vornamen Muhamed.) Sacirbey war überrascht. »Dann sind Sie also einer von uns?« fragte er. Mamedow, der aserbaidschanische Vorfahren in seiner Ahnenlinie hatte, lachte. »Nun ja, über den Umweg Baku«, entgegnete er.

Leider wurde der Rest des Gesprächs diesem vielversprechenden Auftakt nicht gerecht. Beide hatten einen Standpunkt zu verteidigen, und das Gespräch verlief zwar freundschaftlich, brachte aber keinen Durchbruch.

*

Bei unserem letzten Treffen in Belgrad hatte Milošević vorgeschlagen, daß ein Mitglied unserer Delegation noch vor dem Treffen in New York wieder nach Belgrad kommen solle, um die bosnischen Serben direkt unter Druck zu setzen – ein Teil seiner, wie er es nannte, »Technik«. Auch wenn es Milošević Aufgabe war, die Serben in Pale bei der Stange zu halten, sprach doch einiges für seinen Vorschlag. Ich bat Owen, Hill und Pardew, nach nur zwei Tagen in Washington wieder nach Belgrad zu fliegen.

Die drei Männer kamen am Samstag, dem 23. September, in Belgrad an. Milošević, aufgebracht über einige Änderungsvorschläge Sacirbeys, forderte sie auf, sich mit Karadžić und Krajišnik zu treffen. Das war die »Technik«, die Milošević so sehr gefiel. Im Laufe der Gespräche erkannten die Amerikaner, daß die bosnischen Serben das zentrale Zugeständnis, zu dem Milošević sich in Genf verpflichtet hatte, noch nicht wirklich anerkannt hatten: nämlich daß Bosnien ein einheitlicher Staat bleiben sollte. Karadžić forderte das Recht auf Abspaltung vom Zentralstaat und erklärte mit einer überraschenden Vorliebe für Allegorien, ein einheitliches Bosnien werde »ein hölzerner Ofen sein, der beim ersten Anzünden gleich mitverbrennen wird«. Er hatte an jeder Bestimmung in Owens Entwurf, der auf den Aufbau nationaler Strukturen abzielte, etwas auszusetzen. Karadžić erhob Einspruch gegen die Wahlbestimmungen, lehnte es ab, über die »Zuständigkeit« der Zentralregierung zu sprechen, und bestand auf das Recht der bosnischen Serben, eine eigene Außenpolitik führen und eigene Botschaften unterhalten zu dürfen. Ein Treffen, das ursprünglich reine »Technik« hätte sein sollen, wuchs sich zu einer weiteren sechzehnstündigen Marathonsitzung aus, in deren Verlauf die amerikanische Delegation jeden Versuch Karadžićs zurückwies, ein geteiltes Bosnien zu legitimieren.

Nachdem die Verhandlungen am Sonntag nachmittag in eine Sackgasse geraten waren, baten Owen und Hill Miloševic, der die Amerikaner mit den bosnischen Serben alleingelassen hatte, sich wieder an den Gesprächen zu beteiligen. Während die Amerikaner im Garten warteten, bearbeitete Miloševic die übrigen Serben wie gewohnt mit einer Mischung aus Drohgebärden und taktischen Finessen. Dann rief er die Amerikaner wieder in den Raum zurück und legte eine Vereinbarung vor, die bis auf ein, zwei Modifikationen identisch war mit der, die wir mit Sacirbey ausgehandelt hatten. Owen und Hill verzichteten auf das Wort »direkt« in dem Paragraphen, der das Wahlverfahren für das Präsidium und die Nationalversammlung beschrieb, und willigten ein, die Wortwahl zu den Funktionen der Zentralregierung leicht abzuschwächen.

Kurz vor ihrem Abflug aus Belgrad am Sonntag, dem 24. September, teilten uns Owen und Hill telefonisch mit, daß die wesentlichen Elemente der in Genf zusätzlich vereinbarten erweiterten Grundprinzipien trotz einiger »geringfügiger Änderungen« erhalten geblieben seien. Ich gratulierte ihnen und ersuchte sie, den neuen Entwurf sofort zu uns zu faxen. Ich befand mich zu diesem Zeitpunkt in Begleitung von Rosemarie Pauli und Christopher Hoh, der für Chris Hill arbeitete, auf einem Außenministertreffen im Waldorf-Astoria in New York. Da ich vorausgesehen hatte, daß an diesem Tag intensive Gespräche mit den Unterhändlern vor Ort anstehen würden, hatte ich Philip S. Goldberg vom Foreign Service gebeten, am Sonntagmorgen im Außenministerium den Telefondienst zu übernehmen und dann später am Tag in New York zu uns zu stoßen.

Sacirbey, der sich an diesem Morgen mit Lake, Tarnoff, Fuerth, Kerrick und Sandy Vershbow im Weißen Haus traf, lobte den in Washington ausgehandelten Vertragsentwurf, warnte aber, daß Izetbegović über die Reise von Owen, Hill und Pardew nach Belgrad aufgebracht sei. »Das Vermittlerteam ist mit Belgrader Luft kontaminiert«, sagte Sacirbey. Das war sein voller Ernst. »Mein Präsident wird nicht dulden, daß Ihre Leute ständig nach Belgrad gehen. Das macht einen schlechten Eindruck. Sie müssen öfter nach Sarajevo kommen.« Er ließ sich auch nicht von Tarnoffs Bemerkung besänftigen, daß Owen und Hill zwei volle Tage mit Silajdzic in Sarajevo über das Dokument gesprochen und einen ganzen Tag mit ihm, Sacirbey selbst, in Washington verhandelt hätten.

Tarnoff rief mich an und machte mich auf das Problem aufmerksam, das zu dem Zeitpunkt noch lediglich wie ein weiterer Bluff der Bosnier aussah. Ich konnte nicht ahnen, wie ernst es tatsächlich war. In der Zwischenzeit waren Owen, Hill und Pardew in ihrem kleinen Militärjet in Richtung Heimat abgeflogen. Während sie über Europa nach Westen flogen, verkündete Izetbegović, er habe Sacirbey angewiesen, nicht an dem Treffen in New York teilzunehmen, das keine 48 Stunden mehr entfernt war. »Die serbische Seite hat umfassende Änderungen gefordert, die die Vereinbarung grundlegend verändern«, erklärte Sacirbey den vor dem Weißen Haus wartenden Journalisten. Eine Pressesprecherin des Weißen Hauses, Mary Ellen Glynn, versuchte, das Problem etwas herunterzuspielen und nannte es »einen Teil der Höhen und Tiefen einer Pendeldiplomatie«. Soweit ich das allerdings beurteilen konnte, handelte es sich hier nur um »Tiefen«.

Unmittelbar darauf folgten in Form eines Telefaxes aus Belgrad mit dem geänderten Vertragsentwurf weitere schlechte Nachrichten. Philip Goldberg überflog die Änderungen kurz und warnte sogleich, daß sie zwar nicht erheblich seien, von Sarajevo aber zweifellos als »große« Änderungen interpretiert würden. Später erfuhren wir, daß Sacirbey die Änderungen, die er selbst am 22. September in Washington vereinbart hatte, nicht nach Sarajevo weitergeleitet hatte. Ich konnte förmlich spüren, wie uns das New Yorker Treffen zwischen den Händen zerrann.

Auf dem diplomatischen Parkett wiegen Formalismen oft ebenso schwer wie Inhalte. Das gilt vor allem in den Frühstadien von Verhandlungen, in denen vor allem langjährige Gegner dazu neigen, Unterschiede hervorzukehren, statt eine Übereinkunft anzustreben. Genau damit hatten wir es im Moment zu tun. Wir hatten versäumt, einen Zwischenstop in Sarajevo für Owen, Hill und Pardew einzuplanen, eine Nachlässigkeit, für die wir jetzt einen hohen Preis bezahlen mußten. Ich warf mir selbst drei grundlegende Fehler vor: Als erstes hätte ich unser Team nachdrücklich anweisen sollen, in Belgrad jeden noch so minimalen Änderungsvorschlag abzulehnen. Zum zweiten verhandelten wir zwar weit häufiger mit den Muslimen als mit den Serben, aber viele Treffen hatten außerhalb von Sarajevo stattgefunden, und das hatte in der Öffentlichkeit den Eindruck erzeugt, wir würden Milošević mehr Zeit widmen als Izetbegović. Und schließlich war es ein Fehler gewesen anzunehmen, daß Sacirbey für die ganze bosnische Regierung sprechen konnte.

Wir mußten einen Weg finden, wie wir die Regierung in Sarajevo rasch wieder auf Verhandlungskurs zurückbringen konnten, sonst würde das New Yorker Treffen scheitern und eine ganze Lawine von Streitigkeiten und womöglich eine neuerliche Eskalation des Krieges nach sich ziehen.

Ich hatte einen verzweifelten Einfall. Könnten Owen, Hill und Pardew nicht unterwegs umkehren und nach Sarajevo fliegen, um das Treffen doch noch zu retten? Goldberg und ich stellten fest, daß die drei Irland, wo sie zum Auftanken zwischenlanden mußten, noch nicht erreicht hatten. Goldberg ersuchte das Operationszentrum und das nationale militärische Kommandozentrum, das Flugzeug ausfindig zu machen und eine Verbindung zu Owen und Hill herzustellen.

Wir hatten Glück. Goldberg und das Operationszentrum trieben den diensthabenden irischen Beamten im Flughafen auf, der den VIP-Raum in Shannon leitete und uns wegen unserer häufigen Zwischenstops gut kannte. Das Flugzeug war soeben in Shannon angekommen, und der Beamte machte unsere Kollegen schnell ausfindig.

Hill und Owen kauerten sich unrasiert und struppig um ein grünes, kleeblattförmiges Münztelefon, das sich gleich neben der Tür zur Damentoilette befand.

»Chris«, sagte ich, »Sie müssen nach Sarajevo zurückfliegen. Sie müssen zurückfliegen. Wenn Sie Izetbegović nicht wieder in das Boot zurückholen, können wir das Abkommen vergessen.« Hill und Owen waren auf halbem Weg nach Hause und völlig erschöpft, und nun verlangte ich von ihnen, mitten in der Nacht umzukehren. Es fiel mir nicht schwer nachzuempfinden, wie die beiden sich fühlen mußten. »Chris«, sagte ich, »geben Sie mir Bob.«

Ich hörte, wie Hill Owen fragte, ob er mit mir sprechen wolle, und wie Owen trocken entgegnete: »Nicht unbedingt.« Dann ging er ans Telefon. Da ich seine erste Frage vorausahnte, teilte ich ihm mit, daß ich bereits mit Christopher gesprochen hatte und er meine Einschätzung teilte. Ein wütendes Schnauben war am anderen Ende der Leitung zu hören, gefolgt von der Bemerkung, er habe in Belgrad nur »geringfügige Änderungen« zugelassen. »Bob!« schrie ich ins Telefon. »Auf dem Balkan gibt es keine ›geringfügigen Änderungen‹!«

Übermüdet wie sie waren, kehrten sie um und flogen nach Ramstein, wo sie in eine C-130 nach Sarajevo umsteigen wollten. Nach einer schlaflosen Wartezeit wurde ihnen mitgeteilt, daß das einzige verfügbare Transportflugzeug auf dem italienischen Luftwaffenstützpunkt Ancona stehe. Nach einigen weiteren Verzögerungen stiegen sie an Bord einer britischen C-130 und flogen um 7.30 Uhr nach Sarajevo ab. Vor dem Abflug von Ancona rief Hill Goldberg und mich über das Operationszentrum an. In New York war es 2.30 Uhr. Goldberg und mir dämmerte verschlafen, daß Hill uns mit diesem Anruf vor allem ihre Erschöpfung vor Augen führen wollte. »Sind Sie und Philipp sich eigentlich darüber im klaren, wie hart das Ganze für uns ist?« fragte Hill.

Er sagte später, daß er meine Antwort nie vergessen werde. Genau wie ich mir die beiden vor dem Kleeblatt-Münztelefon in Shannon vorgestellt hatte, so hatten sie sich ausgemalt, wie ich es mir in einer eleganten Suite im Waldorf-Astoria gutgehen ließ. »Sehen Sie her, Chris«, sagte ich, »Sie und Bob sind in Ancona, und ich bin in New York, es ist 2.30 Uhr, und ich bin noch auf. Wir sind alle genervt. Wir hier machen auch eine harte Zeit durch. Und jetzt machen Sie, daß Sie die Bosnier wieder ins Boot holen.«

*

Montag, 25. September. Owen, Hill und Pardew trafen am frühen Morgen in Sarajevo ein. Die separaten Treffen mit Izetbegović und Silajdzic verdeutlichten den sich verbreiternden Riß innerhalb der bosnischen Regierung. Ein wütender Haris Silajdzic machte ihnen gleich zu Beginn heftige Vorwürfe, weil sie nur mit Sacirbey verhandelt hatten. »Sie dürfen nicht glauben«, sagte der Ministerpräsident, »daß Sie ohne mich eine Übereinkunft erzielen können.«

Der Widerstand der bosnischen Regierung hatte sich nicht an den in Belgrad geänderten Formulierungen entfacht, sondern an einer wesentlichen Änderung an Silajdzics Rolle. Nachdem er über die Formulierungen in dem Entwurf, den er am 15. September gebilligt hatte, länger nachgedacht habe, sagte Haris Silajdzic zu Owen und Hill, sei er nunmehr der Ansicht, er sei zu »amerikanisch« und statte das Präsidium mit zu vielen Befugnissen aus. Er befürworte inzwischen eine »europäischere« Verfassung – also eine mit einem starken Ministerpräsidenten und einem schwachen Präsidenten. Silajdzics Unmut richtete sich gegen Sacirbey, nicht gegen die Serben. Er spürte, daß der Entwurf, den der Außenminister, Izetbegovićs politischer Verbündeter, gebilligt hatte, darauf abzielte, ihn zu schwächen. Silajdzic war so aufgebracht, daß er darauf bestand, sich mit den drei Amerikanern allein zu treffen, und es ablehnte, an ihrem Gespräch mit Izetbegović teilzunehmen.

Um aus der Sackgasse herauszukommen, versuchten Owen und Hill den Entwurf so abzuändern, daß er für beide bosnischen Fraktionen und – wie sie hofften – die Serben akzeptabel war. Sie griffen wieder zu unserem Standardmittel, die umstrittenen Punkte zunächst auszuklammern und sich statt dessen auf allgemeine, für alle Parteien annehmbare Grundsätze zu beschränken, die später noch näher spezifiziert werden konnten. Unmittelbar nachdem Owen uns über die Zustimmung der Bosnier zu der revidierten Fassung unterrichtet hatte, rief Christopher Izetbegović an und dankte ihm. Im Gegenzug versicherte Izetbegović, Sacirbey werde nun an dem Treffen in New York teilnehmen.

Nachdem die Spirale der immer weitreichenderen Änderungswünsche an der Vereinbarung einmal in Gang gekommen war, ließ sie sich nicht mehr so ohne weiteres stoppen. Phil Goldberg hatte die in Sarajevo revidierten Formulierungen zu den Wahlen kaum gelesen, als er auch schon sagte: »Das werden die Serben nie akzeptieren.« Er sollte recht behalten. Hill schien dieselbe Befürchtung zu hegen. Während die drei auf ihrem Rückflug nach New York in Ancona umstiegen, rief er im Operationszentrum an und hinterließ eine kurze Nachricht: »Sagen Sie Holbrooke, er soll Miloševic wegen der Bestimmungen zum Wahlrecht anrufen. Sie werden uns noch große Probleme bereiten.«

Bis zur Mittagszeit hatten sich die Hauptakteure der Konferenz in New York versammelt. Da die Besorgnis in Washington immer mehr zunahm, begaben Christopher und ich uns zusammen mit Madeleine Albright in den Telekonferenzraum der US-Botschaft bei den Vereinten Nationen und unterrichteten Präsident Clinton und die übrigen Principals über den Stand der Verhandlungen. Danach statteten Christopher, Albright und ich den Außenministern der drei Balkanländer einen Höflichkeitsbesuch ab und ermahnten sie, daß am nächsten Tag eine Einigung gefunden werden müsse. Es war seit 1994 das erste Mal, daß Christopher mit den drei Außenministern sprach, doch das Treffen war kurz und oberflächlich. Der Presse gegenüber gab sich Christopher optimistisch; doch kaum hatten die Journalisten den Raum verlassen, schlug die Stimmung um. Christopher forderte nachdrücklich eine Übereinkunft und löste das Treffen auf, bevor die drei Außenminister untereinander einen Streit beginnen konnten.

In unserer Suite im Waldorf-Astoria verbrachten Don Kerrick, Phil Goldberg und ich den größten Teil der folgenden sechs Stunden damit, abwechselnd mit Milošević und Izetbegović zu telefonieren. Milošević stellte sich auf den Standpunkt, er habe mit Owen, Hill und Pardew eine Übereinkunft erreicht, die er nun nicht schon wieder ändern könne. In der Frage der »direkten« Wahlen zeigte er sich unnachgiebig; nachdem das Wort einmal aus dem Entwurf gestrichen war, sah er keinen Anlaß, es wieder aufzunehmen. Genauso entschlossen lehnte er »Volksabstimmungen« ab, eine Klausel, die Sarajevo ebenfalls wieder in den Entwurf eingefügt hatte.

Einige Zeit später kam Sacirbey zu uns in die Suite. Bei dem Gespräch wäre es beinahe zu Handgreiflichkeiten gekommen, zumindest standen wir näher davor, als jemals zuvor bei den Verhandlungen. Ich fragte Sacirbey, ob er und seine Regierung im Interesse des Friedensprozesses nicht bereit wären, das Wort »direkt« in der Klausel zu den Präsidiumswahlen fallenzulassen. Ich machte ihn darauf aufmerksam, daß selbst in den Vereinigten Staaten der Präsident nicht direkt gewählt wurde. Sacirbey entgegnete, ohne dieses Wort in der Vereinbarung könnte niemand die Serben daran hindern, »Scheinwahlen« zu inszenieren.

»Das ist Unsinn, Mo«, sagte ich. »Die Genfer Grundprinzipien garantieren eine internationale Aufsicht über die Wahlen. An diesem einen Wort entscheidet sich nicht die Frage der Demokratie.« Außerdem, merkte ich an, würde der Entwurf an keiner Stelle direkte Wahlen ausschließen. Wenn wir sie nicht sofort bekämen, dann würden wir eben in der nächsten Verhandlungsrunde darauf bestehen.

Sacirbey bat, seinen Präsidenten anrufen zu dürfen, und wir ließen ihn allein, bis er mit Izetbegović gesprochen hatte. Nach dem Telefonat war er verärgert und zeigte sich unnachgiebig; ohne die Klausel zu den direkten Wahlen, beharrte er, werde es kein Abkommen geben.

Die Atmosphäre im Raum heizte sich immer mehr auf. Sacirbey war im persönlichen Umgang mit vielen von uns ungestüm, fast schon schroff, und unsere Unterhaltungen verliefen oft in einem recht derben Ton. Doch dieses Mal wurde die Grenze überschritten, und es fielen häßliche Worte. Ohne Vorwarnung schmiß Sacirbey sein Jackett aufs Sofa, stand auf und stapfte zur Tür. Dabei brüllte er, die Vereinigten Staaten wollten sein Land betrügen. »Wenn Sie so weggehen, werden Sie Ihrem Land immensen Schaden zufügen«, antwortete ich und ging ihm nach. Er kochte vor Wut, und einen Moment lang glaubten Goldberg und Kerrick, er werde auf mich losgehen. Kerrick trat zwischen uns und schlüpfte dann rasch in den Flur, um Sacirbeys Abgang zu blockieren. Als Sacirbey sich der Tür näherte, erblickte er zwei Journalisten auf dem Flur, die fassungslos die Auseinandersetzung verfolgten. Der Anblick der Journalisten und Kerricks physische Anwesenheit schienen Sacirbey ein wenig zur Vernunft zu bringen, und ohne Widerstand ließ er sich von Kerrick zurück in den Raum bugsieren. Wir schlossen die Tür und brachten das Gespräch noch einigermaßen zivilisiert zu Ende, erzielten aber keinen Fortschritt.

Sobald Sacirbey gegangen war, rief ich Izetbegović an. »Herr Präsident«, sagte ich, »wir stehen am Rande einer Katastrophe. Dieses Abkommen ist sehr vorteilhaft für Sie, und was die Direktwahl betrifft, können wir das immer noch später mit aufnehmen. Wenn Sie jetzt zustimmen, verlieren Sie rein gar nichts.« Doch Izetbegović beharrte auf der Aufnahme direkter Wahlen in den Abkommenstext. Da es in Sarajevo bereits nach Mitternacht war und ich wußte, daß Izetbegović nur ungern nachts arbeitete, beschränkte ich mich darauf, meiner Hoffnung Ausdruck zu geben, die Sache vielleicht am nächsten Morgen bereinigen zu können, und beendete dann das Gespräch.

Milošević war in dieser Hinsicht, wie auch in so vielen anderen, das genaue Gegenteil von Izetbegović. Er liebte Verhandlungen bis spät in die Nacht, vielleicht weil sein Durchhaltevermögen und seine Trinkfestigkeit ihm zu dieser Zeit einen zusätzlichen Vorteil vor anderen verliehen. Da er erkannte, daß wir in der Klemme steckten, blieb er bei seiner Forderung, die Klausel mit den direkten Wahlen aus dem Text zu streichen.

Kerrick, Goldberg und ich waren am Ende unserer Kräfte angelangt. Ich rief Christopher an und fragte ihn, ob er mit mir am nächsten Morgen sehr früh noch einen letzten Anruf bei Izetbegović versuchen wolle.

*

Dienstag, 26. September. Um 5.30 Uhr traf ich mich mit Christopher und Goldberg in unserer Suite im Waldorf-Astoria. Wir benötigten fast eine Stunde, bis wir Izetbegović an den Apparat bekamen. Christopher und ich baten ihn eindringlich, die Frage der direkten Wahlen aufzuschieben. Im Gegenzug würden wir dafür sorgen, daß Milošević auf die Klausel verzichtete, die die Stellung der Zentralregierung schwächte. Nach einigen Minuten Hin und Her willigte Izetbegović ein, und wir dachten schon, daß wir das Gröbste hinter uns hätten.

*

Das Außenministertreffen war auf 10.00 Uhr im Konferenzsaal im zwölften Stock der US-Mission bei den Vereinten Nationen angesetzt, direkt gegenüber dem UN-Hauptquartier. Von seiner Einrichtung her glich der Saal dem Genfer Konferenzraum, wenn er auch weniger pompös war. Da ich fürchtete, Sacirbey werde eine Neuauflage seiner Genfer Vorstellung inszenieren, hatte ich Phil Goldberg zu den Diensträumen der Bosnier geschickt und ihm aufgetragen, dafür zu sorgen, daß Sacirbey pünktlich erschien. Um 9.30 Uhr, die europäischen Kontaktgruppenvertreter waren bereits im zwölften Stock eingetroffen, rief er an. »Wir haben ein großes Problem«, sagte Goldberg leise. »Mo wird nicht zustimmen. Am besten, Sie sprechen selbst mit ihm.«

Sacirbey kam an den Hörer. Er werde an dem Treffen teilnehmen, aber er könne die Rahmenvereinbarung nicht akzeptieren. Ich sagte zu ihm, hier liege ein Mißverständnis vor, der amerikanische Außenminister habe soeben mit seinem Präsidenten gesprochen und alles geregelt. »Nein«, entgegnete Sacirbey, »*ich* habe soeben mit *meinem* Präsidenten gesprochen, und er hat mich angewiesen, nicht zuzustimmen.«

Es war genau wie in Genf – in letzter Minute Schwierigkeiten mit den Bosniern. Ich raste die Treppe hinunter zum Dienstzimmer von Madeleine Albright, wo Christopher sein temporäres Hauptquartier eingerichtet hatte, und informierte ihn, Albright und Tom Donilon über die neue Wendung der Dinge. Wenige Augenblicke später traf Goldberg mit Sacirbey im Schlepptau im Büro der Botschafterin ein.

Warren Christopher ist berühmt für seine Höflichkeit, ein Mann, der so gut wie nie seine Stimme hebt, geschweige denn in irgendeiner Form persönlich ausfallend wird. Wie gesagt, so gut wie nie. Sacirbey trat lächelnd ein, sagte »Hallo, Chris« und streckte ihm zur Begrüßung die Hand entgegen, die Christopher geflissentlich ignorierte. »Was zum Teufel geht hier eigentlich vor?« sagte er mit kaum verhohlenem Zorn. »Ich habe mit Ihrem Präsidenten vor gerade einmal zwei Stunden eine Übereinkunft getroffen.«

Von Christophers Wutausbruch überrascht, versuchte Sacirbey zu erklären, daß die bosnische Regierung Izetbegović überstimmt habe. Doch je länger er sprach, desto unnachgiebiger wurde Christopher. Madeleine Albright, die zu Sacirbey seit seiner Ernennung zum bosnischen UN-Botschafter ein freundschaftliches Verhältnis unterhielt, versuchte ihm gut zuzureden, aber ohne Erfolg. Nach einer Viertelstunde nutzlosem Gerede machte ich darauf aufmerksam, daß im Konferenzsaal mehr als einhundert Journalisten und Regierungsbeamte aus fünf Nationen auf uns warteten und wir sie nicht länger hinhalten konnten.

Warren Christopher eröffnete das Treffen mit knappen Worten und drängte die Parteien, »diesen historischen Augenblick« zu nutzen, um »die Kämpfe zu beenden, ein für allemal zu beenden«. Die Fotografen schossen ihre Bilder, und die Presse wurde eilig hinausgeleitet. Zur Überraschung beinahe aller Anwesenden vertagte ich unmittelbar danach das Treffen und flüsterte Granić und Milutinović zu, wir hätten Probleme mit Sarajevo – in den Augen des Serben blitzte kurz reine Schadenfreude auf. Dann bat ich die Kontaktgruppe, sich unten mit uns zu treffen, und gab auf demselben Stockwerk jedem der drei Außenminister ein privates »Wartezimmer«.

Immer noch wütend, ging Christopher zu anderen Gesprächen bei den Vereinten Nationen vis-à-vis. Bevor er aufbrach, sagte er zu Sacirbey, daß die Situation sofort bereinigt werden müsse, wolle Sarajevo keine ernsthafte Beeinträchtigung seiner Beziehungen zu den Vereinigten Staaten riskieren. Ich setzte mich mit Carl Bildt und den vier Repräsentanten der Kontaktgruppe zusammen, die äußerst ungehalten darüber waren, daß sie so hin und her geschoben wurden. Ich entschuldigte mich bei ihnen und forderte sie auf, selbst ein Wort mit Sacirbey zu reden, was sich aber gleichfalls als nutzlos erwies.

Sacirbey sollte um 11.30 Uhr seine Rede vor der Vollversammlung der Vereinten Nationen halten. Ich bat ihn, der Presse zu verschweigen, daß wir in einer kritischen Phase steckten, was er mir auch versprach. Dann trat er auf die First Avenue in ein Meer von Journalisten hinaus und erklärte vor laufenden Kameras, daß er kein Abkommen akzeptieren werde, das keine »direkten Wahlen« vorsehe.

Die Kontaktgruppe wartete bei ein paar Sandwichs im Dienstzimmer von Madeleine Albrights Stellvertreter Edward »Skip« Gnehm. Als Sacirbey zurückkehrte, schien er durch den öffentlichen Auftritt vor der Vollversammlung mit neuem Mut erfüllt. Die Ansprache in dem großen Saal hatte ihn ein wenig besänftigt, und er führte sich nun als der Mann auf, der das Problem lösen werde. Christopher kehrte von seinen anderen Terminen zurück, und nach einer kurzen Absprache mit Tony Lake teilten wir Sacirbey mit, daß Präsident Clinton um 15.00 Uhr zur Nation sprechen werde. Clinton werde entweder den Abschluß der Rahmenvereinbarung verkünden und die Bosnier loben, oder öffentlich feststellen, daß das Treffen in New York an der Dickköpfigkeit Sarajevos gescheitert sei.

Sacirbey bat um einen Raum für sich allein, von wo aus er Izetbegović anrief und über unser Ultimatum unterrichtete. Nach einer langen Zeit kam Sacirbey wieder heraus. »Wenn Präsident Clinton in seiner Rede seine klare Opposition gegen eine Teilung Bosniens zum Ausdruck bringt«, sagte er, »werden wir zustimmen.« Da dies ohnehin einer unserer Standpunkte war, willigten wir auf der Stelle ein. Wir versprachen auch, künftig weiter auf direkte Wahlen hinzuarbeiten. Dann gingen wir wieder nach oben, hielten ein kurzes offizielles Treffen mit dem kroatischen und dem serbischen Außenminister ab, die seit vier Stunden auf uns warteten, und beendeten das Treffen.

*

Am 26. September, um 15.50 Uhr, gab Präsident Clinton im Weißen Haus die Annahme der Rahmenvereinbarung bekannt. »Auch wenn es keine Erfolgsgarantie gibt«, sagte er, »die heutige Vereinbarung bringt uns dem Endziel näher, und sie macht deutlich, daß Bosnien ein einheitlicher, international anerkannter Staat bleiben wird. Amerika wird sich einer Teilung Bosniens energisch widersetzen.«

Nach Clintons Auftritt stellten wir uns in New York der Presse. Wir konnten den Skeptikern endlich zeigen, daß wir im Begriff waren, zumindest auf dem Papier eine Zentralregierung aufzubauen. Wir hatten uns auf ein dreiköpfiges Präsidium, ein Parlament, ein Verfassungsgericht und andere wichtige Bestandteile einer nationalen Regierung geeinigt. Eine große Kluft war überbrückt worden – allerdings mit größeren Schwierigkeiten, als wir angenommen hatten, Schwierigkeiten, die deutlicher als je zuvor die beunruhigenden Meinungsverschiedenheiten innerhalb der bosnischen Regierung aufzeigten.

Wir kündigten an, in zwei Tagen auf den Balkan zurückzukehren und die Pendeldiplomatie fortzusetzen. Auf die Frage, ob es nun endlich eine Waffenstillstandsvereinbarung geben würde, antwortete ich ausweichend. Die Wahrheit war, daß wir es selbst nicht wußten.

KAPITEL DREIZEHN

Waffenstillstand

(27. September bis 5. Oktober 1995)

> Denn läßt man eine Gemeinde stimmen über Krieg,
> so denkt im Rechnen keiner je an seinen Tod,
> er schiebt den Nachbarn dieses Widerwärtige zu!
> Läg' ihm der Tod vor Augen beim Abstimmen, oh,
> Dann ginge Hellas nicht zu Grunde durch Kriegeswut!
> Nun aber kennt von zweien Dingen alle Welt
> Das bess're doch, und weiß was gut und übel sei,
> Und daß den Menschen Friede besser sei als Krieg.
> Euripides, *Die schutzflehenden Frauen.*

Bei euch oder bei uns? Die Beinahe-Katastrophe von New York
steckte uns allen noch in den Knochen. Doch ungeachtet der dramatischen Umstände und trotz aller Schwierigkeiten reichte die Rahmenvereinbarung vom 26. September mit ihren erstmaligen Bestimmungen für den Aufbau einer Zentralregierung aus, um die Kritiker zum
Schweigen zu bringen, die knapp drei Wochen zuvor die Genfer Erklärung zur De-facto-Teilung Bosniens erklärt hatten.

Als wir am Abend des 28. September unsere vierte Reise auf den
Balkan antraten, hatte die Pendeldiplomatie ihren anfänglichen Elan
verloren. Die drei Präsidenten der Balkanländer mußten rasch zu einer
Verhandlungsrunde zusammengebracht werden, bei der es um alles
oder nichts ging. Aber noch war keine einzige der drei Hauptfragen
für ein solches Treffen entschieden: weder sein Zeitpunkt, noch seine
Verknüpfung mit einem Waffenstillstand, noch der Ort, an dem es
stattfinden sollte. Die ersten beiden Fragen überließ das Weiße Haus
uns, in der dritten aber, in der unser Team entschieden anderer Meinung wie Washington war, war eine Entscheidung des Präsidenten erforderlich.

Vor dem Abflug auf den Balkan fanden die üblichen Treffen mit ausländischen Außenministern und anderen Regierungspolitikern statt. Das wichtigste Gespräch führte ich mit dem französischen Außenminister Hervé de Charette in seiner Suite im United Nations Plaza Hotel in New York. Charette hatte nicht Präsident Chiracs freundschaftliche, offene Art, und er teilte auch nicht dessen Bewunderung für die amerikanische Kultur. Der Außenminister entsprach viel mehr dem Bild des klassischen französischen Staatsmanns, elegant und reserviert. Er reagierte stets empfindlich auf wirkliche oder eingebildete Affronts gegen ihn oder gegen Frankreich – ein Unterschied, den nachzuvollziehen er offenkundig unfähig war. Obwohl Charettes Mission deutlich machen sollte, daß Frankreich immer noch auf dem Gipfel seines Einflusses in Europa stand, ließ er sich am Vortag unseres Gesprächs vor einer Gruppe Journalisten zu einer großzügigen und vielzitierten Äußerung hinreißen: »Wie Präsident Reagan einmal bemerkt hat: ›Amerika ist wieder da.‹« Charette stand auch unter dem Druck seiner Kollegen, zu demonstrieren, daß das französische Außenministerium immer noch etwas zu sagen hatte. Zum Ärgernis vieler französischer Diplomaten hatten wir zahlreiche heikle Themen direkt mit Chiracs kleinem, aber effizienten Stab im Elysee-Palast besprochen, an dessen Spitze der brillante Nachwuchsdiplomat Jean-David Levitte stand, der – wenn auch ohne diesen Titel zu tragen – de facto Chiracs nationaler Sicherheitsberater war.

Unser Treffen war eine Art Mikrokosmos des komplizierten Verhältnisses zwischen den Vereinigten Staaten und Frankreich. »Die französische Presse sagt«, beklagte Charette sich gleich zu Beginn, »die Vereinigten Staaten hätten nun die Verhandlungen übernommen und ließen Frankreich an der Seitenlinie stehen«, und äußerte den Verdacht, daß wir insgeheim bereits eine Friedenskonferenz in den Vereinigten Staaten vorbereiten würden. »Sie muß in Frankreich stattfinden«, sagte er. »Wenn nicht in Paris, dann in Evian am Genfer See. Wir können die Kurhotels von der Presse abriegeln und eine ruhige und sichere Atmosphäre bieten.« Er fügte hinzu, die Europäische Union sei übereingekommen, daß die Friedensgespräche in Frankreich stattfinden sollten – was die Vertreter Deutschlands und Großbritanniens nachdrücklich abstritten, als ich sie ein paar Tage später daraufhin ansprach.

Ich versicherte dem argwöhnischen Charette, bislang sei noch keine Entscheidung über den Ort und Zeitpunkt der Konferenz gefallen, sagte ihm aber ganz offen, daß ich einen Ort in den Vereinigten Staaten vorziehen würde. Charette regte an, die Gespräche in den USA zu beginnen und nach einer vorherbestimmten Frist von »sagen wir zwei Wochen« in Frankreich fortzusetzen. Ich sagte, meiner Ansicht nach werde das nicht funktionieren, und schlug statt dessen vor, eine förmliche Unterzeichnung des Abschlußdokuments in Frankreich in Betracht zu ziehen. Als wir aus seiner Suite traten, faßte Charette mich am Arm und sagte: »Das ist sehr wichtig für mich und für Frankreich.«

In Wahrheit war die Frage, wo die Gespräche stattfinden sollten, bereits Gegenstand eines heftigen internen Streits innerhalb der amerikanischen Regierung. Unser Team sprach sich einmütig dafür aus, die Gespräche in den Vereinigten Staaten auszurichten. Falls diese Frage zum Zeitpunkt eines Waffenstillstands noch ungeklärt wäre, warnten wir, würden wir eine lästige öffentliche Debatte mit den Europäern riskieren.

Allerdings befanden wir uns mit dieser Meinung in Washington eindeutig in der Minderheit. Mit Ausnahme von Tony Lake wollten die meisten unserer Kollegen die Gespräche lieber in Europa abhalten, vorzugsweise auf dem neutralen Boden von Genf, eine Stadt, die für mich das Symbol gescheiterter diplomatischer Bemühungen war – von der Indochina-Konferenz 1954 bis hin zu den endlosen Nahostgesprächen und den zähen Abrüstungsverhandlungen während des Kalten Krieges. Wenn schon Europa, dann, plädierte ich, in Stockholm und mit Carl Bildt als Gastgeber. Auf meine Bitte hin begann Bildt unter strengster Geheimhaltung die Planung einer Konferenz in einem Kurhotel auf Saltsjöbaden, einer Insel unweit der schwedischen Hauptstadt.

Die letzte Entscheidung mußte der amerikanische Präsident treffen. Da ich befürchtete, die Schlacht bereits verloren zu haben, beschloß ich, mich direkt an Vizepräsident Gore zu wenden, der sich selten in den Ablauf der Regierungsgeschäfte einmischte. Gore beantwortete meinen Anruf, während ich im Auto unterwegs zum Flugplatz La Guardia war. Da er aus Sicherheitsgründen nur auf einer öffentlichen Leitung mit mir sprechen wollte, legte ich ihm von einer Telefonzelle am Flugplatz aus den Fall dar. Gore, möglicherweise erstaunt über meine Beharrlichkeit in diesem Punkt, versprach, meinen Vorschlag wohlwollend in Betracht zu ziehen. Trotzdem beurteilte ich bei unserem Abflug nach Bosnien die Aussichten, daß die Konferenz in den Vereinigten Staaten stattfinden würde, sehr pessimistisch.

Die C-130 aus Italien landete am 29. September um 8.00 Uhr in Sarajevo. In den zwölf Tagen seit unserer letzten Reise hatte sich die Lage in der Stadt sichtlich gebessert. Die Straßen waren belebt, ja sogar voll. Die Straßenbahnen verkehrten wieder, und die Barrikaden aus Autowracks waren aus dem Stadtbild verschwunden. Für einen Diplomaten bleibt es die große Ausnahme, einen unmittelbaren Zusammenhang zwischen seinen Bemühungen und dem Leben der gewöhnlichen Menschen zu erkennen, doch als wir durch die Straßen der Stadt fuhren, hatten wir das Gefühl, bereits etwas bewegt zu haben.

Izetbegović sagte, er sei zu keinem Waffenstillstand bereit, weil die militärische Entwicklung in Westbosnien immer noch für ihn günstig verlaufe, eine Einschätzung, die nach Ansicht des Shuttle-Teams noch zutraf.

*

Das Dilemma der Uno.   In den dreizehn Tagen seit der Aufhebung der Belagerung hatte General Rupert Smith nicht eine einzige der aus Sarajevo hinausführenden Hauptstraßen geöffnet, obwohl das zu den Garantien zählte, die wir am 14. September mit den Serben ausgehandelt hatten. Eine der wichtigsten Ausfallstraßen, die durch den serbischen Teil von Sarajevo verlief, war seit Kriegsausbruch geschlossen, weshalb der gesamte Verkehr über eine enge, kurvenreiche und gefährliche Straße umgeleitet werden mußte. In einem Wutausbruch kritisierte die bosnische Regierung öffentlich die Vereinten Nationen dafür, die Abhängigkeit der Stadt von dieser, wie Silajdzic sie nannte, »berüchtigten Straße« noch nicht beendet zu haben.

Die Bosnier hatten recht. Enttäuscht suchten General Clark und ich nach dem Gespräch mit Izetbegović Smiths Büro auf und drängten ihn, die Hauptstraßen zu öffnen und alle Kontrollpunkte abzubauen. »Herr General«, sagte ich, »Sie haben eine schriftliche Zusage von den Serben, daß diese Straßen geöffnet werden. Falls die Serben sich widersetzen, sind Sie befugt, Gewalt anzuwenden – obwohl ich denke, daß das nicht nötig sein wird.«

Es war genau wie bei unserem letzten Treffen. Smith faßte die Serben zwar deutlich härter an als Janvier oder als sein Vorgänger General Sir Michael Rose, doch er schätzte unseren unaufgeforderten Rat ganz und gar nicht und wies ihn scharf zurück. Er war bereit, seine eigenen Fahrzeuge aus der Stadt herausfahren zu lassen, doch das tat die Uno schon seit langem. Er müsse das Risiko tragen, sagte er, nicht wir. Wie er uns schon einmal gesagt habe, habe er die französischen Streitkräfte im Sektor Sarajevo, die die Straße öffnen müßten, nicht in der Hand, und zudem seien die Straßen vermint. Er benötige Unterstützung aus Zagreb und aus dem UN-Hauptquartier in New York, die jedoch passiv blieben oder Widerstand leisteten. Das brauche eben seine Zeit, außerdem werde es mit Sicherheit zu Kämpfen kommen, und so weiter und so fort. Was die Kontrollpunkte betraf, war Smith der Ansicht, daß es unmöglich sei, sie abzuschaffen. »Bosnien ist ein Land«, sagte er mit einem spöttischen Lachen, »in dem jeder kleine Junge davon träumt, eines Tages einen eigenen Checkpoint zu besitzen.«

Wir hatten Verständnis für Smiths Zwangslage (und zitierten von nun an ständig seinen denkwürdigen Satz über die Checkpoints), doch selbst Wesley Clark, der dem britischen General große Achtung entgegenbrachte, war enttäuscht. Falls wir die Vereinbarung vom 14. September nicht vollständig durchsetzten, dann würde ihr Wert rasch durch serbische Übergriffe einerseits und die Passivität der Uno andererseits geschmälert werden.

Um ein Zeichen für die Entschlossenheit der Vereinigten Staaten zu setzen, bat ich John Menzies, Botschaftsangehörige täglich von Sarajevo nach Kiseljak fahren zu lassen. Ich überließ es Menzies' Ermessen, den genauen Zeitpunkt für die Fahrten zu bestimmen. Das war natürlich kein echter Test der Vereinbarung vom 14. September, weil die Serben wohl kaum auf ein Fahrzeug schießen würden, das eine amerikanische Flagge und Zulassungsschilder der US-Botschaft trug. Es würde aber zumindest zeigen, daß die Vereinigten Staaten zum ersten Mal seit Jahren diese Straßen benutzten.

Menzies »Patrouillen« provozierten mehrere kleine Zusammenstöße und brachten einige kleine Fortschritte, was einmal mehr bewies, daß man die Serben kontinuierlich unter Druck setzen mußte. Die Botschaftsmitarbeiter meldeten, daß die Serben direkt vor den Toren der Stadt einen bewaffneten Kontrollpunkt unterhielten. Nach einem geharnischten Protest bei Milošević, der zuerst nicht glauben wollte, daß wir uns mit »solchem Hühnerkram« abgaben, wurde der Checkpoint geöffnet und die Betonschranke hochgezogen. Dies war ein Beispiel für die neue amerikanische Haltung. Wir waren entschlossen, uns in jedem Punkt, wie unscheinbar er auch sein mochte, den Übergriffen und Einschüchterungsversuchen der Serben entgegenzustellen.

*

Mit Freunden wie diesen… Die meisten amerikanischen Regierungsbeamten sahen in Ministerpräsident Haris Silajdzic den bosnischen Führer mit dem größten Weitblick, einen wortgewandten Fürsprecher für einen multiethnischen Staat. Doch wegen seiner Machtkämpfe mit Izetbegović, Sacirbey und anderen wichtigen Mitgliedern der bosnischen Regierung war er häufig isoliert, und seine Kollegen beklagten sich, es sei manchmal schwierig, mit ihm zusammenzuarbeiten. Und Silajdzic hatte noch ein anderes Handikap: Tudjman und Milošević mißtrauten ihm. Dennoch war er, anscheinend der einzige bosnische Politiker, der sich ernsthaft Gedanken über den wirtschaftlichen Wiederaufbau seines verwüsteten Landes machte, neben Izetbegović einer der beliebtesten muslimischen Politiker in Bosnien.

Silajdzics Tatendrang und sein ständiger Wunsch, sich intellektuell weiterzubilden, hatten etwas Rührendes an sich. Obwohl er immer sehr beschäftigt war, wirkte er einsam – seine Frau und sein Kind lebten in der Türkei. Auch wenn uns seine unvorhersehbaren Launen viel zu schaffen machten, brauchten wir seine Unterstützung für ein Friedensabkommen. Chris Hill sagte einmal treffend: »Wenn wir Silajdzics Unterstützung gewinnen, werden wir zwar immer noch Probleme mit Sarajevo haben, aber sie werden wesentlich kleiner sein.«

*

John Shattuck und die Menschenrechte. Am nächsten Morgen, dem 30. September, flogen wir über Zagreb, wo wir uns auf dem Flughafen mit Botschafter Galbraith und John Shattuck, Staatssekretär für Menschenrechtsfragen im US-Außenministerium, verabredet hatten, nach Belgrad. Galbraith und Shattuck kamen zu uns an Bord und schilderten uns lebhaft ihre Reise vom Vortag in die Krajina sowie nach Bosanski Petrovac und Kljuć, zwei Städte in Westbosnien, die von den Streitkräften der Föderation erobert worden waren. Unterwegs hatten sie »endlose« Ströme von serbischen Flüchtlingen passiert, die vor den vordringenden Soldaten der Föderation nach Osten flohen. In Ključ, gut drei Kilometer hinter der Front, sahen sie ein Massengrab, das erste, zu dem Amerikaner Zugang erhielten. Danach gab Shattuck eine Pressekonferenz und kritisierte Zagreb dafür, einen neuen Flüchtlingsstrom ausgelöst zu haben, dieses Mal einen von Serben, die aus ihrer *angestammten* Heimat in der Krajina vertrieben wurden. Nach der Pressekonferenz schäumte Tudjman vor Wut.

Neben dem traditionellen Kampf gegen Politiker wie Henry Kissinger, Richard Nixon und George Kennan, die meinten, die amerikanische Außenpolitik messe den Menschenrechten zu viel Bedeutung zu, mußte sich die Abteilung für Menschenrechte im Außenministerium immer schon auch gegen den Widerstand der jeweils zuständigen Regionalbüros durchsetzen. So war es auch kaum überraschend, daß sich anfangs etliche Leute gegen Shattucks Einmischung in Bosnien wehrten. Ich war da anderer Meinung: Seine Reisen konnten die öffentliche Aufmerksamkeit auf die ethnischen Säuberungen und Kriegsverbrechen lenken und den Druck auf Milošević erhöhen, diesen Praktiken ein Ende zu bereiten. Nach langen Diskussionen hatte Christopher eingewilligt, Shattuck unserer Führung zu unterstellen, ein Arrangement, das der Entstehung von zwei sich gegenseitig überlappenden Verhandlungsebenen vorbeugte.

Shattuck tarnte seine Entschlossenheit mit einem kühlen, sachlichen Auftreten. Er hatte an der Harvard Law School gelehrt und im Sekretariat von Amnesty International mitgearbeitet und verstand es, mit den Medien, für die er sich immer Zeit nahm, umzugehen. Am Ende anerkannten selbst die Skeptiker im Europa-Büro, die zu Beginn argumentiert hatten, die Botschafter vor Ort sollten sich um die Menschenrechte kümmern, den Wert von John Shattucks öffentlich vieldiskutierten und sehr zielgerichteten Bemühungen.

Obwohl Shattuck und das Vermittlerteam bewußt nicht zusammen reisten, unterstützte ich seine Mission aktiv und forderte Milošević auf, dafür zu sorgen, daß es Shattuck ermöglicht wurde, die Schauplätze von Kriegsverbrechen aufzusuchen. Shattucks Reisen sollten die Öffentlichkeit ständig daran erinnern, daß wir, auch wenn wir einen Frieden anstrebten, die Forderung nach Recht und Gerechtigkeit nicht aufgaben. Als Milošević erkannte, daß wir es ernst meinten, gab er nach.

Arkan. Shattuck und mich beunruhigten vor allem die Aktivitäten Željko Ražnjatovićs, eines auf dem Balkan berühmt-berüchtigten Mannes, der allgemein Arkan genannt wurde. Selbst im ehemaligen Jugoslawien war Arkan eine Ausnahmeerscheinung, ein Söldner und Killer, der mit seinen schwarzgekleideten Männern Bosnien und Ostslawonien durchstreifte und, wo immer er auftauchte, Muslime und Kroaten terrorisierte. Während der Rest der Welt in Arkan einen rassistischen Amokläufer sah, verehrten ihn viele Serben als Nationalhelden. Seine Privatarmee, die Tiger, waren für einige der schlimmsten Greueltaten des Krieges verantwortlich: Sie hatten Massenhinrichtungen durchgeführt und in den Jahren 1991/92 praktisch die Politik der ethnischen Säuberung erfunden. Westliche Geheimdienste waren überzeugt, daß er für die jugoslawische Geheimpolizei arbeitete oder zumindest gearbeitet hatte.[1]

Der einzige Mechanismus zum Umgang mit solchen Problemen, über den wir verfügten, war so unvollkommen wie unerläßlich: das Internationale Kriegsverbrechertribunal mit Sitz in Den Haag. Das 1993 vom Weltsicherheitsrat ins Leben gerufene Kriegsverbrechertribunal wurde anfangs allgemein als weitgehend kosmetische Einrichtung abgetan, die vornehmlich dazu diente, das ramponierte Ansehen der Uno aufzupolieren. Trotz der Ernennung des energischen und wortgewaltigen südafrikanischen Juristen Richard Goldstone zum Vorsitzenden, hatte der Gerichtshof einen schlechten Start. Großes Verdienst für die Aufwertung seiner Rolle in der schwierigen Anfangsphase gebührt Madeleine Albright und John Shattuck, die unermüdlich für die politische Aufwertung und die Finanzierung des Gerichtshofes kämpften. Auch andere Staaten, vor allem das Gastgeberland Niederlande und Deutschland, unterstützten den Gerichtshof tatkräftig. Bei unseren Verhandlungen erwies sich das Kriegsverbrechertribunal als ein wertvolles Instrument zur Durchsetzung unserer politischen Linie, das es uns beispielsweise ermöglichte, Karadžić und alle anderen angeklagten Kriegsverbrecher von öffentlichen Ämtern auszuschließen. Leider verfügte das Tribunal jedoch über keinen Mechanismus zur Festsetzung der Angeklagten, was nicht nur den Prozeß streckenweise ad absurdum führte, sondern auch ein ständiger Streitpunkt wurde.

Bis Oktober 1995 hatte das Kriegsverbrechertribunal zwar mehr als fünfzig Anklagen erhoben, aber keine gegen Arkan. Ich setzte Goldstone in dieser Angelegenheit mehrmals unter Druck, doch weil die internen Beratungen des Tribunals der amerikanischen Regierung verschlossen waren, wußten wir nicht, warum Arkan nicht angeklagt worden war. Daß das Tribunal Arkan aussparte, war insbesondere in Anbetracht des Rufes, den Goldstone genoß, verwunderlich; der Südafrikaner galt zu Recht als entschiedener Kämpfer gegen Kriegsverbrecher, und seine öffentliche Kritik an den internationalen Friedenstruppen, trotz der erhobenen Vorwürfe keinen einzigen der Angeklagten zu verhaften, war vollauf berechtigt.[2] Als ich den Namen Arkan gegenüber Miloševic erwähnte, runzelte er die Stirn und zog unwillig die Augenbrauen zusammen. Es störte ihn nicht, wenn ich Karadžić oder Mladić kritisierte, aber Arkan war eine andere Sache – er lebte in Belgrad, leitete ein beliebtes Restaurant und war mit einem Rockstar verheiratet. Miloševic nannte Arkan verächtlich einen »kleinen Fisch« und behauptete, er habe keinen Einfluß auf ihn. Trotzdem ließ unmittelbar nach meiner Beschwerde Arkans Tätigkeit in Westbosnien nach. Das konnte jedoch kaum als Sieg gewertet werden; daß Arkan auf freiem Fuß war, stellte eine erhebliche Gefahr dar und sandte zudem ein klares Signal, daß man in Bosnien als Mörder immer noch ungestraft davonkommen konnte.

*

Belgrad und Zagreb. Nach unserem Treffen mit Shattuck und Galbraith flogen wir weiter nach Belgrad, wo wir am späten Nachmittag des 30. September in Miloševics Villa eintrafen. Als wir ihm berichteten, daß Izetbegović erstes Interesse an einem Waffenstillstand bekundet habe, erklärte er, jetzt sei »die Zeit für eine Einigung« gekommen. Wie Izetbegović bestand auch er darauf, daß die Friedenskonferenz in den Vereinigten Staaten stattfand

Am nächsten Morgen, dem 1. Oktober, kehrten wir nach Zagreb zurück, wo sich Tudjman sofort über Shattucks öffentliche Kritik an seiner Regierung beklagte. »Das ist kein korrektes Verhalten zwischen Staaten, die Partner und Freunde sind«, erklärte er verbittert. Ich entgegnete, Shattuck sei verpflichtet gewesen, die Geschichte so darzustellen, wie er sie gesehen habe, und wir hätten nicht die Absicht, ihm das Wort zu verbieten. Im übrigen müsse es Serben, die seit Generationen in der Krajina und in Westbosnien lebten, gestattet werden, in Frieden in ihren Häusern zu bleiben.

Da der Druck auf einen baldigen Waffenstillstand immer mehr zunahm, drängten wir Tudjman, »in der kommenden Woche« so viel wie möglich militärisch zu erreichen und sich dabei auf die drei wichtigsten Städte im Westen zu konzentrieren: Sanski Most, Prijedor und Bosanski Novi. Mit dem Hinweis, daß dies möglicherweise die letzte Gelegenheit der Föderation sei, diese Städte einzunehmen, bevor Verhandlungen aufgenommen wurden, setzte ich mich für gemeinsame Operationen mit den Bosniern ein, was Tudjman zu der spöttischen Bemerkung veranlaßte: »Die Bosnier können aus eigener Kraft keinen Meter Land erobern.« Daß er damit recht hatte, lag allerdings zumindest teilweise daran, daß die Kroaten den Bosniern den Zugang zu schwerer Artillerie verweigert hatten.

Tudjman sprach sich ebenfalls dafür aus, die Friedenskonferenz in den Vereinigten Staaten abzuhalten. Zumindest in diesem Punkt waren sich die drei Präsidenten also einig. Jetzt blieb nur noch die Frage, ob Washington einem Ort in Amerika zustimmen würde.

*

Abstecher nach Sofia. Wir bewegten uns schnell auf einen verfrühten Waffenstillstand und eine Friedenskonferenz zu, deren Ort und Struktur noch völlig unklar waren. In der Absicht, die Entwicklung ein wenig zu bremsen, entschlossen wir uns zu einem seit langem aufgeschobenen Abstecher nach Bulgarien, das sich als stiefmütterlich behandelter Teil der Region betrachtete. Ich hatte dem bulgarischen Ministerpräsidenten bei unserem Treffen vor einer Woche in New York versprochen, daß wir nach Sofia kommen würden, um unsere Anerkennung für die Kosten zu beweisen, die das Embargo gegen Serbien dem Land aufbürdete.

Der Besuch erregte großes Aufsehen in Bulgarien. Endlich schenkte Washington dem Land Aufmerksamkeit. Aufgrund einer Verzögerung in Zagreb begann unser Treffen mit dem bulgarischen Präsidenten Schelju Scheljew erst um 20.30 Uhr. Um 22.00 Uhr gab er uns zu Ehren ein riesiges Dinner mit den Führern von rund zwanzig politischen Parteien. Als wir unser Erstaunen über die Zahl der anwesenden Parteien äußerten, sagte der ehemalige Dissident Scheljew, dies seien lediglich die größten der insgesamt über zweihundert politischen Parteien Bulgariens – ein überaus schwerfälliger und ineffektiver Weg zur Demokratie, wie uns schien.

Nach dem Dinner kehrten wir in das VIP-Hotel aus der Stalin-Ära zurück, inzwischen ein Hotel Sheraton, und überraschten meine über-arbeitete Sekretärin Rosemarie Pauli mit einer mitternächtlichen Ge-burtstagsparty, die wir zusammen mit dem amerikanischen Botschaf-ter in Sofia, Bill Montgomery, arrangiert hatten. Obwohl wir wie üblich erschöpft waren, tat es gut, einmal fernab zu sein von der Hek-tik Washingtons und der drei Hauptstädte im ehemaligen Jugoslawien.

*

Das Telegramm vom 2. Oktober. Es war bereits nach ein Uhr mor-gens, als ich von meiner riesigen, kärglich ausgestatteten Suite aus Strobe Talbott anrief. Ich teilte ihm mit, daß die Armee der bosnischen Serben im Westen allmählich wieder Fuß fasse und die Fronten sich zusehends stabilisierten. Wenn die Offensive ins Stocken gerate, sagte ich zu Talbott, dann sei es an der Zeit für einen Waffenstillstand. Al-lerdings könnten wir einen Waffenstillstand nur verkünden, wenn wir gleichzeitig den Austragungsort der Friedenskonferenz bekanntgaben.

Diese Verknüpfung sei keineswegs selbstverständlich, wandte Tal-bott ein. Ob es nicht möglich sei, die drei Punkte – Waffenstillstand sowie Ort und Zeitpunkt der Friedenskonferenz – voneinander abzu-koppeln? Ich entgegnete, falls wir den Ort der Konferenz nicht zur gleichen Zeit wie den Waffenstillstand ankündigten, dann würde das kontroverse und zeitraubende Verhandlungen in der Kontaktgruppe nach sich ziehen. Das ließe sich am ehesten verhindern, wenn wir ein Gesamtpaket schnürten. Talbott sagte, in Washington sei immer noch eine Mehrheit gegen eine Ausrichtung der Gespräche in den Vereinig-ten Staaten, da im Falle eines Scheiterns das Ansehen der Regierung erheblichen Schaden davontragen würde. »Es steht etwa neun zu eins gegen Sie«, erklärte er trocken, »und ich fürchte, momentan gehöre ich zu den neun.« Der einzige hohe Berater, der einen amerikanischen Verhandlungsort befürworte, sei Tony Lake. Am nächsten Tag werde ein Treffen im Weißen Haus stattfinden, in dem eine Empfehlung für den Präsidenten abgegeben werden solle. »Strobe«, sagte ich, »lassen Sie mich telefonisch unsere Argumente vorbringen.«

»Sehen Sie«, erwiderte er, »ich glaube, es macht keinen Sinn, wenn Sie telefonisch an der Sitzung teilnehmen. Das ist nicht nur rein tech-nisch umständlich, sondern erlaubt Ihnen auch kaum, Ihre Argumente schlagkräftig zu präsentieren. Aber ich mache Ihnen einen Vorschlag. Schicken Sie uns ein Telegramm, in dem Sie sorgfältig und wohlbegründet Ihren Standpunkt darlegen. Ich werde dafür sorgen, daß er bei der Sitzung angemessen dargestellt wird.« Der Vorschlag war charakteristisch für Talbott: großzügig und fair. Er war der Auffassung, daß umstrittene Themen offen ausdiskutiert werden sollten, und er war bereit, eine Nachricht auch dann weiterzuleiten, wenn er mit ihrem Inhalt nicht einverstanden war – ganz im Gegensatz zu vielen Regierungsbeamten, die selbst engen Kollegen gegenüber Hinterlist zu einer Lebensweisheit erkoren haben und das damit rechtfertigen, daß es eben notwendig sei, um den »Job getan zu kriegen«.

Also setzte ich mich in das Wohnzimmer meiner Suite und machte mich an die Arbeit. Die ganze Nacht durch schrieb und feilte ich an dem Text. Um 4.15 Uhr rief ich Donilon an und eine halbe Stunde später Kornblum, um mir ein besseres Bild von den Argumenten der Gegenseite zu verschaffen. Als wir am nächsten Morgen in das Flugzeug stiegen, bat ich meine Kollegen, den Entwurf durchzusehen, damit wir ihn als die Meinung des gesamten Teams abschicken konnten, und versuchte dann, ein wenig Schlaf zu finden.

Wir waren uns bewußt, daß dieses Telegramm in einem Punkt, den wir für absolut entscheidend hielten, unsere beste – und einzige – Chance darstellte. Bis zur Landung in Sarajevo hatten wir meinem weitschweifigen Entwurf zu einer knappen, klaren und von allen gebilligten Botschaft kondensiert. Leider gestattete das Weiße Haus in diesem Buch kein direktes Zitat aus dem Telegramm, das unsere Delegation an die Sitzung schickte – das, wie Strobe Talbott später sagte, »wirkungsvollste Telegramm«, das in dieser Regierung bislang abgeschickt wurde, »wenn man danach geht, wie sehr es die Einstellung der Beteiligten veränderte«.

In der Botschaft argumentierten wir, die Vereinigten Staaten hätten bereits so viel nationales Prestige in die Bemühungen investiert, daß in erster Linie die Erfolgsaussichten erhöht und nicht die Kosten eines Scheiterns gering gehalten werden müßten. Ein Verhandlungsort in den Vereinigten Staaten, argumentierten wir weiter, werde uns die physische und psychische Kontrolle über den Fortgang der Verhandlungen verschaffen, jeder andere Austragungsort werde unseren Druck beträchtlich verringern. Denjenigen, die meinten, ein Scheitern auf amerikanischem Boden werde großen politischen Schaden anrichten – das am häufigsten vorgebrachte Gegenargument –, hielten wir entgegen, daß das Ansehen der amerikanischen Regierung sowohl in den Augen der amerikanischen Öffentlichkeit als auch in der Welt ohnehin bereits auf dem Spiel stehe und daß ein Fehlschlag nicht mehr Schaden anrichten werde, ob die Verhandlungen nun in New Jersey oder in Neukaledonien stattfänden. Über ein Scheitern dürfe man sich jetzt noch keine Gedanken machen, auch wenn es nicht ausgeschlossen werden könne.

Die amerikanische Friedensinitiative, die bereits eine Aufhebung der Belagerung von Sarajevo und andere Erfolge erzielt habe, sei ein deutliches Signal dafür, daß Amerika, wie Charette in New York gesagt hatte, »wieder da ist«. Die Wahl des Verhandlungsortes werde ein wichtiger Fingerzeig sein, wie ernst und entschlossen Amerika die Sache angehen wollte. Wir schlossen mit der Vorankündigung, daß die Europäer sich zwar über einen amerikanischen Verhandlungsort beschweren, unsere Entscheidung aber respektieren und mitmachen würden, und sich dies – im Gegensatz zu den in Washington geäußerten Befürchtungen – nicht negativ auf die grundlegenden Beziehungen der Vereinigten Staaten zu den Europäern und Rußland auswirken werde.

Einige Stunden später rief Lake Kerrick an und berichtete, das Treffen im Weißen Haus habe »unsere Sache ein Stück vorwärts gebracht«, es sei aber keine endgültige Entscheidung getroffen worden. Einige Leute fürchteten immer noch, daß eine Konferenz in den USA möglicherweise den Präsidenten gegen seinen Willen in die Sache hineinziehen werde. Es gab aber auch gute Neuigkeiten: Aufgrund des Telegramms und des Gesprächs mit Owen war Christopher nun entschlossen, einen amerikanischen Verhandlungsort zu befürworten. Dasselbe galt für Perry. Am Ende des Gesprächs forderte uns Lake Kerrick auf, vor dem nächsten Treffen weitere Argumente für unseren Standpunkt zu sammeln.

*

Ernste Bemühung um einen Waffenstillstand. Im Tennis heißt es, der ideale Zeitpunkt für den Aufschlag sei der Moment, wenn der Ball in der Luft hängt, nicht mehr steigt und noch nicht fällt. Wir hatten den Eindruck, dieser Moment sei nun auf dem Schlachtfeld gekommen oder stehe unmittelbar bevor. Auf dem Flug von Sofia nach Sarajevo beschlossen wir nach einer weiteren intensiven Diskussion, von der »Erkundung« eines Waffenstillstands zu seiner Befürwortung zu schreiten. Während die kroatisch-muslimische Offensive ins Stocken kam, schien sich General Mladić überall an der Front aufzuhalten und seinen Truppen neue Kampfmoral einzuflößen. Insbesondere die zunehmenden Spannungen zwischen Zagreb und Sarajevo machten uns Sorgen, die Zagreb veranlaßt hatten, seinen Vormarsch zu stoppen, eine Entscheidung, die die bisherigen militärischen Erfolge in Gefahr zu bringen drohte. John Pomfret gab diese Besorgnis in der *Washington Post* vom 3. Oktober wieder und meldete, daß die kroatischen Verbände die Kämpfe eingestellt [hatten] und den Serben damit die Möglichkeit eröffnen, ihre beeindruckende Feuerkraft ganz auf die bosnische Armee zu konzentrieren«.

Bei unserem Gespräch mit Izetbegović am 2. Oktober zeigte dieser sich jedoch von überaus optimistischen Meldungen seiner Generäle beflügelt und sprach sich sogar noch vehementer gegen einen Waffenstillstand aus als drei Tage zuvor. Aus unterschiedlichen Gründen waren beide Männer nach wie vor willens, ein Waffenstillstandsabkommen abzuschließen. Die Kroaten standen einer Fortsetzung der Kämpfe, die in ihren Augen ja doch nur Geländegewinne für die undankbaren und unkooperativen Bosnier bringen würde, unentschlossen bis ablehnend gegenüber. Trotzdem bedrängten Galbraith, Clark und ich Verteidigungsminister Šušak weiter, die Offensive vor allem in den Gebieten um Sanski Most und Prijedor fortzusetzen.

Der 3. Oktober endete mit der Nachricht, daß der mazedonische Präsident Kiro Gligorow in Skopje knapp einen Mordanschlag überlebt hatte; nach einer mehrstündigen Gehirnoperation, bei der ein Autobombensplitter aus seinem Kopf entfernt wurde, lag Gligorow jetzt auf der Intensivstation des Krankenhauses von Skopje. Sein Fahrer war bei dem Anschlag ums Leben gekommen, und ob der mazedonische Präsident durchkommen würde, stand noch keineswegs fest. Wir wünschten Gligorow in einem Telegramm eine rasche Genesung und baten Washington, ihm ein Notärzteteam zu schicken.

*

Sarajevo, 4. Oktober. Die Vereinigten Staaten bestätigten John Menzies als Botschafter in Bosnien-Herzegowina. Für gewöhnlich leisten neu eingesetzte Botschafter ihren Amtseid im Außenministerium. Aber da Menzies bereits in Sarajevo war, beschlossen wir, ihn an Ort und Stelle zu vereidigen und daraus ein großes gesellschaftli-

Kiseljak , 31. Dezember 1992. Mit Lionel Rosenblatt, dem Präsidenten von
Refugees International, auf der Straße nach Sarajevo, kurz vor Erreichen
des serbisch kontrollierten Territoriums. Im Hintergrund ein Blauhelm auf
dem Weg zum lokalen UN-Lager.

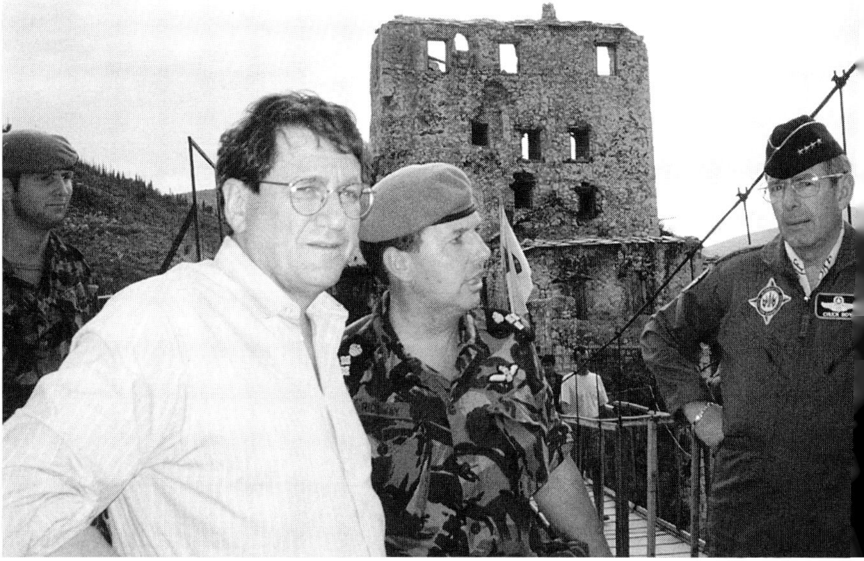

September 1994, vor meiner Ernennung zum Staatssekretär, auf der provisorischen Brücke, die heute anstelle der weltberühmten Brücke die Neretva überspannt. Neben mir General Charles Boyd, stellvertretender Oberkommandeur der US-Streitkräfte in Europa.

21. August 1995, Andrews Air Force Base: Kati, der Autor und Strobe Talbott. WASHINGTON TIMES PHOTO

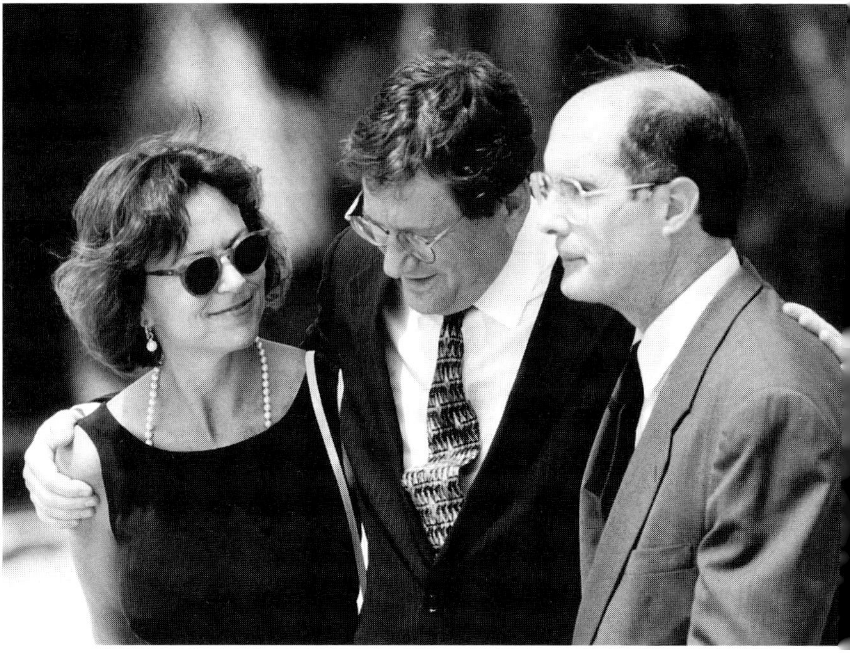

25. August 1995. Ein entscheidender Moment: In einem kleinen Raum hinter der Kapelle von Fort Myer bringt Präsident Clinton unmittelbar im Anschluß an die Gedenkfeierlichkeiten die Regierungsmannschaft und das Verhandlungssteam wieder auf eine Linie. *Von Clinton aus im Uhrzeigersinn:* Tony Lake, General Wesley Clark, Leon Fuerth (stehend), Leon Panetta (hinter Clark), Warren Christopher, Chris Hill (stehend), General Donald Kerrick, CIA-Direktor John Deutch, der Autor, William Perry, Jim Pardew (stehend), Madeleine Albright, General John Shalikasvili. Nicht im Bild die ebenfalls anwesenden Sandy Berger und Strobe Talbott. WHITE HOUSE PHOTO

28. August 1995. Mit dem bosnischen Außenminister Mohammed Sacirbey vor dem Hotel Crillon in Paris kurz nach dem Granatenangriff auf dem Marktplatz von Sarajevo. Wir warten auf die Entscheidung, ob die Nato Bombenangriffe befiehlt oder nicht. Im Hintergrund US-Botschafterin Pamela Harriman. Ganz rechts Robert Owen. AP/WIDE WORLD PHOTO

Das Team im Flugzeug. *Von links nach rechts:* General Kerrick, General Clark, Jim Pardew, Chris Hill. STATE DEPARTMENT PHOTO

5. Oktober 1995. Vor dem Sitz des bosnischen Präsidenten in Sarajevo. Carl Bildt (hinter dem Autor), General Clark und Jim Pardew (im Hintergrund rechts) bei einem Treffen mit bosnischen Regierungsmitarbeitern.
REUTERS / DANILO KRSTANOVIC / ARCHIVE PHOTOS

5. Oktober 1995. Eine für die Pendeldiplomatie typische Szene, aufgenommen beim Verlassen des Quai d'Orsay nach einem Treffen mit dem französischen Außenminister Hervé de Charette. *Von links nach rechts:* Chris Hill, Oberstleutnant Dan Gerstein (wieder erholt von seinem bei dem Unfall am Berg Igman erlittenen Verletzungen), der Autor, General Clark (am Telefon), General Kerrick, Jim Pardew. AP/WIDE WORLD PHOTO

28. November 1995. Diskussion im Oval Office über die Stärke der US-Streitkräfte in Bosnien. Darstellung zeigt einen möglichen Abbau-Fahrplan der IFOR-Truppen auf der Grundlage des 12-monatigen Abzugs-plans. WHITE HOUSE PHOTO.

20. Februar 1996. Beim Bericht an das Principals Committee im Lageraum des Weißen Hauses, ein Tag nach dem Romgipfel und ein Tag vor meinem Rücktritt. *Am Tisch von links nach rechts:* der Autor, der stellvertretende Direktor der Central Intelligence Admiral Dennis Blair, General Shalikashvili, Verteidigungsminister Perry, Vizepräsident Gore, Präsident Clinton. *Hinter dem Tisch, von links nach rechts:* General Clark, Unterstaatssekretär im Verteidigungsministerium Walt Slocombe, der stellvertretende Pressesprecher des Weißen Hauses David Johnson (stehend). *Mit dem Rücken zur Kamera:* OMB-Direktorin Alice Rivlin. WHITE HOUSE PHOTO.

4. April 1997. Zwei Männer an Krücken. Aufnahme während einer Zeremonie im Weißen Haus. (Im Hintergrund in der Bildmitte Paul Nitze.) WHITE HOUSE PHOTO

7. August 1997. Als Sondergesandter bei einem Treffen des gemeinsamen Präsidiums in Sarajevo. *Von links nach rechts:* der Autor, der US-Implementierungsbeauftragte Robert Gelbard und die drei „Ko-Präsidenten": Izetbegovic, Zubak und Krajisnik. Das Foto wurde am Beginn einer zehnstündigen Verhandlungssitzung aufgenommen, die um 4 Uhr morgens endete. AP/WIDE WORLD PHOTO

31. Oktober 1995: Das Kernteam bei der Ankunft auf der Wright-Patterson Air Force Base. *Von links nach rechts:* Hill, Kerrick, Clark, Owen (teilweise verdeckt), der Autor und Pardew. Neben Pardew Generalleutnant Lawrence P. Farrel Jr., Stützpunktkommandeur und Joe Kruzels Schwager. STATE DEPARTMENT PHOTO / S. SGT. BRIAN W. SCHLUMBOHM

4. November: Vor einem privaten Dinner. Milosevic und der Autor verhandeln über die Freilassung von David Rhodes, eines Journalisten vom *Christian Science Monitor,* der von den bosnischen Serben festgehalten wird. STATE DEPARTMENT PHOTO / S. SGT. BRIAN W. SCHLUMBOHM

8. November: Milosevic und Izetbegovic an der Spitze einer Gruppe auf dem Weg von den Unterkünften zum Hope Center, wo an diesem Tag die Gespräche über die Landkarte beginnen. Die bemerkenswert entspannte Stimmung, die zu diesem Zeitpunkt zwischen den beiden herrscht – Milosevic lacht, offensichtlich über einen Kommentar Izetbegovics – schlug ein paar Stunden später ins Gegenteil um. Weiter hinten der Autor im Gespräch mit Siladjzic.

STATE DEPARTMENT PHOTO / ARIC R. SCHWAN

Dayton: Warren Christopher im Gespräch mit den Vertretern der Kontaktgruppe in Carl Bildts Suite. *Von links nach rechts:* Christopher, Jacques Blot, Wolfgang Ischinger, Igor Iwanow, Pauline Neville-Jones, Bildt.

STATE DEPARTMENT PHOTO / ARIC R. SCHWAN

Ein Treffen der amerikanischen Verhandlungsdelegation bei Sandwiches und Limonade im Hope Center. *Von links nach rechts:* der Autor, Hill, Kerrick, Botschafter John Menzies, Rudy Perina, David Lipton, Nick Burns, der Leiter der politischen Planungsabteilung Jim Steinberg, Christopher, Stabschef Tom Donilon, Vizeaußenminister John Shattuck. Ebenfalls anwesend waren: Robert Owen, John Kornblum und Wesley Clark. STATE DEPARTMENT PHOTO / S. SGT. BRIAN W. SCHLUMBOHM

12. November: Das Kernteam trifft sich zu Beginn der Landkarten-Verhandlungen im Zimmer des Autors. *Im Uhrzeigersinn von links unten:* Pardew, Perina, Kerrick (sich vorwärtslehnend), Clark, Rosemarie Pauli, Owen, Hill, der Autor, Menzies. Gegenstand der Unterhaltung ist die Breite des geplanten Korridors zwischen Bihac und Sarajevo.
STATE DEPARTMENT PHOTO / ARIC R. SCHWAN

14. November: Christopher und der Autor an einem der für Dayton typischen, windigen Tage mit einer Landkarte auf dem Weg vom Gebäude der bosnischen Delegation zu Milosevic.

17. November, 1 Uhr morgens: Während Milosevic an einem High-Tech-Computer sitzt, geht die Suche nach einem sicheren Korridor von Sarajevo nach Gorazde weiter. *Von links nach rechts:* Kerrick (mit dem Rücken zur Kamera), Menzies, Clark, Perina und der Autor.

20. November, 2 Uhr morgens: Milosevic und Silajdzic bei Verhandlungen im amerikanischen Konferenzraum kurz vor einem Abkommen, das 37 Minuten halten sollte. *Von links nach rechts:* Siladjzic, Milosevic, Clark, Christopher, der Autor. Im linken Hintergrund wacht der bosnische Kartograph darüber, daß Siladjzic keine Gebiete aufgibt.
STATE DEPARTMENT PHOTO / ARIC R. SCHWAN

20. November, 4.05 Uhr morgens: Die Unterhändler stoßen mit Wein aus Christophers privaten Vorräten auf das Milosevic/Siladjzic-Abkommen an. (Christopher sitzt zur Linken des Autors knapp außerhalb des Bildbereiches.) Der Autor, der dem Frieden noch nicht so recht traut, sieht zu, ohne mit anzustoßen. *Von links nach rechts:* der Autor, Clark, Hill, Siladjzic, Milosevic. STATE DEPARTMENT PHOTO / ARIC R. SCHWAN

20. November, 4.15 Uhr morgens: Zehn Minuten später entspannen sich die Unterhändler, die nicht ahnen, daß das nur die Ruhe vor dem Sturm ist. Siladjzic bittet Izetbegovics Dolmetscher, den bosnischen Präsidenten zu wecken, damit dieser das Abkommen durchlesen kann. Kurz darauf treffen Izetbegovic und der kroatische Außenminister Granic ein, und das Abkommen platzt. *Von links nach rechts:* Christopher, der Autor, Clark, Hill, Siladjzic und Milosevic. STATE DEPARTMENT PHOTO / ARIC R. SCHWAN

21. November, früher Nachmittag: Bei einem Treffen in den Räumen des Autors setzen Izetbegovic und Milosevic, nach dem Desaster in der Nacht zuvor, die Verhandlungen fort. Milosevic ist sehr bestrebt, zu einer Einigung zu gelangen, doch wie auf dem Bild sichtbar ist, ist Izetbegovic alles andere als verhandlungsbereit. STATE DEPARTMENT PHOTO / ARIC R. SCHWAN

21. November, 11.45 Uhr: Donilon, der Autor und Christopher verfolgen mit, wie Präsident Clinton im Rose Garden den Abschluß des Abkommens verkündet. Christopher feilt an seiner Rede für die auf den Nachmittag angesetzte Unterzeichnungszeremonie.
STATE DEPARTMENT PHOTO / ARIC R. SCHWAN

21. November, 13 Uhr: Die drei Präsidenten treffen sich in Christophers Suite im Hope Center vor der Unterzeichnungszeremonie.
STATE DEPARTMENT PHOTO / ARIC R. SCHWAN

21. November: Bildt versucht, Izetbegovic vor der Unterzeichnungszeremonie Mut zuzusprechen.

STATE DEPARTMENT PHOTO / S. SGT. BRIAN W. SCHLUMBOHM

21. November, 15.15 Uhr: Die Unterzeichnungszeremonie beginnt. *Von links nach rechts:* Wolfgang Ischinger, Pauline Neville-Jones, Milosevic, der sichtlich zwiegespaltene Izetbegovic, Tudjman, Christopher und Bildt.
STATE DEPARTMENT PHOTO / S. SGT. BRIAN W. SCHLUMBOHM

21. November: Der Autor nach der Zeremonie im Gespräch mit Siladjzic.
Rechts im Hintergrund Christophers persönlicher Referent Robert Bradtke.

ches Ereignis zu machen, das unser Engagement in Bosnien unterstrich.

Die Vereidigungszeremonie fand im geschichtsträchtigen Konak-Haus statt. Während der Herrschaft der Habsburger war es der Sitz des habsburgischen Statthalters in Bosnien, und nach dem Attentat vom 28. Juni 1914 waren hier Erzherzog Franz Ferdinand und seine Frau Sophie aufgebahrt worden. Das stattliche Haus aus dem 19. Jahrhundert mit seinen polierten Parkettböden und den prächtigen Stuckdecken war seit Ausbruch des Krieges nicht mehr genutzt worden, hatte ihn aber in einem erstaunlich guten Zustand überstanden und lediglich im oberen Stockwerk einige Granattreffer hinnehmen müssen. Als wir den prunkvollen Treppenaufgang emporschritten, war ich tief bewegt von der Beständigkeit und der Geschichte des Hauses. »Das ist das Haus, in dem der Zerfall des 20. Jahrhunderts seinen Anfang nahm«, flüsterte ich Joe Klein von der *Newsweek* zu. Regierungspolitiker, ausländische Botschafter, Generäle, muslimische Mullahs, serbisch-orthodoxe Priester, katholische Prälaten und Mitglieder der rasch schwindenden jüdischen Gemeinde in Sarajevo hatten sich zu der ersten wirklich multiethnischen Feier seit vier Jahren versammelt. In dem reichverzierten Ballsaal drängten sich die Gäste, und viele von ihnen trugen prächtige volkstümliche oder geistliche Gewänder. Der Anblick erinnerte mich an die berühmte Fotografie des todgeweihten königlichen Paares, die nur Minuten vor der Ermordung gemacht worden war. Das Bild zeigte das Herrscherpaar auf den Stufen vor dem Rathaus der Stadt, flankiert von Würdenträgern, die ähnlich verschiedenartige Gewänder trugen.

Nach einer kurzen offiziellen Zeremonie hielt Izetbegović eine Ansprache, in der er Menzies willkommen hieß, und der neue Botschafter sprach ebenfalls einige Worte. Ich schloß meine eigene Rede mit einer Anspielung auf das Konak-Haus und sagte, daß seine besondere Geschichte uns allen, die wir heute hier versammelt seien, eine besondere Verpflichtung auferlegte. Unter den Gästen herrschte eine ausgelassene Stimmung, und man konnte fast meinen, es hätte nie einen Krieg in Bosnien gegeben. Hier, dachte ich, bot sich eine viel bessere Gelegenheit, den Waffenstillstand zur Sprache zu bringen, als bei dem für den Nachmittag angesetzten Treffen im trostlosen Amtssitz des bosnischen Präsidenten, und so schlug ich Izetbegović und Sacirbey vor, uns in einem Nebenzimmer zusammenzusetzen. Die anderen Gäste, die immer noch tranken und sich unterhielten, sahen überrascht zu, wie wir den Ballsaal verließen und verschwanden.

Außer Izetbegović und Sacirbey bat ich nur General Kerrick zu dem Treffen hinzu, um die Rolle des Weißen Hauses, dessen Repräsentant er war, zu betonen. Wir saßen in der Ecke eines großen Raumes auf vier kleinen vergoldeten Stühlen, die so dicht beieinander standen, daß unsere Knie sich fast berührten. Mit dem Hinweis, daß Don Kerrick einer der besten militärischen Nachrichtenoffiziere sei, bat ich ihn, Präsident Izetbegović und Außenminister Sacirbey eine Einschätzung der militärischen Lage zu geben.

Kerrick und ich hatten dieses Treffen nicht vorher abgesprochen, aber er spielte seine Rolle glänzend. Ruhig und bestimmt erklärte er, die Föderation habe vermutlich den Punkt der größten Eroberungen erreicht. Tudjman werde aller Voraussicht nach keine weiteren Gebietsgewinne unterstützen, da sie größtenteils den Bosniern zugute kämen. Abschließend erinnerte er den bosnischen Präsidenten daran, daß es in jedem Krieg Phasen des Vordringens und Phasen der Konsolidierung gebe; unserer Ansicht sei es jetzt an der Zeit für eine Konsolidierung.

Izetbegović hörte aufmerksam und unruhig zu. Seine Generäle, sagte er, meldeten im Westen immer noch Vorstöße. »Ihre Generäle melden womöglich Vorstöße, die gar nicht stattgefunden haben«, wandte Kerrick ein. »Uns liegen andere Informationen vor. Soweit wir wissen, kontrolliert die Föderation inzwischen rund 50% des Landes. Sie setzen eine ganze Menge aufs Spiel. Wenn Sie die Offensive jetzt fortsetzen, laufen Sie Gefahr, daß die Serben einen Teil Ihrer jüngsten Landgewinne zurückerobern.«

»Herr Präsident«, warf ich ein, »dies ist ein entscheidender Moment. Wir geben Ihnen unseren Rat in Freundschaft und Aufrichtigkeit, und ich hoffe von ganzem Herzen, daß Sie recht haben und wir falsch liegen. Aber wenn Sie sich täuschen, wird Ihr Land einen hohen Preis dafür zahlen müssen. Wenn Sie weiterkämpfen wollen, ist das Ihr gutes Recht. Allerdings sollten Sie nicht davon ausgehen, daß die Vereinigten Staaten Ihnen als Ihre Luftstreitmacht zur Verfügung stehen. Wenn Sie den Krieg fortsetzen, dann spielen Sie Würfel um das Schicksal Ihres Volkes.«

Sacirbey murmelte Izetbegović etwas zu – wie ich später erfuhr, eine Übersetzung der Wendung »um das Schicksal würfeln«. Izetbegović sagte, er werde die Frage unverzüglich mit seinen höchsten militärischen und zivilen Beratern erörtern und bat mich, ihn um 14.30 Uhr im Präsidium aufzusuchen. Bis dahin werde er eine Entscheidung gefällt haben.

*

Während wir auf Izetbegovićs Entscheidung warteten, riefen Christopher und Lake an und berichteten über die Ergebnisse eines kurzen, frühmorgendlichen Treffens im Weißen Haus. Tony war gutgelaunt: Er hatte die Frage, wo die Konferenz stattfinden sollte, erfolgreich vorbereitet und alle verbliebenen internen Meinungsverschiedenheiten ausgeräumt. Die Zustimmung Clintons war nur noch eine Formsache, die Friedenskonferenz für Bosnien würde in den Vereinigten Staaten stattfinden.

Nichts hätte uns schneller wiederbeleben können, als Washingtons Entscheidung in letzter Minute, sich unserer Empfehlung anzuschließen. Alles war nun bereit für eine letzte Initiative, um die Kämpfe zu stoppen und die Parteien zusammenzubringen.

*

In Begleitung von Carl Bildt und Igor Iwanow kamen wir um 14.00 Uhr noch einmal im bosnischen Präsidentenpalast zusammen, um über den Verfassungsentwurf und die Wahlen zu sprechen. Solche Diskussionen konnten die Hauptfragen natürlich nicht lösen, waren aber insofern hilfreich, als sie die Bosnier veranlaßten, über eine mögliche Regierungsform nach einem Friedensschluß nachzudenken. Später gingen Bildt und Iwanow zu anderen Gesprächen über und ließen uns mit Izetbegović und seinem Beraterstab allein.

Es war offensichtlich, daß sie bis unmittelbar vor unserer Ankunft miteinander diskutiert hatten. »Meine Generäle sprechen sich gegen eine Einstellung der Kämpfe aus«, begann Izetbegović und sah Kerrick dabei direkt an. »Sie stimmen mit Ihrer Einschätzung der Lage nicht überein. Trotzdem habe ich beschlossen, unter bestimmten Voraussetzungen einem Waffenstillstand zuzustimmen.« Erstens werde er frühestens in fünf Tagen in einen Waffenstand einwilligen. Zweitens mache er seine Zustimmung davon abhängig, daß die Gas- und die Stromversorgung Sarajevos wiederhergestellt und die Straße nach Goražde vor dem Beginn einer Friedenskonferenz geöffnet wird.

Izetbegovićs zusätzliche Bedingungen für einen Waffenstillstand bewiesen seinen ausgeprägten politischen Instinkt. Geschickt überbrückten sie die Kluft zwischen unserer Position und der seiner kampfwilligen Generäle. Zum einen gewann er Zeit für eine neuerliche militärische Offensive, zum anderen zwang die Wiederherstellung der Stromversorgung die Serben, die zahllosen Minen aufzuspüren und zu räumen, die um die nach Sarajevo führenden Hochspannungsmasten verstreut lagen. Die Wiederherstellung der Gasversorgung der Stadt war eine andere Sache: Das Gasnetz wurde von dem russischen Energiekonzern Gazprom kontrolliert, der die Gasleitung nach Bosnien erst wieder öffnen wollte, wenn die bosnische Regierung zumindest einen Teil ihrer ausstehenden Schulden beglichen hatte. In den folgenden Wochen sollte diese unerwartete Nebensache die Bemühungen um einen Waffenstillstand erheblich erschweren und ironischerweise Sarajevo und Belgrad in einer gemeinsamen Front gegen die direkt dem russischen Ministerpräsident Viktor Tschernomyrdin unterstehende Gazprom vereinen.

*

Belgrad, 4. Oktober. Nachdem wir ein Waffenstillstandsabkommen auf der Grundlage von Izetbegovićs Bedingungen aufgesetzt hatten, flogen wir nach Belgrad. Um die Kommunikation mit der bosnischen Regierung zu erleichtern, blieben Chris Hill und James Pardew in Sarajevo. Wir hatten den Eindruck, daß wir sowohl in Sarajevo als auch in Washington eine psychologische Barriere überwunden hatten, und wollten nun sehen, wie nahe wir in Belgrad einem Waffenstillstand kommen konnten. Milošević war in einer beschwingten, beinahe feierlichen Stimmung. Während er die Rohfassung des Waffenstillstandsabkommens mit der für ihn typischen Schnelligkeit überflog, machte er Witze und bot uns ständig Drinks an, die wir aber ablehnten. »Erst wenn wir ein Abkommen haben«, sagte ich zu ihm.

Nachdem Milošević bei einem üppigen Mahl den Abkommensentwurf eingehender studiert hatte, machten wir uns daran, die Einzelheiten zu besprechen. Milošević stellte uns einen großen Raum im Vorderteil des Gebäudes zur Verfügung, in dem wir unsere Computer aufstellten und über das Operationszentrum des Außenministeriums in Washington eine Standleitung zu unserer Botschaft in Sarajevo schalteten. Im Laufe der Gespräche wurde in Washington bekannt, daß wir uns in der Endphase der Aushandlung eines landesweiten

Waffenstillstands befanden, und zu verschiedenen Zeiten schalteten sich Christopher, Lake, Tarnoff, Donilon und Kornblum in den Telefonmarathon ein. Einmal, während ich mit Christopher sprach, kam Miloševic mit einem Drink in der Hand ins Zimmer und wollte wissen, mit wem ich mich gerade unterhielt. Als er hörte, daß der amerikanische Außenminister am Apparat war, bedeutete Miloševic mir, daß er mit ihm reden wolle. Da das eindeutig nicht der geeignete Zeitpunkt für das erste Gespräch zwischen den beiden Männern war, wimmelte ich ihn mit einer gemurmelten Entschuldigung ab.

Über Chris Hill, der jeden Vorschlag von Miloševic über die Standleitung nach Sarajevo an Sacirbey weitergab, feilschten Miloševic und die Bosnier stundenlang um kleinste Wortlautänderungen im Abkommenstext. Die Verhandlungen schleppten sich hin, und je später es wurde, um so müder wurden wir, ausgenommen Miloševic, der sich köstlich zu amüsieren schien. Mehrere Male konnte Hill Sacirbey nicht auftreiben, und nach einem weiteren unerklärlichen Verschwinden Sacirbeys schlug der gewöhnlich sehr zurückhaltende Roberts Owen mit der Faust gegen die Wand und stieß einen ganzen Schwall deftiger Flüche aus, die so gar nicht zu einem seriösen Anwalt paßten und dazu führten, daß wir ihn nur noch »Mad Dog« Owen oder einfach »Mad Dog« nannten.

Gegen ein Uhr morgens hatten wir einen Wortlaut, der sowohl für Sarajevo als auch für Belgrad akzeptabel war. Izetbegović hatte seine Bedingungen fast komplett durchgesetzt. Nachdem Miloševic das Dokument schwungvoll unterzeichnet hatte, fehlten uns nur noch die Unterschriften von Karadžić und den bosnischen Serben, die in einer Villa außerhalb Belgrads warteten, eine Sache, die wir Miloševic überließen. Er versprach, uns das Dokument »unterzeichnet und mit Siegel« vor unserer Abreise am anderen Morgen zu überbringen. Vollkommen übermüdet kehrten wir in unser Hotel zurück, das wir durch den Kellereingang betraten, um den oben wartenden Journalisten zu entgehen, und teilten Washington die Neuigkeit mit. Nun mußten wir am nächsten Tag nur noch Tudjman und Izetbegović dazu bringen, das Abkommen zu unterzeichnen.

*

Belgrad, Sarajevo, Zagreb und Rom 5. Oktober. Wie versprochen, überbrachte Miloševic uns am anderen Morgen das von den bosnischen Serben unterzeichnete Dokument. Nach einer kurzen Unterweisung des britischen Geschäftsträgers Ivor Roberts über die Lage flogen wir (wie üblich mit Umweg über Italien) nach Sarajevo, um Izetbegovićs Unterschrift unter das endgültige Waffenstillstandsabkommen zu erhalten.

Izetbegovićs in sich gekehrtes und unglückliches Gesicht sprach Bände, und die Stimmung im Raum legte nahe, daß einige der ihn flankierenden Kabinettsmitglieder und hohen Militärs einen Waffenstillstand ablehnten. Izetbegović nahm das Dokument entgegen und las es sorgfältig. Wir wiesen darauf hin, daß Milošević mehreren Änderungsvorschlägen Sacirbeys zugestimmt hatte, unter anderem dem sofortigen Austausch aller Kriegsgefangenen und den schärferen Formulierungen bezüglich der vollen Wiederherstellung der Gas- und Stromversorgung Sarajevos noch vor dem Inkrafttreten eines Waffenstillstandes.

Wir lagen inzwischen weit hinter unserem vollgepackten Zeitplan zurück: wir mußten zu einem Treffen mit Tudjman nach Zagreb fliegen, und dann rechtzeitig zu einem von uns angeregten und für den Abend angesetzten ersten Treffen der erweiterten Kontaktgruppe in Rom eintreffen. Während Izetbegović noch mit sich rang, überreichte Rosemarie Pauli mir eine Notiz, in der sie mich ermahnte, daß wir in fünf Minuten aufbrechen mußten, wollten wir den letzten Transportflug des Tages noch erreichen; wenn nicht, könnten wir Sarajevo erst am nächsten Tag verlassen.

Wir mußten Izetbegovićs instinktive Angst vor einem Waffenstillstand rasch überwinden. Mit zusammengekniffenen Augen und ohne ein Wort zu sagen, studierte er das Abkommen. Schließlich deutete er auf die serbischen Unterschriften und erklärte nachdrücklich, er könne seine Unterschrift unmöglich auf dasselbe Papier wie seine Feinde setzen. Ich bat Botschafter Menzies, das Dokument zu fotokopieren und die serbischen Namen dabei abzudecken. Dann legte ich es wieder Izetbegović zur Unterschrift vor.

Er zögerte immer noch. Ich schob ihm einen Federhalter hin. »Herr Präsident, Sie können mit einer einzigen Unterschrift vier Jahre Krieg in Ihrem Land beenden«, beschwor ich ihn, »und zwar zu Ihren Bedingungen.« Ich erhob mich demonstrativ.

Seine Kabinettsmitglieder betrachteten ihn schweigend, während er auf das Papier starrte. Plötzlich sah er mich mißtrauisch an. »Wo ist die amerikanische Unterschrift?« sagte er. »Ich sehe Ihre Unterschrift nicht auf dem Dokument.«

Ich griff nach seinem Federhalter und nahm ihm das Papier aus der Hand. »Hier ist sie, Herr Präsident«, sagte ich und kritzelte meinen Namen unten links auf das Dokument. »Wir müssen sofort aufbrechen. Wenn Sie das Dokument jetzt nicht unterschreiben, wird der Krieg weitergehen.«

Izetbegović nahm das Papier. Seine Hände zitterten sichtlich, als er es vor sich auf denTisch legte. Schließlich setzte er langsam und widerwillig seinen Namen darunter. Wir gaben ihm die Hand und eilten mit dem Abkommen in der Tasche zum Flughafen. Wir überließen es Botschafter Menzies, die Nachricht nach Washington zu melden.

KAPITEL VIERZEHN

Die Wahl fällt auf Dayton

(5. bis 25. Oktober 1995)

> How did a Snake get in the tower?
> Delayed in the democracies
> By departmental vanities,
> The rival sergeants run about
> But more to squabble than find out.
> W. H. Auden, *New Year Letter*

Wir hielten die Nachricht von dem erfolgreichen Abschluß des Waffenstillstandsabkommens so lange geheim, daß Präsident Clinton sie persönlich verkünden konnte. Am 5. Oktober um 11 Uhr erklärte er, daß »ein wichtiger Moment in der qualvollen Geschichte« des ehemaligen Jugoslawiens gekommen sei. In fünf Tagen werde eine allgemeine Waffenruhe in Kraft treten, falls bis dahin die Gas- und Wasserversorgung Sarajevos wiederhergestellt sei. Im Anschluß daran würden, fuhr er fort, in den Vereinigten Staaten Friedensgespräche zwischen den drei Präsidenten der betroffenen Balkanländer stattfinden.

Als Präsident Clinton diese Erklärung abgab, hielten wir uns gerade in Zagreb auf und drängten Tudjman, vor Inkrafttreten der Waffenruhe die Offensive nochmals aufzunehmen. Die Kroaten hatten ihren Vormarsch praktisch gestoppt, und Sanski Most und Prijedor befanden sich noch immer in den Händen der Serben. »Sie haben noch fünf Tage, mehr nicht«, warnte ich ihn. »Was Sie nicht auf dem Schlachtfeld erobern, werden Sie am grünen Tisch kaum mehr zurückgewinnen können. Nutzen Sie die Zeit, die Ihnen noch bleibt.«

Tudjman bat uns, den Beginn der Friedensgespräche um eine Woche auf Anfang November zu verschieben, damit sie nicht mit den Wahlen zum kroatischen Parlament in Konflikt gerieten. Wir waren einverstanden. Wie sich später zeigte, sollten wir jede Minute dieser zusätzlichen Woche für die Vorbereitungen benötigen.

Bevor wir die Region verließen, legten wir drei Bedingungen für die Verhandlungen fest:

- Erstens, jeder Präsident mußte mit allen Vollmachten zur Unterzeichnung von Abkommen in die Vereinigten Staaten kommen, so daß eine spätere Ratifizierung im Parlament nicht notwendig war.
- Zweitens, die Präsidenten mußten so lange in den USA bleiben, bis ein Abkommen erreicht war, und keiner durfte mit dem Abbruch der Verhandlungen drohen.
- Drittens, keine Gespräche mit der Presse oder anderen Außenstehenden.

Alle drei Präsidenten stimmten diesen Bedingungen zu, auch wenn Izetbegović und Sacirbey gegen die dritte Bedingung zunächst einwandten, daß sie im Kongreß und in der Presse wichtige Freunde hätten, mit denen sie in Verbindung bleiben müßten. Wir sagten, ernsthafte Verhandlungen seien mit den von ihnen geplanten Außenkontakten unvereinbar. Als Milošević das Dokument las, fragte er ironisch nach, ob wir die Absicht hätten, ihn ins Gefängnis zu stecken. Obwohl es sich nicht um ein offizielles Dokument handelte, hielten sich die drei Parteien im allgemeinen an die Bedingungen – zumindest bis zu den letzten dramatischen Stunden in Dayton.

*

Akashi. Unser letzter Besuch in Zagreb vor unserer Rückkehr nach Washington galt dem UN-Sonderbeauftragten für das ehemalige Jugoslawien Yasushi Akashi, den ich bei meinen beiden Besuchen in Kambodscha im Jahr 1992 kennengelernt hatte. Akashi war von den Medien und Kritikern der Uno wegen seiner allzu großen Nachgiebigkeit heftig attackiert worden. Allerdings konnte man ihn für diese Schwäche nicht alleine verantwortlich machen. Akashi mußte innerhalb der von Butros-Ghali gesetzten engen Grenzen operieren und wurde von General Janvier und den UN-Militärs so gut wie ignoriert.

Wir baten Akashi, die schnelle Wiederinbetriebnahme des an vielen Stellen unterbrochenen und verminten Stromnetzes zu seiner obersten Priorität zu machen. Akashi tat mir leid. Seine Mission war wegen der vom UN-Hauptquartier verfügten Beschränkungen von Anfang an zum Scheitern verurteilt gewesen, und als er Zagreb verließ, war sein einstmals makelloser Ruf schwer ramponiert. Washington war hoch erfreut, daß Kofi Annan zu Akashis Nachfolger bestimmt worden war. Annan, der sich bereits auf dem Weg nach Zagreb befand, wo er vorübergehend amtieren sollte, war seit den Auseinandersetzungen um die Bombenangriffe im August der UN-Beamte, in den wir das größte Vertrauen setzten, und seine Ankunft war eine gute Nachricht.

*

Rom. Während wir nach Rom flogen, rief Warren Christopher alle Außenminister der Kontaktgruppe an und schlug vor, die Gespräche unter dem gemeinsamen Vorsitz der Vereinigten Staaten, der Europäischen Union und Rußlands auf der »Holbrooke-Bildt-Iwanow-Ebene« zu führen. Er selbst wolle nur eingreifen, wenn die Umstände es erforderten. Christopher fürchtete, daß andernfalls die anderen Außenminister ebenfalls auf einer Teilnahme an der gesamten Konferenz bestanden und damit den organisatorischen Rahmen gesprengt hätten.

Mit Ausnahme der Franzosen akzeptierten alle Europäer widerspruchslos die amerikanische Entscheidung, als Gastgeber der Gespräche zu fungieren. Um die Franzosen zu besänftigen, deutete Christopher die Möglichkeit an, in Paris eine feierliche Vertragsunterzeichnung auszurichten. Rifkind äußerte sich besorgt und fast wütend über die französische Haltung und betonte, daß die britische Regierung nie einem Tagungsort Paris im Rahmen einer Konsentscheidung der EU zugestimmt habe. Er wollte jedoch verhindern, daß die Sache zu einem öffentlichen Problem wurde und sagte, die Briten würden sich damit zufriedengeben, eine »Implementierungskonferenz« kurz nach der feierlichen Unterzeichnung auszurichten.

Das Treffen in Rom war als eine Sonderkonferenz der erweiterten Kontaktgruppe geplant, mit der die sich zurückgesetzt fühlenden Italiener beschwichtigt werden sollten. Außenministerin Agnelli eröffnete die Konferenz am 5. Oktober mit einem Dinner in der Renaissancepracht der Villa Madama, dem offiziellen Gästehaus des italienischen Außenministeriums. Für uns, die wir in Belgrad gefrühstückt und in Sarajevo zu Mittag gegessen hatten, war das Dinner irgendwie verwirrend, so gewaltig war der Unterschied zwischen der klassischen Grandeur Roms und den häßlichen Realitäten, die wir gerade verlassen hatten.

Die nicht der Kontaktgruppe angehörenden Europäer lobten die

Vereinigten Staaten für ihr diplomatisches Geschick und ihre Führungsqualitäten. Doch bei einigen Mitgliedern der Kontaktgruppe war heimlicher Ärger über den amerikanischen »Unilateralismus« spürbar, und als ich eine Bemerkung über das zögerliche Verhalten der Uno beim Öffnen der Straßen um Sarajevo machte, explodierte Pauline Neville-Jones. Sie warf mir vor, ich würde »die Uno und die Europäer an den Pranger stellen«, um sie später für ein Scheitern verantwortlich machen zu können. Ich war auf diesen Ausbruch nicht vorbereitet und sagte, ich sei nicht daran interessiert, über die Möglichkeit eines Scheiterns zu diskutieren. Wir seien hier versammelt, um die Fundamente für einen Erfolg zu legen, an dem alle teilhaben würden. Zu diesem Zweck, fuhr ich fort, sei die rigorose Durchsetzung aller Abkommen von entscheidender Wichtigkeit und kritisierte dann mit beißender Schärfe die auf einigen Seiten erkennbare Neigung, sich in einem solch entscheidenden Moment der europäischen Geschichte in bürokratische Manöver zu verstricken. Daß ich so persönlich auf die Provokation reagierte, war vermutlich unklug, aber ich wollte ein klares Zeichen setzen, daß ich nicht gewillt war, unproduktive Verfahrensvorschläge zu tolerieren. Schließlich lenkte Sunni Agnelli mit der für sie typischen Anmut das Gespräch auf weniger umstrittene Themen.

Trotz dieses gespannten Beginns erwiesen sich die Gespräche in Rom als hilfreich. Am folgenden Morgen, dem 6. Oktober, beriefen die Italiener formell eine Sitzung der erweiterten Kontaktgruppe ein, gefolgt von einer noch größeren Konferenz, auf der über mögliche Maßnahmen zur wirtschaftlichen Wiederbelebung der Region diskutiert wurde – das erste Mal, daß wir uns intensiv mit den langfristigen wirtschaftlichen Bedürfnissen eines Nachkriegsbosniens beschäftigten.

Nachdem Italien endlich Gastgeber einer Bosnien-Konferenz gewesen war, wollte auch Moskau einmal im Rampenlicht stehen. Dasselbe galt für alle größeren europäischen Länder, denen es dabei vornehmlich darauf ankam, der eigenen Bevölkerung zu demonstrieren, daß man am Friedensprozeß beteiligt war. John Kornblum taufte dieses Phänomen »Konferenz-Proliferation«. Auch wenn wir ständig darüber schimpften, weil es zeitaufwendig und überflüssig war, wußten wir sehr genau, daß diese Konferenzen für die europäisch-amerikanische Einheit wichtig waren.

Madeleine Albright und die Uno. Die Vereinten Nationen kündigten an, einen Platz als vierter Kovorsitzender der Konferenz zu bean-
spruchen. Madeleine Albright und ich hatten die Vereinten Nationen
schon seit langer Zeit stark unterstützt, stimmten jedoch darin überein,
daß eine Beteiligung der Uno die Verhandlungen noch weiter kompli-
zieren werde. Schließlich einigten wir uns darauf, daß der UN-Vertreter Thorvald Stoltenberg nur an Verhandlungen teilnehmen würde, in
denen es um Ostslawonien ging, und in den folgenden drei Wochen
hielt Madeleine Albright die Uno mit Erfolg davon ab, eine wichtigere
Rolle zu fordern. Den Vereinten Nationen klarmachen zu müssen, daß
ihre Beteiligung die Friedensanstrengungen erschweren würde, war
schmerzlich, insbesondere für jemanden wie Albright, die im Glauben
an die Wichtigkeit der Weltorganisation aufgewachsen war. Dennoch
erledigte sie ihre Aufgabe klaglos und mit einer Härte, die zwar wirksam, aber nicht immer populär war. In dieser Zeit wurde unsere Zusammenarbeit immer enger und effektiver. Wir waren, wie sie es oft
formulierte, in allen europäischen Kernfragen zu »siamesischen Zwil-
lingen« geworden. Besondere Verbundenheit empfand sie zu meiner
Frau Kati, die wie sie selbst einer Flüchtlingsfamilie aus Mitteleuropa
entstammte.

In dem Kampf um die Rolle der Uno deutete sich bereits der ent-
schlossene Widerstand an, den die Vereinigten Staaten ein Jahr später
Butros-Ghalis Bewerbung für eine zweite Amtszeit als Generalsekretär entgegensetzten. Mehr als jedes andere Problem war es sein Verhalten bezüglich Bosniens, das uns in der Ansicht bestärkte, ihn bei
seiner zweiten Kandidatur nicht zu unterstützen – umgekehrt war Kofi
Annan wegen der Entschlossenheit, die er bei der Entscheidung über
die Bombenangriffe im August bewiesen hatte, zum persönlichen Fa-
voriten vieler amerikanischer Politiker geworden.[1] Die amerikanische
Kampagne gegen Butros-Ghali, in der unsere wichtigsten Verbündeten gegen uns standen, war – insbesondere für Madeleine Albright,
die für ihre Rolle scharfe und ungerechte Vorwürfe hinnehmen mußte
– lang und schwierig. Trotzdem war sie richtig und sicherte möglicherweise das weitere amerikanische Engagement in der Uno.

Madeleine Albright und Strobe Talbott waren auch an einem weiteren komplizierten Aspekt des Waffenstillstandsabkommens stark beteiligt – dem Bemühen, die von dem russischen Energiekonzern Gazprom kontrollierten Gasleitungen nach Sarajevo wieder zu öffnen. Die

Russen wollten die Pipeline erst wieder in Betrieb nehmen, wenn unbezahlte Rechnungen in Höhe von 100 Millionen Dollar beglichen wären. Die Bosnier waren außer sich. Der Löwenanteil der Schulden, monierten sie, gehe auf das Konto der Serben, die die Rohrleitung angezapft hätten. Vor allem aber hatten sie das Geld nicht.

Um den toten Punkt zu überwinden, schickte Miloševic seinen Ministerpräsidenten nach Moskau, wo dieser sich bei Ministerpräsident Tschernomyrdin persönlich dafür einsetzte, die Gaslieferung möglichst schnell wieder aufzunehmen und das Problem mit den offenen Rechnungen auf später zu verschieben. In der Hoffnung, sich in Sarajevo durch dic Wiederherstellung der Gasversorgung zu profilieren, flog Silajdzic in derselben Angelegenheit nach Moskau. Zur selben Zeit verhandelte unser Moskauer Botschafter Thomas Pickering mehrere Nächte lang mit dem russischen Außenministerium und der Gazprom, während Talbott und Leon Fuerth den Gore-Tschernomyrdin-Kanal aktivierten, der in der amerikanisch-russischen Zusammenarbeit eine Schlüsselrolle spielte. Ich selbst nahm an dieser frustrierenden Nebenhandlung durch regelmäßige Telefongespräche teil – an der letzten Telefonkonferenz waren neben mir Pickering, Albright, Menzies, Tarnoff, Donilon, Chris Hoh und Nick Burns beteiligt – und gewann den Eindruck, daß es sich für die Russen mehr um ein finanzielles Problem als um ein politisches handelte. Die ebenso mächtigen wie geldgierigen Chefs der Gazprom wollten schlicht und einfach die Bosnier zur Zahlung der ausstehenden Rechnungen zwingen, und wie es aussah, konnte nur Tschernomyrdin ihren Widerstand brechen. Während die Regierung in Sarajevo die Russen der Erpressung bezichtigte, nutzte sie den durch die Verweigerungspolitik der Gazprom verursachten Aufschub des Waffenstillstands dazu, ihre militärische Offensive nochmals zu intensivieren und weitere Gebiete zu erobern.

*

Die Geburt der Ifor.   Am selben Tag, als Präsident Clinton den Waffenstillstand verkündete und wir in Rom tagten, beendete US-Verteidigungsminister Perry eine zweitägige Sonderkonferenz der sechzehn Nato-Verteidigungsminister im amerikanischen Williamsburg. Die Ankündigung des Waffenstillstands hatte seine Bemühungen um einen Konsens über die erste Friedenstruppe in der ereignisreichen Geschichte der Nato noch dringlicher werden lassen. Überraschend reibungslos gewann Perry die Minister für ein noch nie dagewesenes Gebilde – eine aus Nato- und anderen Truppen bestehende Streitmacht zur Implementierung des Friedensabkommens. Der Oberbefehlshaber der Nato General Joulwan erklärte den Ministern, er benötige eine Streitmacht von vierzig- bis fünfzigtausend Mann, verteilt auf je eine amerikanische, französische und britische Zone. Die USA sollten ein Drittel der Truppen stellen, wofür er einen jährlichen Finanzierungsbedarf von rund zwei Milliarden Dollar veranschlagte. Als Namen der Friedenstruppe schlug Joulwan Implementation Force – kurz Ifor – vor.

Darüber hinaus plante Perry, sich in zwei Tagen in Genf mit seinem russischen Kollegen Pawel S. Gratschow zu treffen und mit ihm über ein historisches Ziel zu verhandeln: die Beteiligung der Russen an der bosnischen Friedensstreitmacht. Moskau setzte der Nato-Erweiterung erbitterten Widerstand entgegen, und es hatte häufig Konflikte wegen Bosnien gegeben, da der Kreml eine amerikanische Vormachtstellung auf dem Balkan fürchtete. Seit dem Zweiten Weltkrieg hatten russische, amerikanische und westeuropäische Truppen nicht mehr unter einem gemeinsamen Oberkommando gestanden. Doch Präsident Clinton, Perry und Talbott, der wichtigste Rußlandexperte in der Regierung, betrachteten eine Teilnahme Rußlands an der bosnischen Friedenstruppe als einen historischen Schritt zur Zusammenarbeit zwischen den beiden Ländern, die sich bis zum Ende des Kalten Krieges vor fünf Jahren fast ein halbes Jahrhundert feindlich gegenübergestanden hatten.

*

Site X. Tom Donilon übernahm die Verantwortung, einen geeigneten Ort für die Friedensgespräche zu finden, dem wir den Codenamen Site X verliehen. Die konkrete Ausführung der Aufgabe übertrug er dem Staatssekretär für Verwaltungsfragen im Außenministerium Patrick F. Kennedy, ein fähiger Beamter mit über 20jähriger Erfahrung als Verwaltungsexperte. Kennedy, mit dem ich unter der Regierung Carter zusammengearbeitet hatte, kam am 10. Oktober mit seinem Assistenten Ken Messner in mein Büro und erkundigte sich nach den Bedingungen, die wir an einen Tagungsort stellten. Ich sagte mein Mantra auf: Materielle Arrangements sind wichtig, und es kommt auf jede Einzelheit an. Site X müsse für neun Delegationen Platz bieten, für die der drei Balkanländer, die fünf der Kontaktgruppe und die des EU-Vertreters Bildt. Ideal wäre ein Ort, von dem wir die Presse und alle anderen Außenstehenden fernhalten könnten, ein Ort, der zugleich so nahe bei Washington lag, daß führende Regierungsvertreter ihn problemlos besuchen könnten, und doch so weit davon entfernt, daß, wie es Michael Dobbs später in der *Washington Post* formulierte, »die Warlords vom Balkan nicht jedesmal gleich ins nächste Fernsehstudio in New York oder Washington rennen können, wenn es bei den Verhandlungen zu einem Problem kommt«. Damit schied der Ferienwohnsitz des Präsidenten in Camp David aus. Zum einem lag er zu nahe bei Washington, zum anderen war er zu klein, zu eng mit dem Präsidenten verknüpft und wurde zu stark mit den Friedensverhandlungen zwischen Ägypten und Israel im Jahr 1978 in Verbindung gebracht. Kennedy meinte, ein Militärstützpunkt würde unseren Anforderungen am ehesten entsprechen. Durch Jan Lodal, Perrys obersten Stellvertretenden Staatssekretär in der politischen Abteilung, informierten Wesley Clark und ich den Verteidigungsminister, der das Pentagon beauftragte, Kennedy bei der Suche nach einem möglichen Verhandlungsort zu helfen.

Daraufhin konnte Kennedy die Wahl sehr schnell auf drei Alternativen einengen: den Marinestützpunkt in Newport, Rhode Island, den Luftwaffenstützpunkt Langley in Norfolk, Virginia, und den Luftwaffenstützpunkt Wright-Patterson in Dayton, Ohio. Als Newport in die engere Wahl gezogen wurde, bot Senator Claiborne Pell an, uns einige der großen Herrenhäuser an der Küste seines Heimatstaats zur Verfügung zu stellen. Auch wenn es eine amüsante Vorstellung war, Milošević, Izetbegović und Tudjman in der Villa »The Breakers« umherwandern zu sehen, lehnten wir den Vorschlag ab, weil die Einrichtungen in Newport zu weit auseinander lagen. Da ich keine Zeit hatte, die Orte selbst unter die Lupe zu nehmen, bat ich Rosemarie Pauli, Kennedy zu begleiten. Bei der Besichtigung von Wright-Patterson, einer weitläufigen Luftwaffenbasis mit einer Personalstärke von 23 000 Mann, entdeckte Kennedy fünf Gästehäuser für Offiziere (Visiting Officers' Quarters, kurz VOQs), die um einen Parkplatz herumgruppiert waren und dicht beieinander standen. Einige der Räume bedurften zwar einer gründlichen Renovierung, in jeder anderen Hinsicht jedoch genügte Wright-Patterson unseren Anforderungen.

Und so wurde zur allgemeinen Überraschung Dayton als Site X

ausgewählt. Die Luftwaffenbasis wurde damals nicht gerade als ein angemessener Schauplatz für eine große internationale Konferenz empfunden. Dayton war eben, wie Dobbs in der *Washington Post* schrieb, »kein Camp David«. Als ich Milošević am 17. Oktober informierte, sagte er halb im Scherz, er wolle nicht »wie ein Mönch eingesperrt« werden – eine Bemerkung, die später sehr zu seinem Mißvergnügen an Roger Cohen von der *New York Times* durchsickerte. Die Europäer, an Verhandlungen in prunkvollerer Umgebung gewöhnt, hatten buchstäblich keine Ahnung, wo Dayton lag und brachten ihre Unzufriedenheit mit einem Tagungsort »irgendwo mitten in Amerika« offen zum Ausdruck. Carl Bildt war besorgt über das kriegerische Ambiente eines Militärstützpunkts, doch ich fand, daß eine gewisse demonstrative Präsenz der amerikanischen Luftwaffe dem Verhandlungsverlauf nicht schaden konnte.

*

Das Modell Camp David. Wir konnten keinen Präzedenzfall für die geplanten Verhandlungen finden. Am ehesten als Modell kamen natürlich die Friedensverhandlungen von Camp David im September 1978 in Frage, bei denen Carter das historische Abkommen zwischen dem ägyptischen Präsidenten Anwar As Sadat und dem israelischen Ministerpräsidenten Menachem Begin geschmiedet und damit einen Schlußpunkt unter dreißig Jahre der Feindschaft und kriegerischen Auseinandersetzungen zwischen den beiden Ländern gesetzt hatte. Als wir im Oktober auf dem Balkan zwischen den Hauptstädten hin und her flogen, verteilte ich an alle Mitglieder meines Teams Carters eigenen Bericht über jene dreizehn Tage sowie die Passage über Camp David aus Cyrus Vance' Memoiren *Hard Choices* und William Quandts Buch *Camp David: Peacemaking and Politics*. Außerdem befragte Dan Hamilton vom Europa-Büro Quandt und Harold Saunders, den damaligen Staatssekretär für den Nahen Osten im Außenministerium, über jede noch so kleine Einzelheit der Gespräche, einschließlich des Essens, der Telefonverbindungen mit der Außenwelt und des Umgangs mit der Presse. Von größtem Interesse waren für uns die Fragen nach den persönlichen Beziehungen zwischen den politischen Führern in Camp David. Hatten die Amerikaner irgendeine Art persönliches Verhältnis zwischen Sadat und Begin herstellen können? Konnten wir etwas Ähnliches in Dayton erreichen? Waren Menschen leichter beeinflußbar, wenn man sie tagelang von der Außenwelt abschnitt? Oder kam es aus reiner Erschöpfung zu Zornausbrüchen?

Ich telefonierte mit Präsident Carter, der mir schilderte, wie er vergeblich versucht hatte, Sadat und Begin zu einem direkten Gespräch miteinander zu bewegen. Er hatte daraufhin auf »mittelbare Gespräche« zurückgegriffen, eine Verhandlungstechnik, die in den vierziger Jahren bei den Nahostverhandlungen der Uno entwickelt worden war und bei der sich der Unterhändler zwischen den Parteien hin und her bewegt, die einander kaum je zu Gesicht bekommen – eine Art »Reisediplomatie zu Fuß«. Wir gingen schon damals davon aus, daß wir diese Technik anwenden würden und sprachen, was Dayton betraf, immer von »mittelbaren Friedensgesprächen«. Carter berichtete auch von seinen ständigen Bemühungen, die persönliche Abneigung zwischen den beiden Männern zu entschärfen. Sein denkwürdigster Versuch war ein gemeinsamer Ausflug zum Schlachtfeld von Gettysburg, wo, wie er hoffte, die Erinnerung an die sinnlosen Opfer des amerikanischen Bürgerkriegs das Eis zwischen den beiden Politikern brechen würde. Natürlich passierte nichts dergleichen, und auf der Rückfahrt saß Carter stundenlang Knie an Knie zwischen zwei Männern, die sich keines Blickes würdigten.

*

Vorbereitungen. Ab der zweiten Oktoberwoche liefen die Vorbereitungen auf Hochtouren. Mehrere Projektgruppen entwickelten Positionen zu jedem Problem, angefangen von den Wahlen bis zur Einrichtung einer gemeinsamen Eisenbahnkommission. Robert Gallucci, der frühere Staatssekretär für politisch-militärische Angelegenheiten im Außenministerium, wurde damit betraut, für den Fall eines Abkommens die Durchführung der zivilen Friedensmaßnahmen zu koordinieren.

Unsere Strategie war ebenso einfach wie ehrgeizig: Dayton war unsere beste Chance zur Beendigung des Krieges in Bosnien, und deshalb kam es darauf an, in dem abschließenden Abkommen möglichst viele Probleme zu regeln. Was in Dayton nicht auf den Tisch kam, würde später nicht mehr verhandelt werden. Wir erkannten, daß die Umsetzung der Ergebnisse mindestens so schwierig werden würde wie die Verhandlungen selbst, verwarfen jedoch den minimalistischen Ansatz, nur Angelegenheiten zu verhandeln, von denen absehbar war, daß sie sich relativ einfach umsetzen ließen. Später wurden wir für unseren übertriebenen Ehrgeiz kritisiert, doch die Alternative wäre ein »kleines« Abkommen gewesen, nicht viel mehr als ein Waffenstillstand, und damit hätten wir – vielleicht für immer – unsere Chance verpaßt.

Während die Vorbereitungen in den USA weitergingen, brachen drei amerikanische Delegationen zu weiteren Verhandlungen nach Europa auf. Slocombe, Kornblum und Clark reisten nach Brüssel, um mehr Unterstützung für eine multinationale Streitmacht unter Führung der Nato zu gewinnen. Angesichts der Reaktionen auf ihre Reise sagte Perry, die Nato sei endlich »aus einem langen, finsteren Tunnel ihrer Entscheidungsunfähigkeit und Unentschlossenheit aufgetaucht«.

Perry und Talbott flogen nach Moskau, um ihre Gespräche über die russische Beteiligung an einer Bosnien-Friedenstruppe fortzusetzen. Präsident Clinton besprach die Sache am 27. September zunächst telefonisch mit seinem Amtskollegen Jelzin und eine Woche später persönlich mit Kosyrew. Kurz darauf, am 8. Oktober, trafen Perry, Slocombe und Talbott in Genf mit Marschall Gratschow zusammen. Die Russen wollten sich an der Friedenstruppe beteiligen, verlangten jedoch, daß diese nicht von der Nato, sondern von der Uno oder einer Koalition geführt wurde, in der sie gleichberechtigt neben den USA sitzen würden. Clinton, Perry und Talbott hatten den Russen wiederholt erklärt, daß dieser Vorschlag gegen das zentrale Nato-Prinzip eines einheitlichen Oberkommandos verstieß und deshalb unmöglich sei – ein »Dealbraker«, wie Talbott es formulierte –, aber die Russen blieben hart.

Die dritte Verhandlungsrunde fand abermals auf dem Balkan statt. Wir hatten uns bereits zu einem Treffen der Kontaktgruppe in Moskau verpflichtet, und die Franzosen bestanden darauf, daß wir in Paris Zwischenstation machten. Also gestalteten wir unseren Zeitplan so, daß wir die Konferenz der Kontaktgruppe in Moskau leiten, mit Talbott und Slocombe an der Diskussion über die russische Rolle bei der Friedenssicherung teilnehmen und dann für den letzten »Systemcheck vor Dayton« auf den Balkan zurückkehren konnten.

*

Angesichts des bevorstehenden Waffenstillstands gewannen die Kämpfe auf dem Balkan nochmals an Intensität. Als die Serben einen

UN-Stützpunkt südöstlich von Tuzla mit Granaten beschossen und dabei einen 29jährigen norwegischen UN-Soldaten töteten, traten die Kampfflugzeuge der Nato wieder in Aktion und griffen einen serbischen Kommandobunker an. Beide Kriegsparteien versuchten, in letzter Minute zusätzliche Gebiete zu erobern, wobei die Streitkräfte der Föderation sehr viel erfolgreicher waren als die der Serben. Angesichts des baldigen Endes der Kämpfe begruben Kroaten und Bosnier wenigstens zwischenzeitlich das Kriegsbeil und eroberten Sanski Most und mehrere andere kleine Städte, nicht aber Prijedor. Aus Gründen, die nie ganz klar wurden, blieb diese wichtige Stadt, ein Symbol der ethnischen Säuberungen, in der Hand der Serben.[2]

Nach und nach wurden die Bedingungen des Waffenstillstandsabkommens erfüllt. Seit Serben und Kroaten UN-Ingenieuren die verminten Stellen gezeigt hatten, ging es mit den Reparaturarbeiten am Stromversorgungsnetz der Stadt zügig voran. Dagegen lieferte die Gazprom trotz gegenteiliger Versicherungen immer noch kein Gas nach Sarajevo. Schließlich legten die Russen Pickering nach mehrtägigem Ringen ein akzeptables Angebot vor. Sie stimmten einer späteren Zahlung der offenen Rechnungen zu und erklärten sich bereit, die Ventile zu öffnen, falls die Bosnier sie nicht für Explosionen oder andere Schäden verantwortlich machen würden, die durch die Wiederinbetriebnahme entstehen könnten. Sarajevo war einverstanden, und das Gas begann wieder zu strömen (ohne daß es größere Explosionen gegeben hätte). Am 11. Oktober war der große Augenblick gekommen; überall in der Stadt flammten die Lichter auf, und es wurden vorsichtig die ersten Gasleitungen in Betrieb genommen. Einige Stunden später wurde überall in der Stadt wild geschossen, aber es waren keine Kämpfe, sondern Freudenschüsse. Der Waffenstillstand hatte offiziell begonnen, auch wenn die Kampfhandlungen im Westen noch einige Tage andauern sollten.

*

Ich wollte das Wochenende vor der Abreise nach Paris und Moskau auf Long Island verbringen. Doch der Präsident wünschte eine letzte Unterredung, die erst terminiert werden konnte, als ich bereits mit dem Wagen unterwegs nach Hause war. Dies führte zu einer skurrilen Szene auf der Autobahn nach Long Island. Am Freitag nachmittag, ich befand mich mit meiner Familie im dichten Verkehr auf der Autobahn, wurde ich über das Funktelefon aufgefordert, mich für ein Gespräch mit dem Präsidenten im Weißen Haus zu melden, dafür aber nicht das Funktelefon zu benutzen. Also rief ich von einer Telefonzelle an einer Tankstelle an und wurde sofort mit Christopher, Lake und Berger verbunden. Während im Hintergrund schwere Lastwagen vorbeidonnerten, vertrieben wir uns mit einer lockeren Unterhaltung die Zeit und warteten darauf, daß sich der Präsident zuschaltete. Inzwischen hielten zwei Männer mit einem Lieferwagen vor der Telefonzelle und machten mir nach kurzer Wartezeit klar, daß ich ihrer Ansicht nach lange genug telefoniert hätte. Sie hatten ihre Zigarettenschachteln in James-Dean-Manier in die Ärmel ihrer Hemden gestopft und führten sich zunehmend bedrohlich auf. Ich konnte schon die Schlagzeilen in der Boulevardpresse vor mir sehen, wenn ich ihnen die Wahrheit sagte: »Dauertelefonierer in Telefonzelle angegriffen. Behauptete, mit dem Präsidenten zu sprechen.«

Endlich war der Präsident am Apparat und fragte mich, wo ich sei. »Sie werden es nicht glauben, Mr. Präsident«, sagte ich mit gesenkter Stimme. »Spreche ich mit unserem Liebling der *Washington Post?*« fragte er amüsiert zurück, wobei er sich auf einen positiven Leitartikel der vergangenen Woche bezog. »Wie schaffen Sie es nur, eine solche Presse zu bekommen?« fuhr er fort. »Ich bekomme sie nie dazu, etwas Nettes über mich zu schreiben.« Ich antwortete, so toll sei der Artikel nun auch wieder nicht gewesen, und außerdem sei er erst »nach achtzehn direkten Angriffen auf mich« erschienen. »Beschweren Sie sich nicht«, sagte der Präsident. »Solche [Artikel] werden Sie nicht viele kriegen.«

Damit war der scherzhafte Teil vorbei. »Wird es ein vereinigtes Sarajevo geben?« fragte Clinton. »Und können wir es schützen?« »Die Serben scheinen eine Art hochgerüstetes Berlin anzustreben«, antwortete ich. »Beide Seiten vertreten in vier oder fünf entscheidenden Punkten unvereinbare Positionen. Aber sie wissen, daß sich die USA nur im Rahmen eines Friedensvertrags engagieren, daß sie das eine nicht ohne das andere bekommen werden.«

»Das ist gut«, sagte der Präsident. »Es ist unser einziger Trumpf. Spielen wir ihn aus.«

Dem Präsidenten lag besonders viel daran, daß Jelzin die Friedensanstrengungen unterstützte, und er sprach leidenschaftlich von der Notwendigkeit, die Russen an der Friedenstruppe zu beteiligen.

Gebietsverteilung nach dem Waffenstillstand vom 12. Oktober 199!

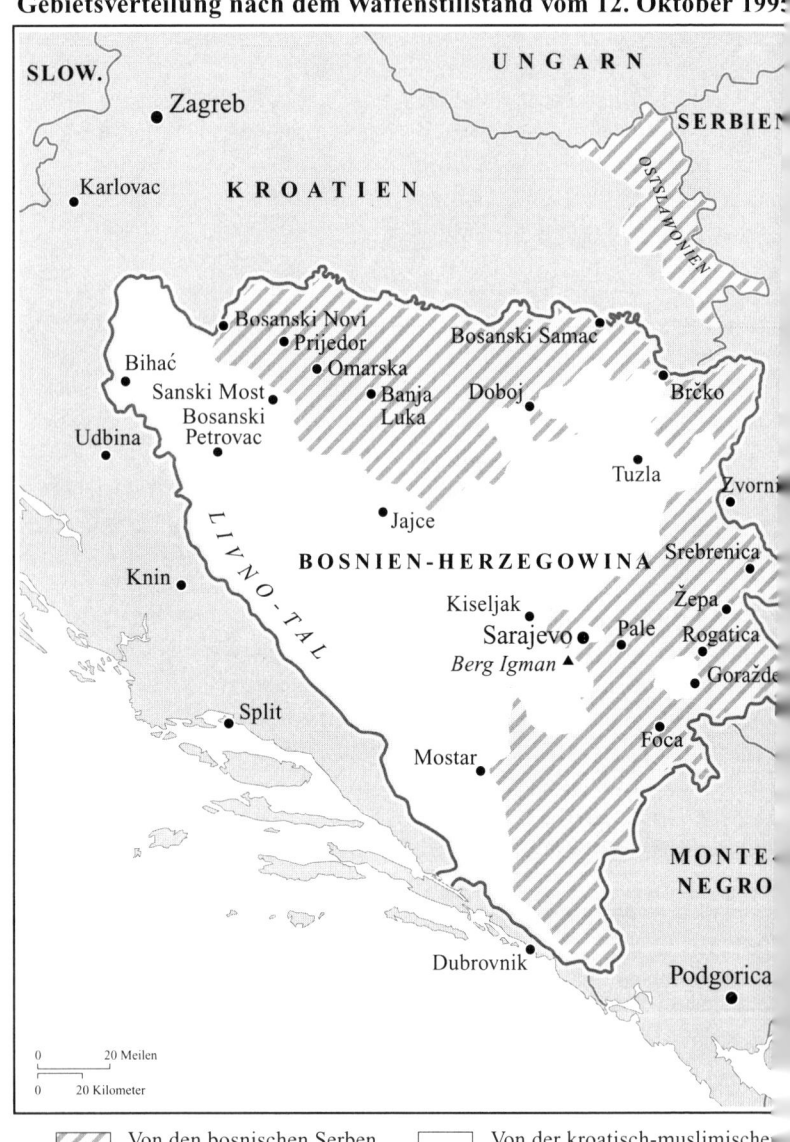

Von den bosnischen Serben
kontrollierte Gebiete

Von der kroatisch-muslimische:
Föderation kontrollierte Gebiet

»Natürlich wollen wir auch, daß die Russen mitmachen«, sagte ich. »Aber wir können ihnen keinen eigenen Sektor zugestehen. Das würde zu sehr an die russische Besatzungszone nach dem Zweiten Weltkrieg erinnern. Außerdem dürfen sie nicht mitreden, wenn die Nato über den Einsatz von Gewalt entscheidet, und genau darauf zielen sie mit ihrem Gerede von einer Koalition ab.«

»Trotzdem, wir müssen versuchen, Rußland mit einzubeziehen«, wiederholte der Präsident. »Es ist wichtig. Und viel Glück auf Ihrer Reise.«

*

Moskau. Nach einem kurzen Zwischenstop in Paris und einem Höflichkeitsbesuch bei Chirac landeten wir in Moskau. Die Russen waren erfreut, daß sie das erste Mal den Gastgeber für die Kontaktgruppe spielen konnten. Doch die Gespräche verliefen wirr und unstrukturiert; die Russen, nicht gewohnt, internationale Konferenzen auszurichten, hatten es versäumt, eine feste Tagesordnung aufzustellen. Außenminister Andrej Kosyrew, ein umgänglicher und entgegenkommender Mann, der jedoch von den russischen Nationalisten unter Druck gesetzt wurde, leitete die Eröffnungssitzung.

Der französische Gesandte Jacques Blot verkündete, es sei »einstimmig beschlossen« worden, den Posten des führenden zivilen Repräsentanten in Bosnien mit Carl Bildt zu besetzen. Trotz des befremdlichen Vorgehens der Europäer stimmte ich dem Vorschlag zu. Zum einen hatten wir uns intern bereits darauf geeinigt, das Amt den Europäern zu überlassen, zum anderen hätte eine Zurückweisung zu einem ernsten Bruch in der Kontaktgruppe geführt. Außerdem konnten wir gut mit Bildt zusammenarbeiten, dessen Ernennung zum Friedensvermittler der EU wir Anfang 1995 nachhaltig unterstützt hatten.

Kosyrew schlug vor, die drei Präsidenten der Balkanländer noch vor Dayton nach Moskau einzuladen. Die Wahlen zum russischen Parlament standen unmittelbar bevor, und Kosyrew wollte im Vorfeld der Dumawahlen das Prestige der Regierung Jelzin stärken. Die Russen versprachen, im Falle einer Zustimmung unsererseits das Treffen auf einen Fototermin mit Jelzin zu beschränken.

Ich hatte meine Zweifel bezüglich dieses Vorschlags. Auch wenn die Russen sich verpflichteten, keine inhaltlichen Verhandlungen zu führen, drohte das Treffen, abgesehen von der schwierigen Terminplanung, den Verhandlungsprozeß zu stören oder zu verzögern. Außerdem schien es unwahrscheinlich, daß das Treffen tatsächlich einen so großen Einfluß auf die Dumawahlen haben würde, wie Kosyrew es sich erhoffte. Gleichzeitig war mir klar, daß Strobe Talbott die Reise befürworten würde, und, nach unserem letzten Gespräch zu urteilen, Clinton ebenso. Also sagte ich den Russen, daß Talbott sich nach seinem Eintreffen um die Sache kümmern werde.

Am Nachmittag holte ich Talbott und sein Team, darunter Slocombe und den Leiter des Büros für die Beziehungen mit den früheren Sowjetrepubliken im Außenministerium James Collins, vom Flughafen ab.[3] Wir fuhren geradewegs ins russische Verteidigungsministerium, wo wir mit einer Gruppe verbissen und skeptisch dreinschauender Generäle sprachen. Sie hörten Talbott und Slocombe unbewegt zu, wirkten jedoch etwas aufgeschlossener, wenn amerikanische Offiziere das Wort ergriffen. Insbesondere Wesley Clark mit seinem steifen militärischen Benehmen und seiner eleganten Uniform bekam zu den russischen Militärs einen sehr viel besseren Draht als wir Zivilisten. (Als unser Team am folgenden Tag nach Belgrad aufbrach, blieb Clark auf Talbotts Bitte zurück und nahm an den Diskussionen teil.)

Die Russen verlangten für den Fall ihrer Beteiligung an der bosnischen Friedenstruppe ein gemeinsames Gremium, in dem sämtliche Entscheidungen getroffen würden. Talbott informierte am 18. Oktober den Nato-Rat in Brüssel über diese Haltung, sagte jedoch voraus, daß Jelzin sich »die letzte Entscheidung in diesem extrem strittigen Punkt selbst vorbehalten« werde. Dies bedeutete, daß die Entscheidung erst auf dem Gipfeltreffen zwischen Clinton und Jelzin am 23. Oktober in Hyde Park, New York, fallen würde.

*

Der Kongreß und das Zwölf-Monate-Limit. Am 17. Oktober wurden Christopher, Perry und Shalikashvili bei einem gemeinsamen Auftritt vor dem Streitkräfteausschuß des Senats mit unerwarteten Schwierigkeiten konfrontiert. Auf der Sitzung schlossen sich die Demokraten dem Vorwurf der Republikaner an, die Regierung habe bislang noch keine überzeugenden Gründe für die Stationierung amerikanischer Truppen in Bosnien vorgelegt.

Wie die meisten Amerikaner, die in den Fernsehberichten über Bosnien unablässig mit Bildern von toten und verwundeten UN-Soldaten konfrontiert wurden, glaubten auch die Abgeordneten im Kongreß, daß ein Einsatz amerikanischer Truppen nicht ohne Verluste abgehen werde. Diese Erwartung prägte die Debatte in den folgenden Wochen. Hätten die Öffentlichkeit und der Kongreß begriffen, daß US-Soldaten nur in ein Bosnien entsandt würden, in dem völlig andere Bedingungen herrschten, als im Fernsehen zu sehen waren, und daß diese Bedingungen das Risiko von Verlusten radikal verminderten, hätte es sicherlich mehr Unterstützung für die Stationierung gegeben. Obwohl es praktisch unmöglich war, vor Abschluß eines Friedensvertrags mit Aussicht auf Erfolg über die Sache zu verhandeln, beharrte der Kongreß darauf, schon *vor* den Friedensverhandlungen in Dayton mit der Debatte zu beginnen.

In der Hoffnung, Unterstützung für unser Anliegen zu mobilisieren, erklärte Perry vor dem Streitkräfteausschuß, die Nato-Streitmacht in Bosnien werde »der größte, stärkste und bissigste Hund in der Stadt« sein und bei jedem Angriff »sofort vernichtend zurückschlagen«. Doch die Senatoren blieben skeptisch. »Wir haben unsere Gründe noch nicht vorgebracht«, sagte Christopher, »aber es sind gute Gründe, und wir werden uns durchsetzen.«

Zwei Themen standen bei der Anhörung im Vordergrund. Zunächst ging es darum, ob die Regierung eine eventuelle Entscheidung, Truppen in Bosnien zu stationieren, zur ordentlichen Abstimmung im Kongreß bringen und sich seinem Votum unterwerfen würde. Senator Robert Byrd aus West Virginia sprach in einem Brief an Präsident Clinton für die Mehrheit seiner Kollegen, als er forderte, »die Mehrheit im Kongreß von Anfang an an jeder Entscheidung zu beteiligen«. Die Senatoren John Glenn, Dan Coats, Kay Bailey Hutchinson und William S. Cohen argumentierten in derselben Richtung.

Christopher und Perry hatten sich sorgfältig auf dieses Thema vorbereitet. Sie sagten zwar, sie würden »jede Form der Autorisierung durch den Kongreß begrüßen«, weigerten sich jedoch wiederholt zu bestätigen, daß der Präsident eine solche Autorisierung anstrebe oder sich von einem Votum gebunden fühlen werde.

Der zweite Punkt war zentralerer Natur: Wie lange sollten die amerikanischen und die Nato-Truppen in Bosnien bleiben? Obwohl der Präsident dem Nato-Plan noch nicht offiziell zugestimmt hatte, erklärten Perry und Shalikashvili dem Ausschuß, die Nato werde »ihre Mission binnen zwölf Monaten abschließen und sich [dann] zurückziehen«.

Die Plausibilität dieser Aussage wurde damals, selbst nachdem der Präsident sie einige Tage später etwas abgeschwächt hatte, stark in Frage gestellt – und tatsächlich sollte sie die Regierung später noch in ernsthafte Schwierigkeiten bringen. Sie beruhte auf der im Pentagon und im Nationalen Sicherheitsrat gehegten festen Überzeugung, daß das amerikanische Volk ein Engagement in Bosnien nicht ohne eine klare »Rückzugsstrategie« akzeptieren würde. Dieser Punkt hatte durchaus etwas für sich, wie alle Kenner des Vietnamkriegs und der UN-Operation in Somalia genau wußten. Nichtsdestotrotz war die *vor Beginn der Friedensgespräche* erfolgte Ankündigung, uns unabhängig vom Verlauf der Aktion nach spätestens zwölf Monaten aus Bosnien zurückzuziehen, keine Rückzugsstrategie, sondern die willkürliche Festlegung eines Abzugstermins.

Das Verhandlungsteam war sich einig, daß, gleichgültig, was auf der Konferenz von Dayton beschlossen wurde, ein Jahr nicht ausreichend war. Doch wir befanden uns gerade auf dem Flug von Moskau nach Belgrad, als die Entscheidung fiel, und seit wir in einer früheren Diskussion erklärt hatten, nichts von einem willkürlich festgesetzten Abzugstermin, und schon gar nicht einem so unrealistischen, zu halten, hatte man uns nicht mehr konsultiert. Nun, da der Beschluß gefaßt war, fürchteten wir, daß er sowohl unsere Verhandlungsposition schwächen als auch eine erfolgreiche Umsetzung der Verhandlungsergebnisse gefährden könnte. Doch die Entscheidung war gefallen, und wir hatten keine andere Wahl, als sie zu verteidigen.

*

Ein letzter Systemcheck auf dem Balkan. Als Washington seine Entscheidung über die voraussichtliche Dauer der Truppenstationierung bekanntgab, führten wir gerade unseren letzten »Systemcheck« durch und besuchten alle drei Hauptstädte der kriegführenden Staaten. Um die Einheit der Kontaktgruppe zu demonstrieren, bat ich Bildt und Iwanow, uns auf den Balkan zu begleiten. Es war die einzige gemeinsame Reise aller drei Vorsitzenden der Dayton-Konferenz, und wir benutzten die Gelegenheit dazu, uns besser kennenzulernen und unsere Arbeitsweise abzusprechen.

Wir hatten Miloševic seit fast zwei Wochen nicht mehr gesehen, und er eröffnete das Gespräch am 17. Oktober mit der nachdrücklichen Forderung nach einer Aufhebung oder Aussetzung der Sanktionen schon vor Dayton. Wir lehnten ab, versprachen jedoch, die Frage wieder aufzugreifen, wenn er in seinem Einflußbereich für eine spürbare Besserung der Lage sorgen würde. John Shattuck hatte just am selben Tag aus der bosnischen Stadt Zenica angerufen und gemeldet, daß mehrere Tausend Muslime durch, wie es hieß, von Arkan geführte paramilitärische Einheiten der Serben nach Zentralbosnien vertrieben worden seien. Zur gleichen Zeit erhielten wir Geheimdienstberichte, nach denen die Armee der bosnischen Serben nach wie vor Nachschub von der jugoslawischen Armee erhielt, obwohl uns Milošević mehrfach das Gegenteil versichert hatte.

Milošević tat Shattucks Information als unglaubwürdig ab. Wir fragten uns, ob er uns anlog oder ob er so isoliert war, daß er nicht wußte, was seine eigenen Streitkräfte taten. Wir konnten die Frage nicht beantworten, aber da er darauf beharrte, keine Ahnung von den Vorgängen im Raum Banja Luka zu haben, bat ich die CIA, einen »gereinigten« (nicht klassifizierten) Bericht vorzubereiten, der die uns vorliegenden Beweise für eine Verbindung zwischen Arkan und der jugoslawischen Armee zusammenfaßte. Wir wollten Milošević das Papier nach der Abreise Bildts und Iwanows bei einem zweiten Besuch am 19. Oktober überreichen. Obwohl der Bericht keine Beweise für eine direkte Beziehung zwischen Arkan und den jüngsten Ereignissen enthielt, fiel er dennoch sehr eindrucksvoll und belastend aus.

Am 19. Oktober brachte ich das Thema bei einem Mittagessen mit Milošević erneut zur Sprache, aber er versuchte wieder, es abzutun. »Nein, nein, nein«, sagte er, »Ihre Informationen sind falsch.« An diesem Punkt schob Pardew, wie vorher verabredet, den Bericht über den Tisch. »Hierin finden Sie alle unsere Beweise, Herr Präsident«, sagte ich.

Milošević blickte beiseite. Obwohl das Dokument direkt vor ihm lag, ignorierte er es konsequent. Ich forderte ihn auf, es zu lesen, doch er fuhr fort zu essen. Hill bemerkte später, daß Milošević sich so verhielt, als ob er sich körperlich mit den in dem Bericht enthaltenen Anklagen beschmutzen würde, nähme er es in die Hand. Nach dem Essen trat ein serbischer Beamter an Pardew heran und sagte, er habe seine Unterlagen auf dem Tisch liegen lassen. »Nein, ich habe sie nicht vergessen«, antwortete Pardew. »Sie gehören Präsident Milošević.«

Hyde Park. Am 23. Oktober traf der gesundheitlich angeschlagene Boris Jelzin bei wunderschönem Herbstwetter in Hyde Park ein. Das Treffen mit Präsident Clinton fand in Franklin Roosevelts Haus hoch über dem Hudson statt. Jim Collins hatte den herrlichen Tagungsort in der Hoffnung vorgeschlagen, daß sich beide Seiten von der Erinnerung an Roosevelts erfolgreiches Bündnis mit der Sowjetunion im Zweiten Weltkrieg zu einer neuen Sicherheitspartnerschaft inspirieren lassen und sie in Bosnien aus der Taufe heben würden. In einer Rede vor der Generalversammlung der Vereinten Nationen am Tag zuvor hatte Jelzin die Nato-Erweiterung scharf angegriffen und verkündet, daß Rußland sich an keiner von der Nato befehligten Streitmacht in Bosnien beteiligen würde.

Daß die Russen auch weiterhin die Nato-Erweiterung ablehnten, änderte nichts an Clintons Wunsch, Jelzins Zustimmung für eine russische Beteiligung an der Friedenstruppe zu gewinnen. Er ging davon aus, daß die Zusammenarbeit auf dem Balkan die russische Besorgnis wegen der Nato-Erweiterung mit der Zeit mildern und, wie Talbott sagte, »die Nato-Rußland-Schiene schmieren wird«. Talbott und Perry hatten auf ihren häufigen Reisen zu Gesprächen mit Gratschow in Genf viel über diese nuancierte Vorgehensweise bezüglich Bosniens und der Nato diskutiert; und nun, wenige Tage vor Dayton, lag es am Präsidenten, wenigstens das erste Ziel – die Zusammenarbeit in Bosnien – zu verwirklichen, ohne dabei in der Frage Nato-Erweiterung nachzugeben.

Clintons Strategie ging auf. Nach stundenlangen, oft sehr persönlichen Gesprächen kam er mit Jelzin überein, daß Rußland zwei Bataillone mit insgesamt etwa 2000 Mann für die Streitmacht in Bosnien abstellen würde. Clinton verteidigte die einheitliche Kommandostruktur in Bosnien – ein absolutes Tabu für die Nato, die lieber auf eine Mitwirkung der Russen verzichtet hätte, als sich von den Russen eine chaotische Befehlsstruktur mit mehreren Befehlsketten aufhalsen zu lassen. Die beiden Präsidenten versuchten nicht, dieses komplizierte Problem zu lösen, sondern überließen es Perry und Gratschow, deren nächstes Treffen auf Ende der Woche in Fort Leavenworth in Kansas angesetzt war. Aber sie hatten sich über die Größe und die Aufgaben des russischen Kontingents geeinigt und damit einen positiven Grundton für Perrys Abschlußgespräche mit Gratschow geschaffen.

Noch ein weiteres Problem, das Bosnien betraf, wurde in Hyde

Park angesprochen: Jelzins Wunsch, noch vor Dayton einen Bosnien-gipfel in Moskau zu beherbergen. Alle drei Präsidenten der Balkan-länder hatten uns mitgeteilt, nicht viel von dieser Idee zu halten. Sie betrachteten einen zusätzlichen Gipfel in Moskau als ermüdend, un-produktiv und politisch nicht erstrebenswert. Doch Jelzin blieb hart. Es kümmerte ihn nicht, daß keiner der Präsidenten nach Moskau kom-men wollte. Da er wußte, daß Präsident Clinton am folgenden Tag in New York mit Izetbegović und Tudjman zusammentraf, bat er ihn, sich mit »seinem ganzen Einfluß« für eine Realisierung des Gipfeltreffens zu verwenden. Widerstrebend stimmte Clinton zu.

*

Izetbegović und Tudjman im Waldorf. Am 24. Oktober, einen Tag nach dem Gipfeltreffen mit Jelzin, traf Präsident Clinton im Waldorf-Astoria in New York mit Izetbegović und Tudjman zusammen. Im Be-streben, die Konferenz von Dayton in einen größeren Rahmen einzu-ordnen, begann er mit einigen gewichtigen Sätzen. »Wir haben in den letzten Jahren Dinge erlebt, die wir für unmöglich gehalten hatten«, sagte er. »Israel und die PLO haben sich nach 30jährigem Kampf an den Verhandlungstisch gesetzt, die IRA hat die Waffen niedergelegt. Wonach sich jedoch die Welt am meisten sehnt, ist ein Ende des Krie-ges in Bosnien.« Der Präsident lobte die muslimisch-kroatische Föde-ration als entscheidenden Beitrag zum Frieden. »Ich bin mir nicht si-cher«, sagte er, »ob die Bombenangriffe der Nato oder die Diplomatie Dick Holbrookes ohne die Föderation etwas genutzt hätten.«

Die beiden links und rechts neben Clinton sitzenden Präsidenten zeigten sich von seinen Worten wenig beeindruckt. Im Gegenteil, kaum hatte Clinton geendet, da ging Izetbegović schon auf die Kroa-ten los. »Die Föderation wird von allen hier anwesenden Parteien dem Wort nach unterstützt«, erklärte er. »Trotzdem verläuft die Implemen-tierung der Vereinbarungen nicht wie geplant.« Dann zählte er alle Punkte auf, in denen die Kroaten seiner Auffassung nach ihre Ver-pflichtungen mißachteten. Tudjman ignorierte Izetbegović und forder-te erneut energisch, Ostslawonien in die Daytoner Verhandlungen mit einzubeziehen. Clinton stimmte zu. Nachdem der Kroate und der Bos-nier noch einige verbale Attacken gegeneinander geritten hatten, war das Gespräch zu Ende. Sein wichtigster Nutzen bestand darin, daß der Präsident und seine wichtigsten Berater erstmals direkt erfahren hatten, wie sehr Izetbegović und Tudjman einander haßten und was uns in Dayton bevorstand.

Nach der offiziellen Unterredung nahm Clinton Sandy Vershbow, seine beiden Gäste und mich beiseite. »Ich möchte, daß Sie etwas für den Friedensprozeß tun, von dem ich weiß, daß es Ihnen beiden schwerfallen wird«, sagte er zu Izetbegović und Tudjman. »Ich möchte Sie bitten, vor der Konferenz in Dayton nach Moskau zu reisen. Der Moskaubesuch sollte vor den Dumawahlen stattfinden, also vor Dayton.« Der Hauptzweck der Reise, schloß Clinton, bestehe darin, Jelzin Gelegenheit zu geben, »den Serben ein Signal zu senden und dem russischen Volk zu zeigen, daß er am Friedensprozeß beteiligt ist«. Izetbegović und Tudjman stimmten trotz ihrer zuvor geäußerten Bedenken sofort zu. Um dem physisch angeschlagenen Izetbegović die Reise zu erleichtern, bot ihm Präsident Clinton für den Flug nach Moskau eine amerikanische Maschine an; Tudjman hatte sein eigenes Flugzeug.

*

Am darauffolgenden Tag gaben die Russen den Termin des geplanten Bosniengipfels in Moskau bekannt, und das Weiße Haus bestätigte die Ankündigung. Zwei Tage später, am 27. Oktober, einigten sich Perry und Gratschow darauf, 2000 russische Soldaten direkt General Joulwan zu unterstellen. Die Russen gaben ihre Zustimmung nur unter der Bedingung, daß ihre Truppen Joulwan in seiner Eigenschaft als Oberbefehlshaber der amerikanischen Streitkräfte in Europa und nicht als Kommandeur der Nato unterstellt würden. Dieser Unterschied müsse strikt beachtet werden; selbst der Briefkopf auf sämtlichen Schreiben an den russischen Befehlshaber müsse der des European Command, nicht der der Nato sein.

Das Arrangement verriet viel über die komplizierte Psyche der Russen im vierten Jahr der postsowjetischen Ära. Das amerikanisch-russische Bündnis im Zweiten Weltkrieg war in den Köpfen der russischen Militärs noch immer präsent. Außerdem hatten sie sich 50 Jahre lang als die einzige Supermacht neben den USA betrachtet und schienen deshalb bereit, das amerikanische Militär – nicht jedoch die Nato – als würdigen Oberbefehlshaber in Bosnien zu akzeptieren. Auf diese Weise halfen uns die Verhandlungen über die russische Rolle in Bosnien, die Russen besser zu verstehen und das nächste große strategische Ziel der amerikanischen Europapolitik nach dem Kalten Krieg in Angriff zu nehmen – die Nato-Erweiterung.

Trotz der russischen Entschlossenheit, *nicht* unter dem Oberbefehl der Nato zu operieren, stellte das Arrangement einen historischen Fortschritt dar. Dem geduldigen Verhandlungsstil von Perry und Talbott war es zu verdanken, daß zum ersten Mal seit dem Zweiten Weltkrieg amerikanische und russische Soldaten unter einen gemeinsamen Oberbefehl stehen würden. Selbst Talbott war überrascht, wie sich im Vorfeld von Dayton alles von selbst zu regeln schien. »Die Russen fanden sich unglaublich leicht damit ab, daß sie in Bosnien unter amerikanischem Kommando operieren werden«, bemerkte er später. »Und das, obwohl ›Nato‹ in Moskau zu der Zeit immer noch ein Schimpfwort war.«

Noch am selben Tag wurde das Abkommen zwischen Perry und Gratschow durch eine erschreckende Nachricht überschattet: Jelzin war zum zweiten Mal in drei Monaten wegen ernster Herzbeschwerden ins Krankenhaus eingeliefert worden. Botschafter Pickering sagte eine krisenhafte und unsichere Periode für Rußland voraus. Es lag allerdings ein kleiner Lichtblick in dieser beängstigenden Entwicklung: der Moskauer Gipfel, der den Beginn der Dayton-Konferenz um einen Tag nach hinten verschoben hätte, wurde abgesagt. Oder, wie Chris Hill es formulierte: »Wenn Jelzin schon krank werden mußte, dann hat er aus unserer Sicht wenigstens einen guten Zeitpunkt gewählt.« Trotzdem wußten wir alle, daß von seiner schnellen Genesung einiges abhängen würde.

KAPITEL FÜNFZEHN

Folgenschwere Entscheidungen

(25. bis 31. Oktober 1995)

> ... our theories, like the weather,
> Veer round completely every day,
> And all that we can always say
> Is: true democracy begins
> With free confessions of our sins.
> W. H. Auden, *New Year Letter* (1940)

> Nun ist der Mann an die Spitze [des Militärs] gelangt und sieht sich mit neuen – politischen und diplomatischen – Angelegenheiten konfrontiert. Er führt nicht mehr einfach das Heer, die Marine oder die Luftwaffe. Er berät sich mit seinen Kollegen und berät seine zivilen Vorgesetzten ... Er berät sie in Dingen, die mit den Zielen und Zwecken von Krieg und Frieden zu tun haben. Dafür wurde er gewiß nicht ausgebildet.
> Bernard Brodie, *War and Politics*

Je näher Dayton rückte, um so mehr wuchs der Druck. Die Vorbereitungen für die Konferenz übertrafen von ihrem Arbeitsaufwand her – und von den bürokratischen Hindernissen, die wir überwinden mußten – alles, was ich bis dahin miterlebt hatte. Dabei kam es natürlich auch zu einigen Auseinandersetzungen, bei denen Wunden geschlagen wurden, die nicht so schnell verheilen sollten. Im Rückblick war das eigentlich Erstaunliche jedoch nicht, wie schwierig sich die Vorbereitungen für Dayton gestalteten, sondern wie hart alle dafür arbeiteten, daß die Konferenz stattfinden konnte.

Im Außenministerium herrschte hektische Aktivität. Sitzungssäle hatten sich in chaotische Planungsräume verwandelt, in denen Leute aus den unterschiedlichsten Regierungsabteilungen mit sehr viel weniger bürokratischen Reibungsverlusten als üblich zusammenarbeiteten. In der Atmosphäre schwang etwas Schicksalsträchtiges mit, fast so, als ob jeder einzelne das Gefühl hätte, an einem entscheidenden Ereignis in der amerikanischen Außenpolitik mitzuwirken.

Die Rolle der Ifor. Trotzdem herrschte in der Regierung weiterhin Uneinigkeit über die vielleicht wichtigste noch offene Frage: Falls wir in Dayton ein Abkommen erreichten, wie sollte es dann die von der Nato geführte Implementation Force, die Ifor, umsetzen?

Sollte die Konferenz von Dayton erfolglos bleiben, wären diese Beratungen natürlich hinfällig. Im Falle eines Erfolgs jedoch würden unsere Beschlüsse den Rahmen für den wichtigsten Einsatz in der Geschichte der Nato setzen – ihre erste Truppenstationierung außerhalb des eigenen Gebiets, ihre erste gemeinsame Operation mit Truppen, die nicht zur Nato gehörten, und ihre erste große Herausforderung nach dem Kalten Krieg.

Nicht davon betroffen waren die beiden Hauptaufgaben der Ifor: Erstens, alle zu ihrem Selbstschutz erforderlichen militärischen oder anderen Mittel einsetzen, und zweitens die feindlichen Kräfte voneinander trennen und den Waffenstillstand durchsetzen.

Offen war aber noch, welche weiteren Aufgaben, abgesehen vom Selbstschutz und der Trennung der feindlichen Truppen, der Ifor übertragen werden sollten. Die Differenzen zwischen den »Maximalisten«, zu denen auch ich zählte, und den »Minimalisten«, die vor allem im Pentagon saßen, waren tiefgreifend. Noch ein paar Tage vor Dayton, als bereits die ersten militärischen Vertreter unserer Nato-Verbündeten zur Ausarbeitung einer gemeinsamen Position in Washington eintrafen, wurden im Weißen Haus für den 25. und den 27. Oktober zwei Treffen auf hoher Ebene anberaumt, auf denen diese Probleme gelöst werden sollten.

Die Militärs sahen es nicht gern, wenn sich Zivilisten in ihre Angelegenheiten einmischten. Sie zogen es vor, wenn sie einen begrenzten und klar definierten Auftrag von ihren zivilen Kollegen erhielten und dann selbständig entscheiden konnten, welche Mittel dafür erforderlich waren und wie er auszuführen war. In den Jahren zuvor hatte das Militär einen politisch potenten Begriff für Aufträge entwickelt, die es für zu umfassend hielt: »Mission Creep«, schleichende Eskalation. Dieser Begriff wurde nie klar definiert, nur beschworen, und immer nur in einem negativen Sinn, um den Vorschlag einer anderen Partei zu blockieren.

Die Debatte über das Phänomen Mission Creep berührte ein extrem wichtiges Thema: die Rolle des amerikanischen Militärs nach dem Kalten Krieg. Das Pentagon wollte seine Kräfte nicht in Einsätzen für kleine, sekundäre Ziele zersplittern, insbesondere wenn diese in der Grauzone zwischen Krieg und Frieden stattfanden. Angesichts ihres beschränkten Budgets sahen sich die Stabschefs nicht in der Lage, solche Einsätze durchführen und gleichzeitig ihre anderen – und wichtigeren – Aufgaben erfüllen zu können.

Amerikas moderne Streitmacht, primär die Schöpfung und der Stolz der Reagan-Ära, hatte sich den Herausforderungen im Irak, in Panama, in Grenada und anderswo gestellt und sie mit Mut, Geschick und geringen Verlusten gemeistert. Doch zwei weniger angenehme Erfahrungen warfen noch immer ihren finsteren Schatten auf das Pentagon. Begriffe wie »Slippery Slope« (etwa: auf die schiefe Ebene geraten) und »Mission Creep« standen für bestimmte Ereignisse, die das Militär und die Nation traumatisiert hatten: Mogadischu, das wie eine dunkle Wolke über unseren Beratungen hing, und Vietnam, das weiter zurücklag, aber umso tiefere Spuren in unserem Denken hinterlassen hatte.

Vietnam hatte alle Amerikaner stark beeinflußt, die in den sechziger und frühen siebziger Jahren gelebt hatten, auch mich. Über die »Lehren aus Vietnam« jedoch bestand kaum weniger Uneinigkeit als damals über den Krieg selbst. Die führenden Mitglieder des militärischen Establishments der neunziger Jahre waren im Vietnamkrieg allesamt Kompanie- oder Stabsoffiziere gewesen und hatten aus dem Krieg völlig andere Lehren gezogen als die einstigen Gegner des Krieges, zu denen auch Bill Clinton zählte. Die Sichtweise der Militärs wird von Colin Powell in seinen Memoiren eloquent vertreten: »Viele Berufsoffiziere meiner Generation, Captains, Majors, Colonels, die aus diesem Krieg gestählt hervorgegangen waren, schworen sich eines: Sollten sie eines Tages in Schlüsselpositionen gelangen, würden sie einen halbherzig geführten Krieg für ein Ziel, das die amerikanische Öffentlichkeit weder verstand noch unterstützte, nicht stillschweigend hinnehmen.«[1]

Die ferne, aber immer noch mächtige Erinnerung an Vietnam war auf der rechten Schulter General John Shalikashvilis symbolisch präsent. Als Vorsitzender der Vereinten Stabschefs war er berechtigt, das Oberarmabzeichen einer beliebigen Einheit seiner Wahl an seiner Uniform zu tragen. Shalikashvili hatte die Insignien des MACV – des schon lange aufgelösten Military Assistance Command Vietnam – gewählt. Als ich ihn erstmals auf die starken Gefühle ansprach, die das Abzeichen des einst allgegenwärtigen MACV weckte, war er erstaunt, daß ein Zivilist das Symbol erkannte. »Ich war drei Jahre in

Vietnam und habe einen Teil der Zeit in einem Lager des MACV im Mekongdelta verbracht«, antwortete ich. Shalikashvili sagte, er trage das Abzeichen im stillen Gedenken an die Soldaten, die auf diesem fernen Kriegsschauplatz gedient und dort ihr Leben gelassen hatten.

In den zwanzig Jahren seit dem Vietnamkrieg hatte das amerikanische Militär mehrere wichtige Erfolge errungen, aber mindestens auch drei schwere Niederlagen hinnehmen müssen: Im April 1980 war der Versuch, die amerikanischen Geiseln in Teheran zu befreien, in der iranischen Wüste fehlgeschlagen. Er hatte acht Amerikanern das Leben gekostet und erheblich zu Carters Niederlage gegen Reagan beigetragen. Drei Jahre später waren 241 amerikanische Marines durch einen Bombenanschlag auf ihre Kaserne im Libanon getötet worden – für Reagan der Tiefpunkt seiner Präsidentschaft. Dann, am 3. Oktober 1993, hatte sich ein weiteres Desaster ereignet, das die Regierung Clinton ins Wanken brachte und das Militär traumatisierte. Achtzehn amerikanische Mitglieder der UN-Truppen in Somalia wurden in Mogadischu bei dem Versuch getötet, den somalischen Clanführer Mohamed Farah Aidid festzunehmen. Die Narben, die diese Katastrophe hinterlassen hatte, sollten sich nachhaltig auf unsere Bosnienpolitik auswirken. Zusammen mit dem Vietnamkrieg hatte sie in Washington zu etwas geführt, was man mit »Vietmalia-Syndrom« umschreiben könnte.

Natürlich gab es beträchtliche Unterschiede zwischen Bosnien und »Vietmalia«. Wir verfolgten andere Ziele, und die Risiken waren andere. Die bosnischen Serben waren weder die disziplinierten, skrupellosen Revolutionäre aus Nordvietnam noch die betrunkenen, zerlumpten »Technicals« oder Milizionäre, die in Mogadischu herumlungerten und wahllos Leute erschossen. Allerdings bestand wenig Bereitschaft, über diese Unterschiede zu diskutieren. Die meisten Politiker meinten, die Bedeutung Vietnams und Somalias zu kennen, ohne die Ereignisse jedoch mehr als einer oberflächlichen Analyse unterzogen zu haben.

Im Grunde ihres Herzens standen die führenden amerikanischen Militärs einem Truppeneinsatz in Bosnien ablehnend gegenüber. Sie fürchteten, daß der Auftrag wie in Somalia »verschwommen« und unklar formuliert würde. Tony Lake, der ihre Besorgnis teilte, sprach sich gegen »den Aufbau einer Nation« durch das Militär aus und sorgte sich laut, daß wir in Bosnien »auf die schiefe Ebene geraten« könnten. Natürlich würde das Militär den Einsatz, sollte er befohlen werden, schnell und erfolgreich durchführen. Gleichzeitig war aber auch klar, daß die militärische Führungsspitze sich jeder Aufgabenstellung widersetzen würde, die über den Schutz der eigenen Truppen und die Durchsetzung der militärischen Bestimmungen einer Friedensregelung hinausging.

*

Amerikanische Verluste. Da die Militärs die Stärke der bosnischen Serben praktisch seit Kriegsbeginn weit überschätzten, gingen sie davon aus, daß sie für die Ifor die gleiche Bedrohung darstellen würden wie für die UN-Truppen. Unser Verhandlungsteam, einschließlich der beiden Generäle Clark und Kerrick, hielt diese Furcht für weitgehend unbegründet. Die Armee der bosnischen Serben war ausgeblutet, und wir waren überzeugt, daß Miloševic ihnen keine militärische Hilfe mehr leisten würde. Selbst wenn der Einsatz gegen ihren Willen erfolgen sollte, würden unserer Auffassung nach die Bodentruppen der USA und der Nato in Bosnien Herr der Lage sein und ihnen die Serben keine große Schwierigkeiten bereiten können. Außerdem würden weder amerikanische noch andere Nato-Truppen stationiert, solange nicht alle drei Parteien bedingungslos die Sicherheit, das uneingeschränkte Zugangsrecht zu allen Gebieten und die Autorität der Ifor anerkannten.

Auf verschiedenen Konferenzen und in mehreren Interviews im Vorfeld von Dayton begründete ich meine Überzeugung, daß die Nato und die USA nur geringe Verluste – und zwar weit geringere als in allen offiziellen Voraussagen – befürchten mußten. So erklärte ich am Freitag, dem 27. Oktober, in einem Gespräch mit Rowland Evans und Christiane Amanpour von CNN:

Zwar müssen wir davon ausgehen, daß die Situation nicht völlig risikolos ist, aber wir schicken die Leute nicht in eine Schlacht. Bosnien ist nicht Somalia, und es ist nicht Vietnam ... Wir gehen nicht davon aus, daß wir die Verluste und die Leichensäcke sehen werden, die Sie in ihrer Frage voraussetzen. *Es wird keinen Frieden ohne ein amerikanisches Engagement geben, aber, um es noch einmal zu wiederholen, es wird auch kein amerikanisches Engagement ohne einen Frieden geben.*

Evans: Nun, ich will nicht auf der Sache herumreiten, aber genau diese Frage stellen sich die Amerikaner. Und [General] Michael Rose, der die UN-Operation mindestens ein Jahr lang geleitet hat und mit dem Sie natürlich nicht übereinstimmen müssen, auch wenn er die Situation auf dem bosnischen Kriegsschauplatz ganz bestimmt sehr gut kennt, schätzt, daß die Verluste bei der von Ihnen geplanten Operation die Verluste im Golfkrieg überschreiten werden, wo wir 360 Tote hatten. Ist er verrückt?

Holbrooke: Nein, er ist nicht verrückt. Er hat einfach nicht recht. Sein Vorgänger in Bosnien, General Morillon, sagte: »Schlagen sie gleich bei der ersten Provokation zu, und sie werden sich nicht mehr rühren.«[2]

*

Die große Debatte. Unsere Delegation vertrat die Ansicht, die Ifor solle nach Erfüllung ihrer vorrangigen Aufgaben in Bosnien zusätzliche Aufgaben der Friedenssicherung übernehmen – etwa Straßen offenhalten, bei der Durchführung der Wahlen helfen und Kriegsverbrecher festnehmen. Ohne die Unterstützung der Ifor könnten die zivilen Bestimmungen des Abkommens, Voraussetzung für einen Frieden, der diesen Namen auch verdiente, nicht umgesetzt werden. Abgesehen davon, wenn ihre Umsetzung scheiterte, würde dies auch den Abzug der Nato-Truppen beträchtlich erschweren.

Meiner Ansicht nach konnte das leicht in einen Teufelskreis münden: Je enger man die Aufgaben des Militärs definierte, desto länger würden die Truppen im Land bleiben müssen. Doch die militärische Führungsspitze sah die Sache ganz anders. Sie rechnete mit einem gewaltigen Sicherheitsproblem, das ihre Kräfte binden würde, und glaubte, jede zusätzliche Aufgabe werde zusätzliche Truppen erfordern – weit mehr als die vorgesehenen 60 000 Mann.

Die Kontroverse zwischen den Militärs und uns hatte keine persönlichen Gründe. Ich hatte große Achtung vor den Generälen, mit denen ich zusammenarbeitete, insbesondere vor General John Shalikashvili, der nicht nur das Vermittlerteam beispielhaft unterstützt hatte, sondern auch über einen ausgesprochen ungewöhnlichen und interessanten Hintergrund verfügte. Er war drei Jahre vor dem deutschen Einmarsch in Polen von georgischen Eltern in Warschau geboren worden, und Englisch war seine vierte Sprache. Als einmal mehrere

Amerikaner ihre ersten Erinnerungen an Berlin geschildert hatten, hatte Shalikashvili sie alle zum Schweigen gebracht, als er von seinem ersten Besuch in Berlin erzählte – im Jahr 1943! 1954 kam er mit seiner Familie in die Vereinigten Staaten. Damals war er sechzehn, und sein Englisch hatte er aus amerikanischen Filmen gelernt (der Legende zufolge insbesondere aus den Filmen John Waynes). Seine militärische Laufbahn begann er als Mannschaftsdienstgrad, nicht in West Point.[3] Shalikashvili war zurückhaltend, besaß aber eine starke Persönlichkeit, und wenn er auch weniger imposant als Powell und in der Öffentlichkeit weniger bekannt war, strahlte er wie sein Vorgänger Vertrauen und Zuversicht aus. Mit seinem kleinen Lächeln und seiner entwaffnenden Art – »nennen Sie mich Shali«, sagte er zu jedem, der über seinen fünfsilbigen Nachnamen stolperte – wirkte er offen und freundlich, und er war bei seinen zivilen Kollegen allgemein beliebt. Shalikashvili versuchte nie, die Zivilisten in einer Diskussion einzuschüchtern oder zu überfahren, sondern legte einfach seine Position dar und verteidigte sie so lange wie irgend möglich. Daß wir ein gutes persönliches Verhältnis hatten, war wichtig, denn was immer auch entschieden wurde, wir würden eng zusammenarbeiten müssen.

Bis zu den Präsidentschaftswahlen war es nur noch ein Jahr, und in der Öffentlichkeit regte sich starker Widerstand gegen die Stationierung – etwa 70 Prozent der Bevölkerung wollten damals unter keinen Umständen, daß Truppen nach Bosnien entsandt wurden. Das Weiße Haus scheute aus verständlichen Gründen eine direkte Konfrontation mit dem Militär, und sollten sie sich offen gegen eine Stationierung aussprechen, würde uns das in große Schwierigkeiten stürzen. Wir brauchten die Unterstützung der Militärs, um den Kongreß und die Öffentlichkeit für uns zu gewinnen, und das bedeutete, daß sie eindeutig die besseren Karten hatten, was die Aufgabendefinition der Friedenstruppe betraf.

Im großen und ganzen standen sich also zwei Lager gegenüber: auf der einen Seite die Vereinten Stabschefs und die Nato, die einen enggefaßten Ansatz vertraten, auf der anderen Seite das Außenministerium, das für einen breiteren und anspruchsvolleren Ansatz eintrat, nach dem die Ifor nach Erfüllung ihrer Hauptaufgaben auch bei der Implementierung der zivilen Aspekte des Friedensabkommens mitwirken sollte.

Eine knappe Woche vor Dayton waren die Fronten klar. Auch nach-

dem das Deputies Committee unter Sandy Berger viele Probleme ge-
löst hatte, gab es nach Vershbows Rechnung noch immer elf wichtige
Streitpunkte zwischen dem Außenministerium und den Vereinten
Stabschefs:

1. Die Vereinten Stabschefs sprachen sich für Zagreb oder Neapel als
   Hauptquartier der Ifor aus. Gegen Sarajevo wandten sie ein, daß es
   dort keine angemessene Residenz für einen Vier-Sterne-General
   gebe und die Sicherheit des Hauptquartiers nicht gewährleistet
   sei. Wir vertraten die Ansicht, daß die gesamte Operation gefährdet sei, wenn der Oberbefehlshaber der Ifor nicht in Sarajevo säße.
2. Die Stabschefs wollten die Friedenstruppe nur in der Föderation,
   nicht jedoch in der Republika Srpska stationieren. Das, fürchtete
   man im Außenministerium, würde die interne Grenze zwischen
   den beiden Teilen Bosniens zu einer ähnlichen Grenze wie die Demarkationslinie zwischen Nord- und Südkorea machen – und in
   der Praxis zur Teilung des Landes führen.
3. Das Pentagon widersetzte sich entgegen einem dringenden Appell
   von Izetbegović einer Stationierung von Ifor-Truppen an den internationalen Grenzen Bosniens. Unserer Ansicht nach war dies jedoch erforderlich, um unserer Position, daß Bosnien ein einziges
   Land war, mehr Glaubwürdigkeit zu verleihen.
4. Die Stabschefs wandten sich gegen eine explizite »Verpflichtung«
   der Kriegsparteien, sämtliche schweren Waffen aus der »Sperrzone für schwere Waffen« abzuziehen. Statt dessen schlugen sie vor,
   die Parteien im Friedensabkommen lediglich zu »ermutigen«, ihre
   schweren Waffen »auf freiwilliger Basis« abzuziehen. Wir fanden
   diese Position auch vom Standpunkt des Militärs aus unverständlich. »Freiwillig« ist auf dem Balkan ein Fremdwort, und schwere
   Waffen in der Nähe der Ifor-Truppen zu belassen, hieße, deren
   Verwundbarkeit zu erhöhen.
5. Das Pentagon hielt den Vorschlag, die Waffen beider Seiten in isolierten, für die Inspektoren der Nato zugänglichen Zonen zu »ka-
   sernieren«, für nicht durchsetzbar. Wir argumentierten, daß die
   Kasernierung die Sicherheit der Ifor erhöhte und das Risiko von
   bewaffneten Zwischenfällen verminderte.
6. Die Ifor sollte nach Ansicht des Pentagons nicht befugt werden,
   wegen »Angriffen, Grausamkeiten und Menschenrechtsverletzun-

gen in der Vergangenheit« zu ermitteln. Wir hielten eine solche Vollmacht für unverzichtbar.

7. Das Pentagon lehnte jede Verpflichtung der Ifor ab, auf von Dritten gemeldete Übergriffe (»over the horizon« reports) auf internationales Zivilpersonal oder auf Meldungen grober Menschenrechtsverletzungen reagieren zu müssen. Das werde zu »Mission Creep und einem erhöhten Truppenbedarf« führen. Dies hieß im Klartext, daß man Mitarbeitern ziviler Hilfsorganisationen nicht zu Hilfe kommen wollte, wenn sie außerhalb der unmittelbaren Sichtweite Probleme bekamen. Wir vertraten die Ansicht, das Militär dürfe keinesfalls untätig bleiben, wenn Zivilisten, darunter vielleicht auch Amerikaner, in Gefahr gerieten.

8. Das Militär wollte mit der Umsetzung der zivilen Bestimmungen des Friedensabkommens, etwa bezüglich der Wahlen und der Sicherstellung der Bewegungsfreiheit, so wenig wie möglich zu tun haben. Wir argumentierten, daß eine starke Präsenz des Militärs bei der Durchführung der ersten Wahlrunde nach dem Krieg unverzichtbar sei.

9. Das Pentagon lehnte nicht nur jede Polizeifunktion für die eigenen Truppen ab, sondern auch ein starkes Mandat für die Polizeikräfte der International Police Task Force (IPTF), das diese ermächtigte, Verhaftungen vorzunehmen. Dies könne zur gefährlichsten Form von Mission Creep führen, da »die Ifor im ganzen Land automatisch Polizeifunktionen übernehmen« müsse, wenn die IPTF in Schwierigkeiten geriete. Ich vertrat die Ansicht, daß die Durchsetzung des Abkommens durch den Verzicht auf eine starke Polizei geschwächt werde. Entweder mußte das Militär zu Festnahmen berechtigt sein, oder die IPTF mußte mit entsprechenden Vollmachten ausgestattet werden.

10. Das Pentagon wollte Ostslawonien aus dem Verantwortungsbereich der Ifor ausklammern, da dies zusätzliche Truppen erfordern und weitere Probleme im Kongreß aufwerfen würde. Unserer Auffassung nach war das kleine, unmittelbar an Bosnien grenzende Ostslawonien, durch das der Truppennachschub für die amerikanischen Kräfte in Bosnien erfolgen mußte, ein integraler Bestandteil der Region und konnte problemlos unter die Kontrolle der Ifor gestellt werden.

11. Schließlich war das Pentagon gegen jedes Mandat oder gar die Pflicht zur Festnahme angeklagter Kriegsverbrecher. Überflüssig zu sagen, daß wir gegenteiliger Ansicht waren.

In den letzten Tagen vor Dayton diskutierten wir jeden einzelnen dieser elf Streitpunkte. In einigen konnten wir uns durchsetzen, in anderen nicht. Wie sich später zeigte, wurden auf diesen Treffen die – mit entscheidenden Schwachpunkten versehenen – Randbedingungen für die Umsetzung des Dayton-Abkommens festgelegt.

Zunächst setzte ich mich persönlich bei Perry und Shalikashvili für einen erweiterten Auftrag der Ifor ein. Nach einem persönlichen Gespräch änderten Perry und Shalikashvili in zwei Punkten die Position des Pentagons. Sie beschlossen erstens, das Ifor-Hauptquartier in Sarajevo anzusiedeln und nicht, wie ursprünglich in Militärkreisen gefordert, in Zagreb. Zweitens erklärten sie sich damit einverstanden, auch im serbischen Teil Bosniens Ifor-Truppen zu stationieren, um einer Teilung des Landes vorzubeugen. Perry bestand außerdem darauf, auch an den internationalen Grenzen Ifor-Truppen zu stationieren, wenn auch nicht in dem von uns angestrebten und von Izetbegović geforderten Umfang.

Diese beiden Punkte wurden auf der ersten Konferenz über die Differenzen zwischen dem Außen- und dem Verteidigungsministerium, die am 25. Oktober im Weißen Haus stattfand, offiziell beschlossen. Zudem erklärten sich die Vereinten Stabschefs nun mit einer *bindend vorgeschriebenen,* zwanzig Kilometer breiten Sperrzone für schwere Waffen sowie mit einer vier Kilometer breiten, vollständig entmilitarisierten Zone entlang der Demarkationslinien einverstanden. Dies war ein beträchtlicher Fortschritt im Vergleich zum ursprünglichen Plan der Vereinten Stabschefs und der Nato. (Ich hatte vergeblich für eine zehn Kilometer breite entmilitarisierte Zone plädiert.)

Am 27. Oktober, die militärischen Vertreter der Europäer waren inzwischen vollständig in Washington versammelt, kamen wir erneut im Lageraum des Weißen Hauses zusammen, um die restlichen Differenzen auszuräumen. Trotz ihrer Wichtigkeit verlief auch diese Sitzung sachlich und war zu keinem Zeitpunkt durch persönliche Animositäten geprägt. In einem persönlichen Gespräch hatten Shalikashvili und ich uns darauf verständigt, auf eine Verminderung der Kluft zwischen

Außenministerium und Vereinten Stabschefs hinzuwirken. Dennoch bestanden noch immer schwerwiegende Meinungsverschiedenheiten.

»Die Fragen, die wir jetzt behandeln, werden über Erfolg oder Mißerfolg der Friedensmission entscheiden«, sagte ich. »Die Wahlen und das Rückkehrrecht der Flüchtlinge fallen vielleicht nicht in das Mandat der Ifor, könnten sich aber als der Schlüssel erweisen. Wir entscheiden hier, ob es am Ende zu einer Vereinigung oder einer Teilung des Landes kommt. Wenn wir in Dayton Erfolg haben, werden wir uns mit sehr schwierigen, praktischen Problemen auseinandersetzen müssen, etwa wenn Leute in ihre Häuser zurückkehren wollen, sagen wir Muslime, die früher in Banja Luka gelebt haben –«

»Das fällt nicht unter die Zuständigkeit der Ifor«, unterbrach mich Shalikashvili. »Wir können nicht in jeden Bus eine Patrouille setzen. Wir sollten kein Abkommen unterzeichnen, dessen Bestimmungen wir nicht umsetzen können. Ich hoffe, die Polizei vor Ort wird alles in ihrer Macht Stehende tun, um die Sicherheit zurückkehrender Flüchtlinge zu garantieren. Falls es zu einem Zwischenfall kommt und die Polizeikräfte überwältigt werden, dann besitzt der Ifor-Befehlshaber die Vollmacht einzugreifen. Doch es kann Tage geben, an denen ihm dies nicht möglich ist, da er sonst seine Kräfte zu sehr verzetteln würde.«

Shalikashvili schlug auf dem Treffen einen Kompromiß vor. »Angenommen, wir akzeptieren die ›Vollmacht‹, zusätzliche Aufgaben durchzuführen, nicht jedoch die ›Verpflichtung‹«, sagte er und löste damit eine gewisse Verwirrung aus, die andauerte, bis er uns den für Militärs vollkommen klaren Unterschied auseinandergesetzt hatte. Sobald die Ifor ihre bindend vorgeschriebenen Aufgaben erfüllt hätte, würde sie die *Vollmacht, nicht jedoch die Verpflichtung* haben, sich zusätzlichen Aufgaben zu widmen. »Zum Beispiel wollen wir nicht verpflichtet werden, Kriegsverbrecher festzunehmen«, erklärte er, »aber wir werden die Vollmacht akzeptieren, sie festzunehmen, wenn wir die Gelegenheit dazu bekommen.« Dies war ein großer Fortschritt im Vergleich zur bisherigen Position des Pentagons, das zunächst jede Erweiterung des Ifor-Auftrags abgelehnt hatte. Allerdings sollte die tatsächliche Bedeutung dieses geschickt formulierten Kompromißvorschlags erst offenbar werden, als die Kommandeure der Bodentruppen konkret über die Ausübung dieser »Vollmacht« entschieden.

Der Kompromißvorschlag wurde von Christopher, Perry und Lake sofort akzeptiert, und auch ich erhob keinen Widerspruch. Wir verfügten nun über eine einheitliche amerikanische Position, und das war für die Gespräche mit unseren europäischen Verbündeten am Wochenende, für unser Vorgehen im Nato-Rat und für Dayton von zentraler Bedeutung.

Aber hätte ich damals bereits gewußt, wie widerwillig die Ifor später von ihrer »Vollmacht« Gebrauch machen sollte, hätte ich trotz der geringen Erfolgschancen stärker für eine bindendere Formulierung des Auftrags gekämpft. Doch wie alle Zivilisten in den beiden Konferenzen glaubte auch ich, daß die Ifor sich stärker engagieren würde, als sie es später dann tatsächlich tat.

*

Die »Generalklausel«. Trotz der Änderungen hielt ich das Mandat der Ifor immer noch nicht für ausreichend. Clark war derselben Meinung, und deshalb fügten er und sein Stab dem militärischen Anhang des Abkommens eine »silver-bullet«-Klausel, eine Art »Generalklausel« hinzu. Sie war auf Bürokratenchinesisch formuliert, gab jedoch den Ifor-Kommandeuren in der Praxis das Recht, Gewalt anzuwenden, wann immer sie es für notwendig hielten und ohne bei zivilen Behörden nachfragen zu müssen. Sie lautete wie folgt:

> Die Seiten verstehen und vereinbaren, daß der Ifor-Befehlshaber die Befehlsgewalt besitzen wird, ohne Einmischung oder Erlaubnis einer der Seiten alles zu tun, was er für notwendig und angemessen hält, einschließlich des Einsatzes von militärischer Gewalt, um die … oben … aufgeführten Verantwortlichkeiten auszuführen.

*

Am 26. Oktober, dem Tag zwischen den beiden Treffen im Weißen Haus, lud Warren Christopher unser inzwischen beträchtlich angewachsenes Verhandlungsteam und einige führende Regierungsbeamte, darunter auch Madeleine Albright, zu einer Besprechung über die Verhandlungsstrategie in ein Bildungszentrum der Regierung in den Bergen Virginias bei Warrenton ein. Die Besprechung diente als eine Art Generalprobe für Dayton. Wir gingen jedes Detail der Gespräche noch einmal durch und legten Christopher den 92seitigen Entwurf eines Friedensabkommens sowie mehrere Bände mit Hintergrundmaterial vor. Wir einigten uns auf folgendes Grundkonzept: Christopher würde die Gespräche eröffnen und dann nach Washington zurückkehren, wo er sich für im Spannungsfall eventuell notwendig werdende Besuche bereithalten sollte. Nach fünfstündiger Diskussion erklärte Christopher, er sei »zufrieden und beeindruckt«, und wir fuhren zurück nach Washington.

*

Die Beratungen werden intensiver. Wie abgesprochen, sollte der zivile Apparat zur Implementierung des Dayton-Abkommens von dem Europäer Carl Bildt geführt werden und die militärische Streitmacht zu mindestens zwei Dritteln aus Europäern bestehen. Dennoch hatten wir aufgrund unserer internen Beratungen noch kaum Gelegenheit gehabt, uns mit den Europäern an einen Tisch zu setzen, und als die Gespräche endlich begannen, war die Tagesordnung entsprechend umfangreich und der Termindruck entsprechend groß. Ein Besucher, der sich an jenem letzten Oktoberwochenende in den sechsten Stock des Außenministeriums verirrt hätte, wäre mit einem ungewöhnlichen Anblick konfrontiert worden – Dutzende von Leuten aus mindestens sieben Ländern wanderten in einem langen Korridor auf und ab und verschwanden immer wieder grüppchenweise in Besprechungszimmern, wo sie über Vertragsentwürfe und mehrere hundert Seiten dicke Hintergrundberichte diskutierten. Kornblum und ich gingen von Raum zu Raum und unterstützten und steuerten die Gespräche.

Ich wünschte, daß die Kritiker der Regierungsbürokratie uns bei diesen Gesprächen hätten beobachten können. Es war eines dieser herrlichen Washingtoner Herbstwochenenden, an denen die Hauptstadt so belebend wirkt, doch im Außenministerium schwitzten Dutzende von Beamten und Offizieren in intensiven und sich endlos hinziehenden Gesprächen, ohne dem schönen Wetter auch nur einen Blick zu gönnen. Bis zum späten Sonntagnachmittag waren die meisten Punkte geklärt, insbesondere was die Stationierung und die Rolle der Ifor betraf. Aber über einige Schlüsselfragen, einschließlich der Vollmachten des höchsten zivilen Repräsentanten in Bosnien und der Rolle der internationalen Polizeikräfte, war noch keine Einigung erzielt worden, und es wurde beschlossen, die Verhandlungen in Dayton abzuschließen.

Noch während die Gespräche andauerten, flog ich mit Owen,

O'Brien, Menzies und Jack Zetkulic vom Balkanteam zu einem Treffen mit den Bosniern nach New York. Trotz dringlicher Bitten unsererseits hatten sie noch nichts getan, um sich auf Dayton vorzubereiten. Sechs Wochen zuvor, während des Gipfeltreffens in Zagreb am 18. September, hatte ich meine Besorgnis über dieses Problem in einem nächtlichen Gespräch mit Muhamed Sacirbey im Hotel Intercontinental zum Ausdruck gebracht. »Mo, ich fürchte, Ihre Regierung ist auf eine Friedenskonferenz nicht vorbereitet«, hatte ich gesagt. »Jedesmal, wenn wir wichtige Fragen diskutieren wollen, treten interne Differenzen zutage. So können Sie nicht in eine große Konferenz hineingehen.«

»Wir brauchen Hilfe«, hatte er geantwortet. Es gehörte zu Sacirbeys sympathischen Zügen, daß er im Gespräch unter vier Augen zugeben konnte, welches Chaos in seiner Regierung herrschte. »Sie sind der Außenminister. Sie müssen Ihre Mannschaft zusammenhalten«, hatte ich ihm vorgehalten »Ich weiß, ich weiß«, hatte er erwidert. »Aber es wird nicht einfach sein.« Einige Tage später überreichte ihm Owen eine Liste mit fünfzehn Experten für internationales Recht, aber die Bosnier ignorierten die Liste und den damit verbundenen Vorschlag bis zum letzten Moment. Auch am Vorabend der Gespräche herrschte noch immer große Uneinigkeit innerhalb der bosnischen Regierung, und sie hatte nur wenige eindeutige Positionen ausgearbeitet und, abgesehen von dem hoffnungslos überarbeiteten und von ihnen zu wenig konsultierten Völkerrechtsexperten Paul Williams, keinen qualifizierten Experten für internationales Recht.

Das Treffen in New York sollte den Bosniern eigentlich bei der Vorbereitung auf Dayton helfen. »Denken Sie strategisch«, sagte ich. »Überlegen Sie, was Sie in Dayton erreichen wollen.« Sacirbey entgegnete, seine Regierung werde mit den Serben erst verhandeln, wenn wir die Kroaten zur Annahme eines neuen und besseren Föderationsvertrags gezwungen hätten. Diese Forderung drohte zwar den für Dayton geplanten Verhandlungsablauf zu kippen, doch Sacirbey hatte nicht ganz unrecht.

Bei Verhandlungen gilt es taktisch flexibel vorzugehen, dabei aber stets das Endziel im Auge zu behalten. Sacirbeys Forderung würde die Daytoner Verhandlungen verlangsamen und die Konferenz vielleicht sogar zum Scheitern bringen, aber es gab keine Alternative. Wenn man die Föderation zuerst auf die Tagesordnung setzte, bliebe der De-

legation aus Sarajevo mehr Zeit, sich einzuleben, und es würde den
Druck auf uns erhöhen, ein besseres Föderationsabkommen auszuhandeln.

*

Am Montag, dem 30. Oktober, flog ich nach Dayton und nahm den
Luftwaffenstützpunkt zum ersten Mal in Augenschein. Auf dem Gelände waren Dutzende von Arbeitern fieberhaft mit den letzten bauli-
chen Maßnahmen beschäftigt. Die Luftwaffe hatte in enger Zusammenarbeit mit Pat Kennedy und Rosemarie Pauli Teile der fünf
einander gegenüberstehenden Offiziersgästehäuser frisch streichen
und umbauen lassen, so daß die drei Delegationen vom Balkan, die
der Vereinigten Staaten und die der Europäer je ein Gebäude für sich
hatten. In einigen der Häuser waren Wände herausgebrochen und
»Präsidentensuiten« für die hochrangigeren Konferenzteilnehmer eingerichtet worden. Darüber hinaus stellte uns die Air Force das Hope
Conference Center zur Verfügung, ein Hotel mit Konferenzräumen
und zweihundert Zimmern (die wir vollständig mit Verwaltungs- und
Sicherheitspersonal belegten). Um das ganze Gelände herum zog sich
ein hoher Stacheldrahtzaun, und die mit schweren Betonbarrieren ge-
sicherten Eingänge wurden von Militärpolizisten und Sicherheitsbeamten scharf bewacht.

Das weitläufige Gelände ließ viel Raum für ungestörte Spaziergänge, und es waren zahlreiche Privaträume und sogar Tennisplätze vorhanden, was den Tagungsort unseren Idealvorstellungen von Site X
ziemlich nahekommen ließ. Die mit den Vorbereitungen betraute
88th Civil Engineer Group hatte, wie ihr stellvertretender Leiter Tom
Shoup erzählte, sogar »einen sehr hübschen, gewundenen Fußweg«
angelegt, »mit Beleuchtung und allem, was dazu gehört«.[4] Donilon
war von den Einrichtungen beeindruckt. »Perfekter geht's nicht«, sagte er. »Nun müssen wir nur noch dafür sorgen, daß ein Abkommen zustande kommt.«

Unsere Besichtigungstour erhielt dadurch etwas Ergreifendes, daß
uns Generalleutnant Lawrence P. Farrell Jr., der Stellvertretende Kommandeur des Air Force Materiel Command, herumführte. Er war der
Schwager von Joe Kruzel, und ich hatte ihn das letzte Mal gesehen,
als er in Arlington vor Kruzels Grab eine Ansprache hielt. Er blieb
die ganze Zeit über völlig sachlich, nur am Ende meines Besuchs sag-

te er zu mir, er und seine Familie hätten einen besonderen Grund, für einen Erfolg in Dayton zu beten.

*

An diesem Tag, dem 30. Oktober, verpaßte das Repräsentantenhaus der Regierung einen schweren Schlag, als es mit Dreiviertelmehrheit eine nicht bindende Resolution verabschiedete, die die Regierung aufforderte, ohne vorherige Zustimmung des Kongresses keine Truppen in Bosnien zu stationieren. Gingrich nannte das Votum »eine Abstimmung über die Unfähigkeit der Regierung, Vertrauen in ihre Arbeit zu erzeugen«.

Mike McCurry reagierte sofort. »Der Präsident wird seine Verantwortung als Oberbefehlshaber wahrnehmen und sich seinem Amtseid entsprechend verhalten«, ließ er den Kongreß wissen. »Wenn er handeln muß, um Amerikas Interessen in der Welt zu wahren, dann wird er das auch tun.« In der Folge prophezeite Leon Panetta, daß der Kongreß einer Stationierung letztlich doch zustimmen werde, und gegenüber der *Washington Post* erklärte er, daß »das amerikanische Volk sich bei einem Friedensabkommen nicht aus der Verantwortung stehlen wird«. Doch Senator Patrick Leahy aus Vermont, einer unserer Unterstützer, prophezeite dem Präsidenten eine Niederlage, wenn es sofort zu einer Abstimmung käme. Clinton sagte in seiner Stellungnahme vor der Presse, daß die Resolution keine Auswirkungen auf die Friedensgespräche haben werde, der Schaden im Falle eines Erfolgs in Dayton jedoch zweifellos wiedergutgemacht werden müsse.

*

Das letzte Briefing. Unser letztes Treffen vor Dayton am 31. Oktober fand mit Präsident Clinton und Vizepräsident Gore im Kabinettsraum statt. Ich versuchte, locker zu beginnen und dementierte das Gerücht, wir hätten uns für Dayton entschieden, weil Strobe Talbott hier geboren sei – dünnes Gelächter. Dann überreichte ich dem Präsidenten ein T-Shirt aus Wright-Patterson mit einer über der Landkarte von Ohio schwebenden Taube, sagte voraus, es werde zu einem Sammlerobjekt werden, und bemerkte, daß zur Bevölkerung Ohios Menschen aus allen ethnischen Gruppen Mitteleuropas und des Balkans gehörten. »Es leben mehr Serben und Ungarn in Cleveland, als in jeder anderen amerikanischen Stadt«, sagte ich. »Das Gebiet ist voller Kroaten, Albaner, Ungarn, Slowaken und anderer Volksgruppen, die über die Tragödie ihrer alten Heimat betroffen sind. Wir hoffen, die Konferenzteilnehmer nehmen sich ein Beispiel an der Tatsache, daß sie ihre Rivalitäten nur auf dem Football-Feld austragen.« Das war etwas, wofür sich Bill Clinton interessierte. Er kannte das Gebiet gut, und er erzählte begeistert davon, wie Menschen verschiedener Herkunft in Ohio friedlich zusammenlebten.

Über die Gespräche selbst sagte ich, daß wir in unserer eigenen Platzhälfte bis zur 30-Yard-Linie vorgestoßen seien. »Das ist nicht schlecht, wenn man bedenkt, daß wir an unserer eigenen Grundlinie gestartet sind. Dayton ist ein riskantes Spiel, aber die Pendeldiplomatie ist ausgereizt. Selbst wenn wir scheitern, kann unser Land stolz darauf sein, daß wir uns mit aller Macht für den Frieden eingesetzt haben. Allerdings kann man die Leute nicht unbegrenzt in Wright-Patterson einpferchen. Nach spätestens zehn oder fünfzehn Tagen werden wir gegen eine Mauer rennen.«

Der Präsident sagte, er hoffe, Dayton werde erfolgreich sein, aber wenn dem so wäre, stünde er vor der schwersten Entscheidung, die einem Präsidenten abverlangt werden könnte, nämlich Tausende junger Amerikaner in ein gefährliches, möglicherweise tödliches Gebiet zu schicken. »Nach den Erfahrungen in Somalia müssen wir ein klar umrissenes Ziel haben. Wir können uns keine schleichende Eskalation leisten«, sagte er.

»Sarajevo liegt mir besonders am Herzen«, fuhr er fort. »Es wäre ein Fehler, die Stadt zu teilen. Wir wollen kein zweites Berlin. Wenn Sie es nicht vereinigen können, stellen Sie es unter internationale Kontrolle.« Dann, direkt zu mir gewandt, forderte er uns auf, wir sollten uns »nicht durch künstliche Stichtage unter Druck setzen lassen«.

Ich sagte, es gäbe da noch ein Problem, das ich trotz seiner Brisanz hier ansprechen müsse. »Wenn wir einen richtigen Frieden und nicht nur einen unsicheren Waffenstillstand haben wollen, dann müssen Karadžić und Mladić festgenommen werden. Dies ist nicht nur eine Frage der Gerechtigkeit, sondern auch des Friedens. Ohne ihre Verhaftung kann schlußendlich kein in Dayton geschlossenes Friedensabkommen Erfolg haben.« Es herrschte Schweigen am Kabinettstisch,

»Wir können nur mit einem vollwertigen Friedensvertrag vor den Kongreß treten«, setzte ich hinzu. Da die Stille andauerte, nutzte ich die Gelegenheit, noch andere wichtige Probleme anzusprechen, auch wenn klar war, daß wir sie an diesem Tag nicht mehr lösen konnten. »Ich weiß, daß das Militär noch immer wegen Goražde besorgt ist, aber wir können die Stadt nicht aufgeben und 60 000 weitere Flüchtlinge produzieren. Außerdem gibt es starke Meinungsverschiedenheiten darüber, wie wir mit den Sperrzonen zwischen den feindlichen Parteien verfahren sollen. Beschränken wir uns darauf, lediglich die interne Demarkationslinie zu kontrollieren, kommt es zu einer Teilung des Landes. Wir müssen verhindern, daß aus Bosnien ein zweites Zypern oder Korea wird.«

»Schließlich«, fuhr ich fort, »gibt es da noch ein politisches Dilemma. Obwohl dies natürlich nicht zutrifft, ist der Kongreß der Auffassung, wir würden die Uno mitten in einem Krieg ersetzen. Wir müssen besser vermitteln, daß wir ohne ein Friedensabkommen keine Truppen entsenden und uns nicht an derselben Art von Operation beteiligen werden wie die Uno.«

Zum Abschied sicherten uns viele Kabinettsmitglieder ihre Unterstützung zu. Anschließend führte uns der Präsident in den Roosevelt Room, wo er vor der dort versammelten Presse erklärte: »Dies ist die beste Gelegenheit für einen Friedensschluß, seit der Krieg begonnen hat. Und es könnte für lange Zeit die letzte sein.« Dann stellte er sich gemeinsam mit Vizepräsident Gore und dem Verhandlungsteam den Fotografen, wünschte uns viel Erfolg und verabschiedete uns.

Unsere Vorbereitungen waren abgeschlossen. Wir fuhren direkt nach Andrews und gingen an Bord einer Maschine der Luftwaffe, die uns auf den Luftwaffenstützpunkt Wright-Patterson in Dayton, Ohio, brachte.

BUCH DREI

Dayton

»Denn nun sitzt Erwartung in der Luft!«
William Shakespeare, *König Heinrich V.*

KAPITEL SECHZEHN

Schritte im Kreis

(1. bis 9. November 1995)

Auch der begabteste Mensch kann nur eine *Abfolge* seiner eigenen
Eindrücke wahrnehmen, geschweige denn niederschreiben; seine Beobachtungen sind daher … *aufeinander folgend*, wohingegen die Geschehnisse oft *gleichzeitig* stattfinden … Tatsächliche Ereignisse sind
in keinster Weise so einfach miteinander verbunden wie Eltern und
Nachkommen; jedes Ereignis ist der Nachkomme nicht nur eines, sondern aller anderen Ereignisse, vorhergehend oder derzeitig, und wird
sich wiederum mit allen anderen verbinden, um ein weiteres Ereignis
hervorzubringen; es ist ein ewig lebendiges Chaos des Erzeugens, in
dem Form auf Form aus unzähligen Elementen entsteht. Und dieses
Chaos … ist das, was der Historiker darstellen und nach wissenschaft-
lichen Kriterien beurteilen wird, indem er es sozusagen mit den einzelnen Erzähllinien von nur wenigen [Zentimetern] Länge verknüpft!«

Thomas Carlyle

Dayton. Der Begriff weckt lebhafte Erinnerungen: Das Friedensabkommen, das 37 Minuten währte; unser wichtigster Treffpunkt,
Packy's All-Sports Bar; mitternächtliche Shrimps- und Steakimbisse
mit Milošević; der verwaiste Parkplatz zwischen den Quartieren, in
denen wir untergebracht waren; unsere beengten Unterkünfte und der
Mangel an Intimsphäre; die Bemühungen unserer europäischen Kollegen, sich einer Diplomatie anzupassen, die geographisch und stili-
stisch weit entfernt war von der, die sie kannten; ein Tennismatch mit
einem überraschend agilen Tudjman; der Besuch der Familien unserer
toten Kollegen; »Serviettendiplomatie« im Offizierskasino; ein
Abendessen mit Izetbegović und Milošević unter der Tragfläche eines
B-2-Bombers; lange Spaziergänge mit Silajdzic bei eisiger Kälte;
Krajišnik, der mit geballter Faust auf die Landkarte von Sarajevo häm-
merte; Milošević, der zusammen mit dem Pianisten im Offizierskasino »Tenderly« zum besten gab; die Familie eines auf dem Balkan in-

haftierten amerikanischen Journalisten, die sich für seine Freilassung einsetzte; Izetbegović, der sich bei einer Mahlzeit mit Milošević weigerte, sein Essen anzurühren; der erstaunliche Durchbruch in der Sarajevo-Frage; die unvergeßlichen letzten Stunden und unser Ultimatum; Silajdzic, der in mein Zimmer stürmte und brüllte: »Sie haben alles ruiniert«; Kati, die auf dem verschneiten Parkplatz vor meinem Zimmer über Milošević stolperte; Tudjman, der Warren Christopher erregt aufforderte, »jetzt Frieden zu schaffen«; und Washington, wo man besorgt auf ein Ergebnis wartete ...

Wir dachten, wir seien bereit. Doch auf den Druck, dem wir in der Kaserne von Wright-Patterson ausgesetzt waren, waren wir nicht vorbereitet. Wir gingen davon aus, daß die Konferenz ungefähr fünfzehn bis siebzehn Tage dauern würde; schließlich konnte man drei Präsidenten und Hunderte anderer Leute nicht viel länger zusammensperren. Doch dann waren drei Wochen hinter dem Stacheldrahtzaun vergangen, und am Morgen des letzten Tages, nur 20 Minuten vor dem Ende der Verhandlungen, standen wir am Rande einer Niederlage.

*

»Dayton«. Seit dem 21. November 1995 steht der Begriff »Dayton« für eine bestimmte Art der Diplomatie – die »Holzhammermethode«: Alle Beteiligten werden so lange eingesperrt, bis sie zu einer Einigung kommen. Seitdem wurde ein »Dayton« ernsthaft für Nordirland, Zypern, Kaschmir, den Nahen Osten und andere Krisenregionen erwogen.

Wer ein »Dayton« für andere weltpolitische Konflikte in Erwägung zieht, sollte mit Bedacht vorgehen. Es ist ein Drahtseilakt ohne Sicherheitsnetz. Vor einem derartigen »Alles-oder-nichts«-Unternehmen steht viel Arbeit. Die Ziele müssen klar definiert sein. Der Prozeß muß von einem einzelnen Gastgeberland mit starker Hand kontrollieren werden, das, da sein Prestige auf dem Spiel steht und ein Fehlschlag weitreichende Konsequenzen haben kann, ein hohes Risiko eingeht. Und doch, unter den richtigen Voraussetzungen kann ein »Dayton« dramatische Ergebnisse liefern.

*

Die Dolmetscherkabinen in den beiden großen Konferenzräumen wurden für mich zu einem Symbol für die Sinnlosigkeit des Krieges.

Wir hatten sechs Sprachkanäle auf unseren Kopfhörern, die drei ersten für Englisch, Französisch und Russisch, der vierte Kanal für die Übersetzung ins Bosnische, der fünfte für Kroatisch und der sechste für Serbisch.[1] Das verwirrte Außenstehende, da überall im ehemaligen Jugoslawien mit nur geringen Unterschieden dieselbe Sprache gesprochen wird. Sie wären noch mehr verwirrt gewesen, wenn sie sich durch die Kanäle 4, 5 und 6 durchgeschaltet hätten: Auf jedem der Kanäle war exakt dieselbe Übersetzung zu hören. Des Rätsels Lösung lag in den nur wenige Meter vom Verhandlungstisch entfernt stehenden Kabinen der Dolmetscher. Für die Kanäle 4, 5 und 6 gab es nur einen Dolmetscher. Als ich Sacirbey auf diese Absurdität hinwies, erwiderte er, daß »Serbokroatisch« nicht mehr länger existiere – oder vielleicht nie existiert habe. Nationalistische Führer in jeder ethnischen Gruppe förderten vehement die Entwicklung eines eigenständigen Wortschatzes. Die Sprache, die einst zur Einigung Jugoslawiens beigetragen hatte, war zu einem weiteren Mittel umfunktioniert worden, die Kluft zwischen den Völkern zu vertiefen.

*

Wir hatten ehrgeizige Ziele: Erstens, die sechzigtägige Feuerpause in einen dauerhaften Frieden umzuwandeln, und zweitens, ein Abkommen über einen multiethnischen Staat zu erreichen. Viele Beobachter glaubten, daß diese Ziele nicht zu verwirklichen seien. Was wir auch tun würden, monierten die Kritiker, Bosnien würde am Ende doch in drei Teile zerfallen und die kroatischen und serbischen Teile sich ihrem »Mutterland« anschließen. Das hätte wiederum eine weitere Runde ethnischer und territorialer Konflikte in Mittel- und Osteuropa zur Folge. Natürlich konnten wir nicht ausschließen, daß es dazu kam. Aber nicht in Dayton – und nicht unter amerikanischer Führung. Wir wollten weder die serbische Aggression legitimieren noch kroatische Annexionsgelüste unterstützen.

Die Verwirklichung dieses Ziels setzte eine Übereinstimmung in zahlreichen Punkten voraus: Ostslawonien, die Föderation, die Verfassung, Wahlen, das dreiköpfige Präsidium, eine parlamentarische Versammlung, das Recht auf die freie Wahl des Wohnsitzes und das Recht der Flüchtlinge, an ihren Wohnort zurückzukehren, die Abstimmung mit der Arbeit des Internationalen Kriegsverbrechertribunals und der Status der internationalen Polizeikräfte. Und schließlich die Klärung des konfliktträchtigsten Punktes: die Festlegung der Grenzen innerhalb Bosniens, die Grenze zwischen dem serbischen Teil Bosniens und der muslimisch-kroatischen Föderation.

Unsere Maxime für dieses überwältigende Programm war simpel: Was wir in Dayton nicht erreichten, konnte auch später nicht mehr erreicht werden. Wir waren daher entschlossen, alles auf dem Papier zu regeln, statt wie bei früheren Friedensbemühungen nur kurze und vage Absprachen zu treffen, die ohnehin ignoriert wurden. Besser zu hohe Maßstäbe als ein schwacher Kompromiß. Trotz der Schwierigkeiten bei der späteren Implementierung des Abkommens erwies sich unser ehrgeiziger Ansatz als richtig. Jedes weniger hochgesteckte Ziel in Dayton hätte später zu noch größeren Problemen geführt. Obwohl uns manchmal vorgeworfen wurde, in Dayton zu ehrgeizig gewesen zu sein, bedauere ich vor allem, daß wir nicht noch höher gezielt haben.

*

Die Kaserne. Die Größe und Ausstattung von Wright-Patterson beeindruckte viele der Teilnehmer, und uns kam es auch darauf an, ihnen dieses Symbol amerikanischer Stärke vor Augen zu führen. Mit dem kleinen Innenbezirk, wo wir lebten und verhandelten, verhielt es sich jedoch anders. Die amerikanische, die bosnische, die kroatische und die gemeinsame Delegation der Serben und bosnischen Serben waren in vier unscheinbaren Offiziersgästehäusern untergebracht, die sich um einen trostlosen, rechteckigen Parkplatz gruppierten. Die Europäer bewohnten ein fünftes Gebäude, das zwar außerhalb des Gevierts, aber nur knapp zehn Meter davon entfernt lag. Um die Rolle der Europäischen Union als Kovorsitzende der Konferenz zu betonen, stellten wir Carl Bildt eine VIP-Suite direkt über meinen Zimmern im amerikanischen Gebäude zur Verfügung. Links von uns wohnten die Bosnier, rechts die Kroaten und direkt gegenüber die Serben und die bosnischen Serben. Aus meinen Räumen im Erdgeschoß hatte ich freie Sicht auf die kaum 60 Meter über dem Parkplatz liegende Suite Miloševics, konnte also sehen, wann er sich in seinen Zimmern aufhielt. Die Unterkünfte waren zweckmäßig, konnten aber kaum elegant genannt werden. Die Zimmer waren klein, durch die dünnen Wände drang fast jedes Geräusch, und die Gänge maßen kaum zwei Meter in der Breite. Bei einer Führung für Journalisten vor Beginn der Konferenz verglich jemand unsere Unterkünfte mit einem Studentenwohn-heim. Sacirbey fand, daß sie eher billigen Motelzimmern glichen.

Die Anlage eignete sich hervorragend für »mittelbare« Gespräche; wir konnten in ungefähr einer Minute von einem Präsidenten zum nächsten gehen. An manchen Tagen statteten wir jedem Präsidenten in seiner Unterkunft ein halbes Dutzend Besuche ab, und unsere Tage (und Nächte) gerieten zu einer Abfolge außerplanmäßiger Treffen.

*

Dayton. Es gab, vor der Kaserne, auch ein echtes Dayton, eine rei-zende Kleinstadt, bekannt als Geburtsort der Gebrüder Wright. Die Einwohner Daytons unterstützten uns von Anfang an. Im Gegensatz zu den Einwohnern von New York, Genf oder Washington, die kaum noch Notiz von einer Konferenz nahmen, waren die Bürger Daytons stolz darauf, an der Geschichte teilzuhaben. Auf dem zivilen Flugha-fen priesen große Schilder Dayton als das »momentane Zentrum des internationalen Friedens«, die lokalen Zeitungen und Fernsehstatio-nen berichteten aus jeder Perspektive über die Verhandlungen und knüpften so ein enges Band zwischen den Menschen und den Vorgän-gen auf dem Stützpunkt. Wenn wir einen Ausflug in ein Restaurant oder Einkaufszentrum in der Stadt machten, wurden wir von Leuten umringt, die sagten, daß sie für uns beten würden. Warren Christopher wurde bei mindestens einem Restaurantbesuch mit »Standing Ova-tions« empfangen. Familien, die auf dem Luftwaffenstützpunkt wohn-ten, stellten »Kerzen für den Frieden« in die Fenster, und vor dem Stützpunkt versammelten sich die Menschen zu Mahnwachen für den Frieden. Einmal bildeten sie eine »Friedenskette«, allerdings reichte sie nicht ganz um das 32 Quadratkilometer große Gelände des Stütz-punktes herum.

Auch die ethnische Vielfalt, für die Ohio berühmt ist, war in Dayton sichtbar. Wir hoben immer wieder hervor, daß im Herzen Amerikas Menschen aus ganz Südosteuropa friedlich zusammenlebten und ihr Wettstreit sich auf Softballspiele, Glaubensstreite und auf eine gele-gentliche Schlägerei in einer Kneipe beschränkte. Als Milošević und ich einmal spazierengingen, kamen ungefähr einhundert ortsansässige albanischstämmige Amerikaner mit Megaphonen an den äußeren Zaun von Wright-Patterson und setzten sich für den Kosovo ein. Ich schlug vor, wir sollten hinübergehen und uns mit ihnen unterhalten, doch Milošević lehnte unwirsch ab und erklärte, die Leute stünden offensichtlich auf der Lohnliste einer ausländischen Macht.

*

Unser Team kam am 31. Oktober in Dayton an, um die Delegationen vom Balkan zu begrüßen. Der Wind fegte über das Rollfeld von Wright-Patterson, es war kalt und nieselte leicht – ein Wetter, an das wir uns schon bald gewöhnen sollten. Kurz nach 18 Uhr kam Milošević an und verkündete zuversichtlich, daß in Dayton ein Friedensabkommen zustande kommen werde. Dann landete Izetbegović in einem amerikanischen Militärflugzeug. Der bosnische Präsident wirkte verzagt und reserviert und hielt eine kurze Ansprache, in der er einen »gerechten Frieden« forderte. Als letzter traf Tudjman ein, der einen stolzen und hochmütigen Eindruck machte. Obwohl ihn die Begrüßung offensichtlich freute, gab er keine Erklärung ab. Er wollte von Anfang an zeigen, daß er endlich wichtiger war als seine langjährigen Rivalen und daß er nur nach Dayton gekommen war, um Ostslawonien zurückzugewinnen. Wir vereinbarten, daß er zwei Tage bleiben, zur Parlamentseröffnung nach Zagreb fliegen und dann zurückkehren würde.

*

Tudjman und Izetbegović gingen sofort zu Bett. Milošević aber bat um eine Führung über das Gelände, und natürlich nahm ich ihn mit in Packy's All-Sports Bar.

Die Bar war Wright-Pattersons Antwort auf die United Nations Delegates Lounge, und wesentlich unterhaltsamer. Die Wände waren mit Bildern von Bob Hope plakatiert, nach dem auch das Hope-Konferenzzentrum benannt war. Die Fotos zeigten Hope bei Unterhaltungsshows für die amerikanischen Truppen in vier Kriegen. Vier riesige Bildschirme, auf denen CNN oder verschiedene Sportkanäle zu sehen waren, dominierten den Raum. Jeder Tisch verfügte über einen eigenen kleinen Lautsprecher, der auf jeden der vier Kanäle eingestellt werden konnte, und für gewöhnlich war die Bar erfüllt vom Lärm der sich gegenseitig überlagernden Fernsehsendungen. An Abenden, an denen die Chicago Bulls spielten, versammelten sich hier die Kroaten und feuerten ihren Landsmann Toni Kukoč an; die Serben warteten auf Vlade Divać, der damals bei den Los Angeles Lakers spielte.

– 362 –

Als Milošević und ich an jenem ersten Abend in die Bar kamen, saßen dort bereits Haris Silajdzic und Chris Hill. Ich ging zu ihrem Tisch, aber Milošević hielt sich demonstrativ zurück. Er begrüßte Silajdzic schroff und wandte sich dann ab, um mit Leuten an anderen Tischen zu sprechen.

Die hübsche Kellnerin, die Milošević bediente, ahnte nicht, daß sie einen der meistgeschmähten Menschen der Welt vor sich hatte. »Wie heißen Sie?«, fragte er. »Woher kommen Sie?« Sie heiße Vicky, teilte sie uns mit, erfreut über unser Interesse. In Miloševics Englisch, das zwar ausgezeichnet war, aber einen kräftigen Akzent aufwies, wurde sie zu »Waitress Wicky«, und bei jedem seiner Besuche in Packy's Bar verlangte er, von ihr bedient zu werden. Das war die Geburtsstunde einer lokalen Legende. Während der Jubiläumsfeier in Wright-Patterson ein Jahr später wurde ich von »Waitress Wicky« höchstselbst bedient, die mittlerweile zu einem festen Bestandteil der Geschichte Daytons geworden war.

Milošević schäumte vor Wut über die Presse, vor allem über Roger Cohens Portrait von ihm, das am Morgen in der *New York Times* erschienen war. »Es ist unglaublich«, verkündete der Serbenführer, »daß ein solcher Mist gedruckt werden darf.« Er hob besonders die Anspielungen auf seine Eltern hervor – sein Vater, »ein orthodoxer Priester, der Selbstmord beging, als sein Sohn vier Jahre alt war«, und seine Mutter, »eine Lehrerin, die sich einige Jahre später umbrachte.«

»Warum schreiben sie solche dummen Sachen?« fragte er, ohne ihren Inhalt zu bestätigen oder zu widerlegen. »Wie können Sie das zulassen?« Milošević beschwerte sich, daß einige Informationen in Cohens Artikel von unserer Delegation stammen würden. Das stimmte, auch wenn es nicht absichtlich geschehen war, und ich versuchte nicht, es zu leugnen.

Erster Tag: Mittwoch, 1. November

»Die Augen der Welt sind auf Dayton in Ohio gerichtet«, verkündete Warren Christopher bei seiner Ankunft um 9 Uhr morgens. Während der Fahrt zum »Geviert« warnte ich Christopher, daß alle drei Seiten ihre Positionen vor Beginn der Verhandlungen verfestigt hatten, wie es vor einem solchen Anlaß allerdings auch nicht anders zu erwarten war. Weit besorgniserregender waren die Uneinigkeit innerhalb der bosnischen Delegation und die Differenzen zwischen Kroaten und Bosniern über die Föderation.

Christopher und ich trafen uns mit jedem Präsidenten allein und gingen noch einmal die Regeln durch, die wir allen Seiten bereits vor fast einem Monat unterbreitet hatten. Die wichtigste Regel war, daß niemand der Presse Informationen zukommen ließ. Carl Bildt hatte sich mit unserem Vorschlag einverstanden erklärt, daß Außenamtssprecher Nick Burns der einzige offizielle Sprecher für die Konferenz war. Da in Dayton bis auf wenige Ausnahmen keine Pressekonferenzen stattfinden sollten, blieb Burns die meiste Zeit in Washington; in Dayton selbst hatten wir noch nicht einmal einen Pressesprecher.

Bei unseren ersten Treffen legte jeder Präsident seine Prioritäten dar. Tudjman interessierte natürlich nur Ostslawonien; Bosnien erwähnte er nicht einmal. Wir teilten ihm mit, daß die Ostslawonienfrage nur im Rahmen eines allgemeinen Friedensabkommens geregelt werden könnte. Für Milošević stand die Aufhebung der wirtschaftlichen Sanktionen im Vordergrund. Christopher offerierte eine leicht modifizierte amerikanische Haltung: Wir würden einer Aufhebung der Sanktionen bereits nach der *Paraphierung* eines Abkommens zustimmen, statt auf die offizielle *Unterzeichnung* zu warten. Das war von Bedeutung, denn wir gingen davon aus, daß zwischen der vorläufigen Unterzeichnung in Dayton und der eigentlichen Unterzeichnung im Rahmen einer offiziellen Zeremonie ein Monat liegen würde. Diese leichte Veränderung unserer Haltung sollte einerseits Milošević einen größeren Anreiz bieten, in Dayton eine Einigung zu anzustreben, andererseits hofften wir, damit die innerhalb der Kontaktgruppe bestehenden Spannungen in der Sanktionenfrage zu vermindern.

Izetbegović und Silajdzić erklärten Christopher erneut, daß wir vor dem Beginn ernsthafter Gebietsdiskussionen mit den Serben noch einmal über das Abkommen zur Föderation verhandeln müßten. Wir hatten uns bereits damit einverstanden erklärt, obwohl es dadurch zu Verzögerungen kommen würde. Die Föderation war tatsächlich brüchig, und solange die Spannungen zwischen Muslimen und Kroaten vor allem in Mostar nicht unter Kontrolle gebracht wurden, würde ein Frieden mit den Serben nicht funktionieren. Ich bat Michael Steiner, den stellvertretenden deutschen Gesandten bei der Kontaktgruppe, der meiner Meinung nach von allen anwesenden Europäern über das größte Wissen zu Bosnien verfügte, die Verhandlungen mit der Föderation zu führen. Als sein Assistent fungierte Dan Serwer, Washingtons Beauftragter für die Föderation.

Nach diesen ersten Gesprächen gingen Christopher und ich zu Fuß zum knapp einhundert Meter entfernten Hope-Konferenzzentrum, wo wir mit der Kontaktgruppe zu Mittag aßen. Es war absehbar, daß der Umgang mit den Kontaktgruppenvertretern uns Probleme bereiten würde. Natürlich konnte sich jedes Mitglied der Kontaktgruppe jederzeit mit den Delegierten treffen. Doch die eigentlichen Verhandlungen würden, abgesehen von Steiners Bemühungen um die Föderation und Bildts Sonderrolle als Kovorsitzender der Konferenz, von den USA geführt werden. Christopher bemühte sich, sie auf die Enttäuschung vorzubereiten: »Einige von Ihnen«, erklärte er beim Essen, »werden nicht über jeden Aspekt der Verhandlungen erfreut sein, doch wir verfolgen alle das gleiche Ziel. Lassen Sie uns das nicht vergessen.«

*

Die offizielle Eröffnungszeremonie war auf größtmöglichen Symbolwert angelegt: eine öffentliche Begegnung aller drei Präsidenten, die erste seit über zwei Jahren und die erste unter amerikanischer Schirmherrschaft überhaupt. Hinter den Absperrungen im Raum »B-29-Superfortress« (jeder Raum im Hope-Center war nach einem Militärflugzeug benannt)[2] warteten bereits Hunderte von Journalisten.

Donilon, Burns und ich hatten die Zeremonie sorgfältig choreographiert. Christopher und ich betraten den Raum als erste, gefolgt von Tudjman, Izetbegović und Milošević, die von Galbraith, Menzies und Perina zu ihren Plätzen an einem kleinen runden Tisch geleitet wurden – ein Duplikat des Tisches, den wir in Genf und New York benutzt hatten. Dann kam der Moment, der am heftigsten diskutiert und genauestens beobachtet wurde: der Handschlag der drei Männer. Im Vorfeld hatten Christopher und ein Teil seines Stabes die Befürchtung geäußert, die drei würden sich weigern und uns vor versammelter Presse bloßstellen. Ich dagegen sah in dem Händedruck einen notwendigen symbolischen Akt, bevor wir uns den Blicken der Öffentlichkeit entzogen, und nach einigem Hin und Her entschieden wir uns für einen Händedruck. Doch als der kritische Moment da war, kam es, wie es die *New York Times* formulierte, zu einer »verlegenen« Pause.

Schließlich stand Christopher auf und forderte die drei Präsidenten auf, sich die Hand zu geben. Die Fotos – es waren für drei Wochen fast die letzten aus Dayton – vermittelten der Welt das richtige Bild: Endlich waren die drei Präsidenten beieinander und sprachen, wenn auch zögernd, miteinander.

»Wir sind hier, um Bosnien und Herzegowina die Möglichkeit zu geben, ein friedliches Land, kein Schlachtfeld zu sein«, verkündete Christopher. Er führte vier Bedingungen für eine Einigung an: Bosnien mußte ein Staat mit »einer einzigen internationalen Persönlichkeit sein«; eine Beilegung des Konflikts mußte »die spezifische Geschichte und Bedeutung« Sarajevos berücksichtigen; die Menschenrechte mußten respektiert und die Verantwortlichen für die Greueltaten zur Rechenschaft gezogen werden; und schließlich mußte die Frage Ostslawoniens geklärt werden. Sobald Christopher geendet hatte, zogen wir uns zurück, ohne den verfeindeten Präsidenten Gelegenheit zu einer Stellungnahme zu geben. Nick Burns wurde von mehreren Journalisten heftig angegriffen, die sich verständlicherweise mehr erhofft hatten als einen kurzen und wohlinszenierten öffentlichen Auftritt. Doch das hätte uns gleich zu Beginn auf einen Konfrontationskurs gebracht, und Probleme hatten wir bereits genug.

*

Tudjman und Ostslawonien. Christopher hatte eigentlich geplant, bald nach der Eröffnung der Konferenz nach Washington zurückzukehren. Doch bereits jetzt, unmittelbar nach der Eröffnung, sahen wir uns das erste von vielen Malen während der Konferenz gezwungen, quasi in letzter Minute das Programm umzuwerfen, damit Christopher an einem hastig arrangierten Gespräch zwischen Miloševic und Tudjman über Ostslawonien teilnehmen konnte. Wir trafen uns in einem kleinen Häuschen, in dem die Verwaltung des Luftwaffenstützpunktes normalerweise VIPs beherbergte und das ungefähr eine Meile vom Hope-Center entfernt lag. Die zwei Präsidenten hatten einander gegenüber Platz genommen; dazwischen saßen Seite an Seite auf einer Couch Christopher und ich. Außer uns waren noch Hill und Galbraith anwesend. Die Begrüßung zwischen den beiden Präsidenten fiel viel wärmer aus als bei ihrem Auftritt vor der Presse. Miloševic begrüßte Tudjman jovial mit »Franjo«, und Tudjman nannte Miloševic »Slobo«.

Galbraith begann, indem er darlegte, daß die Lösung des Ostslawonienproblems, an der er unermüdlich gearbeitet hatte, seiner Meinung nach von der Klärung mehrerer relativ unbedeutender Fragen abhing. Tudjman erwiderte gereizt, daß diese sogenannten »technischen« Probleme an der eigentlichen Frage vorbeigingen, auf die er von Miloševic eine Antwort verlangte: Würden die Serben eine vollständige Wiedereingliederung Ostslawoniens in den kroatischen Staat akzeptieren? Miloševic erwiderte, die technischen Einzelheiten beträfen in Wirklichkeit die zentrale Frage, ob den Serben in Ostslawonien ein Minderheitenstatus mit den damit verbundenen Rechten zugebilligt werde. Miloševic schien sich der Ironie seiner Argumentation nicht bewußt zu sein: Er trat für die Menschenrechte der Serben in einem Gebiet ein, das seine Armee dem Erdboden gleichgemacht hatte. Dennoch hatte er nicht ganz unrecht. Man mußte den Serben, die seit Generationen in Ostslawonien und der Krajina siedelten, dieselben Rechte zubilligen wie den anderen heimatvertriebenen Menschen in der Region.

Zu Beginn des Gesprächs wurde konsekutiv gedolmetscht, doch als die Debatte hitziger wurde, forderten wir die beiden Männer auf, die Unterhaltung in ihrer Muttersprache (oder ihren Muttersprachen) fortzusetzen. Wir versuchten, dem Gespräch mit Hilfe eines Dolmetschers und Chris Hills zu folgen. Ohne den mäßigenden Einfluß einer fremden Sprache verfielen Anstand und Umgangston rasch. »Franjo« und »Slobo« brüllten sich immer heftiger in einer Mischung aus Serbokroatisch und Englisch an. Schließlich schritt ich ein: »Lassen Sie uns hier und jetzt etwas wegen Ostslawonien unternehmen«, sagte ich. »Mr. Holbrooke, Sie sind zu unrealistisch«, erwiderte Miloševic. »Diese Angelegenheit muß vor Ort geregelt werden. Ich kann die Leute in Ostslawonien nicht kontrollieren.«

Dennoch erklärte sich Miloševic einverstanden, gegenüber den Serben Ostslawoniens »seinen Einfluß geltend zu machen«, obwohl er weiterhin darauf beharrte, eigentlich überhaupt keinen zu haben. Angesichts dieses kleinen Fortschritts schlug ich vor, daß Galbraith und der UN-Sonderbeauftragte Thorvald Stoltenberg am nächsten Tag Tudjman nach Kroatien begleiten und versuchen sollten, mit den Politikern vor Ort zu einer Einigung zu gelangen. Ich dachte an den stoischen Stoltenberg, der sich gerade in einem Flugzeug auf dem Weg nach Dayton befand; vor seiner Rückkehr nach Kroatien würde er nur Zeit haben, frische Kleider einzupacken und ein paar Stunden zu schlafen.

Obwohl sich die Haltung beider Parteien nicht geändert hatte, hatte Milošević indirekt zwei wichtige Konzessionen gemacht. Zum ersten Mal war er einverstanden, daß Ostslawonien in Dayton diskutiert wurde. Und auch wenn er darauf beharrte, die Serben in Slawonien nicht beeinflussen zu können, schien er jetzt doch bereit, ihnen eine Lösung zu »empfehlen«.

*

Tudjman konnte einen Teilerfolg für sich verbuchen. Aufgrund der Ereignisse war er zu einer zentralen Figur im Friedensprozeß geworden. Einige Kritiker warfen uns vor, wir hätten uns bewußt dafür entschieden, im Austausch für Zagrebs Unterstützung bei einem Friedensabkommen für Bosnien über die oftmals brutale Politik der Kroaten gegenüber den Muslimen und Serben hinwegzusehen. Die Wahrheit sah jedoch anders aus: Nicht wir verliehen Tudjman Macht, sondern die Umstände. Tudjman konnte ein Friedensabkommen blockieren, bis er die Kontrolle über Ostslawonien bekam, dem letzten Gebiet in Kroatien, das sich noch in serbischer Hand befand. Wer sein früheres Verhalten kannte, wußte, daß man seine Drohung, Kroatien werde wieder in den Krieg ziehen, wenn es das Gebiet nicht auf friedliche Weise zurückbekäme, ernst nehmen mußte. Dadurch war er gegenüber Milošević im Vorteil. Sein Einfluß auf Izetbegović beruhte darauf, daß er die muslimisch-kroatische Föderation, deren Fortbestand für die Verhandlungen in Dayton von grundlegender Bedeutung war, jederzeit aufkündigen konnte. Jahrelang war Tudjman von Milošević verachtet und von Izetbegović gehaßt worden; jetzt hatte er die Oberhand über seine beiden Rivalen errungen – und wußte genau, wie er die Situation für seine eigenen Ziele nutzen konnte.

*

Warren Christopher. Christopher war entsetzt über die Szene, die er gerade miterlebt hatte. Doch es war hilfreich, daß er dabei gewesen war; so konnte er Washington warnen, daß die Verhandlungen, wie er es formulierte, »ohne Ausnahme hart sein werden«. Davon abgesehen war er mit dem ersten Tag zufrieden – zufriedener jedenfalls als ich. Alles war reibungslos verlaufen, und die Berichterstattung in der Presse war überaus positiv. Christopher sagte, er werde zurückkehren, wann immer es angebracht sei, aber den genauen Zeitpunkt unserem

Team in Dayton überlassen. Auf der Fahrt zum Rollfeld fragte ich ihn, ob er mit dem chaotischen Verlauf der Verhandlungen, der seiner methodischen Vorgehensweise so fremd war, zurechtkomme. »Ich bin mir nicht immer sicher, was Sie gerade machen, oder warum Sie es tun«, antwortete er, »aber Sie scheinen immer einen Grund für Ihr Handeln zu haben. Da es außerdem zu funktionieren scheint, bin ich ganz zufrieden damit, Ihrem Instinkt zu folgen.« Ich dankte ihm für sein Vertrauen.

Nach seinem Abflug sann ich über den langen Weg nach, den wir gemeinsam zurückgelegt hatten. Ich kannte Warren Christopher seit 1977, als Cy Vance ihn zum stellvertretenden Außenminister und mich zum Staatssekretär für das Ressort Ostasien und Pazifik ernannt hatte. Unser Verhältnis während der Regierung Carter war eng und wurde noch enger, als Christopher im Dezember 1978, kurz nachdem Präsident Carter die Normalisierung der Beziehungen zur Volksrepublik China bekanntgegeben hatte, zu einer äußerst schwierigen Mission nach Taiwan aufbrach. Als auf dem Flughafen von Taipeh Tausende wutentbrannter Taiwaner seinen Wagen an der Ausfahrt zu hindern versuchten und attackierten, handhabe er die Situation mit großer Umsicht und Gelassenheit.

Während der achtziger Jahre standen Christopher und ich in regelmäßigem Kontakt. Er brachte mich mit seinen Partnern von O'Melveny & Myers in Los Angeles zusammen, und wir trafen uns mehrfach in Los Angeles und New York zum Essen und schlossen mehrere Geschäfte zusammen ab. Trotz unseres engen Umgangs seit über achtzehn Jahren pflegten wir einen sehr unterschiedlichen Arbeitsstil. Wo Christopher vorsichtig und methodisch vorging, neigte ich zu intuitivem und ungeduldigem Handeln. Während er ein Problem mehr aus der Perspektive eines Rechtsanwaltes oder Richters betrachtete und die Positionen beider Seiten systematisch gegeneinander abwog, konzentrierte ich mich eher auf die historischen Ursachen und die innere Dynamik des Problems. Auch was Herkunft und Alter anging, waren wir sehr verschieden. Er war über Kalifornien nach Washington gekommen, hatte norwegische Vorfahren und war in North Dakota aufgewachsen; ich war ein New Yorker mit jüdisch-mitteleuropäischen Vorfahren und hatte jahrelang im Ausland gelebt. Vom Alter her trennten uns fast zwanzig Jahre.

Ich sah uns nie als Konkurrenten. Doch ab 1992 fingen einige gemeinsame Freunde, vielleicht, um Bewegung in die Dinge zu bringen, an, das Gerücht auszustreuen, daß Christopher mich mit Besorgnis betrachte, und als Christopher zum Vorsitzenden des Übergangskomitees für den angehenden Präsidenten ernannt wurde, erschienen in der Presse Meldungen über angebliche Reibereien und Rivalitäten zwischen uns. Als ich ihn auf diese Geschichten ansprach, dementierte er nachdrücklich. Wie dem auch sei, es war für einen Außenminister jedenfalls sehr ungewöhnlich, einem Untergebenen so viel Unterstützung und Rückendeckung zukommen zu lassen, wie Christopher es während meiner Bosnienmission getan hatte. Nun, da wir dieselben Interessen verfolgten, waren wir ein unzertrennliches Gespann.

*

Nach Christophers Abreise verteilten wir am Abend an jede Balkandelegation die Entwürfe der Anhänge zur Verfassung, zu den Wahlen und zur Ifor. Erstaunt über die Länge und Ausführlichkeit der Dokumente, begannen die drei Präsidenten allmählich zu begreifen, daß wir, als wir von einem umfassenden Abkommen sprachen, es auch so gemeint hatten.

Tag Zwei: Donnerstag, 2. November

Bemüht, etwas Ordnung in das Chaos zu bringen, teilten wir die Arbeit in sechs Bereiche auf:

- Michael Steiner sollte mit Hilfe seines deutschen Kollegen Christian Klages und der beiden Amerikaner Dan Serwer und Chris Hill ein neues und stabileres Abkommen über die Föderation zwischen Muslimen und Kroaten aushandeln.
- Bildt, Owen und ich vereinbarten, mit Milošević und den Bosniern über eine Verfassung und Wahlen zu verhandeln.
- Clark und Pardew erhielten den Auftrag, mit den verschiedenen Parteien Gespräche über den Militäranhang des Abkommens aufzunehmen, denen ich mich dann später anschließen würde.
- Wir beschlossen, die Ostslawonienfrage auf zwei Ebenen weiterzuverfolgen: Hill und ich in Dayton, Stoltenberg und Galbraith vor Ort.

– Fünftens mußten die noch anstehenden Aufgaben der Kontaktgruppe erledigt werden. Unter dem Vorsitz von Robert Gallucci sollten zwei Probleme erörtert werden, die wir am letzten Wochenende vor Dayton nicht gelöst hatten, nämlich die Rolle der internationalen Polizeieinheit und das Mandat des Hohen Repräsentanten für den Wiederaufbau Bosniens, das Carl Bildt übernehmen sollte.

– Abschließend kamen wir überein, die Gebietsdiskussionen (»die Landkarte«) größtenteils zu vertagen, bis wir auf den anderen Gebieten Fortschritte erzielt hatten.

*

Was ist die Föderation? Selbst für manche Konferenzteilnehmer war die Unterscheidung zwischen den zwei Regierungsebenen des künftigen Staates – der zentralen Regierung und den beiden Entitäten – immer noch verwirrend. Das war verständlich: Während des Krieges waren die Bezeichnungen mehrmals geändert worden und entsprechend schlecht definiert. Die Republik Bosnien und Herzegowina befand sich seit der Erklärung ihrer Unabhängigkeit im Jahr 1992 im Krieg. Der weitgehend muslimischen Regierung unter Präsident Izetbegović gehörten zwar auch einige Kroaten und Serben an, doch sie kontrollierte nur den muslimischen Teil Sarajevos und das Gebiet um Tuzla. Die übrigen muslimischen Gebiete wie Bihać und Goražde waren faktisch autonom. Der kroatische Teil Bosniens wurde separat von einer Gruppe bosnischer Kroaten von Mostar aus regiert, die wir als Kriminelle betrachteten; sie waren diejenigen, die den Krieg im Krieg angestiftet hatten, der Mostar und andere muslimisch-kroatische Städte in den Jahren 1993 und 1994 verheert hatte. Um diesem Nebenkrieg ein Ende zu setzen und eine gemeinsame Front gegen die Serben aufzubauen, hatten die USA unter der Leitung von Charles Redman Anfang des Jahres 1994 die Föderation aus der Taufe gehoben. Doch nachdem die Föderation auf dem Papier feststand, hatten sich die USA wieder zurückgezogen und die Verantwortung der Europäischen Union überlassen. Bis zur Ernennung Dan Serwers im Herbst 1994 gab es in Washington noch nicht einmal einen Beauftragten für die Föderation.

Mittlerweile lagen die Dinge anders. Aus den Notbehelfen der Kriegszeit sollten jetzt zwei funktionierende Regierungsebenen geschaffen werden: eine zentrale Regierung mit Sitz in Sarajevo, und zwei regionale Entitäten, zum einen eine funktionierende muslimisch-kroatische Föderation, zum anderen die bereits existierende Entität der bosnischen Serben, allerdings ohne Anerkennung ihrer Unabhängigkeitsansprüche. Steiners Plan lief darauf hinaus, daß die Verantwortung für bestimmte Bereiche wie die Außen- und die Finanzpolitik bei der aus Muslimen, Serben und Kroaten gebildeten Zentralregierung anzusiedeln sei. Im Austausch dafür sollten die Föderation und die Republika Srpska für lokale Belange wie Gesetzesvollzug, Erziehung und innere Sicherheit zuständig sein.

Nach Eröffnung der Sitzungsrunde, auf der die Fragen der Föderation behandelt wurden, überließ ich Steiner das Feld. Er und Hill setzten sich über eine Woche mit Tudjman, Izetbegović und dem Präsidenten der Föderation Kresimir Zubak auseinander, während ich mich anderen Problemen widmete.

Tag Drei: Freitag, 3. November

In der Kontaktgruppe herrschte bereits Unruhe. Wir hatten vereinbart, uns jeden Morgen um 9.30 Uhr zu treffen, um die aktuellen Ereignisse zu besprechen. Die ersten beiden Treffen verliefen chaotisch, und wir vergeudeten fast zwei Stunden mit Auseinandersetzungen über Belanglosigkeiten. Dafür waren wir nicht nach Dayton gekommen. Die Europäer konnten zu den Verhandlungen viel beitragen und waren für ihren Erfolg notwendig. Doch sie schienen süchtig nach endlosen Versammlungen zu sein, in denen fast ausschließlich prozedurale Aspekte besprochen wurden, während in der Zwischenzeit die drei Präsidenten der Balkanstaaten nur hundert Meter entfernt auf uns warteten.

Wir konnten es uns nicht leisten, soviel Zeit zu verlieren, mußten aber die Europäer weiterhin mit einbeziehen. Nach drei Tagen lösten wir die große Kontaktgruppenversammlung auf und ersetzten sie durch ein kleineres Gremium, an dem nur die sechs leitenden Gesandten bei der Kontaktgruppe teilnahmen – Carl Bildt, Pauline Neville-Jones, Wolfgang Ischinger, Jacques Blot, Igor Iwanow und ich. Aus symbolischen Gründen schlug ich vor, die Gespräche in Bildts Zimmer abzuhalten.

»Welche Telefonnummer hat Europa?« Diese Regelung spiegelte ein fundamentales Dilemma der Europäischen Union wider: Wer sollte für Europa sprechen?

Dieses Problem hatte schon Henry Kissinger in einem berühmt gewordenen Bonmot zum Ausdruck gebracht: Auf den Vorschlag eines Mitarbeiters aus seinem Stab, man solle in einer bestimmten Angelegenheit doch mit Europa Rücksprache halten, hatte Kissinger gepoltert: »Und welche Telefonnummer hat Europa?« Zwanzig Jahre später war Kissingers sarkastische Frage, trotz häufiger Lippenbekenntnisse der EU zu einer gemeinsamen europäischen Verteidigungs- und Außenpolitik, immer noch relevant.

In Dayton bereitete uns die Frage der Zuständigkeit von Anfang an Probleme. Obwohl Carl Bildt einer der drei Kovorsitzenden war, teilten uns Pauline Neville-Jones und Jacques Blot vertraulich mit, daß Bildt in bestimmten Angelegenheiten nicht für ihre Regierungen sprechen konnte. Dadurch wurde ein EU-Vertreter als Kovorsitzender sowohl theoretisch als auch praktisch zu einer Farce. Und es zog weitere Fragen nach sich: Wen vertrat Bildt? Und wann? Worauf gründete sich seine Autorität? Vertrat er nur die EU-Länder, die *nicht* anwesend waren? Wo standen die Deutschen, die sich nicht wie Großbritannien und Frankreich geäußert hatten?

Von Neville-Jones oder Blot erhielten wir auf unsere Fragen keine konkrete Antwort. Sie wirkten sogar verärgert, als wir sie auf das Problem ansprachen, und meinten nur, die Sache werde sich »mit der Zeit schon klären«. Einerseits war es ein trauriges Eingeständnis der Tatsache, daß es der EU nicht gelang, in Dayton mit einer Stimme zu sprechen. Andererseits konnte es kaum überraschen, daß sich Staaten, die immer noch nach Größe und weltweiter Geltung strebten, eine unabhängige Stimme in der Außenpolitik bewahren wollten. Am meisten machte uns die Überheblichkeit der Europäischen Union zu schaffen. Zuerst verlieh sie einem hoch angesehenen ehemaligen Premierminister einen grandiosen Titel, um ihm dann von Anfang an Kompetenzen und Autorität zu entziehen und später uns für die Reibereien bei den Verhandlungen verantwortlich zu machen. Carl Bildt meinte ein Jahr später zu dieser Situation: »Aufgrund zu vieler konkurrierender Interessen fehlt Europa die nötige Handlungsfähigkeit. Im Gegensatz dazu können die USA handeln, sobald das Chaos in Washington einmal geklärt ist. Die Europäer können ihre Interessen ganz gut aufeinander abstimmen, die USA nicht. Aber diese Notwendigkeit zur internen Koordination nimmt unsere ganze Zeit in Anspruch; die Amerikaner gehen viel entschlossener vor, wenn sie sich einmal zu etwas aufgerafft haben.«

*

David Rohde. Mitten während unserer Verhandlungen tauchte ein neues Problem auf. Ein wagemutiger junger Journalist des *Christian Science Monitor* namens David Rohde hatte in Wien ein Auto gemietet und sich, ohne jemandem etwas davon zu sagen, nach Srebrenica aufgemacht. Er hoffte, einen Bericht über die Lage der Stadt nach ihrem Fall schreiben zu können, über die er als einer der ersten berichtet hatte. Am 29. Oktober begann er, mit mehr Mut als Verstand ausgestattet, im roten Lehm eines Erdwalles in der Nähe von Zvornik zu graben, wo man ein Massengrab vermutete. Natürlich wurde er von der bosnisch-serbischen Polizei verhaftet, und zu Beginn unserer Friedenskonferenz galt er als irgendwo in der Republika Srpska verschollen.

Rohdes Eskapade komplizierte unsere Arbeit beträchtlich. Obwohl er privat unterwegs war und bewußt große Risiken auf sich genommen hatte – eine Reise ohne Papiere und Genehmigung, und offenbar ohne seine Redakteure ausreichend informiert zu haben –, konnten wir es uns nicht leisten, sein Schicksal zu ignorieren. Ich erklärte Milošević, daß wir die Verhandlungen zwar wie geplant fortsetzen würden, daß es aber in Dayton zu keinem Abkommen kommen werde, solange Rohde nicht unverletzt gefunden wurde.

Milošević war erstaunt. »Das würden Sie für einen Journalisten tun?«, fragte er ungläubig. »Ja«, antwortete ich, »uns bleibt keine andere Wahl.« Das war der Startschuß für eine dramatische Nebenhandlung.

*

Die bosnischen Serben. Zur gemeinsamen Delegation der Bundesrepublik Jugoslawien und Pales gehörten Momčilo Krajišnik, Nikola Koljević und General Zdravko Tolimir, ein hochrangiger Stellvertreter General Mladićs. Milošević hatte die bosnischen Serben in das Obergeschoß der serbischen Unterkünfte verbannt und behandelte sie äußerst geringschätzig. Sein Verhalten stand in deutlichem Gegensatz zu der Art, wie er mit Momir Bulatović umging. Um zu zeigen, daß die Bundesrepublik Jugoslawien nicht nur aus Serbien bestand, nahm Milošević den leutseligen und zurückhaltenden Präsidenten Montenegros häufig mit zu Besprechungen.

Am 2. und 3. November traf sich Jim Pardew mit Krajišnik und seinen Kollegen zu einer Reihe von Sondierungsgesprächen, die zwar nicht sehr produktiv, aber äußerst aufschlußreich verliefen. Krajišnik, ein unbelehrbarer Gegner eines gemeinsamen Staates, schlug vor, daß Sarajevo aufgeteilt und der Flughafen verlegt werden sollte, damit sein bisheriger Standort in ein neues serbisches Innenstadtgebiet umgewandelt werden konnte. Nach fünf Stunden erklärte ihnen Pardew, daß ihre Vorstellungen völlig unrealistisch seien, und ging.

Von da an waren die bosnischen Serben in Dayton im Grunde genommen isoliert. Finster vor sich hin brütend, standen sie am Rande der Konferenz, aßen allein in Packy's Bar und vermieden den Kontakt zu den anderen Delegationen. Die einzigen, mit denen sie versuchten, ins Gespräch zu kommen, waren Carl Bildt und Wesley Clark, die sie für zugänglicher hielten. Nach wenigen Tagen begann Krajišnik, uns wütende Briefe zu schreiben, in denen er sich danach erkundigte, was vorgehe. Ich zeigte sie Milošević mit der Bemerkung, wie merkwürdig es doch sei, von Mitgliedern seiner Delegation Schreiben zu bekommen, in denen *wir* gefragt wurden, was vor sich gehe. Milošević nahm die Briefe, zerknüllte sie ungelesen und warf sie dann demonstrativ in den Papierkorb. »Achten Sie nicht auf diese Idioten«, erklärte er. »Ich werde dafür sorgen, daß sie am Ende das Abkommen akzeptieren.«

*

Das Abendessen im Museum. Wir suchten ständig nach Möglichkeiten, die Barrieren des Hasses und gegenseitigen Mißtrauens zwischen den Delegationen abzubauen. Der ambitionierteste Versuch fand am Abend des dritten Tages statt: Ein Abendessen für alle Konferenzteilnehmer im Wright-Patterson Air Force Museum.

Wir hatten den Ort mit Bedacht ausgewählt. Der Luftwaffenstützpunkt Wright-Patterson verfügt über das größte militärische Luftfahrtmuseum der Welt mit einer Sammlung, die die ganze Geschichte der Luftfahrt von der Zeit vor den Gebrüdern Wright bis zur Cruise Missile abdeckt. Ein Hangar reiht sich an den anderen, und in jedem sind

Flugzeuge von unschätzbarem Wert ausgestellt. Vor dem Essen gingen die Delegationen zusammen mit Museumsführern eine Stunde lang durch die Ausstellung. Izetbegović zeigte nur geringes Interesse, doch die anderen waren von dieser kurzweiligen Abwechslung fasziniert. Sichtlich bewegt zog mich Wolfgang Ischinger vor einer Messerschmitt beiseite. »Genau so ein Flugzeug hat mein Vater im Krieg geflogen.« sagte er leise. »Ich habe es noch nie gesehen.«

Jacques Blot war nirgends zu entdecken. Als Rosemarie Pauli bei der französischen Delegation anrief und sich nach seinem Verbleib erkundigte, erfuhr sie, daß er das Essen boykottierte. Die Sicherheitsposten am Eingang von Wright-Patterson hatten den Wagen des Franzosen angehalten und Blot genötigt, auszusteigen. Dann hatten sie ihn einmal um das Dienstgebäude laufen lassen und ihn mit Spürhunden auf Sprengstoff untersucht.

Wir machten diesem Übereifer am nächsten Tag ein Ende und stellten sicher, daß alle Konferenzteilnehmern mit Respekt behandelt wurden und ungestört die Tore passieren durften. Allerdings kam das zu spät, um Jacques Blots verletzten Stolz zu besänftigen. Noch vom Museum aus rief ich an, entschuldigte mich für den bedauerlichen Zwischenfall und versicherte ihm, so etwas werde nie wieder vorkommen. Er entgegnete mir wütend, daß meine Entschuldigung nicht ausreiche. Die Beleidigung gelte nicht nur ihm, sondern »ganz Frankreich«. Er werde nicht zu unserem Abendessen kommen – vielmehr werde er in Washington offiziell Protest einlegen und eine Rückkehr nach Paris in Erwägung ziehen. »Ich lasse mich nicht beschnüffeln«, verkündete er.

Ich sprach ihm nochmals mein tiefstes Bedauern aus und bat ihn, zu dem Essen zu kommen. Er lehnte erneut ab. Als ich ihm anbot, meinen Wagen zu schicken, willigte er schließlich zögernd ein und erschien schlecht gelaunt zum Essen. Igor Iwanow lachte nur, als er hörte, was passiert war: »Blot sollte sich nicht beschweren, bevor er nicht einmal vor dem Kreml durchsucht worden ist. Früher haben sie das dort mit uns jeden Tag gemacht.« Doch Blot blieb verstimmt und war, irritiert durch weitere echte oder eingebildete Beleidigungen während der folgenden Tage, auch die restliche Konferenz über mißgelaunt.

*

Wir kamen in den letzten Hangar – dem größten des Museums –, der ein ganzes Arsenal moderner Kriegsflugzeuge und Raketen beherbergte. Unter der Tragfläche einer riesigen B-2, die an der Decke hing, waren Tische aufgestellt worden. An einer Wand des Hangars war zufällig ein Ausstellungsstück angebracht, das Milošević besonders faszinierte – eine Tomahawk Cruise Missile. Hill und Kerrick gingen mit ihm und einigen bosnischen Serben zu dem Marschflugkörper, der die Serben in Westbosnien so beeindruckt hatte. Ehrfürchtig betrachteten sie die nur knapp sechs Meter lange Rakete. »Ein so großer Schaden von einem so kleinen Ding«, meinte Milošević fast sehnsüchtig.

Wir plazierten Kati, die zusammen mit einigen anderen der Ehefrauen übers Wochenende nach Dayton gekommen war, zwischen Milošević und Izetbegović. Bildt und ich saßen jeweils auf der anderen Seite der beiden Präsidenten. Uns gegenüber nahmen der kroatische Außenminister Mate Granić, der Tudjman vertrat, sowie der immer noch verstimmte Jacques Blot und Haris Silajdzic Platz .

Die Kapelle des Luftwaffenstützpunkts gab Songs aus dem Zweiten Weltkrieg im Stil von Glenn Miller zum besten, und drei weibliche Sergeanten traten als die Andrews Sisters auf. Als sie »Boogie Woogie Bugle Boy from Company B« sangen, stimmte Milošević mit ein. Izetbegović saß verdrießlich dabei. Die Szene hatte etwas Surreales: Die Kriegsflugzeuge und Cruise Missiles, Glenn Miller und der Auftritt der schwarzen Andrews Sisters, meine Frau, die zwischen Izetbegović und Milošević saß.

Der bizarre Eindruck verstärkte sich noch, als wir versuchten, Izetbegović und Milošević in ein gemeinsames Gespräch zu verwickeln. Um das Eis zu brechen, erzählte Kati Milošević, daß sie 1980 für ABC über Titos Begräbnis in Belgrad berichtet hätte. Während ihrer Jugend in Ungarn zur Zeit des Kalten Krieges, fuhr sie fort, habe Jugoslawien für sie immer die beste Seite des multiethnischen Sozialismus symbolisiert. »Wir haben Jugoslawien immer so bewundert«, sagte sie. »Was ist nur daraus geworden?« Milošević zuckte mit den Schultern, als ob er nur ein passives Opfer der Ereignisse sei.

Kati fragte Izetbegović, wie er und Milošević sich zum ersten Mal begegnet seien. Bisher hatten die beiden ein direktes Gespräch vermieden, doch diese Frage löste einen gegenseitigen Austausch aus. »Alija, ich erinnere mich, wie ich zum ersten Mal in Ihr Büro in Sarajevo kam«, meinte Milošević. »Sie saßen auf einem grünen – einem islamgrünen – Sofa.« Izetbegović nickte und sagte, er erinnere sich noch gut an diese Begegnung. »Sie waren sehr mutig, Alija«, erklärte

Milošević in einem Versuch, den Mann für sich zu gewinnen, den er bisher zu vernichten versucht hatte. Izetbegović mied Miloševics Blick, doch der serbische Präsident ließ sich davon nicht abschrecken.

»Wie kam es zum Krieg?« fragte Kati. »War Ihnen bewußt, daß Ihre anfänglichen Meinungsverschiedenheiten zu diesem schrecklichen Konflikt führen würden?«

»Ich dachte nicht, daß es so schlimm kommen würde«, sagte Izetbegović. Milošević nickte zustimmend und ergänzte: »Ich hätte nie gedacht, daß der Krieg sich so lange hinziehen würde.«

Es war ein bemerkenswertes Gespräch. Beide schützten Überraschung über die Dimension des Konfliktes, den sie entfesselt hatten, vor. Dennoch hatte sich keiner von ihnen ernstlich bemüht, den Krieg zu beenden, bis sie von den USA dazu gezwungen wurden.

Tag Vier: Samstag, 4. November

Am ersten Samstag wollten mehrere der Konferenzteilnehmer eine Pause einlegen und sich entspannen. Sacirbey nahm Izetbegović mit zu einem Football-Spiel zwischen der Universität Louisville und seiner Alma mater Tulane. Ich bat Sacirbey mehrmals, darauf zu verzichten, da mir ein Football-Spiel nicht sonderlich gut zu einer ernsthaften Friedenskonferenz zu passen schien. Außerdem war ich besorgt über die zusätzliche Belastung, die eine dreistündige Autofahrt und die eisige Kälte und der Regen im Stadion für den ohnehin schon angeschlagenen Izetbegović bedeuten mußte. Aber Sacirbey bestand auf dem Ausflug, und Izetbegović kommentierte meine Einwände mit einem Schulterzucken und seinem üblichen verdrießlichen Gesichtsausdruck. Bei seiner Rückkehr fragte ich ihn, wer gewonnen habe. »Ich weiß nicht«, gab er zur Antwort, »ich glaube, die Leute in den roten Trikots.« (Tatsächlich hatte Louisville – die Mannschaft in rot – Tulane geschlagen.)

*

David Rohde. Aufgrund der Abwesenheit Izetbegovićs und Tudjmans schlugen wir an diesem Nachmittag ein geruhsameres Tempo an. In der Hoffnung, die Feindseligkeiten etwas abbauen zu können, organisierten wir für die Delegationen ein Fußballspiel und eine Kegelrunde. Für mich jedoch stand an diesem Nachmittag der Fall David Rohde im Vordergrund. Wir erhielten die Nachricht, daß er definitiv noch am Leben sei und in der bosnisch-serbischen Stadt Bijeljina im Nordwesten des Landes festgehalten werde. Die bosnischen Serben warfen Rohde vor, er habe sich illegal auf bosnisch-serbischem Gebiet aufgehalten und seine Ausweispapiere gefälscht, und drohten, ihn als Spion zu verurteilen. Walter Andrusyszyn, ein Angehöriger der US-Botschaft in Sarajevo, war auf eigene Gefahr über 150 Kilometer durch einen schweren Schneesturm nach Bijeljina gefahren und hatte die Erlaubnis erhalten, sich mit Rohde im Gefängnis zu unterhalten. Seit Ausbruch des Krieges hatte sich kein Botschaftsmitglied so tief in das Gebiet der bosnischen Serben vorgewagt. Beim Anblick Andrusyszyns verlor Rohde die Fassung. Sein körperlicher Zustand war den Umständen entsprechend gut, doch er machte sich große Sorgen, daß man ihn als Spion verurteilen würde.

Entgegen unserer Regel, keinen Kontakt zu Journalisten aufzunehmen, nahm ich ein Gespräch von Ted Koppel entgegen, der auf ABC das bekannte Politmagazin »Nightline« moderiert. Koppel sagte mir, daß Rohde für ihn gearbeitet habe und drängte mich, seinem Fall oberste Priorität einzuräumen. Anschließend sprachen Menzies und ich mit zehn Familienangehörigen Rohdes und zwei seiner Kollegen vom *Christian Science Monitor,* die nach Dayton gekommen waren, um sich für Rohde einzusetzen. Menzies und Nikola Koljević, der eine Möglichkeit witterte, sich bei den Amerikanern beliebt zu machen, hatten schon einige Zeit mit ihnen verbracht. Als wir zu der Runde dazustießen, befand sich der Shakespeare-Liebhaber und ehemalige Literaturprofessor gerade auf einem rhetorischen Höhenflug, der wie in Genf von seiner tiefen Liebe zu Amerika und seiner Hoffnung auf einen baldigen Frieden handelte. Rohdes Verwandte hatten keine Ahnung, daß Koljević, der allgemein als Trinker und Stichwortgeber Miloševics galt, über keinerlei Einfluß auf die Leute verfügte, die David Rohde festhielten.

Nachdem wir Koljević zum Gehen aufgefordert hatten, kam es zu einer sehr bewegenden Begegnung mit Rohdes Verwandten, die mir sofort sympathisch waren. Die meisten von ihnen stammten aus Maine und waren auf eigene Kosten nach Dayton gekommen, um jedem zu zeigen, daß sie David nicht allein ließen. Ich sagte ihnen, daß wir bereit seien, in Davids Interesse die Verhandlungen aufzuhalten und keine endgültige Vereinbarung bekanntzugeben, solange er sich in serbischer Gefangenschaft befand.

Zunächst wußten Rohdes Verwandte und seine Kollegen, darunter auch Clayton Jones, der für Außenpolitik zuständige Redakteur des *Christian Science Monitor,* nicht so recht, ob sie unseren Zusagen glauben sollten. Jones bat, ihn mit Koljević über die Bedingungen für Rohdes Freilassung verhandeln zu lassen, was definitiv keine gute Idee war. Rohde wäre damit zu einem Unterpfand bei den Friedens-verhandlungen geworden, und das hätte seine Gefangenschaft nur ver-längert. Die größte Chance für eine baldige Freilassung bestand darin, weiterhin zu betonen, daß es ohne eine Freilassung Rohdes kein Ab-kommen geben werde. Wir würden nicht über Rohdes Freilassung verhandeln, wir würden sie einfach verlangen. Ich sagte, ich sei sicher, daß er, wenn wir nicht nachgeben würden, bald freigelassen werde. Zwei seiner Verwandten warfen uns vor, nicht genug zu tun, doch die anderen Anwesenden wirkten verständnisvoller. Beim Abschiedneh-men gewann ich den Eindruck, daß sie ein wenig Hoffnung geschöpft hatten.

Während Izetbegović sich auf dem Rückweg von Louisville befand, aßen wir als Gäste von Chris Spiro im Offizierskasino zu Abend. Spi-ro, ein Amerikaner und Mitglied von Miloševics Delegation, war Vor-sitzender der Demokratischen Partei in New Hampshire. Nachdem er Jimmy Carter bei dem Präsidentschaftswahlkampf 1976 unterstützt hatte, war er später als Carters Vermittler zu Serbien aufgetreten und galt inzwischen als Miloševics engster amerikanischer Berater. (Au-ßerdem hatte er im Wahlkampf um den Gouverneursposten in New Hampshire gegen John Sununu kandidiert, allerdings ohne Erfolg.) Daß der jugoslawischen Delegation ein Amerikaner angehörte, behag-te mir nicht, war aber nicht verboten, und Spiro, der uns immer wieder gerne darauf hinwies, daß wir »nicht den blassesten Schimmer vom Balkan« hätten, richtete keinen offensichtlichen Schaden an.

Bevor wir uns zu einem hervorragenden Abendessen mit Hummer niederließen, den Spiro extra aus Maine hatte einfliegen lassen, trieb Kati Milošević in die Enge. In ihrer Eigenschaft als Vorsitzende des US-amerikanischen Komitees zum Schutz der Journalisten warnte sie Milošević, daß er, sollte Rohde nicht freigelassen werden, von sei-ten der Weltpresse heftig unter Feuer genommen werde. Milošević be-hauptete, er wisse weder, wo Rohde sich befinde, noch kenne er irgendwelche Einzelheiten über den Fall. Wie zuvor vereinbart, schaltete ich mich ein und teilte Milošević noch einmal mit, daß es erst ein Abkommen geben könne, wenn Rohde wieder auf freiem Fuß sei. Wenn Milošević klar war, daß das Spiel aus war, brummte und murmelte er vor sich hin. Genau das tat er auch jetzt. »Ich werde wohl überprüfen müssen, was ich tun kann«, sagte er. Ich hob die Dringlichkeit des Falles hervor; Andrusyszyn hatte nach seinem Besuch im Gefängnis berichtet, daß Rohde »ziemlich am Ende« sei und uns gedrängt, ihn so schnell wie möglich rauszuholen.

*

Der Tag endete mit einer tragischen Nachricht: die Ermordung des israelischen Premierministers Itzak Rabin durch einen fanatischen Israeli in Tel Aviv. Rabin war ermordet worden, weil er bereit gewesen war, im Interesse des Friedens im Nahen Osten einen Kompromiß einzugehen. Die Reaktion der drei Präsidenten fiel kühl und ichbezogen aus. Der Anschlag zeige, verkündete jeder einzelne von ihnen, welches persönliche Risiko *sie* für den Frieden auf sich nähmen. Keiner zeigte Trauer um Rabin oder für das israelische Volk, keiner zeigte sich besorgt über den weiteren Verlauf des Friedensprozesses im Nahen Osten. Der einzige, der betroffen wirkte, war der bosnische Botschafter in den USA, Sven Alkalaj, der aus einer alteingesessenen und distinguierten Familie sephardischer Juden in Sarajevo stammte. Als er den Wunsch äußerte, Bosnien bei Rabins Begräbnis zu vertreten, ließ Izetbegović ihn sofort nach Israel abreisen. Der Kontrast zwischen Rabin und den Regierungschefs der drei Balkanstaaten trat in den folgenden Tagen deutlich zutage, während wir im Fernsehen die Trauerfeierlichkeiten verfolgten und gleichzeitig versuchten, eine Lösung für den Balkan zu finden.

Tag Fünf: Sonntag, 5. November

Wir waren entschlossen, den Sonntag nicht als Ruhetag verstreichen zu lassen. Es war Zeit, daß wir unsere Bemühungen verstärkten, und so forderten wir Izetbegović auf, sich allein mit Milošević zu treffen. Der Bosnier erklärte sich mit einem bemerkenswerten Mangel an Begeisterung einverstanden. Aus den Berichten, die wir nach dem Treffen von beiden Seiten erhielten, ging hervor, daß Milošević versucht hatte, Izetbegović davon zu überzeugen, daß sie beide gemeinsame Interessen hätten und vielleicht auf Kosten der bosnischen Serben ein Abkommen schließen könnten. Das Treffen endete zwar ergebnislos, doch Izetbegović erwähnte später gegenüber Chris Hill, er habe das Gefühl, daß Milošević »ernstlich« an einem Friedensschluß in Dayton interessiert sei – ein kleiner, aber bedeutender Fortschritt in Izetbegovićs Denken.

Am selben Tag wandten wir uns Sarajevo zu – dem bosnischen Jerusalem, der geteilten Stadt, in der der Krieg ausgebrochen war. Die bosnischen Muslime waren nie von ihrem Vorhaben abgewichen, eine vereinte Hauptstadt unter ihrer Herrschaft zu schaffen. Obwohl Präsident Clinton dieses Ziel öffentlich unterstützt hatte, schien es unwahrscheinlich, daß wir es in Dayton erreichen konnten. Als Alternative hatten wir das, wie wir es nannten, »District of Columbia«- oder »föderative« Modell entworfen, nach dem Sarajevo weder zur muslimisch-kroatischen Föderation noch zur Republika Srpska gehören sollte. Statt dessen schlugen wir vor, die Stadt zu einer unabhängigen Enklave unter der gemeinsamen Verwaltung aller drei ethnischen Gruppen zu machen, die im Rotationsverfahren abwechselnd den Oberbürgermeister des »Föderativen Distrikts Sarajevo« stellen sollten.

Silajdžić und Sacirbey waren von dieser Idee angetan, auch wenn einige Witze darüber gerissen wurden, wer es wohl zum Marion Barry von Bosnien bringen werde.[3] Obwohl die beiden immer noch auf ein geeintes Sarajevo hofften, erklärten sie, mit unserem föderativen Modell leben zu können, vorausgesetzt, die Muslime stellten entsprechend ihrem Bevölkerungsanteil in allen gemeinsamen Kommissionen die Mehrheit. Ich bat Owen, einen ausführlichen Entwurf für ein autonomes Sarajevo auszuarbeiten.

Zur gleichen Zeit widmeten wir uns dem seit New York immer noch ungelösten Problem bezüglich der Stellung des Präsidiums und des Parlamentes. Izetbegović forderte nach wie vor umfassende Vollmachten für ein direkt gewähltes Präsidium und ein Nationalparlament, wohingegen Milošević auf einem eingeschränkten Mandat ohne direkte Wahlen beharrte. Allerdings hinterließ Milošević bei uns den Eindruck, daß er die Angelegenheit für zweitrangig hielt und er sie später gegen Zugeständnisse in anderen Punkten einhandeln würde.

Tag Sechs: Montag, 6. November

»Wir sind jetzt schon seit sechs Tagen hier. Ihnen mag es in Dayton vielleicht gefallen, aber wir Amerikaner wollen nach Hause. Wir können nicht länger als bis zum 15. November hier bleiben.« Es war der Beginn einer neuen Woche, und ich war allein mit Milošević in seiner Suite.

Wir hatten bislang in keinem der wichtigen Punkte Fortschritte erzielt. In gewisser Weise waren unsere Bemühungen, das Eis zwischen den Teilnehmern zu brechen, zu erfolgreich gewesen. Die Delegierten fühlten sich an Orten wie Packy's All-Sports Bar einfach zu wohl. Im Offizierskasino war für Milošević stets ein Tisch reserviert, er kannte die Namen der meisten Kellner, und er hatte einen im Scherz sogar eingeladen, für ihn in Belgrad zu arbeiten.

Milošević beklagte sich über die Verwirrung bezüglich Ostslawoniens und bemerkte, daß die Gespräche Galbraiths und Stoltenbergs seiner Meinung nach nicht gut verliefen. Damit forderte er uns praktisch auf, in Dayton über Ostslawonien zu verhandeln, ein Angebot, das wir uns nicht entgehen lassen durften. Unter Chris Hills Anleitung verfaßten wir einen Vertragsentwurf, der auf Galbraiths ursprünglichem Text basierte, aber etwas anders formuliert und vereinfacht war. Die Kroaten bestanden darauf, daß das Abkommen jedes Detail für die Rückgabe des Gebietes explizit regelte – angefangen von der Flagge bis hin zu den Briefmarken. Milošević dagegen versuchte die Tatsache herunterzuspielen, daß er bereit war, Ostslawonien aufzugeben, unter anderem, weil er fürchtete, daß ansonsten Serbien von zahllosen Flüchtlingen überschwemmt werden würde. Um die Kluft zu überbrücken, schlug Hill vor, die Verhandlungen über Ostslawonien in den größeren Kontext der kroatisch-jugoslawischen Beziehungen einzubinden, sprich, das Abkommen über Ostslawonien parallel zu einem umfassenderen Abkommen auszuhandeln, das die gegenseitige Anerkennung und Achtung der internationalen Grenzen zum Inhalt hatte, die die Serben bei ihrer Invasion 1991 verletzt hatten. Beide Außenminister in Dayton – Milutinović für Jugoslawien und Granić für Kroatien – zeigten sich mit diesem Vorgehen einverstanden.

Im Hinblick auf Sarajevo bekundeten die Bosnier zunehmend Interesse an unserem »D.C.-Modell«, das Owen, Pardew und Miriam Sapiro auf einen einfachen Zehn-Punkte-Plan verkürzt hatten. Der Plan beinhaltete alle wesentlichen Bestandteile einer funktionsfähigen Lösung – einen Stadtrat, eine rotierende Besetzung des Bürgermeisterpostens, eine gemeinsame Polizei und die lokale Kontrolle im erzieherischen, kulturellen und religiösen Bereich sowie die vollständige Entmilitarisierung des gesamten Stadtgebietes.

Ich bat Miloševic, mit Hill, Owen und mir im Offizierskasino Mittag zu essen. Wir hatten erwartet, daß das »D.C.-Modell« auf Miloševics Zustimmung stoßen würde, doch zu unserer Überraschung lehnte er es entschieden ab. Eine geeinte Stadt, erklärte er, würde ein Maß an Kooperation voraussetzen, das die Beteiligten noch nicht bewiesen hätten. »Diese Leute«, verkündete er, »würden sich gegenseitig wegen der Frage umbringen, wer die Kindertagesstätten leitet.« Er könne das Modell nur in Erwägung ziehen, wenn zwischen den ethnischen Gruppen in Sarajevo absolute politische Gleichheit herrsche. Miloševics Vorschlag kam einem Todesstoß für den Vorschlag gleich, da er die Tatsache ignorierte, daß die Muslime die Bevölkerungsmehrheit in Sarajevo stellten. Ich hatte genug von dem Theater. Ich entriß Miloševic Owens Entwurf und zerriß ihn. »Wenn Ihnen dieser Vorschlag nicht gefällt«, sagte ich und ließ die Papierfetzen in den Aschenbecher fallen, »dann werden wir das damit machen. Aber das ist das Ende. Wir werden auf unsere ursprüngliche Position zurückkehren – ein ungeteiltes Sarajevo unter bosnischer Kontrolle.« Owen, der die ganze Nacht hindurch an dem Entwurf gefeilt hatte, starrte fassungslos auf die zerrissenen Seiten seines Meisterwerkes. Miloševic lachte bloß und sagte, er werde sich die Sache nochmals durch den Kopf gehen lassen.

*

Strobe Talbotts Besuch – und Sanktionen. Bei den Vorbereitungsgesprächen im Oktober hatten wir den Wunsch geäußert, regelmäßig Besuche von leitenden Regierungsmitgliedern aus Washington zu erhalten. Die ersten, die kamen, waren Strobe Talbott und seine Frau Brooke Shearer. Sie wurden von Jan Lodal begleitet, dem obersten Stellvertretenden Staatssekretär für politische Angelegenheiten im Verteidigungsministerium. Anläßlich von Talbotts Visite luden wir die drei Delegationen zu einem Abendessen in den Racquet Club von Dayton ein. Durch die Panoramafenster wies uns Talbott stolz auf die Wahrzeichen seines Geburtsortes hin. Er brachte einen besänftigenden Ton mit nach Dayton und lockerte die Atmosphäre mit ein paar netten Geschichten über Belgrad auf, wo er und seine Frau Brooke zwei Jahre gelebt hatten. Talbott hatte für das *Time Magazine* gearbeitet, Brooke Shearer für den *Christian Science Monitor* und die Londoner *Sunday Times*. Am Haupttisch herrschte eine entspannte und freundschaftliche Atmosphäre. Die beiden Präsidenten, die immer noch die Abwesenheit Tudjmans genossen, erzählten sich Witze – Witze von Izetbegović! – und testeten Brooke Shearers Sprachkenntnisse. Die Stimmung, die mitunter regelrecht ausgelassen war, schuf einen seltenen Moment der Einigkeit.

Der Anlaß für die gute Laune der Anwesenden lag ironischerweise in den wirtschaftlichen Sanktionen begründet. Mit dem harten Balkan-Winter vor der Tür drohte Belgrad eine Energiekrise, und Miloševic hatte dringend darum gebeten, Serbien die Einfuhr einer begrenzten Menge Heizöl zu gestatten. Mehrere humanitäre Organisationen unterstützten Miloševics Bitte und sprachen sich dafür aus, Belgrad 23 000 Tonnen schweren Heizöls importieren zu lassen. Darüber hinaus ersuchte Miloševic den UN-Ausschuß für Sanktionen, zur Finanzierung der Öllieferung eine begrenzte Menge Getreide ausführen zu dürfen sowie um unsere Unterstützung in der Frage der Erdgaslieferungen. Dem Waffenstillstandsabkommen vom Oktober zufolge hätte mit Beginn der Gaszufuhr nach Sarajevo auch die Gaszufuhr nach Belgrad aufgenommen werden müssen, was die Russen mit der Behauptung, der US-Vertreter im UN-Ausschuß für Sanktionen blokkiere einen solchen Schritt, bislang aber noch nicht getan hatten. Miloševics Bitte löste eine neue Runde intensiver Gespräche zwischen Dayton und Washington aus. Leon Fuerth, in Washington immer noch einer der Hauptbefürworter von Sanktionen, kritisierte, daß Miloševics Antrag weit über Belgrads tatsächliche Bedürfnisse hinausging, und rechnete vor, daß das »Getreide-gegen-Öl«-Geschäft Miloševic einen Gewinn zwischen 20 und 80 Millionen Dollar einbringen würde. Allerdings sah auch Fuerth, daß Serbien tatsächlich eine Energiekrise drohte. Nach einer langwierigen Diskussion fanden wir zu einer gemeinsamen Haltung: Wir konnten die Menschen in Belgrad nicht frieren lassen – aber gleichzeitig durften wir den Serben nicht erlauben, eine humanitäre Geste in ein profitables Geschäft umzuwandeln.

Izetbegović und Silajdzic sagten Talbott, daß in dem Abkommen zur Waffenruhe vom 5. Oktober die Erlaubnis für eine »unbegrenzte

Erdgaszufuhr« nach Bosnien und Serbien vorgesehen sei. »Millionen Menschen frieren in beiden Ländern«, erklärte Silajdzic erregt, »nach dem Ende der Kämpfe sollte auch dem ein Ende bereitet werden.« Milošević war sichtlich erleichtert. In Dayton sei es heute vielleicht sonnig gewesen, sagte er, doch in Belgrad lägen die Temperaturen bereits unter Null.

Zum ersten Mal waren Izetbegović und Milošević bei einem Thema ähnlicher Ansicht. So gesehen nicht ganz unverständlich, beendeten wir das Essen in der Hoffnung, daß die positive Atmosphäre des Abends die weiteren Verhandlungen beflügeln würde. Talbott und seine Frau kehrten beeindruckt nach Washington zurück.

Natürlich konnten wir das damals noch nicht wissen, aber das Essen mit Strobe Talbott und Brooke Shearer markierte den Höhepunkt der guten Stimmung in Dayton. Nie wieder herrschte zwischen den verfeindeten Regierungschefs eine so freundschaftliche Atmosphäre, und nie wieder sollten wir so optimistisch sein.

Tag Sieben: Dienstag, 7. November

»Alles läuft gut«, berichtete Don Kerrick am Morgen nach Washington. »Wissen nur nicht, in welche Richtung. Kein Hinweis darauf, daß jemand – Kriegsparteien oder Europäer – Abkommen abschließen will. [Holbrooke] beabsichtigt, Druck heute zu verstärken.«

Beim Treffen unseres Stabes um 8 Uhr morgens waren wir uns einig, daß der gestrige Abend zwar ermutigend verlaufen sei, die Delegationen sich aber anscheinend immer noch allzu wohl in Dayton fühlten. Wir hatten die Hoffnung noch nicht aufgegeben, die Konferenz bis zum Ende der folgenden Woche abzuschließen, hatten allerdings auch keine Ahnung, wie wir das erreichen sollten.

*

Eine schwache Polizei.   Die Europäer hatten selbst mit einigen der Anhänge noch Probleme. Im Zentrum der Auseinandersetzung stand Anhang 11, der sich mit den internationalen Polizeikräften befaßte. Um uns bei den Verhandlungen zu helfen, kam aus Washington Bob Gallucci, der Nordkorea-Beauftragte der US-Regierung. Die Nato lehnte es nach wie vor ab, die Verantwortung für die Verhaftung von

Menschen zu übernehmen. Ich war der Meinung, daß wir diese Verantwortung nicht nur den örtlichen Polizeieinheiten überlassen durften, die in allen drei Landesteilen zu den schlimmsten und extremistischsten Elementen zählten. Meiner Ansicht nach war es daher notwendig, eine starke internationale Polizeitruppe zu schaffen, die befugt war, bei Verstößen gegen das Abkommen Verhaftungen durchzuführen. Die drei Präsidenten hatten nichts dagegen einzuwenden: Da sie sich gegenseitig mißtrauten, waren sie bereit, die Einhaltung des Abkommens durch eine neutrale Macht durchsetzen zu lassen.

Bedauerlicherweise lag das Problem bezüglich des Anhangs 11 bei uns selbst: bei der Nato und den Europäern. Unterstützt von ihren EU-Kollegen, fuhr die britische Kontaktgruppengesandte Pauline Neville-Jones einen kompromißlosen Kurs. Die britische Tradition und die Erfahrungen in Nordirland, erklärte sie, verbieten es London, britischen Polizeikräften die Vollmacht zu Verhaftungen auf fremdem Boden zu erteilen. Die Verbindung zwischen Nordirland und Bosnien war für uns nicht einleuchtend. Die Nato vertrat dieselbe Haltung wie die Vereinten Stabschefs bei den Besprechungen im Weißen Haus Ende Oktober: Sie lehnte es ab, die internationalen Polizeikräfte (IPTF) mit Vollzugsgewalt auszustatten, da sonst das Militär eingreifen müßte, sollte die internationale Polizei in Schwierigkeiten geraten.

Besorgt über die Sackgasse, in die die Gespräche über Anhang 11 geraten waren, rief ich Tom Donilon an und sagte, der einzige Ausweg bestehe in einer einseitigen Erklärung der USA, den Löwenanteil der Kosten für die internationale Polizei zu übernehmen. Mit einer derartigen Selbstverpflichtung im Rücken könnten wir auf starken internationalen Polizeikräften bestehen. Einen Tag später meldete sich Donilon mit schlechten Nachrichten. Er habe die Angelegenheit mit dem Weißen Haus besprochen, aber angesichts der Haushaltskrise – Gingrichs Kampagne hatte ihren Höhepunkt erreicht, die Schließung der meisten Bundeseinrichtungen stand unmittelbar bevor – könnten wir nicht mehr als 50 Millionen Dollar für die IPTF aufbringen, was bedeutete, daß wir keine Möglichkeit hatten, die Regeln festzulegen. Gallucci mußte nachgeben und einer International Police Task Force zustimmen, die aus Beratern und »Kontrolleuren« bestand, ein Begriff, den vor allem die Europäer gern verwendeten und der fast alles bedeuten konnte. Außerdem wurde die internationale Polizeitruppe den Vereinten Nationen unterstellt, eine Abweichung von unserer früheren Entscheidung, die Uno bei der Implementierung nicht miteinzubeziehen. Im abschließenden Entwurf für Anhang 11 war die IPTF für ein »Hilfsprogramm« verantwortlich, das sich auf die folgenden Punkte *beschränkte:*

(a) Die Überwachung, Beobachtung und Inspektion der Tätigkeiten und Einrichtungen zur Durchsetzung von Gesetzen; (b) Unterstützung und Beratung der lokalen Polizeikräfte; (c) die Ausbildung der lokalen Polizeikräfte ...

Artikel V des Anhangs schränkte den Wirkungsgrad der IPTF weiter ein, indem er sie mit einem komplizierten Anrufungssystem ausstattete, das die Ifor nicht miteinbezog:

[Sollten die Parteien] nicht mit der IPTF kooperieren, kann der Kommissar der IPTF den Hohen Repräsentanten bitten, angemessene Maßnahmen zu ergreifen, einschließlich der Unterrichtung der Parteien über die Mißachtungen, die Einberufung der Joint Civilian Commission und die Beratung weiterer Maßnahmen mit der Uno, relevanten Staaten und internationalen Organisationen.

Anhang 11 bereitete mir von Anfang an Kopfzerbrechen. Ich hätte auch ohne die Rückendeckung Washingtons stärker dagegen kämpfen und den Kompromiß der Europäer ablehnen sollen. Wesley Clark, der in diesem Punkt entschieden anderer Meinung war als seine Militärkollegen, erklärte: »Wir lassen eine große Lücke in der bosnischen Nahrungskette.« Die Ereignisse sollten ihm recht geben.

*

Am Nachmittag fuhren Clark, Kerrick, Pardew und ich zum Hauptquartier des Nachrichtendienstes der Air Force und nahmen über ein nichtöffentliches Fernsehsystem an einer zweistündigen Sitzung im Lageraum des Weißen Hauses teil. Milošević war über die andauernden Verzögerungen bei der Genehmigung der Heizöl- und Gasimporte nach Serbien sehr verärgert; er dachte, das Abendessen mit Strobe Talbott hätte das Problem gelöst und bekundete sein Unverständnis dafür, daß wir die Wiederaufnahme der Brennstofflieferungen nach

Belgrad immer noch blockierten. Izetbegović und Silajdzic hatten die Angelegenheit erneut zur Sprache gebracht und waren dabei sogar so weit gegangen, uns im Interesse Belgrads aufzufordern, daß wir unsere »Blockade« gegen Brennstoffimporte nach Serbien im UN-Ausschuß für Sanktionen aufgaben. Kerrick teilte dem Weißen Haus mit, die Situation sei »explosiv«.

Was folgte, war eine überaus denkwürdige Debatte. Zwanzig hochrangige Mitglieder der US-Regierung stritten über die Heizöl- und Erdgasmenge, die Belgrad diesen Winter benötigen würde. Obwohl keiner der im Lageraum Anwesenden ausreichend informiert war, um sich eine eigene Meinung bilden, geschweige denn eine Taktik entwickeln zu können, kam es zu heftigen Auseinandersetzungen. Lake, vergebens bemüht, die Diskussion in geordnete Bahnen zu lenken, schlug aus lauter Frustration seine Stirn auf den Eichentisch. Fuerth empfahl schließlich als Ausweg aus der festgefahrenen Situation, Serbien deutlich weniger Öl und Gas zu genehmigen, als Milošević verlangt hatte. Da alle weiterkommen wollten, stimmten sie seinem Vorschlag zu. Doch nach der Besprechung setzte Lake persönlich die Entscheidung aus, um, wie er sagte, ihre Konsequenzen nochmals zu überdenken.

*

Hilfe vom Fürsten der Finsternis. Nach einer Woche voller Unklarheiten befaßten sich die Bosnier schließlich ausführlich mit Anhang 1 A, der die militärischen Aspekte der Friedensvereinbarung regelte. Was sie sahen, gefiel ihnen nicht. Von ihrem Standpunkt aus betrachtet implizierte der Anhang, daß der Auftrag der Ifor eher darauf hinauslief, eine Teilung Bosniens durchzusetzen, und nicht, einen gemeinsamen Staat zu schaffen.

Damit hatten sie nicht ganz unrecht. Don Kerrick resümierte am späten Abend knapp: »[Sie] werden [Anhang 1A] nicht ohne Veränderungen akzeptieren. Überraschend nur, wie lange die Bosnier brauchten, bis sie [das Problem] erkannten.«

Bei den Verhandlungen über Anhang 1 A ließen sich die Bosnier von einem Mann beraten, der uns wohlbekannt war – dem ehemaligen Staatssekretär im Verteidigungsministerium Richard Perle, der während Reagans Amtszeit von Freunden und Feinden gleichermaßen »Prince of Darkness«, »Fürst der Finsternis«, genannt worden war.

Als man in Washington von Perles Beratertätigkeit für die Bosnier erfuhr, reichten die Reaktionen von leichter Besorgnis (Strobe Talbott) bis hin zu blankem Entsetzen (Tony Lake und viele ehemalige Kollegen Perles aus dem Pentagon).

Richard Perle trat erstmals in den siebziger Jahren als außenpolitischer Berater von Senator Henry »Scoop« Jackson in Erscheinung, einem konservativen Demokraten aus dem Staat Washington. Als Staatssekretär im Verteidigungsministerium in den achtziger Jahren unter Caspar Weinberger war Perle in der Regierung der führende Hardliner auf dem Gebiet der Rüstungskontrolle. Daß Strobe Talbott Perle in seinem 1984 erschienenen Buch *Deadly Gambits* als einen der zentralen Gestalter von Reagans Rüstungskontrollpolitik gefeiert hatte, hatte wesentlich zu seinem Bekanntheitsgrad beigetragen.

Als die Bosnier Perle um Hilfe baten, rief er mich an und fragte, ob ich irgendwelche Einwände gegen seine Anwesenheit in Dayton hätte. Es war eine merkwürdige Situation, und eine, der es nicht an Ironie mangelte: Perle war ein einflußreicher und lautstarker Kritiker von Clintons Bosnienpolitik, die er für viel zu schwach hielt. Erst vor einem Monat hatte er vor einem Ausschuß des Repräsentantenhauses erklärt, die amerikanische Friedensmission in Bosnien habe »völlig falsche Zielsetzungen«. Er trat lautstark dafür ein, den Bosniern ausreichend Waffen und Ausbildung zukommen zu lassen, damit sie sich selbst verteidigen konnten – eine Idee, die sowohl das Pentagon als auch die Europäer entschieden ablehnten. Unser Verhältnis zueinander – wir kannten uns seit über 20 Jahren – war gespannt, da wir politisch und ideologisch normalerweise auf verschiedenen Seiten standen. Zur Überraschung der Presse und vieler Kollegen drängte ich Perle jedoch, sofort nach Dayton zu kommen. »Die Bosnier sind unbedingt auf Ihre Hilfe angewiesen, Richard«, sagte ich. »Sie wissen nicht, wie man ein militärisches Dokument lesen oder interpretieren muß und sind völlig durcheinander.« Perle nahm das nächste Flugzeug nach Dayton und machte sich mit Hilfe von Douglas Feith, einem Rechtsanwalt, der für ihn im Pentagon gearbeitet hatte, sofort daran, den Anhang über die militärischen Aspekte des Abkommens zu analysieren, dessen bürokratische Sprache die Bosnier nicht entschlüsseln konnten. Schon wenige Minuten nach seiner Ankunft in Dayton zog er sich mit den Bosniern hinter verschlossene Türen zurück und erklärte ihnen die wahre, oft versteckte Bedeutung der fachsprachlichen Wendungen im Anhang 1 A.

*

Es war bereits nach Mitternacht, als Pardew, Clark, Kerrick und ich uns allein mit Richard Perle in dem kleinen Besprechungsraum neben meinem Zimmer zusammensetzten. Nach einem Tag ununterbrochener Sitzungen anderer Delegierter lagen überall im Zimmer vertrocknete Pizzareste und leere Diätcoladosen verstreut. Perle hörte sich ungeduldig unsere Bemerkungen an und verkündete dann, daß er den Bosniern raten werde, größtmöglichen Druck auf die Vereinten Stabschefs und die Nato auszuüben, die Rolle der Ifor zu stärken. In seiner derzeitigen Form sei der Anhang 1 A eine »jämmerliche Flucht des Pentagons aus der Verantwortung«. Er hatte bereits bestimmte Veränderungen zur Stärkung der Ifor ausgearbeitet. Ich war mit den meisten einverstanden, doch es war nicht sicher, was wir davon bei den Bürokraten in Washington und der Nato durchsetzen konnten, wo man bereits eine Reihe schwieriger Verhandlungen hinter sich hatte und Perle mit tiefem Mißtrauen begegnete. Im Weißen Haus wurde befürchtet, daß Perle das Pentagon in Mißkredit bringen könnte, weswegen er über einen gewissen Einfluß verfügte, solange er nicht zu weit ging. Ich beabsichtigte, Perles Anwesenheit dazu zu benutzen, den Militäranhang zu verbessern und ihn gleichzeitig davon abzuhalten, die Regierung öffentlich zu kritisieren – ein weiterer Nebenschauplatz der zunehmend komplexen Verhandlungen über das Dayton-Abkommen.

*

Nachdem Perle gegangen war, ließ mir Miloševic ausrichten, daß ich auf seine Suite kommen solle. Als ich eintrat, verkündete er: »Dieses Mal müssen Sie mit mir ein Drink nehmen – Ihr amerikanischer Journalist, Mr. Rohde, wird morgen früh entlassen und über die Grenze geschickt. Das war sehr schwierig.«

Tag Acht: Mittwoch, 8. November

Am anderen Morgen erfuhren wir, daß David Rohde wohlbehalten in Belgrad eingetroffen war. Seine Verwandten, von denen viele in Dayton geblieben waren, waren in Hochstimmung und baten, Milošević ihre Anerkennung aussprechen zu dürfen. Auch Warren Christopher übermittelte Milošević seinen Dank. Es war interessant zu beobachten, wie Milošević die Rohde-Affäre in einen Pluspunkt für sich verwandelte und sich der Öffentlichkeit als Problemlöser und unverzichtbarer Friedensstifter präsentierte.

Präsident Clinton, Christopher und ich telefonierten mit Rohde. Er sagte, er hoffe, die Verhandlungen nicht »vermasselt« zu haben. Ein paar Monate später schickte er mir einen liebenswürdigen handgeschriebenen Dankesbrief aus Tuzla, in dem es abschließend hieß:

Ich möchte mich entschuldigen, wenn meine Verhaftung Ihre Bemühungen in Dayton erschwerte. Ich wollte auf keinen Fall einem Frieden im Wege stehen. Sie haben meinem Fall Vorrang eingeräumt, obwohl Sie es nicht mußten, und dafür danke ich Ihnen. Neulich traf ich hier zwei Bekannte aus der Zeit vor dem Krieg. Der eine sagte mir, ich sei ein Held. Der andere meinte, ich sei ein Dummkopf. Ich glaube, der zweite hat recht. Meine Familie und ich können Ihnen nicht genug danken. Ich hatte sehr, sehr viel Glück.[4]

*

Endlich – die Landkarte.   »Intensive, von den USA geführte Verhandlungen aller Kriegsparteien beginnen Mittwoch« meldete General Kerrick nach Washington. Nachdem wir in der Föderationsfrage Fortschritte erzielt hatten, die Gespräche zur politischen und verfassungsmäßigen Struktur vorangingen und Rohde freigelassen war, dachten wir, es sei an der Zeit, sich mit der schwierigsten Frage zu befassen: der Gebietsaufteilung. Wir beriefen alle drei Parteien in Raum B-29 ein, wo wir an Kartenständern große Landkarten aufgehängt hatten.

Das Treffen geriet zur Katastrophe. Die Hauptdarsteller zusammen vor Landkarten zu versammeln, brachte ihre schlimmsten Seiten zum Vorschein. Milošević nahm zwar teil, aber erst, nachdem er vorhergesagt hatte, daß die Versammlung entweder reine Zeitverschwendung sein oder im Chaos enden werde. Die meiste Zeit über saß er schweigend da und genoß das Schauspiel, das, wie er wußte, seine Position nur stärken konnte. Nach sechs Stunden hatten wir nichts erreicht, sondern waren, wenn überhaupt, zurückgeworfen worden. Kerrick beschrieb die Tortur folgendermaßen:

> In einer Szene, die an den Film »Der Pate« erinnerte, veranstalteten zwei Familien (Don Slobo und die verstoßenen Serben; Don Izzy und die Föderation) einen wirklich bemerkenswerten Landkartenmarathon: trotz stundenlangen hitzigen Austausches absolut nichts erreicht. Erstaunlich: in einem Moment starren und brüllen Beteiligte sich über den Tisch hinweg wutentbrannt an, im nächsten sitzen sie lächelnd und miteinander scherzend bei Erfrischungen. Bosnier präsentierten Vorschlag, beanspruchen 60 Prozent für sich – abgelehnt von Serben. Am Donnerstag werden Serben ihre Landkarte vorstellen. Fortsetzung folgt.

Statt eine »amerikanische Landkarte« vorzulegen, hatten wir jede Seite aufgefordert, zu Beginn einen eigenen Vorschlag zu machen, eine Vorgehensweise, die jedoch nur zur Verstärkung der Differenzen zwischen den Beteiligten beitrug. Die Delegation der Föderation, die aus Muslimen, Kroaten und Serben bestand, war hoffnungslos in sich zerstritten. Izetbegović verlangte ein vereintes Sarajevo. Das hatte er zwar schon oft zuvor getan, allerdings noch nie direkt vor der bosnisch-serbischen Delegation. Seine Forderung führte zu einer der bemerkenswertesten Szenen der gesamten Verhandlungen in Dayton – die aufbrausende Reaktion des ranghöchsten bosnischen Serben in Dayton, des Sprechers der bosnisch-serbischen Abgeordnetenversammlung Momčilo Krajišnik.

Das auffälligste an Krajišnik waren sicherlich seine Augenbrauen, die sich in einer einzigen, ungewöhnlich buschigen Linie über seine Stirn hinzogen und wie eine dunkle Wolke über seinen tiefliegenden Augen hingen. Obwohl Krajišnik nicht vor dem Internationalen Kriegsverbrechertribunal angeklagt worden war – weshalb er in Dayton teilnehmen konnte –, unterschieden sich seine Ansichten kaum von denen seines engen Freundes Radovan Karadžić. Milošević hatte mehrfach darauf hingewiesen, daß Krajišnik »schwieriger« als Karadžić sei, doch wir hatten bislang kaum Gelegenheit gehabt, uns ein eigenes Urteil zu bilden. Als Sprecher der »Nationalversammlung« in Pale hatte Krajišnik zwar an unserem ausgedehnten zwölfstündigen Treffen am 13. und 14. September in der Nähe von Belgrad teilgenommen, damals aber nur wenig gesagt.

Er und Izetbegović kannten sich noch gut von ausgedehnten Sitzungen des bosnischen Parlamentes in der Zeit vor dem Krieg. Krajišnik besaß einen fünf Hektar großen Bauernhof am Stadtrand von Sarajevo, in einem Gebiet, das wahrscheinlich bei jeder Einigung an die Muslime fallen würde. Wir machten oft bittere Witze darüber, daß es bei dem Krieg eigentlich nur um »Krajišniks fünf Hektar« ging.

Kaum hatte Izetbegović ausgesprochen, als Krajišnik auch schon von seinem Stuhl aufsprang und zu dem großen Stadtplan von Sarajevo am Kartenständer vor uns marschierte. »Ich habe mein ganzes Leben lang hier gelebt«, tobte er und schlug dabei mit der Faust auf die Karte ein. »Ich werde nie darauf verzichten. Dieses Land gehört uns. Wir werden es uns nicht wegnehmen lassen.« Wir glaubten gesehen zu haben, daß er dabei auf die Stelle schlug, wo sein Bauernhof lag, waren uns aber nicht sicher.

Es war offensichtlich, daß wir in diesem Kreis keine Fortschritte erzielen konnten, und es war das letzte Mal, daß wir ein Treffen mit so vielen Teilnehmern veranstalteten. Was Krajišnik und seine bosnisch-serbischen Kollegen betraf, waren sie nach diesem Auftritt endgültig Persona non grata in Dayton.

*

Milošević genoß es, uns daran zu erinnern, daß er das Scheitern der Gebietsdiskussion prophezeit hatte. »Ich habe Ihnen doch gesagt, daß Sie diese Idioten aus Pale zu keinem Treffen einladen sollen«, sagte er. Er hatte uns gegenüber des öfteren bemerkt, daß die bosnischen Serben ein besonderer Stamm seien, der sich von den »zivilisierteren« Serben in den Großstädten Serbiens unterscheide. »Sie haben mehr mit den bosnischen Muslimen als mit uns gemeinsam«, erklärte er oft.

*

Steiner berichtete unterdessen von Fortschritten bei den Verhandlungen über eine neue, tragfähige Föderationsstruktur für die muslimisch-kroatische Hälfte Bosniens. Sein Abkommen legte fest, welche Befugnisse der zentralen Regierung zugeschrieben und welche den beiden Teil-Staaten, der Föderation und der Republika Srpska, übertragen werden sollten. Das Abkommen teilte die Zolleinnahmen zwischen der Föderation und den Serben auf und schuf eine neue Struktur für Mostar, von dem wir hofften, es werde einmal die Hauptstadt der Föderation, damit die Zentralregierung in Sarajevo von der Regierung der Föderation klar getrennt war. Dazu luden wir die beiden Bürgermeister von Mostar – der eine Kroate, der andere Muslime – und den couragierten EU-Administrator für Mostar Hans Koschnik, der mehrere Anschläge auf sein Leben überlebt hatte, nach Dayton ein. Tudjman sollte am nächsten Tag nach Dayton zurückkehren, und seine Zustimmung zu dieser Regelung war unbedingt erforderlich. Dann, so hofften wir, könnte Christopher einen Tag später nach Dayton kommen und das Föderationsabkommen verkünden.

*

David Lipton und die Zentralbank. Zu unseren Hauptzielen in Dayton gehörte die Schaffung eines Regelwerks für eine gemeinsame Währung und eine Zentralbank. Als die Europäer erstmals hörten, daß wir für Bosnien eine gemeinsame Währung schaffen wollten, hielten die meisten das für völlig unrealistisch. Im Herbst 1995 wurde im kroatischen Teil der Föderation mit kroatischem Geld bezahlt, in den serbischen Gebieten waren jugoslawische Dinare und eine eigene Währung im Umlauf, und auch die Bosnier hatten ihr eigenes Geld, alles dominiert von der eigentlichen Leitwährung der Region, der deutschen Mark. Aber ein vereintes Land ohne eine gemeinsame Währung und eine Zentralbank wäre von Anfang an eine Farce.

Keiner aus unserem Team – und auch niemand im Außenministerium – kannte sich auf diesem Gebiet so gut aus, daß er über diese Ziele verhandeln konnte. Wir wandten uns an David Lipton, damals Stellvertretender Staatssekretär im Finanzministerium und einer der talentiertesten jungen Regierungsbeamten, mit denen ich jemals zu tun hatte. Lipton, ein ehemaliges Fakultätsmitglied der Harvard University, war ein Experte auf dem Gebiet der Umwandlung kommunistischer Volkswirtschaften in marktwirtschaftliche Systeme. Ich hatte ihn und Dan Fried vom Nationalen Sicherheitsrat im Frühjahr 1995 mit nach Budapest genommen, wo wir die ungarische Regierung davon überzeugen wollten, ein umstrittenes neues Sparprogramm umzusetzen. Ungarische Regierungsmitglieder sagten uns später, daß unsere Besprechungen für Premierminister Gyula Horn den Ausschlag gegeben hätten, das unpopuläre, in der Folgezeit jedoch sehr erfolgreiche Programm durchzusetzen. In Erinnerung an Liptons überzeugende Präsentationen bei dieser Reise fragte ich Finanzminister Robert Rubin und seinen Stellvertreter Larry Summers, ob Lipton nach Dayton kommen könnte. Sie waren einverstanden, und in den letzten zwei Wochen der Verhandlungen kam Lipton viermal nach Dayton und verbrachte insgesamt zehn Tage auf dem Luftwaffenstützpunkt. Lipton wurde ein wichtiges Mitglied unseres Teams. Trotz der sowieso schon beengten Verhältnisse in Wright-Patterson zogen wir ihn auch zu Besprechungen in kleiner Runde hinzu, bei denen normalerweise keine Vertreter des Finanzministeriums anwesend waren. Das Ergebnis war sehr lohnend, und seine Anwesenheit trug wesentlich zu unserem Erfolg bei.

Lipton kam direkt aus Mexico City, wo er die mexikanische Regierung gerade über Maßnahmen zur Stabilisierung des für die US-Wirtschaft weit wichtigeren Peso beriet, nach Dayton. Lipton hatte am nächsten Tag Geburtstag, doch er sagte, er werde die Feier verschieben und uns helfen. »Ich freue mich darauf, mich mit einer Währung zu beschäftigen, die nicht auf einen Vokal endet«, scherzte er. Gleich nach seiner Landung aß er mit Miloševic zu Abend.

Miloševic, der sich gern seiner Erfahrung im Bankwesen rühmte, genoß das Gespräch mit Lipton, sah aber keine Möglichkeit für eine gemeinsame Zentralbank. Seiner Ansicht nach würde es ständig zu Auseinandersetzungen um die Volkszugehörigkeit des Vorsitzenden kommen und darum, wer Kredite bekam und wer nicht. Wir regten an, einen Westeuropäer als Gouverneur der Bank einzusetzen, vorzugsweise einen Franzosen. Lipton schlug außerdem vor, der Zentralbank keine Vollmacht zur Vergabe wertschöpfender Kredite zu verleihen, sondern sie auf die Rolle einer reinen Emissionsbank zu beschränken, die für den Kauf und Verkauf ausländischer Währungen zuständig war. Diese Regelung würde die Föderation daran hindern, über die Vergabe von Krediten eine Inflation auszulösen, die auch die bosnischen Serben betreffen würde. Miloševic, der mit dem Konzept einer Emissionsbank aus den letzten Tagen Jugoslawiens vertraut war, gefiel Liptons Vorschlag. Er schlug mir auf den Rücken und erklärte: »Ich mag diesen Jungen. Die Diplomaten reden Mist, aber dieser Junge macht vernünftige Vorschläge. Er ist ein richtiger Banker. Mit ihm kann ich reden.« Dennoch bezweifelte Milošević, daß die Bosnier zustimmen würden. (Er täuschte sich; nach ein paar Tagen hatte der »Junge« sie von seinem Vorschlag überzeugt.)[5]

Am nächsten Tag traf Lipton sich mit Tudjman und Silajdzic, der mehr von Wirtschaft verstand als die anderen Bosnier. Silajdzic war besessen von dem Gedanken an die Schulden seines Landes bei den internationalen Finanzinstitutionen. Obwohl sich die bosnischen Schulden gerade einmal auf 400 Millionen Dollar beliefen, befürchtete er, daß sie Bosnien nach einer Einigung in Dayton die Kredite kündigen und es wirtschaftlich in den Ruin treiben würden. Lipton versicherte ihm, dazu werde es nicht kommen. Sollte in Dayton ein dauerhafter Friede geschlossen und eine Zentralbank eingerichtet werden, dann könnte Bosnien die alten Schulden problemlos umschulden.

Nichts ist wichtiger für den dauerhaften Frieden im ehemaligen Jugoslawien als der Wiederaufbau der wirtschaftlichen Beziehungen zwischen den verfeindeten Volksgruppen. Kurz vor Beginn der Verhandlungen in Dayton hatte die Weltbank einen Plan über 5 Milliarden Dollar zum wirtschaftlichen Aufbau des ehemaligen Jugoslawien vorgelegt, der darauf abzielte, das Pro-Kopf-Einkommen im Land bis zum Jahr 2000 auf zwei Drittel des Vorkriegsniveaus anzuheben. Die Verhandlungen über das Programm waren natürlich ausgesetzt worden, um die Ergebnisse in Dayton abzuwarten. Sowohl Lipton als auch ich riefen den Weltbankpräsidenten James Wolfensohn an, der versprach, unsere Bemühungen zu unterstützen; seine Vertreterin Christine Wallich war bereits in Wright-Patterson eingetroffen.

*

In der Zwischenzeit verbrachte Perle den Tag damit, zusammen mit den Bosniern eine lange Liste mit Änderungsanträgen zum militärischen Anhang zu erstellen. Die Liste belief sich schließlich auf über hundert Vorschläge, die von kleinen Wortkorrekturen bis zu größeren Änderungen reichten. In einigen Fällen hatte Perle Fehler im Vertragsentwurf gefunden, die uns entgangen waren. An anderen Stellen hatten sich er und die Bosnier, die sich sehr genau an seinen Rat hielten, um wesentliche Veränderungen des Auftrags der Ifor bemüht. Es entbehrte nicht einer gewissen Ironie, daß Perles Änderungsvorschläge den militärischen Anhang wieder dem ursprünglichen Entwurf des Außenministeriums annäherten.

Nach wie vor waren viele hohe Regierungsbeamte in Washington besorgt über Perles Anwesenheit in Dayton. Donilon warnte mich, in Washington sei man übereingekommen, daß die Bosnier Anhang 1 A so akzeptieren müßten, wie er eingebracht worden sei und daß man alle vorgeschlagenen Änderungen ablehnen werde. »Sagen Sie Perle, er soll sich seine verdammten Änderungen sonst wohin stecken«, sagte ein verärgertes Mitglied des Verteidigungsministeriums, als ich ihm mitteilte, was auf das Pentagon zukam. »Lassen Sie uns abwarten, was sie vorschlagen«, antwortete ich. »Wir können nicht alle Änderungen ablehnen, und außerdem sind einige durchaus sinnvoll.«

Nachdem die offizielle Antwort der Bosnier auf den Militäranhang vorlag, reiste Perle am 11. November nach dreitägigem Aufenthalt in Dayton ab. Obwohl er telefonisch mit uns in Kontakt blieb, kehrte er nicht zurück. Als uns am selben Tag der Entwurf mit den Änderungen vorlag, gingen Clark, Kerrick, Pardew und ich jeden Vorschlag sorgfältig durch und versuchten zu entscheiden, wie wir auf der inhaltlichen und politischen Ebene damit verfahren sollten.

*

In Brüssel sahen an diesem Tag der amerikanische Verteidigungsminister William Perry und der russische Verteidigungsminister Pavel Gratschow General George Joulwan und General Leontij Schewzow bei der Unterzeichnung eines Abkommens zu, das die russischen Truppen dem kommandierenden General des künftigen amerikanischen Sektors in Bosnien unterstellte. Wie zuvor vereinbart, trug Joulwan bei der Unterzeichnung des Abkommens die Uniform des kommandierenden Generals der amerikanischen Streitkräfte in Europa, und nicht die des Nato-Oberbefehlshabers. Es war, wie Perry sagte, »ein wirklich historischer Augenblick«. Das Abkommen ermöglichte nicht nur die russische Beteiligung an der multinationalen Friedenstruppe in Bosnien, sondern trug auch viel dazu bei, die ablehnende russische Haltung zur Nato-Erweiterung zu mildern.

*

Jedes Treffen mit Miloševic an diesem Tag endete mit einer Auseinandersetzung über die wirtschaftlichen Sanktionen. »Talbott hat versprochen, daß Sie hinsichtlich der Heizöl- und Gaslieferungen für Belgrad etwas unternehmen«, sagte er ärgerlich. »Warum ist noch nichts passiert?« In dieser Angelegenheit waren sich alle in Dayton einig, und Kerrick verbrachte einen Großteil des Tages mit Telefongesprächen mit Washington und versuchte, Bewegung in die Sache zu bringen. Schließlich verkündete Lake am späten Abend, daß die USA mit der Lieferung einer begrenzten Menge Erdgas und Heizöl nach Belgrad für den Privatverbrauch einverstanden seien.

*

Am späten Abend kehrte Tudjman nach Dayton zurück. Wir hofften, daß seine Anwesenheit uns bei zwei Angelegenheiten zum Durchbruch verhelfen würde, deren sofortige Klärung unbedingt erforderlich war – die Föderation und Ostslawonien. Auf dem Weg vom Rollfeld zu Tudjmans Unterkunft erklärte ich ihm, daß wir, wenn Warren Christopher in zwei Tagen nach Dayton kommen würde, in beiden Punkten eine Einigung vorweisen mußten.

Tag Neun: Donnerstag, 9. November

Der 9. November war einer dieser Tage, an denen trotz intensiver Tätigkeit auf allen Seiten nichts Bemerkenswertes passierte. Wir versuchten Christophers anstehenden Besuch als Druckmittel zu benutzen, um bei allen beteiligten Parteien Zugeständnisse zu erreichen, hatten damit aber nur wenig Erfolg. Bei einem Mittagessen im Offizierskasino reagierte Milošević auf die neue amerikanische Haltung zu den Brennstofflieferungen mit unverhülltem Ärger. Er wies darauf hin, daß die Amerikaner damit selbst hinter dem Vorschlag der Muslime zurückblieben. Gegenüber dem »D.C.-Modell« für Sarajevo verhielt er sich weiterhin ausweichend, weder akzeptierte er es, noch lehnte er es ab. Er versuchte immer noch, ein politisches Gleichgewicht zwischen den ethnischen Gruppen in Sarajevo zu erreichen; ein Vorschlag, den wir ablehnten, da er die Muslime benachteiligen und sie der Gefahr einer serbisch-kroatischen Koalition oder einer Obstruktionspolitik seitens der Serben aussetzen würde. »Wir werden Ihren Vorschlag gegenüber Izetbegović nicht erwähnen«, sagte ich zu Milošević, »da das nur Fragen nach der Aufrichtigkeit Ihrer Haltung provozieren würde.« Somit war in der Sarajevo-Frage kein Fortschritt in Aussicht.

Während des Essens versuchte Milošević an Kerrick als Berufssoldaten zu appellieren. Rabins Begräbnis war jedem noch im Gedächtnis, und vor diesem Hintergrund wechselte Milošević von seiner Rolle als Serbenführer zur Rolle des Mannes, der für den Frieden ein Risiko auf sich nimmt. »General Kerrick«, sagte er, »Sie sind Soldat, und während Amerika sein Prestige riskiert, stehen bei mir buchstäblich mein Kopf und mein Leben auf dem Spiel.« Miloševics Darbietung war zwar beeindruckend, aber nicht viel mehr als bloßes Theater. Trotz häufiger und heftiger Auseinandersetzungen zwischen den beiden kontrollierte Milošević die politische Situation in Belgrad und dominierten die Serben in Pale.

*

Über Nacht verstärkten die Kroaten den Druck und verlegten ihre Truppen näher an die Grenze zu Ostslawonien. Tudjman deutete erneut an, daß er es unter Umständen vorziehen könnte, die Region in einer Militäraktion zu erobern – wie er es vor ein paar Monaten mit den anderen drei Teilen der Krajina gemacht hatte –, statt sich auf einen Handel mit Milošević einzulassen. Da Ostslawonien an der serbischen Grenze lag, konnte Tudjman jedoch über den Ausgang eines Militärschlags nicht sicher sein. Deshalb schlug Tudjman vor, daß amerikanische Truppen und ein amerikanischer Kommandant als Teil einer »Übergangsstreitmacht« die friedliche Rückgabe des Gebiets garantieren sollten.

Die Stationierung von amerikanischen Truppen in Ostslawonien als Bestandteil einer multinationalen Schutztruppe unter Ifor-Kommando schien sinnvoll. Zum einen würde sie die erfolgreiche Durchsetzung eines späteren Abkommens sichern, zum anderen standen dem keine großen logistischen Probleme entgegen: Die Route vom Nato-Bereitstellungsraum in Ungarn zu den geplanten Stützpunkten der amerikanischen Ifor-Einheiten in Zentralbosnien verlief durch Ostslawonien.

Das Pentagon vertrat jedoch einen anderen Standpunkt. Unterstützt vom Nationalen Sicherheitsrat erklärte das Verteidigungsministerium, daß ein Mandat in Kroatien zusätzlich zu dem bereits existierenden Mandat in Bosnien zu unüberwindlichen Problemen mit dem Kongreß führen würde. Das Weiße Haus beschloß umgehend, keine amerikanischen Truppen nach Ostslawonien zu senden, eine Entscheidung, die ich bedauerte; die zusätzlichen Truppen hätten wie in Mazedonien auf ein paar hundert Mann begrenzt werden und dennoch viel bewirken können.

*

Das Tennisspiel. Am späten Nachmittag forderte Tudjman Chris Hill und mich zu einem Doppel in der Tennishalle von Wright-Patterson auf. Tudjman, der für seine 73 Jahre über eine bemerkenswerte Kondition verfügte, ging kein großes Risiko ein; zu seiner Delegation gehörte ein hervorragender Tennisspieler, ein Gynäkologe aus Zagreb. Wir hatten Aufschlag. Gleich beim ersten Ballwechsel schlug Hill einen harten Volley und verfehlte Tudjman, der vorne am Netz stand, nur knapp. Ich ging zu Hill. »Schonen Sie Tudjman; wir brauchen Ostslawonien«, flüsterte ich. Hill, der ein guter Spieler war, nickte. Bei meinem zweiten Aufschlagspiel feuerte Tudjman einen Passierball entlang der Seitenlinie an Chris vorbei. Ich ging wieder zu Hill. »Vergessen Sie Ostslawonien«, sagte ich, »unsere nationale Ehre steht auf dem Spiel. Wir müssen die beiden schlagen.« Wir verloren trotzdem mit 6:2, 6:1, 6:4.

Nach dem Spiel begleiteten wir Tudjman zu einem Essen mit führenden kroatischen Amerikanern aus dem ganzen Land ins Offizierskasino. Am Rande des Essens, das organisiert worden war, um uns zu zeigen, daß die Kroaten in Amerika über bedeutende Unterstützung verfügten,[6] setzten wir unsere Diskussionen über Ostslawonien fort. Die Verhandlungen über Ostslawonien erinnerten mich in vielen Punkten an die Verhandlungen, die zwei Monate zuvor zwischen Athen und Skopje stattgefunden hatten. Die meisten Einzelheiten waren geklärt, doch es fehlte immer noch am politischen Willen, das Problem zu lösen, und ein Anstoß von außen war dringend nötig. Am heftigsten wurde über die Frage diskutiert, wie lange die UN-»Übergangsverwaltung« ihre Tätigkeit in Ostslawonien ausüben sollte. Tudjman bestand immer noch auf einem Zeitraum von einem Jahr, wohingegen Milošević sich auf drei Jahre versteift hatte. Die naheliegende Lösung – ein Kompromiß auf zwei Jahre – wurde von beiden entschieden abgelehnt.

Chris Hill verhandelte bis 3 Uhr morgens mit Außenminister Milutinović und erzielte auf der Grundlage des Galbraith-UN-Papieres einige Fortschritte, obwohl Milutinović wie üblich erklärte, er müsse noch die lokalen Verantwortlichen »konsultieren«. In der Zwischenzeit führten Galbraith und Stoltenberg die Verhandlungen vor Ort weiter.

*

Die Menschenrechte und die Frage der Kriegsverbrechen blieben wichtige Anliegen; das Dayton-Abkommen mußte neben einer politischen Einigung auch diese beiden Punkte berücksichtigen. In dieser Absicht bat ich Milošević, Shattuck auf seiner Mission verstärkt zu unterstützen. Aufgrund dieser Bitte kam es wenige Tage später zu einem denkwürdigen Ereignis: Shattuck, der von Serben angelegte Massengräber inspizieren wollte, wurde von Soldaten von Miloševics militärischer Sondereinsatztruppe nach Banja Luka eskortiert, eine Stadt, die seit mehreren Jahren nicht mehr von einem amerikanischen Regierungsbeamten besucht worden war. Shattucks Reise war auch als Antwort auf den Vorwurf gedacht, daß die USA dem Internationalen Kriegsverbrechertribunal Informationen vorenthielten.

*

Während der ersten neun Tage in Dayton hatten wir nur wenig erreicht. Am späten Abend sprach ich mit Kati über meine Enttäuschung. Ich sagte ihr, daß ich unsere Aussichten auf ein Abkommen für gering hielt. »Es gibt einfach zuviel zu tun und zu wenig Zeit dafür«, sagte ich. »Milošević spielt den Staatsmann, ohne jedoch wirkliche Zugeständnisse zu machen.« Die meisten Gedanken machte ich mir in jener Nacht jedoch über die Bosnier. Ihre internen Streitigkeiten, die zusehends erbitterter wurden, lähmten uns. »In den meisten wichtigen Punkten weigern sie sich, uns verbindliche Antworten zu geben«, erzählte ich. »Die kroatischen, muslimischen und serbischen Angehörigen der bosnischen Delegation schreien sich ständig an. Ohne eine klare Haltung ihrerseits können wir die Verhandlungen unmöglich zu Ende bringen.«

KAPITEL SIEBZEHN

»Frieden in einer Woche«
(10. bis 17. November 1995)

»[Der britische Premierminister] Lloyd George macht einen Versuch, mit den Italienern über den Adria-Vertrag zu einem Einvernehmen zu kommen ... Alles setzt sich um die Karte. Der Eindruck von einem Kuchen, der verteilt werden soll, wird dadurch noch verstärkt. Lloyd George zeigt ihnen, was er vorschlägt. Sie verlangen auch noch Scala Nova. »Oh no!« sagt Lloyd George, »das können Sie nicht haben – es ist ja voller Griechen!«... »Oh, nein«, flüstere ich ihm zu, »da sind nicht viele Griechen.« – »Aber ja doch«, erwidert er, »sehen Sie nicht, daß es hier grün gefärbt ist?« Da merke ich erst, daß er meine Karte für eine cthnographische Karte hält und meint, das Grün bedeute Griechen anstatt Täler, und das Braun Türken, anstatt Gebirge. Lloyd George nimmt diese Berichtigung mit großem Humor auf. Er ist flink wie ein Eisvogel.«

Harold Nicolson, Friedensmacher 1919.

Zehnter Tag: Freitag, 10. November

Christopher und sein Team kehrten am 10. November um 9.30 Uhr auf den Militärstützpunkt Wright-Patterson zurück, um noch am selben Vormittag das neue Abkommen über die Föderation zu verkünden. Kurz vor ihrer Landung teilten uns die bosnischen Kroaten mit, sie würden Steiners Abkommen nicht wie geplant unterzeichnen, da es ihnen nicht genug Einfluß einräume. »Blutdruck steigt« – Kerricks lakonische Wendung umschrieb unsere Reaktion sehr treffend. Einmal mehr war unser Zeitplan über den Haufen geworfen worden, und einmal mehr standen wir vor einem peinlichen Rückschlag.

Christopher und ich gingen sofort zu Tudjman und forderten ihn auf, die bosnischen Kroaten in die Schranken zu weisen. Ohne sich für die Verzögerung zu entschuldigen erklärte Tudjman, das Problem liege nicht in dem Föderationsabkommen selbst, sondern in Izetbegovićs Weigerung, einen der drei Spitzenposten in der *Zentralregierung* – Präsident, Ministerpräsident oder Außenminister – einem Kroaten zu überlassen. Tudjman ging zwar gelegentlich überaus rücksichtslos vor, aber sein Einwand hinsichtlich der Machtverteilung war durchaus berechtigt.

Wir sagten Tudjman, wir würden darauf bestehen, daß einer der drei Führungsposten in der Zentralregierung mit einem Kroaten besetzt wird, wenn er versprach, Steiners Föderationsabkommen zu unterstützen. Tudjman willigte ein, und die Zeremonie wurde für den Nachmittag neu angesetzt. Wir gingen sofort zu den Bosniern und drängten sie, einen Kroaten als Ministerpräsidenten oder Außenminister in der Zentralregierung zu akzeptieren, um das Föderationsabkommen zu retten. Das sei das Wesen der Staatskunst, sagte ich, ein angemessenes Zugeständnis für einen großen Gewinn. Doch dieses Zugeständnis mußte die Spannungen innerhalb des sowieso schon zerrütteten bosnischen Lagers noch weiter verschärfen, da entweder Ministerpräsident Silajdzic oder Außenminister Sacirbey zugunsten eines Kroaten würde verzichten müssen. Sacirbey reagierte sichtlich aufgebracht. Er wußte genau, wenn irgend jemand gehen mußte, dann er und nicht Haris Silajdzic, der über eine politische Machtbasis in Bosnien verfügte.

*

Weniger als eine Stunde vor der öffentlichen Unterzeichnung des Abkommens schickte mir der Präsident der Föderation Kresimir Zubak einen Brief, in dem er feststellte, er werde weder an der Zeremonie teilnehmen noch das Abkommen unterschreiben. Hill und ich gingen sofort zu Tudjman, der den Brief las und dann laut loslachte. »Wenn Zubak nicht unterschreibt«, sagte er, » dann werden wir das eben einen anderen tun lassen.«

»Das genügt nicht«, entgegnete ich. »Zubak muß an der Zeremonie teilnehmen oder als Präsident der Föderation abgesetzt werden. Er kann nicht beides haben. Wir können nicht zulassen, daß er Dayton scheitern läßt.« Wir schickten Hill und Menzies zu Zubak. Als Kroate, dem viele Muslime mißtrauten, fürchtete er, durch das neue Abkommen geschwächt zu werden. Da wir den gewandten und in der Regel höflichen Zubak nicht genug beachtet hatten, teils weil er nicht gut Englisch sprach, teils weil extrovertiertere Bosnier wie Sacirbey und

Silajdzic ihn in den Hintergrund gedrängt hatten, war er mürrisch geworden und hatte sich zurückgezogen. Hill und Menzies meinten, wenn Christopher und ich ein paar Minuten mit Zubak redeten, dann sei das Problem gelöst. Und genauso war es dann auch. Nachdem Christopher eine Viertelstunde mit Zubak gesprochen hatte, sagte der Kroate, geschmeichelt von der persönlichen Aufmerksamkeit des amerikanischen Außenministers, er werde bei der Unterzeichnung anwesend sein.

Die Zeremonie, mit der das neue Föderationsabkommen beschlossen wurde, verlief in einer sehr gespannten Atmosphäre. Wir trafen uns wieder in Raum B-29, und zum ersten Mal seit der Eröffnungszeremonie wurde es der Presse gestattet, den Stützpunkt zu betreten. Izetbegović und Tudjman grüßten sich kaum. (Da die Serben von dem Abkommen nicht betroffen waren, war Milosevic, der sich über den ganzen Vorgang eher lustig machte, nicht anwesend.) Christopher hielt eine dem Anlaß angemessene, optimistische Ansprache. »Das heutige Abkommen wird die Föderation zum Leben erwecken«, verkündete er und betonte, daß es den Aufbau »gemeinsamer politischer und wirtschaftlicher Einrichtungen festlegt, welche die beiden Gemeinschaften vereinen werden«, bevor er fortfuhr:

Das Abkommen verleiht der Föderation die Autorität, die für ein effektives Regieren erforderlich ist. Die Zentralregierung von Bosnien und Herzegowina wird die Befugnisse behalten, die sie benötigt, um die Souveränität des Landes zu wahren, einschließlich der Außenbeziehungen, des Handels und der Währungspolitik. Die meisten anderen Befugnisse, darunter die Polizeigewalt, die Gerichtsbarkeit, die Steuerhoheit und das Gesundheits- sowie das Bildungswesen, werden auf die Föderation übertragen... Das Abkommen sieht eine Aufteilung der Staatseinnahmen und eine gemeinsame Zollverwaltung vor. Die Zollkontrollstellen im Landesinneren, die derzeit noch den Binnenhandel beeinträchtigen, werden aufgelöst. Und schließlich haben sich die Parteien auf eine Wiedervereinigung der Stadt Mostar unter einer einzigen Verwaltung geeinigt.

Natürlich bestand diese eindrucksvolle Übereinkunft nur auf dem Papier. Angesichts der Art und Weise, wie die beiden Delegationen miteinander umgingen, sorgte ich mich um die Lebensfähigkeit der Föderation ebenso sehr wie um die Verhandlungen mit den Serben. Die späteren Ereignisse sollten diese Bedenken bestätigten. Auch zwei Jahre nach Dayton war vieles von dem, was an jenem Tag angekündigt worden war, noch nicht umgesetzt worden, und auch Mostar war noch nicht zur Ruhe gekommen.

*

Ein halber Durchbruch in der Ostslawonienfrage. Miloševic und Tudjman waren sich immer noch uneinig über die Dauer der Übergangsperiode vor einer endgültigen Rückgabe Ostslawoniens an Kroatien – ein eigentlich unbedeutender Punkt, in den sich aber beide verrannt hatten. Als nach drei Gesprächsrunden keiner von den beiden auch nur einen Millimeter nachgegeben hatte, zogen wir uns in unsere Räume zurück und sprachen die uns verbleibenden Optionen durch. Christopher, der in zwei Stunden abreisen mußte, hätte seinen Aufenthalt zwar gerne mit einem Durchbruch abgeschlossen, aber das war, wie es schien, aussichtslos. »Chris, was halten Sie von einer Übergabe in zwei Phasen, in denen jeweils bestimmte, vorab festgelegte Maßnahmen durchgeführt werden?« sagte ich, und fügte, halb im Scherz, hinzu: »Sie sind doch ein hervorragender Anwalt, können Sie sich nicht etwas Kreatives einfallen lassen?«

Christopher stand auf und fing an, sehr schnell etwas auf ein Blatt Papier zu schreiben. Das war eine Seite von Warren Christopher, die man nur noch selten zu sehen bekam: der erfahrene Anwalt beim Verfassen einer Vereinbarung. »Die Übergangsperiode wird auf zwölf Monate festgesetzt«, las er vor, »und kann, auf Beschluß der Übergangsverwaltung, um eine zweite Periode verlängert werden, deren Dauer aber die der ersten nicht überschreiten darf.«

Es war ganz einfach. Christophers Entwurf erwähnte nur den von Tudjman genannten Zeitraum – zwölf Monate –, tatsächlich aber konnte die Übergangsperiode auf bis zu zwei Jahre ausgedehnt werden, womit Miloševic vermutlich leben konnte. Diese Formulierung erlaubte es Tudjman und Miloševic, das Abkommen in ihrem Land unterschiedlich zu präsentieren, während die Frage nach der tatsächlichen Dauer der Übergangsperiode erst in einem Jahr entschieden werden mußte.

Wir rannten fast zu Miloševic, um ihm Christophers Einfall vorzulegen. Ohne zu zögern sagte Milošević, er werde den Vorschlag akzeptieren, falls Tudjman ebenfalls zustimme. »Herr Präsident, lassen Sie uns diese Sache jetzt sofort beschließen«, antwortete ich. »Gehen wir zusammen zu Tudjman und besiegeln die Abmachung, bevor der Außenminister nach Washington abreisen muß.«

»Nein. Lassen Sie mich allein mit Tudjman sprechen. Ich werde mit einer Lösung zu Ihnen kommen«, entgegnete Milošević. Offensichtlich spekulierte er darauf, einen Handel abschließen und selbst den Verdienst dafür einstreichen zu können.

Wir kehrten in mein Zimmer zurück, wo wir zusammen mit dem Rest unseres Teams den Ausgang des Treffens abwarteten. Durch die Fenster von Miloševics Zimmer im Gästehaus der serbischen Delegation konnten wir die beiden Präsidenten sehen: Sie gingen auf und ab, gestikulierten wild und schrien sich anscheinend gegenseitig an. Eine Stunde verstrich. Schließlich sah jemand aus dem Fenster und sagte beinahe ehrfürchtig: »Seht euch das an!«

Der Anblick war in der Tat erstaunlich. Milošević und Tudjman schritten Seite an Seite, beinahe Schulter an Schulter, über den Parkplatz auf unser Gebäude zu. Bis auf Christopher, Hill und mich verschwanden alle rasch aus dem Zimmer. Einen Augenblick später traten die beiden Präsidenten ein und setzten sich uns gegenüber auf ein kleines Sofa. Wie sie da so nebeneinander auf dem Sofa saßen, sahen die beiden Männer fast aus wie zwei Schuljungen, die ihrem Lehrer voller Stolz verkündeten, daß sie ihre Hausaufgaben gemacht hätten. »Wir haben das Problem gelöst, Herr Minister«, begann Milošević. »Wir können Ihrer Formulierung zustimmen. Allerdings benötigen wir ein paar Tage, um das so hinzudrehen, daß es den Anschein hat, als sei die Frage von den lokalen Führern in Ostslawonien entschieden worden.« Tudjman nickte, sagte aber nichts.

Das war mir nicht bindend genug; wenn es noch ein Schlupfloch gab, so hatte die Erfahrung gezeigt, dann würde einer der Beteiligten es mit Sicherheit nutzen. »Entschuldigen Sie«, unterbrach ich ihn, »aber der Außenminister wird am Dienstag auf dem Weg nach Japan hier Zwischenstation machen. Wenn er zurückkommt, muß die Ostslawonienfrage geklärt sein, damit wir uns wieder unserer eigentlichen Aufgabe widmen können.«

Milošević sah Christopher direkt an und sagte: »Wir versprechen Ihnen, daß das Abkommen in 72 Stunden vorliegen wird.« Wieder nickte Tudjman zustimmend. Gleich nach dem Gespräch schickte er einen seiner engsten Mitarbeiter, Hrvoje Sarinić, mit dem Auftrag nach Kroatien zurück, dafür zu sorgen, daß alles nach Plan lief.

*

In Anbetracht der immer zeitaufwendigeren Verhandlungen konnte ich es mir nicht mehr leisten, jeden Vormittag eine Stunde für das tägliche Treffen der Kontaktgruppe zu erübrigen. Je weniger Zeit ich den Europäern widmete, desto verärgerter wurden sie, aber je mehr Zeit ich mit ihnen verbrachte, desto weniger erreichten wir. Da wir die Europäer aber auch nicht ganz vor den Kopf stoßen durften, bat ich John Kornblum, der zusammen mit Christopher eingetroffen war, in Dayton zu bleiben und sich um die Kontaktgruppe und einige andere Aufgaben zu kümmern. Das ließ zwar das Europa-Büro in Washington praktisch führerlos zurück, verschaffte mir aber wesentlich mehr Zeit für die direkten Verhandlungen mit den Präsidenten. Wir hielten Carl Bildt auf dem laufenden über unsere Aktivitäten und überließen es ihm, die anderen Europäer zu informieren. Uns war zwar bewußt, daß einige Europäer ziemlich verstimmt sein würden, aber daran konnten wir wenig ändern.

*

Christophers Kurzbesuch lehrte uns eins: Er sollte nur dann nach Dayton kommen, wenn ein Problem kurz vor seiner Lösung stand und er es mit seinem Gewicht und Einfluß zum Abschluß bringen konnte. In einer Zusammenfassung des Tages wies General Kerrick auf ein zyklisches Muster in unseren Stimmungsschwankungen hin, die er im Scherz »unmittelbar mit dem Auf und Ab des Potomac Rivers« in Verbindung brachte. »Alle zwölf Stunden bei Ebbe [sind wir] sicher, daß wir scheitern werden«, schrieb er, »aber nur, um bei der nächsten Flut wieder einen Erfolg für unausweichlich zu halten.«

Am späten Abend rief ich Kati an und sagte ihr, daß die folgende Woche vermutlich die Entscheidung bringen werde – in dieser oder jener Hinsicht. »Wenn diese Männer Frieden wollen, dann können sie ihn in einer Woche haben«, sagte ich. »Wenn sie keinen wollen, können wir hier noch ein Jahr lang herumsitzen. Wir wollen die Pendeldiplomatie nicht wiederaufnehmen, und wir wollen nicht den Rest unseres Lebens in Dayton verbringen.«

Elfter Tag: Samstag, 11. November

Das Wetter war scheußlich. Den ganzen Tag über fiel Schneeregen, und der heftige Wind ließ es noch kälter erscheinen, als es ohnehin schon war. Nach dem kurzen Marsch von unserem Quartier zu Packys' Bar zitterten wir vor Kälte und waren durchnäßt.

Am späten Vormittag legte Tudjman in der Wright-Patterson-Gedenkstätte einen Kranz für die amerikanischen Kriegsgefallenen nieder. Als einziger der anwesenden Staatschefs hatte er daran gedacht, daß der 11. November ein amerikanischer Staatsfeiertag ist – der Veteranentag oder, für die ältere Generation, die wie Tudjman den elften Tag des elften Monats auf immer als den Tag in Erinnerung behalten wird, an dem der Erste Weltkrieg zu Ende ging, der Waffenstillstandstag. General Clark und ich begleiteten ihn zu der Gedenkstätte, die sich neben dem Nachbau einer Pilotenbaracke aus dem Zweiten Weltkrieg befand. Wir nahmen auf Holzbänken vor einer Tafel Platz, auf der Ziele eines Bombenangriffs von 1945 auf Deutschland markiert waren. Tudjman hielt eine leidenschaftliche Rede, in der er seine eigene Rolle als Kämpfer in der Widerstandsbewegung gegen die Nazis hervorhob. Mit diesem Hinweis auf seine traditionelle antifaschistische Gesinnung wollte er vor allem der internationalen Kritik an der von ihm beschlossenen Rehabilitierung des nazifreundlichen Ustascha-Regimes von 1941–1945 entgegentreten – ein Akt, den er als nationalbewußt ausgab, der von vielen anderen aber als rassistisch und antisemitisch verurteilt wurde. Während der Regen auf das Dach des kleinen Schreins trommelte, filmten kroatische Fernsehteams den Auftritt für das heimische Publikum.

*

Tudjman fühlte sich großartig – er hatte, wie Galbraith es vielleicht genannt hätte, »eines seiner Hochs«. Er saß in seiner Suite und kostete seinen bevorstehenden Triumph in der Ostslawonienfrage aus, der die Befreiung der 1991 im Krieg gegen Serbien verlorenen Gebiete abschloß. Doch was Galbraith, der bei schlechtem Wetter zwischen Zagreb und Ostslawonien hin und her pendelte, nach Hause meldete, war alles andere als beruhigend: die lokalen Machthaber in Ostslawonien hatten von Milošević offenbar noch keine Anweisung erhalten, das Abkommen zu unterzeichnen, und Galbraith warnte, daß die in Dayton besprochene Vereinbarung vor Ort nicht akzeptiert werde. Als Hill und ich uns daraufhin energisch bei Miloševic beschwerten, lachte er uns wegen unseres Kleinmuts aus. Der Handel sei bereits abgeschlossen, erklärte er knapp, und noch am selben Tag kam von Galbraith die telefonische Bestätigung.

Für Miloševic zählte vor allem die Tatsache, daß die Vereinbarung fernab von Dayton durch einen örtlichen Serbenführer unterzeichnet wurde. Miloševic wollte zwar in Dayton den Verdienst für den Durchbruch einheimsen, dabei aber wollte er vor Ort keine sichtbaren Fingerabdrücke hinterlassen. Für Tudjman hingegen stellte die Übereinkunft einen spektakulären Erfolg dar: Ostslawonien kam ohne einen Krieg zurück nach Kroatien. Für uns hieß das, daß wir ohne einen neuerlichen Krieg, der vor wenigen Wochen noch unvermeidlich erschienen war, einen Teil Kroatiens in die Hände seiner rechtmäßigen Besitzer zurückgebracht und darüber hinaus einen Konflikt beigelegt hatten, dessen Lösung eine unerläßliche Voraussetzung für einen umfassenden Frieden war.

Der Hauptnutznießer des Abkommens würde neben den Kroaten die ungarische Minderheit sein, die bis 1991 in dem Gebiet gelebt hatte und nun wieder zurückkehren konnte. Allerdings wäre das Abkommen nicht durchsetzbar gewesen, wenn die Kroaten nicht auch die Rechte der Serben in dem Gebiet garantiert hätten, die fürchteten, nach der Machtübernahme durch Zagreb aus Ostslawonien vertrieben zu werden. Angesichts der brutalen Vorgehensweise, mit der die Kroaten Serben in anderen »befreiten« Gebieten behandelt hatten, war diese Sorge durchaus berechtigt. Das Problem war auch im Mai 1997 noch nicht beigelegt, als die zwischenzeitlich zur US-Außenministerin ernannte Madeleine Albright bei einer Reise in die Region die Regierung Tudjman öffentlich dafür anprangerte, die Rechte der Serben in Ostslawonien und anderen Teilen Kroatiens zu mißachten.

*

Das Abkommen zu Ostslawonien vom 11. November verlieh Dayton nach elf Tagen Stillstand mit einem Schlag Glaubwürdigkeit, und wir hofften, daß dadurch auch die Gespräche über die künftige Landkarte vorankommen würden. Als dann aber die Karten auf den Tisch gelegt wurden, rannten wir wieder gegen eine Wand, genau wie in der sechsstündigen Sitzung zur territorialen Aufteilung drei Tage zuvor. Der

Erfolg in der Ostslawonienfrage brachte keinen neuen Schwung, er übertrug sich nicht auf die Gespräche, und auch die in politischen Fragen erzielten Fortschritte wirkten sich nicht positiv aus.

Mit der Präsentation einer geradezu lächerlichen Karte leitete Milošević den, wie Kerrick es nannte, »Tag der Landkarten« ein. Als ich diese Karte Izetbegović vorlegte, reagierte er sehr heftig, was die Spannungen innerhalb der sowieso schon vor dem Auseinanderbrechen stehenden bosnischen Delegation noch weiter verschärfte. Silajdzic saß in seinem Zimmer zwei Meter weiter und sah zu, wie wir mit den Landkarten kamen und gingen, gesellte sich aber nicht zu uns. Also ging ich nach dem Treffen mit Izetbegović zu ihm.

Der bosnische Ministerpräsident war sichtlich niedergeschlagen. »Was geht hier vor sich?« fragte ich. »Warum nehmen Sie nicht an den Gesprächen teil? Endlich diskutieren wir über die Landkarte, und Sie sind nicht einmal im selben Raum.«

»Sie sehen doch, wie sehr ich in der Klemme stecke!« rief er. »Ich weiß nicht, was hier los ist! Sehen Sie nicht, was für ein furchtbares Durcheinander die da anrichten?« In seiner Stimme schwangen Verzweiflung und kaum verhohlene Wut mit.

»Sie müssen wieder an den Verhandlungstisch kommen, Haris«, sagte ich. »Ihr Land braucht Sie, und wir auch. In 48 Stunden kehrt Außenminister Christopher zurück. Wenn bis dahin kein Fortschritt erzielt worden ist, werde ich ihm empfehlen, die Verhandlungen abzubrechen –«

»Sie auszusetzen oder zu beenden?« fragte Silajdzic, der sich allmählich beruhigte. Das war genau die Frage, über die auch unser Team gesprochen hatte.

»Ich denke, aussetzen. Vielleicht die Pendeldiplomatie wieder aufnehmen. Ich bin mir nicht sicher.«

»Damit erreichen Sie nichts«, erklärte er mit Nachdruck. »Drohen Sie, die Konferenz ein für allemal zu beenden. Dann wird er auf Sie hören.«

Silajdzics Einwand klang vernünftig. Ich ging sofort zu Milošević und sagte ihm, daß wir darüber nachdächten, die Konferenz zu beenden, falls er sich weiterhin weigerte, ernsthaft über die territorialen Fragen zu diskutieren.

»Daran sind die Muslime schuld«, erwiderte Milošević. »Sie sind dickköpfig und dumm. Sie–«

»Darum geht es hier nicht. Wir müssen vorankommen, sonst werden wir die Verhandlungen abbrechen. Die Zeit ist reif für persönliche Gespräche unter vier Augen zwischen Ihnen und den Bosniern. Ich schlage vor, daß Sie mit Silajdzic den Anfang machen. Er ist in seinem Zimmer. Werden Sie sofort mit ihm sprechen?«

Ich ging zurück zu Izetbegović, um sein Einverständnis zu dem Treffen einzuholen. Izetbegović erkannte den Vorteil, der für ihn darin lag, wenn Silajdzic die Verhandlungsführung zu den territorialen Fragen – und damit auch die Risiken – übernahm, und stimmte bereitwillig zu.

Während Silajdzic und ich durch den Schneeregen zum Gebäude der Serben gingen, legte ich ihm den Arm auf die Schulter und sagte: »Haris, das ist womöglich das wichtigste Gespräch Ihres Lebens, und wenn es uns weiterbringt, werden weitere ähnliche Gespräche folgen.« Er nickte stumm. »Ich werde Sie mit Miloševic alleine lassen«, sagte ich, als wir die Tür des Gebäudes erreicht hatten. »Nur noch eins, Haris. Verlieren Sie bitte nicht die Geduld. Bleiben Sie dran. Falls dieses Gespräch ähnlich wie unsere bisherigen Sitzungen mit Miloševic verläuft, wird es womöglich erst dann interessant werden, wenn Sie den Eindruck haben, alles sei schon gelaufen.«

Ich gönnte mir das seltene Vergnügen eines entspannten Abendessens in der Stadt mit einigen Kollegen. Als wir am späten Abend heimkehrten, erfuhren wir, daß Miloševic und Silajdzic über zwei Stunden miteinander gesprochen hatten. Es war zu spät, um vor dem Morgen noch etwas in Erfahrung zu bringen, doch allein schon diese Tatsache erschien mir vielversprechend.

Zwölfter Tag: Sonntag, 12. November

Der Tag begann mit einer längst erwarteten Nachricht aus Kroatien: das vierzehn Punkte umfassende Abkommen zu Ostslawonien war beschlossen. Wegen des Abkommens herrschte in Washington, Zagreb und Westeuropa Hochstimmung, unter den Serben hingegen Resignation. »Ich denke, daß wir den Anfang vom Ende des Krieges im ehemaligen Jugoslawien miterlebt haben«, sagte der unermüdliche Thorvald Stoltenberg, der im Namen der Vereinten Nationen der Unterzeichnung beigewohnt hatte. Präsident Clinton nannte es »einen großen Schritt in Richtung Frieden«.

Der Besuch der Familien. Dieser Sonntag, an dem die Witwen und Kinder von Bob Frasure, Joe Kruzel und Nelson Drew nach Wright-Patterson zu Besuch kamen, wird uns immer als ein besonderer Tag in Erinnerung bleiben. Nicht alle begrüßten den Besuch. Einige meiner Kollegen fürchteten, er werde uns von unserer Hauptaufgabe ablenken und die Familien unnötig quälen. Der erste Einwand war offensichtlich unberechtigt; wir konnten die zusätzliche Bürde problemlos schultern. Und beim zweiten verwies ich darauf, daß es der ausdrückliche Wunsch der drei Frauen war, die Verhandlungen mitzuerleben. Sie wollten besser verstehen, wofür ihre Männer gelebt hatten und wofür sie gestorben waren. Um zu verhindern, daß der Besuch der Familien ausgeschlachtet wurde, erzählten wir fast niemandem davon, und die Presse hat nie darüber berichtet. Es war ein privates Ereignis.

Jan Lodal, der oberste Stellvertretende Staatssekretär im Verteidigungsministerium, der unserem Team schon so oft geholfen hatte, brachte sie in einem Militärflugzeug nach Dayton. General Farrell und ich erwarteten das Flugzeug, das bei stürmischem Seitenwind und eisigen Temperaturen landete. Nach ihrer Ankunft führten wir die Familien – Katharina Frasure, Gail Kruzel, Sandy Drew und die sechs Kinder – in den Raum B-29 und zeigten ihnen, wie der Konferenzsaal eingerichtet war. Die Kinder reagierten unterschiedlich. Ein paar fanden den Besuch ganz aufregend, die anderen blieben bedrückt, unfähig, diesen sterilen Konferenzsaal mit dem Verlust ihrer Väter in Verbindung zu bringen. Nachdem alle Platz genommen hatten, sagte ich:»Ohne Bob, Joe und Nelson wäre diese Konferenz nie zustande gekommen. Sie sind die ganze Zeit bei uns hier in Dayton.« Inmitten der angespannten Auseinandersetzungen mit den drei Delegationen vom Balkan war dies plötzlich ein sehr emotionaler Moment, und ich mußte mich zusammenreißen, um meine Rede zu Ende zu bringen.

Rosemarie Pauli arrangierte separate private Treffen für jede der Familien mit den drei Präsidenten. Am späten Nachmittag gaben wir einen Empfang, an dem die Familien und alle drei Präsidenten teilnahmen. Ich wiederholte meine vorigen Worte, und zum Abschluß erhoben wir uns alle zu einer Schweigeminute. Dann reisten die Familien wieder ab.

»Gebrüll und Wutausbrüche bei Gesprächen über Landkarten«, meldet Kerrick an Lake. Tatsächlich war das noch eine Untertreibung. Silajdzic begann den Tag in einer optimistischen Stimmung. Er meinte, die Sitzung am Vorabend mit Milošević habe wirklich Bewegung in die Verhandlungen gebracht. Uns dagegen legte Milošević eine weitere inakzeptable Landkarte vor, die fünf wichtige Städte in Zentral- und Westbosnien unter serbische Kontrolle stellte. Milošević machte gar die merkwürdige Anregung, wir sollten seine Karte als den amerikanischen Vorschlag präsentieren.

Nach dem Mittagessen mit den Familien legten wir Silajdzic Miloševics Karte vor. Ich warnte ihn, daß ihm das, was er gleich sehen würde, sicher nicht gefallen werde, doch das half wenig. Als Silajdzic die Karte sah, geriet er in Rage. Er gestikulierte heftig mit den Armen, blickte wild im Raum umher, als suche er einen Fluchtweg, und schritt in größter Erregung auf und ab. Schließlich beruhigte er sich wieder, doch seine Reaktion machte mir Sorgen. Er hätte nicht so betroffen sein dürfen, immerhin war das alles nur ein Teil des »Theaters«, das Milošević so gern inszenierte. War das der »Lagerkoller«, vor dem Jimmy Carter und Hal Saunders gewarnt hatten?

Uns war klargeworden, daß jede neue Landkarte, die die Parteien vorlegten, noch weniger akzeptabel sein würde als ihr Vorgänger. Wir mußten am nächsten Tag unsere eigene Karte vorlegen – die lang ersehnte »amerikanische Landkarte«. Wenn wir das nicht taten, würden wir nie vorankommen.

*

Der »Perle-Zusatz«. Obwohl Mitternacht längst vorüber war, nahm der Tag noch kein Ende. Ich kehrte in unser Quartier zurück, wo fast alle noch wach waren und fieberhaft an der Vorbereitung für Christophers Rückkehr am Dienstag arbeiteten. Clark und Pardew entwarfen die erste Landkarte »Made in the USA«, während Chris Hill an den letzten Details des Abkommens zu Ostslawonien feilte und Owen und seine Juristen Wahlgesetze, Verfassungsänderungen und verschiedene Versionen des »D.C.-Modells« für Sarajevo ausarbeiteten. Unterdessen gingen Kornblum und ich die bosnische Antwort auf Anhang 1 A zum Rahmenabkommen durch, den wir der Einfachheit halber »Perle-Zusatz« nannten.

Auch wenn einige Anregungen Perles inakzeptabel oder irrelevant waren, stand es außer Frage, daß seine allgemeine Stoßrichtung auf eine Stärkung der Rolle der Ifor abzielte – etwas, was wir ebenfalls anstrebten. Am Ende faßten wir die 150 Vorschläge Perles zu 50 Punkten zusammen, von denen wir 35 zur Annahme und 15 zur Ablehnung empfahlen. Einige der Vorschläge wichen beträchtlich von der Vorlage ab, aber wenn wir die Zustimmung Washingtons erhalten wollten, mußten wir diese Tatsache herunterspielen. Ich rief Sandy Berger und Strobe Talbott an und betonte, daß es extrem wichtig sei, so viele Änderungen wie möglich anzunehmen. Berger berief eine Sitzung des Deputies Committee auf den nächsten Tag ein, auf der die endgültige Haltung Washingtons formuliert werden sollte.

Zur gleichen Zeit schickten wir das einzige Dokument, das die Russen in Dayton zustande brachten, nach Washington: ihre revidierte Version des militärischen Anhangs. Im Gegensatz zum Perle-Zusatz, der die Rolle der Ifor stärkte, verwässerte der russische Entwurf diese; er verlieh den Vereinten Nationen eine größere Befugnis, beschnitt die Autorität des Ifor-Befehlshabers und beschränkte den Einsatz von Gewalt auf den Selbstschutz. Da die Russen beschlossen hatten, sich dem amerikanischen Oberbefehlshaber zu unterstellen, nicht aber der Ifor beizutreten, konnten wir ihre Vorschläge ohne weiteres ignorieren. Wir überließen das Problem Strobe Talbott und Walter Slocombe und baten sie, sich direkt mit den Russen in Verbindung zu setzen.

Dreizehnter Tag: Montag, 13. November

Wir munterten uns gegenseitig auf und sagten uns immer wieder, daß diese Woche die Entscheidung bringen mußte. Wir stellten fest, daß wir mit unseren dreizehn Verhandlungstagen inzwischen mit Camp David gleichgezogen hatten.

Es war kein guter Tag. Izetbegović und Tudjman zogen sich beide auf ihre Suiten zurück und weigerten sich, einander oder Miloševic zu sehen. Außerdem sprach Izetbegović nicht mehr mit Silajdzic. Somit waren wir wieder bei echten »mittelbaren« Gesprächen angelangt, und jedes Mitglied unseres Teams war unablässig in Bewegung; wir arbeiteten an den Anhängen weiter, diskutierten über territoriale Einzelfragen und verhandelten den Perle-Zusatz mit dem Deputies Committee in Washington.

Clark und Pardew vertraten unsere Delegation in der Telekonferenz mit Sandy Berger und dem Deputies Committee über den militärischen Anhang. Berger leitete die Stellvertreter durch das Dokument, und sie billigten beinahe alle 35 Punkte des Perle-Zusatzes, die wir unterstützt hatten, lehnten jedoch leider den Vorschlag ab, die Begrenzung der Ifor-Mission auf ein Jahr aufzuheben. Ich war der Auffassung, eine solche selbstauferlegte Beschränkung gehöre nicht in das Dayton-Abkommen. Doch das Weiße Haus und das Pentagon überstimmten uns wie schon zuvor in diesem Punkt, weil sie befürchteten, der Kongreß werde ein Abkommen ohne ein klares Zeitlimit für das US-Engagement abweisen. Somit blieb die Beschränkung auf ein Jahr in dem Vertragsentwurf.

Die Deputies lehnten einen weiteren wichtigen Vorschlag Perles ab: die Schaffung eines »Mechanismus« mit dem Auftrag, gegen mutmaßliche Kriegsverbrecher zu ermitteln, »insbesondere gegen alle gegenwärtigen und ehemaligen Soldaten ... [und ihre] Entlastung von solchen Vorwürfen zu überwachen«. Ich hielt dies für eine interessante Idee, die vielleicht etwas nachlässig formuliert, es aber dennoch wert war, näher ausgeführt und in das Schlußdokument von Dayton aufgenommen zu werden. Washington war anderer Ansicht; man hielt das für einen Schritt in Richtung einer schleichenden Eskalation. Aus heutiger Sicht ist es immer noch seltsam und merkwürdig tragisch, daß das Pentagon und die Nato diese und andere Vorschläge so energisch ablehnten, die der Ifor eine größere Autorität in Bosnien verschafft und die Implementierung der Vereinbarungen erheblich erleichtert hätten.

Die übrigen Änderungen brachte Berger problemlos durch das Deputies Committee. Wir konnten nunmehr diesen wichtigen Teil des Dayton-Abkommens, der die Aufgaben der Friedenstruppen definierte und ihr Recht zur Selbstverteidigung festschrieb, in seine endgültige Fassung bringen. Es stand ganz außer Frage: Der militärische Anhang wurde durch Richard Perles Eingreifen deutlich verbessert. Sein Beitrag war so wertvoll, daß ich ihn einige Tage später anrief und ihm vorschlug, noch einmal nach Dayton zu kommen, um die Bosnier in anderen Fragen zu beraten, was er aber wegen Terminschwierigkeiten ablehnte.

Von den zahlreichen Problemen, mit denen wir an diesem Tag zu kämpfen hatten, beunruhigte uns am meisten, daß wir, wie ich am späten Abend des Tages an Christopher schrieb, »enorme Schwierigkeiten« hatten, »die bosnische Regierung zu ernsthaften Verhandlungen zu bringen«. Verzweifelt bemüht, einen Zugang zu der zunehmend auseinanderfallenden Delegation aus Sarajevo zu finden, unternahm ich um die Mittagszeit einen langen Spaziergang mit Silajdzic. Es war immer noch kalt, aber die Sonne war endlich herausgekommen. Während wir in Begleitung der unvermeidlichen Sicherheitsbeamten durch die stillen Straßen des Offizierswohnviertels spazierten, appellierte ich an Silajdzics Sinn für Geschichte, erreichte damit aber wenig. Silajdzic, ein kämpferischer Fürsprecher seiner Nation, war nicht nur auf die Serben und die Kroaten wütend, sondern sah sich auch als wehrloses Opfer einer von Sacirbey inszenierten Verschwörung innerhalb der bosnischen Delegation.

Ich schlug einen anderen Ton an und warnte ihn, daß Christopher einen Abbruch der Gespräche in Erwägung ziehen werde, falls wir keine Fortschritte erzielten. Wir hatten dies schon zuvor angedeutet, doch jetzt fügte ich hinzu, daß es ernste Folgen für seine Regierung haben werde, »falls Sarajevo die Schuld für das Scheitern trage«. Zu den Folgen könne auch eine Aussetzung unseres Plans gehören, die Streitkräfte der Föderation auszurüsten und auszubilden.

Silajdzic reagierte aufgebracht. »Versuchen Sie nie, nie wieder, uns auf diese Weise zu drohen«, sagte er. »Wir werden uns keinem Erpressungsversuch beugen.« In seiner Stimme lag eine beinahe unverhohlene Wut. »Wir drohen Ihnen nicht, Haris«, sagte ich, »wir versuchen lediglich, Ihnen die Situation so zu schildern, wie wir sie sehen. Wir können nicht ewig in Dayton bleiben, und wir kommen bei der Landkarte nicht weiter.«

*

Die Landkarte. Den Rest des Tages verbrachten wir damit, mit den Landkarten unter dem Arm zwischen den einzelnen Delegationen hin- und herzupendeln. In den wesentlichen Streitpunkten erzielten wir keine Fortschritte, auch wenn Milošević einige Gebiete abtrat, die bereits in den Händen der Föderation waren, wie das Tal von Livno, das Sarajevo mit Bihać verbindet. Am Ende des Tages hatten wir ein erstes klares Bild, wo wir in den wichtigsten territorialen Fragen standen:

1. *Sarajevo:* Das »D.C.-Modell« stand immer noch zur Debatte, eine Einigung war aber noch nicht in Sicht.

2. *Brčko und der Posavina-Korridor:* Im ursprünglichen Plan der Kontaktgruppe von 1994 war die Diskussion um Brčko, die umstrittene Stadt an der kroatischen Grenze an der Save, durch einen komplizierten Vorschlag »gelöst« worden, nach dem die Stadt den Muslimen zurückgegeben und der serbisch kontrollierte Posavina-Korridor – die strategisch wichtige Verbindung zwischen der eigentlichen serbischen Republik und dem serbischen Teil Westbosniens – auf eine *dreißig Meter* breite Unterführung unter einer Eisenbahnbrücke begrenzt werden sollte. Dieser Gedanke war von Milošević »akzeptiert« worden, obwohl er genau wußte, daß der Vorschlag unhaltbar war und nie durchgesetzt werden würde. Izetbegović hielt an dieser Vereinbarung fest, während Milošević inzwischen einen breiteren Korridor forderte.

3. *Goražde:* Wir mußten eine verteidigungsfähige Landverbindung zwischen dieser letzten Muslim-Enklave in Ostbosnien und Sarajevo schaffen.

4. *Die Save-Ebene:* Die Save-Ebene ist ein fruchtbarer Landstreifen südlich der kroatischen Grenze, der etwa 3% der gesamten Landfläche Bosniens ausmacht. Nach der Besetzung der Save-Ebene durch die Serben am Anfang des Krieges waren über 135 000 Kroaten aus dem Gebiet vertrieben worden. Wichtig war auch, daß Zubak, der kroatische Präsident der Föderation, aus dieser Gegend stammte.

5. *Srebrenica und Žepa:* Izetbegović ließ keinen Zweifel daran, daß diese beiden Städte in Ostbosnien, die letzten Symbole der ethnischen Säuberung, immer noch auf seiner Liste der Verhandlungspunkte für Dayton standen. Er wußte, daß er sie nicht zurückerhalten würde. Weil aber die Kontaktgruppe sie auf ihrer Karte der Föderation zugesprochen hatte, wollte er ohne entsprechende Gegenleistung nicht auf seinen Anspruch verzichten.

6. *Bosanski Novi:* An dieser Stadt an der internationalen Grenze zu Kroatien hatten die Serben Mitte September den Vormarsch der kroatischen Armee gestoppt. Die Stadt war ein wichtiger Eisenbahnknotenpunkt und von großer Bedeutung für den binnenländischen Güterverkehr in Richtung Afrika.

Auch wenn es noch viele andere umstrittene Gebiete gab, das waren die wichtigsten. Von den sechs Streitpunkten waren Goražde, Sarajevo und Brčko mit Sicherheit die konfliktträchtigsten, wobei wir vermuteten, daß Brčko uns die größten Probleme bereiten würde.

*

»Abschluß oder Abbruch«. Den ganzen Tag über und bis in die Nacht hinein führten das Landkarten-Team und die mit den politischen und verfassungsrechtlichen Fragen befaßten Teams Verhandlungen mit den drei Präsidenten und ihren Beratern. Gegen Mitternacht unternahmen Silajdzic, inzwischen sichtlich besser gelaunt, und ich einen zweiten, kürzeren Spaziergang. »Heute ist der bislang beste Tag gewesen«, sagte er zu meiner Überraschung. »Ein Frieden ist in Sicht.« Silajdzics Euphorie gründete sich auf der Tatsache, daß wir uns inzwischen mit den letzten und schwierigsten Themen befaßten. Angesichts der vielen Schwierigkeiten, auf die wir vor allem in seiner Delegation immer wieder stießen, konnte ich seine Begeisterung nicht teilen.

Nach unserem Spaziergang schickte ich Warren Christopher, der vor seiner Weiterreise nach Japan am nächsten Tag nach Dayton kommen wollte, einen sehr pessimistischen Lagebericht. In meinem ersten schriftlichen Bericht der bisherigen Verhandlungen an Washington legte ich ihm unsere Auffassung dar, daß wir es vorziehen würden, wenn die Gespräche bei einem Scheitern dieser Runde nicht nur ausgesetzt, sondern beendet würden:

Nutzen Sie Ihren ursprünglich als Schlußpunkt geplanten Besuch zu einer klaren Warnung an alle Seiten, ernsthaft auf ein Abkommen hinzuarbeiten, verbunden mit der unmißverständlichen Botschaft, daß wir bei Ihrer Rückkehr aus Japan entweder ein für alle Seiten annehmbares Abkommen ausgehandelt haben oder die Gespräche abbrechen …
Nach zwei Wochen stehen wir ungefähr da, wo wir am achten oder neunten Tag hätten stehen sollen. Vieles ist bereits erreicht worden … aber mit Ausnahme der Wahlen, wo wir merkliche Fortschritte erzielt haben, sind die meisten Kernfragen noch strittig. Am beunruhigendsten ist, daß wir eine Reihe hitziger Diskussionen über die Landkarte geführt haben, in deren Verlauf die Bosnier

ständig ihre Haltung änderten. Während die Bosnier eine Art von Freunden sind, die unsere Geduld auf eine harte Probe stellen, hat Miloševic des öfteren Fakten frei erfunden oder seine Position revidiert, wenn wir meinten, ihn in auf etwas festgenagelt zu haben. Was Tudjman betrifft, so steigt er schnell zum König von Dayton auf...

Sie [Christopher] können der Konferenz mit einer Kombination aus Druck, mahnenden Worten und direktem Eingreifen in einigen Punkten neuen Schwung geben... Alle Seiten wollen Frieden, wissen aber immer noch nicht, wie sie ihn bekommen können. Sie hoffen darauf, daß Sie ihnen helfen, das gegenseitige Morden zu beenden – und wir auch.

Vierzehnter Tag: Dienstag, 14. November

Die Auseinandersetzung in Washington um den Bundeshaushalt lag wie ein dunkler Schatten über Dayton. Die meisten bundesstaatlichen Behörden waren geschlossen, ausgenommen blieben nur »lebenswichtige Einrichtungen«. Vor diesem Hintergrund löste die Tatsache, daß ein Abkommen in Dayton die Entsendung von 20 000 amerikanischen Soldaten nach Bosnien mit Kosten in Höhe von schätzungsweise zwei Milliarden Dollar im ersten Jahr nach sich ziehen würde, widersprüchliche Gefühle im Weißen Haus aus. Einerseits sahen alle die Folgen eines Scheiterns der Dayton-Konferenz. Andererseits befürchteten die innenpolitischen Berater des Präsidenten, daß der Kongreß und das amerikanische Volk in Anbetracht der dramatischen Haushaltslage einer Verpflichtung zur Entsendung von Soldaten noch mehr Widerstand entgegensetzen würden. Die Haushaltskrise war auch dafür verantwortlich, daß Christopher nach Japan reisen mußte. Clinton hatte kurzfristig beschlossen, daß es angesichts des Konflikts mit dem Kongreß nicht ratsam sei, an dem Mitte nächster Woche stattfindenden Gipfeltreffen der asiatisch-pazifischen Staatsoberhäupter in Osaka teilzunehmen und angekündigt, sich durch Vizepräsident Gore und Christopher vertreten zu lassen.

Christopher, der am Morgen in Dayton eintraf, begann den Tag wie üblich mit einem detaillierten Briefing im Hope-Center, wo ständig eine Suite für ihn freigehalten wurde. Von da an überquerten er und ich bis Mitternacht unablässig den Parkplatz zwischen den Gebäuden der einzelnen Delegationen, debattierten mit den drei Präsidenten, beschworen sie und drohten und schmeichelten ihnen. Bei jedem Gespräch hoben wir hervor, daß wir, wie ich es in dem Memorandum an Christopher vom Vorabend angesprochen hatte, einen Abbruch der Verhandlungen in Dayton in Erwägung zögen. Christopher ging aber nicht so weit zu sagen, daß das auch das Ende der amerikanischen Friedensinitiative insgesamt bedeutete, da er sich die Möglichkeit offenhalten wollte, zu einer Pendeldiplomatie zurückzukehren oder die Gespräche in Europa wiederaufzunehmen. Ich hatte jedoch den Eindruck, daß nach einem Scheitern in Dayton eine Wiederaufnahme der Pendeldiplomatie nicht viel bringen würde. Einige Leute in Washington meinten zwar, mit einer Verlegung der Gespräche nach Europa hätten die Europäer den Schwarzen Peter in der Hand, wenn die Verhandlungen scheitern würden, aber inzwischen bestand auch im Weißen Haus ein weitgehender Konsens darüber, daß wir Dayton bis zum – notfalls auch bitteren – Ende durchfechten sollten.

Christopher hoffte, seine Anwesenheit werde zu einem Durchbruch in den Verhandlungen um Sarajevo führen. Doch Milošević jonglierte den ganzen Tag mit dem »D.C.-Modell«, legte uns eine unannehmbare Variante des Modells nach der anderen vor. Am Ende des Tages waren wir keinen Millimeter weiter als am Morgen.

Am schwierigsten jedoch gestalteten sich die Treffen mit Izetbegović. In dem letzten Gespräch an diesem Tag versuchten wir, den bosnischen Führer auf einer persönlichen Ebene zu erreichen. Wir erinnerten ihn an die Vorteile, die der Frieden bringen würde, und zählten die wesentlichen Errungenschaften auf, die die Friedensinitiative Bosnien bereits gebracht hatte: die Einstellung der Feindseligkeiten, die Aufhebung der Belagerung von Sarajevo, die teilweise Öffnung von Straßen, die Schäden, die das Nato-Bombardement den Serben zugefügt hatte, das fünf Milliarden Dollar schwere Paket der Weltbank, das dem Land für die Zeit nach einer Friedensregelung in Aussicht gestellt worden war, das Ausrüstungs- und Ausbildungsprogramm für die bosnische Armee. Christopher schloß mit einer für ihn ungewöhnlichen Drohung. »Präsident Clinton hat sehr viel in die Rettung Bosniens investiert«, sagte er. »Aber er wird Ihre Regierung nicht länger unterstützen, wenn Sie sich als Hemmschuh für ein Abkommen in Dayton erweisen.« Izetbegović, der äußerlich von Christophers Worten unbeeindruckt schien, erwiderte nichts.

Am späten Abend flog der Außenminister nach Asien ab, frustriert, daß er einen Tag in Dayton verbracht und nichts erreicht hatte. Christopher schickte Clinton einen gemischten Bericht: »Dayton«, schrieb er, »bietet verlockende Fingerzeige, daß ein Friedensabkommen tatsächlich im Bereich des Möglichen liegt. In guten Momenten ist es möglich, das endgültige Aussehen der Landkarte zu erkennen ... Aber es ist ein sehr zerbrechliches System.« Er äußerte sich zuversichtlich, daß die Unterhändler in seiner Abwesenheit, unter der, wie er es nannte, »aggressiven Schirmherrschaft Holbrookes« die »Fortschritte«, die er während seines Aufenthaltes erzielt habe, ausbauen und zum Abschluß bringen werden. Es sei zwar durchaus möglich, daß dieses optimistische Szenario nicht eintreffe, fügte er hinzu, doch die »Aussichten [sind] so gut, daß eine vorzeitige Rückkehr aus Japan berechtigt erscheint«. Christopher lehnte es immer noch ab, sich zwischen einem Abschluß oder einem Abbruch entscheiden zu müssen. Er sagte dem Präsidenten, falls wir bis Anfang nächster Woche das Abkommen nicht abgeschlossen hätten, dann werde »es vermutlich erforderlich sein, die Verhandlungen auf der bestmöglichen Ausgangsbasis auszusetzen.«

Fünfzehnter Tag: Mittwoch, 15. November

In den territorialen Kernfragen kamen wir nicht voran, aber in einigen anderen Bereichen, zum Beispiel bei den Wahlen, erzielten die Unterhändler Fortschritte. Allerdings war auch dabei ein Punkt noch ungeklärt: Wie und wo sollten die Flüchtlinge wählen? Sollte ihnen das Recht eingeräumt werden, in ihrem Zufluchtsland zu wählen, oder sollte von ihnen verlangt werden, in ihre Heimat zurückzukehren? Und was war überhaupt die Heimat beispielsweise eines bosnischen Muslims, der aus seinem Haus in Banja Luka vertrieben worden war, jetzt in Deutschland lebte und wenig Aussicht hatte, je in die Stadt zurückkehren zu können? Sollte er in Banja Luka wählen oder in einem Gebiet der Föderation, in dem er nie gelebt hatte? Von so komplizierten, aber praktischen Fragen hing der Erfolg von Dayton ab. Während der Verhandlungen über Kambodscha im Jahr 1992 unter Führung der

Vereinten Nationen hatte man das Problem der Wahlbeteiligung der Flüchtlinge erst ganz am Schluß lösen können; wir erwarteten für Dayton ein ähnliches Drama in letzter Minute.

Die Deutschen legten auf diesen Punkt besonderen Wert. Da über 300000 bosnische Flüchtlinge in Deutschland lebten, wollte Bonn die Belastung für das Sozialwesen und den Haushalt durch die Flüchtlinge reduzieren. Andere Länder hatten ähnliche Probleme, allerdings nicht ganz so schwerwiegende. Bonn hatte Wolfgang Ischinger einen klaren Auftrag mit auf den Weg gegeben: dafür zu sorgen, daß ein Friedensabkommen die Flüchtlinge zur Heimkehr ermunterte. Ischinger regte an, nur solchen Flüchtlingen das Wahlrecht zuzugestehen, die zum Zeitpunkt der Wahl ihre Absicht bekundeten, nach Bosnien zurückzukehren. Wir nahmen diesen Vorschlag in den Entwurf auf, obwohl er für Deutschland eindeutig unzureichend war.

Am Spätnachmittag reiste Tudjman mit der Zusage, in wenigen Tagen zurückzukehren, nach Zagreb ab, um die Eröffnungssitzung des neuen kroatischen Parlaments zu leiten. Bei unserem letzten Gespräch vor seinem Abflug bat er nochmals, einen amerikanischen General mit der Leitung der Übergangsverwaltung der Vereinten Nationen in Ostslawonien zu betrauen, und ich versprach, die Bitte energisch zu unterstützen.

Am selben Tag fiel in einem weiteren wichtigen Punkt eine Entscheidung: dem Verhältnis zwischen dem Befehlshaber der Ifor und dem Hohen Repräsentanten – auch wenn es meiner Ansicht nach eine Fehlentscheidung war. Seit Beginn der Verhandlungen hatte General Joulwan Clark und mich mehrmals von seinem Hauptquartier in Belgien aus angerufen und gewarnt, er werde »niemals« eine Vereinbarung akzeptieren, die in irgendeiner Form Kontakte, so unbedeutend sie auch sein mögen, zwischen dem Ifor-Befehlshaber und Bildt institutionalisierten, der für das Amt des ersten Hohen Repräsentanten ausersehen war. Weil General Joulwan als Oberster Befehlshaber der Alliierten Streitkräfte in Europa nicht der militärischen Befehlskette Amerikas unterlag, verfügte er über die Autorität, die »Führung« Washingtons in einem Punkt abzulehnen, der seine eigene Befehlsstruktur betraf. Sein Veto gegen jede Form offizieller Kontakte zwischen den beiden ranghöchsten Personen in Bosnien sollte ein unglückseliges Vermächtnis hinterlassen, wie Pauline Neville-Jones später schrieb:

Entweder hätte dem Hohen Repräsentanten mehr Autorität eingeräumt werden müssen, oder man hätte sich für die zivile Implementierung erheblich weniger anspruchsvolle Ziele stecken sollen ...
Viel Verbitterung war wegen der Rolle aufgekommen, die der ranghöchste UN-Vertreter auf dem Schauplatz spielte, der in manchen
Fällen so weit gegangen war, daß seine Aktivitäten bereits eine zivile Einmischung in die militärische Befehlskette bedeuteten. Vor
diesem Hintergrund sahen sich die US-Unterhändler in Dayton veranlaßt, die Aufnahme eines Gremiums in die Implementierungs-
strukturen abzulehnen, das dem zivilen Verwalter und dem militärischen Befehlshaber als Forum zum Austausch und zur Suche nach
Lösungen für Probleme dienen könnte, die sich über ihre getrenn-
ten Zuständigkeiten hinweg erstreckten ... Der Versuch, die Zusammenarbeit zu fördern, darf nicht damit verwechselt werden, eine
Einmischung zu verhindern.[1]

*

Aufbau und Abbau. An diesem 15. Verhandlungstag fand ein Treffen der Principals im Weißen Haus statt, auf dem die letzten intern
noch offenen Fragen geklärt werden sollten. Clark, Kornblum und
Gallucci nahmen per Videokonferenz an der Sitzung teil. In der Frage,
ob wir die Föderation ausbilden und mit Waffen versorgen oder das
Rüstungsniveau in ganz Bosnien senken sollten – einer der umstrittensten und am schärfsten kritisierten Aspekte unserer Politik –, beschlossen die Principals, beide Strategien zu verfolgen.

Große Probleme bereitete uns die Frage, was mit den verfeindeten
militärischen Streitkräften in Bosnien geschehen sollte. Im Idealfall
hätten die verschiedenen Armeen Bosnien-Herzegowinas drastisch
verkleinert und in einer einzigen Streitkraft unter der Kontrolle der
Zentralregierung zusammengefaßt werden müssen. Die Nato weigerte
sich jedoch, die Durchsetzung einer solchen Politik als Teil ihrer Mission zu übernehmen. Damit war jede Hoffnung zunichte, wie Pauline
Neville-Jones später schrieb, »die Seiten in Dayton auf den Aufbau einer gemeinsamen Armee zu verpflichten.«[2] Uns blieb nichts übrig, als
jedem Teil-Staat innerhalb Bosnien-Herzegowinas das Recht einzuräumen, eigene Streitkräfte zu unterhalten – ein grundlegender Fehler
in der von uns entworfenen Nachkriegsstruktur des Landes, der auf einem Mangel an Willen und Weitblick gründete, angesichts der Be-

– 424 –

schränkungen, die sich die äußeren Mächte selbst auferlegten, jedoch unvermeidlich war.

So tauchte das heftig umstrittene Programm zur Bewaffnung und Ausbildung der bosnischen Muslime wieder auf. Im Gespräch war eine Nachkriegsvariante des ursprünglichen Vorschlags, die Muslime zu bewaffnen, den eine einflußreiche Gruppe von Senatoren unter dem Führer der republikanischen Mehrheit Bob Dole und zwei ranghohen Demokraten befürwortet hatte, Joe Lieberman aus Connecticut und Joe Biden aus Delaware. An diesem Vorschlag, den das Weiße Haus mit der Begründung ablehnte, daß er gegen das Waffenembargo der Vereinten Nationen verstoße, hatte sich damals eine der hitzigsten Debatten der gesamten Kriegszeit entzündet. Als eine Niederlage im Kongreß unausweichlich schien, hatte Präsident Clinton versprochen, daß die Vereinigten Staaten bei einer späteren Friedensregelung federführend an Maßnahmen zur Ausbildung und Ausrüstung der Streitkräfte der Föderation mitwirken werden, damit die Föderation sich selbst verteidigen konnte. Den amerikanischen Militärs gefiel der Gedanke überhaupt nicht, weil sich ihrer Ansicht nach dadurch die Gefahr eines neuen Krieges erhöhte und es ihnen erschwert wurde, bei der zwangsweisen Durchsetzung einer Friedensregelung »unparteiisch« zu bleiben. Sie fürchteten auch, daß ihre Truppen zum Ziel serbischer Vergeltungsschläge würden, falls sich die Vereinigten Staaten an »Equip and Train« (Ausrüsten und Ausbilden), wie das Programm nunmehr hieß, beteiligten. Unsere europäischen Bündnispartner sprachen sich sogar noch vehementer gegen das Programm aus.

Trotz der Zusage des Präsidenten widersetzte sich das Pentagon bei den internen Debatten jeder militärischen Unterstützung für die Föderation. Unter der Führung von Shalikashvili und Slocombe konnten die Militärs auf dem Treffen des Principals Committee am 15. November die Zustimmung zu einer Reihe von Maßnahmen erreichen, die das Programm zwar nicht beendeten, aber die amerikanische Präsenz und Beteiligung daran deutlich begrenzten. Vor allem vereinbarten die Principals, daß die USA im Rahmen des Programms weder Waffen liefern noch personelle Unterstützung leisten wird.

Um die Kluft zwischen uns und dem Pentagon zu überbrücken, fügten wir einen weiteren Anhang hinzu, der auf eine Reduzierung des Rüstungsniveaus auf allen Seiten abzielte – eine Art modifizierter Abrüstungspolitik für Bosnien. Dieser von uns so genannte *Abbau-An-*

hang war wie das »Ausrüsten und Ausbilden«-Programm zum Teil auf Druck des Kongresses zustande gekommen und ging zurück auf Gespräche Ende 1994 zwischen Perry und zwei einflußreichen, gemäßigten Senatoren, dem Demokraten Sam Nunn aus Georgia und dem Republikaner Dick Lugar aus Indiana, die der Regierung geholfen hatten, den Vorstoß von Dole und Lieberman abzuwehren. (Ein interessantes Merkmal der Bosnienpolitik war der Umstand, daß die Debatten im Kongreß nicht entlang von Parteigrenzen verliefen.) Ganz gleich, ob man »Equip and Train« guthieß oder nicht, das Programm »Abbau« war eine gute Idee, ein indirekter Schritt zur Entwaffnung der aufgeblähten Armeen Bosniens – vorausgesetzt, es wurde nicht dazu mißbraucht, die Muslime zu schwächen.

Am Ende beschloß die Regierung nach einer langen Debatte im Principals Committee einen Kompromiß, der viele zunächst verwirrte, aber durchaus Sinn machte: Washington erklärte, den Aufbau *und* den Abbau zu unterstützen – das heißt, ein Ausrüstungs- und Ausbildungsprogramm, ergänzt durch einen Rüstungskontroll-Anhang. Die beiden Programme sollten auf der Grundlage sorgfältig abgestimmter Fristen und eines vorab definierten Kräfteverhältnisses der einzelnen Armeen weitgehend parallel umgesetzt werden.

Folglich fügten wir dem Entwurf für Dayton einen weiteren Anhang hinzu – Anhang 1 B, die »Vereinbarung über die regionale Stabilisierung«, gemeinhin als »Rüstungskontroll«- oder »Abbau«-Anhang bezeichnet. Dieser Anhang verpflichtete alle Seiten, ihre Streitmächte auf ein vom Pentagon festgelegtes Kräfteverhältnis zu reduzieren. Das Konzept legte das Kräfteverhältnis zwischen der Bundesrepublik Jugoslawien, Kroatien und Bosnien auf 5 : 2 : 2 fest, wobei der bosnische Anteil in einem Verhältnis von 2 : 1 zwischen der Föderation und der Republika Srpska aufgeteilt wurde. Diese Machtverteilung sollte die Föderation davor bewahren, jemals wieder von einer serbischen militärischen Übermacht überrannt zu werden. Leider weigerte sich das Pentagon einmal mehr, Anhang 1 B um eine Bestimmung zur Durchsetzung zu ergänzen. Damit wurden einige der schwierigsten Ziele überhaupt – allgemeine Abrüstung, die »Beschränkung militärischer Stationierungen und Übungen« und die »unmittelbare Schaffung militärischer Verbindungsmissionen« – dem (wie absehbar war, fehlenden) guten Willen der Parteien überlassen.

Auf einer Bestimmung beharrte ich trotz des anfänglichen Widerstands aus dem Pentagon: dem »Rückzug von Streitkräften und schwere Waffen in Quartiere/Kasernen«. Das Pentagon hatte jeden Versuch abgewehrt, die zwangsweise Kasernierung in Anhang 1 A und damit in den Zuständigkeitsbereich der Ifor aufzunehmen, erklärte sich nun aber widerstrebend bereit, die Klausel in Anhang 1 B aufzunehmen, was die Kasernierung der Truppen und schwere Waffen zwar zu einem Ziel des Abkommens machte, die Ifor aber von jeder Verantwortung dafür entband. Monate später, als die Ifor vor Ort tätig war, erkannten die Befehlshaber den Wert der Rückzugsbestimmung und befahlen den bosnischen Serben mit Hinweis darauf, daß dies Teil des in Dayton vereinbarten Abkommens sei, die Kasernierung ihrer schweren Waffen. Darauf reagierten die zuvor widerspenstigen bosnischen Serben, und auch wenn die Bestimmung nie hundertprozentig eingehalten wurde, erwies sie sich doch als sehr nützlich.

Vielen Leuten erschienen die beiden Programme – eines zum militärischen *Aufbau* der Föderation, das andere zum *Abbau* der Streitkräfte im Land – widersprüchlich, aber in Bosnien war das der einzig gangbare Weg. Anhang 1 B eröffnete auch im Rahmen des festgelegten 5:2:2-Verhältnisses noch hinreichend Möglichkeiten, die Streitkräfte der Föderation aufzustocken. Und sollten die Serben den Anhang zum Abbau nicht akzeptieren, dann wäre das Ausrüstungs- und Ausbildungsprogramm zur Stärkung der Föderation bereits angelaufen. Als Anfang 1996 der Start von »Equip and Train« unmittelbar bevorstand, betrauten Christopher und ich einen seiner geistigen Väter – und einen der dafür am besten geeigneten Männer – mit seiner Durchführung: Jim Pardew.

*

Dinner mit Haris Silajdzic. Wir waren immer noch besorgt wegen Haris Silajdzic, den Menzies, der ihn gut kannte, als einen »Panther im Käfig« bezeichnete. Seit Izetbegović und Sacirbey ihn von den wichtigen Gesprächen ausgeschlossen hatten, legte der bosnische Ministerpräsident ein zunehmend fatalistisches Verhalten an den Tag. Immer noch auf der Suche nach einem Weg, Silajdzic aufzubauen, lud ich ihn zu einem Dinner ein. Da Silajdzic bei Katis erstem Besuch mehrmals mit ihr über seine Träume für Bosnien und für sich selbst gesprochen hatte, bat ich sie, eigens zu diesem Anlaß nach Dayton zu kommen.

Um das Besondere dieses Abends noch zu unterstreichen, führten wir ihn in das ausgezeichnete französische Restaurant L'Auberge in Dayton. Während des Essens bemühten wir uns, nicht über Detailfragen der Verhandlungen zu sprechen. Statt dessen fragten wir ihn, welche Hoffnungen er hege – persönlich wie politisch, was er für sein Land erreichen wolle, wie er glaube, sich selbst wieder in die Gespräche einschalten zu können, ob er befugt sei, direkt mit Milošević zu verhandeln.

Nach Tagen der Isolation in seiner eigenen Delegation wurde Silajdzic zusehends gelöster und sprach liebevoll von seiner Familie in Istanbul, seinem kleinen Sohn und seiner Zeit als Student in Sarajevo. Als wir jedoch meinten, die Zukunft Bosniens hänge von einem Wiederaufbau der multiethnischen Koexistenz ab, verfiel er wieder in einen abweisenden Pessimismus. Ich nannte Nelson Mandela als einen echten Führer, als einen Mann, der seinen Gefängniswärtern vergeben konnte und bereitwillig die Macht mit denselben Menschen teilte, gegen die er dreißig Jahre lang gekämpft hatte. Die Parallele erschien Silajdzic bedeutungslos. »Sie begreifen nicht«, sagte er düster. »Sie begreifen nicht, was wir durchgemacht haben.«

»Vielleicht begreifen wir tatsächlich *nicht,* was Sie durchgemacht haben«, entgegnete ich, »aber Ihre Regierung und Sie selbst, Haris, haben uns gebeten, ein vereintes Bosnien zu schaffen. Und genau das versuchen wir gerade zu tun. Aber weshalb machen wir uns überhaupt die Mühe, wenn Sie selbst der Ansicht zu sein scheinen, daß das gar nicht möglich ist? Wenn Sie und Izetbegović Ihren Gegnern, Serben wie Kroaten, nicht die Hand reichen, dann werden Sie sich isolieren und scheitern.«

Silajdzic bestritt nicht, daß er und Izetbegović uns gebeten hatten, einen Einheitsstaat auszuhandeln. Statt dessen verwies er wieder einmal auf die Greueltaten von 1992. »Was Sie erreichen wollen, wäre 1992 oder 1993 leichter gewesen«, sagte er, »jetzt ist es möglicherweise zu spät. Wo war die Welt damals? Wo waren die Vereinigten Staaten?«

Noch mehr Tote würden den Toten nicht mehr Ehre machen, sondern nur mehr Tote hervorbringen, sagte ich emphatisch. »Wir wollen die Kriegsverbrecher vor Gericht stellen und lassen uns in diesem Punkt auch auf keinen Kompromiß ein. Aber wenn die Muslime eine Zentralregierung in Bosnien wollen – auf ihren *eigenen* Wunsch hin«, wie ich nochmals unterstrich, »dann müssen Sie eine Möglichkeit für eine Zusammenarbeit mit den Kroaten und Serben finden, so schwer ihnen das auch fallen mag.«

Es war unverkennbar, daß Silajdzic mit seinen Gedanken irgendwo anders, weit weg war. Aber er hatte sich beruhigt, und unsere Argumente hatten, wie sich zeigte, bei ihm etwas in Gang gesetzt. Außerdem vermittelte ihm der Abend den Eindruck, daß er immer noch eine wichtige Rolle spielte.

Sechzehnter Tag: Donnerstag, 16. November

Wie lange konnten wir noch ohne deutliche Fortschritte in den territorialen Kernfragen weitermachen? Als wir um 8.00 Uhr zur Lagebesprechung zusammenkamen, hing diese Frage wie ein Damoklesschwert über uns. Nachdem ich am Vorabend Silajdzic gut zugeredet hatte, beschloß ich, mir als nächstes Milošević vorzunehmen. Kurz nach 10.00 Uhr luden Chris Hill und ich ihn zu einem gemeinsamen Spaziergang ein.

Es war klar, trocken und sehr kalt. In dicke Skijacken und Mäntel gepackt, schritten wir beinahe zwei Stunden lang am Rand des Stützpunktes entlang, in diskretem Abstand gefolgt von Sicherheitsbeamten. Hill und ich teilten Milošević ganz offen mit, daß wir unter Druck standen. Am nächsten Tag würde Außenminister Christopher nach Dayton zurückkehren, und wir konnten immer noch keine Fortschritte vorweisen. Wir baten ihn nicht um konkrete Zugeständnisse, sondern forderten ihn zu einer Geste des »guten Willens« auf, die bewies, daß es ihm tatsächlich ernst mit den Verhandlungen war. Ich bot Milošević zwei Varianten für Dayton an. Einmal könnte er »Sadat spielen« und den Bosniern zeigen, daß er bereit war, für einen Frieden auch größere Zugeständnisse einzugehen. Die andere Variante lief darauf hinaus, die Gespräche ohne ein Abkommen zu beenden, was hieße, daß die Sanktionen gegen sein Land in Kraft blieben und möglicherweise wieder ein Krieg ausbrechen werde. Milošević war nachdenklich geworden und sagte, er werde überlegen, »welche Art Geste« er machen könne.

Wir trafen gegen Mittag im Offizierskasino ein und setzten uns an den Tisch, der ständig für Milošević reserviert war. Ich rief Rosemarie

Pauli an, die mit Silajdzic und Menzies einen ähnlichen Spaziergang gemacht hatte und bat sie, den bosnischen Ministerpräsidenten zum Mittagessen in das Kasino zu bringen. Eine Viertelstunde später traf sie ein, lotste Silajdzic an einen Tisch am gegenüberliegenden Ende des großen Speisesaals, so weit weg von Miloševic wie möglich, und ging dann wieder.

Damit war alles bereit für einen ungewöhnlichen diplomatischen Versuch, der später »Serviettendiplomatie« getauft wurde. Ich stand vom Tisch auf, ging durch den langen Speisesaal und begrüßte Silajdzic. »Sind Sie bereit, gleich jetzt zu verhandeln?« fragte ich ihn. »Miloševic möchte mit Ihnen über Goražde sprechen.« Silajdzic war interessiert, schlug aber mein Angebot ab, mich an unseren Tisch zu begleiten.

Ich kehrte zu Miloševic zurück, der sich in Chris Hills Gesellschaft gerade über sein Steak hermachte. »Silajdzic ist bereit, über Goražde zu sprechen«, berichtete ich. Miloševic nahm eine Serviette und zeichnete eine grobe Karte des Gebietes zwischen Sarajevo und der Enklave. »Wir können sicheres Geleit über diese beiden Straßen anbieten«, sagte er und deutete auf die beiden bestehenden Straßen zwischen den Städten, die beide von den Serben kontrolliert wurden. Hill und ich lehnten das mit dem Argument ab, daß die Bosnier in Anbetracht der vergangenen vier Jahre wohl kaum viel auf die Zusage eines »sicheren Geleits« geben würden. »Was sie brauchen, ist ein echter, verteidigungsfähiger Korridor«, sagte ich. »Gut, dann werde ich ihnen einen Kilometer Land auf jeder Seite der Straße geben«, erwiderte Miloševic.

Ich nahm die Serviette mit der Zeichnung und ging quer durch den Saal zu Silajdzic, der nach kurzem Nachdenken mit einer Gegenskizze antwortete, auf der ein viel breiterer Korridor und beträchtlich mehr Land für die Muslime zu sehen war. Unter den befremdeten Blicken der übrigen Speisegäste kehrte ich mit den beiden kostbaren Serviettenskizzen in der Hand durch den Saal zu Miloševic zurück.

Diese Szene wiederholte sich in der folgenden Stunde ein halbes Dutzend Mal. Keiner der beiden Männer wollte an den Tisch des anderen gehen, aber sie beobachteten sich gegenseitig aufmerksam über die Tische hinweg. Stück für Stück kam Miloševic den Bosniern entgegen. Als die beiden Varianten sich kaum mehr voneinander unterschieden, ging Silajdzic zu einem Telefon und rief Izetbegović an, der ihn anwies, weiterzuverhandeln. Schließlich sagte ich zu Silajdzic: »Sehen Sie denn nicht, daß Sie hier etwas überaus Wichtiges gewinnen? Sie müssen sich zu ihm setzen. Wenn Sie an Miloševics Tisch kommen, bekommen Sie möglicherweise, was Sie brauchen.« Zögernd folgte er mir an unseren Tisch. Die beiden Männer begrüßten sich wie üblich: Während Miloševic Silajdzic mit geheuchelter Kameradschaft auf den Rücken klopfte, vermied Silajdzic es, ihm in die Augen zu sehen.

Bis drei Uhr nachmittags hatte sich das Kasino geleert, und wir waren nur noch zu viert in dem großen Saal: Miloševic, Silajdzic, Hill und ich. Die beiden Männer stritten abwechselnd auf Englisch und Serbokroatisch über jede Einzelheit des Gebietes zwischen Sarajevo und Goražde. Die Straße, die Wasserkraftwerke, die zerstörten Moscheen, das kleine Dorf an der Straße, aus dem General Mladić stammte – alles wurde hitzig und wütend diskutiert.

Auch wenn sie ihre Differenzen nicht ausräumen konnten und die Diskussion ohne eine Einigung endete, war ich optimistisch gestimmt: *Zum ersten Mal hatten die beiden Seiten über eine territoriale Frage verhandelt.* Unsere langen Gespräche mit den Männern hatten Wirkung gezeigt; der Ton hatte sich merklich geändert. Erstmals erkannte Miloševic an, daß unbedingt ein sicherer Landkorridor zu Goražde geschaffen werden mußte. Nachdem wir diesen winzigen Rubikon – »tatsächlich die Drina«, scherzte Hill – überschritten hatten, ging es im wesentlichen nur noch um die genaue Lage und die Breite des Korridors. Darüber konnte man verhandeln. Auch wenn wir das Problem Goražde mit unserer »Serviettendiplomatie« nicht lösen konnten, hatten endlich bei einer Verhandlung beide Seiten ihre Bereitschaft bewiesen, nach Kompromissen in den territorialen Fragen zu suchen.

*

Im Laufe des Tages drohte der Präsident der Föderation Zubak erneut mit seinem Rücktritt. Dieses Mal richtete sich sein Ärger gegen Tudjman und seine kroatischen Landsleute, die seiner Ansicht nach bereit waren, seine Heimat, die Save-Ebene, den Serben zu überlassen. Er könne unmöglich nach Hause zurückkehren, erklärte er, wenn in den territorialen Vereinbarungen von Dayton nicht die »Rückgabe« zumindest eines Teils des Gebietes vorgesehen sei. Nach dem bisherigen Stand der Gebietsverhandlungen werde die Save-Ebene den Serben zugesprochen; sollte es dabei bleiben, warnte er, werde er zurücktreten und Dayton unverzüglich verlassen.

Meine erste Reaktion war, ihn ziehen zu lassen. Zubak hatte in Dayton bislang nichts als Schwierigkeiten gemacht, und Šušak hatte uns immer wieder gesagt, wir sollten ihn einfach ignorieren. Aber Izetbegović und Sacirbey forderten uns auf, Zubak zurückzuhalten. Nach mehreren hitzigen Gesprächen und dem Versprechen von Izetbegović und Tudjman, die Save-Ebene nicht zu vergessen, gab Zubak wieder einmal nach und blieb.

*

Später am Nachmittag traf mit Tony Lake in Begleitung von Sandy Vershbow der nächste hohe Besuch aus Washington ein. Nachdem sich die beiden im Hope-Center über den Stand der Dinge informiert hatten, statteten Tony und ich Izetbegović und danach Miloševic einen Besuch ab. Lake hatte beschlossen, während seines kurzen Besuchs nicht in die Verhandlungen einzugreifen. Er kündigte an, er werde sich darauf beschränken, im Namen des amerikanischen Präsidenten einige deutliche Worte zu sprechen, die unseren Bemühungen neuen Schwung geben sollten.

Die Unterhaltung mit Izetbegović verlief ohne besondere Vorkommnisse, aber beim Gespräch mit Miloševic flogen einige Funken. Miloševic begann mit seiner typischen Masche. »Wie man hört, sind Sie der größte Feind der Serben in Washington«, sagte er, worauf Lake ironisch versetzte, daß er sich über das nach seiner Ansicht darin implizierte Kompliment freue. Auf meine Bitte hin blieb er zu einem frühen Dinner im Offizierskasino, um mit dem serbischen Präsidenten nochmals über die Sanktionen zu sprechen. Miloševic bedrängte ihn heftig, die amerikanische Haltung zu ändern, aber Tony blieb hart. Die Paraphierung in Dayton werde lediglich eine vorübergehende Aussetzung der Sanktionen zur Folge haben, eine endgültige Aufhebung könne erst nach der vollen Implementierung erfolgen. Das löste eine hitzige Debatte darüber aus, was unter voller Implementierung zu verstehen sei. Doch Miloševic wußte, daß eine Aussetzung der Sanktionen ihm im Grunde genau das verschaffen würde, was er am dringendsten benötigte: eine sofortige Verbesserung der serbischen Versorgungslage.

Nach dem Dinner traf sich Lake nochmals kurz mit Izetbegović und mit Silajdzic, dann kehrte er nach Washington zurück. Seine Reise hatte den Parteien nochmals die Dringlichkeit vor Augen geführt, die Washington Dayton beimaß. Ich faßte seine Kernaussage am späten Abend in einem Memorandum an Warren Christopher zusammen: »Tony sagte, für die USA werde es keine zweite Chance geben; dies sei unser letzter und dringlichster Versuch. Er betonte, daß wir, sollten die Parteien bis zu Ihrem Eintreffen keine Übereinkunft erreicht haben, die Verhandlungen Carl [Bildt], Pauline [Neville-Jones], Jacques [Blot] und Wolfgang [Ischinger] übergeben und unsere Rolle erheblich reduzieren werden.«

Daß der Aufenthalt Tony Lake und Sandy Vershbow auch einen allgemeinen Eindruck von Dayton vermittelt hatte, konnte uns nur recht sein. Während wir einmal allein über den Parkplatz gingen, faßte mich Lake an der Schulter und sagte: »Das hier ist der verrückteste Zoo, den ich jemals gesehen habe.« Dieser Eindruck war genau das, was unsere Kollegen in Washington unserer Ansicht nach in Erinnerung behalten sollten; es konnte uns nur helfen, wenn sie wußten, mit was für Leuten wir es hier zu tun hatten.

*

Nach Lakes Abreise gingen Hill und ich zu Izetbegović. Wir hegten die Hoffnung, daß Silajdzics Fortschritte in der Frage des Korridors nach Goražde die Spannungen im bosnischen Lager etwas entschärft hatten. Doch das Gegenteil war der Fall. Unmittelbarer Anlaß war ein an diesem Tag in der *New York Times* abgedruckter Artikel von Roger Cohen, in dem namentlich nicht genannte »westliche Diplomaten« sagten, Silajdzic habe sich als »die Schlüsselfigur – oder als ›ausschlaggebende Stimme‹ in der bosnischen Delegation erwiesen«. Daß Cohen ihn auch noch als einen »brillanten, launenhaften Mann mit einer Hamlet ähnlichen Art, in Rätseln zu sprechen« beschrieb, machte alles nur noch schlimmer. Sacirbey saß neben Izetbegović und zitierte mit einer vor Wut und Sarkasmus geradezu triefenden Stimme Auszüge aus Cohens Artikel. Als er fertig war, legte er eine Pause ein, holte tief Luft und schrie dann:. »In dieser Delegation gibt es nur eine ›ausschlaggebende Stimme‹, und das ist die des Präsidenten.« Izetbegović folgte Sacirbeys Aufführung mit dem Anflug eines Lächelns um den Mund. Die Szene legte nahe, daß Izetbegović Silajdzic, verärgert über Lakes persönlichen Besuch bei ihm und über die direkten Gespräche zwischen ihm und Miloševic, zusammengestaucht hatte.

Der Clark-Korridor. Während des Essens mit Tony Lake hatte ich Miloševic vorgeschlagen, die Verhandlungen über Goražde später am Abend fortzusetzen. Da Silajdzic die Verhandlung offensichtlich nicht weiterführen konnte, forderten wir Miloševic auf, in unser Gebäude zu kommen. In der Hoffnung, einen Korridor zwischen Sarajevo und Goražde ausfindig zu machen, der für beide Seiten gleichermaßen akzeptabel war, hatten wir beschlossen, Miloševic das Computersimulationsprogramm PowerScene vorzuführen.

General Clark hatte eine Sondereinheit der Defense Mapping Agency nach Dayton beordert, die unter anderem den Auftrag hatte, den genauen Landanteil zu errechnen, den die unterschiedlichen territorialen Lösungsvorschläge den beiden Seiten zusprachen. Die Kartenexperten des Pentagons hatten das streng geheime, 400 000 Dollar teure Virtual Reality-Programm PowerScene mitgebracht, das erstmals bei der Operation Desert Storm eingesetzt worden war und in dem das Gebiet von Bosnien dreidimensional gespeichert vorlag. Dazu waren das ganze Land gefilmt und die Bilddaten dann in das Programm eingegeben worden. Bei einer Bildauflösung von zwei Metern konnte man mit Hilfe eines gewöhnlichen Joysticks schnell oder langsam über das Land »fliegen« und in jedem beliebigen Winkel nach unten, nach vorne oder zur Seite sehen.

Clark und seine Experten hatten sich gut auf das Treffen vorbereitet. Bei zahllosen virtuellen Flügen über das Gebiet zwischen Sarajevo und Goražde hatten sie eine Route ausgemacht, welche die beiden Städte miteinander verbinden konnte: einen Feldweg, der genau zwischen den beiden Straßen verlief, die zur Zeit von den Serben kontrolliert wurden und einst die beiden Städte miteinander verbunden hatten.

Miloševic traf gegen 23.00 Uhr in dem gegenüber meinem Schlafzimmer eingerichteten Computerraum ein. Fasziniert von der Technik, spielte er eine Zeitlang mit dem Joystick und betrachtete sich verschiedene Regionen Bosniens aus der Vogelperspektive. Dann begannen wir eine intensive Diskussion über den von Clark entdeckten Feldweg. Miloševic bot als erstes einen drei Kilometer breiten Korridor durch das bergige Gelände an. Das sei viel zu schmal, entgegneten wir und führten ihm mittels PowerScene vor, daß die Straße von den Bergkämmen aus deutlich einzusehen und sein vorgeschlagener Korridor deshalb zu schmal sei, um wirksam verteidigt werden zu können.

Fast zwei Stunden lang studierten wir die Karten und »flogen« am Bildschirm über die Berge und Täler rund um Goražde. Daß einige der Anwesenden beträchtliche Mengen Scotch konsumierten, belebte die Sitzung außerordentlich – und führte später zu dem Vorwurf, Milošević habe einige wichtige Zugeständnisse nur gemacht, weil er unter Alkoholeinfluß gestanden habe. Allerdings sah ich an dem Abend wie üblich keinerlei Anzeichen dafür, daß der Alkohol ihm etwas ausmachte. Milošević wußte genau, was er tat, und er konnte sich auch am anderen Morgen noch an jede Einzelheit unserer nächtlichen Diskussion erinnern.

Schließlich nahm sich Clark eine Landkarte und skizzierte – ganz altmodisch – mit einem Buntstift einen Korridor, der einen breiten Streifen durch die Berge östlich von Sarajevo zog. Die Verbindung, die er zeichnete, war keine schmale, nicht zu verteidigende Straße, sondern ein im Schnitt 8,3 Kilometer breiter Korridor, der sich von einem Gebirgskamm zum nächsten erstreckte, was das Gebiet, in dem die Straße einem direkten Beschuß von höhergelegenem Gelände aus ausgesetzt war, möglichst klein hielt. Nach weiteren, sich hinziehenden Diskussionen bot Milošević uns eine erheblich überarbeitete, erweiterte Version dieser Verbindungsstraße zwischen Goražde und Sarajevo an. Es war schon nach zwei Uhr morgens, als wir uns die Hand gaben, Milošević sein Glas ein letztes Mal leerte und dann verkündete: »Wir haben unsere Straße gefunden.«

Wir nannten sie den »Clark-Korridor« oder manchmal auch die »Scotch-Straße«. In seinem Bericht am nächsten Tag sagte General Kerrick, er erhole sich immer noch von dem »Scotch-Wechsel« mit Milošević, auf den er sich im nationalen Interesse eingelassen habe – »und dabei trinke ich gar keinen Scotch.«

*

Nach dem Ende des nächtlichen Sitzungsmarathons schickte ich unter der Überschrift »Abschließen oder Abbrechen: Der Stand um 2.00 Uhr morgens« eine lange Mitteilung an Warren Christopher, der sich in Osaka gerade auf seinen langen Rückflug nach Dayton vorbereitete:

> Die Bosnier möchten uns immer noch glauben machen, daß sie bei dem Geschäft schlecht abschneiden. Dabei ist ihnen deutlich bewußt, daß es nicht nur ein gutes Geschäft für sie ist, sondern das be-

Territoriale Kernfragen bei den Dayton-Verhandlungen

SLOW.

UNGARN

SERBIEN

Save

Drau

OSTSLAWONIEN

Donau

• Karlovac

KROATIEN

Enklave
von Orasje

Posavina-
Korridor

Save

• Bosanski Novi

• Prijedor

Bosanski Samac

Save

Sanski Most •

• Banja
Luka

Doboj •

Orasje • Brčko

• Kljuc

Mrkonjić •
Grad

• Jajce

BOSNIEN-
HERZEGOWINA

Drina

Srebrenica •

LIVNO-TAL

Žepa •

Das »Ei«

Sarajevo •

• Pale

Rogatica •

Berg Igman

Goražde •

• Split

Mostar •

Der »Clark-
Korridor«

Drina

MONTE-
NEGRO

| 0 | 20 Meilen |
| 0 | 20 Kilometer |

- - - - - Entitäten-Grenzlinie
nach dem Dayton-
Abkommen,
21. November 1995

Von den bosnischen
Serben kontrollierte
Gebiete,
1. November 1995

Von der kroatisch-
muslimischen
Föderation kon-
trollierte Gebiete,
1. November 1995

ste, auf das sie hoffen können. Logischerweise sollte man erwarten, daß sie zustimmen. Wegen der Dynamik in ihrer Delegation wird es jedoch sehr knapp werden. Izetbegović hat neun Jahre seines Lebens im Gefängnis verbracht, und er ist weniger der Führer einer Regierung, als vielmehr der Führer einer Bewegung. Er versteht nicht nur wenig von wirtschaftlicher Entwicklung oder Modernisierung – von den Dingen, die ein Frieden bringen kann –, er interessiert sich auch nicht dafür. Er hat für seine Ideale viel gelitten. Für ihn ist Bosnien ein abstrakter Begriff, kein Volk von mehreren Millionen Menschen, die den Frieden herbeisehnen. Silajdzic ist moderner eingestellt und konzentriert sich stark auf den Wiederaufbau der Wirtschaft, etwas, wovon Izetbegović nie spricht...

Milošević scheint die Zeit in Dayton zu genießen, auch wenn er gerne den wilden Mann markiert. Wenn er angreift, muß man den Angriff erwidern, das ist der ganze Trick. Er respektiert Leute, die genauso hart verhandeln wie er, und er stellt uns fortwährend auf die Probe. Um ihn zum Einlenken zu bringen, müssen wir sehr deutliche Signale setzen und dürfen erst dann von ihnen abrücken, wenn wir genau wissen, was wir im Gegenzug dafür erhalten. Ich werde Sie am Flughafen abholen. Guten Rückflug.

Siebzehnter Tag: Freitag, 17. November

Am nächsten Morgen waren die Bosnier beeindruckt, als wir ihnen die Karte mit dem neuen Korridor vorlegten, akzeptierten sie aber nicht. Das irritierte uns nicht im geringsten: Auf dem Balkan gehörte es zum Verhandlungsritual, nichts anzunehmen, was die andere Seite anbot, ohne zumindest den Versuch zu unternehmen, etwas daran zu ändern. (Diese Neigung war so ausgeprägt, daß wir daraus einen Witz machten: Einen Balkanbewohner verwirrt man am leichtesten, hieß es oft unter uns, wenn man seinen ursprünglichen Vorschlag ohne jede Änderung annimmt, woraufhin er nämlich seine ursprüngliche Haltung sofort selbst ändern wird.) Die Bosnier wollten zweierlei: mehr Land südlich von Goražde, und eine feste Zusage der Vereinigten Staaten, daß der Feldweg zu einer gepflasterten, bei jedem Wetter befahrbaren Straße ausgebaut wird. Nach Gesprächen mit Joulwan und dem Pionierkorps der US-Army teilte Clark uns mit, daß Pioniere der Ifor die

Straße in den Sommermonaten bauen könnten und fügte einen Schlüsselsatz in den militärischen Anhang ein: »Im Korridor nach Goražde wird eine zweispurige, bei jedem Wetter befahrbare Straße gebaut.« Damit gaben sich die Bosnier zufrieden. Sie wollten aber immer noch mehr Gebiet um Goražde, vor allem Land am Südufer der Drina, einem Fluß, der eine große historische und emotionale Bedeutung für alle ehemaligen Jugoslawen besitzt.[3]

*

Für diesen Tag erwarteten wir das Eintreffen einer Reihe hoher Gäste, was wir dazu benutzen wollten, den Druck auf die widerspenstigen Parteien nochmals zu erhöhen. Perry und Slocombe sollten um 10.00 Uhr ankommen, General Joulwan würde mittags aus Europa eintreffen, und Christopher sollte am Spätnachmittag zurückkehren. Die Abfolge der Besuche war sorgfältig gewählt: Perry und Joulwan sollten die amerikanische Militärmacht und deren Entschlossenheit demonstrieren und damit die Bühne für das Finale, für Christophers Rückkehr, vorbereiten.

Die Treffen mit Perry und Joulwan machten großen Eindruck auf die Delegationen. Izetbegović, der von Sacirbey und Perle wußte, daß das Pentagon das Ausrüstungs- und Ausbildungsprogramm ablehnte, forderte Perry auf, sich persönlich hinter das Programm zu stellen. Nach einem heftigen Wortwechsel gab Perry nach und machte eine Zusage, die von den Bosniern später noch oft zitiert werden sollte: »Falls wir zu einer Friedensregelung gelangen, werde ich dafür sorgen, daß das Ausrüstungs- und Ausbildungsprogramm in die Tat umgesetzt wird.« Dies war nicht mehr als eine Wiederholung der Zusicherungen, die Christopher, Lake und ich bereits gemacht hatten, aber es war wichtig, daß Izetbegović dies direkt aus dem Mund des Verteidigungsministers hörte.

Zwei Stunden später stieß Joulwan zu den Gesprächen hinzu, begleitet von Generalmajor William Nash, dem rauhbeinigen, Zigarre rauchenden Kommandeur der First Armored Division, der als Befehlshaber des größten Teils der amerikanischen Soldaten in Bosnien vorgesehen war. Der Symbolcharakter der Begegnung war nicht zu überbieten: Mit ihren unverblümten Warnungen und mit Uniformen, die vor Orden nur so glitzerten, machten die Generäle mächtigen Eindruck. Es war eine glänzende Idee Joulwans, Nash mitzubringen, dessen nüchterne Art die Balkanführer schwer beeindruckte; hier war er endlich, der Mann, der tatsächlich amerikanische Bodentruppen in Bosnien befehligen würde.

Auch wenn die Besucher mit Ausnahme von Perry nicht mit näheren Einzelheiten der Verhandlungen in Berührung kamen, vermittelten sie eine überzeugende Botschaft: Die physische Anwesenheit Joulwans und Nashs in Dayton brachte die Nato den Parteien greifbar nahe und gab den richtigen Ton für die Endphase der Verhandlungen vor, die unmittelbar nach Christophers Rückkehr aus Osaka beginnen sollten. Dreißig Minuten nach der Abreise der Gäste, um 16.30 Uhr, landete die Maschine aus Osaka mit dem US-Außenminister an Bord auf dem Luftwaffenstützpunkt.

KAPITEL ACHTZEHN

Showdown

(18. bis 21. November)

Alles, was ich deutlich zu machen hoffe, ist: daß menschliches Irren ein dauernder und nicht nur ein zeitweiliger Faktor in der Geschichte ist und daß künftige Unterhändler, so edel immer ihre Absichten sein mögen, wiederum in Fehlgriffe und Unterlassungen geraten werden, genau so schwerwiegend wie diejenigen, durch die der Rat der Fünf gekennzeichnet ist. Sie waren überzeugt, diese Fünf, daß sie niemals die Unüberlegtheiten und Ungerechtigkeiten des Wiener Kongresses begehen würden. Künftige Generationen werden genauso überzeugt sein, sie seien immun gegen die Einflüsse, die die Pariser Unterhändler lähmten. Und dennoch werden auch sie der Infektion mit ähnlichen Mikroben und der ewigen Unzulänglichkeit der menschlichen Vernunft zum Opfer fallen.

Harold Nicolson, *Friedensmacher 1919*

Achtzehnter Tag: Samstag, der 18. November

Deadlines. Verhandlungen folgen, fast wie ein natürlicher Organismus, einem gewissen Lebenszyklus – und weisen wie dieser gewisse pathologische Tendenzen auf. Irgendwann, an einem Punkt, den wir vielleicht erst im Nachhinein erkennen würden – würden wir in Dayton die Konzentration und den Schwung verlieren, die nötig sind, um ein Abkommen zu erreichen. *Irgend etwas* würde passieren und uns aus der Bahn werfen. Entweder würden wir über endlosen Auseinandersetzungen um kleine Details das eigentliche Ziel, Bosnien Frieden zu bringen, aus den Augen verlieren, oder die Europäer würden die Konferenz verlassen und damit öffentlich das bevorstehende Scheitern der Konferenz signalisieren. Wir fürchteten, daß eine Fortsetzung der Konferenz über das amerikanische Erntedankfest hinaus den Eindruck erwecken würde, daß wir schon zu lange verhandelt und zu wenig erreicht hatten – und Thanksgiving war noch wenige Tage entfernt.

An diesem Morgen machte ich eine kurze persönliche Notiz:

> Hier besteht das Gefühl, daß der Frieden wegen der im Falle eines
> Scheiterns drohenden Konsequenzen unvermeidlich ist. Das ist si-
> cher nicht unrichtig. Doch die entscheidende Frage – ob sich die
> Bosnier mit einem unvollkommenen Frieden zufriedengeben oder
> lieber zulassen, daß der Krieg wieder ausbricht – ist noch nicht ge-
> löst. Ihre Delegation ist gespalten und handlungsunfähig. Silajdzic
> hat, wie er mir sagte, bereits seit 24 Stunden nicht mehr mit Izetbe-
> gović geredet. Die Bosnier haben schon mehrfach Chancen auf ei-
> nen Frieden nicht ergriffen. Dasselbe könnte wieder geschehen.

Kerrick war in seinem Tagesbericht sogar noch pessimistischer:

> Schlußphase – persönliche Beziehungen zusehends konfliktge-
> prägt. Milošević und die Pale-Serben – nie gemeinsam zu sehen –
> sprechen kaum miteinander. Izetbegović, Mo [Muhamed Sacirbey],
> Haris [Silajdzic] verblüffen uns weiterhin mit ihrem Bedürfnis, ein-
> ander zu torpedieren – und vielleicht auch den Frieden.

Christopher erklärte, nicht nochmals ohne ein Abkommen aus Dayton
abzureisen. Noch müde von seinem Asientrip, hatte er nach seiner Ankunft am Freitagabend nur kurz mit Milošević und Izetbegović gesprochen und war dann zu Bett gegangen. Der Rest von uns ging mit
Chris Spiro und Milošević zu einem weiteren Hummerdinner ins Offizierskasino. Tom Donilon, der auf ausdrücklichen Wunsch Miloševics
neben ihm Platz genommen hatte, sagte, ein Scheitern der Daytoner
Verhandlungen werde Serbien aufgrund der zu erwartenden, heftigen
Reaktion im Kongreß nur noch stärker isolieren und ein Ende des Embargos noch weiter aufschieben. Diese Offenheit imponierte Milošé-
vic, und er begann mit Donilon eine anspruchsvolle Unterhaltung über
die amerikanische Politik, in deren Verlauf er ihm sogar mitteilte, wie
er sich an Clintons Stelle in der Konfrontation mit Gingrich über den
Regierungshaushalt verhalten würde.

Dieser Samstag, so dachten wir, würde der alles entscheidende, der
»große Tag« werden. Wir sagten den Delegationen, daß wir die Verhandlungen am Samstag um Mitternacht abschließen, am Sonntagmorgen nur noch letzte Details klären und noch am selben Tag das

Abkommen verkünden wollten. Dies war natürlich unrealistisch, verschaffte uns aber einen Puffer von 24 Stunden gegenüber unserem tatsächlichen Zeitplan, nach dem wir die Verhandlungen in der Nacht zum Montag abschließen und das Abkommen am Montag verkünden wollten.

In der morgendlichen Lagebesprechung gingen wir mit Christopher den Stand der Verhandlungen durch. Alle Parteien hatten sich grundsätzlich auf das »Allgemeine Rahmenabkommen über den Frieden in Bosnien und Herzegowina« geeinigt, nur das Problem der gegenseitigen Anerkennung der drei Staaten war noch nicht geklärt. Von den Entwürfen der elf Anhänge waren neun verabschiedet oder fast verabschiedet – die Anhänge über die militärischen Aspekte der Friedenslösung (1 A und 1 B); Anhang 4 über die Verfassung von Bosnien-Herzegowina; Anhang 5 über die Schaffung eines Schiedsgerichts; Anhang 6 über die Einrichtung einer Menschenrechtskommission; Anhang 7 über die Einrichtung einer Kommission für Flüchtlinge und Vertriebene; Anhang 8 über die Einrichtung einer Kommission für die Erhaltung nationaler Denkmäler; Anhang 9 über die öffentlichen Körperschaften Bosnien-Herzegowinas; Anhang 10 über die zivile Umsetzung des Abkommens und Anhang 11 über die internationalen Polizeikräfte. Dies war mehr, als wir ursprünglich für möglich gehalten hatten. Doch die zwei hartnäckigsten Probleme waren noch immer ungelöst – die Grenzdemarkation zwischen den beiden Gebieten (Anhang 2) und das Wahlprogramm für Bosnien-Herzegowina (Anhang 3):

– *Die Grenzdemarkation.* Bezüglich der zentralen Streitpunkte schien nur bei Goražde eine Einigung in Sicht. Für Sarajevo, Brčko, den Posavina-Korridor und die Posavina-Enklave (die spätere Enklave von Orašje) war noch immer keine Lösung gefunden. Im Gegensatz zu unseren ursprünglichen Hoffnungen hatte es keine Veränderung der Landkarte im Austausch gegen Veränderungen in den politischen Bestimmungen des Abkommens gegeben. Wie es aussah, würden wir über die noch umstrittenen offenen Gebiete buchstäblich Quadratkilometer für Quadratkilometer verhandeln müssen.

– *Das Wahlprogramm.* Das Problem des Wahlrechts für die Flüchtlinge war noch immer ungelöst. Milošević hielt an seiner Ansicht fest, daß sich die Wähler persönlich in Bosnien registrieren lassen müßten. Die Bosnier dagegen bestanden darauf, daß sich auch im Ausland lebende Bosnier registrieren lassen und dort wählen könnten, wo sie 1991, zum Zeitpunkt der letzten jugoslawischen Volkszählung vor dem Krieg, gelebt hatten. Dies bedeutete in der Praxis, daß Muslime etwa aus Banja Luka, die nun als Flüchtlinge in Deutschland lebten, im Bezirk Banja Luka an serbischen Präsidentschaftswahlen teilnehmen und bei der Wahl zwischen serbischen Kandidaten vielleicht sogar das Zünglein an der Waage spielen konnten. Für die Serben war das natürlich inakzeptabel.

*

Die Wahlen und die OSZE. Unmittelbar vor Christophers Ankunft hatten wir einen ernsten Konflikt über die Durchführung der Wahlen gelöst. Während allgemeine Einigkeit bestand, daß eine internationale Organisation die Wahlen überwachen sollte, war von Anfang an umstritten, wer diese Aufgabe übernehmen sollte, und, wichtiger noch, welche Rolle die internationale Gemeinschaft dabei spielen sollte. Was die Frage der mit der Überwachung der Wahlen betrauten Organisation betraf, standen ernsthaft nur die Uno und die Organisation für Sicherheit und Zusammenarbeit in Europa (OSZE) zur Debatte. Auf Drängen von John Kornblum, der eine Zeitlang die Vereinigten Staaten in der Organisation vertreten hatte, votierte Washington für die OSZE.

Die OSZE, die bis 1994 Konferenz für Sicherheit und Zusammenarbeit in Europa (KSZE) geheißen hatte, war mit 52 Mitgliedsstaaten die einzige mit Sicherheitsfragen befaßte regionale Organisation, in der sowohl die Nato-Länder als auch die Länder des ehemaligen Sowjetblocks vertreten waren[1]. Im Kalten Krieg war die KSZE zwar kaum mehr als ein Forum für gelegentliche internationale Treffen gewesen, doch es war Teil der amerikanischen Vision von einem künftigen europäischen Sicherheitssystem, die OSZE zu einem wichtigen Element eines, wie Präsident Clinton es ausdrückte, »ungeteilten Europa« aufzuwerten.

Die europäischen Mitglieder der Kontaktgruppe waren zwar bereit, der OSZE die Verantwortung für die Wahlen zu übertragen, schlugen aber vor, ihre Rolle auf die eines reinen *Beobachters* zu begrenzen. Diese Position stand in diametralem Widerspruch zu der Präsident

Clintons, der, wie er unmittelbar vor Beginn der Friedensverhandlungen in Dayton mir gegenüber geäußert hatte, im ersten Jahr nach Dayton »unanfechtbare Wahlen« für das »wichtigste Einzelereignis« hielt. Unanfechtbare Wahlen waren jedoch nur möglich, wenn sie von der internationalen Gemeinschaft durchgeführt wurden; das vage und verschwommene Konzept einer bloßen »Beobachtung« würde dagegen eine Pattsituation provozieren, die eine Ausrichtung von Wahlen verhindern oder zu umstrittenen Wahlen führen würde. Auch wenn eine internationale Organisation keine Garantie für »freie und faire« Wahlen bieten konnte, würde es sich auf jeden Fall positiv auswirken, wenn sie eine möglichst große Rolle spielte. Wir betrachteten die Worte des Präsidenten als unseren Marschbefehl und bestanden darauf, daß die OSZE die Wahlen *durchführte*. Schließlich kamen wir in Dayton nach tagelangen Auseinandersetzungen zu der Übereinkunft, daß »die OSZE die Vorbereitung und die *Durchführung* der Wahlen... auf eine von ihr selbst zu bestimmende Weise *überwachen*« würde [Hervorhebung durch den Autor].

Dies war zwar noch immer nicht perfekt, aber immerhin so formuliert, daß die OSZE ihr Mandat nach Belieben auslegen konnte. Aus diesem Grund kam der Wahl eines durchsetzungsfähigen Leiters der OSZE-Mission in Bosnien später auch so große Bedeutung zu.[2]

*

An diesem Morgen erfuhren wir, daß Muhamed Sacirbey am Vorabend auf einer spontanen Pressekonferenz im Holiday Inn vor dem Stützpunkt seinen Rücktritt verkündet hatte. Als Grund führte er an, daß er in Übereinstimmung mit dem Föderationsabkommen vom 10. November als Außenminister durch den bosnischen Kroaten Jadranko Prlić abgelöst werden würde. Dies war ein notwendiger Schritt, der jedoch keine Auswirkungen auf den Verlauf der Daytoner Konferenz oder auf Sacirbeys Rolle in den Verhandlungen haben würde.

*

Durchbruch in der Sarajevo-Frage.   Milošević spielte auch weiterhin Varianten des »D.C.-Modells« durch und unterbreitete eine Reihe von Vorschlägen, die ausnahmslos darauf hinausliefen, den Serben in der Stadt ebensoviel Macht zuzugestehen wie den Muslimen. Schließlich bat ich Milošević am frühen Sonntagmorgen, mit mir einen kleinen Spaziergang zu unternehmen. Ich warf ihm vor, mit seinem Plan einen Abbruch der Verhandlungen zu provozieren. »Einige Probleme können aufgeschoben oder hingebogen werden«, sagte ich, »aber für Sarajevo muß in Dayton eine klare Lösung gefunden werden.« »Okay«, antwortete er lachend. »Ich werde heute nichts mehr essen, bis wir eine Lösung für Sarajevo gefunden haben.«

Kurze Zeit später saß ich mit Hill und Clark in einem meiner Zimmer, als plötzlich die Tür geöffnet wurde und Milošević hereinkam. »Ich war gerade in der Nähe und wollte nicht an Ihrer Tür vorbeigehen, ohne hereinzuschauen«, sagte er mit einem breiten Lächeln. Offensichtlich hatte er uns etwas Wichtiges mitzuteilen.

»Also gut«, sagte er und setzte sich. »Zum Teufel mit Ihrem D.C.-Modell; es ist zu kompliziert; es wird nicht funktionieren. Ich werde das Sarajevo-Problem lösen. Aber Sie dürfen vorerst mit keinem Mitglied der serbischen Delegation über meinen Vorschlag reden. Ich muß die ›technische‹ Seite später regeln, wenn alles andere geregelt ist.

Ich sage Ihnen«, fuhr er fort, »Izetbegović hat Sarajevo nicht aufgegeben, also hat er es verdient. Er ist ein zäher Bursche. Es gehört ihm.«

Diese Worte waren vermutlich die erstaunlichsten und überraschendsten der gesamten Konferenz. Während er sprach, zeichnete Milošević mit einem Kugelschreiber den Teil Sarajevos auf einer Karte ein, den er an die Muslime abzutreten bereit war. Chris Hill erhob sofort Einspruch; es war ein gewaltiges Zugeständnis, aber Milošević hatte nicht die gesamte Stadt abgetreten. Grbavica, ein wichtiges, durch den Fluß vom Stadtzentrum getrenntes Viertel, blieb in der Hand der Serben. Miloševics Vorschlag bedeutete zwar einen gewaltigen Fortschritt, schuf aber kein vereintes Sarajevo.

Als Hill darauf hinwies, explodierte Milošević. »Ich *gebe* Ihnen Sarajevo«, seine Stimme überschlug sich fast, »und Sie reden einen solchen Scheiß!« Wir sagten Milošević, sein Vorschlag sei zwar »ein großer Schritt in die richtige Richtung«, doch Izetbegović werde ihn vermutlich trotzdem zurückweisen.

Hill und ich gingen sofort zu dem bosnischen Präsidenten. Dieser nahm nicht zur Kenntnis, wie wichtig das Angebot war, sondern konzentrierte sich ausschließlich auf dessen Mängel. »Sarajevo kann ohne

Wiedervereinigung Sarajevos unter dem Dayton-Abkommen

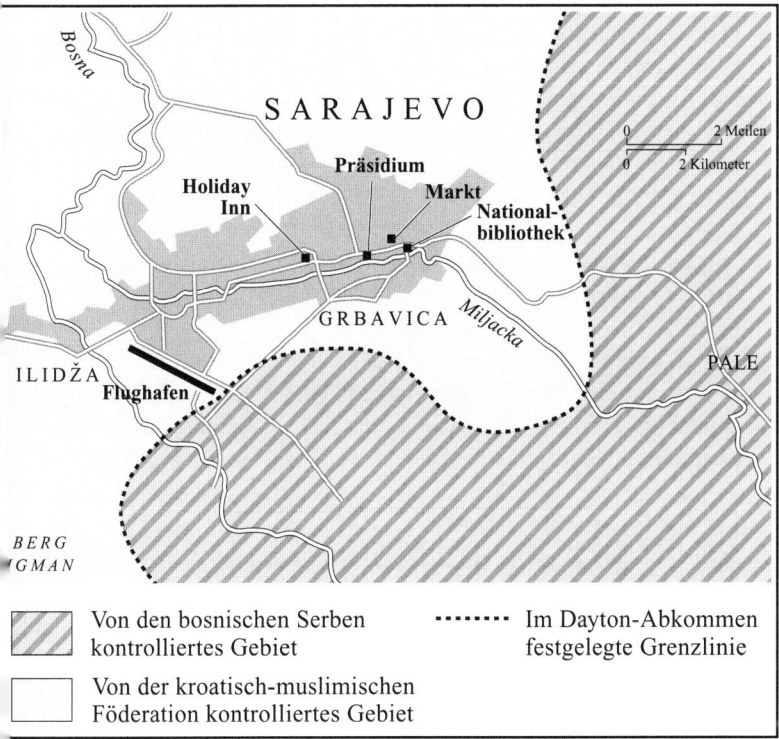

Von den bosnischen Serben kontrolliertes Gebiet	Im Dayton-Abkommen festgelegte Grenzlinie
Von der kroatisch-muslimischen Föderation kontrolliertes Gebiet	

Grbavica nicht überleben«, erklärte er leidenschaftlich. Das Gebiet, das Milošević für die Serben zurückbehalten wollte, ragte direkt ins Stadtzentrum hinein und wurde von westlichen Journalisten als die »Heckenschützenallee« bezeichnet. Trotzdem erkannten wir alle, daß die Verhandlungen über Sarajevo in eine neue Phase getreten waren.

Hill, Clark und ich suchten mit einem detaillierten Stadtplan von Sarajevo Milošević auf und gingen daran, jede einzelne Straße und jede Eigenschaft des Terrains durchzusprechen. Milošević machte einen flexiblen Eindruck; Hill sagte voraus, daß wir am nächsten Tag ganz Sarajevo bekommen würden, wenn wir bei unserer Position blieben. Als wir das Gespräch vertagten, waren wir plötzlich von Hoffnung erfüllt.

Wir zogen Christopher hinzu und versammelten uns in meinem Zimmer zu einer Analyse der überraschenden Entwicklung. Wir kamen überein, Izetbegovićs Anspruch auf Grbavica und die Berge südwestlich der Stadt zu unterstützen. Dann diskutierten wir über die möglichen Gründe für Miloševics erstaunlichen Vorstoß.

»Warum hat Milošević das gemacht?« fragte ich. »Und kann er es auch wirklich durchsetzen? Kann er die bosnischen Serben wirklich zwingen, die von ihnen beherrschten Stadtteile aufzugeben?«

Wir kamen nie ganz dahinter, warum Milošević plötzlich bereit war, Sarajevo den Muslimen zu überlassen. Rückblickend drängt sich die Annahme auf, daß Milošević von den Serben in Pale die Nase voll hatte und deshalb beschloß, durch die Abtretung der serbischen Stadtviertel ihre Machtbasis zu schwächen. Damit, daß er der Föderation die Kontrolle über ganz Sarajevo überließ, zielte er vielleicht darauf ab, den Einfluß von Karadžić zu reduzieren und gleichzeitig die Serben in anderen Teilen Bosniens, insbesondere in Banja Luka, zu stärken.

Dazu paßt, daß Milošević in Dayton ständig betonte, daß ihm die Führung der bosnischen Serben inzwischen im Weg stand, auch wenn er früher gemeinsame Sache mit ihr gemacht hatte. Milošević hatte häufig davon gesprochen, die »Intellektuellen« und Geschäftsleute von Banja Luka zu stärken, um Pale zu schwächen. Nun schien er diesen Vorsatz in die Tat umzusetzen.

Ich schlug vor, die bosnisch-serbische Hauptstadt im Rahmen des Daytoner Abkommens nach Banja Luka zu verlegen, was Pale noch mehr Einfluß gekostet hätte. Milošević zeigte sich interessiert, aber zu meiner Überraschung sperrte sich Izetbegović gegen den Vorschlag. Obwohl er die Führung in Pale haßte, meinte er wohl, sich mit ihr arrangieren zu können, insbesondere mit seinem alten Kollegen aus dem bosnischen Parlament Momčilo Krajišnik. Izetbegović sah außerdem einen Vorteil darin, wenn die Hauptstädte der beiden ethnischen Einheiten dicht beieinander lagen, so daß Sarajevo das wichtigste politische Zentrum in Bosnien bleiben würde. Vielleicht fürchtete er auch, daß eine Verlegung der serbischen Hauptstadt nach Banja Luka, das näher bei Zagreb liegt als bei Sarajevo, schneller zu einer permanenten Teilung des Landes führen und Tudjman stärken würde.

Warum auch immer Izetbegović Pale seinen Status belassen wollte, er beging damit einen Fehler. Die Stadt in den Bergen war eine reine Kriegshauptstadt, ausgerufen von einem gesuchten Kriegsverbrecher und seinen Komplizen. Pale war das lebende Symbol – und der Sitz – seiner Organisation. Wir hätten Izetbegović stärker drängen sollen, der Verlegung der bosnisch-serbischen Hauptstadt nach Banja Luka zuzustimmen. Es hätte die Umsetzung der Daytoner Beschlüsse sehr erleichtert.

Neunzehnter Tag: Sonntag, der 19. November

Dies sollte unser längster Tag werden. Wir verhandelten zweiundzwanzig Stunden, hatten einen Frieden – und verloren ihn wieder.

*

Ein Bluff, der niemand blufft. Christopher und ich hatten uns darauf geeinigt, alles daran zu setzen, die Gespräche am Sonntag abzuschließen. Um alle Seiten zu überzeugen, daß wir es mit dieser Deadline ernst meinten, bat ich sämtliche Mitglieder der amerikanischen Delegation, ihre Reisetaschen zu packen und sie auf den Parkplatz zu stellen, damit die anderen Delegierten sie sehen konnten. Nachdem sie dort einige Stunden gestanden hatten, ließ ich sie von einem Lastwagen der Luftwaffe auf das Rollfeld fahren und beauftragte Rosemarie Pauli, die restlichen Delegationen zum Begleichen ihrer Rechnungen zu bewegen, womit sie allerdings kläglich scheiterte.

Von allen taktischen Spielchen, die wir in Dayton unternahmen, war dies das erfolgloseste. Alle durchschauten den Bluff; niemand außer uns traf auch nur die geringsten Vorbereitungen zum Aufbruch. Am frühen Abend gaben wir auf und ließen die Reisetaschen wieder zurück auf unsere Zimmer bringen.

*

Die Konferenz zu einem erfolgreichen Ende zu führen, verlangte mehr als einen billigen Taschenspielertrick. Wir mußten noch die losen Enden in einem Dutzend zweitrangiger Punkte zusammenbringen, die Frage des Wahlrechts für Flüchtlinge klären und eine Lösung für Sarajevo aushandeln. Doch jedesmal, wenn sich Christopher mit Izetbegović traf, verwies dieser nachdrücklich auf Brčko und beharrte auf der unrealistischen Grenzziehung der Kontaktgruppe von 1994, die den Serben eine dreißig Meter breite Durchfahrt unter einer Eisenbahnbrücke zugestand.

*

Das Landkarten-Fiasko. Wie konnten wir Izetbegović davon überzeugen, daß nun der entscheidende Moment gekommen war? Wir wußten, daß er innerhalb seiner Delegation durch widersprüchliche Forderungen unter Druck gesetzt wurde, und wir suchten nach Mitteln, ihn zum großen Sprung zum Frieden zu bewegen. Über Pauline Neville-Jones und Blot baten wir den britischen Premierminister Major und den französischen Präsidenten Chirac, Izetbegović anzurufen. Beide willigten sofort ein und erklärten dem bosnischen Präsidenten, daß sich ihm, »wenn dieser Moment verpaßt wird, wohl kaum so schnell eine weitere Chance bietet«. Izetbegović gab gegenüber Major Fortschritte zu, sagte jedoch, er brauche mehr Land, um den Verlust von Srebrenica und Žepa wettzumachen. In Ankara arrangierte unser dortiger Botschafter Grossman ein Telefongespräch zwischen Izetbegović und Süleyman Demirel, den Izetbegović unter allen Spitzenpolitikern des Auslands vermutlich am höchsten achtete.

Wir baten Menzies, eine Liste aller Erfolge zusammenzustellen, die die Bosnier in den Verhandlungen bisher erzielt hatten – und die sie bei einem Scheitern der Verhandlungen wieder verlieren würden. Menzies produzierte in Zusammenarbeit mit der graphischen Abteilung von Wright-Patterson zwei große, auf Karton gezogene Schaubilder, auf denen die »Gewinne von Dayton« aufgelistet waren. Am Samstagnachmittag, zur gleichen Zeit, als über die serbischen Sektoren

Sarajevos verhandelt wurde, gingen Christopher, Menzies und ich mit den Plakaten zu Izetbegović. Die Schaubilder führten in Großbuchstaben alles auf, was in den Verhandlungen bislang erreicht worden war. Als wir sie vor der Übergabe an die Bosnier noch einmal betrachteten, sagte Christopher lachend: »Also, selbst wenn Izetbegović es nicht sein sollte, *ich* bin beeindruckt«, und fügte hinzu, er könne nicht glauben, daß »irgendein verantwortungsbewußter Mensch diese Gewinne aufs Spiel setzen und sein Land wieder in den Krieg stürzen« würde.

Die Plakate enthielten einen besonders heiklen Punkt. Die Mitarbeiter der Defense Mapping Agency hatten die von Milošević bereits gemachten territorialen Zugeständnisse analysiert und waren zu dem Ergebnis gekommen, daß inzwischen 55 Prozent des bosnischen Gebiets der Föderation zugesprochen wurden. Damit hatten wir in den ersten 18 Tagen von Dayton gegenüber der Lage auf dem Schlachtfeld eine Verbesserung um rund 5 Prozent ausgehandelt, was zugleich eine Chance und ein Problem darstellte. Die Chance lag offensichtlich darin, daß die Föderation ein größeres Territorium erhielt. Doch auch das Problem war klar: Nach dem Plan der Kontaktgruppe von 1994 hatten sich alle fünf Außenminister der Kontaktgruppe und die Führer aller drei Parteien formell darauf geeinigt, das bosnische Territorium im Verhältnis 51 zu 49 zwischen der Föderation und den bosnischen Serben aufzuteilen.

Waren wir noch an diese Aufteilung gebunden? Da die Serben einen Großteil ihrer Landgewinne auf verbrecherische Weise erzielt hatten, wäre es nur gerecht, wenn die Föderation mehr als 51 Prozent des Landes erhielte. Wir beschlossen zu sehen, ob wir diesen größeren Anteil retten konnten, da er die Aussichten, ein lebensfähiges Land zu schaffen, beträchtlich verbesserte. Allerdings wußten wir, daß uns, sollte Milošević Einspruch erheben, aufgrund der früheren Zusagen der Vereinigten Staaten und der vier anderen der Kontaktgruppenmitglieder kaum eine andere Wahl bliebe, als wieder zu der 51 zu 49-Formel zurückzukehren. Tony Lake hatte dieses Aufteilungsverhältnis bei seiner Reise durch die europäischen Hauptstädte im August noch einmal als eine amerikanische Kernposition bestätigt, und darüber hinaus war sie auch im Genfer Abkommen vom 9. September festgeschrieben worden.

Menzies hatte die Prozentzahlen über die dramatisch verbesserte Landaufteilung unübersehbar auf dem ersten Plakat plaziert. Wir hofften, die Bosnier würden den bedeutsamen Fortschritt erkennen und schnell handeln, um sich diesen unerwarteten Gewinn durch einen Abschluß der Verhandlungen zu sichern. Da auch die Sarajevo-Frage kurz vor einer Lösung stand, waren wir guter Dinge, die Gebietsfrage innerhalb weniger Stunden beilegen zu können. Doch die Bosnier waren zwar von unseren Plakaten angetan, hörten aber nicht auf, über unwichtige Details zu streiten. Die dadurch verursachte Verzögerung und das, was kurz darauf passierte, machten jede Hoffnung auf einen Gebietsanteil von mehr als 51 Prozent für die Föderation zunichte.

Am Schluß des Gesprächs baten Izetbegović und Silajdzic, die Schaubilder behalten zu dürfen, und Menzies stellte sie halb verdeckt hinter die Couch. Kurz nachdem wir gegangen waren, erschien Milošević überraschend bei Izetbegović – ein an sich schon ungewöhnliches Ereignis – und diskutierte mit ihm über Sarajevo und die Notwendigkeit einer schnellen Beendigung der Konferenz. Dabei erspähte er hinter der Couch den oberen Rand des ersten Plakats und den in fetten Großbuchstaben gedruckten Satz: »TERRITORIUM DER FÖDERATION IM VERLAUF DER DAYTONER GESPRÄCHE VON 50 PROZENT AUF 55 PROZENT VERGRÖSSERT.«

Zum ersten Mal wurde Milošević klar, wie weit er mit seinen territorialen Zugeständnissen gegangen war. Er brachte das Gespräch schnell zu Ende und suchte mich ohne Vorwarnung in meinem Zimmer auf, wo ich gerade mit Warren Christopher und mehreren anderen Mitgliedern unserer Delegation zusammensaß. Bei Miloševics Eintritt verließen alle außer Christopher und mir den Raum.

»Sie haben mich ausgetrickst«, sagte Milošević wütend. »Sie haben mir verschwiegen, daß die prozentuale Gebietsaufteilung nicht mehr bei 51 zu 49 liegt. Ich habe Sie danach gefragt, aber Sie haben mir nicht geantwortet. Ich habe Ihre Schaubilder gesehen. Wie kann ich Ihnen jetzt noch trauen?«

Zuerst verstanden wir nicht, was passiert war. Hatten die Bosnier gegenüber Milošević mit der Verbesserung geprahlt, um ihn zu reizen? Wir hatten keine Ahnung. Der wahre Sachverhalt – daß die Bosnier die Plakate teilweise sichtbar im Raum stehen ließen, als Milošević sie aufsuchte – lag zunächst außerhalb unserer Vorstellungskraft, und auch später wußten wir nicht, ob ihre Entdeckung auf einer bewußten Provokation oder einfach auf einem dummen Versehen beruht hatte. (Silajdzic gestand mir schließlich, es sei schlicht und einfach

Pech gewesen, daß Milošević unangemeldet auftauchte und die Plakate sah.)[3]

»Ich kann vieles tun«, sagte Milošević. »Aber ich kann Ihnen nicht mehr als 51 Prozent geben. Dafür stehe ich bei der Republika Srpska im Wort, und darauf haben wir uns schon vor Dayton geeinigt.«

Wir wiesen darauf hin, daß er bereits mehrere territoriale Veränderungen akzeptiert habe, die den Förderationsanteil auf über 51 Prozent anhoben. »Ich kannte den Prozentwert nicht«, antwortete er, »und ich kann Pale nicht zwingen, weniger als 49 Prozent zu akzeptieren. Bitte glauben Sie mir das. Daran ist nicht zu rütteln.«

Christopher und ich warfen einander einen Blick zu. Der Außenminister konnte nicht von einer öffentlichen Erklärung abrücken, wenn eine der Seiten auf ihrer Erfüllung bestand. Andere Aspekte der ursprünglichen Grenzziehung der Kontaktgruppe waren in »gegenseitigem Einverständnis« geändert worden, aber die 51 zu 49-Formel war praktisch zu einem Dogma geworden.

Milošević unterbreitete einen Vorschlag zur Wiederherstellung des vereinbarten Verhältnisses, der jedoch unannehmbar war. Er forderte eine Verbreiterung des Posavina-Korridors von drei auf zehn Kilometer. Dabei handelte es sich natürlich um denselben Korridor, den Izetbegović beharrlich auf die dreißig Meter breite Durchfahrt unter der Eisenbahnbrücke bei Brčko beschränkt sehen wollte. Der bestehende Korridor, der die Serben in Westbosnien mit Serbien selbst verband, lag wie eine Schlinge um den serbischen Hals.

Nachdem wir Izetbegović wiederholt erklärt hatten, daß wir den Korridor nicht verengen könnten, lehnten wir nun auch Miloševics Forderung, ihn zu verbreitern, ab. Doch damit war die Frage des Posavina-Korridors und der Stadt Brčko immer noch nicht geklärt, und sie sollte sich, wie erwartet, als das schwierigste aller Probleme erweisen.

*

Den ganzen Tag fanden endlose Gespräche über die Landkarte statt. Inzwischen suchte Clark mit den Kartographen des Militärs nach Wegen, wie sich das Verhältnis von 55 zu 45 wieder auf 51 zu 49 Prozent zurückschrauben ließe, ohne daß die Föderation »wichtige« Gebiete aufgeben mußte. Da ein beträchtlicher Anteil des bosnischen Terrains aus dünnbesiedelten Bergregionen bestand (aus »wertlosem Land«, wie Silajdzic es verächtlich ausdrückte), gab es einen, wenn auch geringen Spielraum für Kompromisse. Mit Hilfe ihrer Rechner konnten die Kartographen Bosnien bis auf ein hundertstel Prozent genau ausmessen. Es war eine absurde und irreführende Präzision; allein die auf den Karten eingezeichneten Linien machten mindestens ein Prozent des Landes aus. Da jedoch beide Seiten nun von dem Problem besessen waren, war der genaue Prozentsatz des von jeder Partei beherrschten Territoriums zu einer zentralen Frage geworden.

Am schlimmsten war, daß die Besessenheit, mit der über die prozentuale Aufteilung des Landes gestritten wurde, bewies, wie wenig beide Seiten den politischen Aspekten der in Dayton bereits verabschiedeten Bestimmungen trauten. Wie es Izetbegović einmal formuliert hatte, stand »ein Berg von Leichen« jedem Vertrauen zwischen den beiden Parteien im Wege. Der Streit über die Gebietsverteilung in Dayton war eine Art Fortsetzung des Krieges mit verbalen Mitteln, während die politischen Gespräche immerhin ein Versuch waren, die politischen Rahmenbedingungen für eine gemeinsame Zukunft zu entwerfen. Wir alle waren uns dieses Widerspruchs nur allzu bewußt, wußten aber auch, daß wir nichts tun konnten, um ihn aufzuheben.

*

Der Tag schleppte sich dahin. Milošević war noch immer wütend über unseren »cleveren Trick« mit den Prozentsätzen und weigerte sich, weitere Konzessionen bezüglich Sarajevos zu machen oder die letzten Details in bezug auf Goražde zu regeln. Nach einigen Stunden gewann er allmählich seine Fassung zurück, und die Gespräche wurden langsam wieder konstruktiver. Doch er bestand noch immer darauf, das Land südlich der Drina in der Nähe von Goražde, die Berge südwestlich von Sarajevo und vor allem den Stadtteil Grbavica in Sarajevo zu behalten. Kurz vor 20 Uhr sahen Hill und ich während der Verhandlungen mit Milošević durch das Fenster, wie Silajdžić Richtung Packy's ging. Beiden Seiten hatten nicht mehr direkt miteinander gesprochen, seit Milošević Stunden zuvor die Schaubilder in Izetbegovićs Zimmer gesehen hatte. Ich rannte hinaus auf den Parkplatz, packte Silajdžić am Arm, sagte: »Sie kriegen vielleicht, was Sie wollen, wenn Sie jetzt sofort mit Milošević reden«, und schleppte ihn ins Haus. Dort bat ich die beiden Männer, direkt miteinander zu verhandeln, und ließ sie mit Chris Hill, unserem »Fremdsprachenexperten«, allein.

Die drei Männer stritten stundenlang miteinander, während Christopher, Donilon, Steinberg, Burns und ich in einem anderen Raum warteten. Immer wieder kam Hill vorbei, um uns Bericht zu erstatten oder neue Karten zu holen. Er war ein vorsichtiger Mensch und neigte in bezug auf den Balkan nicht gerade zu übermäßigem Optimismus, nun jedoch wirkte er geradezu aufgekratzt. Als wir uns in Christophers Zimmer mit Sandwiches stärkten, hatten wir das Gefühl, daß wir womöglich kurz vor einem Abschluß standen, und Donilon und Burns riefen Washington an, um zu besprechen, wie die Paraphierung des Abkommens gestaltet werden sollte.

*

Um 22 Uhr kehrte Tudjman aus Zagreb zurück, um sich an der letzten Verhandlungsrunde zu beteiligen. Christopher und ich holten ihn vom Flughafen ab und gaben ihm zu verstehen, daß er sowohl auf Izetbegović als auch auf Milošević direkten Druck ausüben müsse. Er sagte, er werde am folgenden Morgen tun, was er könne, zeigte jedoch keine Neigung, sich an dem Marathongespräch zwischen Milošević und Silajdzic zu beteiligen, das bereits in die dritte Stunde ging.

Nach hartnäckigem Druck von Hill war Milošević schließlich bereit, einige zusätzliche Gebiete bei Goražde aufzugeben. An einem Punkt forderte Silajdzic Ustkolina, einen kleinen Ort bei Goražde, und wies darauf hin, daß dort die älteste Moschee Bosniens stehe. Milošević lachte hämisch. »Haris, Haris«, sagte er, »wissen Sie nicht, daß diese Idioten (er meinte die bosnischen Serben) sie in die Luft gesprengt haben?«

»Aber die Moschee ist ein heiliger Ort«, antwortete Silajdzic ungläubig.

»Haris«, sagte Milošević, »jetzt hören Sie sich an wie Karadžić.« Aber er gab nach, und Ustkolina gehörte wieder den Muslimen.

Kurz darauf willigte er auch ein, der Föderation einen symbolisch bedeutsamen Landstreifen am Südufer der Drina zu überlassen. Vier Tage nach der Serviettendiplomatie im Offizierskasino war das Problem Goražde gelöst. Damit hatten wir die ursprüngliche amerikanische Position, daß Goražde nicht zu verteidigen sei und in den Verhandlungen aufgegeben werden müßte, widerlegt. Die Stadt war gerettet.

Danach wandten sich die drei Männer wieder Sarajevo zu und trugen auf einem Stadtplan ihre Vorschläge ein. Milošević beharrte nach wie vor darauf, Grbavica und die Berge südwestlich von Sarajevo zu behalten. Silajdzic sagte, ohne das Viertel werde es keine Übereinkunft geben; es sei ein integraler Bestandteil der Stadt. Hill zeichnete eine Linie auf den Stadtplan, nach der Grbavica Sarajevo zugeschlagen wurde, und sagte: »Das ist *unsere* Linie, die amerikanische Linie.« Plötzlich erhob Milošević keinen Widerspruch mehr.

Silajdzic forderte das bergige Gebiet über der Stadt, damit Sarajevo nie mehr mit Kanonen und Mörsern beschossen werden konnte, auf dem aber unter anderem ein serbischer Friedhof lag. »Jetzt wollen Sie auch noch unsre Toten«, protestierte Milošević, gab dann aber wiederum nach. Hill und Silajdzic hatten, fast ohne es zu bemerken, ein ungeteiltes Sarajevo gewonnen.

Sämtliche weiteren Zugeständnisse, erklärte Milošević, würden jedoch an die Bedingung geknüpft, daß die Verteilung von 51 zu 49 Prozent wiederhergestellt wurde. Christopher und ich holten Silajdzic aus seiner Sitzung mit Milošević und erklärten ihm, daß wir nicht mehr an den Prozentzahlen auf den Plakaten festhalten könnten. Silajdzic war darüber nicht überrascht; er hatte immer die Ansicht vertreten, daß die Qualität des Landes wichtiger sei die Quantität. Er war bereit, so zu verhandeln, daß das Verhältnis wieder 51 zu 49 betrug.

Kurz nach Mitternacht brachen die drei Männer ihre Gespräche ab. Silajdzic kehrte mit einem sehr guten Gefühl in sein Gebäude zurück, wo er sich anschließend mit Izetbegović und seinem eigenen Kartographen beriet.

Im Gang und in dem kleinen Konferenzraum des amerikanischen Gebäudes drängten sich die Mitglieder unserer Delegation. Die Luft war miserabel und von Pizzageruch erfüllt. In einem der Arbeitszimmer brütete Tom Malinowski, einer von Christophers besten Redenschreibern, über zwei Erklärungen – einer für den Erfolg und einer für das Scheitern der Konferenz. Ich sah mir den für den Fall eines Mißerfolgs der Konferenz formulierten Redeentwurf an, sah, daß Malinowski versuchte, den Ereignissen einen positiven Anstrich zu geben, und warf den Text in den Papierkorb. Ich schrieb einen neuen Text, in dem das Scheitern der Konferenz, wenn es denn kommen würde, mit brutaler Offenheit und ohne Beschönigung verkündet wurde. »Schlicht gesagt«, endete mein Text,

»wir haben unser Bestes gegeben. Aber die Parteien haben uns durch ihre Unfähigkeit, sich zu einigen, sehr deutlich gemacht, daß alle weiteren US-amerikanischen Anstrengungen, ein Abkommen auszuhandeln, fruchtlos sein müssen. Daher endet diese Initiative mit dem heutigen Tag... Die besondere Rolle, die wir in den letzten Wochen gespielt haben, ist zu Ende. Die heute hier anwesenden Staatsführer werden mit den Folgen ihres Versagens leben müssen.

*

Der »Siebenunddreißig-Minuten-Frieden«. Die Nacht war noch lange nicht vorüber. Miloševic hatte unser Gebäude nicht verlassen, sondern war nur von meinem Zimmer in den Konferenzraum gewechselt. Dort wartete er mit mir, Christopher, Hill und Clark, der riesige Landkarten vorbereitet hatte, auf Silajdzics Rückkehr, der kurz nach 2 Uhr mit seinem Kartographen erschien.

Miloševic und Silajdzic stritten und schrien zwei weitere Stunden lang und malten schwungvolle Linien auf die Karten. Eine Übersetzung war so gut wie überflüssig – die Körpersprache, die Gesten der Hände, die aufwallenden Emotionen erzählten genug. Silajdzic war in der Offensive. Er verlangte ein Zugeständnis nach dem anderen – hier einen Bahnhof, dort einen Berggipfel – und sammelte auf diese Weise immer mehr Gebiet. An einem Punkt des Gesprächs wies der bosnische Kartograph darauf hin, daß das Wasserreservoir bei Faletici, nördlich von Sarajevo, nicht in das Gebiet der Föderation fiel. »Ich bin doch kein Unmensch«, sagte Miloševic und gab es mit einer Handbewegung an die Bosnier. Es war klar, daß er hier und jetzt ein Abkommen wollte. Doch er bestand darauf, daß am Ende die Verteilung wieder 51 zu 49 Prozent betragen müsse.

Dies war angesichts der von ihm bereits gemachten Zugeständnisse keineswegs einfach. Es würde nicht mehr genügen, hier und dort die Grenzen zu begradigen und ein bißchen von den weniger wichtigen Gebieten der Föderation an die Serben zurückzugeben. Irgendwann nach 3.30 Uhr fand Silajdzic eine Lösung, die es der Föderation erlaubte, alle in Dayton ausgehandelten wichtigen Territorialgewinne zu behalten, und trotzdem die geheiligte 51 zu 49-Formel wieder herstellte. Er zog eine Linie um ein großes eiförmiges Gebiet südlich der Hauptverkehrsstraße 5 in Westbosnien und bot es der Republika

Srpska an. Es war ein bergiges, dünn mit Serben besiedeltes Territorium, das die Kroaten bei ihrer jüngsten Offensive eingenommen hatten –, genau das, was Silajdzic mit »wertlosem Land« beschrieben hatte. Hill taufte das Gebiet wegen seiner Form »das Ei«, während Milošević fand, daß es Spanien glich, und es »die Iberische Halbinsel« nannte. Beide Männer kamen überein, seine Größe exakt so festzulegen, daß bezüglich des ganzen Landes eine Verteilung von 51 zu 49 Prozent erreicht wurde.

Plötzlich streckte Milošević die Hand aus, und etwas überrascht schlug Silajdzic ein. Abgesehen von ein paar Details war das Abkommen perfekt. Es war vier Uhr morgens. Einen Augenblick saßen wir schweigend da, zu verblüfft, um zu reagieren. Die beiden Männer redeten plötzlich entspannt miteinander und scherzten sogar. Silajdzic war begeistert über seinen Verhandlungstriumph, während Milošević vor allem erleichtert schien, daß die Sache endlich beigelegt war. Christopher verließ den Raum und bat seinen persönlichen Referenten Bob Bradtke, eine Flasche seines kalifornischen Lieblings-Chardonnays aus seinem Reisevorrat zu holen. Wir tranken aus Plastikbechern auf den Frieden. (Der praktizierende Muslim Silajdzic begnügte sich mit einer Cola.) Ein Fotograf der Luftwaffe wurde gerufen und dokumentierte die feierliche Szene.

Nachdem Silajdzic ein paar Mal an seiner Cola genippt hatte, verschwand er kurz, um seinen Präsidenten zu holen. Ein paar Minuten später erschien Izetbegović. Er trug einen Mantel über dem Schlafanzug und sah verschlafen und gereizt aus. Er wollte keinen Drink, nicht einmal einen alkoholfreien, und starrte kommentarlos auf die Karte.

Auch ich hatte inzwischen die Karte studiert. Irgendwie hatte ich das Gefühl, daß etwas nicht stimmte, aber vor lauter Müdigkeit erkannte ich zunächst nicht, was es war. Dann traf es mich wie ein Hammerschlag: Alle Gebiete, die Silajdzic »zurückgegeben« hatte, lagen auf kroatisch beherrschtem Territorium – und es waren keine Kroaten anwesend. Ich flüsterte Hill zu, er solle Tudjman holen.

Zehn Minuten später erschien Hill mit dem kroatischen Außenminister Mate Granić. Es war inzwischen 4 Uhr vorbei, doch der kroatische Außenminister war makellos gekleidet und sah aus, als hätte er gerade nach einem ruhigen Tag sein Büro verlassen. Er setzte sich, stieß höflich mit uns an und ließ sich das Abkommen erklären. Dann bat er ganz ruhig, die an die Wand gelehnte Karte näher betrachten zu dürfen. Als er sie studierte, ging eine erstaunliche Veränderung mit ihm vor. Später fiel mir dazu die Szene ein, wie der Schauspieler Zero Mostel sich in Ionescus berühmtem Drama in ein Nashorn verwandelte. Granić wurde puterrot und brachte zunächst kein Wort heraus. Dann hieb er mit der Faust auf die Karte, schrie: »Unmöglich! Absolut unmöglich!« und ging aufgeregt in dem kleinen Raum auf und ab. »Unmöglich. Die Chancen sind Null Komma Null Null, daß mein Präsident das akzeptiert!« Damit stürmte er aus dem Zimmer, wobei er fast über Jim O'Brien gestolpert wäre, der im Gang auf dem Boden saß, ein Bier trank und mit Jim Steinberg plauderte.

Minuten später kehrte Granić mit Verteidigungsminister Šušak zurück. Dieser warf nur einen Blick auf die Karte und wandte sich dann Silajdzic zu. »Sie haben Land verschenkt, das wir mit kroatischem Blut erobert haben«, schrie er den regungslos am Tisch sitzenden Silajdzic auf Englisch an. Milošević sagte nichts. Izetbegović hatte sich weit vorgelehnt und hörte aufmerksam zu. Das verspricht interessant zu werden, schien seine Haltung zu sagen.

Es bestand noch immer eine Chance, die Fortschritte des Abends zu retten. Wenn das Problem schlicht darin bestand, daß Silajdzic zuviel kroatisches Territorium abgetreten hatte, konnten wir vielleicht seine »Rückgaben« gleichmäßiger zwischen Kroaten und Muslimen verteilen. Ich schlug vor, genau dies zu tun. Dann fiel mir auf, daß Izetbegović noch immer kein Wort gesagt hatte und ich wandte mich direkt an ihn. »Was meinen Sie, Herr Präsident? Können wir die Verhandlungen hier und jetzt abschließen?«

Seine Antwort besiegelte den langen Tag. »Ich kann diese Übereinkunft nicht billigen«, sagte er mit leiser Stimme auf Englisch.

»Was haben Sie gesagt?« fragte Christopher ungläubig.

Nun kam es lauter heraus: »Ich kann diese Übereinkunft nicht billigen.«

Einen Augenblick herrschte absolutes Schweigen. Plötzlich nahm Silajdzic die vor ihm liegenden Papiere, knallte sie mit aller Kraft auf den Tisch und schrie: »Das halte ich nicht mehr aus«, und rannte hinaus in die kalte Daytoner Nacht.

»Lassen Sie uns die Angelegenheit morgen nochmals in Ruhe besprechen«, sagte ich. Izetbegović, der plötzlich sehr zufrieden wirkte, verließ zusammen mit Granić und Šušak den Raum. Wir blieben mit Milošević zurück, der während des ganzen Geschehens nichts gesagt hatte.

Der »Frieden« hatte genau 37 Minuten gedauert. Der 22stündige Tag hatte mit einem Desaster geendet. Seit der Tragödie am Berg Igman hatte uns nichts mehr so hart getroffen. Schließlich, kurz nach 5 Uhr, waren wir zu erschöpft, um noch weiter über einen Ausweg nachdenken zu können, und zogen uns auf unsere Zimmer zurück, um vor der Fortsetzung der Gespräche noch ein wenig Schlaf zu finden.

Zwanzigster Tag: Montag, der 20. November

Die meisten von uns hatten gerade einmal eine Stunde geschlafen (und Christopher, wie er mir später erzählte, überhaupt nicht), als wir uns zu unserer morgendlichen Lagebesprechung zusammensetzten. Die Verhandlungen waren in Sichtweite des Zieles steckengeblieben, und nach dem Drama der vergangenen Nacht lagen bei allen drei Delegationen die Nerven bloß. Christopher, Donilon, Steinberg und ich beschlossen, daß wir nun unsere schwerste Waffe ins Spiel bringen mußten: Präsident Clinton.

Wir hatten eine Intervention (nicht jedoch einen Besuch) des Präsidenten in Dayton schon immer mit eingeplant gehabt; die Frage war nur, wann und wie sie stattfinden sollte. Es war wichtig, den Präsidenten nicht zu schwächen. Der Präsident ist eine kostbare Münze, die nicht abgewertet werden darf. Wir anderen konnten aufsteigen oder stürzen, Erfolg haben oder scheitern, und wenn nötig auch ersetzt oder abgesetzt werden. Aber der Präsident repräsentiert das Volk. Es gibt keine höhere Autorität, und wenn er scheitert oder sich irrt, kann das den nationalen Interessen schaden. Deshalb wird jedes Eingreifen des Staatsoberhaupts vom Stab des Weißen Hauses intensiv debattiert.

Christopher und ich telefonierten mit Tony Lake und baten ihn, zwei Telefongespräche zu arrangieren – eines mit Tudjman und eines mit Izetbegović. (Ein Gespräch mit Milošević war weder notwendig noch erwünscht.) Wir empfahlen, der Präsident solle eine einfache Botschaft vermitteln: Sie stehen unmittelbar vor dem Erfolg, und ich fordere Sie im Namen des Friedens auf, Ihre Differenzen beizulegen.

Lake sagte, er wolle die Anrufe des Präsidenten auf den Nachmittag verschieben, damit wir noch einmal versuchen könnten, ein Abkommen zu erreichen. Wichtiger noch, Lake lehnte ein Gespräch Clintons mit Izetbegović ab, da keinesfalls der Eindruck entstehen sollte, daß der Präsident die Muslime unter Druck setzte. Christopher und ich waren anderer Ansicht und sagten, beide Anrufe seien von absoluter Wichtigkeit.

Lake blieb hart. Obwohl Christopher und ich ihn warnten, daß er damit das Risiko eines Mißerfolgs beträchtlich erhöhte, beharrte er darauf, Clinton von einem Anruf bei Izetbegović abzuraten. Auch als wir argumentierten, der Anruf könne so inszeniert werden, daß es nicht als Druck ausgelegt werden könnte, gab er nicht nach.

Das Kernteam unserer Delegation wollte sich damit nicht abfinden, und Kerrick nutzte seinen direkten Draht zum Nationalen Sicherheitsrat, um die Entscheidung doch noch umzustoßen – ohne Erfolg. Anschließend schrieb er einen ersten Entwurf der Argumente, die der Präsident mit Tudjman vorbringen sollte. In einem letzten Anlauf, Lakes Widerstand zu umgehen, schlug ich vor, Christopher solle Clinton direkt anrufen, um ihn sofort und intensiver mit einzubeziehen, doch er wollte wegen eines Anrufs des Präsidenten bei Izetbegović keinen Streit mit Tony Lake riskieren.

Wir statteten Tudjman einen Besuch ab. Er sagte, seine Minister hätten mit seiner vollen Unterstützung gehandelt, als sie das Verhandlungsergebnis von Milošević und Silajdzic platzen ließen. »Es geht nicht an, daß wir als einzige Partei Land hergeben müssen«, sagte er. »Auch die Muslime müssen ihren Teil beitragen.«

Um 9.15 Uhr trafen wir mit Bildt zusammen und baten ihn, zuerst mit Tudjman und dann mit den beiden anderen Präsidenten Einzelgespräche zu führen. Bildt telefonierte mit Nato-Generalsekretär Javier Solana in Brüssel und überbrachte dann den drei Delegationen eine einfache, aber nachdrückliche Botschaft: »Rechnen Sie nicht mit einem besseren Ergebnis in Europa. Besiegeln Sie das Abkommen hier.«

Nach Bildts Visite suchte Tudjman Izetbegović auf. Die beiden berieten, ob sie Milošević gemeinsam dazu bringen könnten, sich mit weniger als 49 Prozent des Landes zufriedenzugeben, kamen aber wie wir zu dem Schluß, daß dies unmöglich war.

Um 11 Uhr kam Bildt in mein Zimmer und fragte, wie wir vorankämen. »Wir sind tief besorgt«, antwortete ich, »daß die Bosnier einfach ihre Forderungen erhöhen, wenn Milošević noch mehr Zugeständnisse macht.«

»Glauben Sie, daß Izetbegović überhaupt ein Abkommen will?«

fragte Bildt. Dieselbe Frage hatte Warren Christopher auch schon gestellt. »Ich bin mir nicht ganz sicher«, sagte ich. »Manchmal sieht es so aus, als gehe es ihm mehr um Rache als um den Frieden. Aber er kann nicht beides haben.« Selbst Chris Hill, der die Bosnier bislang stets unterstützt hatte, war wütend und frustriert. »Diesen Leuten ist einfach nicht zu helfen« sagte er. Eine aufschlußreiche Bemerkung für einen Mann, der Jahre seines Lebens damit verbracht hatte, den Bosniern zu helfen, ihr Land zu retten.

*

Es war ein schöner, sonniger Tag, klar und frisch, aber nicht zu kalt, und viele Delegationsmitglieder nutzten die Gelegenheit, sich bei einem kurzen Spaziergang zu entspannen. Auf dem Parkplatz zwischen den einzelnen Gebäuden bildeten sich immer wieder kleine Grüppchen, und mit der Zeit entstand so etwas wie eine »Parkplatz-Diplomatie«. Einmal traf Bildt Milošević und stellte fest, daß dieser »verzweifelt« nach einem Abkommen strebte. »Ihr könnt mir alles geben«, sagte der serbische Präsident, »Felsen, Sümpfe, Berge – egal was, so lange wir damit nur 49 Prozent kommen.«

*

Gegen 15 Uhr rief Präsident Clinton Tudjman an. »Ich bin beeindruckt, wie viel im Rahmenabkommen erreicht wurde, und davon, wie sehr alle Parteien davon profitieren werden«, sagte er. »Um das Problem der Grenzziehung zu lösen, werden sehr schwierige Tauschgeschäfte notwendig sein. Ich rufe Sie an, weil ich eine Bitte an Sie habe: Geben Sie einen kleinen Teil der kroatischen Eroberungen in Westbosnien zurück und stellen Sie damit das im territorialen Grundkonzept des Kontaktgruppenplans vorhergesehene Verhältnis von 51 zu 49 Prozent wieder her.«

Tudjmans Antwort verblüffte den Präsidenten und seine Berater in Washington, die das Gespräch mithörten und sich Notizen machten. »Mr. President, einen solchen Vorschlag haben wir bereits gemacht«, sagte Tudjman und fügte hinzu, daß wir nur noch zwei oder drei Stunden von einem endgültigen Abkommen entfernt seien. Damit war das kurze Gespräch zu Ende.

Sandy Vershbow hatte das Gespräch für uns mitgehört, und sobald er Christopher und mich ins Bild gesetzt hatte, suchten wir Tudjman auf. In Wirklichkeit hatte der Kroate vor dem Gespräch mit dem Präsidenten keinen Vorschlag gemacht – aber er wußte, daß er es nun tun mußte. »Auf Präsident Clintons Bitte hin«, erklärte Tudjman, »werde ich meine Unterhändler instruieren, 75 Prozent des für die Wiederherstellung eines Verhältnisses von 49 zu 51 Prozent benötigten Landes abzugeben.« Das waren wirklich gute Nachrichten. Doch dann folgten zwei wichtige Bedingungen: »Erstens, die Muslime müssen einen Teil ihres Landes abgeben. Und zweitens, ich muß wenigstens einen Teil der Posavina-Enklave zurückbekommen.«

Der Anruf Präsident Clintons hatte den Verhandlungen neues Leben eingehaucht. In der Hoffnung, daß sich die Vernunft noch einmal durchsetzen würde, suchten wir sofort Izetbegović auf. Wir informierten den bosnischen Präsidenten und Silajdzic, daß Tudjman aufgrund der persönlichen Intervention Clintons zugesagt habe, drei Viertel des für ein Verhältnis von 51 zu 49 benötigten Landes »beizusteuern«. Den Rest – nur ein Prozent des Gesamtgebiets – würden sie selbst abtreten müssen. Wir dachten, dies würde leicht zu bewerkstelligen sein, insbesondere, da die Bosnier dazu keine Gebiete aufgeben mußten, die sie gegenwärtig beherrschten, sondern nur Land, das ihnen Milošević in den letzten paar Tagen zugestanden hatte – »theoretisches Land«, wie wir es nannten.

Zu unserer Bestürzung lehnte Izetbegović ab. Während Silajdzic schweigend dabeisaß, vertrat Sacirbey die Ansicht, daß die kroatische Position noch immer unfair sei. Schließlich fing Izetbegović zu Christophers großer Überraschung auch noch an, wieder über Brčko, Srebrenica und Žepa zu sprechen. Wir kehrten in meine Räume zurück, wo Christopher sich in ungewöhnlich deutlichen Worten über den Auftritt der Bosnier ausließ.

Danach gingen wir zu Milošević, dem wir auseinandersetzten, daß wir die 51 zu 49-Formel erreichen könnten – vorausgesetzt, er würde auf einen Teil der Posavina-Enklave verzichten. Er wirkte angesichts dieser Forderung einen Augenblick wie betäubt, verstand jedoch, warum Tudjman so großen Wert darauf legte. Über detaillierte Landkarten gebeugt, führten Milošević, Hill und ich zähe Nebenverhandlungen, die sich mit Pausen die folgenden sechs Stunden hinzogen. Milošević erklärte sich schließlich bereit, ein Stück der Posavina-Enklave mit der an der Save liegenden Stadt Bosanski Samac und der Stadt Orasje abzugeben, aus der die Kroaten zu Anfang des Krieges im Rahmen der ethnischen Säuberungen vertrieben worden waren. Als wir die Grenzen von Bosanski Samac festlegen wollten, gerieten wir in eine Sackgasse. Ich dachte an Harold Nicolsons Unterhändler in Versailles, die Linien auf Karten zogen, ohne recht zu wissen, was sie taten[4], und zog eine Linie, die in der Mitte der Save, direkt entlang der internationalen Grenze, verlief und dann einen kleinen Bogen um die Stadtgrenzen von Samac beschrieb.

Tudjman nahm diese Rückgabe bosnisch-kroatischen Landes in letzter Minute freudig zur Kenntnis. Außer Ostslawonien hatte er dem kroatischen Volk nun auch den Rückgewinn von etwas kroatischem Land in Bosnien zu bieten. Und daß es in der Nähe des Geburtsorts von Föderationspräsident Kresimir Zubak lag, verlieh dem Erfolg zusätzliches Gewicht.

Bis 21 Uhr hatte Tudjman als Gegenleistung genügend Land abgetreten, um ein Verhältnis von 52 zu 48 herzustellen. Wir brauchten nur noch ein Prozent, und der Handel war perfekt. Doch selbst das lehnten die Bosnier ab. Christopher, Donilon, Steinberg, Kornblum, Hill und Burns und ich trafen uns zu einer Lagebesprechung im Zimmer des Außenministers. Wir waren bedrückt und müde. »Das Land, das die Bosnier aufgeben müssen, ist nur theoretisch«, sagte ich wieder einmal. »Wir wollen nicht einen Zentimeter von dem Land, das sie zur Zeit beherrschen.«

»Es ist wirklich unglaublich«, sagte Christopher. »Die bosnische Position ist irrational. Sie haben ein großartiges Abkommen in ihrer Reichweite, aber sie weigern sich, zuzugreifen.«

*

»Was können wir mehr tun?« fragte Christopher fast schon rhetorisch. »Wir haben ihnen alles in den Schoß gelegt, wonach sie verlangt haben.«

»Chris«, sagte ich, »dieses Spiel hat lange genug gedauert. Wir müssen jetzt ein absolutes Zeitlimit setzen.« Ich empfahl, Izetbegović mitzuteilen, daß wir in einer Stunde die Konferenz beenden würden und er sich bis dahin entschieden haben müsse. »Und dieses Mal meine ich wirklich beenden«, fügte ich hinzu, »nicht bloß einen Bluff.«

Es war eine gewaltige Entscheidung. Ich hatte sie Tage zuvor in dem Memorandum »Abschluß oder Abbruch« angedeutet. Nun entspann sich ein hitziges Streitgespräch zwischen denen, die es weiter versuchen wollten, und denen, die glaubten, wir hätten die besten Erfolgschancen, wenn wir alle Beteiligten mit der drohenden Aussicht auf einen Abbruch der Gespräche konfrontierten. Die Auseinandersetzung dauerte fast eine Stunde. Sollte die Shuttle-Diplomatie wiederaufgenommen werden, wenn wir die Gespräche in Dayton abbrachen? Sollten wir zulassen, daß die Konferenz in Europa unter Bildts Vorsitz fortgesetzt würde? Es war ein riskantes Spiel. Ein, zwei Leute, die anfangs für einen Abbruch plädiert hatten, änderten ihre Meinung, aber Kornblum und ich setzten uns beharrlich für einen endgültigen Schlußstrich ohne Wiederaufnahme der Shuttle-Diplomatie ein. Schließlich, nach langer Debatte, kam auch Christopher zu dem Schluß, daß wir den Bosniern ein Ultimatum stellen müßten. Wir schlugen vor, es Punkt Mitternacht ablaufen zu lassen.

»Ich denke, wir sollten den Präsidenten informieren«, sagte Christopher. Über eine abhörsichere Leitung erklärte er dem Präsidenten, was wir vorhatten, lauschte einen Moment und sagte: »Danke für Ihr Vertrauen, Mr. President.« Dann sagte er zu uns gewandt: »Der Präsident ist mit unserem Vorgehen einverstanden. Er hat uns seine volle Unterstützung zugesichert.«

Kornblum teilte den Bosniern mit, daß wir sie sofort zu sehen wünschten, und informierte Bildt über unsere Absicht, ein Ultimatum zu stellen. Um 22.30 gingen Christopher und ich hinüber zum Gebäude der bosnischen Delegation.

*

Izetbegović, Silajdzic und Sacirbey erwarteten uns bereits. Wir setzten uns wie üblich nebeneinander auf die Couch, und Christopher eröffnete das Gespräch.

»Herr Präsident«, sagte er, »wir haben hier in Dayton große Fortschritte gemacht und stehen unmittelbar vor einem erfolgreichen Abschluß. Wenn Sie das von Ihnen beanspruchte Gebiet um ein Prozent reduzieren, können wir ein endgültiges Abkommen schließen. Sie brauchen dazu keinen Meter des Landes aufgeben, das Sie gegenwärtig beherrschen. Es ist ein sehr gutes Geschäft, Herr Präsident. Wir haben fast alles erreicht, was Sie verlangt haben.«

Izetbegović fühlte sich sichtlich unwohl in seiner Haut. Er begann wieder seine üblichen Klagen zu erheben. Wir versuchten, vernünftig mit ihm zu reden, aber er wurde immer verstockter und sprach wiederholt das Thema Brčko an. Er habe das Gefühl, daß in Dayton nur auf ihn allein Druck ausgeübt werde, und er hasse Druck. Er sei müde und fühle sich bedrängt, und seine Delegation stehe kurz vor dem Auseinanderbrechen. Seine Augen verengten sich, bis sie fast nicht mehr zu sehen waren, dann wandte er sich von uns ab und sagte mit leiser Stimme etwas zu seinen Kollegen.

Christopher war mit seiner berühmten Höflichkeit und Geduld am Ende, und so übermittelte er das Ultimatum in einem Ton echten Zorns. »Herr Präsident«, sagte er, »ich bin wirklich enttäuscht über die unklare, unrealistische und nachlässige Art, wie Sie und Ihre Delegation an diese Verhandlungen herangegangen sind. Sie können ein erfolgreiches Ergebnis haben oder auch nicht – wie Sie wünschen. Aber wir brauchen Ihre Antwort in einer Stunde. Wenn Sie nein sagen, werden wir morgen bekanntgeben, daß die Daytoner Gespräche beendet sind.« Wir standen auf, um zu gehen, und ich fügte hinzu: »Nicht vertagt – beendet. In einer Stunde.«

*

Christopher kehrte direkt ins Hope-Center zurück, um – zum ersten Mal seit drei Tagen – eine Nacht lang zu schlafen. Ich versprach, daß wir uns melden würden, sobald wir etwas von den Bosniern hörten. Ich war noch keine Minute in meinem Zimmer zurück, als die Tür aufflog und ein wutentbrannter Haris Silajdzic hereinstürzte. »Sie und Christopher haben alles ruiniert«, schrie er. »Wie konnten Sie das zulassen? Wissen Sie nicht, daß wir uns einem amerikanischen Ultimatum nie beugen werden, niemals!«

»Sie sind es, die alles ruiniert haben«, fuhr ich ihn an. »Man hat Ihnen mindestens 95 Prozent Ihrer Wünsche erfüllt, und nun sind Sie im Begriff, alles das Klo runterzuspülen, weil Sie mit Ihren eigenen Leuten nicht klarkommen.« Als Silajdzic weiter wütete, bat ich ihn zu gehen. »Nutzen Sie die nächste Stunde. Bringen Sie Ihren Präsidenten dazu, daß er das Angebot annimmt«, sagte ich. »Dann ist der Krieg zu Ende. Sie werden es nicht bedauern.«

*

Um 23.30 Uhr ging John Kornblum zu den Bosniern hinüber, um ihre Antwort entgegenzunehmen. Sacirbey paßte ihn im Gang ab. Die Bosnier, verkündete er, würden ein Prozent des Landes abtreten, um das

Verhältnis von 51 zu 49 herzustellen, doch sie wollten etwas dafür haben – Brčko.

»Sie stellen eine neue Bedingung«, sagte Kornblum, »obwohl Sie wissen, daß wir dem nicht zustimmen können.« Er überreichte Sacirbey den Entwurf, in dem das Scheitern der Konferenz verkündet wurde, und sagte, der Text werde am folgenden Morgen um 10 Uhr veröffentlicht.

Ich rief Christopher an und teilte ihm die Neuigkeit mit. »Es ist aus – aber vielleicht ist es doch nicht aus«, sagte ich. »Vielleicht hilft die Tatsache, daß sie unmittelbar vor dem Abgrund stehen, einigen Leuten, bis morgen früh einen klareren Kopf zu bekommen. Bitte versuchen Sie, ein bißchen zu schlafen; wir haben morgen alle einen harten Tag vor uns.«

Als Hill die Erklärung zum Scheitern der Konferenz Tudjman überbrachte, spielte der kroatische Präsident gerade Karten mit seinen Beratern. Tudjman, der schon fast alles hatte, was er wollte, lachte laut auf. Dann fragte er Hill, ob die Vereinigten Staaten wirklich die Absicht hätten, die Bosnier öffentlich für das Scheitern verantwortlich zu machen und drängte uns, die Verhandlungen fortzusetzen.

Nach Hills Rückkehr schickte ich ihn mit Kerrick zu Milošević. Clark, Pardew, Kornblum und Perina folgten später. Bevor sie gingen, schärfte ich ihnen ein, Milošević klarzumachen, daß wir die Konferenz am Morgen wirklich beenden würden – es sei denn, er könnte die Verhandlungen retten. Ich hielt mich absichtlich fern, damit das Treffen nicht zu einer neuerlichen Verhandlungssitzung geriet.

Der Tag war fraglos der deprimierendste in meinem ganzen Berufsleben gewesen. Ich konnte kaum glauben, daß die Bosnier wegen so einer Kleinigkeit das Abkommen platzen lassen würden, und doch schienen sie genau dazu bereit. Ohne den Bericht von dem noch andauernden Treffen mit Milošević abzuwarten, legte ich mich hin und war schnell eingeschlafen.

*

Kornblum berichtete mir später über das Treffen. Milošević war anfänglich recht guter Laune und offerierte allen einen Scotch. Als ihm jedoch klar wurde, daß wir die Konferenz wirklich am folgenden Morgen beenden würden, reagierte er heftig. »Das können Sie nicht tun«, sagte er mit gepreßter Stimme. Dann sagte er zornig: »Wir haben dieses Abkommen fast fertig; das können Sie doch nicht zulassen. Sie sind die Vereinigten Staaten. Sie können doch nicht hinnehmen, daß die Bosnier Ihnen so auf der Nase herumtanzen. Sagen Sie ihnen einfach, was sie zu tun haben.« Als die Amerikaner antworteten, die Vereinigten Staaten hätten bereits sehr viel getan, aber sie könnten keiner der Parteien die Bedingungen des Friedensabkommens diktieren, beschwor sie Milošević: »Versuchen Sie es noch einmal, geben Sie nicht auf.«

Er war äußerst beunruhigt und sagte, er wolle sofort »Franjo« aufsuchen und ihm vorschlagen, daß sie beide das Daytoner Abkommen unterzeichneten, mit oder ohne Izetbegović. Milošević schickte seinen Stabschef Goran Milinović los, um ein Treffen zu arrangieren, doch der kroatische Präsident schlief bereits. Milošević sagte, er werde am Morgen mit Tudjman sprechen. Gegen 2 Uhr brachen die Amerikaner auf und ließen einen zutiefst besorgten Milošević zurück, der es nicht fassen wollte, daß wir die Bosnier nicht zum Unterzeichnen zwingen konnten. »Herr Präsident«, sagte Kornblum zum Abschied, »es hängt an Ihnen. Wir haben getan, was in unserer Macht stand.«

Einundzwanzigster Tag: Dienstag, der 21. November

Um 6.30 Uhr klingelte das Telefon in meinem Zimmer. David Martin, der Pentagon-Korrespondent von CBS, war am Apparat. Es war das erste Mal seit Beginn der Gespräche, daß ein Journalist es geschafft hatte, zu mir durchgestellt zu werden. »Ich gehe in ein paar Minuten auf Sendung«, sagte Martin, »und ich möchte, daß Sie mir etwas bestätigen. Sacirbey ist die ganze Nacht im Holiday Inn gewesen und hat allen erzählt, Sie hätten den Bosniern ein Ultimatum gestellt. Diese hätten sich nicht gebeugt, und nun würden Sie die Gespräche beenden.«

Ich war mit einem Schlag hellwach. »David«, sagte ich, »ich weiß nicht, was Sie von Sacirbey erfahren haben, aber Sie können sagen, daß wir uns momentan in einer absoluten Krise befinden.«

»Danke«, sagte er. »Das ist alles, was ich wissen wollte.« Einige Minuten später hörte ich Martin im Fernsehen sagen, daß wir »in eine absolute Krise« geraten seien. Das waren wir in der Tat. Beim Duschen und Ankleiden verfaßte ich im Kopf eine persönliche Stellungnahme, die ich zusammen mit der offiziellen Erklärung zum Scheitern der Konferenz abgeben würde. Am Ende der Erklärung wollte ich allen Beteiligten für ihre Unterstützung danken und sagen, daß ich mich aus den Verhandlungen zurückzöge, da mir klar geworden sei, daß ich nichts mehr ausrichten konnte.

Inzwischen berichteten auch die anderen Sender über die Krise, in der sich die Dayton-Konferenz befand. Donilon und Kerrick hatten das Weiße Haus über die Lage informiert, und noch während wir in Dayton unsere letzte Lagebesprechung abhielten, besprach sich der Präsident mit seinen wichtigsten Beratern. Einer der Mitarbeiter aus dem Oval Office berichtete mir später darüber:

Wir alle wurden an diesem Morgen im Fernsehen mit der Nachricht konfrontiert, daß Sie gescheitert waren. Bei der Lagebesprechung im Oval Office herrschten gemischte Gefühle. Einige Kollegen, vor allem aus der Innenpolitik, waren erleichtert; sie wußten, daß der Präsident im Fall eines Abkommens die schwerste Entscheidung seiner bisherigen Präsidentschaft treffen – Truppen nach Bosnien zu entsenden – und diese Entscheidung in den Wahlen von 1996 verteidigen müßte. Unsere Meinungsumfragen zeigten, daß die Bevölkerung in ihrer überwältigenden Mehrheit gegen die Entsendung amerikanischer Truppen nach Bosnien war. Andererseits wußten wir alle, daß wir in die Verhandlungen enormes Prestige investiert hatten. Der Präsident äußerte seine eigenen Ansichten nicht, verfolgte jedoch die Diskussion sehr aufmerksam.
Ich würde die allgemeine Haltung wie folgt zusammenfassen: Ein Scheitern der Konferenz würde eine Mischung aus Erleichterung und Enttäuschung zur Folge haben; ein Erfolg eine Mischung aus Stolz und Furcht.

Wir wußten von Tom Donilon, daß Washington den Verhandlungen ambivalent gegenüberstand. Auch Lake hatte uns am Tag zuvor erklärt, daß »nicht jeder in Washington uns Erfolg wünscht«. Für mich war das weder überraschend noch alarmierend. In jeder Regierung gibt es verschiedene Ansichten. Die Verantwortung für Erfolg oder Mißerfolg lag allein bei uns, und dies war nicht der Zeitpunkt, sich über die ambivalente Haltung Washingtons Sorgen zu machen.

Ich kleidete mich gerade für die Lagebesprechung um 8 Uhr an, als es energisch an die Tür klopfte und Chris Hill eintrat. »Es bewegt sich was«, sagte er aufgeregt. »Milošević ist zu Tudjman gegangen. Ich glaube, Slobo wird ihm vorschlagen, das Abkommen zu unterzeichnen, selbst wenn Izetbegović nicht mitmacht.«

Das war zwar kein Durchbruch, aber immerhin sprachen die beiden noch miteinander. Nach dem schrecklichen Gefühl des Scheiterns und der Erschöpfung verfiel ich plötzlich in einen, vielleicht irrationalen, Optimismus. Als Warren Christopher aus dem Hope-Center zur Lagebesprechung herüberkam, nahm ich ihn beiseite und flüsterte: »Wir werden ein Abkommen kriegen!« Er sah mich an, als ob ich den Verstand verloren hätte.

Die Lagebesprechung verlief in einer bedrückenden Atmosphäre. Zwanzig übermüdete Leute drängten sich in dem kleinen, unaufgeräumten Konferenzzimmer. Es gab nichts zu mehr zu tun. Ich sagte, dies sei unsere letzte, unsere »Schlußbesprechung«, und setzte zu einer abschließenden Dankrede an. »Der Minister und ich möchten Ihnen allen für Ihre hervorragenden Leistungen danken. Wir haben alle unser Bestes gegeben, und gleichgültig, was heute geschieht: Nicht wir haben versagt, sondern –«

Plötzlich stürmte Kati in den Raum und rief: »Milošević steht draußen im Schnee und will mit dir sprechen.« Ich bemerkte zum ersten Mal, daß es schneite. Sie rannte wieder hinaus und brachte Milošević in mein Zimmer, wo Christopher und ich auf ihn warteten. Er sah aus, als hätte er die ganze Nacht nicht geschlafen.

»Wir müssen etwas tun, um ein Scheitern zu verhindern«, erklärte er kraftlos. »Ich schlage vor, daß Tudjman und ich das Abkommen unterzeichnen und offenlassen, ob Izetbegović später unterzeichnet.«

»Das ist vollkommen unmöglich«, sagte Christopher fest. »Wir können kein Abkommen treffen, das nicht von allen Parteien unterzeichnet ist. Das wäre kein gültiger Vertrag.«

»Okay, okay,« sagte Milošević. »Dann werde ich den letzten Schritt zum Frieden tun. Ich erkläre mich hiermit einverstanden, die Brčko-Frage heute in einem Jahr in einem Schiedsverfahren entscheiden zu lassen. Sie können dann die Entscheidung selbst treffen, Mr. Christopher.«

Christopher sagte, er könne die Schiedskommission nicht persönlich leiten. Ich schlug vor, für den Fall, daß wir unter diesen Bedingungen ein Abkommen erhalten würden, Roberts Owen mit dieser Aufgabe zu betrauen. Dann sagte ich zu Miloševic, wir müßten nun sofort Tudjman und Izetbegović aufsuchen, um festzustellen, ob wir nun ein Abkommen hätten. Wir brachen das Gespräch ab und gingen hinüber zu Tudjman.

Tudjman hörte genau zu, als ich Miloševics Angebot skizzierte. Danach schlug er sich zweimal auf die Knie, beugte sich so weit, wie es möglich war, zu Christopher hinüber und beschwor ihn auf Englisch: »Machen Sie Frieden. Machen Sie Frieden jetzt! Bringen Sie Izetbegović dazu, daß er zustimmt. Jetzt! Sofort!« Zitternd vor Erregung stand er auf und schob uns fast aus dem Raum.

Christopher und ich kehrten in mein Zimmer zurück und schlossen die Tür hinter uns ab. Während wir unser Vorgehen für das Gespräch mit Izetbegović durchsprachen, hämmerten immer wieder Leute an die Tür, aber wir schenkten ihnen keine Beachtung. Es war absolut essentiell, Izetbegović mit einer glasklaren Position gegenüberzutreten und mit einer Stimme zu sprechen. Dies war definitiv nicht der Moment, noch andere Leute hinzuziehen.

»Chris«, sagte ich zum Abschluß, »das nächste Treffen wird vielleicht das wichtigste in Ihrer ganzen Amtszeit als Minister sein. Wir können dieses Abkommen unter Dach und Fach bringen, wir können aber auch scheitern. Vergessen Sie Washington. Es liegt ganz in Ihrer Hand. Wir müssen mit dem absoluten Willen zum Erfolg in dieses Gespräch gehen.«

Christopher hörte mir schweigend zu, dann nickte er. Ohne noch mit jemandem zu sprechen, gingen wir direkt zu Izetbegović, der gemeinsam mit Sacirbey und Silajdzic auf uns wartete. Wir skizzierten Miloševics Angebot. Schweigen. Ich wiederholte das Angebot langsam und deutlich. Dann wies ich darauf hin, daß vor dem Stützpunkt 700 Journalisten warteten, denen Sacirbey erzählt habe, daß die Gespräche vorüber seien. Wir würden diese Nachricht um 10 Uhr bestätigen, es sei denn, sie würden das Angebot, Brčko einem Schiedsverfahren zu unterwerfen, akzeptieren. Die Zeit sei abgelaufen, und wir bräuchten jetzt sofort eine Antwort.

Es entstand eine lange, nervenzehrende Pause, in der niemand sprach. Schließlich sagte Izetbegović langsam: »Es ist kein gerechter Frieden.« Er machte eine Pause, die uns eine Minute zu dauern schien, obwohl sie vermutlich nur drei Sekunden währte. »Aber mein Volk braucht Frieden.«

Ich erinnerte mich nur allzu deutlich, wie oft es bei den Bosniern nachträglich Probleme gegeben hatte, und wollte mich auf keine weitere Diskussion einlassen. Ich beugte mich zu Christopher hinüber und flüsterte: »Machen wir, daß wir rauskommen, und zwar schnell.« Als wir in der Tür standen, sagte ich zu Sacirbey: »Warum kommen Sie nicht mit und arbeiten mit General Clark sofort die letzten Details der Gebietsaufteilung aus?« Er sagte, er werde in einer Minute da sein, und wir gingen.

*

Christopher und ich telefonierten von meinem Zimmer aus mit Präsident Clinton, während sich die Mitglieder unseres Teams aufgeregt und erleichtert um uns drängten. Der Präsident bot an, zur Verkündung des Abkommens nach Dayton zu fliegen. »Mr. President«, sagte ich, »ich glaube nicht, daß Sie heute wirklich in die Nähe dieser Leute kommen sollten. Wer weiß, was sie hier noch alles anstellen. Sie sind nicht nur unberechenbar, sie haben auch einen Besuch des Präsidenten nicht verdient.« Statt dessen, schlugen wir vor, solle er die Neuigkeit des erfolgreichen Abschlusses der Dayton-Konferenz so schnell wie möglich vom Weißen Haus aus verkünden und erklärten, die Abschlußzeremonie in Dayton auf 15 Uhr zu verschieben. Dann baten wir noch, daß Verteidigungsminister Perry und General Shalikashvili nach Dayton kommen sollten, um die Unterstützung des Pentagons für das Abkommen zu demonstrieren.

*

Als Milošević erfuhr, daß Izetbegović sein Angebot angenommen hatte, kam er sofort zu uns herüber. Er war völlig von seinen Gefühlen übermannt. Gleich nach seiner Ankunft umarmte Milošević Don Kerrick, und überrascht sahen wir, daß er Tränen in den Augen hatte. Er schüttelte jedem einzelnen von uns herzlich die Hand.

*

Wir hatten ein Abkommen, aber trotzdem gab es noch viel zu erledigen. Wir mußten uns auf die noch ungelösten Probleme konzentrieren und hatten noch keine Zeit, uns zurückzulehnen oder zu feiern. Von neuer Energie erfüllt, trat die Verhandlungsdelegation an vielen Fronten gleichzeitig in Aktion. Clark und Sacirbey befaßten sich mit der

schwierigen Aufgabe, das bosnische Gebiet um ein Prozent zu reduzieren. Kornblum, Owen und Miriam Sapiro versammelten die drei
Außenminister und arbeiteten mit ihnen mehrere Details der politischen Anhänge aus. Das Problem mit dem Wahlrecht wurde durch einen Kompromiß gelöst, der es den Wählern, wie von den Bosniern gewünscht, erlaubte, dort zu wählen, wo sie 1991 ihren Wohnsitz gehabt
hatten, ihnen jedoch gleichzeitig, wie von den Serben gewünscht, das
Recht einräumte, auf Antrag auch anderswo zu wählen. (Wie wichtig
diese Klausel war, zeigte sich zwei Jahre später, als die Muslime 18
Abgeordnete in die 84köpfige Versammlung der Republika Srpska
wählten.)

*

Um 11.40 Uhr gab Präsident Clinton im Rose Garden die Paraphierung des Abkommens bekannt. »Nach beinahe vier Jahren, nach
50 000 Toten, nach zwei Millionen Flüchtlingen und nach Grausamkeiten, die die Weltöffentlichkeit mit Abscheu erfüllten, haben die
Menschen in Bosnien nun endlich die Chance, die Schrecken des
Krieges zu überwinden und in der Hoffnung auf Frieden zu leben«,
sagte er. Dann rief er das amerikanische Volk – und insbesondere den
Kongreß – dazu auf, das Abkommen durch die Entsendung amerikanischer Truppen zu unterstützen. »Nun, da eine detaillierte Friedensregelung erreicht ist, wird die Nato rasch ihre Planungen für die Ifor
abschließen. Nur unter amerikanischer Führung und in Zusammenarbeit mit unseren Verbündeten wird es möglich sein, diesem Frieden
eine reale und dauerhafte Gestalt zu verleihen. Unsere Werte, unsere
Interessen und unser globaler Führungsanspruch stehen auf dem
Spiel.«

*

Wir informierten die Kontaktgruppe und luden dann die drei Präsidenten in Christophers Suite im Hope-Center zu einem Mittagessen ein,
bei dem wir die letzten Details besprechen wollten. Um unsere Position im Kongreß zu stärken, verfaßte ich einen Brief an Präsident
Clinton, den ich alle drei Präsidenten unterzeichnen ließ und in dem
sie persönlich die Sicherheit der Nato/Ifor-Truppen garantierten.
    Während des Mittagessens rief Clinton, wie vorab abgesprochen, in
Christophers Suite an. Die drei Männer drängten sich um den Laut-

sprecher des Telefons und rückten immer näher zusammen, während sie angestrengt den Dankesworten Clintons lauschten. Christopher und ich warfen einander einen halb amüsierten, halb erstaunten Blick zu, als wir sahen, daß sich die vornübergebeugten Köpfe von Izetbegović, Tudjman und Milošević fast berührten.

*

Unterdessen machten Hill und Kerrick eine alarmierende Entdeckung. Bei einem Gespräch mit Außenminister Milutinović erfuhren sie, daß keiner der bosnischen Serben das Abkommen unterzeichnen würde. Milutinović gab zu, daß sie der bosnisch-serbischen Delegation die Landkarte erst unmittelbar vor dem Mittagessen zum ersten Mal gezeigt hatten. »Sie sind völlig aus dem Häuschen geraten«, sagte Milutinović lachend und fügte hinzu, Milošević habe beschlossen, daß er, Milutinović, für die Republika Srpska unterzeichnen sollte.

Das war natürlich unannehmbar. Ohne die Unterschrift der bosnischen Serben war das Abkommen praktisch wertlos. Und außerdem, nach welchem Recht sollte der Außenminister der Bundesrepublik Jugoslawien für Pale unterzeichnen können? Ich bat Hill und Kerrick, Milošević zu finden und ihm zu sagen, daß wir die Paraphierung verschieben würden, bis er die Unterschriften der bosnischen Serben hätte.

Milošević zeigte sich erstaunt über unsere Haltung. »Warum machen Sie so eine große Sache aus diesem Mist?« fragte er. »Ich kriege die Unterschriften der bosnischen Serben, sobald ich zurück bin.«

»Warum kann Krajišnik nicht jetzt gleich unterzeichnen?« fragten Hill und Kerrick. »Weil er im Koma liegt, seit er die Karte gesehen hat«, antwortete Milošević mit einem Lachen.

Nach einer kurzen Besprechung beschlossen wir, anstelle der Unterschriften der bosnischen Serben Miloševics Signatur zu akzeptieren – nicht jedoch die seines Außenministers –, und auch das nur unter einer Bedingung: Milošević mußte in einem an Christopher gerichteten Schreiben garantieren, die Unterschriften aus Pale binnen zehn Tagen vorzulegen. Milošević machte sich über den seiner Ansicht nach völlig überflüssigen Brief lustig. »Ich versichere Ihnen, daß ich die Unterschriften innerhalb von 24 Stunden nach meiner Rückkehr nach Belgrad haben werde.« (Er hatte nicht zuviel versprochen; die bosnischen Serben, einschließlich Karadžić, unterzeichneten das Abkommen einen Tag nach Miloševics Rückkehr.)

Die Zeremonie, von der wir nicht einmal zu träumen gewagt hatten –
»ein Tag, von dem viele glaubten, daß er nie kommen würde«, wie
Warren Christopher es ausdrückte – fand in demselben Raum im
Hope-Center statt, in dem drei Wochen zuvor alles begonnen hatte.
Mit dem Gesicht zur Presse und unseren Kollegen sah ich Katherina
Frasure, Gail Kruzel und Sandy Drew in der ersten Reihe sitzen – eine
Erinnerung an den Preis, den uns das Abkommen gekostet hatte. Ne-
ben ihnen saßen die Mitglieder der Kontaktgruppe, unsere Verhand-
lungsdelegation sowie General Shalikashvili und der Stellvertretende
Außenminister John White, der für Perry eingesprungen war.

Christopher eröffnete die Zeremonie, indem er die positiven Eigenschaften des Abkommens hervorhob, zugleich jedoch warnte, daß der
Weg zu seiner vollen Umsetzung nicht leicht werden würde.

Anschließend eröffnete Carl Bildt seine Rede mit einer kurzen,
großzügigen Anerkennung der amerikanischen Leistung, wobei er
dem Personal von Packy's All-Sports Bar seinen besonderen Dank
aussprach. Dann betonte er im Bewußtsein der Aufgabe, die ihm
selbst als Hohem Repräsentanten für den Wiederaufbau Bosniens bevorstand, daß der Wiederaufbau »eine massive Anstrengung der internationalen Gemeinschaft erfordern« werde.

Der dritte Vorsitzende der Konferenz Igor Iwanow hatte bei den
Verhandlungen keine tragende Rolle gespielt. Trotzdem sprach er als
nächster. Zu unserer Überraschung verkündete er, daß sich Rußland
»seine Position bezüglich Anhang 11 B« vorbehalte, »der sich mit
Fragen der militärischen Durchführung befaßt«. Dies war ein kleiner
Wermutstropfen an einem Tag des Triumphs, aber viel wichtiger war,
daß Präsident Jelzin unmittelbar nach Clintons Auftritt im Rose Gar-
den zum russischen Volk gesprochen und die Unterstützung seines
Landes für das Rahmenabkommen von Dayton verkündet sowie die
Beteiligung seines Landes an dessen Umsetzung zugesagt hatte.

Als nächster sprach Milosevic in seiner ersten öffentlichen Stellungnahme seit seiner Ankunft in Dayton. Er sprach optimistisch über
die Zukunft und bezeichnete den 21. November 1995 als den Tag, der
»als das Datum des Kriegsendes im Gebiet des früheren Jugoslawien
in die Geschichte eingehen [wird]«. Alle Seiten hätten »schmerzliche
Konzessionen« machen müssen, doch von nun an werde »der Krieg in
Bosnien-Herzegowina ein Ding der Vergangenheit sein«.

In Washington war man am meisten besorgt, was Izetbegović sagen würde. Jim Steinberg fürchtete, er werde seine private Äußerung, daß das Abkommen ein »ungerechter Frieden« sei, öffentlich wiederholen, und er bat Menzies, den Bosnier zu einer positiven Erklärung zu überreden. Doch Izetbegović, dessen eigentliches Publikum in Bosnien saß, war nicht bereit, ein Abkommen uneingeschränkt zu loben, das ihm Bauchschmerzen bereitete und von dem er nicht sicher war, ob es die Serben einhalten würden. Er sagte: »Heute ist ein historischer Tag für Bosnien und für den Rest der Welt, weil der Krieg – wie wir hoffen – vom Frieden abgelöst wird.« Und dann begann er mit der schwierigen Aufgabe, die Unterstützung seiner Heimat für das Abkommen zu gewinnen:

> Meinem Volk sage ich: Dies mag kein gerechter Friede sein, aber er ist gerechter als eine Fortdauer des Krieges. In der vorliegenden Situation und in der Welt, wie sie nun einmal ist, hätte ein besserer Friede nicht erzielt werden können. Gott ist unser Zeuge, daß wir alles in unseren Kräften Stehende getan haben, um das Ausmaß der Ungerechtigkeit gegenüber unserem Volk und unserem Land zu verringern.

Unter dem Druck der in letzter Minute auftretenden Schwierigkeiten und zu klärenden Details war ich erst dazu gekommen, konkreter über meine eigene Stellungnahme nachzudenken, als die Zeremonie bereits begonnen hatte, und während ich meinen Vorrednern nur mit halbem Ohr zuhörte, schrieb ich eilig meine Erklärung nieder. Ich war eher erleichtert als heiter und eher müde als begeistert. Es gelang mir nicht, dieselbe Freude wie einige andere Beteiligte zu empfinden, obwohl ich dies gewünscht hätte. Nach dem Verhalten, das wir bei einigen Teilnehmern der Konferenz beobachtet hatten, war ich über die Umsetzung des Abkommens besorgter denn je. Wie mehrere Journalisten am folgenden Tage schrieben, zeichneten sich meine Bemerkungen weit mehr als die der anderen Redner durch einen warnenden Ton aus. Ich begann, indem ich Bob Frasures, Joe Kruzels und Nelson Drews gedachte, und fuhr dann folgendermaßen fort:

> Die Abkommen und territorialen Vereinbarungen, die hier und heute paraphiert werden, sind ein gewaltiger Schritt nach vorn – der bisher größte seit Beginn des Krieges. Und doch haben wir eine

ähnlich gewaltige Aufgabe noch vor uns: seine Implementation. Jede einzelne Seite der komplizierten Dokumente und Anhänge, die heute hier paraphiert werden, ist für beide Seiten eine Herausforderung, ihre Meinungsverschiedenheiten, ihre Feindschaften zu begraben, die noch immer schmerzen wie offene Wunden. Auf dem Papier haben wir den Frieden gewonnen. Ihn zu verwirklichen, das ist unsere nächste und größte Herausforderung...

Wir alle haben eine lange, beschwerliche Wegstrecke zurückgelegt, doch wir sind noch nicht am Ziel – noch lange nicht. Die gewaltigen Schwierigkeiten und das Wechselbad der Gefühle, die wir in Dayton während der letzten einundzwanzig Tage erlebt haben, dienen vor allem zur Erinnerung daran, wieviel Arbeit noch vor uns liegt. Lassen Sie uns alle hoffen, daß der heutige Tag noch lange als der Tag in Erinnerung bleiben wird, an dem Bosnien und seine Nachbarn vom Krieg abließen und sich dem Frieden zuwandten.

EPILOG

Bosnien nach Dayton

Zwischen Idee
Und Wirklichkeit
Zwischen Regung
Und Tat
Fällt der Schatten
        T.S.Eliot

KAPITEL NEUNZEHN

Ein langsamer Beginn
(21. November 1995 bis 21. Februar 1996)

Auf der Internationalen Meridiankonferenz, die 1884 in Washington D.C. abgehalten wurde, kamen Vertreter von 26 Nationen überein, die allgemeine Praxis zum offiziellen Verfahren zu machen. Sie erklärten den Längengrad von Greenwich zum internationalen Nullmeridian. Diese Entscheidung behagte den Franzosen jedoch nicht besonders, und so orientierten sie sich noch weitere 27 Jahre, bis 1911, am Meridian ihres Pariser Observatoriums, das etwas über 2 Grad östlich von Greenwich lag. Doch auch danach noch zögerten sie, von der »Mittleren Zeit von Greenwich« zu sprechen. Sie verwendeten lieber die Formulierung »Mittlere Zeit von Paris, verspätet um 9 Minuten, 21 Sekunden«.

> Dava Sobel, *Längengrad: Die wahre Geschichte eines einsamen Genies, welches das größte wissenschaftliche Problem seiner Zeit löste*

Eine Stunde nach der feierlichen Paraphierung des Dayton-Abkommens flogen Kati und ich mit General Shalikashvili nach New York. Beim Verlassen des Luftwaffenstützpunktes Wright-Patterson fühlten wir uns wie bei der Entlassung aus einem komfortablen Gefängnis; wir entdeckten die Außenwelt neu. Nach drei Wochen in der Isolation schien das normale Leben aber immer noch sehr fern. Die Reaktion der Öffentlichkeit auf das Dayton-Abkommen erfüllte uns mit großer Befriedigung, doch angesichts der vielen drängenden Aufgaben, die noch vor uns lagen, blieb uns keine Zeit, sie zu genießen.

*

Das Treffen mit dem Präsidenten.   Am nächsten Tag, dem 22. November, trafen wir uns im Weißen Haus. Unsere Stimmung schwankte zwischen Erleichterung, Stolz und Besorgnis, eine Atmosphäre, die Lakes witzige Eingangsbemerkung treffend zusammenfaßte: »Wir ha-

ben jetzt eine Menge Probleme, aber es sind die richtigen Probleme.«
Der Präsident, der wenige Augenblicke später zusammen mit Gore
eintraf, dankte uns allen und scherzte: »Ich hatte mich auf eine Enttäuschung eingestellt.«

Ich eröffnete die Diskussion mit dem Hinweis, daß die Verhaftung
von Karadžić und Mladić der kritischste Punkt sei, den wir in Dayton
nicht gelöst hatten. Ich wiederholte meine Ansicht, daß die volle Implementation des Abkommens unmöglich sei, solange sich die beiden
Männer, insbesondere Karadžić, der Führer der bosnischen Serben,
auf freiem Fuß befanden. Der Präsident pflichtete mir bei: »Am besten, wir ziehen beide aus dem Verkehr.« Ohne eine direkte Anweisung zu geben, forderte er die Militärs auf, sich mit der Sache zu befassen.

Dann wandte er sich einem dringlicheren Thema zu: der Unterstützung unserer Politik durch die Öffentlichkeit und den Kongreß. »Ich
muß gegenüber dem amerikanischen Volk schonungslos offen sein«,
sagte er. »Wenn ich mich an die Bürger wende, muß ich sicher sein,
daß das Militär und der Nachrichtendienst hinter der Sache stehen.
Ich muß offen sagen können, worauf wir uns einlassen.«

Vizepräsident Gore sagte, Dayton sei ein lohnendes Risiko. Er legte
eine kurze Pause ein, bevor er mit sehr ernstem Gesichtsausdruck fortfuhr: »Ich möchte auf einen wichtigen Punkt hinsichtlich der Vereinten Stabschefs und des Pentagons hinweisen«, sagte er und blickte direkt zu den anwesenden Vertretern des Verteidigungsministeriums.
»Ich habe viele Gespräche mit Kongreßabgeordneten geführt. Sie haben mir gesagt, daß unsere militärischen Vertreter die Zweifel auf dem
Kapitol nicht beilegen, sondern eher noch verstärken. Ich will damit
nicht behaupten, daß sie unsere Politik unterlaufen, aber sie kosten
uns da oben Stimmen.«

Nach einer kurzen, betroffenen Stille nahm der Stellvertretende
Verteidigungsminister John White die Herausforderung an: »Wir
brauchen Antworten, mit denen Shali und seine Kollegen übereinstimmen, mit denen sie leben können.«

»Ich habe den Eindruck«, stellte Clinton sich hinter Gore, »daß der
diplomatische Erfolg in Dayton uns die Möglichkeit gibt, uns beim
Kongreß und bei den Bürgern durchzusetzen. Die Leute sehen jetzt
das große Bild, sie verstehen, was auf dem Spiel steht. Aber die Unterstützung des Kongresses erhalten wir nur, wenn das Verteidigungsmi-

nisterium und das Militär voll hinter uns stehen. Wir müssen dem Kongreß den Einsatz und die Konsequenzen zeigen. Natürlich können wir nicht versprechen, daß es keine Verluste geben wird, aber wir müssen ein hohes Maß an Zuversicht vermitteln, daß wir unsere Mission ausführen und die Lücken im Abkommen überbrücken können. Ihre Leute wissen, wie sie auftreten müssen. Es geht nicht darum, falsche Tatsachen vorzuspiegeln, aber wir können die Sache ohne die Unterstützung des Pentagons nicht zu Ende bringen.« Der Präsident sah Shalikashvili direkt an. »Ich weiß, daß die Haltung zu Bosnien bei einigen Ihrer Leute – nicht bei Ihnen, General, aber bei einigen Ihrer Leute – ambivalent ist«, sagte er, »aber das gehört der Vergangenheit an. Ich will, daß jeder der hier Anwesenden sich voll hinter das Abkommen stellt.«

Clinton und Gore hatten ihren Standpunkt nachdrücklich formuliert. Ihre Botschaft war eindeutig und würde nicht ohne Wirkung bleiben. Wenn der Präsident und der Vizepräsident die Devise ausgeben, ein Programm in die Tat umzusetzen, und wenn sie das energisch und mit einer unmißverständlichen Strenge tun, dann kann das selbst bei einer gespaltenen und widerwilligen Regierungsmannschaft Wunder bewirken. Ich fragte mich, ob die beiden ihre Kommentare aufeinander abgestimmt hatten; ein Jahr später wurde mir dies von Clinton bestätigt.

*

Der Kongreß und die Öffentlichkeit. Obwohl die Öffentlichkeit unsere diplomatischen Bemühungen befürwortete, lehnten nach Meinungsumfragen immer noch 70 Prozent der US-Bevölkerung die Entsendung amerikanischer Truppen nach Bosnien ab. Das war nicht verwunderlich. Fast vier Jahre lang hatten die Amerikaner im Fernsehen mitangesehen, wie in Bosnien Blauhelme getötet und verletzt wurden, ohne sich selbst verteidigen zu dürfen. Die meisten Amerikaner nahmen an, daß die Regierung unsere Truppen einer ähnlichen Situation aussetzen und entsprechend hohe Verluste in Kauf nehmen würde. In einem Artikel von Evan Thomas und John Barry in *Newsweek* wurde die paradoxe Situation nach dem Dayton-Abkommen ironisch kommentiert:

Heil dir Pax Americana! Gegrüßt sei die Rückkehr der Supermacht! Oder vielleicht auch nicht. Im außenpolitischen Establishment wird man vielleicht jubeln, und die Banditen auf dem Balkan werden sich in die Berge zurückziehen, doch der durchschnittliche Amerikaner steht den bevorstehenden Opfern entschieden mißtrauisch gegenüber... Die meisten Wähler betrachten Bosnien als einen Bürgerkrieg, der sie nichts angeht. Es liegt an Präsident Clinton, sie vom Gegenteil zu überzeugen... Die meisten Amerikaner, die von den Ereignissen in Bosnien verwirrt oder durch eigene Probleme abgelenkt sind, haben die Konsequenzen und das Ausmaß der Verpflichtung, welche die USA letzte Woche in Dayton eingingen, noch gar nicht erfaßt.

Der Präsident stand vor dem unpopulärsten Vorhaben seiner ganzen Amtsperiode. Die Regierung mußte die amerikanische Öffentlichkeit davon überzeugen, daß die Ifor sich von der Uno unterschied, daß die Ifor-Truppen zuerst schießen und danach erst Fragen stellen würden, daß ihre Entsendung von nationalem Interesse war. Trotz seines Rufes, vor schwierigen Entscheidungen zu zögern, handelte Clinton entschlossen.

Einige wichtige Kongreßabgeordnete unterstützten uns sofort, angeführt wieder einmal von den Senatoren Lieberman, Biden und Lugar. Manche verknüpften ihre Unterstützung mit der Einschränkung, sich auf eine begrenzte »Ausstiegsstrategie« festzulegen. Da die Regierung im Abkommen einen einjährigen Zeitplan für die Truppenstationierung festgeschrieben hatte, konnten wir dagegen keine Einwände erheben. Viele andere Kongreßabgeordneten stellten sich dagegen sofort gegen unser Vorhaben, was für sie kein Risiko bedeutete, da klar war, daß der Präsident die Truppen ungeachtet dessen, was der Kongreß unternahm, entsenden würde (es sei denn, alle Gelder würden gestrichen, was jedoch sehr unwahrscheinlich war). So konnten die Kongreßabgeordneten eine sehr populäre Position einnehmen, ohne sich über die Konsequenzen Gedanken machen zu müssen. Der Sprecher des Repräsentantenhauses Gingrich prophezeite, daß die Regierung »verhaltene Anerkennung, sogar Zustimmung durch Untätigkeit« gewinnen würde. Dann legte er eine Resolution vor, die dem Repräsentantenhaus erlaubte, beide Seiten zu wählen; die Abgeordneten konnten, wie er es ausdrückte, »die Truppen nach Kräften unterstützen [und gleichzeitig] die Politik des Präsidenten ablehnen«.

Um die Politik der Regierung zu verteidigen, starteten Donilon,

Burns und Mike McCurry eine großangelegte PR-Kampagne. Clinton lud zahlreiche Kongreßabgeordnete zu Informationsveranstaltungen ins Weiße Haus und schickte Christopher, Perry, Shalikashvili und mich in den Kongreß. Im Dezember organisierten wir zwei Balkanreisen für Kongreßmitglieder, an denen 70 Mitglieder des Repräsentantenhauses, mithin erstaunliche 15 Prozent des Hauses, teilnahmen. Ohne Ausnahme änderten alle Teilnehmer ihre Meinung gegenüber unserer Politik, was aber nicht automatisch bedeutete, daß sie uns voll unterstützten. Cynthia McKinney, eine neu in das Repräsentantenhaus gewählte Abgeordnete der Demokraten aus einem Wahlkreis mit überwiegend schwarzer Bevölkerung in Georgia, die sich bis dahin auf die Innenpolitik konzentriert hatte und sich gegenüber »Geschenken« für das Ausland sehr skeptisch gezeigt hatte, war ein typisches Beispiel. Sie erzählte mir später: »Die Reise hat mein Leben verändert. Sie hat mir gezeigt, daß wir im Ausland eine ähnliche Verantwortung wie in unserem eigenen Land übernehmen müssen, und daß wir einen Weg finden müssen, beidem nachzukommen.«

*

Europa: Beifall und Schock. Dayton hatte die europäische Führungselite erschüttert. Die Europäer waren den USA zwar dankbar dafür, daß sie mit ihrer Initiative endlich den Krieg in Bosnien beendet hatten, doch zugleich war es einigen europäischen Politikern auch peinlich, daß ein Eingreifen der USA notwendig gewesen war. Jacques Poos' Behauptung aus dem Jahr 1991, daß »die Stunde Europas gekommen« sei, hatte sich ebenso wie James Bakers Ansicht, daß die USA kein Pferd in diesem Rennen hätten, als falsch erwiesen.

»Man kann es nicht als amerikanischen Frieden bezeichnen«, erklärte der französische Außenminister Charette gegenüber der Presse, »auch wenn Präsident Clinton und die Amerikaner versuchen, die Lorbeeren dafür einzuheimsen. Tatsächlich haben die Amerikaner die Lage im ehemaligen Jugoslawien fast vier Jahre lang aus großer Entfernung beobachtet und sich darauf beschränkt, uns Steine in den Weg zu legen.« Doch Charette räumte auch ein: »Europa an sich war nicht zur Stelle; es ist wahr, die Europäische Union hat versagt.« Der französische Premierminister Alain Juppé konnte, nachdem er das Dayton-Abkommen gelobt hatte, nicht widerstehen hinzuzufügen: »Natürlich gleicht es unverkennbar dem europäischen Plan, den wir vor 18 Monaten vorgelegt haben« – als er Außenminister war. Agence France-Presse berichtete, daß viele europäische Diplomaten in Dayton vor den Kopf gestoßen worden seien. In einem Artikel, der seine Quelle im französischen Außenministerium nicht verleugnen konnte, schrieb *Le Figaro:* »Der amerikanische Unterhändler Richard Holbrooke sorgte dafür, daß seine europäischen Kollegen keine angenehmen Erinnerungen vom Luftwaffenstützpunkt in Dayton mit nach Hause nehmen konnten.« Ein ungenannter französischer Diplomat wurde mit den Worten zitiert: »Er schmeichelt, er lügt, er demütigt: Er ist eine Art brutaler und schizophrener Mazarin[1].« Präsident Chiracs außenpolitischer Berater Jean-David Levitte rief mich an und entschuldigte sich für diesen Kommentar. Er versicherte mir, die Äußerung entspreche nicht den Ansichten seines Chefs. Ich antwortete, daß solche kleinen Dramen angesichts des Drucks und der Rückschläge in Dayton unvermeidbar seien und angesichts der Tatsache, daß der Krieg vorüber sei, keine Bedeutung hätten.

*

Bis zur feierlichen Unterzeichnung des Abkommens in Paris waren es nur noch zwei Wochen. In Bosnien sorgte Karadžić wieder für Unruhe. Obwohl er unter dem Druck Miloševics das Abkommen unterzeichnet hatte, verkündete er, daß Sarajevo »jahrzehntelang bluten« werde, wenn die Bedingungen von Dayton nicht geändert würden, was Christopher, Perry und ich in unserer gemeinsamen Antwort entschieden ablehnten. Perry verteidigte den problematischsten Aspekt des amerikanischen Engagements, als er hinzufügte: »Ein Jahr wird genügen, um den Teufelskreis der Gewalt in Bosnien zu durchbrechen.« Perry teilte das Jahr in zwei Abschnitte: vier bis sechs Monate, um einen Waffenstillstand und die Entwaffnung durchzusetzen, und weitere sechs Monate, um eine stabile politische Umwelt zu schaffen. Wie sich herausstellte, war er bei der Einschätzung des ersten Teils viel zu pessimistisch, beim zweiten Teil dagegen viel zu optimistisch.

Vor der Unterzeichnung in Paris gab es noch viel zu tun. Die Nato mußte 60 000 Soldaten nach Bosnien entsenden – die größte Truppenbewegung in Westeuropa seit dem Zweiten Weltkrieg – und Tausende weitere im Adriagebiet und auf einem Logistikstützpunkt in Ungarn stationieren. Auf ziviler Seite folgte in den zwei Wochen vor der Unterzeichnung in Paris ein Gipfeltreffen dem anderen. Den Anfang machte das alljährliche Außenministertreffen der Nato am 5. und 6. Dezember in Brüssel, das sich intensiv mit Bosnien beschäftigte. Einen Tag später fand in Budapest das jährliche Treffen der Außenminister der OSZE statt, die unter dem Dayton-Abkommen mit der Vorbereitung und Überwachung der Wahlen in Bosnien beauftragt worden war. Am 8. Dezember beriefen die Briten in London eine hochrangige »Konferenz zur Implementierung des Friedensvertrages« ein, auf der sie besprechen wollten, wie mit den nichtmilitärischen Teilen des Abkommens verfahren werden sollte. Warren Christopher und John Kornblum nahmen an den beiden ersten Konferenzen teil, Strobe Talbott und Bob Gallucci leiteten das amerikanische Team in London und Budapest. In der Zwischenzeit sammelte sich das Vermittlerteam und kehrte zur Vorbereitung auf Paris auf den Balkan zurück.

Die rasche Folge verschiedenster Aktivitäten kennzeichnete den wesentlichen Unterschied zwischen den Verhandlungen und der Phase ihrer Implementierung. Die zurückliegenden vierzehn Wochen hatten im Zeichen eines einzigen Zieles gestanden. Was jetzt begann, war ein Unternehmen auf breitester Basis, an dem Zehntausende Zivilisten und Soldaten aus den USA und anderen Ländern beteiligt waren. Unglücklicherweise war es uns nicht gelungen, für die Implementierung des Abkommens eine Struktur zu schaffen, die die Verantwortung und Befehlsgewalt in den Händen einer einzigen Person oder Institution zusammenfaßte. Obwohl in Bosnien nun weniger Organisationen tätig sein würden als zu UN-Zeiten, waren immer noch zu viele an dem Prozeß beteiligt, darunter die Nato, die Uno und das UN-Flüchtlingskommissariat, die OSZE, die EU, die Weltbank, der Internationale Währungsfonds sowie eine neugeschaffene Organisation, das Amt des Hohen Repräsentanten für den Wiederaufbau Bosniens, dem Carl Bildt vorstand.

*

»Fremde Elemente und Truppen«. Izetbegović war, als unser Verhandlungsteam mit ihm am 8. Dezember in Sarajevo zusammentraf, erstaunlich gut aufgelegt, und er begrüßte uns herzlich. Seine Laune verschlechterte sich jedoch sichtlich, als wir ihn wegen der Anwesenheit »fremder Elemente und Truppen« im muslimischen Teil Bosniens unter Druck setzten. Mit dem Begriff waren die Iraner und Mudscha-

heddin gemeint, welche die bosnischen Muslime in den vergangenen drei Jahren unterstützt hatten. Der amerikanische Geheimdienst wußte seit langem von ihrer Anwesenheit – und ich selbst hatte sie bereits in meinem Memorandum an die angehende Regierung vom Januar 1993 explizit erwähnt –, doch während des Krieges hatte Washington die Angelegenheit auf sich beruhen lassen, da sie für die isolierten Bosnier eine lebensnotwendige Unterstützung bedeuteten. Im Dayton-Abkommen wurde der vollständige Rückzug aller »fremden Elemente« innerhalb von dreißig Tagen nach dem Eintreffen der Ifor gefordert, das auf den 20. Dezember festgesetzt war. Ich teilte Izetbegović mit, daß die Vereinigten Staaten sich nicht am »Train and Equip«-Programm beteiligen würden, solange die Iraner und Mudschaheddin noch im Land waren. Inzwischen hatte auch die Presse das Thema aufgegriffen, was vor allem im Kongreß für erhebliche Unruhe sorgte. (*Washington Post,* 30. November: »Fremde Moslemtruppen in Bosnien als ›Bedrohung‹ für US-Streitkräfte eingeschätzt«; *New York Times*, 10. Dezember: »Was haben die Iraner in Bosnien zu suchen?«) Da die Ankunft der Nato-Truppen unmittelbar bevorstand, konnten wir die Anwesenheit der Iraner und Mudschaheddin in Bosnien nicht länger tolerieren, zumal einige von ihnen Verbindungen zu Gruppen im Nahen Osten unterhielten, die Terroranschläge gegen amerikanische Truppen ausgeführt hatten.

Izetbegović war sichtlich unwohl dabei, doch er versprach, daß die fremden Einheiten das Land innerhalb der vorgeschriebenen Zeit verlassen würden – »wenn Frieden ist.« Das war das erste von vielen Gesprächen, das wir noch über diese problematische Angelegenheit führen sollten.

*

In Pale gab Karadžić zu unserem großen Ärger immer noch aufrührerische Interviews. Am 2. Dezember schrieb ich Milosevic einen ärgerlichen Brief, in dem ich verlangte, daß er die bosnischen Serben im Zaum halten solle. Nachdem er den Brief gelesen hatte, ließ Milošević Rudy Perina wissen, daß er sich die ganze Woche mit bosnischen Serben getroffen und sie gedrängt habe, das Dayton-Abkommen zu »unterstützen«. Als wir uns sechs Tage später mit Milošević trafen, teilte er uns im Vertrauen mit, daß seine Bemühungen erste Erfolg zeigten. Doch hinsichtlich der Zukunft Karadžićs und Mladićs blieb Milošević hart; er könne und würde die beiden Männer nicht an das Internationale Kriegsverbrechertribunal ausliefern.

Bei der Abreise überfielen mich Sorgen, daß wir nicht schnell genug aus den Startlöchern kamen. »Alles hängt von einer energischen Implementierung durch die Ifor *vom ersten Tag an* ab«, telegraphierte ich Christopher am Ende der Reise. »Ein langsamer Start wäre ein Fehler.«

*

Genau einen Tag vor der feierlichen Unterzeichnung in Paris stimmte der Kongreß über die Entsendung der Soldaten ab. Im Senat gelang der Regierung durch Senator Doles entscheidende Mithilfe ein überraschend einfacher Sieg mit 69 zu 30 Stimmen. Im Repräsentantenhaus führte Gingrichs merkwürdiger Ansatz, der die Politik der Regierung ablehnte, gleichzeitig aber die Truppen »unterstützte«, zu einem Ergebnis von 287 zu 141 Ja-Stimmen. Da gleichzeitig in beiden Häusern auch Anträge zur Kürzung der Mittel für das Unternehmen abgewiesen wurden, hielt Mike McCurry es für gerechtfertigt, von einem Sieg zu sprechen. »Das ist wahrscheinlich die stärkste Form der Unterstützung, die der Kongreß uns geben konnte«, erklärte er. »Die überwältigende Mehrheit, die gegen eine Kürzung der Mittel votierte, stimmte damit in gewisser Weise dem Urteil des Präsidenten zu.«

*

Paris. Als der Kongreß über die Truppenentsendung abstimmte, befand sich das Vermittlerteam bereits in Paris. Einen Tag vor der Zeremonie – Paris wurde gerade von einem Massenstreik der Transportarbeiter lahmgelegt – traf ich mich mit Außenminister Charette, um über die noch nicht geklärte Frage zu sprechen, ob ein Amerikaner oder ein Europäer die provisorische Wahlkommission der OSZE in Bosnien leiten sollte.

Aus dem Treffen wurde rasch eine allgemeine Diskussion über das Verhältnis unserer Länder. Ich bemerkte, daß kein anderes Land sich mehr in Bosnien engagiert habe als Frankreich. Präsident Chiracs persönliche Intervention bei Präsident Clinton während seiner Washingtonreise im Juni habe, sagte ich, wesentlich dazu beigetragen, die Aufmerksamkeit der Regierung auf Bosnien zu lenken. Der künftige Erfolg hänge von einer engen französisch-amerikanischen Zusammenarbeit ab, vor allem, da das französische Militär wie schon während des Krieges für den Sarajevo-Sektor zuständig war. Schließlich erinnerte ich Charette daran, daß wir unser Versprechen eingehalten und die offiziellen Feierlichkeiten zur Unterzeichnung des Abkommens nach Paris verlegt hatten.

Wir seien übereingekommen, sagte ich, den Europäern den Vorsitz in jeder zivilen Einrichtung zur Implementierung des Abkommens zu überlassen – mit einer Ausnahme: der provisorischen Wahlkommission der OSZE. Der Grund dafür war einfach: Die endgültige Formulierung des Abkommens – daß die OSZE »die Vorbereitung und die Durchführung« der Wahlen »überwacht«– war sehr interpretationsfähig. Da wir einen Maximalansatz durchsetzen wollten, mußten wir die Kommission mit einem Verantwortlichen unserer Wahl besetzen.

Er und Präsident Chirac, sagte Charette, bestünden darauf, den Posten mit einem Franzosen zu besetzen. Da die Wahlen in Europa stattfanden, müsse also auch ein Europäer die Wahlkommission leiten. Als sich auch nach einiger Zeit keine Lösung abzeichnete, beendete ich die Diskussion mit der Bemerkung, daß Präsident Clinton, wenn er am nächsten Tag ankam, die Angelegenheit direkt mit Präsident Chirac besprechen werde – und daß er nicht nachgeben werde.

*

Am Morgen des 14. Dezember trafen Präsident Clinton und sein Team zur Vertragsunterzeichnung in Paris ein. Vor der offiziellen Zeremonie traf er im Speisesaal der amerikanischen Botschaft mit den drei Präsidenten der Balkanländer zusammen. Der Präsident, der zwei Wochen zuvor eine sehr erfolgreiche Reise nach Irland und Nordirland gemacht hatte, verglich Bosnien mit Nordirland. Nach fünfzehnmonatiger Waffenruhe, sagte er, sei es »undenkbar für die Nordiren, zurückzugehen. Die Situation hat sich von Grund auf verändert. Sie müssen dasselbe machen.«

Nach Clintons Ansprache lenkten wir die drei Präsidenten behutsam in verschiedene Bereiche des Raumes. Präsident Clinton ging umher und unterhielt sich mit jedem ein paar Minuten. Zu Tudjman sagte er, daß die USA Jacques Klein nach Ostslawonien schicken würden. Der Karrierediplomat und Reservegeneral der Luftwaffe im Ruhestand sollte die Übergabe des Gebiets an Kroatien beaufsichtigen. Gegenüber Izetbegović hob Clinton vor allem die Gefahren hervor, denen die Nato-Truppen durch die Iraner und Mudschaheddin ausgesetzt waren. »Sollte es zu irgendwelchen Aktionen dieser Elemente gegen unsere Truppen kommen«, sagte Clinton, »könnte das unsere gesamte Mission zum Scheitern bringen und es uns unmöglich machen, Ihre Truppen auszurüsten und auszubilden. Ich will mein Versprechen halten, doch ein solcher Vorfall könnte mich zwingen, mein Wort zu brechen.« Izetbegović erwiderte darauf, daß ein Großteil dieser Personen bereits das Land verlassen habe, eine Behauptung, von der wir wußten, daß sie nicht zutraf.

Schließlich kam es zum ersten Gespräch des Präsidenten mit Milošević. Das Weiße Haus hatte Vorkehrungen getroffen, daß von der Begegnung keine Fotos gemacht wurden. Trotzdem, das war die Begegnung, nach der sich Milošević schon so lange sehnte, die Begegnung, durch die er nach Jahren der Isolation in den Kreis anderer Regierungschefs aufgenommen wurde. »Ich weiß, daß dieses Abkommen nicht ohne Sie möglich gewesen wäre«, erklärte Präsident Clinton kühl und etwas distanziert. »Sie haben Dayton ermöglicht. Jetzt müssen Sie dazu beitragen, daß es umgesetzt wird.«

Milošević antwortete, daß der Schlüssel zum Frieden in der strengen Implementierung des Dayton-Abkommens liege. Als er um die völlige Normalisierung der amerikanisch-jugoslawischen (das heißt serbischen) Beziehungen bat, beendeten wir das Gespräch rasch.

*

Die Zeremonie. Minuten später trafen wir zur offiziellen Vertragsunterzeichnung im Élysée-Palast ein, dem Amtssitz des französischen Präsidenten, wo sich der französische Präsident Chirac zunächst mit Clinton zu einem Gespräch unter vier Augen zurückzog. Während Warren Christopher und ich vor dem privaten Sitzungszimmer warteten, kam Charette auf uns zu. »Unser Präsident hat beschlossen, den Vereinigten Staaten die Leitung der OSZE-Wahlkommission zu überlassen«, sagte er trocken, »auch wenn wir bezweifeln, daß das funktionieren wird. Ich nehme an, Sie sind nun zufriedengestellt.«

Wir gingen in den Ballsaal des Élysée-Palastes, wo wir zu den für uns bestimmten Plätzen geführt wurden. Weiter vorne im Saal saßen an einem langen Tisch die drei Präsidenten der Balkanländer. Hinter ihnen standen der französische Präsident Chirac, Clinton, der deutsche Bundeskanzler Kohl, der britische Premierminister Major und der russische Ministerpräsident Tschernomyrdin, der den erkrankten Boris Jelzin vertrat. Einer nach dem anderen trat vor und unterzeichnete das Abkommen, zuerst die drei Balkanpräsidenten, gefolgt von den Regierungschefs der Kontaktgruppenländer als Zeugen. Anschließend hielt jeder der Präsidenten und Premierminister sowie Carl Bildt eine Ansprache, und unpassenderweise auch ein Mann, der kaum etwas zur Beendigung des Krieges beigetragen hatte: Butros Butros-Ghali.

Daß der französische Außenminister vor der Unterzeichnungszeremonie das Dayton-Abkommen als »Vertrag von Élysée« bezeichnet und die Redner gebeten hatte, in ihren Ansprachen jeden Bezug auf Dayton zu vermeiden, war ein skurriler und fast schon rührender Hinweis auf den verletzten Stolz der Franzosen. Damit nicht genug, hatten sie Tony Lake, Sandy Berger, General Clark und mich weit hinten im Saal plaziert, zwischen Regierungsbeamten und Gästen, die an den Verhandlungen nicht beteiligt gewesen waren. Das war zwar respektlos (Levitte entschuldigte sich später auch dafür), an sich aber belanglos, und wenn nicht mehrere Zeitungen am nächsten Tag darüber berichtet hätten, wäre es auch keiner Erwähnung wert. Ich schloß von dem unhöflichen Benehmen einer oder zwei *Functionnaires* nicht auf das Land, in dem ich als Jugendlicher gelebt hatte, das mich stark beeinflußt hatte, und für das ich so viel Zuneigung empfand. Das kleinliche Verhalten einiger Bürokraten im französischen Außenministerium brachte ein großartiges Land in Mißkredit, doch es änderte nichts an dem Beitrag, den Frankreich für den Frieden in Bosnien geleistet hatte.

*

Nach der feierlichen Unterzeichnung fuhren wir zum Quai d'Orsay, wo Chirac ein großes Bankett gab. Nach dem Essen zog mich der französische Präsident für einen Moment beiseite. »*Mon cher* Holbrooke«, sagte er gutgelaunt, »Sie haben sich hinsichtlich der Wahlen durchgesetzt, aber Sie werden erkennen, daß kein Amerikaner, und kein Europäer, in der Lage ist, geordnete Wahlen in einem Land wie Bosnien abzuhalten.« Ich antwortete, daß ich hoffte, die Ereignisse würden das Gegenteil beweisen. In diesem Augenblick gesellte sich Milošević zu uns. Er griff das Thema auf und versprach Chirac, dafür zu sorgen, daß die Wahlen ungehindert durchgeführt werden könnten.

Einmal mehr kam es zu einer skurrilen Szene: Mit einer dicken Zigarre im Mundwinkel machte sich Miloševic auf die Suche nach Clinton und verwickelte ihn in ein Gespräch. Miloševic genoß den Moment sichtlich, und wie Pardew später Bill Perry berichtete, wurde »der serbische Präsident zuletzt in der prächtigen Halle des Quai d'Orsay gesehen. Er paffte an einer Zigarre von der Länge eines kleinen Zaunpfahls, während er sich noch einmal – jedoch vergebens – darum bemühte, den US-Präsidenten mit seinem Charme für sich einzunehmen.«

*

Auf dem Rückflug nach Washington an Bord der Air Force One waren wir erschöpft und bewegt zugleich von dem, was wir in Paris miterlebt hatten. Trotz kleinerer Ärgernisse hatte die offizielle Unterzeichnung im Beisein von fünf der mächtigsten Regierungschefs der Welt dem Dayton-Abkommen einen würdigen Rahmen verliehen. Es war durchaus angemessen, daß das Abkommen offiziell in Europa unterzeichnet wurde, dem Kontinent, auf dem der Krieg, der damit zu Ende ging, getobt hatte.

Clinton war guter Laune. Er kam nach hinten in die zweite Kabine und fragte Clark, Kerrick und mich nach unserer Meinung zum Fortgang der Implementierung. »Wir werden weit weniger Verluste haben, als die Öffentlichkeit und der Kongreß erwarten«, sagte ich. Clark und Kerrick stimmten mir zu. Der Präsident schien skeptisch; immerhin hatte das Pentagon bedrohliche Szenarien entworfen. Wir wiesen darauf hin, daß offizielle Schätzungen immer vorsichtig sein müssen. Aber keiner von uns konnte sich damals vorstellen, wie gering unsere Verluste tatsächlich sein würden – in den ersten beiden Jahren nach Dayton wurde in Bosnien *nicht ein einziger* US-Soldat durch Feindeinwirkung getötet oder verwundet.

*

Mir stand noch ein schwieriges Gespräch mit dem Präsidenten bevor, und ungefähr nach einer Flugstunde setzte ich mich mit ihm allein in seinem Büro im vorderen Teil des Flugzeugs zusammen.

»Mr. President, es ist für mich an der Zeit, eine schwierige Entscheidung zu treffen«, begann ich steif. »Ich möchte Sie um Ihre Unterstützung und Ihr Verständnis für meinen Wunsch bitten, Anfang nächsten Jahres aus der Regierung auszuscheiden.« Vor meiner Rückkehr aus Deutschland, sagte ich, hätte ich Kati versprochen – und Christopher und Talbott davon unterrichtet –, daß ich, da sie wegen ihrer Kinder nicht nach Washington ziehen konnte, nach einer bestimmten Zeit nach New York zurückkehren würde. Ich hatte diese Frist wegen der Verhandlungen bereits verlängert, doch jetzt sei die Zeit gekommen.

Der Präsident reagierte großzügig und verständnisvoll. Er hob die besondere Bedeutung der Familie hervor, und wir unterhielten uns über die Belastungen, die ein Leben im Dienst der Allgemeinheit Familien aufbürdet. Es war eine der schwierigsten Entscheidungen meines Lebens – die Wahl zwischen einer Tätigkeit, der ich mich mit Leib und Seele verschrieben hatte, und einer persönlichen Verpflichtung, die mir sehr viel bedeutete, und ich war gerührt über den Beistand des Präsidenten. Er bat mich, so lange wie möglich zu bleiben, um die Implementierung in die richtigen Bahnen zu lenken, und schloß mit der Bitte, mich für spezielle Aufträge zur Verfügung zu halten.

*

Am 16. Dezember erteilte General Joulwan den Befehl, mit der Entsendung der Nato-Truppen und anderer Streitkräfte nach Bosnien zu beginnen. Es war der erste Marschbefehl dieser Art für Nato-Truppen seit der Gründung der Allianz im Jahr 1949.[2] Der Großteil der in Bosnien stationierten UN-Streitkräfte wurde der Ifor (Implementation Force) zugeteilt; sie überstrichen ihre weißen Fahrzeuge mit einem militärischer aussehenden Olivgrün und tauschten ihre leichten gegen schwerere Waffen ein.

Amerikanische Journalisten strömten nach Bosnien, um über die Ankunft der US-Truppen zu berichten. Unter ihnen befanden sich auch zwei der drei wichtigsten »Anchormen« der großen Fernsehsender, Tom Brokaw und Dan Rather. Der moderne Journalismus verlangt, daß eine »Story«, wenn sich solche Stars ihrer annehmen, gut – das heißt dramatisch – sein muß. Doch das einzige Drama war das schlechte Wetter, das die Überquerung der Save um mehrere Tage verzögerte. Da es keine berichtenswerte Spannungen oder Konflikte zwischen der Bevölkerung und den ankommenden amerikanischen Truppen gab, übertrieb man im Fernsehen die Gefahren, denen die Soldaten ausgesetzt sein würden, und berichtete über ihre Ankunft in einer Art Retro-Vietnam-Stil, der in der amerikanischen Öffentlichkeit einen völlig falschen Eindruck von der Situation in Bosnien erweckte.

Als immer deutlicher wurde, daß der Einzug der Ifor in Bosnien ungehindert vor sich ging, ließ das Interesse der Medien an Bosnien schnell nach. Dabei war genau *das* die eigentliche – und die wichtigste – Nachricht; die schrecklichen Erfahrungen der Uno wiederholten sich nicht.

*

Ein langsamer Start für die Zivilisten. Anders verhielt es sich auf ziviler Ebene. Am Anfang erhielt Carl Bildt, der Hohe Repräsentant für den Wiederaufbau Bosniens, so wenig Finanzmittel und Unterstützung, daß er gezwungen war, ohne Büro und Telefon zu arbeiten. Sein einziges Kommunikationsmittel war sein privates Funktelefon. Nachdem er sich an die Europäische Union gewandt hatte, erhielt er schließlich ausreichende Mittel, um ein Büro in Sarajevo einzurichten, wo er – fast ohne Personal – in heruntergekommenen Räumen in einem Gebäude voller Schutt, zerschlagener Toiletten und zersplitterter Fensterscheiben residierte.

Die Verzögerung der zivilen Implementierung beunruhigte uns sehr, auch wenn wir daran nicht ganz unschuldig waren. Während das Militär mit 60 000 Mann jede gesetzte Frist einhielt, konnte die zivile Seite mit Carl Bildts Funktelefon als einzigem Ausrüstungsgegenstand fast keinen Termin einhalten und fiel immer weiter hinter den Zeitplan zurück. Dafür wurde Bildt persönlich kritisiert, doch die Schuld daran traf weniger ihn als vielmehr die Struktur, die wir ihm auferlegt hatten, vor allem in dem Versäumnis, ihm ausreichende Mittel oder eine stärkere Unterstützung durch die Ifor zur Verfügung zu stellen.

Außerdem besaß Bildt, der nur auf eine auf Beraterfunktion beschränkte Polizei zurückgreifen konnte, keine Möglichkeit, seine Pläne effektiv durchzusetzen. Jetzt rächte sich die absurde Haltung der Nato, sich gegen eine internationale Polizeitruppe mit der Vollzugsmacht auszusprechen und sich gleichzeitig zu weigern, die Aufgabe selbst in die Hand zu nehmen.

Zu sagen, ich machte mir Sorgen, wäre stark untertrieben. Nachdem ich bereits meinen vorzeitigen Abschied angekündigt hatte, erklärte ich mich auf Christophers Drängen hin mit einem einmonatigen Aufschub einverstanden, um bei der Bewältigung der zunehmenden Probleme mitzuhelfen. Später – zu spät – erkannte ich, daß ich länger hätte bleiben sollen.

*

Der Besuch des Präsidenten in Bosnien. Präsident Clinton wollte den Truppen in Bosnien so bald wie möglich einen Besuch abstatten und legte einen Termin für Mitte Januar fest. Die Reise war ungewöhnlich schwierig und stellte, wie es ein Regierungsbeamter im Weißen Haus formulierte, größere Anforderungen bezüglich »der Logistik, der Sicherheit und des Wetters«, als jede andere Auslandsreise Clintons zuvor. Ich hatte gehofft, daß der Präsident Sarajevo besuchen könnte, doch das Risiko wurde von den für die Sicherheit des Präsidenten Verantwortlichen als noch zu hoch eingeschätzt. Man beschloß daher, den Aufenthalt des Präsidenten in Bosnien auf einen Besuch des amerikanischen Militärstützpunktes bei Tuzla zu beschränken.

Am Freitag, dem 12. Januar, flogen wir zum amerikanischen Luftwaffenstützpunkt bei Aviano in Italien, wo wir kurz vor Einbruch der Dämmerung landeten. Während der Präsident vor den versammelten amerikanischen Soldaten und ihren Familien eine Ansprache hielt, erreichten uns Schlechtwettermeldungen vom Balkan, die unseren Abflug verzögerten. Nach zweistündigem Aufenthalt in Italien bestiegen wir schließlich eine C-17-Transportmaschine, die uns nach Tuzla bringen sollte. Vier parallele Reihen Plastiksitze, die in der Mitte des Flugzeugs einander gegenüberstanden, schufen ein ungewöhnlich egalitäres Ambiente: Der Präsident, seine wichtigsten Berater und eine mit Abgeordneten beider Parteien besetzte Kongreßdelegation saßen fast willkürlich zwischen Journalisten, Kamerateams, einfachen Soldaten und einer Ladung Lebensmittel für die Streitkräfte gezwängt.

Aufgrund des schlechten Wetters kreisten wir fast eine Stunde über Tuzla, ohne eine Landeerlaubnis zu erhalten. Schließlich drehten wir ab und flogen weiter zum amerikanischen Bereitstellungsraum in Taszar in Ungarn, wo 6000 US-Soldaten einen Logistikstützpunkt aufgebaut hatten. Später am Tag war zwar ein kurzer Aufenthalt in Taszar eingeplant gewesen, doch wir kamen sieben Stunden früher an als vorgesehen. Im Eilschritt brachten amerikanische Soldaten den Präsidenten zu einem großen Zelt, wo er zu den Truppen sprach, während wir darauf warteten, daß das Wetter in Bosnien aufklarte. Ich sah mir den Stützpunkt an und staunte, wie schnell das amerikanische Militär in jeder Ecke der Welt fast über Nacht sein eigenes Universum aus dem Boden stampfen konnte. Der knöcheltiefe Schlamm, die Wege aus Holzbohlen, die allgegenwärtigen »Feind-hört-mit«-Schilder, die Abzeichen der einzelnen Einheiten, die PX-Läden, die Soldaten, die ein wenig unsicher schienen, was sie hier machten, aber bereit waren, ihren Auftrag auszuführen – all das erinnerte mich vage an einen Krieg, der vor dreißig Jahren auf der anderen Seite der Welt ausgefochten worden war. Doch es gab auch auffallende Unterschiede zu Vietnam, vor allem die Anwesenheit so vieler weiblicher Soldaten und das sauberere und straffere Erscheinungsbild der Truppen.

Zu Beginn seiner Amtszeit war Clinton wegen der Frage, warum er nicht in Vietnam gedient hatte, ins Kreuzfeuer der Kritik geraten und hatte sich im Umgang mit dem Militär schwer getan, doch inzwischen war das kaum mehr als eine blasse Erinnerung. Eine neue Generation Soldaten, eine, die erst nach dem Kriegsende in Vietnam geboren war, betrachtete Bill Clinton als *ihren* Präsidenten. Die Soldaten bereiteten dem Präsidenten, der sich ganz ungezwungen mit ihnen unterhielt, einen überschwenglichen Empfang und stimmten einen »Hoo-aa!«-Kriegsschrei an, der den Boden erzittern ließ.

In dem Chaos und der Aufregung, die Präsident Clintons Besuch verursachte, ging die Ankunft des ungarischen Präsidenten Arpad Goncz, seines Premierministers Gyula Horn, seines Außenministers Lazlo Kovács und des amerikanischen Botschafters in Budapest, Donald Blinken, fast völlig unter. Ich und Dan Rather, der zufällig anwesend war und über die Reise des Präsidenten für CBS berichtete, brachten die Ungarn und Botschafter Blinken in einigen schlammverkrusteten Militärfahrzeugen unter und fuhren sie zu Präsident Clinton, wobei wir an einem Spalier ausgemusterter MiG-Kampfflugzeuge vorbeikamen, Relikte des Kalten Krieges. Der Aufenthalt von 6000 amerikanischen Soldaten auf ungarischem Boden nur vier Jahre nach Ende des Kalten Krieges – und vierzig Jahre nach dem Einmarsch der Sowjetunion 1956 – war ein bemerkenswertes Symbol für den Umbruch in Europa. Die Ungarn hatten nur eine Botschaft für den amerikanischen Präsidenten: daß sie bereit waren für eine Nato-Mitgliedschaft, und daß der Etappenstützpunkt bei Taszar ein Zeichen dieser

Bereitschaft war. »Bleiben Sie, so lange Sie wollen«, sagten sie. »Machen Sie eine Dauereinrichtung daraus – und ermöglichen Sie uns den Anschluß an den Westen.«

Das Wetter in Tuzla klarte sich auf, doch als wir kurz vor 15 Uhr landeten, dämmerte es bereits, und der Secret Service hatte unserem Besuch ein absolutes Zeitlimit auferlegt, das den ursprünglich auf acht Stunden angesetzten Aufenthalt in Tuzla nun auf weniger als drei Stunden verkürzte; unser Zeitplan brach zusammen, und aus den geplanten ausführlichen Gesprächen wurde eine Reihe improvisierter kurzer Treffen. Der Präsident, der eine braune Bomberjacke aus Leder und Khakihosen trug, hielt eine Ansprache vor den Soldaten, die über zwei Stunden im Freien gewartet hatten. Unter einem schiefergrauen Himmel, an dem Apache-Kampfhubschrauber kreisten, und umgeben von den allgegenwärtigen Leuten vom Secret Service, die nicht von seiner Seite wichen, nannte Präsident Clinton die Soldaten »Friedenskämpfer«, denen die Unterstützung und Gebete des amerikanischen Volkes galten, und sprach fünf Soldaten ihre Beförderung aus.

Nach der Rede und einem Treffen mit ranghohen Offizieren hatten ursprünglich drei wichtige Begegnungen auf der Tagesordnung gestanden: zuerst ein Treffen mit Präsident Izetbegović und Mitgliedern seiner Regierung, dann mit Vertretern führender regierungsunabhängiger Organisationen in Bosnien und schließlich mit mehreren zivilen und religiösen Führern des Landes. Das letzte Treffen, das auf meine Bitte hin eingeplant worden war, sollte die Oberhäupter der muslimischen, orthodoxen, katholischen und jüdischen Gemeinden im Land dazu anregen, sich für eine Versöhnung einzusetzen. Die religiösen Führer hatten seit 1991 großen Schaden angerichtet, indem sie unter ihren Anhängern uralte, aber lange unterdrückte Rachegelüste geschürt hatten. Clinton, selbst geprägt von einem Südstaaten-Baptismus, war sich über die große Bedeutung und den Einfluß der Religionen bewußt. Doch da der Zeitplan völlig durcheinander geraten war, mußten wir die Begegnung mit Izetbegović auf zehn Minuten verkürzen und die beiden letzten Treffen zusammenlegen. Der Präsident betrat einen kleinen, überheizten Raum, in dem ein buntes Gemisch an Menschen wartete: katholische Priester (darunter Kardinal Vinko Puljić), orthodoxe Kirchenfürsten (unter Führung des Metropoliten Nikolaj), muslimische *Ulemas*, die muslimischen und serbischen Bürgermeister von Sarajevo, die Vorsteher mehrerer jüdischer Gemeinden, Amerikaner und Europäer, die ein Dutzend humanitäre Organisationen vertraten, Journalisten und Sicherheitsbeamte – und nicht zu vergessen drei bosnische Frauen, deren Ehemänner im Krieg umgekommen waren. Unbeeindruckt von dem Chaos und dem Stimmengewirr ging der Präsident ruhig durch den Raum und begrüßte fast jeden der Versammelten einzeln. Als er in bewegenden Worten über die Notwendigkeit einer religiösen Aussöhnung sprach, zog mich Harold Ickes, der stellvertretende Stabschef im Weißen Haus, beiseite und teilte mir mit, daß der Secret Service uns noch genau fünf Minuten bis zu unserer Abreise gab. Vor den Augen der überraschten und enttäuschten Bosnier zerrte ich den Präsidenten förmlich hinaus; unsere ehrgeizige Strategie, mit der Reise den Startschuß zu einem multiethnischen Dialog zu machen, war dem schlechten Wetter zum Opfer gefallen.

*

Auf dem Weg zum Flugzeug übergab mir ein amerikanischer Colonel einen kleinen, in eine Plastikfolie eingewickelten Gegenstand. »Ein bosnischer Soldat hat das in der Nähe des Wracks auf dem Berg Igman gefunden und bei der amerikanischen Botschaft abgegeben«, sagte er. »Es ist Nelson Drews Ring von der Air Force Academy Class. Würden Sie ihn bitte an Mrs. Drew weitergeben.« Sandy Drew hat diesen Ring seither nicht mehr abgelegt.

*

Eine neue Reise – und neue Probleme. Eine Woche später, am 18. Januar, war unser Team wieder in Sarajevo. Die meisten Leute meinten, die Implementierung hätte gerade erst begonnen, doch ich rechnete anders: Fast ein Zwölftel des Ifor-Jahres war schon vorüber, und auf politischer Ebene war praktisch noch nichts erreicht worden.

Dennoch versetzte uns die Fahrt vom Flughafen in die Stadt in Hochstimmung. Zum ersten Mal fuhren wir durch serbische Viertel und konnten Straßen benutzen, die jahrelang gesperrt gewesen waren. Die Stadt zeigte Anzeichen zunehmender Erholung, und ein besonders mutiger Geschäftsmann hatte einen Laden mit einem großen Schaufenster eröffnet.

Unser Treffen mit Admiral Leighton Smith verlief weniger gut. Smith hatte die Luftschläge der Nato im August und September kommandiert, was ihm vor allem bei den bosnischen Serben große Glaubwürdigkeit verlieh, und er profitierte darüber hinaus von einer geschickten Öffentlichkeitsarbeit, die ihn als den Retter Bosniens darstellte. In einem ausführlichen Porträt in *Newsweek* wurde er als »vielschichtiger Soldat und Bannerträger der Zivilisation«, als »ein moderner George C. Marshall« bezeichnet. Eine ziemliche Übertreibung in Anbetracht der Tatsache, daß Smith die zivilen Aspekte seiner Tätigkeit als unter seiner Würde liegend und nicht in seinen Aufgabenbereich fallend empfand – was so ziemlich das genaue Gegenteil der Einstellung General Marshalls war.

Nach dreiunddreißig Jahren einer glänzenden Karriere bei der Marine und mit fast dreihundert Kampfeinsätzen in Vietnam war Smith für seine eigentliche Position als Befehlshaber der Nato-Truppen in Südeuropa und Oberbefehlshaber aller US-Marineeinheiten in Europa hervorragend geeignet. Daß ihm zusätzlich auch der Oberbefehl über Ifor übertragen wurde, lag weniger in seiner Person begründet – Smith war der falsche Mann für den Posten –, sondern war vielmehr das Ergebnis eines Kompromisses mit den Franzosen und eines Kompromisses innerhalb des amerikanischen Militärs. General Joulwan wollte für die 60 000 Ifor-Soldaten zu Recht einen Army-General als Kommandanten, der Erfahrung mit dem Einsatz von Bodentruppen hatte. Doch die Franzosen bestanden darauf, daß Joulwan für den Fall, daß ein separater Befehlshaber für Bosnien ernannt wurde, einen Franzosen damit beauftragte. Da das für die USA politisch unmöglich war, gab es angesichts der Einwände Frankreichs nur eine Möglichkeit, eine rein amerikanische Kommandokette zu erhalten: den Job Admiral Smith zu geben, der seitdem scherzte, er sei jetzt als »General« Smith bekannt.[3]

Smith behandelte uns wie VIP-Touristen, die das erste Mal in Sarajevo waren, und lieferte uns einen wenig aussagekräftigen Lagebericht, in dem militärische Schaubilder und vage »Zielerklärungen« eine Hauptrolle spielten, während im Hintergrund fast dreißig Mitglieder seines multinationalen Stabes saßen und nichts sagten. Bei der Verwirklichung der militärischen Ziele des Dayton-Abkommens lag er voll im Zeitplan; seine Pläne zur Separation der Streitkräfte entlang der Linie, die wir in Dayton vereinbart hatten, und zum Schutz seiner Truppen waren hervorragend. Doch er stand jedem Vorschlag ablehnend gegenüber, daß die Ifor bei der zivilen Implementierung helfen sollte. Das, erklärte er mehrfach, falle nicht in seinen Aufgabenbereich.

Christopher und ich waren aufgrund von Äußerungen Shalikashvilis bei Besprechungen im Weißen Haus davon ausgegangen, daß der Befehlshaber der Ifor von seiner Vollmacht Gebrauch machen würde, über seinen Zuständigkeitsbereich hinausgehende Aufgaben zu übernehmen, solange die Sicherheit seiner Truppen gewährleistet war. Das Treffen mit Smith machte diese Hoffnung zunichte. Der Admiral und sein britischer Stellvertreter General Michael Walker stellten klar, daß sie sich nur in sehr geringem Umfang um Aspekte der Implementierung kümmern würden, die nicht den Schutz der Truppen betrafen. Smith signalisierte dies auch bei seinem ersten öffentlichen Auftritt vor dem bosnischen Volk im Rahmen einer Live-Sendung in »Pale Television«, bei der die Zuschauer anrufen und Fragen stellen konnten – eine eigenartige Wahl für seinen ersten Auftritt in den lokalen Medien. Während der Sendung machte er eine Aussage, mit der er seine eigene Autorität bedenklich einschränkte und über die er sich später in einem in *Newsweek* abgedruckten Interview merkwürdig stolz äußerte:

Eine der Fragen, die mir gestellt wurden, lautete: »Admiral Smith, stimmt es, daß die Ifor in den serbischen Vororten Sarajevos Serben verhaften wird?« Ich antwortete: »Keineswegs, *ich bin nicht befugt, irgend jemanden zu verhaften.*« [Hervorhebung durch den Autor.]

Das war eine ungenaue und unglückliche Beschreibung des Ifor-Mandats, zumal in einer Sendung, die hauptsächlich von bosnischen Serben gesehen wurde. Es stimmte, daß die Ifor keine Routineverhaftungen bei der Zivilbevölkerung vornehmen sollte. Dennoch war sie befugt, verurteilte Kriegsverbrecher zu verhaften und jeden, der eine Bedrohung für ihre Sicherheit darstellte, in Gewahrsam zu nehmen. Smith, der sich der Bedeutung dieser Frage zweifellos bewußt war, hatte Radovan Karadžić über dessen eigenen Sender ein beruhigendes Signal geschickt.

*

Eine Stunde nach unserer Besprechung mit Smith trafen wir uns mit Izetbegović und baten ihn, die Serben, die immer noch in Sarajevo lebten, auch nach der Vereinigung unter muslimischer Verwaltung am 19. März zum Bleiben zu überreden. Izetbegović erklärte sich bereit, eine solche Erklärung abzugeben, betonte aber, daß sie sich nur auf Serben beziehe, die schon vor dem Krieg in Sarajevo gelebt hatten. Er schloß alle die aus, die seit Mai 1992 muslimische Wohnungen in ihren Besitz gebracht hatten, oft mit einem Scharfschützen/Soldaten als Untermieter. In den nächsten zwei Monaten sollte sich die Wiedervereinigung Sarajevos zur ersten großen Krise nach dem Dayton-Abkommen entwickeln – eine Krise, in der die internationale Gemeinschaft kläglich versagte.[4]

*

Kurz darauf kehrte ich nach Washington zurück, um Christopher über den gefährlichen Zeitverzug der zivilen Implementierungsmaßnahmen zu unterrichten. Christopher sprach mit Lake und Perry, doch die Trägheit des bürokratischen Apparats und der Widerstand des Militärs verhinderten jede ernsthafte Bemühung, das Verhalten der Ifor zu ändern. Vor allem Lake warnte davor, Druck auf die Ifor auszuüben. Er sprach sich privat und öffentlich gegen alles aus, was den Eindruck erwecken könnte, daß das Militär an einem »Staatsaufbau« beteiligt sei, etwas, was noch in den sechziger Jahren als hehres Ziel gegolten hatte, in der Zwischenzeit jedoch mit »Mission Creep« gleichgesetzt wurde.

*

Die Imia-/Kardak-Krise. Ich hatte beabsichtigt, meine Amtszeit als Staatssekretär mit einer größeren diplomatischen Initiative zur Lösung des Zypern-Problems zu beenden. Statt dessen mußten wir uns mit einem drohenden Krieg zwischen den beiden Nato-Mitgliedern Griechenland und Türkei auseinandersetzen, eine Bedrohung, die auf den ersten Blick absurd wirkte, aber leider nur zu real war.

Am Morgen des 30. Januar gerieten die Ereignisse außer Kontrolle. Wir erhielten die Nachricht, daß die Türkei einen Militäreinsatz vorbereitete, um die Kontrolle über eine unbewohnte, vier Hektar große Insel zu erlangen, die ungefähr 8 Kilometer vor der türkischen Küste lag. Die Insel hieß bei den Griechen Imia und bei den Türken Kardak. Anfangs nahm niemand das Problem ernst. Wir hatten uns gerade mit Bosnien befaßt, und nun sollten wir uns mit einer Ansammlung von

Felsen beschäftigen, auf der normalerweise nur ein paar Schafe ihr Dasein fristeten?

Doch auch wenn die Leute Witze über »die Maus, die brüllte« rissen und sich nicht vorstellen konnten, daß zwei Nato-Verbündete wegen ein paar Hektar unbewohnten Landes einen Krieg vom Zaun brechen würden, war der Konflikt sehr ernst. Seit Jahren stritten sich Griechenland und die Türkei darüber, wem die zahllosen kleinen Inseln in der östlichen Ägäis gehörten. Die Auseinandersetzung war friedlich verlaufen, bis im Januar 1996 eine Reihe kleinerer Vorfälle aus Imia-Kardak einen internationalen Zwischenfall machte. Damit begannen über achtzehn Stunden intensiver Bemühungen, einen militärischen Zwischenfall zu verhindern, der leicht zu einem Krieg hätte eskalieren können. Die zufällig für diesen Nachmittag im Weißen Haus angesetzte Versammlung des Principals Committee zum Thema Zypern verwandelte sich rasch in eine Krisensitzung. Als erste Maßnahme baten wir Präsident Clinton, die türkische Regierung und den neuen griechischen Premierminister Costas Simitis zu kontaktieren.

Die Telefongespräche des Präsidenten wiesen schon früh auf die auf höchster Ebene in den USA vorhandene Besorgnis hin. Als nächstes riefen Christopher, Shalikashvili und Perry ihre türkischen und griechischen Amtskollegen an, und während des restlichen Nachmittags und eines Großteils des Abends koordinierten John Kornblum, der Stellvertretende Staatssekretär im Außenministerium Marshall Adair und ich eine achtstündige telefonische Blitzaktion. Im östlichen Mittelmeer wurde es bereits hell, und die türkischen Streitkräfte hatten mittlerweile eine weitere kleine Insel neben Imia/Kardak besetzt, als sich die Griechen schließlich unter nicht ganz klaren Bedingungen und Umständen zurückzogen.

Die Krise war vorüber, doch sie sollte ein Nachspiel haben, das sich sowohl auf Bosnien als auch auf das östliche Mittelmeer direkt und indirekt auswirkte.

*

Ron Brown. Am 31. Januar verabschiedete ich mich telefonisch von Handelsminister Ron Brown, der mich in Deutschland und Washington immer sehr unterstützt hatte. Ich dankte ihm und bat ihn außerdem, eine wichtige Reise nach Bosnien zu unternehmen. Brown hatte sich bei der Förderung amerikanischer Exporte und der Stimulierung der Wirtschaft als außergewöhnlich erfolgreich erwiesen, und ich dachte, seine Kreativität und Energie könnten den Bemühungen um den wirtschaftlichen Wiederaufbau Bosniens, ein für den langfristigen Erfolg unserer Friedensinitiative ausschlaggebendes Anliegen, enormen Auftrieb geben. Brown war begeistert und versprach sofort, im März oder April eine hochkarätige Handelsdelegation nach Bosnien zu führen. Ich sollte nur Warren Christopher dazu bringen, daß er die Reise im Weißen Haus unterstützte. Ich versicherte ihm, mich darum zu kümmern.

Unsere Freundschaft war zwar, wie so viele in Washington, rein politischer und beruflicher Natur, dennoch war mir Ron Brown auch als Mensch sehr sympathisch. Er war damals in mehrere Untersuchungen seiner persönlichen Finanzgeschäfte verwickelt, die ausführlich in der Presse behandelt wurden, meine Einstellung zu ihm aber nicht beeinflußten. Was ich sah, war ein hervorragender Minister, der einen wesentlichen Beitrag zur Wiederbelebung der amerikanischen Wirtschaft geleistet hatte – und der sich nun ohne Zögern einverstanden erklärte, eine wichtige Aufgabe im Rahmen unserer Bosnienpolitik zu übernehmen. Ich dankte ihm für seine Bereitschaft, die Reise für uns zu machen, fügte hinzu, daß ich vielleicht als Privatmann mitreisen würde, und verabschiedete mich. Ich sollte ihn nie wieder sehen. Neun Wochen später, am 3. April, geriet das Flugzeug, in dem sich neben Brown mehrere seiner Freunde und Kollegen befanden, darunter auch der Staatssekretär im Handelsministerium Charles Meissner, beim Landeanflug auf Dubrovnik in ein Unwetter und prallte gegen einen Berg. Fünfunddreißig Menschen starben.

*

Jacques Chirac. Am 1. Februar kam der französische Präsident Chirac nach Washington. Die Stimmung unterschied sich stark von seiner ersten Reise im Juni 1995, als seine deutlichen Warnungen zu einer Kursänderung in der amerikanischen Bosnienpolitik beigetragen hatten. Jetzt standen andere Themen auf dem Programm, vor allem das nächste große Vorhaben der amerikanischen Regierung in Europa: die Aufnahme neuer Mitglieder in die Nato.

In einer bewegenden und aufmerksamen Geste überreichte Chirac im Rahmen einer Feier im Blair House am 1. Februar den Witwen von Bob Frasure, Joe Kruzel und Nelson Drew den französischen Orden der Ehrenlegion. Was uns dabei am meisten beeindruckte, waren Chiracs offen gezeigte Gefühle. Ich stand neben Katharina Frasure, als er ihr Bobs Orden gab, und konnte sehen, wie eine große Träne die Wange des französischen Präsidenten hinunterrann.

*

Die letzte – und längste – Reise. Es war Warren Christophers erste und meine letzte Bosnienreise im Dienste der Regierung. Anders als früher verband sich mit dieser Reise ursprünglich keine konkrete Zielsetzung. Ich wollte mich nur verabschieden und Christopher und meinen designierten Nachfolger Kornblum vor Ort einführen. Doch als ich schließlich nach Washington zurückkam, hatte ich mit siebzehn Tagen meine längste offizielle Reise hinter mir, und noch dazu eine, die mit einem hastig geplanten Balkan-Gipfel in Rom geendet hatte.

Wir flogen am Morgen des 2. Februar von der Andrews Air Base ab und trafen am späten Abend zu einem Gespräch mit Tudjman in Zagreb ein. Am nächsten Morgen flogen wir nach einem Treffen mit General Smith in Tuzla nach Sarajevo. Christopher und sein Stab waren fasziniert von der Aussicht, die Stadt zu sehen, über die sie drei Jahre so viel gehört und gelesen, die sie aber nie mit eigenen Augen gesehen hatten. Obwohl der Wiederaufbau bereits in vollem Gange war und die meisten Barrikaden und Autowracks weggeräumt worden waren, brachte sie das Ausmaß der immer noch sichtbaren Zerstörung aus der Fassung. Zu Christophers Freude wurde er bei einem kurzen Spaziergang mit Zurufen und Beifall begrüßt. Am nächsten Tag reiste Christopher nach einem Mittagessen mit Milošević in den Nahen Osten, während ich mit einer Linienmaschine in die Schweiz flog, wo ich am alljährlichen Treffen des Weltwirtschaftsforums in Davos teilnahm. Im Anschluß an das Treffen plante ich, die amerikanische Zypern-Initiative wieder in Gang zu bringen, wobei mich unser Sondergesandter für Zypern Richard Beattie[5] begleiten würde, der auch die Verhandlungen führen sollte.

Die Konferenz in Davos war eine merkwürdige Angelegenheit. Mehrere Tausend Menschen, die meisten davon reiche Geschäftsleute, nahmen an Versammlungen teil, knüpften Kontakte, fuhren Ski und präsentierten sich auf gesellschaftlichen Anlässen. Die Presse war allgegenwärtig, ebenso wie die Russen und andere Politiker aus ehemaligen Sowjetrepubliken, die in einem der vielen Hotels Geschäfte machten und die Lobby mit Zigarettenrauch und dem Geruch von verschüttetem Alkohol erfüllten. Für mich hatte das Außenministerium eine Reihe von Besprechungen auf höchster Ebene mit Politikern aus Europa und Asien arrangiert.

Als ich am ersten Abend auf mein Hotelzimmer zurückkehrte, wartete eine dringende Nachricht von Tom Donilon auf mich, der mit Christopher in Syrien war. »Seit seiner Reise macht sich der Außenminister zunehmend Gedanken über Bosnien«, schrieb Donilon. »Er würde Ihre letzten Tage in der Regierung gerne nützen und bittet Sie, nach Bosnien zurückzukehren, die drei Präsidenten zusammenzurufen und eventuell in Rom einen kurzen Folgegipfel zu veranstalten. Er wird ebenfalls anwesend sein.«

*

»Während Europa schlief…« Ein Ereignis in Davos gilt es noch festzuhalten. Während einer, wie ich dachte, vertraulichen Besprechung – doch in Davos ist nichts vertraulich – wurde ich gefragt, warum es wieder einmal die Amerikaner waren, die »ein weiteres europäisches Problem« lösen mußten – eine Anspielung auf die kürzlichen amerikanischen diplomatischen Bemühungen, einen Konflikt zwischen Griechenland und der Türkei wegen Imia/Kardak abzuwenden. Ich antwortete ehrlich, aber nicht sehr diplomatisch. »Während Präsident Clinton und unser Team telefonisch mit Athen und Ankara verhandelten, verschliefen die Europäer im wahrsten Sinne des Wortes den Konflikt«, antwortete ich. »Die Frage, die man sich stellen muß, lautet, warum es Europa nicht gelingt, auf eigenem Territorium entschlossen zu handeln.«

Der leitende Europakorrespondent der *Washington Post* William Droziak griff diese Bemerkung auf und verwendete sie in einem Artikel als Metapher für die Verwirrung und Untätigkeit innerhalb der Europäischen Union seit Ende des Kalten Krieges. Obwohl etliche europäische Kommentatoren zu ähnlich harschen Urteilen gelangt waren, löste Droziaks Artikel unerwartet heftige Proteste aus und zog eine erstaunliche Flut von Artikeln in der europäischen Presse nach sich. Verschiedene europäische Politiker beschwerten sich bei Tarnoff, Talbott und Kornblum. Es lag auf der Hand, daß der ganze Aufruhr sich nicht um Imia, sondern um Dayton drehte. Die Kommentare teilten sich in zwei Kategorien: die einen, die sagten, meine Bemerkungen seien zwar richtig, aber undiplomatisch; und die anderen, die sagten, sie seien richtig und hätten endlich einmal ausgesprochen gehört. Meiner eigentlichen These widersprach niemand. Philip Gordon vom Internationalen Institut für Strategieforschung schrieb am 17. Februar in der *International Herald Tribune,* meine Bemerkungen seien »so schmerzhaft, weil die Europäer wissen, daß sie zutreffen«.

Ich hatte nie damit gerechnet, daß meine Bemerkungen so heftige Diskussionen auslösen und den Leuten so lange im Gedächtnis bleiben würden. Noch zwei Jahre später fragte man mich nach der »Während-Europa-schlief«-These.[6] Natürlich lag es nie in meiner Absicht, die Europäer zu beleidigen. Statt dessen wollte ich sie ermutigen, sich mit den ungelösten Problemen ihrer Geschichte zu beschäftigen und sich mit dem komplizierten System der EU auseinanderzusetzen. »Meine Bemerkungen zielten gegen kein bestimmtes Land und keine bestimmte Person«, sagte ich gegenüber Agence-France Presse, »sondern gegen die Struktur einer Einrichtung, die es den Europäern erschwert, von ihrer moralischen, politischen und diplomatischen Autorität schlüssig und konsequent Gebrauch zu machen. Jeder Europäer in Westeuropa weiß das. Es ist kein Geheimnis.«

*

Drama in Sarajevo. Um die Bedeutung Italiens zu betonen, beschlossen wir, den ersten Dayton-Folgegipfel in Rom abzuhalten. Christopher setzte seine diplomatische Tätigkeit im Nahen Osten fort, während ich nach Polen und Ungarn reiste, bevor ich am Morgen des 11. Februar nach Sarajevo zurückkehrte, wo ich das Treffen in Rom vorbereiten wollte.

Gleich bei unserer Ankunft wurden wir mit einem unerwarteten Problem konfrontiert. Die örtliche Polizei hatte zwei ranghohe bosnisch-serbische Offiziere, General Djorde Djukić und Oberst Aleksa Krzmanović, bei der Fahrt nach Sarajevo aus einem Zivilfahrzeug heraus verhaftet. Die Bosnier behaupteten, die beiden Männer seien Kriegsverbrecher.

Da die Festnahme der beiden Serben in einer Art und Weise vorgenommen worden war, die das im Dayton-Abkommen festgeschriebene Recht auf Bewegungsfreiheit verletzte, hätten wir eigentlich auf ihrer sofortigen Freilassung bestehen müssen. Doch Richard Goldstone, der Vorsitzende Richter des Internationalen Kriegsverbrechertribunals, komplizierte die Angelegenheit erheblich, als er – obwohl gegen sie keine Anklage erhoben worden war – einen Haftbefehl für die beiden Männer ausstellte. Shattuck, der Goldstone anrief, um herauszufinden, was los war, erfuhr, daß er die beiden Serben für ein Verhör und eine mögliche spätere Anklage nach Den Haag holen wollte.

Unterdessen forderte Milošević ihre sofortige Freilassung, und die bosnischen Serben kündigten an, bis zur Freilassung der beiden ihre Zusammenarbeit mit der Ifor einzustellen. Im Gegenzug drohten die Muslime, sie vor ein bosnisches Gericht zu stellen.

In dieser angespannten Situation trafen Hill und ich uns am Nachmittag des 11. Februar mit Admiral Smith und fragten ihn, ob er Djukić und Krzmanović sicher und ohne Zwischenfälle aus Sarajevo herausbringen könnte. Smith antwortete, er könne dafür nicht garantieren, doch er würde sofort einen Plan ausarbeiten. Ausnahmsweise wurde die Frage der Zuständigkeit der Ifor nicht angesprochen; Smith wußte, welches Risiko er einging, wenn Djukić und Krzmanović in Sarajevo im Gefängnis blieben.

Wir flogen nach Belgrad, wo Milošević erneut die sofortige Freilassung der Inhaftierten verlangte. Er erklärte, die beiden seien Soldaten, keine Kriegsverbrecher. Djukić, fügte er hinzu, sei unheilbar an Krebs erkrankt und brauche dringend medizinische Behandlung. Wir teilten Milošević mit, daß die Männer nicht freigelassen werden konnten, und was die Gesundheit General Djukićs anging, so versicherten wir ihm, daß er, sollte er wirklich krank sein, eine entsprechende medizinische Versorgung erhalten werde. (Wie sich herausstellte, hatte Djukić tatsächlich Krebs.)

Am nächsten Morgen, dem 12. Februar, kehrten wir früh nach Sarajevo zurück. Die Stimmung war sehr angespannt. Um 14 Uhr rief ich noch einmal Goldstone in Den Haag an, der mich davon in Kenntnis setzte, daß er die Ifor vor zwei Stunden förmlich ersucht hatte, Djukić und Krzmanović seiner Jurisdiktion zu unterstellen. Smith war nach Neapel zurückgekehrt, hatte aber General Walker bevollmächtigt, die Operation durchzuführen. Walker beschrieb uns den Plan: Eine kleine Gruppe speziell dafür ausgewählter französischer Soldaten würde nach vorheriger Unterrichtung der bosnischen Gefängnisverwaltung im Schutze der Nacht in das Gefängnis gehen, die beiden Gefangenen übernehmen und sie so rasch wie möglich zu amerikanischen Hubschraubern bringen, die sie dann nach Den Haag bringen würden.

Die größte Gefahr bestand nach Ansicht Walkers darin, daß die Serben von der Aktion Wind bekommen und versuchen würden, die Straßen zu blockieren oder die Hubschrauber abzuschießen. Er glaubte aber, daß das Risiko sich in erträglichem Rahmen hielt, vorausgesetzt, die Operation würde schnell genug durchgeführt.

Wir reisten kurz vor Beginn der Aktion ab. Während der Großteil des Vermittlerteams nach Zagreb flog, stattete ich Bukarest einen lange geplanten Besuch ab. Die Aktion verlief ohne Zwischenfälle, aber ein aufmerksames Fernsehteam filmte die dramatische nächtliche Gefangenenübergabe. Die beiden Männer wurden sicher nach Den Haag gebracht, wo sie monatelang von Goldstone festgehalten wurden, bis schließlich die Anklage gegen Oberst Krzmanović fallengelassen und General Djukić kurz vor seinem Tod freigelassen wurde.

Christopher und ich waren über den Vorfall sehr beunruhigt. Die Festnahme der Männer, die beide nicht angeklagt waren, hatte den Implementierungsprozeß gestört und einen ungünstigen Präzedenzfall geschaffen. Wir waren uns einig, daß man eine Wiederholung verhindern mußte, bevor das zur Gewohnheit wurde.

*

Anglo-amerikanische Beziehungen. Die nächsten drei Tage waren von hektischen Aktivitäten angefüllt – zunächst kehrte ich nach Zagreb zurück, und flog dann vor dem Gipfel in Rom noch nach Frankfurt, London und Paris. Meine Abschiedsbesuche bei Außenminister Malcolm Rifkind und Verteidigungsminister Michael Portillo fielen herzlich aus, doch Botschafter Crowe und ich hatten das Gefühl, daß wir uns mit Regierungsmitgliedern trafen, die sich mehr als ein Jahr vor den nächsten Unterhauswahlen schon wie »lame ducks« vorkamen und das Gefühl hatten, daß ihnen die Macht zwischen den Händen zerrann.[7] Wir hatten mit den Briten unter den schwierigsten Umständen zusammengearbeitet. Als ich im September 1994 meine Arbeit für die Regierung in Washington aufnahm, war das Verhältnis zwischen Großbritannien und den USA sehr angespannt, und die Wiederherstellung der guten Beziehungen, die meiner Ansicht nach »besondere« waren – einst ein Standardsatz, der von der Regierung Major aber aus dem offiziellen Sprachgebrauch verbannt worden war –, besaß oberste Priorität. Bei einem Abschiedsessen im kleinen Rahmen in der US-Botschaft sprachen sowohl Außenminister Rifkind als auch sein Vorgänger Douglas Hurd mir ihre Anerkennung dafür aus, in den letzten siebzehn Monaten mit dazu beigetragen zu haben, die Kluft wieder zu schließen. Ich antwortete mit dem Satz, den ich in dieser Sache schon so oft gesagt hatte: Wenn die beiden Staaten Seite an Seite standen, lag es in ihren Händen, den Lauf der Geschichte zu verändern; aber wenn sie in einer wichtigen Angelegenheit uneinig waren, waren die Folgen unweigerlich katastrophal.

*

Rom. Nach weiteren Abschiedsbesuchen in Paris flogen wir am 16. Februar nach Rom, wo es zur ersten Begegnung der drei Präsidenten vom Balkan seit der Unterzeichnung des Dayton-Abkommens in Paris kommen sollte.

Admiral Smith, der ebenfalls für einige Stunden nach Rom kam, hatte am Abend vor der Konferenz eine dramatische Aktion angeordnet, mit der er seiner Entschlossenheit, die militärischen Bestimmungen des Dayton-Abkommens durchzusetzen, Nachdruck verleihen wollte. Ein Kommandotrupp der Ifor hob am 17. Februar auf dem Gebiet der Föderation ein »Ausbildungslager für Terroristen« in den Bergen aus und nahm elf »Freiheitskämpfer« gefangen, die als Iraner identifiziert wurden. Außerdem wurden sechzig in Plastikspielzeug versteckte Bomben und das Modell eines amerikanischen Militärhauptquartiers gefunden. Izetbegović behauptete fassungslos, daß er bis zu der Razzia nichts von der Existenz dieser Gruppe gewußt habe. Joulwan und ich sagten ihm, daß es keine Rolle spiele, ob er davon gewußt habe oder nicht; der Aufenthalt solcher Elemente auf bosnischem Territorium verletze das Dayton-Abkommen und stelle eine Bedrohung der Ifor-Einheiten dar.

Vor diesem dramatischen Hintergrund begann am Nachmittag des 17. Februar der Balkan-Gipfel mit einer Eröffnungsrede der italienischen Außenministerin Susanna Agnelli. Bei der Eröffnungssitzung saßen Christopher, Joulwan, unser Vermittlerteam und die Vertreter der Kontaktgruppe um einen großen Konferenztisch, bevor wir kleinere Gruppen bildeten und jede Delegation einen eigenen Raum zugewiesen bekam. Während der folgenden beiden Tage hallten die Gänge des normalerweise ruhigen italienischen Außenministeriums wider von den Streitigkeiten der Balkandelegationen – ein richtiges kleines Dayton. Doch es wurden auch Einigungen erzielt, die die Implemen-

– 510 –

tierung wieder in die richtigen Bahnen lenken sollten: Ein Abkommen über die »Verkehrsregeln«, wie Christopher es nannte, damit wir nie wieder mit den Folgen einer überraschend vorgenommenen Verhaftung konfrontiert wurden; ein Kompromiß im Falle Mostars, der die Stadt mit dem größten Konfliktpotential in Bosnien vor einem erneuten Ausbruch der Kämpfe zwischen Kroaten und Muslimen bewahrte; eine Übereinkunft zur Verbesserung der Arbeit der internationalen Polizeikräfte; und eine Vereinbarung, regelmäßig weitere Dayton-Folgekonferenzen einzuberufen.

Wir kehrten am 19. Februar nach New York zurück. Zwei Tage später trat ich nach einigen weiteren Abschiedsbesuchen und einer ausgiebigen Feier für das gesamte Verhandlungsteam im siebten Stock des Außenministeriums, an der auch Christopher und Perry teilnahmen, als Staatssekretär zurück. Sofort im Anschluß unterzeichnete ich einen Vertrag als unbezahlter Berater des Außenministers, was allerdings nur bedeutete, daß ich meine Unbedenklichkeitserklärung behielt und der Regierung im Notfall kurzfristig zur Verfügung stehen mußte. Am Abend des 21. Februar verließ ich Washington, um ein neues Leben in New York zu beginnen.

KAPITEL ZWANZIG

Rückschläge und Fortschritte

(Februar 1996 bis April 1998)

> Dies Recht, mit unabweislich fester Hand,
> setzt unsern selbstgemischten gift'gen Kelch
> An unsre eigenen Lippen. –
> William Shakespeare, *Macbeth.*

Auf dem Papier war Dayton ein gutes Abkommen; es beendete den Krieg und schuf ein einheitliches, multiethnisches Land. Doch Papier ist geduldig, und zahllose Friedensabkommen haben in den Geschichtsbüchern nur als Fallstudien enttäuschter Erwartungen überlebt. Der wahre Platz Daytons in der Geschichte wird davon abhängen, ob die internationalen Bemühungen, das dort getroffene Abkommen in die Tat umzusetzen, Erfolg haben oder nicht.

*

Der erste Rückschlag. Die Vereinigung von Sarajevo unter der Kontrolle der Föderation neunzig Tage nach der Gründung der Ifor war der erste große und in vieler Hinsicht wichtigste Prüfstein des Dayton-Abkommens. Vor Dayton hätte kein außenstehender Beobachter eine Vereinigung für möglich gehalten, und viele zweifelten immer noch daran.

Trotz des serbischen Widerstandes wurde Sarajevo genau nach Zeitplan vereinigt. Ein paar zerlumpte serbische Polizisten, deren Stimmen kaum die mit voller Lautstärke abgespielte, zerkratzte Aufnahme der Nationalhymne des vorkommunistischen Jugoslawiens zu übertönen vermochten, holten am 18. März 1996 die Flagge der bosnischen Serben von der Polizeistation im Stadtteil Grbavica ein und verließen die Stadt Richtung Pale. »Wir haben dieses Gebiet auf dem Schlachtfeld gerettet«, sagte Milenko Karisik, ein stellvertretender Innenminister der bosnischen Serben, »und es in Dayton verloren.« Am folgenden Tag übergaben die bosnischen Serben der Föderation offiziell die serbisch kontrollierten Teile Sarajevos. Es gab keine Kämpfe, keine Versuche, die Übergabe zu verhindern.

Doch in dem Moment, der den Triumph Daytons unterstreichen sollte, hatten sich die bosnischen Serben die Passivität der Ifor und die Schwäche der Implementierungsmächte zunutze gemacht. In den letzten beiden Wochen vor der Vereinigung Sarajevos befahlen die Machthaber in Pale allen Serben in Sarajevo, ihre Wohnungen in Brand zu stecken und die Stadt zu verlassen. Pale schickte sogar detaillierte Instruktionen, wie die Feuer gelegt werden sollten. (»Stapelt alle Möbel in der Mitte des Zimmers, übergießt sie mit Kerosin, dreht das Gas auf und werft ein brennendes Streichholz in das Zimmer, wenn ihr geht.«) Junge Brandstifter, die meisten von ihnen aus Pale, streiften durch die Straßen und drohten den Serben von Sarajevo, daß sie schwer bestraft, womöglich getötet würden, wenn sie ihre Wohnungen nicht zerstörten und blieben.

Den bosnischen Serben, die während des Krieges vom Land nach Sarajevo gezogen waren, machte es wenig aus, Wohnungen, aus denen sie früher oder später ohnehin wieder hätten ausziehen müssen, den Flammen preiszugeben. Aber Zehntausende serbischer Familien aus Sarajevo hatten seit Generationen friedlich in der einst kosmopolitischen Stadt gelebt, und viele von ihnen wären zum Bleiben bereit gewesen, wenn man sie nicht mit Gewalt gezwungen hätte, die Stadt zu verlassen. Kris Janowski, der Sprecher des UN-Flüchtlingskommissariats, schätzte, daß von den 70 000 Serben, die vor dem Exodus in Sarajevo lebten, wenigstens 20 000 bleiben wollten. Nach dem Einschüchterungsfeldzug Pales blieben nicht einmal 10 000, und selbst von denen zogen die meisten bald darauf ab. In der Woche vor dem 19. März verstopfte ein endloser Strom flüchtender Serben die aus Sarajevo führenden Straßen, die meisten führten von Möbeln über Waschbecken bis in manchen Fällen sogar Türen ihren gesamten Hausrat mit sich. Hinter sich zurück ließen sie die qualmenden Ruinen von Grbavica und Ilidža. »Wir dürfen nicht zulassen, daß auch nur ein einziger Serbe in den Gebieten bleibt, die unter muslimisch-kroatische Kontrolle fallen«, sagte Gojko Kličković, der Leiter des Umsiedlungsbüros der bosnischen Serben (und spätere Ministerpräsident der Republika Srpska).

Diese Tragödie hätte leicht verhindert werden können, wenn die Ifor eingeschritten wäre. Aber obwohl die Nato/Ifor in Bosnien gefürchtet war und niemand es wagte, sie herauszufordern, blieb sie untätig. Ein Sprecher der Ifor sagte, die Brandstiftungen seien zwar »bedauerlich«, doch die Serben hätten »das Recht, ihre eigenen Häuser niederzubrennen«. Ein anderer Sprecher erklärte, die Ifor sei »keine Polizeikraft und werde keine Polizeiaufgaben übernehmen«. Entsetzt über die unerwartete Passivität der Ifor, kritisierten hohe UN-Funktionäre die Nato für *deren* Untätigkeit – ein geradezu schon ironischer Rollentausch. »Wenn [die Nato] härter vorgegangen wäre, sähe die Lage jetzt ganz anders aus«, sagte UN-Sprecher Janowski. »Wir erleben zur Zeit mit, wie das multiethnische Bosnien das Klo hinuntergespült wird.«

Journalisten berichteten von schier unfaßbaren Szenen: Eine serbische Frau wurde von einem jungen serbischen Schläger zusammengeschlagen und vergewaltigt, danach steckte er ihre Wohnung in Brand. Ein älteres serbisches Ehepaar, das den ganzen Krieg über in Sarajevo gelebt hatte, flehte vergeblich italienische Soldaten an, als ein serbischer Schläger ihre Wohnung in die Luft sprengte. Robert Gelbard, Staatssekretär im US-Außenministerium für internationalen Drogenhandel und Gesetzesvollzug, der sich zu der Zeit in Sarajevo aufhielt, beobachtete fassungslos, daß sich die Ifor und die Internationale Polizeitruppe weigerten, die marodierenden Brandstifter zu verhaften, und daß die Ifor ihre Feuerwehrausrüstung in ihrem Lager zurückließ. Verzweifelt schickten die Muslime ihre antiquierten Löschfahrzeuge in die serbischen Viertel, wo sie von einem steinewerfenden serbischen Mob angegriffen wurden. Ihre Bitte um Schutz durch die Ifor stieß auf taube Ohren. Gelbard sah mit an, wie ganze Häuserblöcke niederbrannten und Ifor-Soldaten tatenlos nicht einmal 150 Meter daneben standen. Und er hörte mit, wie der britische General Michael Walker, der zweithöchste Ifor-Offizier, die Bitte des Stellvertretenden Hohen Repräsentanten Michael Steiner um eine Intervention kühl zurückwies. »Ich schämte mich dafür, daß ich mit der Sache zu tun hatte«, sagte Gelbard mir später, »daß ich nicht imstande war, die Ifor dazu zu bringen, etwas zu unternehmen.« Ein Jahr später sollte Gelbard, von Präsident Clinton eigens dazu ausersehen, die ins Stocken geratenen Umsetzungsbemühungen zu koordinieren, nach Sarajevo zurückkehren und seine Sache erheblich besser machen.

Es war mein erster Monat als Privatmann; zu spät erkannte ich, daß ich zu früh gegangen war. Mit zunehmender Besorgnis verfolgte ich von New York aus das Geschehen und rief mehrmals in Washington an. Ich setzte mich für militärische Aktionen ein und wies darauf hin, daß die »Generalklausel« im militärischen Anhang des Dayton-Abkommens der Ifor in einer solchen Situation die volle Entscheidungsgewalt einräumte. Trotzdem weigerte Admiral Smith sich, in Aktion zu treten, und wiederholte gebetsmühlenartig, die Ifor sei keine Polizeimacht und eine Bekämpfung der Brände oder eine Verhaftung der Brandstifter käme einer schleichenden Eskalation gleich. Daß die Passivität der Ifor grundlegende politische Ziele der Vereinigten Staaten und der Nato aufs Spiel setzte, war ihm offenbar gleichgültig.

Schließlich schalteten Warren Christopher und Bill Perry sich ein und bestanden darauf, daß die Nato dem Treiben ein Ende setzte. Widerwillig befahlen Smith und Walker ihren Soldaten, ein paar junge Brandstifter festzuhalten und den örtlichen Behörden zu übergeben, und ließen ein paar Brände löschen. Aber das war zu wenig und kam zu spät. »Wenn irgend jemand meint, dies sei ein Erfolg«, erklärte UN-Sprecher Janowski, »dann wäre das reichlich töricht. Bei den Plünderungen und den Bränden wurde Eigentum im Wert von vielen Millionen Dollar zerstört; und der Exodus setzte gerade in dem Moment ein, in dem eigentlich die ersten Leute zurückkehren sollten.«

Das war der schlimmste Zwischenfall der ersten beiden Jahre nach Dayton. Der Exodus war nicht nur an sich eine Katastrophe, er setzte auch der Hoffnung und dem Aufschwung, die Ende November spürbar gewesen waren, ein jähes Ende. Als Pale später Muslime daran hinderte, in ihre Heimatorte im serbischen Teil Bosniens zurückzukehren, verwies die dortige Regierung als Ausrede auf den Exodus, den sie selbst erzwungen hatte. Muslime und Kroaten zogen aus den Ereignissen den Schluß, daß eine multiethnische Kooperation von der Nato nicht gefördert wurde. Die Botschaft schien eindeutig: Politiker und ihre Helfershelfer, die eine ethnische Teilung predigten, werden nicht behindert, geschweige denn bestraft.

Die Militärs fühlten sich von der internationalen Kritik verletzt und kehrten den Spieß um. Öffentlich warfen sie den internationalen zivilen Behörden, insbesondere Carl Bildt, »Nachlässigkeit« bei der Implementierung von Dayton vor. Doch diese Schuldzuweisungen waren sinnlos. Die Ereignisse von Mitte März boten ein Schulbeispiel für die

Hartnäckigkeit und Rücksichtslosigkeit der Serben und für das Durcheinander unter den mit der Implementierung beauftragten Organisationen. Die Ereignisse veranschaulichten auch eine von Washingtons wichtigsten und zugleich am meisten mißverstandenen Maximen: *Wird eine gute Politik schlecht ausgeführt, so wird sie zu einer schlechten Politik.*

*

Die schwierigste Aufgabe.

Die schwierigste Aufgabe. Eingeschüchtert von dem Anblick der 60 000 schwer bewaffneten Ifor-Soldaten, taten die drei Volksgruppen in Bosnien bis zu der Katastrophe im März fast alles, was die Ifor anordnete. Vor allem die bosnischen Serben waren militärisch wie politisch so schwer in Mitleidenschaft gezogen, daß sie wenig Widerstand geleistet hätten, wenn die Ifor strenge Richtlinien durchgesetzt hätte. Selbst Miloševic hatte die Ifor anfangs aufgefordert, hart durchzugreifen, auch wenn er kurz danach wieder davon abrückte. Allmählich erholten sich die bosnischen Serben von der Verzweiflung, die sich ihrer seit November bemächtigt hatte, und begannen, in jedem nichtmilitärischen Punkt Widerstand zu leisten. Dabei achteten sie aber sorgsam darauf, die Ifor nicht zu provozieren. Man konnte fast glauben, sie hätten eine stillschweigende Übereinkunft mit dem Ifor-Kommando getroffen: Wir greifen eure Truppen nicht an, und ihr laßt uns ungestört ein ethnisch geteiltes Land schaffen.

Von all den Dingen, die notwendig waren, um unsere Ziele in Bosnien zu verwirklichen, blieb die Verhaftung von Radovan Karadžić immer noch das wichtigste Anliegen. Doch nach ein paar Monaten beinahe völliger Abgeschiedenheit tauchte Karadžić wieder auf, erteilte Befehle und gab sogar Interviews. Damit sandte er seinen Anhängern ein klares Signal, daß sie ihre separatistischen Bestrebungen ungestraft weiterverfolgen konnten. Da seine militärischen Streitkräfte ausgeschaltet waren, hetzte Karadžić die »Sonderpolizei«, ein Überbleibsel des kommunistischen Polizeistaats, jedem bosnischen Serben auf den Hals, der Dayton unterstützte. Obwohl diese Einheiten im Dayton-Abkommen ausdrücklich erwähnt wurden, zog es die Ifor vor, diese »Polizisten«, die den serbischen Teil Bosniens durchstreiften und jeden einschüchterten, der mit den Muslimen zusammenarbeitete oder sich positiv über Dayton äußerte, geflissentlich zu ignorieren. Karadžićs erstes wichtiges Angriffsziel war der Politiker, der sich als erster öffentlich für Dayton ausgesprochen hatte: der Bürgermeister von Banja Luka Predrag Radić, den der Serbenführer daran hinderte, sich im Januar in Tuzla mit Präsident Clinton zu treffen.

Eine Verhaftung Karadžićs hätte gewiß nicht alle Probleme gelöst, mit denen die internationale Gemeinschaft in Bosnien zu kämpfen hatte. Aber seine Entfernung aus Bosnien war eine notwendige, wenn auch längst nicht ausreichende Voraussetzung für den Erfolg. Wie wir dem amerikanischen Präsidenten und seinen engsten Beratern schon vor Dayton gesagt hatten, würde Karadžić, solange er sich auf freiem Fuß befand, alles daran setzen, die Umsetzung des Friedensabkommens zu verhindern oder wenigstens hinauszuzögern. Sechs Monate später war Karadžić immer noch frei und war dabei, seine Stellung wieder auszubauen. Während Menschenrechtsgruppen und einige Mitglieder des Außenministeriums, darunter auch Madeleine Albright, die Ergreifung Karadžićs forderten, warnten die Militärs, eine militärische Operation zu seiner Verhaftung würde kaum ohne eigene Verluste durchführbar sein und dazuhin die Gefahr von serbischen Vergeltungsschlägen heraufbeschwören. Sie erklärten, einen solchen Schritt nur auf ausdrückliche Anordnung Clintons zu unternehmen, was für den Fall eines Fehlschlages hieße, daß die Schuld dann bei den Zivilisten und vor allem beim Präsidenten liegen würde. Diese Bürde würde kaum ein Präsident auf sich laden, und schon gar nicht in einem Wahljahr. So war es denn auch kaum überraschend, daß weder 1996 noch 1997 irgendwelche Anstalten gemacht wurden, eine militärische Operation gegen Karadžić auszuführen oder auch nur zu planen.

Paradoxerweise waren es dieselben Politiker und Militärs, die sich einer Verhaftung Karadžićs widersetzten, die für einen raschen Abzug der amerikanischen Soldaten plädierten. Diese beiden Ziele waren nicht nur offensichtlich unvereinbar, im Gegenteil: Eine rasche Verringerung der Truppenstärke setzte sogar voraus, daß Karadžić dingfest gemacht wurde. Doch mit dem Hinweis darauf, daß eine Festnahmen des Serben zu riskant sei und nicht in den Aufgabenbereich der Ifor fiel, weigerte sich die Nato auch weiterhin, entsprechende Maßnahmen zu ergreifen.

*

Ich hatte Admiral Smith schon am 11. Februar, als wir über die zwei von den Muslimen verhafteten bosnisch-serbischen Offiziere sprachen, auf diesen Punkt hingewiesen. Am Vortag hatte die *Washington Post* einen Bericht John Pomfrets veröffentlicht, in dem er schilderte, wie Karadžić auf einer Reise von Pale nach Banja Luka ungehindert vier Nato-Checkpoints – zwei davon mit Amerikanern besetzt – passierte. Als ich Admiral Smith den Artikel vorlegte, schob er ihn verächtlich einem Adjutanten zu und ließ ein paar markige Worte über Journalisten vom Stapel, die nichts wissen, aber überall ihre Nase hineinstecken, dementierte die Geschichte aber nicht und betonte nochmals, daß er seine Soldaten nicht auf Verbrecherjagd schicken werde.

*

Ein Brief an den Präsidenten. Als ich aus der Regierung ausschied, hatte Präsident Clinton mich aufgefordert, ihm gelegentlich meine Ansichten mitzuteilen. Anfang Juni 1996 hatte ich das Gefühl, die Lage in Bosnien habe einen kritischen Punkt erreicht, der einen Bericht an den Präsidenten rechtfertigte. Kopien des Briefes schickte ich an Christopher, Lake und Talbott.

Sehr geehrter Mr. President
Der Friedensprozeß in Bosnien ist an einem entscheidenden Punkt angelangt. Ich möchte deshalb Ihrer Bitte nachkommen und Ihnen meine Ansichten mitteilen:
Der bisherige Erfolg der Ifor wird durch Karadžićs hartnäckigen Widerstand gegen die politischen Bestimmungen Daytons gefährdet. Wenn wir zulassen, daß er die Absichten der Vertragsmächte von Dayton weiterhin vereitelt, wird der Friedensprozeß scheitern. Das hätte zumindest die Teilung Bosniens zur Folge, mit der realen Gefahr einer weiteren Aufspaltung in drei Teile innerhalb weniger Jahre – Entwicklungen, die wir nach unseren eigenen Worten verhindern wollen. Gewiß werden unsere nationalen Interessen nicht unmittelbar davon berührt, ob Bosnien nun ein Land, oder zwei oder gar drei ist, doch was in Bosnien passiert, wird tiefgreifende Folgen für unsere allgemeine Rolle in der sich herausbildenden Weltordnung haben …
Von den zahlreichen Organisation im ehemaligen Jugoslawien in den vergangenen fünf Jahren ist nur die Nato – also die Vereinigten Staaten – respektiert worden. Was die Nato/Ifor verlangt, das wird gemacht.

Doch die Weigerung der Nato, über eine relativ enge Auslegung ihrer Mission hinauszugehen, hinterläßt eine große Lücke in der bosnischen Befehlskette. Die bosnischen Serben haben dies erkannt und bieten den Vertragsmächten von Dayton zunehmend die Stirn. Im Gegenzug beginnt Izetbegović, in seiner Hälfte des Landes einen undemokratischen und von Grund auf muslimischen (wenn auch nicht fundamentalistischen) Staat zu errichten, was nur heißen kann, daß auch die bosnischen Muslime zusehends von dem Ziel eines multiethnischen Staates abrücken...

Karadžićs Widerspenstigkeit hat Folgen, die weit über Bosnien selbst hinausreichen. Wenn er Erfolg hat, wird die grundlegende Frage nach der amerikanischen Führungsrolle, die nach Dayton in den Augen der Öffentlichkeit bereits geklärt schien, wieder zur Sprache kommen. Nachdem wir die amerikanische Führungsrolle in Europa bekräftigt haben, wäre es geradezu tragisch, wenn wir sie wieder unseren Händen entgleiten lassen würden...

Es mag merkwürdig erscheinen, daß so viel von dem Schicksal zweier verhaßter Kriegsverbrecher abhängen soll. Doch die Geschichte kennt zahllose Beispiele, in denen kleine Dinge die Lösung großer Probleme zur Folge hatten. Das Problem Radovan Karadžić zählt dazu... Wir sollten nicht nur die Absetzung Karadžićs von seinem Posten als Präsident der Republika Srpska anstreben, sondern seine völlige Entmachtung...

Es gibt noch einige andere Dinge, die zwar schon längst hätten getan werden müssen, die aber, wenn sie jetzt durchgeführt werden, immer noch einiges bewirken können. Ein paar Beispiele:

— Täglich sabotiert Karadžić mit Hilfe des Fernsehens und der von ihm gesteuerten Medien die lokalen Versöhnungsversuche. Die Ifor hat die Möglichkeit und auch die Befugnis, die Verbreitung solcher Nachrichten zu unterbinden, weigert sich aber bislang, das zu tun. Die von der SDS benutzten Sendeeinrichtungen müssen ausgeschaltet werden – und zwar sofort. Das wäre ein schwerer Schlag für Karadžić, und einer, der in den Vereinigten Staaten begeistert aufgenommen werden würde...

— Eine Wiedereinsetzung der Sanktionen. Wir hatten in Dayton ausdrücklich die Möglichkeit offengelassen, die Sanktionen wenn nötig wieder einzusetzen. Das ist die schärfste der uns verbliebenen

Waffen ... Ich schlage vor, Milošević eine in diesem Sinne unmißverständliche Botschaft zu schicken ...

*

Rückkehr nach Bosnien. Die Forderungen, Karadžić und Mladić zu
verhaften, häuften sich, und nicht nur in der weltweiten Presse. Auch
Carl Bildt und Senator Dole verlangten ein Eingreifen der Ifor, genauso wie beispielsweise auch Morton Abramowitz, der angesehene
Präsident der Carnegie-Stiftung für Internationalen Frieden, und der
amerikanische Philanthrop und Finanzier George Soros, der, so unglaublich das auch klingen mag, mehr Geld für Hilfsprojekte in Bosnien ausgegeben hat als die Regierung der Vereinigten Staaten.

Am Abend des 12. Juli fragte mich die amerikanische Regierung
angesichts der wachsenden internationalen Kritik, ob ich bereit wäre,
sofort zu einer Sondermission auf den Balkan zurückzukehren. Nach
einigen Gesprächen in Washington reiste ich mit dem Einverständnis
und den besten Wünschen meiner neuen Kollegen von der Credit
Suisse First Boston drei Tage später ab.

Das Ziel der Regierung lautete, Karadžić durch den Einsatz diplomatischer Druckmittel aus seinem Amt zu entfernen oder zumindest
seinen Einfluß erheblich zu beschränken, und damit der Forderung
nach einer militärischen Operation die Spitze zu nehmen. Wie ich einige Wochen zuvor Präsident Clinton geschrieben hatte, war die Wiedereinsetzung der Wirtschaftssanktionen gegen Serbien und die bosnischen Serben unser wirkungsvollstes nichtmilitärisches Druckmittel –
ein Recht, das wir uns im Dayton-Abkommen wohlweislich vorbehalten hatten, das aber nur bis zehn Tage nach den auf den 14. September
angesetzten landesweiten Wahlen galt.

Als ich am Montag, dem 15. Juli, separate Gespräche mit Christopher, Talbott, Tarnoff und Berger führte, wurde deutlich, daß Washington der erneuten Verhängung von Sanktionen sehr skeptisch gegenüberstand. Nur wenige Stunden vor unserem Abflug nach Bosnien
argumentierte ich, die Drohung mit Sanktionen sei wichtig, wenn unser Team eine reelle Aussicht auf Erfolg haben sollte. Als mehrere Regierungspolitiker die Befürchtung äußerten, eine Wiedereinsetzung
der Sanktionen werde die Europäer verärgern, erinnerte ich daran,
daß wir in siebzig Tagen nicht mehr in der Lage sein würden, die
Sanktionen wiedereinzusetzen. »Use it before we lose it« – »Die

Chance nutzen, ehe sie vorüber ist« –, lautete mein Wahlspruch für den Tag.

Das entscheidende Treffen fand am Spätnachmittag des Tages mit Sandy Berger statt. Berger sagte, es sei unmöglich, in den paar Stunden bis zu meiner Abreise einen Konsens zu schmieden. Nach einer fast einstündigen, heftigen Diskussion erklärte er schließlich: »Sehen Sie, Richard, Sie und ich, wir sind seit zwanzig Jahren befreundet. Verlangen Sie nichts, was wir Ihnen nicht geben können. Fahren Sie einfach dorthin, und tun Sie, was in Ihrer Macht steht. Wir wissen, daß Sie Ihre Erfindungsgabe einsetzen und die Drohung glaubhafter klingen lassen werden, als sie es ist.« Er lachte und klopfte mir auf die Schulter. »Genau deshalb haben wir Sie ja zurückgeholt«, sagte er. Auf dem Weg zum Flughafen schilderte ich Strobe Talbott telefonisch das Gespräch mit Berger. Er bestätigte meinen Eindruck und sagte: »Lassen Sie einfach Ihrem alten Doppelsinn freien Lauf.«

*

»Wir sind hier«, sagte ich der Presse, als wir am Dienstag, dem 16. Juli, auf dem Flughafen von Sarajevo landeten, »weil wir vor allem auf Seite der bosnischen Serben nicht zufrieden sind mit dem Ausmaß der Umsetzung.« Als erstes sprachen wir mit Robert Frowick, den die amerikanische Regierung zum Leiter der OSZE-Mission in Bosnien ernannt und mit der Durchführung der Wahlen beauftragt hatte. Frowick stand vor einer schweren Entscheidung: Bislang hatte er es Karadžićs Partei, der Serbischen Demokratischen Partei (SDS), gestattet, eine wichtige Rolle bei der Vorbereitung der Wahlen zu übernehmen, aber ihr Verhalten bereitete ihm zunehmend Kopfzerbrechen. Unter anderem füllte sie Wählerlisten mit falschen Namen auf und schüchterte potentielle Wähler ein. Frowick war ermächtigt, jeder Partei oder Einzelperson das passive Wahlrecht zu entziehen. Die Frist für eine endgültige Entscheidung war fast abgelaufen: In den nächsten drei Tagen mußte er entscheiden, ob er die SDS an den für den 14. September angesetzten Wahlen teilnehmen ließ oder nicht.

Der Partei das Recht auf eine Kandidatur bei der Wahl zu entziehen war verlockend, aber auch riskant, da es die ernstzunehmende Gefahr eines Wahlboykotts heraufbeschwor. Andererseits würde damit aber genau die Partei von der Wahl ausgeschlossen, die mehr als irgendeine andere Kraft in Bosnien bestrebt war, den Erfolg von Dayton zu verhindern. Bevor wir jedoch eine Entscheidung trafen, mußten wir herausfinden, wie Izetbegović dazu stand.

Ich hatte Izetbegović fünf Monate lang nicht gesehen, und er wirkte auf mich wie ausgewechselt, lächelte und machte kleine Witze. Umständlich dankte er mir für das, was ich »für Bosnien« getan hatte, und stellte fest, daß wir unsere Versprechungen an seine Regierung eingehalten hätten. Als wir allein waren, schilderte ich ihm unser Dilemma. »Herr Präsident«, sagte ich, »wir können, wenn wir wollen, die SDS von den Wahlen ausschließen, indem wir erklären, daß die Partei gegen das Dayton-Abkommen verstößt. Andererseits könnten wir, vorausgesetzt, Milošević hilft uns, Karadžić abzusetzen, die SDS an den Wahlen teilnehmen lassen. Wie wir mit der SDS umgehen, bleibt im wesentlichen uns selbst überlassen, wir möchten aber wissen, wie Sie dazu stehen.«

Izetbegović, dem die Tragweite der Entscheidung bewußt war, sagte, er werde uns nach unserer Rückkehr aus Zagreb und Belgrad in 24 Stunden eine Antwort geben.

*

Am nächsten Tag, dem 17. Juli, traf sich unser Team in Belgrad zu einem langen Mittagessen mit Milošević. Wir gingen gleich zu Beginn aufs Ganze: Sollten wir keine befriedigende Übereinkunft erzielen, dann würden wir Washington »empfehlen«, die Sanktionen wiedereinzusetzen und Frowick raten, die SDS von den Wahlen auszuschließen. Milošević, der nicht glauben wollte, was er da hörte, bat mich, mit ihm unter vier Augen zu sprechen. Die anderen Mitglieder unseres Teams, darunter auch Phil Goldberg und Roberts Owen, konnten seine Stimme durch die Tür zwischen den beiden Räumen hören, als er mir wütend vorwarf, das Dayton-Abkommen zu Fall zu bringen. Ich entgegnete, Karadžić sei derjenige, der versuche, Dayton zu zerstören, und unser Ziel sei es, ihn »von der Macht und aus dem Land« zu entfernen. Nach einer langen Auseinandersetzung einigten wir uns auf ein weiteres Treffen am nächsten Tag.

Wir kehrten am Morgen des 18. Juli nach Sarajevo zurück, um von Izetbegović zu hören, was er von einem Wahlausschluß der SDS hielt. Es war ein weiteres dieser schicksalsträchtigen Gespräche, dessen Konsequenzen das Land noch lange Zeit spüren sollte.

»Die SDS ist die Nazi-Partei unseres Landes«, begann Izetbegović.

»Aber wenn wir sie von den Wahlen ausschließen, dann könnte sie wie schon beim letzten Mal einen Boykott organisieren. Wenn Sie es schaffen, Karadžić zu entmachten, denke ich, ist es viel besser, die Partei kandidieren zu lassen. Mit Krajišnik kann ich zusammenarbeiten. Ich kenne ihn und weiß, wie man ihn anfassen muß.«

Izetbegović konnte mit Krajišnik zusammenarbeiten? Diese Äußerung überraschte mich. Der Sprecher des Parlaments in Pale, der Mann, der mit der Faust auf den Stadtplan von Sarajevo geschlagen hatte, der allgemein als »Mr. No« bekannt war, war nicht minder ein Hardliner wie Karadžić. Aber es war unverkennbar, daß Izetbegović wegen der möglichen Folgen eines Wahlboykotts der SDS ernste Bedenken hegte. Die Entscheidung lag zwar bei uns, doch Izetbegovićs Wunsch, die SDS nicht von den Wahlen auszuschließen, und seine Befürchtung, dies könne die Wahlen gefährden, war ein deutliches Signal, das die internationale Gemeinschaft nicht ignorieren durfte.

*

Milošević verlegte unser Treffen am 18. Juli an einen neuen Verhandlungsort, eine Villa der Regierung in einer vornehmen Wohngegend Belgrads. Um 16.00 Uhr begann im Garten der Villa ein zehnstündiger Verhandlungsmarathon, der phasenweise an die Dramatik in der Anfangszeit der Pendeldiplomatie erinnerte und an deren Ende wir uns auf eine Vereinbarung einigten, die zwar die Krise entschärfte – aber auch ihren Preis hatte.

Milošević kam gleich zur Sache. »Krajišnik und Buha sind oben«, sagte er und wies auf die Fenster im ersten Stock der Villa. »Sie sind bereit, gleich jetzt über die Zukunft Karadžićs zu verhandeln.« Diese Taktik, die uns vor elf Monaten so überrumpelt hatte, als Milošević Karadžić und Mladić hervorgezaubert hatte, konnte uns nicht mehr überraschen. Wir baten Milošević, die Gespräche zunächst ohne die beiden bosnischen Serben zu führen, und legten ihm ein sehr weitgehendes Dokument vor, das den Rücktritt Karadžićs als Präsident der Republika Srpska und als Parteivorsitzender der SDS mit Wirkung des nächsten Tages ankündigte. In dem Entwurf stand auch, daß Karadžić Bosnien verlassen und sich dem Internationalen Kriegsverbrechertribunal stellen werde.

Milošević erhob gegen beinahe jede Einzelheit des Entwurfs energisch Einspruch. Schließlich willigten wir ein, die beiden bosnischen

Serben mit in die Gespräche einzubeziehen, die, als sie kamen, sich zunächst sehr abweisend zeigten. Krajišnik machte zunächst nicht die geringsten Anstalten, einigermaßen zivilisiert mit uns zu sprechen, und Buha saß einfach schweigend da. Als Krajišnik aber erkannte, daß er von der Absetzung seines Freundes und Mentors Karadžić unmittelbaren Nutzen schlagen konnte, legte er ein lebhaftes Interesse an unseren Vorschlägen an den Tag, verwahrte sich aber dennoch vehement gegen die Forderung, daß Karadžić Bosnien verlassen müsse. »Vielleicht später, aber auf keinen Fall heute nacht, vor den Augen der ganzen Welt«, sagte Krajišnik nachdrücklich, während Buha uns wütend anstarrte. »Und noch etwas: Wir haben keine Möglichkeit, ihn dazu zu zwingen.«

»Weshalb schicken Sie ihn nicht zurück nach Hause, zu seiner Mutter und seinem Bruder, dem Schmuggler, zurück nach Montenegro«, sagte ich, halb im Scherz. Krajišnik schien verblüfft über die Erwähnung der privaten Aktivitäten von Karadžićs Bruder, in die, wie wir glaubten, er selbst verwickelt war. Ich dachte an ein früheres Gespräch mit einem ranghohen serbischen Politiker, der uns erzählt hatte, daß Karadžić und Krajišnik Freunde geworden seien, als sie im Gefängnis gesessen hätten, der eine wegen Scheckbetrugs, der andere, weil er von öffentlichen Baustellen Zement gestohlen hatte. Wir wußten nicht, ob diese Geschichte stimmte, aber sie paßte ins »Gesamtbild«, wie Phil Goldberg meinte.

Kurz nach 22.00 Uhr unterzeichneten die bosnischen Serben nach einer langen Auseinandersetzung eine Vereinbarung, die Radovan Karadžić »ab sofort und auf Dauer alle politischen Aktivitäten« untersagte und ihn seiner beiden öffentlichen Ämter – Präsident der Republika Srpska und Parteivorsitzender der SDS – enthob. An seiner Stelle sollte Biljana Plavšić, eine der Vizepräsidenten der bosnischen Serben, am nächsten Tag zur Präsidentin ernannt und Buha zum geschäftsführenden Vorsitzender der SDS bestellt werden. Ich unterstrich nochmals, daß Karadžić sich verpflichtet habe, auf jegliche »politischen Aktivitäten« zu verzichten, und zählte eine Reihe von Beispielen auf, vor allem Auftritte im Fernsehen und die Verwendung von Wahlkampfplakaten mit seinem Porträt, die als Verstoß gegen diese Verpflichtung zu werten seien. Krajišnik und Buha hörten diese Erklärung zwar mit sichtlichem Unbehagen, willigten aber schließlich ein.

Die wichtigste Unterschrift fehlte uns noch: die von Karadžić selbst. Miloševics Angebot, sie per Fax einzuholen, lehnte ich ab. Wir wollten nicht, daß Karadžić später behaupten konnte, seine Unterschrift sei eine gefaxte Fälschung. Auf unser hartnäckiges Drängen hin schickte Milošević seinen Geheimdienstchef Jovica Stanišić mit dem Hubschrauber nach Pale, um das Dokument persönlich von Karadžićs unterzeichnen zu lassen. Nach dem Abendessen – dem besten, das Milošević uns je serviert hatte: Lamm, Joghurt und Spinat – verließen wir die Villa und riefen in Washington an. Ich las Tarnoff den Entwurf der Erklärung vor, der ihn mit erstaunlicher Schnelligkeit durch das »System« schleuste und in weniger als eineinhalb Stunden die Zustimmung der amerikanischen Regierung erhielt. Gegen 2.00 Uhr kehrten wir in die Villa zurück, wo Stanišić uns das von Karadžić unterzeichnete Originaldokument übergab. Stanišić teilte uns mit, Karadžić habe sich offensichtlich »mit dem Ende seiner politischen Karriere abgefunden«, nicht aber damit, Pale zu verlassen.

*

Karadžić trat am nächsten Tag von beiden Ämtern zurück und zog sich für den Rest des Jahres aus dem öffentlichen Leben – auch aus dem Fernsehen – zurück. Die Weltpresse lobte die Vereinbarung und unsere Bemühungen, wie beispielsweise die *Financial Times* schrieb, als »einen weiteren Erfolg«.

Nach zwei fast schlaflosen Nächten und einem langen Rückflug von Belgrad, an dessen Ende das Flugzeug in eine Gewitterfront geriet und heftig durchgeschüttelt wurde, trafen wir physisch und psychisch am Ende in Washington ein. Dennoch fuhren wir direkt ins Weiße Haus zu einem Treffen des Principals Committee, wo wir mit stehenden Ovationen empfangen wurden, die uns zwar wohltaten, aber auch ein wenig erstaunten. Unsere Kollegen waren von der Vereinbarung vom 18. Juli, der wir selbst zwiespältig gegenüberstanden, weitaus mehr beeindruckt als wir selbst. Wir hatten *gerade genug* erreicht, daß die Wahlen unter Teilnahme der SDS stattfinden konnten; und *gerade genug*, um uns für den Rest des Jahres von dem Druck zu befreien, eine Militäroperation gegen Karadžić durchführen zu müssen – eine Operation, die ich immer noch befürwortete. Wir hatten zwar »ziemlich dick auftragen müssen«, wie Strobe Talbott es ausdrückte, aber schlußendlich hatten wir genau das erreicht, was Washington haben wollte.

Ich wiederholte meine Empfehlung, die Fernsehsender der SDS zu stören, die jedoch erneut mit der Begründung abgelehnt wurde, daß sie zu provokativ oder technisch nicht durchführbar sei.[1] Und ich sagte den Principals, daß wir bereits beim geringsten Verstoß gegen die Vereinbarung vom 18. Juli unverzüglich gegen Pale vorgehen mußten. Doch Anfang des Jahres 1997, als Karadžić einmal mehr seine Chance gekommen sah und wieder aus der Versenkung auftauchte, sollten diese Ermahnungen und Anregungen bereits wieder vergessen sein oder ignoriert werden

*

Die Wahlen vom 14. September. Zwei Monate später reiste ich als Leiter der Präsidentiellen Mission zur Beobachtung der Wahlen erneut nach Bosnien. Zu dem Team, das vom Weißen Haus zusammengestellt worden war, zählten eine Gruppe von amerikanischen Bosnienaktivisten sowie einige Kongreßmitglieder, darunter zwei einflußreiche Demokraten, John Murtha aus Pennsylvania und Steny Hoyer aus Maryland, sowie der Republikaner Peter King aus New York. Zur selben Zeit hielten sich Tausende andere Wahlaufseher, Beobachter, Überwacher und Journalisten aus dem Ausland in Bosnien auf.

Bei den Wahlen wurden das dreiköpfige Präsidium und die Nationalversammlung gewählt, die im Dayton-Abkommen festgeschrieben worden waren. Die Wahlen verliefen relativ reibungslos und stellten fraglos einen Fortschritt dar – Warren Christopher nannte sie sogar einen bemerkenswerten Erfolg. Aber keine einzige der siegreichen Parteien befürwortete eine echte multiethnische Regierung, vielmehr stärkten die Wahlen gerade die Separatisten, die den Krieg begonnen hatten.

Auch wenn viele Beobachter den Wahlausgang später als Beweis dafür werteten, daß die Völker Bosniens separate Staaten entlang der ethnischen Trennlinien anstrebten, teilte ich diese Einschätzung nicht. Der Urnengang hatte in einer von den Medien vergifteten Atmosphäre stattgefunden, Medien, die immer noch von denselben Leuten kontrolliert wurden, die das Land in den Krieg getrieben hatten. Im Wahlkampf wurden fast ausschließlich extremistische Standpunkte vertreten; die Fürsprecher einer Versöhnung wurden in allen drei Volksgruppen von Schlägerbanden eingeschüchtert und von den Medien, die ausschließlich rassistische Propaganda brachten, in den Hintergrund gedrängt. Nun zeigte sich erst, welchen Preis das Land für unser Versäumnis, die Fernsehsender der SDS zu stören, entrichten mußte. Aber auch auf der Seite der Muslime stand nicht alles zum besten. In einem besonders schlimmen Vorfall prügelten fanatische Parteigänger Izetbegovićs Haris Silajdzic beinahe zu Tode, als er sich auf einer Wahlveranstaltung für ein multiethnisches Bosnien aussprach. Auf der Seite der Serben stellte Milošević zwar einen eigenen Kandidaten gegen Krajišnik auf, doch der Sieg über die SDS, den er seit langem schon versprochen hatte, blieb aus. Die SDS gewann den serbischen Sitz im dreiköpfigen Präsidium mit einer überwältigenden Mehrheit von 508 026 zu 240 000 Stimmen. Gleichzeitig entschied Biljana Plavšić ohne jedes Problem die Präsidentschaftswahl der Republika Srpska für sich. Plavšić war damals die populärste bosnisch-serbische Politikerin, und nichts deutete darauf hin, daß sie sich kaum acht Monate später offen gegen ihre Mentore in Pale stellen sollte.

*

Clintons zweite Amtszeit und die Bewegung Zajedno. Während des Präsidentschaftswahlkampfs von 1996 trat Bosnien in den USA als Medienthema in den Hintergrund. Neben dem relativen Erfolg der Friedensinitiative lag das zumindest zum Teil auch an der Zurückhaltung des republikanischen Präsidentschaftskandidaten Dole. Dole ließ bewußt jede Gelegenheit aus, das Thema im Wahlkampf auszuschlachten, da er, wie er mir später sagte, einer Politik, mit der er »im Grunde übereinstimmte«, nicht schaden wollte. Er erklärte sogar öffentlich, eine Verlängerung der auf ein Jahr begrenzten Ifor-Mission zu befürworten, doch die amerikanische Regierung ging auf dieses großzügige Angebot, die zwölfmonatige Frist aufzuheben, nicht ein, und nach Doles Niederlage im November war die Gelegenheit vertan.

Selbst ein wiedergewählter Präsident macht bis zum neuerlichen Amtsantritt eine Übergangsperiode durch, auch wenn die Öffentlichkeit sie praktisch nicht wahrnimmt. Ausscheidende Regierungspolitiker neigen dazu, das Interesse am politischen Tagesablauf zu verlieren, und beschäftigen sich vor allem damit, sich auf ihre Rückkehr in den privaten Sektor vorzubereiten. In den meisten Ressorts verlief der Übergang reibungslos, was vor allem für das State Department galt, dessen neue Chefin Madeleine Albright durch ihre Amtszeit bei den Vereinten Nationen mit den meisten wichtigen Themen bereits vertraut war, sowie für den Nationalen Sicherheitsrat, in dem Sandy Berger (ohne daß der Senat ihn bestätigen mußte) auf Tony Lakes Stuhl nachrückte.

Dennoch muß das neue Regierungsteam – von dem ein großer Teil weit unter der Kabinettsebene angesiedelt ist – die Bestätigung durch den Senat abwarten, und selbst der reibungsloseste Übergang dauert seine Zeit. Unterdessen traten auf dem Balkan, wo sich niemand darum scherte, daß sich Amerika gerade in einer Übergangsperiode befand, neue Ereignisse ein. Im Dezember entstand in den Straßen von Belgrad eine bemerkenswerte Gefahr für Milošević: Unter der Führung von drei Politikern schloß sich die serbische Opposition zu einer Sammelbewegung unter dem Namen Zajedno – »Gemeinsam« – zusammen. Wochenlang trotzten Hunderttausende Belgrader dem eiskalten Wetter und protestierten für mehr Demokratie. Aber die amerikanische Regierung verpaßte die Chance, in die Ereignisse einzugreifen. Abgesehen von einem wenig erfolgreichen Besuch einiger Vertreter der Bewegung in Washington nahm Zajedno keinen Kontakt zu hohen amerikanischen Regierungspolitikern auf; gleichzeitig schickte das Weiße Haus keinen hochrangigen Vertreter nach Belgrad, weil man fürchtete, Milošević werde einen solchen Besuch propagandistisch ausschlachten. Zum ersten Mal seit achtzehn Monaten verspürte Milošević keinen merklichen amerikanischen Druck – und suchte prompt wieder den Beistand der extremen Nationalisten, unter anderem auch den Karadžićs. Einmal mehr rettete ihn sein taktisches Geschick, während die Bewegung Zajedno schon ein paar Wochen später aufgrund interner Streitigkeiten ihrer Führer wieder auseinanderfiel.

*

Am Sonntag, dem 8. Dezember, drei Tage nach der Ernennung Madeleine Albrights zur US-Außenministerin, trafen wir uns in ihrem Haus in Georgetown. Ich bot ihr meine volle Unterstützung an und bemerkte, daß ihre bekanntermaßen harte Linie zu Bosnien sie geradezu dafür prädestiniere, die Bosnienpolitik neu zu beleben. Obwohl sie damals sagte, das sei ihre feste Absicht, verbreitete sich bis April der allgemeine Eindruck, daß das Thema Bosnien in Clintons zweiter Amtszeit herabgestuft worden sei. Im Europa-Büro wurden fast alle Aktivitäten dem bevorstehenden Helsinki-Gipfel mit Boris Jelzin untergeordnet, bei dem über die geplante Nato-Erweiterung entschieden werden sollte. China nahm bei den internen Gesprächen über die neue außenpolitische Linie ebenfalls eine zentrale Stellung ein. Die vergleichsweise Stille zum Thema Bosnien, die in den ersten Monaten des Jahres 1997 herrschte, wurde erstmals von dem neuen Verteidigungsminister, dem Republikaner William Cohen gestört, der in einer Reihe von Äußerungen erklärte, daß die Vereinigten Staaten ihre Truppenpräsenz in Bosnien nach achtzehn Monaten beenden würden – also im Juni 1998. »Ob sie [die Kriegsparteien] sich danach wieder gegenseitig niedermachen werden?«, sagte Cohen. »Nun, das liegt ganz bei ihnen.«

Karadžić merkte sehr wohl, daß das Interesse Washingtons an Bosnien nachgelassen hatte, und wagte es wieder einmal, sich öffentlich zu zeigen. Er testete, wie weit er gegen das von mir im Juli 1996 ausgehandelte Abkommen verstoßen konnte, ohne eine Reaktion der Nato zu provozieren, und gab, da sich ihm niemand in den Weg stellte, europäischen Journalisten sogar mitgeschnittene Interviews. Sein neuerliches Auftauchen blieb vom Militär unbeantwortet, was die Vermutung nahelegte, daß die Ifor – inzwischen umbenannt in Sfor oder Stabilization Force – nur noch die Tage bis zu ihrer Abreise zählte, wie einige Journalisten meldeten.

Nach dem überaus erfolgreichen Gipfeltreffen zwischen Clinton und Jelzin in Helsinki, bei dem Präsident Clinton Jelzins Einwilligung zur Nato-Erweiterung erhielt, wandte sich die amerikanische Regierung auf Drängen von Madeleine Albright und Sandy Berger im April wieder Bosnien zu. Parallel dazu wurde Robert Gelbard zum US-Sondergesandten ernannt und mit der Aufgabe betraut, alle Bemühungen der amerikanischen Regierung zur Implementierung des Dayton-Abkommens zu koordinieren. Das machte Sinn; Washington brauchte einen ausschließlich mit der Implementierung befaßten, durchsetzungsfähigen Unterhändler, und Gelbard, der schon mehrmals in Bosnien tätig gewesen war, seit ich ihn im Dezember 1995 gebeten hatte, die Internationale Polizeitruppe zu verstärken, war der ideale Mann für diese Aufgabe. Für einen Diplomaten des Foreign Service hatte Gelbard eine ungewöhnlich vielfältige Laufbahn hinter sich: Er war in der Wirtschaft und in der Politik tätig gewesen und verfügte über viel Erfahrung auf den Gebieten des Gesetzesvollzugs und der Terrorismusbekämpfung.

Eine ungewöhnliche Geburtstagsparty. Washington ist berühmt dafür, daß gesellschaftliche Ereignisse politische Konsequenzen haben können. Genau das war bei einer denkwürdigen Party der Fall, die Liz Stevens am Freitag, dem 4. April, zu Ehren ihres Mannes, des talentierten Filmemachers George Stevens, und Katis gab, die beide am selben Tag Geburtstag haben. Ohne uns oder den meisten anderen Gästen etwas zu sagen, hatte Liz auch die Clintons eingeladen. Wir kamen früh an und stellten verwundert fest, daß um das Haus herum Sicherheitsbeamte Posten bezogen hatten. Einige Minuten später, und noch vor den meisten anderen Gästen, trafen die Clintons ein.

Wie allgemein bekannt war, hatte Clinton sich einen Monat zuvor bei einem Sturz vor dem Haus des Golfers Greg Norman ernstlich verletzt, und seitdem mußte er an Krücken gehen. Weniger bekannt war, daß ich zur selben Zeit an einem Bänderriß am Fußgelenk laborierte und deshalb zur Belustigung des Präsidenten ebenfalls auf Krücken durch das Haus humpelte; er forderte mich auf, mich zu ihm zu setzen, und wir verbrachten einige Minuten damit, unsere Krankengymnastik-Therapien zu vergleichen. Als Clinton später ging, nahm er mich einen Augenblick zur Seite und sagte: »Warum kommen Sie morgen nicht vorbei? Wir könnten ein paar Übungen zusammen machen und uns ein wenig unterhalten.«

Am nächsten Tag, am Samstag, dem 5. April, präsentierte ich mich im Weißen Haus und wurde unverzüglich die Treppe hoch in die Wohnräume geführt, wo Präsident Clinton bereits auf einem Hometrainer übte. Er bedeutete mir, in ein benachbartes Zimmer zu gehen, und bat seinen Therapeuten, einen Navy-Offizier, sich meine Verletzung anzusehen. Eine Zeitlang strampelten wir uns schweigend ab, als wäre es die natürlichste Sache der Welt, und gingen dann zum Abkühlen in ein anderes Zimmer.

Irgendwann kamen Hillary und ihre Mutter Dorothy Rodham vorbei und fingen an, mit uns zu plaudern. Es hatte den Anschein einer ganz gewöhnlichen und zugleich ganz außergewöhnlichen, beiläufigen Unterhaltung mit einer netten, durchschnittlichen amerikanischen Familie, deren Hausherr zufällig eben der amerikanische Präsident war. Nach geraumer Zeit, ich fing schon an, mich zu fragen, ob wir jemals auf Bosnien zu sprechen kommen würden, bat mich Clinton nach unten, und gemeinsam humpelten wir in sein Arbeitszimmer in den Wohnräumen.

Es liegt in der Natur der hierarchischen Struktur der Exekutive, daß ein solches Treffen praktisch undenkbar war, als ich noch der Regierung angehörte. Zwischen einem Staatssekretär und dem Regierungschef liegen einfach zu viele Hierarchieebenen, und jeder in der Befehlskette hätte entweder darauf bestanden, an dem Treffen teilzunehmen, und damit den Charakter des Treffens verändert, oder er hätte ein solches Treffen unter vier Augen von vornherein verhindert.

Nachdem wir umständlich Platz genommen hatten, fragte mich Clinton nach dem Stand der Dinge in Bosnien. Vor dem Gespräch hatte ich auf Strobe Talbotts Drängen hin beschlossen, ganz offen zu sein, falls sich die Gelegenheit dazu bieten sollte, und so zählte ich alle Rückschläge und verpaßte Gelegenheiten seit Dezember auf: den Zusammenbruch der Bewegung Zajedno, das verstärkte öffentliche Auftreten Karadžićs, Tudjmans brutale Behandlung der in Kroatien verbliebenen Serben, die sich zuspitzenden Spannungen zwischen Kroaten und Muslimen in der Föderation, vor allem in Mostar, und die amerikanische Passivität.

»Natürlich kommen der Nato-Politik und Ihrer Einigung mit Jelzin historische Bedeutung zu«, sagte ich, »aber in Bosnien treten wir seit Dayton auf der Stelle. Diese Themen sind eng miteinander verknüpft. Wir haben erklärt, daß wir Bosnien im Juni 1998 verlassen werden, was ich inzwischen für unrealistisch halte. Die Menschen dort unten sind sich nicht einmal mehr sicher, ob wir immer noch hinter Dayton stehen, oder ob wir uns überhaupt noch dafür interessieren, was in Bosnien geschieht. Mr. President, wir verlieren mit jedem Tag kostbare Zeit.«

Ich drängte ihn, Albright und Gelbard rückhaltlos zu unterstützen. Da ich spürte, daß er meinen Argumenten Gehör schenkte, sprach ich sogar noch offener, als ich es vorgehabt hatte, und drängte ihn dazu, ein Machtwort zu sprechen. Nach dem Gespräch führte mich der Präsident zum Aufzug und begleitete mich dann, natürlich auf Krücken, den ganzen Weg bis zu meinem Wagen, der am südlichen Portikus des Weißen Hauses stand.

Die »Therapiesitzung«, wie Strobe Talbott sie später nannte, kam zur rechten Zeit. Sowohl Berger als auch Albright sagten später, daß es ausschlaggebend gewesen sei, die amerikanische Bosnienpolitik in dieser kritischen Phase wieder auf Kurs zu bringen. Unterdessen setzte Berger seine offizielle Überprüfung der politischen Linie fort, und Gelbard nahm seine Tätigkeit vor Ort auf.

*

Eine härterer Kurs. Während die Presse eine Meldung nach der anderen über Meinungsverschiedenheiten in der Bosnienpolitik zwischen Albright und dem Außenministerium einerseits, und Cohen und dem Pentagon andererseits brachte, flog Präsident Clinton zweimal nach Europa: beim ersten Mal zur Unterzeichnung der Grundakte über die Beziehungen Rußlands zur Nato am 27. Mai in Paris, in der Rußlands Rolle im europäischen Sicherheitsgefüge nach dem Kalten Krieg festgeschrieben wurde, das zweite Mal zu dem historischen Nato-Gipfel vom 9. Juli in Madrid, auf dem Ungarn, Polen und die Tschechische Republik offiziell zum Eintritt in die Nato eingeladen wurden. Diese bemerkenswerte Leistung strafte die Unkenrufe der vielen Kritiker Lügen, die prophezeit hatten, die Nato-Erweiterung werde den Beziehungen zwischen Rußland und den Vereinigten Staaten irreparablen Schaden zufügen.

Im Mai bestätigte Berger von neuem die strikt an Dayton ausgerichtete Linie und setzte sich damit über die Zweifel etlicher Leute im Pentagon hinweg. Auf Vorschlag mehrerer Regierungsmitglieder sprach ich drei Tage vor dem Gipfeltreffen mit Jelzin in Paris noch einmal mit Präsident Clinton und drängte ihn erneut zu einer entschlosseneren Bosnienpolitik. Wenn wir jetzt nichts unternahmen, warnte ich, sei es womöglich zu spät, das Dayton-Abkommen noch zu retten.

Am 29. Mai flog Clinton nach London zu seinem Antrittsbesuch bei dem neuen britischen Premierminister Tony Blair. Der britische Premier und sein Außenminister Robin Cook machten deutlich, daß sie eine aggressivere Bosnienpolitik befürworteten und verlangten das auch von den Vereinigten Staaten. Als der amerikanische Präsident bei einer gemeinsamen Pressekonferenz mit Blair im Garten von Downing Street 10 auf die Meldungen über die Meinungsverschiedenheiten zwischen Albright und Cohen angesprochen wurde, wich er der Frage aus, machte aber deutlich, daß er rückhaltlos hinter Dayton stehe.

Nach Clintons Rückkehr nach Washington brachen Albright und Gelbard am 30. Mai zu einem Treffen der Nato-Außenminister ins portugiesische Sintra auf, zu dem auch die Führer der bosnischen Volksgruppen eingeladen worden waren. Nach hitzigen Debatten wurde eine Erklärung bekanntgegeben, in der diese sich zur Erfüllung des Dayton-Abkommens verpflichteten. Von Sintra aus reiste Albright auf ihrer ersten Balkanreise als Außenministerin weiter nach Zagreb, Banja Luka, Sarajevo und Belgrad. In Anbetracht ihres hohen Ansehens –»Albright ist die beliebteste politische Persönlichkeit in Amerika«, wie Joe Klein es ausdrückte – lenkte ihre Reise wieder die Aufmerksamkeit der amerikanischen Öffentlichkeit auf Bosnien. Vor und während der Reise sprachen wir mehrmals miteinander, und am Abend vor dem Flug nach Belgrad zu ihrem ersten Treffen mit Miloševic rief sie von Zagreb aus ein letztes Mal an. Seit James Bakers mißglücktem Belgradbesuch im Juni 1991 war sie die erste US-Außenministerin, die die Hauptstadt der Bundesrepublik Jugoslawien besuchte.

Während ihrer gesamten Reise legte Albright in den Gesprächen mit den Menschen der Region großes Geschick an den Tag, was möglicherweise mit ihrer Herkunft zusammenhing: Albright war in der Tschechoslowakei auf die Welt gekommen und hatte einen Teil ihrer Kindheit in Belgrad verbracht. Dieses eigentümliche Einvernehmen zeigte sich besonders deutlich bei ihrem Besuch in Banja Luka, wo sie mit Biljana Plavšic zusammentraf. Obwohl Albright den Zwischenstop erst nachträglich auf Anraten ihres engsten Beraters James Rubin, des Sprechers des Außenministeriums, ins Programm aufgenommen hatte, sollte der kurze Besuch weitreichende Folgen haben und Präsidentin Plavšic ermuntern, öffentlich mit ihren ehemaligen Mentoren in Pale zu brechen.

Seit Dayton hatten wir ständig auf einen Bruch zwischen Pale und Banja Luka gewartet, um nicht zu sagen gehofft. (Wir hatten ja bereits in Dayton erwogen, Banja Luka zur Hauptstadt der serbischen Republik zu machen, darauf dann aber wegen Izetbegovićs Einspruch verzichtet.) Jetzt erfüllten sich unsere Hoffnungen auf eine Art und Weise, mit der niemand gerechnet hatte. Plavšic griff ihre engsten Kollegen öffentlich an ihrem verwundbarsten Punkt an: ihrer Korruptheit. Während sie sich selbst als patriotische serbische Nationalistin präsentierte, überhäufte sie Karadžić und Krajišnik öffentlich mit Anklagen und schimpfte sie »Verbrecher«, die ihr eigenes Volk bestahlen und ein Leben in Luxus führten. Zur Überraschung fast aller Beteiligten stießen ihre Worte bei vielen Serben in Westbosnien auf große Resonanz.

*

Neue Gesichter. Bei den mit der Implementierung beauftragten internationalen Gremien standen personelle Umbesetzungen bevor. Carl Bildt trat als Hoher Repräsentant zurück, um sich wieder der Politik in Schweden zu widmen, und wurde von dem Spanier Carlos Westendorp abgelöst. Ich setzte mich bei Albright und Gelbard dafür ein, Jacques Klein als Westendorps Stellvertreter nach Sarajevo zu entsenden. Bei seinem Aufenthalt in Ostslawonien, wo er die Umsetzung der Übergaberegelungen der Region an Kroatien überprüfen sollte, hatte Klein ein feines Gespür für die energischen, ja melodramatischen Auftritte an den Tag gelegt, welche die Menschen auf dem Balkan so beeindruckten.

Die Personalentscheidung mit den weitreichendsten Konsequenzen für den weiteren Verlauf der Implementierung wurde jedoch in Washington beschlossen: Präsident Clinton und Verteidigungsminister Cohen wählten als neuen Nato-Oberbefehlshaber keinen anderen als Wesley Clark aus, eine Entscheidung, mit der sie Dayton praktisch an die Nato delegierten – und zugleich ein deutliches Zeichen für die amerikanische Entschlossenheit setzten. Zur gleichen Zeit nahmen in Sarajevo der neue Befehlshaber der Sfor, General Eric Shinseki, und der neue US-Botschafter in Bosnien-Herzegowina Richard Kauzlarich ihre Amtsgeschäfte auf.

*

Noch einmal in Bosnien. Am 18. Juli bat mich Bob Gelbard, der in seiner Rolle als »Chefkoordinator« der amerikanischen Implementierungsmaßnahmen noch relativ unerfahren war, mit ihm in New York zu frühstücken. Seine Energie und seine Entschlossenheit waren beeindruckend, aber die Lage vor Ort war immer noch unbefriedigend – was er selbst genauso sah wie ich. Gegen Ende des Frühstücks fragte er, ob ich bereit wäre, so bald wie möglich noch einmal in die Region zu reisen. Zum einen, sagte er, ginge es darum, die Implementierung wieder in Schwung bringen, zum anderen bat er mich, mit Miloševic zu reden, der mehr und mehr zu einer Obstruktionspolitik überging. Ich willigte sofort ein und schlug vor, gemeinsam zu reisen, um eine

– 535 –

gemeinsame Front zu zeigen und den amerikanischen Druck zu verstärken. Ich traf mich am 6. August in Paris mit Gelbard und seinem
Team, zu dem David Lipton vom Finanzministerium zählte. In den
vergangenen Wochen hatte Clinton öffentlich mehrfach davon gesprochen, »Dayton retten« zu müssen, eine Wendung, die einigen hohen
Beratern des Präsidenten nicht gefiel, die aber seine eigene Besorgnis
lebhaft vor Augen führte. Ich sagte ihm, daß wir immer noch ungefähr
ein Jahr hinter dem ursprünglichen Zeitplan zurücklagen.

Von Paris aus flogen wir zunächst nach Split, um einem Treffen
zwischen Izetbegović und Tudjman beizuwohnen, das vor dem Hintergrund von Aktionen sowohl der kroatischen als auch der muslimischen Gemeinde gegen die Rückkehr von Flüchtlingen stattfand, über
die in den Medien ausführlich berichtet worden war. Seit einiger Zeit
waren in vielen Regionen Kroaten und Muslime dazu übergegangen,
Banden zu organisieren, deren Ziel vor allem darin bestand, die jeweils anderen ethnischen Gruppen von der Rückkehr in ihre Häuser
abzuhalten. So hatten im Sarajevoer Stadtteil Vogošca aufgebrachte
muslimische Frauen – von denen viele ihre Männer in Srebrenica verloren hatten – serbischen Heimkehrern den Zugang zu ihren Häusern
verwehrt, während im westbosnischen Jajce ein kroatischer Mob dasselbe mit fünfhundert Muslimen gemacht hatte.

Als wir in den Konferenzsaal geführt wurden, bot sich uns ein uner-
warteter Anblick: Tudjman und Izetbegović saßen sich nicht – wie früher – feindselig einander gegenüber, sondern Seite an Seite einträchtig
am Ende des Tisches, und zwar so nah beieinander, daß ihre Schultern
sich fast berührten. Was für ein Unterschied zu dem Treffen in Zagreb
am 19. September 1995, als Tudjman den bosnischen Präsidenten vor
versammelter Mannschaft angeschrien und abgekanzelt hatte. Wie
uns ein hoher Berater des kroatischen Präsidenten erklärte, wollten
sie uns – und der großen Schar Presseleute, die vor der Tür wartete –
demonstrieren, daß sie auch ohne amerikanische Vermittlung in der
Lage waren, miteinander zu arbeiten. Voller Stolz überreichten uns
Tudjman und Izetbegović eine gemeinsame Erklärung, die, wie sie erklärten, zur Festigung der Föderation beitragen würde, sich bei nähe-
rer Betrachtung jedoch als äußerst vage entpuppte und voller Allge-
meinplätze steckte.

Obwohl Gelbard und ich zuvor noch nie intensiver zusammengearbeitet hatten, ergänzten wir uns gut. Ich ergriff das Wort: »Wir gratu-

lieren Ihnen zur Einigung auf eine gemeinsame Erklärung. Wenn Sie aber wollen, daß wir sie öffentlich loben, dann müssen Sie einer zweiten Erklärung zustimmen, die konkrete Fristen festlegt. Außerdem bestehen wir darauf, daß Sie die Ereignisse, die sich in Jajce und in Vogošca abgespielt haben, verurteilen und sich verpflichten, so etwas nie wieder zu dulden.«

Wir legten einen Entwurf vor, den wir auf dem Flug nach Split verfaßt hatten, und setzten uns zu einer fünfstündigen Verhandlung an den Tisch, an deren Ende wir eine Erklärung ausgearbeitet hatten, die zehn neue Zusagen und konkrete Fristen für ihre Umsetzung enthielten. Natürlich konnten wir wie immer in Bosnien nicht sicher sein, daß diese Fristen und Ziele auch eingehalten würden. Aber aufgrund unserer Erfahrungen aus den vorigen 18 Monaten wußten wir, daß wir noch am ehesten Fortschritte erzielten, wenn wir eine öffentliche Vereinbarung mit konkreten Terminen und Zielen zustande brachten und die Parteien dann auf diese festnagelten.[2]

In einem privaten Gespräch beklagte Tudjman sich gegenüber mir, Gelbard und Galbraith bitter über die Art und Weise, wie Washington ihn behandelte. Seit ich ihn das letzte Mal gesehen hatte, war er wegen eines Krebsleidens im Krankenhaus gewesen, doch inzwischen hatte er sich bereits so weit erholt, daß man ihm seine Krankheit kaum mehr anmerkte. Tudjman war überzeugt, daß die Vereinigten Staaten nach einer Untersuchung im Walter Reed Hospital in Washington Informationen über seinen Gesundheitszustand nach außen hatten durchsikkern lassen. Außerdem hatten die Vereinigten Staaten in Anbetracht der fortwährenden Vertreibung serbischer Familien von dem Land, das ihnen seit Generationen gehörte, gegenüber Kroatien eine härtere Gangart eingeschlagen und die Hilfslieferungen gedrosselt oder zurückgehalten.

Wir erklärten ihm, daß eine Entkrampfung des Verhältnisses zu Washington mehr als bloße Lippenbekenntnisse zu Dayton voraussetzte. Die amerikanische Regierung, sagte ich, habe die Aktionen des kroatischen Mobs in Jajce vor drei Tagen mit Empörung aufgenommen. »Darüber hinaus«, setzte Gelbard nach, »wissen wir aus sicherer Quelle, daß Dario Kordić [der prominenteste vom Kriegsverbrechertribunal angeklagte Kroate] persönlich den Mob anführte. Wenn Sie wollen, daß sich die Beziehungen zwischen uns bessern, müssen Sie Kordić an Den Haag ausliefern.« Tudjman protestierte, er habe nicht die geringste Ahnung, wo Kordić sich aufhalte oder was er treibe. Allerdings war offensichtlich, daß er mit dieser Behauptung, von der er wohl auch gar nicht glaubte, daß wir sie ihm abnehmen würden, vor allem in Erfahrung bringen wollte, wie wichtig uns die Sache war. Wir gaben nicht nach: Kordić, beharrten wir, mußte vor Gericht gestellt werden.

Acht Wochen später, am 6. Oktober 1997, stellten sich auf Druck Zagrebs Kordić und neun andere angeklagte bosnische Kroaten »aus freien Stücken« dem Kriegsverbrechertribunal.[3] Gelbards Zähigkeit hatte sich ausgezahlt und uns bei der Suche nach Kriegsverbrechern einen großen Schritt vorwärtsgebracht. Als ich Kordićs Abschiedsrede vor dem Abflug nach Den Haag im Fernsehen verfolgte, bemerkte ich ein kleines, aber vielsagendes Detail: Seine Äußerungen auf dem Flughafen von Split wurden von Tudjmans persönlichem Dolmetscher übersetzt – ein klares Indiz dafür, daß Tudjman und Kordić ihr weiteres Vorgehen in dem Fall abgesprochen hatten.

Nach unserem Tag mit Tudjman und Izetbegović verbrachten wir die Nacht in einem Kurhotel in Trogir, einer malerischen Festungsstadt in der Nähe von Split. Es war ein lieblicher Augustabend, und meine Gedanken wanderten zurück zu meiner letzten Nacht in Split vor fast genau zwei Jahren, die Nacht, bevor unser Team zum Berg Igman aufgebrochen war.

*

Tuzla und die Generale. Am nächsten Morgen, dem 7. August, flogen wir bei Tagesanbruch nach Tuzla zu einem Treffen mit den drei ranghöchsten Befehlshabern in der Befehlskette der US-Streitkräfte und der Nato: General Shalikashvili, der seinen Zeitplan geändert hatte, damit er gemeinsam mit uns seinen zugleich letzten offiziellen Besuch auf dem Balkan machen konnte, General Clark, inzwischen Nato-Oberbefehlshaber, und Sfor-Kommandeur General Eric Shinseki. Die bosnischen Serben unterwanderten seit mehr als einem Jahr das Dayton-Abkommen, indem sie regulären Soldaten die Uniformen der Militärpolizei anzogen und behaupteten, diese würden nicht mehr der bosnisch-serbischen Armee angehören. Dabei hatten wir, um solche Manöver von vornherein zu unterbinden, in den militärischen Anhang des Abkommens ausdrücklich »Militärpolizei und Sonderpolizeieinheiten« in die Definition bewaffneter Streitkräfte aufgenommen.

Obwohl diese paramilitärischen Milizen, wie ich öffentlich erklärte, »rassistisch, faschistisch, gegen jede Friedensregelung und antidemo-kratisch und eine potentielle Gefahr für die internationale Gemein-schaft« waren, hatte die Sfor sich bis zu Clarks Ernennung zum Na-to-Oberbefehlshaber nicht mit der Angelegenheit beschäftigt. Clark wies Shinseki an, eine unmißverständliche Warnung auszusprechen, daß uniformierte Militärpolizisten künftig ebenso behandelt würden wie die regulären Streitkräfte, und diese Vorgabe dann auch unnach-giebig umzusetzen.

Als das Wetter aufklarte, flogen wir nach Sarajevo weiter. Beson-ders herzlich Abschied nahm ich von General Shalikashvili, den ich erst Ende September bei seiner Entlassungsfeier auf dem Paradeplatz von Fort Myer wiedersehen sollte. Ich habe nie einen sympathischeren Militäroffizier kennengelernt. Es war unmöglich, ihn nicht gern zu ha-ben, und ich war ihm dankbar für den persönlichen Rückhalt, den er mir auch dann gegeben hatte, wenn er anderer Meinung war.

*

Die Implementierung beleben. Die gute Nachricht aus Sarajevo lautete, daß die gemeinsamen Institutionen bereits existierten; die schlechte, daß sie so gut wie nicht funktionierten.

Das gemeinsame Präsidium, dem Izetbegović, Krajišnik und Zubak angehörten, stellte eine Art Lackmustest für den Erfolg des Dayton-Abkommens dar. Erfreut registrierte ich, daß unsere Entscheidung, das Präsidium auf drei Personen – je eine aus jeder ethnischen Gruppe – zu begrenzen, richtig gewesen war, auch wenn das Präsidium immer noch in einem sehr beschränkten Rahmen arbeitete. Aus Protest gegen die britische Operation am 10. Juli in Prijedor, der größten Militärak-tion seit Dayton, bei der ein angeklagter serbischer Kriegsverbrecher gefaßt und ein weiterer getötet worden war, boykottierten die Serben seit über einem Monat das Präsidium. Bei dem ums Leben gekomme-nen Serben handelte es sich um den Polizeichef von Prijedor, der ein enger Verbündeter Karadžićs gewesen war und in der Zeit der »Todes-lager« im Jahr 1992 als Killer von sich reden gemacht hatte. Sein Tod hatte die bosnischen Serben schwer getroffen, und Krajišnik nahm nur aus Anlaß unseres Besuchs an der Sitzung teil.

Die Sitzung begann sehr ungewöhnlich: Krajišnik sah mich direkt an und sagte, er wolle zur Eröffnung eine Erklärung abgeben. »In Dayton«, sagte er, »habe ich mich dem Abkommen widersetzt. Ich hatte unrecht. Ich habe mich der Stationierung der Ifor widersetzt, und auch damit hatte ich unrecht. Dayton dient dem Wohl Bosniens. Das möchte ich hier klarstellen, vor allem vor Botschafter Holbrooke.«

Diese überraschende Erklärung Krajišniks war keineswegs so bedeutend, wie sie zunächst klang, denn was er unter »Dayton« verstand, unterschied sich grundlegend von unseren Vorstellungen. Krajišnik sah in Dayton eine Zwischenstation auf dem Weg zur Teilung des Landes, wir hingegen betrachteten es als ein Abkommen zum Aufbau eines vereinten Landes. Er mochte das Abkommen unterzeichnet haben, aber er weigerte sich immer noch, seine zentrale Aussage zu akzeptieren.

Krajišnik beharrte in allen Fragen stur auf seinem Standpunkt. Schließlich hatten wir genug, beendeten die Sitzung und baten ihn, allein mit uns zu sprechen. Gelbard und ich sagten ihm, sein Verhalten sei inakzeptabel und stehe in eklatantem Widerspruch zu seiner Eingangserklärung. Ich fügte hinzu, wir seien nicht den ganzen Weg hierhergekommen, um einer bloßen Theateraufführung beizuwohnen. Wir beraumten für denselben Abend im Nationalmuseum auf dem Gebiet der Föderation ein zweites Treffen an. Als Krajišnik Einspruch gegen den Verhandlungsort erhob, erklärten wir ihm, daß wir, falls er nicht in das Museum kommen sollte, davon ausgehen müßten, daß er aus dem gemeinsamen Präsidium ausgeschieden sei. Das wirkte, und Krajišnik gab klein bei.

*

Eine weitere Nachtsitzung. Am Abend des 7. August traten wir um 22.00 Uhr im Nationalmuseum wieder zusammen und wandten uns sofort drei ungelösten Problemen zu: dem Aufbau eines einheitlichen Telefonsystems, der Übereinkunft über die Verteilung der Botschafterposten auf die drei Volksgruppen und der Schaffung eines Ständigen Ausschusses für militärische Angelegenheiten. Als das Treffen um vier Uhr morgens endete, hatten wir in allen drei Punkten eine Einigung erzielt. Insbesondere der Aufteilung der Botschafterposten kam große symbolische Bedeutung bei, da die Muslime einwilligten, den Botschafterposten in Washington mit einem Serben zu besetzen, und im Gegenzug die Vertretung bei den Vereinten Nationen behielten.

Schließlich waren die Schlußdokumente bereit für die Unterschrift, und der Stellvertretende Hohe Repräsentant Gerd Wagner legte sie Krajišnik zur Unterzeichnung vor. Wagner, den ich in Bonn und Washington kennengelernt hatte, war sehr umgänglich und zählte zu den vielversprechendsten deutschen Diplomaten. Als Krajišnik, der den Deutschen sichtlich unsympathisch fand, keine Anstalten machte, die Vereinbarung zu unterzeichnen, sondern einen Streit mit dem Deutschen anfing, lehnte ich mich voller Zorn über Krajišniks Mißbrauch von Wagners Freundlichkeit über den Tisch und sagte: »Ich möchte Ihnen etwas sagen, etwas, was ich in all diesen Verhandlungen noch zu niemandem gesagt habe: Wenn Sie dieses Papier nicht sofort unterschreiben, wozu Sie sich im übrigen schon vor Zeugen verpflichtet haben, dann werden wir, das schwöre ich Ihnen, mit Ihnen kein Wort mehr reden, noch jemals wieder mit Ihnen verhandeln.« Ich reichte Krajišnik den Federhalter, und er unterschrieb. Bei einer Pressekonferenz am anderen Morgen in der amerikanischen Botschaft, auf der die Vereinbarungen des Vorabends bekanntgegeben werden sollten, saß Wagner neben Gelbard und mir. Die Vereinbarung bedeutete einen wichtigen Erfolg für den höchsten deutschen Diplomaten in Bosnien, doch leider war es zugleich eine seiner letzten Handlungen. Einige Wochen später kam Wagner mit elf anderen Menschen, darunter auch fünf Amerikanern, ums Leben, als der ukrainische Hubschrauber, in dem sie unterwegs waren, an einer Bergwand zerschellte. Wie am Berg Igman und in Dubrovnik hatten die Implementierungsmächte wieder einmal einen hohen Preis für ihre Friedensbemühungen in Bosnien bezahlen müssen. Und wieder waren die Opfer Zivilisten, Diplomaten, Polizisten und Mitarbeiter der Hilfsdienste gewesen – keine Soldaten.

Einige Tage nach meiner Bosnienreise wurde mir in der *New York Times* vorgeworfen, daß ich »den größten Teil [meiner] Zeit damit verbrachte, um Telefonvorwahlcodes, Entwürfe für die Gestaltung von Zahlungsmitteln und die Ernennung von Botschaftern zu schachern, [anstatt] mich mit den grundlegenden Bedrohungen für ein vereintes Bosnien zu beschäftigen«. Doch der auf der Titelseite abgedruckte Artikel ließ einen Hauptpunkt unserer Reise, ja des gesamten Implementierungsprozesses außer acht: Um ein vereintes Bosnien zu schaffen, mußten alle diese scheinbar unbedeutenden Fragen geklärt werden, wenn nötig eine nach der anderen. Und das konnte, da die Parteien nach wie vor unfähig waren, sich ohne Hilfe auch nur in einem Punkt zu einigen, nur über Druck von außen geschehen. Die *Washington Post* meldete ganz richtig, daß »Holbrookes Bemühungen als Teil einer Kampagne gesehen werden, das Gefühl der Ziellosigkeit zu beenden, das sich des Friedensprozesses in Bosnien bemächtigt hat«. Unsere Reise trug zur Belebung des Implementierungsprozesses bei und schuf die Voraussetzungen für künftige Erfolge. Bob Gelbard unternahm noch etliche Reisen auf den Balkan und schaffte es mit seiner Hartnäckigkeit, die Parteien zu einem langsamen, aber stetigen Vorwärtskommen zu drängen.

*

Banja Luka und Plavšic. Unmittelbar nach der Pressekonferenz, auf der am 8. August die neuen Vereinbarungen verkündet wurden, flogen wir nach Banja Luka zu einem Gespräch mit Biljana Plavšic, die inzwischen internationales Ansehen genoß, weil sie den Serben in Pale und Miloševic die Stirn geboten hatte. Die studierte Biologin, die während der Tito-Ära als Fulbright-Stipendiatin in New York gewesen war und gut Englisch sprach, zeigte sich von ihrer besten Seite und war sehr bemüht, uns mit ihrem Charme zu schmeicheln. Doch auch wenn Washington sich bei ihrem Machtkampf mit Pale hinter sie gestellt hatte, konnten wir ihre politische Herkunft und ihre engen Verbindungen zu Karadžić nicht ganz ignorieren.

»Ich möchte, daß Sie wissen, daß ich zwar immer noch eine Nationalistin bin, gleichzeitig aber auch eine gute Demokratin«, begann Plavšic das Gespräch und bewies damit ihren ausgeprägten politischen Instinkt. »Das freut mich zu hören«, erwiderte ich, »aber dennoch muß ich Sie fragen, ob Sie auch immer noch eine Separatistin sind.«

»Nein«, antwortete sie fest. »Ich bin nicht für einen separaten serbischen Staat, ich bin für Dayton.« Obwohl wir vereinbart hatten, den Inhalt unseres Gesprächs vertraulich zu behandeln, machten ihre Mitarbeiter diesen Wortwechsel später publik – ein Wortwechsel, in dem sich eine Kehrtwende von 180 Grad gegenüber den Tagen widerspiegelte, als die bosnischen Serben noch Panzer nach ihr benannt hatten.

Bemerkenswerterweise sagte sie, ihr Gespräch mit Madeleine Albright im Mai habe den Ausschlag für ihre Entscheidung gegeben, sich gegen ihre ehemaligen Mentoren zu stellen. Am Tag nach diesem

Gespräch sei sie zu einem Treffen mit Krajišnik, Buha und Karadžić nach Pale gefahren. »Ich sagte ihnen, wir sollten das Dayton-Abkommen einhalten«, sagte sie, »aber sie griffen mich an, warfen mir vor, ich hätte die Revolution verraten und stießen mich aus der Partei aus.«

Als es Zeit zum Aufbruch war, kam es zu einer Szene, die mehr sagte als alle Worte. Unten warteten über einhundert Journalisten auf unser Erscheinen. Wir hatten angenommen, daß Plavšic, die wegen ihres Konflikts mit Pale um ihr Leben fürchten mußte, vor der Presse auf Distanz zu uns gehen werde. Doch zu unserer Überraschung kündigte sie an, daß sie neben uns sitzen und an der Pressekonferenz teilnehmen wolle. Damit nicht genug, bat sie David Lipton, den Journalisten wie zuvor schon ihr vorzurechnen, welchen Preis die bosnischen Serben an verlorenen internationalen Hilfsleistungen zahlten, weil Pale sich weigerte, in den gemeinsamen Institutionen mitzuarbeiten.

Plavšic hatte den Rubikon überschritten. Sollte es ihr jetzt noch in den Sinn kommen, wieder umzukehren, würde ihr das sehr schwer fallen. Sie hatte sich entschlossen, Pale die Stirn zu bieten, und rechnete dabei eindeutig und in aller Öffentlichkeit mit amerikanischer Unterstützung.

*

Belgrad. Miloševic hatte wieder einmal den Ort für das Treffen verlegt und empfing uns dieses Mal im »Weißen Palast«, einem prächtigen königlichen Gebäude in Belgrad, das unter Prinzregent Paul erbaut worden war und seit mehr als einem Jahrzehnt nicht mehr genutzt wurde. Eine herrliche Parkanlage umgab das Gebäude, an den Wänden des Saals hingen alte Meisterwerke, unter anderem ein Rembrandt, und auch das Essen schmeckte merklich besser. Doch diese kosmetischen Veränderungen ließen den Umstand, daß sich sonst nichts geändert hatte, nur um so stärker hervortreten, und tatsächlich war das Gefühl der Isolierung noch deutlicher zu spüren.

Miloševic, der nur in Begleitung seines treuen Beraters Goran Milinović und eines stellvertretenden Ministers in den Palast gekommen war, sagte, Dayton werde erfolgreich umgesetzt, und wir könnten mit der Situation zufrieden sein, abgesehen davon, daß Plavšic Ärger mache. Wir widersprachen ihm entschieden. Wir wiesen darauf hin, daß Karadžić inzwischen offen gegen die Vereinbarung vom 18. Juli 1996 verstieß und er selbst durch seine Unterstützung Pales in der Auseinandersetzung mit Plavšic die Stabilität in Bosnien gefährdete. Das Gespräch zog sich in die Länge, und selbst ein privates Gespräch im Park half nicht weiter.

Später, während des Dinners, zogen Milošević und ich uns zu einer Unterhaltung unter vier Augen ins Empfangszimmer zurück. »Herr Präsident«, sagte ich, »wir haben heute abend bislang nur unsere Zeit vergeudet. Wir sind bereit, morgen noch einmal herzukommen, falls Sie Krajišnik herbringen wollen, um zu versuchen, gemeinsam einen Schritt weiterzukommen.« Wir beendeten das Essen, ohne einen Fortschritt erzielt zu haben.

*

Als Gelbard und ich am nächsten Morgen allein zum Weißen Palast zurückkehrten, fragten wir uns, ob Krajišnik anwesend sein werde. Er hatte in Sarajevo unmißverständlich erklärt, er werde auf keinen Fall zu einem weiteren Gespräch nach Belgrad kommen. Aber da saß er nun brav auf einem Stuhl neben Milošević und verhielt sich so ganz anders als vor zwei Tagen in Sarajevo.

Wir wandten uns zuerst Radovan Karadžić zu, dem immer noch alles beherrschenden Thema. Ich legte den beiden Männern ein Interview vor, das Karadžić am Vortag einer deutschen Zeitung gegeben hatte. Milošević und Krajišnik beteuerten beide, sie hätten nichts von dem Interview gewußt, und pflichteten mir sofort bei, daß dies einen eklatanten Verstoß gegen die Vereinbarung vom 18. Juli darstellte. Wir warnten, daß solche Handlungen die Chancen für eine Militäraktion, um Karadžić vor Gericht zu bringen, erhöhen würden.

»Wenn Sie so eine Aktion durchführen«, erklärte Milošević mit Nachdruck, »wird das für uns alle eine Katastrophe sein. Ihr Volk wird das bedauern.« Gelbard und ich zuckten die Schultern. »Das ist Ihr Problem«, sagte ich. »Sie können unserem Volk nicht drohen. Was in Bosnien geschieht, ist wichtig für uns, aber nicht entscheidend. Für Sie dagegen geht es um Leben und Tod.«

Krajišnik bot eine Garantie an, daß Karadžić »sich künftig voll an die Vereinbarung vom 18. Juli halten« werde. Wir lehnten dieses Angebot als nicht mehr ausreichend ab. »Falls Sie bestätigen wollen, daß die Vereinbarung vom 18. Juli immer noch in Kraft ist, dann können Sie das gerne tun, und wir werden es auch öffentlich bekanntgeben«, sagte ich. »Aber wir werden keine zweite Vereinbarung mit Ihnen eingehen. Sie haben die erste unterschrieben, und gegen diese ist verstoßen worden.«

Zum Abschluß erörterten wir noch mehrere andere Punkte, die uns Sorgen bereiteten,[4] und nach einer weiteren Pressekonferenz flogen wir in die Vereinigten Staaten zurück. Zum erstenmal seit Dayton hatte ich das Gefühl, daß die Implementierung mit Nachdruck und Entschlossenheit vorangetrieben wurde. Bei einer Sitzung im Kabinettszimmer am Freitag, dem 15. August, teilte ich Präsident Clinton und anderen hohen Regierungsbeamten mit, daß wir zwar immer noch weit hinter dem Zeitplan zurücklägen, in vielen Teilen Bosniens aber bereits ein Fortschritt zu erkennen sei und die Menschen auf der lokalen Ebene sich wieder daran machten, zusammen zu leben und zu arbeiten. Es sei aber, sagte ich, notwendig, eine Warnung zu wiederholen, die inzwischen fast zwei Jahre alt war: Solange die Führer, die den Krieg begonnen hatten, in Pale an der Macht waren, erklärte ich, sei die Gefahr für das Land nicht vorüber, und würde es auch beinahe unmöglich sein, unsere Soldaten abzuziehen.

*

Der Präsident entscheidet. Am 22. Dezember 1997 brach Präsident Clinton zu seiner zweiten Reise nach Bosnien auf. Mit ihm reisten seine Familie und einige Kongreßmitglieder sowie, ein kluger Schachzug zur Einbindung der Republikaner in seine Außenpolitik, der ehemalige republikanische Senator Dole und dessen Frau. Dole hatte mir Anfang September mitgeteilt, er werde eine Verlängerung der amerikanischen Truppenpräsenz in Bosnien unterstützen, eine Information, die ich mit Doles Zustimmung unverzüglich an den Präsidenten weitergegeben hatte. Damit waren sich die beiden ehemaligen politischen Gegner einig, daß die USA ihren harten Kurs in Bosnien beibehalten mußten.

Zwei Tage vor seiner Reise kündigte Präsident Clinton auf einer Pressekonferenz die Absicht der Vereinigten Staaten an, auch über die ursprüngliche Frist im Juni 1998 hinaus amerikanische Soldaten in Bosnien zu stationieren. Er übernahm die volle Verantwortung für seinen, wie er es nannte, eigenen Fehler, den beiden früheren Fristen zugestimmt zu haben. Clinton erklärte, er werde künftig keine Fristen mehr setzen, und traf damit eine Richtungsentscheidung für die Vereinigten Staaten. Seine Botschaft brachte unmißverständlich zum Ausdruck, daß wir Bosnien nicht im Stich lassen würden, und drei Tage später wiederholte er sie direkt gegenüber den Völkern auf dem Balkan.

In den Wochen vor dieser Ankündigung hatte ich häufig mit dem Präsidenten und seinen engsten Beratern gesprochen und wußte deshalb, wie schwer ihm diese Entscheidung gefallen war, zumal seine politischen Gegner entschlossen waren, sie zu ihrem Vorteil auszunutzen. Clinton war sich aber darüber im klaren, daß der ursprüngliche Zeitplan den nationalen Interessen der Vereinigten Staaten und den Interessen der Nato erheblich geschadet hätte. Unmittelbar nach seiner Rückkehr vom Balkan sprachen wir noch einmal miteinander über Bosnien, und es war unverkennbar, daß der Besuch in Sarajevo einen starken Eindruck auf ihn und seine Familie gemacht hatte. Ich hatte das Gefühl, die Reise habe ihm noch einmal die Richtigkeit seiner strategischen Entscheidungen bestätigt und die Schwierigkeiten vor Augen geführt, die ihn noch erwarteten.

*

1998 – und Milorad Dodik. Die Entscheidung, daß die Vereinigten Staaten auch über den Juni 1998 hinaus in Bosnien bleiben würden, führte zu einer dramatischen Beschleunigung der Implementation. In den ersten beiden Monaten des Jahres 1998 wurden mehr Fortschritte erzielt, als in den gesamten zwei Jahren seit der Vereinigung Sarajevos. Ein einheitliches Autokennzeichen und eine gemeinsame Währung wurden eingeführt, und der landesweite Eisenbahn- und Luftverkehr und das Telefonsystem fingen an, zu funktionieren.

In einem gewagten Spiel, das sich schlußendlich aber auszahlte, hatten sich die Vereinigten Staaten hinter Biljana Plavšics Forderung gestellt, Neuwahlen für die Versammlung der Republika Srpska durchzuführen. Gelbard und ich hatten Milošević bei unserem Treffen im Juni 1997 unmißverständlich klar gemacht, daß wir solche Wahlen entgegen seiner schweren Bedenken unterstützen würden. Angesichts unserer unnachgiebigen Haltung hatte Milošević eingelenkt und angefangen, Beziehungen zu der von ihm bislang öffentlich geschmähten Politikerin aufzubauen.

Die im September 1997 unter Aufsicht der OSZE abgehaltenen Wahlen endeten mit einer kleinen Sensation: Achtzehn der neuen bosnisch-serbischen Abgeordneten waren *Muslime.* Gewählt worden waren sie von Flüchtlingen, die nach den im letzten Moment in Dayton ausgehandelten Verfassungsrichtlinien in ihren ehemaligen Heimatregionen wählen durften. Zusammen mit Plavšics Parteigängern und *den von Miloševic kontrollierten Abgeordneten* hievten die muslimischen Parlamentarier – mit einer Mehrheit von einer Stimme – einen bislang kaum in Erscheinung getretenen 39jährigen Geschäftsmann namens Milorad Dodik auf den Stuhl des Ministerpräsidenten der Republik. Damit wurde die Regierung zum ersten Mal seit Kriegsausbruch nicht von Karadžićs SDS gestellt. Während die Regierung in Sarajevo die Entwicklung skeptisch verfolgte, verkündete Dodik seinen Willen, das Abkommen von Dayton erfüllen und ein multiethnisches Bosnien aufbauen zu wollen. Im Gegenzug gaben die Vereinigten Staaten bislang gesperrte Hilfsmittel für die bosnischen Serben frei. Die Wahl Dodiks markierte auch den Anfang des Niedergangs der Kriegshauptstadt Pale. Eine nach dem anderen wurden die Legislative und die Exekutivbehörden von Pale nach Banja Luka verlagert.

Selbst die hartnäckigsten Kritiker des Dayton-Abkommens zeigten sich beeindruckt. Die amerikanische Bosnienpolitik begann, sichtbare Früchte zu tragen. Im März 1998 beurteilte die US-Regierung die Situation in Bosnien so positiv, daß sie Belgrad für die Dodik erwiesene Unterstützung »belohnte« und einen Teil der noch bestehenden Wirtschaftssanktionen gegen Restjugoslawien aufhob.

*

Kosovo. Doch im selben Monat erhob sich in der jugoslawischen Provinz Kosovo die albanisch-muslimische Mehrheit gegen die Unterdrückung durch die Serben. Wir hatten den Kosovo – die geschichtliche Heimat des serbischen Volkes, die Provinz, in der Miloševic 1989 seine berühmt-berüchtigte Rede anläßlich des 600. Jahrestages der serbischen Niederlage gegen die Osmanen auf dem Amselfeld gehalten hatte – von Anfang an für eine der gefährlichsten Pulverkammern der Region gehalten. Ein offener Konflikt im Kosovo, der nach Auffassung der internationalen Gemeinschaft ein legitimer Bestandteil Jugoslawiens ist, könnte einen Flächenbrand auf dem Balkan auslösen und Albanien, Mazedonien und vielleicht sogar Griechenland in einen Krieg hineinziehen. Diese Befürchtung hatte auch eine zentrale Rolle in meinen schlußendlich erfolgreichen Bemühungen gespielt, die Spannungen zwischen Griechenland und Albanien einerseits und

Griechenland und Mazedonien andererseits zu entschärfen. Zwar war seit dem Ende des Krieges in Bosnien die Gefahr gebannt, daß der Kosovo und Bosnien zu einem Kriegsschauplatz verschmelzen würden. Doch die Vorfälle im Kosovo vom März 1998 bewiesen, daß das Problem immer noch akut ist – und daß amerikanische Führerschaft in der Region nach wie unverzichtbar ist.

Amerika, Europa und Bosnien

Die Vorsehung hat die Menschheit nicht völlig unabhängig oder völlig frei geschaffen. Es ist wahr, daß um jeden Menschen ein tödlicher Kreis gezogen ist, aus dem er nicht ausbrechen kann; doch in dem weiten Bereich dieses Kreises ist er mächtig und frei; und wie beim Menschen, so verhält es sich auch bei den Gemeinschaften.«

Alexis de Tocqueville

Unmittelbar nach dem Zusammenbruch Jugoslawiens bildeten sich in der amerikanischen Öffentlichkeit zwei Lager: Die Anhänger des einen befürworteten aus moralischen oder aus strategischen Gründen eine Intervention der Vereinigten Staaten, die der anderen waren dagegen, weil sie für den Fall einer amerikanischen Einmischung eine Neuauflage Vietnams befürchteten. Je mehr sich die Nachricht von den ethnischen Säuberungen verbreitete, um so mehr wuchs die Zahl derjenigen, die dafür plädierten, daß die USA »etwas unternehmen«, auch wenn diese Gruppe vermutlich nie eine Mehrheit darstellte.

Trotzdem warf der Präsident, just als die Lage – im Sommer 1995 – völlig hoffnungslos schien, sein ganzes Prestige in die Waagschale, und die USA reagierten in einem erstaunlich kurzen Zeitraum mit einer Serie riskanter Aktionen: Auf eine massive diplomatische Offensive im August folgten die schweren Bombenangriffe der Nato im September, der Waffenstillstand im Oktober, Dayton im November und im Dezember die Stationierung von 20 000 amerikanischen Soldaten in Bosnien. Und plötzlich war der Krieg zu Ende.

Ohne die Intervention der Vereinigten Staaten wäre der Krieg noch jahrelang weitergegangen – mit vermutlich katastrophalen Folgen. Die bosnischen Muslime wären entweder vernichtet oder in einem schwachen, winzigen Binnenstaat zwischen einem Großserbien und einem Großkroatien eingepfercht worden. Wahrscheinlich wäre es auch in Ostslawonien wieder zu Kämpfen gekommen. Zehntausende Menschen wären getötet, verstümmelt oder aus ihren Häusern vertrieben worden, und Europa hätte einen erneuten Flüchtlingsstrom aus dem Balkan bewältigen müssen.

Trotzdem bleiben Fragen offen: Lag die Intervention im nationalen Interesse der USA? Welche Auswirkungen hatte sie auf die Rolle der Vereinigten Staaten in der Welt? Brachte Dayton den Bosniern wirklich Frieden – oder nur die Abwesenheit von Krieg? Was hätte besser, oder wenigstens anders, gemacht werden können? Kann Bosnien, wie in Dayton gefordert, als ein vereintes, multiethnisches Land überleben? Oder wird es sich irgendwann entlang der ethnischen Trennlinien in zwei oder drei Staaten aufspalten? Diese und andere Fragen gilt es weiterhin im Auge zu behalten.

*

Amerika als Führungsmacht. Bis zum Frühjahr 1995 war die Aussage, daß die Beziehungen Washingtons zu seinen europäischen Verbündeten auf dem tiefsten Punkt seit der Suez-Krise im Jahr 1956 angelangt waren, zum Allgemeinplatz geworden. Doch der Vergleich hinkte. Die Suez-Krise hatte auf dem Höhepunkt des Kalten Krieges stattgefunden, und das hatte es ermöglicht, die Spannungen zu begrenzen. Bosnien dagegen bestimmte die erste Phase der Beziehungen zwischen den USA und Europa nach dem Kalten Krieg, und zwar auf eine Weise, die für die atlantischen Beziehungen höchst zerstörerisch war. Die Differenzen zwischen den einzelnen Nato-Mitgliedern gefährdeten die Nato selbst – und zwar ausgerechnet zu einem Zeitpunkt, als Washington die Nato-Erweiterung ins Visier nahm.

Die Regierung Clinton wurde scharf dafür kritisiert, ihren Verpflichtungen für das europäische Sicherheitssystem nicht mehr gerecht zu werden und insgesamt der Außenpolitik nicht genügend Gewicht beizumessen – kurz, den USA wurde außenpolitische Führungsschwäche vorgeworfen. Diese Kritik verwirrte die führenden Außenpolitiker in der US-Regierung, zumal wenn sie – paradox genug – von Gegnern eines amerikanischen Engagements in Bosnien geäußert wurde. Ihrer eigenen Ansicht nach war die Europapolitik der Regierung Clinton nach dem Kalten Krieg sehr erfolgreich gewesen: Sie hatte eine neue Beziehung zu Rußland und den anderen ehemaligen

Sowjetrepubliken aufgebaut und mit der Nato-Erweiterung begonnen, eine Lösung des Nordirlandkonflikts in Angriff genommen, die amerikanischen Verbindungen mit den baltischen Ländern und Mitteleuropa gefestigt und erreicht, daß der Kongreß den Handelsabkommen NAFTA und GATT zugestimmt hatte. Trotzdem war die Einschätzung, daß sich Amerika mit dem Ende des Kalten Krieges von Europa abgewandt hatte, nur schwer zu erschüttern, solange wir uns nicht in Bosnien engagierten.

Dayton änderte all dies fast über Nacht. Die Kritik an Präsident Clintons angeblicher Führungsschwäche verstummte jäh, insbesondere in Europa und in den islamischen Ländern. Washington wurde nun für seine Führungsstärke gepriesen – oder von manchen Europäern für seine *zu starke* Führung getadelt. Doch selbst jene, die sich daran stießen, daß die USA ihre Macht wieder geltend machten, gestanden zumindest implizit die Notwendigkeit dieses Verhaltens ein. Dies war keineswegs schlecht; wie ich damals sagte, ist es allemal besser, wegen zu großer Führungsstärke kritisiert als der Führungsschwäche bezichtigt zu werden.

Nach Dayton wirkte die amerikanische Außenpolitik selbstbewußter und kraftvoller. Das mochte ebenso sehr eine Sache der veränderten Wahrnehmung wie der veränderten Realität gewesen sein, aber was schlußendlich zählte, war die Wahrnehmung. Hatten die drei tragenden Pfeiler der amerikanischen Europapolitik – die amerikanisch-russischen Beziehungen, die Nato-Erweiterung und die Bosnienpolitik – bislang oft miteinander im Konflikt gestanden, so verstärkten sie sich nun gegenseitig: Die Nato setzte in Bosnien erstmals in ihrer Geschichte Truppen außerhalb ihres Gebiets ein – und das gemeinsam mit russischen Truppen unter einem amerikanischen Befehlshaber. »Clinton gelang das scheinbar Unmögliche«, schrieb der frühere russische Ministerpräsident Jegor Gaidar, nämlich »die Nato-Erweiterung durchzuführen und dabei weder den demokratischen Elementen im russischen politischen Establishment noch den amerikanisch-russischen Beziehungen irreparablen Schaden zuzufügen«[1]. Charette hatte recht: »Amerika *war* wieder da.«

*

Auch wenn strategische Überlegungen beim amerikanischen Engagement eine zentrale Rolle spielten, die Motive, die die USA schließlich zum Handeln trieben, waren moralischer und humanitärer Natur. Nach dem Massaker in Srebrenica und der Tragödie am Berg Igman konnten die USA die schreckliche Wahrheit des bosnischen Geschehens nicht mehr ignorieren. Eine Welle des Mitgefühls überschwemmte das Land, getragen von ganz normalen Amerikanern, die über die Fernsehberichte aus Bosnien erschüttert waren, und von führenden Regierungsbeamten, die nicht länger über das Problem hinwegsehen konnten. In der Regierung hatte der Verlust dreier Freunde auf dem Berg Igman ein spezielles Gewicht; der Krieg hatte, auf eine gewisse Weise, amerikanischen Boden erreicht.

So berechtigt der Stolz der Amerikaner auf Dayton war, die Politik der Vereinigten Staaten im ehemaligen Jugoslawien wies durchaus ihre Mängel auf. Natürlich waren die halbherzigen Maßnahmen der Vereinten Nationen und der Europäischen Union ungenügend gewesen, aber sie hatten die bosnischen Muslime mehrere Jahre lang vor der vollständigen Vernichtung bewahrt. Und die Europäer trugen auch weiterhin den Löwenanteil der Kosten, ohne daß dies von der amerikanischen Öffentlichkeit oder dem Kongreß ausreichend gewürdigt wurde. Statt dessen gab der Kongreß den Europäern unmittelbar nach Dayton klar zu verstehen, daß Europa die Last des zivilen Wiederaufbaus tragen mußte; die reichste Nation der Welt, der es wirtschaftlich so gut ging wie seit dreißig Jahren nicht mehr, leistete zum Wiederaufbau des ehemaligen Jugoslawiens nur einen vergleichsweise bescheidenen finanziellen Beitrag. Außerdem nahmen die USA die Umsetzung des Daytoner Abkommens trotz der hartnäckigen Bemühungen John Kornblums zunächst bestenfalls halbherzig in Angriff. Erst Mitte 1997, nach der Ankunft von Bob Gelbard und General Clark, wurde sie schließlich mit der notwendigen Energie vorangetrieben.

*

Ein abschließendes Urteil über die Ergebnisse der Daytoner Konferenz ist noch nicht möglich. Als Präsident Clinton im Dezember 1997 Sarajevo besuchte, stellte er – wie ich es bereits getan hatte – fest, daß die Implementierung dem Zeitplan etwa ein Jahr hinterherhinkte. Dennoch hatte es seit zwei Jahren keine Kämpfe mehr gegeben; die drei Volksgruppen hatten auf lokaler Ebene wieder Verbindungen geknüpft; Sarajevo war wiedervereinigt und wurde wieder aufgebaut; eine große Zahl bosnisch-serbischer Waffen war zerstört worden; vier Flughäfen waren für den zivilen Flugverkehr geöffnet; für die Flüchtlinge waren »offene Gebiete« geschaffen worden; man hatte die hetzerischen Fernsehsender in Pale zum Schweigen gebracht; Banja Luka hatte gegenüber Pale an Einfluß gewonnen. Als die Kräfte um Karadžić mit einem Staatsstreich drohten, reagierte die Sfor schnell und effektiv wie nie zuvor und beseitigte die Bedrohung. Zugleich tat der Hohe Repräsentant für den Wiederaufbau Bosniens, Carlos Westendorp, etwas, was er schon zwei Jahre zuvor hätte tun sollen: Er führte durch ein schlichtes Dekret eine neue, gemeinsame Währung ein. Und am 22. Januar 1998 nahmen amerikanische Soldaten mit dem bosnischen Serben Goran Jelišic, der sich gerne als »der bosnische Adolf« bezeichnet hatte, erstmals einen mutmaßlichen Kriegsverbrecher fest. Wenn dieser Kurs weiter verfolgt wird, werden die Gegner des Daytoner Abkommens immer mehr geschwächt werden, und die Chancen, einen friedlichen, lebensfähigen Staat zu schaffen, werden dramatisch zunehmen.

Und doch, der Blutdurst der Jahre 1991 bis 1995 hatte zwar deutlich abgenommen, aber verschwunden war er keineswegs. Alle Seiten hatten schlimme Narben davongetragen, und viele Bosnier sehnten sich immer noch nach Rache statt nach Versöhnung. Am bedenklichsten war, daß dieselben Führer, die das Land in den Krieg gestürzt hatten, noch immer versuchten, jene zum Schweigen zu bringen, die für eine Zusammenarbeit zwischen den Volksgruppen eintraten. Die beiden gefährlichsten Männer in der Region, Radovan Karadžić und Ratko Mladić, waren auch zwei Jahre nach Dayton noch auf freiem Fuß. Unter offener Beteiligung Karadžićs versuchte Pale noch immer, eine Zusammenarbeit zwischen den beiden Teilen Bosniens zu verhindern. Diese Strategie hatte Pale fast zufällig »entdeckt«, als seine Schergen im März 1996 die meisten serbischen Bewohner von Sarajevo aus der Stadt vertrieben, und zwar »mit Brandstiftung und Polizeiterror in großem Ausmaß, während die Ifor-Truppen tatenlos zusahen« – nach Ansicht eines erfahrenen Beobachters vermutlich »der größte Makel des Friedensprozesses«.[2] Wie Michael Steiner nach seiner Rundreise als Stellvertretender Hoher Repräsentant für den Wiederaufbau Ende 1997 erklärte, verfolgt »die Führung in Pale nur das eine Ziel, sich von Bosnien-Herzegowina abzuspalten. Und solange ihr das nicht gelingt, kämpft sie für eine möglichst autonome Position innerhalb des gemeinsamen Staates«[3]. Solange Pale noch über Macht verfügte, würde die Bedrohung bestehen.

*

Mängel. Niemand kennt die Schwächen des Daytoner Abkommens besser als die an den Verhandlungen direkt Beteiligten. Was sie als Fehler betrachten, deckt sich jedoch nicht unbedingt mit dem, was von externen Beobachtern kritisiert wird, die das Friedensabkommen oft mit seiner Umsetzung verwechseln. Mir selbst kommen im Rückblick auf die Verhandlungen immer wieder entscheidende Augenblikke und zentrale Probleme in den Sinn:

- Der schlimmste Mangel des Daytoner Friedensabkommens besteht darin, daß mit den Truppen der Serben und denen der kroatisch-muslimischen Föderation zwei feindliche Armeen in einem Land belassen wurden. Wir waren uns dieses Problems während der Verhandlungen voll bewußt, doch da die Nato nicht bereit war, die Entwaffnung der Parteien als bindende Verpflichtung zu akzeptieren, konnten wir weder die Schaffung einer einzigen Armee noch die Entwaffnung ganz Bosnien-Herzegowinas erreichen.
- Das zweite Hauptproblem liegt darin, daß wir dem serbischen Teil-Staat zugestanden, den Namen »Republika Srpska« zu behalten.[4] Die Entscheidung fiel, wie man sich erinnern wird, in einer dramatischen Nachtsitzung mit Izetbegović in Ankara, drei Tage vor Beginn der Außenministerkonferenz in Genf und zu einem Zeitpunkt, als die Fortsetzung der Bombenangriffe noch nicht feststand.[5] Der Begriff »Republik« bezeichnet auf dem Balkan und in Osteuropa nicht unbedingt einen unabhängigen Staat, aber dennoch war die Tatsache, daß wir Karadžić erlaubten, den von ihm selbst erfundenen Namen beizubehalten, ein größeres Zugeständnis, als wir damals erkannten.
- Der Termin für die Beendigung der Bombenangriffe wird immer umstritten bleiben. Unsere Verhandlungsdelegation hätte es begrüßt, wenn sie noch mindestens eine Woche fortgesetzt worden wären. Da uns jedoch das Militär in der zweiten Septemberwoche mitteilte, daß ihm binnen drei Tagen die Ziele ausgehen würden, mußten wir ein Ende der Bombenangriffe aushandeln, bevor diese von selbst endeten. Warren Christopher stellte die Behauptung des

Militärs privat in Frage, aber weder er noch die Verhandlungsdelegation hatten Zugang zu sämtlichen Fakten.[5] Wenn wir mit General Michael Ryan, der die Operation DELIBERATE FORCE kommandierte, informelle Gespräche geführt hätten, wäre zu diesem entscheidenden Zeitpunkt eine besser fundierte Entscheidung möglich gewesen. Doch anscheinend war ein solcher Kontakt, selbst durch General Clark, von Admiral Leighton Smith verhindert worden.[6]

– Besonders fatal wirkte sich aus, daß die internationalen Polizeikräfte nicht mit mehr Kompetenzen ausgestattet wurden. Daß es so kam, lag an mehreren Faktoren, darunter dem Widerstand der Europäer gegen eine starke internationale Polizeitruppe und der Weigerung der amerikanischen Regierung, auf dem Höhepunkt eines schweren Haushaltskonflikts mit dem neuen republikanischen Kongreß bei der Legislative ausreichend Mittel für die Polizeikräfte zu beantragen. Wir hatten das Problem schon vor Dayton erkannt, konnten aber unsere internen Schwierigkeiten nicht überwinden.

– In seinen Memoiren schreibt Carl Bildt in bezug auf das Mandat des Hohen Repräsentanten, daß »die Amerikaner anfangs die rein militärischen Aspekte betonten und eine einheitliche zivile oder politische Autorität gar nicht wünschten.«[7] Bildts Beobachtung ist korrekt, auch wenn die von ihm kritisierte Position von unserer Verhandlungsdelegation abgelehnt wurde. Wir hatten in den ersten zehn Tagen der Daytoner Gespräche ständig mit der Nato über diesen Punkt verhandelt, aber selbst der Kompromiß, den wir schließlich mit General Joulwan aushandelten, erwies sich als unzureichend. Später allerdings, als die Serben das Daytoner Abkommen mißachteten, waren die Vereinigten Staaten die ersten, die Bildt drängten, die ihm durch das Daytoner Abkommen verliehenen Vollmachten weiter auszulegen. Paradoxerweise waren es nun jedoch die Europäer, die sich einem stärkeren Eingreifen seinerseits widersetzten, obwohl sie die USA zuvor – und zu Recht – für die Beschränkung seines Mandats kritisiert hatten.

– Schließlich waren da noch die beiden oben erwähnten, willkürlich gesetzten Truppenabzugsfristen – ein Jahr für die Ifor, achtzehn Monate für die Sfor. Sie erweckten bei den Serben den Eindruck, daß man nur durchhalten mußte, bis die mit der Umsetzung des Abkommens betrauten Mächte wieder abzögen, was natürlich vielfältigste Verzögerungstaktiken provozierte. Indem die Vereinigten

Staaten diese Fristen setzten, schwächten sie nur ihre eigene Position, etwas, was alle, die näher mit der Implementierung des Abkommens befaßt waren, von Anfang an gewußt hatten. Denn »der Auftrag muß den Zeitplan bestimmen, und nicht umgekehrt«, wie es Madeleine Albright in einer Rede vom Januar 1998 formulierte.[8] Als Präsident Clinton die Abzugsfristen im Dezember 1997 aufhob, signalisierte er damit der Region und der Welt auf die stärkstmögliche Weise, daß die Vereinigten Staaten ihren Kurs beibehalten würden.

*

Ein Land oder zwei (oder drei)? Die schärfste Kritik des Friedensabkommens kam von denen, die seine zentrale Prämisse in Frage stellten: daß Bosnien-Herzegowina als ein vereintes, multiethnisches Land wiederaufgebaut werden sollte und konnte. Unter den Kritikern Daytons war es Mode, dieses Ziel als unrealistisch abzutun, und von den Vereinigten Staaten eine Duldung oder gar Unterstützung der Teilung Bosniens entlang der ethnischen Linien zu fordern. In Dayton sei zwar ein erfolgreiches Waffenstillstandsabkommen geschlossen worden, monierten sie, doch die politischen Bestimmungen des Friedensabkommens – die ein Rückkehrrecht für die Flüchtlinge und den Aufbau einer Zentralregierung vorsahen – lehnten sie als unrealisierbar ab. Skeptiker, darunter auch viele ausgewiesene Jugoslawienexperten, hatten uns von Anfang an gewarnt, daß Bosnien als multiethnischer Staat keine Überlebenschance besaß. Doch die meisten, die sich gegen den Aufbau eines multiethnischen Staates im Gefolge von Dayton wandten, waren zuvor schon mindestens zweimal von der Geschichte Lügen gestraft worden: Zum einen 1991, als sie gemeint hatten, daß sich das auseinanderbröckelnde Jugoslawien zusammenhalten ließe; und dann noch einmal, als sie sich mehrheitlich gegen ein militärisches Eingreifen oder eine amerikanische Intervention aussprachen.

Wurde dem Dayton-Abkommen auf der einen Seite also vorgeworfen, kein Teilungsabkommen zu sein, so wurde es, als die Implementierung 1996/97 stark hinter den Zeitplan zurückfiel, von manchen als eben das kritisiert oder fehlinterpretiert. Der berühmteste und einflußreichste Vertreter der ersten Sichtweise in den USA war sicherlich Henry Kissinger, der der Meinung war, Bosnien habe nie als unabhängiger Staat existiert, und man solle nicht versuchen, nun einen daraus zu machen.[9] Unsere Verhandlungsdelegation war anderer Ansicht. Nicht daß wir die Schwierigkeiten unterschätzt hätten, die Führer der drei ethnischen Gruppen zur Zusammenarbeit zu bewegen – niemand kannte diese Schwierigkeiten besser, als diejenigen von uns, die mit ihnen direkt verhandelt hatten. Doch jede andere Alternative wäre schlimmer gewesen. Eine Teilung des Landes nach ethnischen Gesichtspunkten hätte zu neuen und massiven Flüchtlingsströmen geführt. Die Serben, Kroaten und Muslime, die noch immer als Minderheiten in vielen Teilen des Landes lebten, wären zur Flucht aus ihren Wohnungen gezwungen worden, und es wären zweifellos wieder Kämpfe ausgebrochen, wenn der Streit um Land und Häuser von neuem begonnen hätte. Deshalb wäre die Wahrscheinlichkeit von Feindseligkeiten im Gegensatz zur Ansicht der Teilungsbefürworter gestiegen und nicht gesunken, wenn man das Land geteilt und die nachfolgende Umsiedlung in Kauf genommen hätte. Zudem hatte die Sache auch einen moralischen Aspekt: Die Vereinigten Staaten und ihre europäischen Verbündeten durften sich nicht an der Auslösung neuer Flüchtlingsströme und der Legitimierung der serbischen Aggression mitschuldig machen. Der *Economist* schrieb dazu zwei Jahre nach Dayton folgendes:

Eine Teilung hätte fast sicher zu einer massiven Bevölkerungsverschiebung und weiterem Blutvergießen geführt... und diese Kämpfe hätten sich vielleicht nicht auf Bosnien beschränkt. Das Beispiel eines geteilten Bosnien hätte sämtliche Separatisten auf dem Balkan beflügelt. Wer hätte in Gebieten mit ethnischen Problemen wie etwa Mazedonien oder dem Kosovo noch zugehört, wenn der Westen dann zu einer friedlichen Koexistenz und zum Abbau ethnischer Differenzen aufgerufen hätte?... Die Teilungsbefürworter tendieren dazu, die Lage in Zentralbosnien zu ignorieren, wo viele Kroaten in von Muslimen umgebenen Enklaven leben. Da diesen Kroaten deutlich bewußt ist, daß sie nach einer Teilung in einem von Muslimen dominierten Staat leben müßten, fürchten die meisten von ihnen eine Teilung.[10]

Wie ich nach Dayton an Präsident Clinton geschrieben hatte, waren die Interessen der Vereinigten Staaten natürlich nicht direkt davon tangiert, ob auf bosnischem Boden ein, zwei oder drei Länder entstehen würden. Die USA hatten nichts gegen eine freiwillige Änderung der internationalen Grenzen Bosnien-Herzegowinas, oder dagegen, daß es letztlich in mehr als einen Staat aufgeteilt würde – vorausgesetzt, dies hätte zu irgendeinem künftigen Zeitpunkt dem Willen der Mehrheiten in allen drei Volksgruppen entsprochen. Auch andere Länder einschließlich der Tschechoslowakei und der Sowjetunion hatten sich in den vergangenen Jahren auf friedlichem Wege in mehrere Staaten aufgespalten. Doch diese Frage konnte nur in *wirklich freien Wahlen* entschieden werden, etwas, was unmöglich war, solange ultranationalistische Parteien, die den Haß zwischen den Volksgruppen predigten, die Medien und die Polizei beherrschten.

Die auf September 1998 angesetzten Neuwahlen geben der Hoffnung Nahrung, daß es in Bosnien zu einem Machtwechsel kommt. In allen drei Volksgruppen saßen Anfang 1998 immer noch dieselben Männer an den Schalthebeln der Macht, die 1991/1992 das Land in den Krieg führten. Diese Männer müssen abgelöst werden, müssen einer neuen Generation von Politikern Platz machen, die wie der Ministerpräsident der Republika Srpska Milorad Dodik bereit sind, aufeinander zuzugehen. Wenn mehr Führer wie Dodik an die Macht kommen, dann könnte das ursprüngliche Abkommen von Dayton in die Tat umgesetzt werden, dann könnte die Zentralregierung – die das im Frühjahr 1998 noch nicht tat – funktionieren. In der Zwischenzeit stellen die bosnischen Kroaten, nicht die bosnischen Serben, die größte Bedrohung für ein vereintes Bosnien dar.

Amerika, noch immer eine europäische Macht

Der Kalte Krieg ist zu Ende, doch Europa ist für die Vereinigten Staaten noch immer wichtig. Daß das so ist, ist für die meisten Amerikaner keineswegs selbstverständlich, dachten sie doch, daß die Notwendigkeit eines direkten amerikanischen Engagements in Europa – und auch im größten Teil der restlichen Welt – mit dem Sturz des Kommunismus enden oder stark abnehmen würde.

Doch das amerikanische Engagement in Europa resultiert nicht nur aus den Kreuzzügen gegen den Faschismus im Zweiten oder den Kommunismus im Kalten Krieg. Beide Kontinente sind durch tiefere, weniger greifbare Faktoren verbunden. Die Vereinigten Staaten haben in diesem Jahrhundert vor Bosnien dreimal intensiv auf dem europäischen Kontinent interveniert – im Ersten Weltkrieg, im Zweiten Weltkrieg und im Kalten Krieg. Nach den ersten zwei Interventionen zogen sie sich jedesmal wieder aus dem Kontinent zurück oder machten jedenfalls Anstalten dazu – nach dem Ende des Ersten Weltkriegs, als sie dem vom damaligen US-Präsidenten Wilson mit aus der Taufe gehobenen Völkerbund nicht beitraten, und zwischen 1945 und 1947. Zwei Jahre nach dem Zweiten Weltkrieg hatten die führenden Politiker der USA jedoch erkannt, daß die nationalen Interessen ihres Landes ein fortgesetztes Engagement in Europa und in Asien erforderlich machten.[11] Ihre anfängliche Strategie, die auf ein effektives Funktionieren der Vereinten Nationen gesetzt hatte, war gescheitert, da dies eine konstruktive Mitarbeit der Sowjetunion vorausgesetzt hätte. In der Folge korrigierte die Regierung Truman sehr rasch ihre Fehleinschätzung der sowjetischen Politik und engagierte sich zum dritten Mal in diesem Jahrhundert in Europa, ein Engagement, das Ende 1991 zum Zusammenbruch der Sowjetunion führte.

Nach 50jährigem verlustreichem Engagement in Europa hatten die Amerikaner gehofft, sich langsam aus ihren außenpolitischen Engagements zurückziehen und nun stärker auf ihre innenpolitischen Probleme konzentrieren zu können. So verständlich diese Hoffnung war, so unrealistisch war sie auch. Schon einige Zeit bevor die Verhandlungen über Bosnien begannen, vertrat ich die Ansicht, daß »eine Instabilität Europas noch immer zentrale Interessen der Vereinigten Staaten bedrohen würde«[12], eine Einschätzung, die nach dem Ende der Sowjetunion jedoch von den wenigsten Amerikanern geteilt wurde.

Bosnien war für die Vereinigten Staaten »der vierte europäische Moment« im 20. Jahrhundert und zwang sie, sich erneut der Herausforderung Europa zu stellen, und zwar einer, die sich von den bisherigen wesentlich unterschied. Es gab keine klare und akute Bedrohung der westlichen Demokratien mehr, keinen Hitler und keinen Stalin. Außerdem mußten Rußland und seine ehemaligen Republiken zum ersten Mal seit 1917 eher in das europäische Sicherheitssystem integriert, als davon ausgeschlossen werden. Doch dieses neue europäische Sicherheitssystem konnte nicht aufgebaut werden, solange mit dem früheren Jugoslawien ein Teil Europas in Flammen stand. Die Lösung des Bosnienkonflikts war eine notwendige, jedoch nicht hinreichende Bedingung für dauerhafte politische Stabilität und ein langfristiges Wirtschaftswachstum in Europa.

Wie der große Architekt der europäischen Einheit Jean Monnet einmal bemerkte, »ist ohne Menschen nichts möglich, aber ohne Institutionen […] nichts von Dauer«. Die Politik des letzten halben Jahrhunderts hat Westeuropa einen Zeitraum des Friedens und des beispiellosen Wohlstands beschert – nicht aber der anderen Hälfte des Kontinents. Als der Krieg in Bosnien zu Ende war, konnte endlich mit dem Aufbau eines neuen europäischen Sicherheitssystems begonnen werden, das sowohl die Vereinigten Staaten als auch Rußland mit einschließen würde. Die Nato, lange Zeit eine exklusive Veranstaltung der Nationen westlich des Eisernen Vorhangs, konnte allmählich ihre Tore für geeignete mitteleuropäische Staaten öffnen – auf eine Weise, die weder Rußland bedrohte noch das Bündnis schwächte. Gleichzeitig wurde durch neue Verträge wie die Grundakte über die Beziehungen Rußlands zur Nato eine neue Rolle für Rußland, die Ukraine und andere Nachfolgestaaten der früheren Sowjetunion definiert, die eine formale Beziehung zwischen Rußland und der Nato schufen, ohne Rußland dabei ein Vetorecht gegenüber den Aktivitäten der Nato einzuräumen. Parallel dazu wurden andere, bereits existierende Institutionen, wie die Organisation für Sicherheit und Zusammenarbeit in Europa (OSZE), gestärkt und erweitert.

*

Führung ohne Einseitigkeit. Es ist zu einem Gemeinplatz geworden, daß die Visionen von Männern wie Monnet viel schwieriger zu verwirklichen sind, wenn kein gemeinsamer äußerer Feind innere Einigkeit stiftet. Trotzdem wäre es verfehlt, uns in einer Anwandlung von Nostalgie nach dem Kalten Krieg zurückzusehnen. Das Ende des Kommunismus zwingt und erlaubt uns, die institutionellen und strukturellen Probleme anzugehen, die auf beiden Seiten des Atlantiks den Fortschritt behindern.

Die Vereinigten Staaten haben es überlebt, daß ihre Exekutive und der Kongreß den größten Teil der letzten 20 Jahre jeweils von verschiedenen Parteien beherrscht wurden. Allerdings haben eine aufgeblähte Bürokratie und der andauernde Kampf zwischen Legislative und Exekutive die Fähigkeit der USA zu entschlossenem außenpolitischen Handeln gemindert, während gleichzeitig ihr Interessenbereich gewachsen ist. Auch weiterhin werden in den USA die Mittel für die Außenpolitik gekürzt, obwohl große Teile der Welt – wie der frühere Ostblock und China –, die früher außerhalb ihres Einflußbereichs lagen, näher an uns heranrücken und neues Gewicht gewinnen. Wie die jüngste Krise in den Volkswirtschaften Ostasiens gezeigt hat, ist es nicht möglich, eine globale Wirtschaftspolitik zu betreiben, ohne zugleich über eine politische und strategische Vision zu verfügen.

Wenn sich die Suche nach einem Verfahren, das kohärente politische Strategien hervorbringen kann, schon Washington vor große Probleme stellt, so scheint das im neuen Europa fast völlig unmöglich zu sein. Wie Carl Bildt dazu richtig bemerkte, müssen die Vereinigten Staaten lediglich »die Sichtweisen von Institutionen« in Einklang bringen, während Europa »die Sichtweisen von Nationen« koordinieren muß. Bildt, der beide Systeme aus einer einzigartigen Perspektive betrachten konnte, kam zu folgendem Schluß:

In Washington muß jeder politische Schritt als permanenter Kompromiß zwischen Außenministerium, Verteidigungsministerium, Finanzministerium, den Geheimdiensten und rein innenpolitischen Faktoren formuliert und gestaltet werden. Die Rivalitäten zwischen diesen verschiedenen Interessengruppen sind manchmal sehr stark, und bei den Debatten zwischen den einzelnen Organen in Washington kann viel Blut fließen. *Wenn sich dieser Apparat jedoch schließlich für eine Politik entscheidet, dann haben die Vereinigten Staaten auch die Mittel für deren Umsetzung, und dies ist es, was Europa fast vollständig fehlt.*[13] [Hervorhebung des Autors]

Die Frage des Bösen: Eine persönliche Anmerkung

Überzeugte Realpolitiker wie Richard Nixon, Henry Kissinger und George Kennan, um drei der berühmtesten amerikanischen Vertreter dieses Ansatzes zu nennen, argumentieren schon seit langem, daß ein amerikanisches Eintreten für die Menschenrechte im Widerspruch zu unseren Sicherheitsinteressen steht, daß es auf eine Einmischung in die inneren Angelegenheiten anderer Staaten hinausläuft und daß es den strategischen und wirtschaftlichen Interessen der Nation schadet. In seinem jüngsten Buch *Die Vernunft der Nationen* beschreibt Henry

Kissinger die amerikanische Außenpolitik als einen ständigen Kampf zwischen dem Realismus eines Theodore Roosevelt und dem Idealismus eines Woodrow Wilson, wobei er selbst entschieden für Theodore Roosevelt Partei ergreift. So schreibt er: »Über weite Strecken ihrer Geschichte kannten die USA keine Gefahr, die ihr Überleben in existentieller Weise bedroht hätte ... Diese Erfahrung bestärkte Amerika in seinem Glauben, daß es unter allen Nationen der Welt die einzig unverwundbare sei und daß es sich kraft des Beispiels seiner Tugenden und guten Werke behaupten werde. In der Welt nach dem Kalten Krieg indessen besteht die Gefahr, daß bei einer solchen Haltung aus Unschuld Bequemlichkeit wird.«[14]

Unter den Präsidenten Nixon, Ford und Bush hatten solche »realpolitische« Theorien einen bestimmenden Einfluß. (Dagegen nahm die Regierung Carter und, nach dem erzwungenen Rücktritt von Außenminister Alexander Haig, auch die Regierung Reagan bezüglich der Menschenrechte eine weitaus offensivere Haltung ein.) Aufgrund persönlicher Erfahrungen mit autoritären Führern wie Ferdinand Marcos auf den Philippinen und Park Chung Hee in Südkorea – deren korrupte Diktaturen jeweils auf friedlichem Wege durch Demokratien ersetzt wurden – kam ich zu dem Schluß, daß der Gegensatz zwischen »Realisten« und »Liberalen« ein falscher ist. Langfristig wirken nämlich der Einsatz für die strategischen Interessen der Vereinigten Staaten und der Einsatz für die Menschenrechte positiv und wechselseitig verstärkend aufeinander, und deshalb können beide Ziele gleichzeitig verfolgt werden. Kurz gesagt, wir müssen uns sowohl an Theodore Roosevelt als auch an Woodrow Wilson orientieren – ein Gedanke, der mir bei unserer Suche nach einem Frieden auf dem Balkan immer wieder durch den Kopf ging.

*

Während der gesamten Verhandlungen mußte ich immer wieder an die Flüchtlinge denken, die ich 1992 besucht hatte. Sie kannten viele der Männer, die ihre Angehörigen vergewaltigt und getötet hatten; einige der Mörder waren zwanzig Jahre lang ihre Arbeitskollegen gewesen, und die Flüchtlinge hatten bis 1990 kaum Haß zwischen den Bevölkerungsgruppen gespürt. Manche ehemaligen Jugoslawen sahen in den schrecklichen Ereignissen, die sich im Zweiten Weltkrieg in ihrem Land abgespielt hatten, den Beweis, daß ihnen der Haß auf die anderen Volksgruppen im Blut lag. Doch die Massaker und Kämpfe zwischen 1941 und 1945 waren ein Nebenprodukt des von Hitler entfesselten Weltkrieges und Völkermords gewesen, und während es Westeuropa gelungen war, diese Schrecken zu bewältigen, hatte in Jugoslawien zunächst der Kommunismus jede Entwicklung verhindert, und danach waren Demagogen und Verbrecher an die Macht gekommen.

Die Mörder im ehemaligen Jugoslawien waren Erwachsene, geleitet von einem ethnischen Haß, der erst kurz zuvor von Demagogen geweckt worden war und der sich gegen Menschen richtete, mit denen sie oft ihr ganzes Leben lang zusammengearbeitet und Haus an Haus gelebt hatten. Wie ist es möglich, daß Menschen ihren langjährigen Nachbarn, ihren Arbeitskollegen, ihren früheren Klassenkameraden solche Dinge antun? Je mehr man bohrt, um so weniger versteht man, und irgendwann hört man auf, nach Erklärungen zu suchen. Man muß schlicht akzeptieren, daß es auf der Welt das wirklich Böse gibt.

Die meisten Europäer und Amerikaner waren angesichts der schieren Grauenhaftigkeit der Vorgänge im ehemaligen Jugoslawien zunächst wie gelähmt, konnten es nicht fassen. Und als sie es so langsam erfaßten, wußten sie, um mit C. G. Jung zu sprechen, nicht, was sie dem Bösen entgegensetzen sollten. Sie waren sich uneinig, wer die Schuldigen waren, und stritten darüber, was sich da eigentlich abspielte. Die Verwirrung verschärfte sich noch, als der Krieg andauerte und es auf allen Seiten zu Greueltaten kam. Natürlich, auch Kroaten und Muslime machten sich Grausamkeiten schuldig, aber die bosnischen Serben blieben die Haupttäter bei den Exzessen, die unseren Wortschatz um den neuen und barbarischen Begriff »ethnische Säuberung« erweiterten.

Es war leicht, zu dem Schluß zu kommen, daß die Serben von Grund auf böse seien, oder wie Eagleburger zu meinen, daß man als Außenstehender nichts unternehmen konnte – Schlußfolgerungen, die als Rechtfertigung für die eigene Untätigkeit herangezogen werden konnten. Doch wer so folgerte, beging denselben fundamentalen Fehler wie die Menschen auf dem Balkan selbst, wenn sie einer ganzen Volksgruppe die Eigenschaften ihrer schlimmsten Elemente zuschrieben. Seit über einem halben Jahrhundert wird darüber gestritten, in welchem Ausmaß sich das ganze deutsche Volk am Holocaust mitschuldig gemacht hat, und nun tauchte eine ähnliche Frage auf: Ist das gesamte serbische »Volk« verantwortlich für die barbarischen Akte, die seine Führer und deren mordlüsterne Helfershelfer begangen haben?

Vor allem von Serben oder serbischstämmigen Amerikanern erhielt ich häufig Briefe mit dem Vorwurf, daß meine Äußerungen, oder die anderer amerikanischer Politiker, alle Serben mit ein paar gesuchten Kriegsverbrechern in einen Topf werfen würden. Dies war eine berechtigte Kritik an Stellungnahmen, die nicht immer differenziert genug sein konnten. Tatsächlich sind die Mehrzahl der Serben im ehemaligen Jugoslawien ganz gewöhnliche Leute, die niemanden getötet haben, obwohl viele von ihnen, wie zahlreiche »gute Deutsche« im Dritten Reich, angesichts von Ereignissen, die sie später selbst als falsch bezeichneten, schwiegen oder untätig blieben. Andere jedoch stellten sich der Feuersbrunst in ihrem Land mutig entgegen, und manche kämpften sogar auf Seiten der Muslime. Der tschechische Präsident Václav Havel, einer der größten Visionäre des modernen Europa, verfaßte einen exzellenten Essay zu diesem Thema. »Ich betrachte es als eine Beleidigung des serbischen Volkes und als einen Verrat am bürgerlichen Gesellschaftsbegriff«, heißt es dort,

> »wenn das Böse mit der serbischen Nationalität identifiziert wird. Doch ich finde es ebenso irregeleitet, wenn man aus Angst, die Gefühle der Serben zu verletzen, überhaupt darauf verzichtet, das Böse beim Namen zu nennen. Alle Völker haben ihre Karadžićs und Mladićs, entweder real oder potentiell. Wenn solche Menschen – aufgrund einer Mischung historischer, sozialer und kultureller Umstände – größeren Einfluß gewinnen, als sie in anderen Teilen der Welt haben, dann bedeutet das nicht, daß sie aus einem kriminellen Volk stammen … [Dies] ist ein Konflikt der Grundsätze, nicht der Nationalitäten … Mit anderen Worten, hüten wir uns vor Versuchen, ganze Völker für das Böse verantwortlich zu machen. Dies hieße, die Ideologie der ethnischen Fanatiker zu übernehmen.«[15]

War Bosnien einzigartig?

Zwei Jahre nach Dayton hatte sich der Kreis geschlossen; wieder standen die USA vor der Frage, was und wieviel sie in Bosnien investieren wollten. Im Jahr 1995 hatten sie ihr ganzes Prestige in die Waagschale geworfen, um den Krieg zu beenden, nun jedoch waren sie und ihre Verbündeten unsicher geworden, wie stark sie sich um eine erfolgreiche Umsetzung des Daytoner Abkommens bemühen sollten. Das Ergebnis war vorhersehbar: Aufgrund der halbherzigen Umsetzung des Abkommens 1996 und Anfang 1997 forderten Zyniker und Kritiker Abstriche an den Zielen, die man sich für Bosnien gesetzt hatte. Daß die Zerschlagung der separatistischen Serben-Bewegung scheiterte, als diese unmittelbar nach Dayton desorganisiert war, wurde von manchen als Beweis für die Unvermeidlichkeit einer Teilung interpretiert. Ein solcher vorauseilender Defätismus würde jedoch zu einer dauerhaften Teilung Bosniens führen, gefolgt von weiteren Flüchtlingsströmen und weiteren Kämpfen. Der beste Kurs ist und bleibt die energische Durchsetzung des Abkommens von Dayton. Heute können die Separatisten in Pale der Verwirklichung unserer Ziele in Bosnien keinen großen Widerstand mehr entgegensetzen; sie sind geschlagen, zersetzt und in Auflösung begriffen. Der Erfolg ist in Sicht; ob er erreicht wird, hängt davon ab, ob sich die führenden Politiker der internationalen Gemeinschaft entschlossen und mit großem Einsatz für eine Aussöhnung der Völker im ehemaligen Jugoslawien engagieren. Daß Präsident Clinton Ende 1997 das Zeitlimit für die Stationierung der US-Truppen in Bosnien aufgehoben hat, erhöht die Aussichten auf einen Erfolg dramatisch.

Die Umstände, die zum Zusammenbruch Jugoslawiens und zu dem Krieg in Bosnien führten, waren so außergewöhnlich, daß eine Wiederholung schwer vorstellbar ist. Doch wenn uns die Geschichte eines lehrt, dann daß sie nicht vorhersehbar ist. Wir werden weitere »Bosnienkonflikte« erleben, die sich in jeder Einzelheit vom derzeitigen unterscheiden und ihm doch in einer überragenden Hinsicht gleichen: Sie werden ohne größere Vorwarnung in entlegenen Winkeln der Welt ausbrechen, von denen wir wenig verstehen, und sie werden den Rest der Welt vor eine schwierige Wahl stellen – die zwischen riskanter Intervention und möglicherweise kostspieliger Nichteinmischung. Im

Unterschied zum Kalten Krieg, als die Vereinigten Staaten bisweilen allzu schnell intervenierten, scheinen sie und ihre Verbündeten heute nur zu oft bereit, Probleme außerhalb des eigenen Kernbereichs zu ignorieren.

Wir werden weitere Bosnienkonflikte erleben – Konflikte, in denen eine frühe Intervention von außen entscheidend sein kann und die eine amerikanische Führungsrolle erfordern. Das reichste Land der Welt, und eines, das sich selbst große moralische Autorität zuschreibt, darf sich nicht einfach auf ehrenwerte Appelle an das Weltgewissen beschränken und andere auffordern, die Last zu tragen. Die Welt wird von Washington nicht nur wohlfeile Rhetorik erwarten, wenn der Friede das nächste Mal bedroht ist.

Nachwort und Danksagung

But often, in the world's most crowded streets,
But often, in the din of strife,
There rises an unspeakable desire
After the first knowledge of our buried life;
A thirst to spend our fire and restless force
In tracking out our true, original course;
A longing to inquire
Into the mystery of this heart which beats
So wild, so deep in us – to know
Whence our lives come and where they go.

Matthew Arnold, *The Buried Life*

Im April 1968 baten mich Averell Harriman und Cyrus Vance, in dem Team mitzuarbeiten, das sie für die ersten direkten Gespräche mit den Vietnamesen zusammenstellten. Ein paar Tage später war ich in Paris, ein 26jähriger Beamter im Außenministerium im Trubel der von der Weltöffentlichkeit mit Argusaugen verfolgten Verhandlungen. In Paris las ich *Friedensmacher 1919,* Harold Nicolsons Tagebuch über seine Erfahrungen als Mitglied der britischen Verhandlungsdelegation in Versailles. Ich beneidete ihn um seine Disziplin als Tagebuchschreiber, aber als ich Paris im Sommer 1969 verließ, hatte ich mir keine persönlichen Notizen gemacht.

Trotzdem blieben Erinnerungen wach – an den 76jährigen Averell Harriman, der unermüdlich versuchte, Präsident Johnson zu einer Einstellung der Bombenangriffe auf Nordvietnam zu bewegen; an Cyrus Vance, wie er auf dem Boden seines Büros schlief, um die Schmerzen eines Bandscheibenvorfalls zu lindern; an Geheimgespräche mit den Nordvietnamesen in den Vorstädten von Paris; an Vertraute von Vizepräsident Hubert Humphrey, die kamen und fragten, ob er wegen Vietnam mit Lyndon B. Johnson brechen und vielleicht sogar als Vizepräsident zurücktreten sollte; an die Besuche eines Harvard-Professors (und politischen Beraters) namens Henry Kissinger. In der dramatischen letzten Woche des Präsidentschaftswahlkampfs stoppte Präsident Johnson die Luftangriffe auf Nordvietnam, und Richard Nixon erzielte inmitten eines Proteststurms wegen der Verhandlungen einen hauchdünnen Sieg über Hubert Humphrey. Eine Gelegenheit, den Krieg – und nicht nur die Bombenangriffe – zu beenden, war plötzlich vertan, und der Krieg tobte noch weitere vier Jahre. Entgegen des Eindrucks, der in den meisten Berichten von dieser entscheidenden Periode der amerikanischen Geschichte vermittelt wird, war es keineswegs vorbestimmt oder unvermeidlich, daß der Krieg nochmals vier Jahre dauerte und weiteren 25 000 Amerikanern und zahllosen Vietnamesen das Leben kostete. Ein Verhandlungsfrieden wäre 1968 möglich gewesen, denn der Frieden lag damals viel näher, als den meisten Historikern bewußt ist.

Als mich Präsident Clinton und Außenminister Christopher siebenundzwanzig Jahre später baten, die Leitung der Friedensverhandlungen in Bosnien zu übernehmen, riet mir mein Freund und Lehrer Fritz Stern, unbedingt detaillierte persönliche Aufzeichnungen zu machen. Es werde immer schwieriger, den Verlauf der Geschichte zu dokumentieren und zu rekonstruieren, sagte Stern; interne Denkschriften, Telegramme und andere traditionelle Formen der Kommunikation seien durch abhörsichere Telefongespräche und private Faxe ersetzt worden, die für künftige Historiker nicht mehr greifbar seien.

Natürlich hatte Stern recht. Doch das Tempo und die Intensität der Verhandlungen ließen mir und den meisten meiner Kollegen weder die Zeit noch die Energie für detaillierte Aufzeichnungen, nicht einmal in Dayton. Ich selbst schickte nur sehr selten Telegramme nach Washington, und meine Kollegen aus dem Pentagon sandten zwar regelmäßige Berichte an ihre Vorgesetzten, doch diese waren, oft absichtlich, unvollständig. Das Beste, was ich tun konnte, war, wenigstens gelegentlich einige Gedanken zu diktieren und eine Handvoll zufällig gemachter Notizen aufzubewahren.

Doch ich war immer noch bedrückt über mein Versäumnis, einen Bericht über Verhandlungen von 1968 zu schreiben, als sie mir noch frisch im Gedächtnis waren. Ermutigt von meinem Freund und Agenten Mort Janklow und mit Hilfe der hervorragenden Lektoren bei Random House Jason Epstein und Joy de Menil sowie Harry Evans und

Peter Osnos, bis diese den Verlag verließen, machte ich mich daran, die Geschichte der Verhandlungen zu erzählen, bevor die Details in meinem Gedächtnis verblaßten.

Um insbesondere diejenigen Ereignisse besser zu verstehen, an denen unser Verhandlungsteam nicht beteiligt war, sprach ich mit möglichst vielen früheren Kollegen (und Journalisten). Einige beantworteten mir einfach nur eine bestimmte Frage, andere gingen stundenlang ihre eigenen Unterlagen oder Tagebücher durch, um die Ereignisse zu rekonstruieren. Viele Beteiligten machten spezifische Verbesserungs- oder Formulierungsvorschläge, die ich fast durchgängig beherzigte. Andere Personen, von denen einige nicht an den Verhandlungen beteiligt gewesen waren, nahmen sich die Zeit, das Manuskript ganz oder teilweise zu lesen und gaben ebenfalls wichtige Hinweise.

Eine Anweisung von 1996/97 von Warren Christopher und Tom Donilon trug viel zu einer besseren Dokumentation des Verhandlungsprozesses bei. Sie hatten erkannt, daß die Veröffentlichung von Dokumenten des Außenministeriums in der jährlich erscheinenden Reihe *Foreign Relations of the United States* (FRUS) im Zeitalter der modernen Kommunikationsmittel nicht mehr ausreiche und schufen innerhalb der historischen Abteilung des Außenministeriums eine experimentelle Einheit, deren Auftrag lautete, auf der Basis von schriftlichen Dokumenten und der ergänzenden Befragung von Zeitzeugen den Ablauf politischer Ereignisse zu dokumentieren. Sie wählten Bosnien als ersten Gegenstand des Experiments aus und beauftragten Derek Chollet, einen jungen Historiker an der Columbia University, Interviews mit den am bosnischen Friedensprozeß beteiligten Regierungsbeamten zu führen. Seine Studie wird, wenn sie nicht mehr der Geheimhaltung unterliegt, eine unschätzbare Quelle für andere Historiker darstellen. Ich schulde Chollet besonderen Dank dafür, daß er danach als Rechercheur, allgemeiner Berater und Freund am zweiten Teil meines Buches mitarbeitete.

Auch vielen anderen, die mir Informationen lieferten, redaktionelle Vorschläge machten oder allgemein halfen, bin ich zu Dank verpflichtet, darunter Morton Abramowitz, Sheppie Abramowitz, Marshall Adair, Madeleine Albright, Walter Andrusyzyn, Kofi Annan, Donilon Bandler, Marsha Barnes, Reginald Bartholomew, Richard Beattie, Sandy Berger, Carl Bildt, Joachim Bitterlich, Alan Blinken, Donald Blinken, General Charles Boyd, Robert Bradtke, John Burns, Nick

Burns, General George Casey, Derek Chollet, Warren Christopher, General Wesley Clark, James Collins, Admiral William Crowe, Tom Donilon, Sandy Drew, Linda Bird Francke, Katherina Frasure, Bennett Freeman, Dan Fried, Leon Fuerth, Peter Galbraith, Ejup Ganić, Judy Gelb, Leslie H. Gelb, Philip Goldberg, Marc Grossman, Sir David Hannay, Pamela Harriman (†), Charles Hill, Christopher Hill, Christopher Hoh, Robert Hunter, Douglas Hurd, Maxine Isaacs, Wolfgang Ischinger, Cati James, James A. Johnson, Vernon Jordan, General George Joulwan, Lena Kaplan, Sir John Kerr, Brigadegeneral John Kerrick, Joe Klein, John Kornblum, Gail Kruzel, Tony Lake, David Lipton, Jan Lodal, Colonel Robert Lowe, Endre Marton, Ilona Marton, Mike McCurry, John Menzies, Judy Miller, Tom Miller, Tom Niles, Victoria Nuland, James O'Brien, Roberts Owen, James Pardew, Rosemarie Pauli-Gilkas, Rudy Perina, William Perry, David Phillips, Tom Pickering, Sir Robin Renwick, Doug Shoen, Arid Schwan, Tom Schick, Arthur M. Schlesinger Jr., Robert Schrum, General John Shalikashvili, John Shattuck, Brooke Shearer, Doug Shoem, Tom Siebert, Haris Silajdzic, Walter Slocombe, George Soros, James Steinberg, Elizabeth Stevens, George Stevens, George Stephanopoulos, Fritz Stern, Loucas Tsilas, Jon van den Heuvel, Sandy Vershbow, Cyrus Vance, Elie Wiesel, Frank Wisner und Warren Zimmermann.

Jim O'Brien im Außenministerium und John Kerrick im Nationalen Sicherheitsrat haben mir insbesondere geholfen, die notwendigen Genehmigungen für die Veröffentlichung dieses Buches zu bekommen und mir außerdem wertvolle Ratschläge gegeben.

Unter all jenen, die mir mit Rat und Tat zur Seite standen, muß ich eine Person besonders erwähnen: Strobe Talbott, der mir trotz seines randvollen Terminkalenders als Stellvertretender Außenminister großzügig seine Zeit geopfert und mir mit detaillierter Kritik und vielen Verbesserungen geholfen hat. Ich danke ihm und seiner Frau Brooke Shearer von ganzem Herzen für ihre Freundschaft und Unterstützung.

Auch meinen Kollegen bei Credit Suisse First Boston – Rainer Gut, Jack Hennesey, Lucas Muhlmann, Allen Wheat und Chuck Ward – gilt mein besonderer Dank für ihr Verständnis und ihre Unterstützung. Ohne ihre Geduld, insbesondere als das Projekt länger als erwartet dauerte, wäre dieses Buch nie fertig geworden. Dasselbe gilt für Beverly Snyder, die die allfälligen kleinen und großen, aber immer drin-

genden Verwaltungs- und Sekretariatsarbeiten sehr professionell aus-
führte.

Es ist üblich, eine Danksagung mit ein paar Worten über die eigenen Angehörigen zu beschließen. Ich kann kaum mit Worten ausdrük-
ken, wie viel ich meiner Frau Kati verdanke. Sie hat diese Geschichte
mit allen Irrungen und Wirrungen miterlebt und war häufig direkt an
unseren Anstrengungen beteiligt. Vielleicht weil sie im benachbarten
Ungarn geboren ist, hatte sie ein fast intuitives Verständnis für die
Menschen in der Region. Außerdem spielte sie in Bosnien als Vorsitzende des US-amerikanischen Komitees zum Schutz der Journalisten
ihre eigene wichtige Rolle, indem sie sich auf mehreren Reisen in der
Region für die Pressefreiheit einsetzte. Einige ihrer Beiträge sind im
Text erwähnt, nicht jedoch die immateriellen, aber wichtigsten – ihre
Liebe und Unterstützung.

Meine beiden Söhne, die unter der Regierung Carter noch Kinder
waren, sind inzwischen erwachsen und haben Erfolg in ihrem eigenen
Beruf. Sie sind mir eine stete Quelle von Stolz und Freude, und ihre
Unterstützung bei meinen Anstrengungen war ungeheuer wichtig. Anthony taucht in dieser Geschichte ganz unerwartet in einem kritischen
Moment unmittelbar nach dem Fall Srebrenicas auf, und er bewies so
viel Geschick und Mut, daß es jeden Vater mit Stolz erfüllen würde.
Anthonys älterer Bruder David schenkte mir Liebe und Ermutigung,
als ich sie am meisten brauchte. Auch die beiden wundervollen Kinder Katis, Elizabeth und Christopher, waren an meinem Projekt beteiligt und halfen sogar bei den letzten Korrekturen. Ich danke allen für
die bereits geleistete Hilfe. Ich erwarte jedoch, daß viele Leser, und
insbesondere jene, die Teile der hier erzählten Geschichte selbst erlebt
haben, ihre Vorschläge und Korrekturen vorbringen. Ich freue mich
darauf, diese in möglichen späteren Ausgaben dieses Buches zu berücksichtigen.

Liste der Personen

Akashi, Yasushi	UN-Sonderbeauftragter für das ehemalige Jugoslawien (1993–1995)
Albright, Madeleine	US-Botschafterin bei der Uno (1993–1997); seit 1997 Außenministerin
Annan, Kofi	Untergeneralsekretär der Uno, zuständig für friedenssichernde Maßnahmen (1993–1997); seit 1997 Generalsekretär
Arkan (Željko Raznatovic)	Anführer paramilitärischer Serben, die gemeinhin als Terroristen gelten
Baker, James	US-Außenminister (1989–1992)
Berger, Samuel	Stellvertretender Nationaler Sicherheitsberater der USA (1993–1996); seit 1996 Nationaler Sicherheitsberater
Bildt, Carl	Friedensvermittler der Europäischen Union; Hoher Repräsentant für den Wiederaufbau Bosniens (1995–1997)
Blot, Jacques	Französischer Gesandter in der Kontaktgruppe (seit 1995)
Buha, Aleksa	»Außenminister« der bosnischen Serben
Bulatović, Momir	Präsident von Montenegro, Bundesrepublik Jugoslawien (seit 1992)
Burns, Nick	Sprecher des State Department (1994–1997)
Butros-Ghali, Butros	UN-Generalsekretär (1990–1997)
Carter, Jimmy	Präsident der Vereinigten Staaten (1977–1981)
Charette, Hervé de	Französischer Außenminister (1995–1997)
Chirac, Jacques	Französischer Staatspräsident (seit 1995)

Christopher, Warren	US-Außenminister (1993 – 1997)
Clark, Wesley	Generalleutnant der US-Armee; Leiter der Abteilung für Strategieplanung und Politik im Joint Chiefs of Staff (1993 – 1996); Oberbefehlshaber der Nato (seit 1997)
Clinton, William	Präsident der Vereinigten Staaten (seit 1993)
Crowe, William	US-Botschafter in Großbritannien (1994 – 1997)
Deutch, John	CIA-Direktor (1996/97)
Dodik, Milorad	Ministerpräsident der Republika Srpska (seit 1998)
Donilon, Tom	Staatssekretär für Öffentlichkeitsarbeit und Stabschef im US-Außenministerium (1993 – 1996)
Drew, Nelson S.	Oberstleutnant der US Air Force; Mitglied des Senior Staff im Nationalen Sicherheitsrat (1995)
Eagleburger, Lawrence	Stellvertretender US-Außenminister; später Außenminister (1989 – 1993)
Frasure, Robert C.	Stellvertretender Staatssekretär im US-Außenministerium, zuständig für Europa und Kanada (1994/95)
Fuerth, Leon	Nationaler Sicherheitsberater von US-Vizepräsident Gore (seit 1993)
Galbraith, Peter	US-Botschafter in Kroatien (1993 – 1997)
Ganić, Ejup	Vizepräsident von Bosnien-Herzegowina (seit 1992)
Gelbard, Robert	US-Sonderbeauftragter für die Implementierung des Dayton-Abkommens (seit 1997)
Gligorow, Kiro	Präsident der ehemaligen jugoslawischen Republik Mazedonien (seit 1991)
Gore, Albert	Vizepräsident der Vereinigten Staaten (seit 1993)
Granić, Mate	Kroatischer Außenminister (seit 1993)

Gratschow, Pawel	Russischer Verteidigungsminister (1992–1996)
Harriman, Pamela	US-Botschafterin in Frankreich (1993–1997)
Hill, Chris	Leiter der Abteilung für Süd- und Mitteleuropa im US-Außenministerium (1994–1996)
Hunter, Robert	US-Botschafter bei der Nato (1993–1997)
Ischinger, Wolfgang	Politischer Direktor des Auswärtigen Amtes; deutscher Gesandter bei der Kontaktgruppe (seit 1994)
Iwanow, Igor	Russischer Stellvertretender Außenminister; russischer Gesandter bei der Kontaktgruppe (seit 1995)
Izetbegović, Alija	Präsident von Bosnien-Herzegowina (seit 1992)
Janvier, Bernard	Französischer General; UN-Oberbefehlshaber im ehemaligen Jugoslawien (1995/96)
Jelzin, Boris	Russischer Präsident (seit 1991)
Joulwan, George	General der US-Armee; Oberbefehlshaber der Alliierten Streitkräfte in Europa (Nato; 1993–1997)
Karadžić, Radovan	»Präsident« der bosnischen Serbenrepublik (1992–1996)
Kerrick, Donald	Brigadegeneral (später Generalmajor) der US-Armee; Mitglied im Senior Staff des Nationalen Sicherheitsrates (1995/96); anschließend Stellvertreter des Nationalen Sicherheitsberaters (seit 1997)
Koljević, Nikola	»Vizepräsident« der bosnischen Serbenrepublik (1992–1996)
Kornblum, John	Stellvertretender Staatssekretär im US-Außenministerium für Europa und Kanada; später Staatssekretär (1994–1997)
Kosyrew, Andrej	Russischer Außenminister (1992–1996)

Krajišnik, Momčilo	Sprecher des »Parlaments« der bosnischen Serben; serbisches Mitglied des Staatspräsidiums von Bosnien (seit 1996)
Kruzel, Joseph	Stellvertretender Staatssekretär im US-Verteidigungsministerium für internationale Sicherheit (1993–1995)
Lake, Anthony	Nationaler Sicherheitsberater der US-Regierung (1993–1996)
Levitte, Jean-David	Außenpolitischer Berater des französischen Staatspräsidenten Chirac (seit 1995)
Lipton, David	Stellvertretender Staatssekretär im US-Finanzministerium für internationale Angelegenheiten (1993–1996); anschließend Staatssekretär im Finanzministerium
Lodal, Jan	Oberster Stellvertretender Staatssekretär für politische Angelegenheiten im US-Verteidigungsministerium (seit 1993)
Major, John	Britischer Premierminister (1990–1997)
McCurry, Mike	Sprecher des State Department (1993–1994); Sprecher des Weißen Hauses (1995–1997)
Menzies, John	US-Botschafter in Bosnien-Herzegowina (1995–1997)
Milošević, Slobodan	Präsident der Republik Serbien (1989–1997); Präsident der Bundesrepublik Jugoslawien (seit 1997)
Milutinović, Milan	Außenminister der Bundesrepublik Jugoslawien (1995–1997)
Mladić, Ratko	General; Befehlshaber der bosnisch-serbischen Armee (1992–1996)
Neville-Jones, Pauline	Britische Gesandte in der Kontaktgruppe
Owen, Roberts	Juristischer Berater des Vermittlerteams
Owens, William	Admiral, US-Navy; Vizevorsitzender der JCS (1994–1996)
Panetta, Leon	Stabschef des Weißen Hauses (seit 1993)

Papandreou, Andreas	Griechischer Ministerpräsident (bis 1996)
Papoulias, Karlos	Griechischer Außenminister (1981–1989, 1993–1996)
Pardew, James	Leiter der Balkan-Einsatztruppe im US-Verteidigungsministerium (1995–1997)
Pauli, Rosemarie	Chefsekretärin des Autors (1993–1996)
Perina, Rudy	Geschäftsträger der US-Gesandtschaft, Belgrad (1993–1996)
Perry, William	US-Verteidigungsminister (1993–1997)
Pickering, Thomas	US-Botschafter in Rußland (1993–1996)
Plavšic, Biljana	»Vizepräsidentin« der bosnischen Serbenrepublik; seit 1996 Präsidentin der Republika Srpska
Rifkind, Malcolm	Britischer Verteidigungsminister, später Außenminister (1992–1997)
Sacirbey, Muhamed	Außenminister von Bosnien-Herzegowina; UN-Botschafter (1992–1997)
Shalikashvili, John	General der US-Armee; Vorsitzender des Vereinten Generalstabs (1993–1997)
Shattuck, John	Staatssekretär im Außenministerium für humanitäre Angelegenheiten (seit 1993)
Silajdzic, Haris	Ministerpräsident von Bosnien-Herzegowina (seit 1992)
Slocombe, Walter	Staatssekretär im US-Verteidigungsministerium (seit 1993)
Smith, Leighton	Admiral der US-Marine; Befehlshaber der Nato-Truppen in Südeuropa; Befehlshaber der Ifor (1995/96)
Steinberg, James	Leiter der Planungsabteilung im US-Außenministerium (1994–1997); seit 1997 Stellvertretender Nationaler Sicherheitsberater
Steiner, Michael	Stellvertretender deutscher Gesandter bei der Kontaktgruppe; später Stellvertretender Hoher Repräsentant (1996/97)

Stoltenberg, Thorvald	Kovorsitzender der Internationalen Jugoslawienkonferenz (1993–1995), UN-Sondergesandter für Bosnien (ab 1995)
Šušak, Gojko	Kroatischer Verteidigungsminister (seit 1992)
Talbott, Strobe	Stellvertretender US-Außenminister (seit 1994)
Tarnoff, Peter	Staatssekretär für politische Fragen im US-Außenministerium (1993–1997)
Tudjman, Franjo	Kroatischer Präsident (seit 1991)
Vershbow, Sandy	Oberster Leiter der Abteilung für Europa im Nationalen Sicherheitsrat der USA (1994–1997); seit 1998 US-Botschafter bei der Nato
White, John	Stellvertretender US-Verteidigungsminister (1996/97)
Zimmermann, Warren	Letzter US-Botschafter in Jugoslawien (1989–1992)
Zubak, Kresimir	Präsident der kroatisch-muslimischen Föderation; später Kopräsident von Bosnien-Herzegowina (seit 1996)

Anmerkungen

Prolog

1. Nach den Angaben von Rebecca West in *Black Lamb and Grey Falcon* lautete die Inschrift, die auf einer »sehr bescheidenen schwarzen Tafel« angebracht war: »Hier, an dieser historischen Stelle, unternahm Gavrilo Princip am 28. Juni 1914, dem Tag des Heiligen Vitus, den ersten Schritt zur Freiheit.« In *The Unknown War* bezeichnete Winston Churchill die Inschrift als »ein Denkmal, das seine Landsleute ihm errichteten und das Zeuge seiner und ihrer eigenen Schande ist.« West, deren proserbische Haltung sich durch ihr ganzes berühmtes Buch zieht, widersprach Churchills Charakterisierung und schrieb über die Inschrift, sie sei »von bemerkenswerter Zurückhaltung« und durch die in ihr enthaltene Wahrheit gerechtfertigt. (Penguin-Ausgabe von 1982, S. 351–352.)

KAPITEL EINS
Die gefährlichste Straße Europas

1. Warren Zimmermann, *Origins of a Catastrophe: Yugoslavia and Its Destroyers,* New York 1996, S. 22.
2. Bei vielen früheren Verhandlungsbemühungen der Amerikaner und Europäer, darunter auch der amerikanischen Initiative vom Januar 1995, waren die bosnischen Serben als eigenständige Delegation behandelt worden.
3. Unsere diplomatische Vertretung in Belgrad war in der Welt einzigartig: eine vollständig funktionierende Botschaft ohne einen einzigen akkreditieren diplomatischen Vertreter. Als Jugoslawien sich auflöste, erkannten weder die USA noch die Europäische Gemeinschaft den Anspruch Serbiens und Montenegros an, daß sie immer noch die »Bundesrepublik Jugoslawien« verkörperten. Der Kontakt zu den Serben sollte jedoch weiterhin aufrecht erhalten werden, daher behielten die Amerikaner ihre Botschaft in Belgrad bei, eine Botschaft in einem Land, das man nicht anerkannte.
4. Siehe Kapitel 3.
5. Um dieser Priorität nachzukommen, lösten wir an unserem ersten Arbeitstag im September 1994 das obsolet gewordene Büro für osteuropäische Angelegenheiten auf und ersetzten es durch drei neue Büros, die den veränderten Verhältnissen in Europa nach dem Kalten Krieg besser entsprachen. Ein Büro umfaßte die nordischen Länder und die drei baltischen

Staaten, die gerade unabhängig geworden waren. Wir verbannten auch den Begriff »Osteuropa« aus unserem offiziellen Wortschatz und ersetzten ihn durch die historisch und geographisch genauere Bezeichnung »Mitteleuropa«. Leider wird von vielen, vor allem auch in den Medien, immer noch die überholte Formulierung verwendet.

KAPITEL ZWEI

»Das größte Debakel des Westens...«

1. »America, A European Power«, in: *Foreign Affairs,* (March/April 1995), S. 40.
2. Kaplan schreibt über West, deren Buch er als »das wundervollste Reisebuch des Jahrhunderts« beschreibt: »Ich hätte lieber meinen Reisepaß und mein Geld verloren als meine eselsohrige und mit Anmerkungen versehene Ausgabe von *Black Lamb and Grey Falcon.*« (*Balkan Ghosts,* S. 8 [in der deutschen Ausgabe nicht enthalten]). Eine aufschlußreiche Analyse über Wests Einfluß und den ihrer Anhänger findet sich bei Brian Hall, »Rebecca West's War«, in: *The New Yorker,* 15. April 1996.
Der Einfluß von Kaplans Buch zeigte sich beispielsweise bei einem Auftritt von Warren Christopher vor dem Militärausschuß des Senats am 17. Oktober 1995, bei dem William Cohen, der damalige Senator von Maine, erklärte: »Damals, im Jahr 1993... bekam der Präsident *Die Geister des Balkan* von Robert Kaplan in die Hände und änderte anscheinend seine Meinung..., nachdem er bei Kaplan über diesen historischen Hexenkessel gelesen hatte, in den wir hineingeraten könnten. Ich glaube, man sollte dieses Buch noch einmal lesen, bevor wir darüber nachdenken, wohin uns diese Politik führt.« (Dazu auch: Elizabeth Drew. *On the Edge: The Clinton Presidency,* S. 157.)
Kemal Kuspahic schreibt in seinem bewegenden Bericht über seine Zeit als Chefredakteur von *Oslobodjenje,* der Tageszeitung in Sarajewo, die während des ganzen Krieges erschien: »...Zu einer Zeit wichtiger Entscheidungen las [Präsident Clinton] einfach das falsche Buch, beziehungsweise zog aus Robert Kaplans Buch *Die Geister des Balkan* die falschen Schlüsse, was ihn auf den tröstlichen Gedanken brachte, daß man in Bosnien nicht viel ausrichten könne, ›solange die dort unten nicht müde wurden, sich gegenseitig umzubringen‹...« (*As Long As Sarajevo Exists,* S. 222.)
Kaplan behauptet, daß er diese Wirkung nicht beabsichtigt habe. In seinem Buch geht es in erster Linie um Griechenland und Rumänien. Weniger als vier von insgesamt siebzehn Kapitel sind dem ehemaligen Jugoslawien gewidmet. Sarajewo wird nur einmal, Mostar gar nicht erwähnt, und zu Bosnien finden sich nur zwölf Hinweise. In seinem Vorwort schreibt Kaplan: »Von dem, was ich schreibe, sollte nichts, nicht einmal ansatzweise, als Rechtfertigung verstanden werden für die Kriegsverbrechen, die rassistische serbische Truppen in Bosnien begehen, und wofür ich nur Abscheu übrig habe.« (S. 8)

3. Den Berichten von Journalisten zufolge war die amerikanische Regierung im Frühsommer 1992 zu dem Schluß gekommen, daß fast 90 Prozent aller Greueltaten in Bosnien und Kroatien von Serben verübt worden waren.

4. S. 288. Noel Malcolms Buch *Geschichte Bosniens* war eines der ersten englischsprachigen Bücher, die sich ernsthaft mit der Geschichte Bosniens auseinandersetzten. Malcolm zeigte, daß Bosnien tatsächlich eine eigene Geschichte und eine eigene, kontinuierliche Identität besaß. Er widersprach der weitverbreiteten Ansicht, daß der Krieg die unvermeidliche Folge uralten Hasses war. Bedauerlicherweise erschien das Buch nicht früher.

5. Zimmermann, S. 151 – 53.

6. Malcolm, S. 288.

7. Zimmermann, S. 174.

8. David C. Gompert, »The United States and Yugoslavia's wars«, in: Richard H. Ullman (ed.), *The World and Yugoslavia's Wars,* New York 1996, S. 122, S. 128 und S. 134. Gomperts Aufsatz ist aufgrund seiner Offenheit sehr mutig.

9. James A. Baker, *Drei Jahre, die die Welt veränderten,* Berlin 1996, S. 474.

10. Zimmermann, S. 216.

11. Silber und Little, S. 235.

12. Baker, S. 638.

13. Gompert, S. 127 – 128.

14. Silber und Little, S. 192.

15. Silber und Little, S. 199.

16. Baker, S. 637.

17. Zimmermann, S. 177.

18. Silber und Little, S. 251.

KAPITEL DREI

Ein persönlicher Auftakt

1. Winston Lord wurde 1993 Staatssekretär im Außenministerium für die Ressorts Ostasien und Pazifik, dieselbe Position, die ich unter Carter innehatte.

2. In den folgenden Auszügen wurden Wiederholungen und Abschweifungen korrigiert, ansonsten blieben sie jedoch unverändert.

3. Brooke Shearer wurde zur Leiterin des prestigeträchtigen White House Fellows Program, das sie mit viel Energie wiederbelebte und auf Vordermann brachte. Man nahm verstärkt Anteil an aktuellen Ereignissen, und auch bei der Auswahl der Mitglieder wurde unter Brookes Einfluß eine größere Vielfalt erreicht. In Clintons zweiter Amtsperiode wurde sie leitende Beraterin für den stellvertretenden Innenminister.

4. Da die USA die Eingliederung der drei baltischen Staaten Estland, Lettland und Litauen in die Sowjetunion nie anerkannt hatten, war die Zuständigkeit dafür beim Europa-Büro geblieben.

5. Henry A. Kissinger, *Die Vernunft der Nationen: Über das Wesen der Außenpolitik,* S. 241.
6. Nach meinem Austritt aus der Regierung wurde ich 1995 Vorsitzender von Refugees International.
7. Der ehemalige Chefredakteur von *Oslobodjenje* Kemal Kuspasic erzählt in *As Long As Sarajevo Exists* (Stony Creek 1997) die Geschichte dieser Tageszeitung.
8. Im Original kursiv.
9. Als ich diese Zeilen im Januar 1993 verfaßte, konnte sich niemand vorstellen, daß die Angelegenheit vier Jahre später zum Gegenstand zahlreicher journalistischer Nachforschungen und von sechs Untersuchungsausschüssen im Kongreß werden und auch bei Tony Lakes Bemühungen, Leiter der CIA zu werden, eine Rolle spielen würde.
   Die Untersuchungen basierten auf der Theorie, daß die geheimen Waffenlieferungen aus dem Iran an Bosnien *1994 begonnen* hatten, und daß die Regierung Clinton illegal gehandelt habe, da sie diese nicht unterbunden habe. Es ist daher von besonderer Bedeutung, daß die fraglichen Aktivitäten bereits zwei Jahre früher unter der Regierung Bush mit dem Wissen der amerikanischen Botschaft und des UN-Gesandten in Zagreb vor sich gingen. Die Lieferungen wurden damals sogar in Zeitungsartikeln erwähnt.
   Die Untersuchungen bezogen sich auf den April des Jahres 1994, als ich noch Botschafter in Deutschland war. Doch Ende des Jahres 1996 wurde ich aufgefordert, mehrere Male über mein späteres Wissen als Zeuge auszusagen. Die USA hatten sich an der heimlichen Unterstützung für die Bosnier und Kroaten nicht beteiligt, doch als Präsident Tudjman Galbraith nach seiner Meinung fragte, hatte dieser, wie von der Regierung instruiert, keine Einwände erhoben. Es war die politisch richtige Entscheidung, auch wenn sie nachlässig ausgeführt wurde. Ich erklärte vor dem Senate Intelligence Committee unter Eid, daß die »verdeckte« Unterstützung der bosnischen Muslime durch islamische Staaten (darunter auch dem Iran) der Regierung in Sarajewo in einer Zeit geholfen habe, als ihr Überleben an einem seidenen Faden hing. Es wäre unverantwortlich gewesen, wenn die USA weiterhin gegen eine solche Unterstützung gewesen wären, ohne einen Ersatz dafür zu bieten.

KAPITEL VIER

Via Bonn nach Washington

1. Über drei Jahre später beantwortete mir Sandy Berger bei der Recherche für dieses Buch zum Teil die Frage, die ich Warren Christopher an jenem Junimorgen gestellt hatte. Als der Artikel in der *New York Times* erschien, erkannte Sandy Berger, daß die lange Ungewißheit mit der Wahl des ehemaligen Vizepräsidenten für Tokio enden mußte. Da Sandy jedoch sehr daran gelegen war, daß wir beide für die neue Regierung arbeiteten, schlug er mich für Bonn vor.

2. Eine ausgezeichnete Untersuchung der unterschiedlichen Weisen, wie Deutschland und Japan mit dem Vermächtnis des Zweiten Weltkriegs umgegangen sind, findet sich in Ian Burumas faszinierendem Buch *Vergangenheitsbewältigung in Deutschland und Japan* (München 1994).
3. Die Zahl der versammelten Menschen wurde später bei einigen Anlässen noch übertroffen, am deutlichsten während Clintons Irlandreise im Dezember 1995.

KAPITEL FÜNF

Der Weg in die Katastrophe

1. Aus meinen Aufzeichnungen zu dem Treffen mit dem kroatischen Verteidigungsminister in München: »Ein schlimmes Treffen. Perry sagte Šušak, daß wir immer noch den Eindruck hätten, seine Regierung begehe einen Fehler. Perry wies darauf hin, daß das Land auf einen Krieg zusteuere und daß er möglicherweise nicht gut für die Kroaten ausgehen werde. General Shali warnte ihn, daß die Vereinten Stabschefs das Kräfteverhältnis weit pessimistischer einschätzen würden als Zagreb. Mein eigener Instinkt sagt mir, daß sich der Einsatz der Kroaten auszahlen könnte, auch wenn das Risiko sehr hoch ist.«
2. Bei diesem sogenannten »dual key« handelte es sich um eine Befehlsstruktur, nach der sowohl die Vereinten Nationen als auch die Nato verpflichtet waren, Nato-Luftangriffen zuzustimmen. In der Praxis wirkte sich diese doppelte Entscheidungsgewalt wie ein »doppeltes Vetorecht« aus.

KAPITEL SECHS

Pales letzte Provokation

1. Interview mit Robert Scheer im *Los Angeles Times Magazine*, »Clinton's Globetrotter«, 21. Februar 1993.
2. Das war eine Anspielung auf Rußland.
3. Fuerths Mandat hatte zwar seinen Schwerpunkt eindeutig auf Bosnien, deckte aber auch Sanktionen gegen andere Regime wie den Iran und Irak ab.
4. Im Jahr 1996 stiftete das Außenministerium die Auszeichnung Robert C. Frasure Award als »Auszeichnung für Personen, die sich in beispielhafter Weise um den Frieden verdient gemacht haben«.
5. Im Jahr 1981 gründeten Johnson und ich ein kleines Beratungsbüro, das wir 1985 an die Brüder Lehman verkauften. Jim wurde später Vorsitzender und Chef der Unternehmensführung der Federal National Mortgage Administration sowie Vorsitzender des Kennedy Zentrums für darstellende Kunst.

KAPITEL SIEBEN

Bombardement und Durchbruch

1. Bernard-Henri Levy, *Le Lys et la Cendre: Journal d'un ecrivain au temps de la guerre de Bosnie,* S. 464–470.

KAPITEL ACHT

Das längste Wochenende

1. Ich führte außerdem private Gespräche über die Nato-Erweiterung mit den führenden Politikern Ungarns, Polens, Tschechiens und der Slowakei. Die schwierigste Sitzung war die mit dem autoritären Ministerpräsidenten der Slowakei Vladimir Meciar. Zwei Jahre später wurden Polen, Tschechien und Ungarn eingeladen, sich der Nato anzuschließen, doch die Slowakei wurde nicht zugelassen, da sie die innenpolitischen Freiheiten noch immer beschnitt.
2. Siehe Kapitel 14.
3. Gligorow erholte sich erstaunlich schnell und fungierte wenige Monate nach dem Attentat wieder als Präsident, aber zu diesem Zeitpunkt war Papandreou schon nicht mehr handlungsfähig.

KAPITEL ZEHN

Das Ende der Belagerung Sarajevos

1. Mira Markovic, *Night and Day: A Diary,* S. 17–18.
2. Zimmermann, S. 175.

KAPITEL ELF

Die Offensive im Westen

1. Wir erfuhren nie die Wahrheit über Mladićs Krankheit, obwohl wir seinen Krankenhausaufenthalt überprüften. In Belgrad vertraten viele die Theorie, daß Mladić die schweren Waffen um Sarajewo nicht abziehen wollte und daher während des Abzuges einstweilen kaltgestellt wurde. Auf jeden Fall kehrte Mladić schon bald wieder zur Sammlung seiner Truppen an die Front zurück.
2. Smith erstattete Javier Bericht, dessen Kommando in Zagreb alle UN-Militäraktionen im ehemaligen Jugoslawien umfaßte, einschließlich Bosniens, Kroatiens und Mazedoniens.
3. Ironischerweise meinte er damit General Bachelet, der uns auf dem Berg Igman so hilfsbereit zur Seite gestanden war.

4. *The Washington Post,* 20. September 1995, S. A1. Eine Ausnahme war Stephen Kinzer von der *New York Times,* der den Sachverhalt richtig darstellte.

5. Elizabeth Jones, eine Karrierediplomatin, die auf ihre Bestätigung als Botschafterin in Kasachstan wartete, arbeitete für einige Monate in unserem Team in Washington mit.

KAPITEL ZWÖLF

Drama in New York

1. Cohen wurde in Clintons zweiter Amtszeit Verteidigungsminister.

2. Siehe *Egypt's Road to Jerusalem. A Diplomat's Story of the Struggle for Peace in the Middle East,* von Butros Butros-Ghali, wo er mehrfach auf sein »Bewußtsein einer langen Familientradition« und auf seine »vielen Generationen [mit] einer reichen Tradition des Dienstes am Land« verweist (S. 6, 7, et al.).

3. Auch wenn der Kanal in anderer Form bereits seit Jahrzehnten bestanden hatte, gab Henry Kissinger dem »Kanal« seinen Namen, als er ihn mit dem sowjetischen Botschafter Anatolij Dobrynin pflegte. Siehe Henry Kissinger, *Memoiren,* Bd. 1, München 1979, S. 153.

KAPITEL DREIZEHN

Waffenstillstand

1. Silber und Little, *Yugoslavia. Death of a Nation,* S. 224 (deutsche Fassung: *Bruderkrieg. Der Kampf um Titos Erbe,* Graz, Wien, Köln 1995).

2. Die erste Militäraktion gegen angeklagte Kriegsverbrecher erfolgte erst am 10. Juni 1997, als britische Soldaten in Prijedor einen bosnischen Serben faßten und einen weiteren töteten, die beide in versiegelten Anklageschriften namentlich genannt worden waren – dieses neue Mittel führte Goldstones Nachfolgerin, die kanadische Richterin Louise Arbour ein.

KAPITEL VIERZEHN

Die Wahl fällt auf Dayton

1. Siehe Kapitel 7.

2. Im März 1997 nahm ich im Council on Foreign Relations in New York an der Aufführung des erschütternden Dokumentarfilms *Calling the Ghosts* teil, der über die grausame Behandlung berichtete, die zwei Frauen aus Prijedor während ihrer Gefangenschaft in dem berüchtigten Lager in Omarska durchmachen mußten. Nach dem Film fragten mich die beiden Frauen

zornig, warum sie noch immer nicht in ihre Heimatstadt zurückkehren könnten, und ich erklärte ihnen, daß wir wiederholt einen Angriff auf Prijedor befürwortet hätten. Sie waren erstaunt und sagten, General Dudaković, der bosnische Befehlshaber, habe ihnen persönlich gesagt, daß »Holbrooke uns Prijedor und Bosanski Novi nicht erobern ließ«. In der Folge lernte ich, daß diese Version der Geschichte in der Region von vielen geglaubt wurde.

Diese Geschichtsklitterung war nicht überraschend; sie entlastete Dudaković und seine Kollegen von der Verantwortung für die gescheiterte Einnahme von Prijedor. Tatsächlich verhielt es sich vermutlich so, daß die Kroaten nach der Katastrophe an der Una keine Lust mehr verspürten, um eine Stadt zu kämpfen, die sie ohnehin den Muslimen würden übergeben müssen, und die Bosnier sie ohne ihre Hilfe nicht einnehmen konnten.

3. Collins wurde 1997 Pickerings Nachfolger als amerikanischer Botschafter in Rußland.

KAPITEL FÜNFZEHN
Folgenschwere Entscheidungen

1. Collin Powell, *Mein Weg,* S. 178.
2. Am Ende der Sendung faßte Evans meine Ansichten sehr korrekt zusammen:
   Botschafter Holbrooke war eisern, was das Thema Verluste betrifft, Christiane. Ich habe ihn wenigstens so verstanden, daß es vermutlich keine großen Verluste geben wird, wenn sie von den drei Kriegsparteien das kriegen, was sie wollen. Er sagte nicht, daß es überhaupt keine geben würde, aber er betonte wirklich stark einen Aspekt, der hier vielleicht ein bißchen zu kurz kommt, nämlich daß es mit den Verlusten und Leichensäcken trotz Sir Michael Rose Voraussage vielleicht doch nicht so schlimm kommt, wie hier allgemein befürchtet wird.
3. Es war ungewöhnlich, daß der höchste Offizier der Vereinigten Staaten keine der Militärakademien besucht hatte, doch dies traf auch auf zwei der drei unmittelbaren Vorgänger Shalikashvilis zu: General Powell hatte den Studiengang für Reserveoffiziere am New Yorker City College absolviert, und General John Vessey hatte sich auf dem Schlachtfeld im Zweiten Weltkrieg bei der Landung von Anzio ein Kommando verdient.
4. Zwei Jahre später wurde der Fußweg offiziell eingeweiht und auf den Namen Wright-Patterson Peace Walk getauft.

KAPITEL SECHZEHN

Schritte im Kreis

1. Die Deutschen brauchten keinen Dolmetscher, zumindest verlangten sie keinen. Die Franzosen bestanden auf einem eigenen Dolmetscher, obwohl sie alle ausgezeichnet Englisch sprachen.
2. Carl Bildt machte den praktischen Vorschlag, den Räumen für die Dauer der Konferenz friedlichere Namen zu geben.
3. Marion Barry war bis 1990 Bürgermeister von Washington D.C. Nachdem er in einem Motelzimmer beim Crackrauchen erwischt worden war, wurde seine Verwicklung in zahlreiche Drogendeals offenbar.
4. Rohde erhielt für seine Artikel über Srebrenica 1996 den Pulitzer-Preis und arbeitete später für die *New York Times*. Sein Buch *Die letzten Tage von Srebrenica: Was geschah und wie es möglich wurde* beschreibt auf beeindruckende und detaillierte Weise die Einnahme Srebrenicas.
5. Lipton machte im Finanzministerium rasch Karriere: Nach zwei Beförderungen wurde er Staatssekretär für internationale Angelegenheiten im Finanzministerium. Er spielte in Bosnien weiterhin eine wichtige Rolle, und seine Vorschläge, die ursprünglich als völlig unrealistisch angesehen worden waren, wurden schrittweise umgesetzt.
6. Nach der Volkszählung von 1990 leben etwa 540 000 kroatische Amerikaner in den USA. Ungefähr die Hälfte davon lebt im Mittleren Westen, weitere große Konzentrationen finden sich in Südkalifornien und New York.

KAPITEL SIEBZEHN

»Frieden in einer Woche«

1. Pauline Neville-Jones, »Dayton, IFOR, and Alliance Relations in Bosnia«, in: *Survival,* Winter 1996/97, S. 50 f.
2. Ebenda, S. 51.
3. Der jugoslawische Schriftsteller Ivo Andric gewann 1961 den Literaturnobelpreis für seinen Roman *Die Brücke über die Drina.*

KAPITEL ACHTZEHN

Showdown

1. Selbst neutrale Länder wie die Schweiz und Malta und kleine Staaten wie Andorra und Lichtenstein waren Mitglieder. Der Vorsitz wechselte jedes Jahr und fiel 1996 an die Schweizer, die hervorragende Arbeit leisteten.
2. Dies führte einen Monat später zu einer Auseinandersetzung mit den Franzosen. Siehe Kapitel 19.
3. In *The Death of Jugoslavia,* Brian Lappings und Laura Silvers ausgezeich-

nete sechsteilige Dokumentarserie für die BBC, gibt Silajdzic einen detaillierten Bericht über den Vorfall. Er bezeichnet die Sache als Mißgeschick und lacht, als er erzählt, wie bestürzt sowohl Miloševic als auch die Amerikaner gewesen waren. Für die damals Beteiligten war die Sache dagegen keineswegs zum Lachen gewesen.
4. Siehe das Zitat zu Beginn von Kapitel 17.

KAPITEL NEUNZEHN

Ein langsamer Beginn

1. Kardinal Jules Mazarin, französischer Staatsmann, der für seine Klugheit und Macht berühmt war. Rückte unter Ludwig XIII. nach Kardinal Richelieus Tod in den Kronrat nach, dem er ab dem darauffolgenden Jahr als leitender Minister angehörte
2. Truppenkontingente, die normalerweise der Nato zugeteilt waren, wurden 1991 im Krieg gegen den Irak eingesetzt, doch Desert Storm war keine Nato-Operation.
3. Die Kommandostruktur wurde schließlich doch Joulwans Vorstellungen angepaßt – 1997 übernahm ein Vier-Sterne-General der Armee den Oberbefehl in Bosnien.
4. Siehe Kapitel 20.
5. Beattie, der Seniorpartner in einer New Yorker Anwaltskanzlei, wurde gemäß einer Bestimmung der Regierung ernannt, die es Privatmännern erlaubt, auf Teilzeitbasis für die Regierung zu arbeiten. Im Juni 1997 wurde er Ministerin Albrights leitender Berater für die Reorganisation des Außenministeriums, und ich wurde Sondergesandter für Zypern.
6. Der britische Außenminister Malcolm Rifkind erhob aus persönlichen Gründen sanfte Einwände gegen meine Bemerkung: Er sagte später gegenüber der Presse, daß er bis 4 Uhr morgens aufgeblieben sei und an dem Problem gearbeitet habe. Ein Jahr später stellte ich ihn bei einer Rede in New York vor und versah mein Zitat mit einer persönlichen Einschränkung: »Während Europa, mit Ausnahme Malcolm Rifkinds, schlief…«
7. Obwohl beide Männer damals nicht ahnen konnten, daß sie nach Tony Blairs erdrutschartigem Sieg im Mai 1997 ihre Sitze im Unterhaus verlieren würden.

KAPITEL ZWANZIG

Rückschläge und Fortschritte

1. Keiner der beiden Einwände war stichhaltig. Vierzehn Monate später, am 1. Oktober 1997, schlossen endlich Nato-Verbände die Sendestationen in Pale und entrissen damit Karadžić und seiner Partei eins der stärksten Machtmittel. Die Aktion war bis zum letzten Moment umstritten, aber als

sie durchgeführt wurde, verlief sie ohne Zwischenfälle oder Verletzte und brachte vor allem den gewünschten Effekt.

2. Zur allgemeinen Überraschung zogen dieselben Flüchtlinge, die Anfang August gewaltsam an der Rückkehr nach Jajce gehindert wurden, einige Wochen später friedlich in die Stadt ein. Später folgten noch weitere Heimkehrer.

3. 1998 stellte sich noch eine Reihe weiterer mutmaßlicher Kriegsverbrecher – darunter etliche Serben – freiwillig dem Tribunal in Den Haag.

4. Der größte Teil des Gesprächs betraf Themen, die immer noch »in Bearbeitung« sind, und muß deshalb in dieser Darstellung ausgeklammert werden.

KAPITEL EINUNDZWANZIG

Amerika, Europa und Bosnien

1. *Foreign Policy,* Winter 1997/98, S. 66.

2. Christopher Bennett, »No Flying Colors for Dayton – Yet«, in: *Transitions,* Dezember 1997, S. 37.

3. *Transitions,* August 1997.

4. Siehe Kapitel 8.

5. Siehe Kapitel 10.

6. Dieses Thema wird in einer bemerkenswerten Studie der United States Air Force mit dem Titel *DELIBERATE FORCE: A Case Study in Effective Air Campaigning* behandelt, die von der Air University Press veröffentlicht werden wird. In ihrem nicht der Geheimhaltung unterliegenden Schlußteil von Colonel Robert C. Owen heißt es:
Die Kontakte zwischen der militärischen Führung und einigen wichtigen Diplomaten schienen unmittelbar vor und während der Operation DELIBERATE FORCE nicht mit den Ereignissen Schritt zu halten ... In der Folge trafen sowohl Ryan als auch Holbrooke in ihren jeweiligen Verantwortungsbereichen Entscheidungen, die sich allein auf Vermutungen stützten, was der andere vielleicht denken oder tun könnte. Abgedruckt in *Air Power Journal,* Herbst 1997, S. 21 f.

7. Aus dem letzten Kapitel des Buches *Uppdrag Fred (Friede auf Anweisung).*

8. Rede im Center for National Policy, 13. Januar 1998.

9. Ein ausführliches Beispiel für die erstere Ansicht ist Radha Kumars *Divide and Fall? Bosnia in the Annals of Partition.* Die generelle Kritik der Autorin an Teilungen von Korea bis Zypern ist aufschlußreich, doch sie stellt die Ziele des Daytoner Abkommens falsch dar und verwechselt das Abkommen mit der Art und Weise, wie es implementiert wurde.

10. 6. Dezember 1997, S. 16.

11. Es ist bemerkenswert, daß die Vereinigten Staaten mit Ausnahme der Jahre 1942/43, als sie von den Japanern aus der Region vertrieben wurden, im Gegensatz zu Europa seit 1898, also seit einhundert Jahren, in Ostasien und im Pazifik militärisch ständig präsent sind.

12. »America, A European Power«, in: *Foreign Affairs,* März/April 1995.
13. Aus dem letzten Kapitel des Buches *Uppdrag Fred (Friede auf Anweisung).*
14. Henry A. Kissinger, *Die Vernunft der Nationen,* Berlin 1994, S. 929.
15. Václav Havel, *The Art of the Impossible,* S. 232 ff.

Ausgewählte Bibliographie
und zitierte Werke

Air Force Materiel Command, »Special Collectors' Edition«, in: *Leading Edge*, February 1996. Wright-Patterson Air Force Base, Ohio: Air Force Materiel Command, 1996.

Baedeker's Touring Guide to Yugoslavia. New York 1964.

Baker, James A., *Drei Jahre, die die Welt veränderten: Erinnerungen,* Berlin 1996.

Bildt, Carl, *Uppdrag Fred.* [Auftrag Frieden.] Stockholm 1997.

Blanchard, Paul, *Yugoslavia Blue Guide.* New York 1989.

Boyd, Charles G., »Making Bosnia Work«, in: *Foreign Affairs,* Januar/Februar 1998.

Brodie, Bernard, *War and* Politics. New York 1973.

Butros-Ghali, Butros, *Egypt's Road to Jerusalem: A Diplomat's Story of the Struggle for Peace in the Middle East.* New York 1997. Cohen, Philip J, *Serbia's Secret War: Propaganda and the Deceit of History.* College Station, Texas 1996.

Committee on Armed Services, United States Senate. »*Hearings on Bosnia«,* 7., 8. und 14. Juni, 29. September, 17. Oktober, 28. November, 6. Dezember 1995. Washington, D. C.: U. S. Government Printing Office, 1996.

Department of the Army, *German Antiguerilla Operations in the Balkans (1941–1944).* Washington, D. C.: Department of the Army Pamphlet Nr. 20–243, August 1954.

Drew, Elizabeth, *On the Edge: The Clinton Presidency.* New York 1994.

Gjelten, Tom, *Sarajevo Daily: A City and It's Newspaper Under Siege.* New York 1995.

Glenny, Misha, *Jugoslawien – der Krieg, der nach Europa kam.* München 1993.

Gow, James, *Triumph of the Lack of Will.* University Press. New York 1997.

Gutman, Roy, *Augenzeuge des Völkermordes: Reportagen aus Bosnien.* Göttingen 1994.

Hall, Brian, *The Impossible Country.* New York 1994.

– »Rebecca West's War«, in: *The New Yorker,* 15. April 1996.

Havel, Vaclav, *The Art of the Impossible.* New York 1997.

Honig, Jan Willem und Norbert Both, *Srebrenica: der größte Massenmord in Europa nach dem Zweiten Weltkrieg.* München 1997.

Hutchings, Robert L, *American Diplomacy and the End of the Cold War.* Washington, D. C. 1997.

Internationale Balkankommission, *Unfinished Peace: A Report*. Vorwort von Leo Tindemans. Washington, D. C.: Carnegie Endowment for International Peace, 1996.

Kaplan, Robert, *Die Geister des Balkan: Eine Reise durch die Geschichte und Politik eines Krisengebiets*. Hamburg 1993.

Kissinger, Henry A., *Memoiren*. 2 Bde. München 1979.

Kumar, Radha, *Divide and Fall? Bosnia in the Annals of Partition*. New York 1997.

Kurspahic, Kemal, *As Long as Sarajevo Exists*. Stony Creek, Connecticut 1997.

Lampe, John R., *Yugoslavia as History: Twice There Was a Country*. New York 1996.

Lengvai, Paul, *Eagles in Cobwebs: Nationalism and Communism in the Balkans*. Garden City, New York 1969.

Levy, Bernard Henri, *Le Lys e La Cendre*. Paris 1996.

Maass, Peter, *Die Sache mit dem Krieg: Bosnien von 1992 bis Dayton*. München 1997.

Malcolm, Noel, *Geschichte Bosniens*. Frankfurt/M. 1996.

Markovic, Mira (Frau Slobodan Miloševic), *Night and Day: A Diary*. Ins Englische übersetzt von Margot und Bosko Milosavljevic. Belgrad, im Privatverlag erschienen»1995.

Marton, Kati, *Wallenberg: Missing Hero*. New York 1995.

– *A Death in Jerusalem*. New York 1994.

May, Ernest R., »*Lessons of the Past: The Use and Misuse of History in American Foreign Policy*. New York 1973.

Murray, Rupert Wolfe, *IFOR on IFOR*. Vorwort von Richard Holbrooke. Edinburgh 1996.

Neustadt, Richard E. und Ernest R. May, *Thinking in Time: The Uses of History for Decision-Makers*. New York 1986.

Neville-Jones, Pauline, »Dayton, IFOR, and Alliance Relations in Bosnia«, in: *Survival*, Band 38, Nr. 4, Winter 1996 – 1997, S. 45 – 65.

Nicolson, Harold, *Friedensmacher 1919*. Berlin 1933.

O'Hanlon, Michael, »Turning the Bosnia Ceasefire into Peace«, in: *The Brookings Review*, Winter 1998.

Owen, David, *Balkan-Odyssee*. München und Wien 1996.

Powell, Colin, *Mein Weg*. München 1996.

Quandt, William B., *Camp David: Peacemaking and Politics*. Washington, D. C. The Brookings Institution, 1986.

Remak, Joachim, *Sarajevo: The Story of a Political Murder*. New York 1959.

Rennick, Sir Robin, *Fighting with Allies: America and Britain in Peace and at War*. New York 1996.

Ridley, Jasper, *Tito: A Biography*. London 1994.

Rieff, David, *Schlachthaus: Bosnien und das Versagen des Westens*. München 1995.

Rohde, David, Die letzten Tage von Srebrenica: Was geschah und wie es möglich wurde, Hamburg 1997.

Rose, Gideon, »The Exit Strategy Delusion«, in: *Foreign Affairs,* Januar/Februar 1998.

Rosegrant, Susan, »Getting to Dayton: Negotiating an End to the War in Bosnia.« Eine Fallstudie der John F. Kennedy School of Government, Harvard University, 1996.

Silber, Laura und Allan Little, *Bruderkrieg. Der Kampf um Titos Erbe.* 2. Aufl., Graz, Wien und Köln 1995.

Sobel, Dava, *Längengrad: Die wahre Geschichte eines einsamen Genies, welches das größte wissenschaftliche Problem seiner Zeit löste,* Berlin 1996.

Sudetic, Chuck, *Blood and Venegance.* New York 1998.

Tanner, Marcus, *Croatia: A Nation Forged in War.* New Haven 1997.

The New Republic (Hg.), *The Black Book of Bosnia. The Consequences of Appeasement.* Herausgegeben von Nader Mousavizadeh, Nachwort von Leon Wieseltier. New York 1996.

Thompson, Mark, *A Paper House: The Ending of Yugoslavia.* New York 1992.

Ullman, Richard H. (Hg.), *The World and Yugoslavia's Wars.* New York, Council on Foreign Relations, 1996.

United States Air Force. *DELIBERATE FORCE: A Case Study in Effective Air Campaigning.* Herausgegeben von Colonel Robert C. Owen. Veröffentlichung bevorstehend durch die Air University Press. Auszugsweise abgedruckt in: *Air Power Journal,* 1997.

Vance, Cyrus, *Hard Choices.* New York 1993.

Volkan, Vamik, *Bloodlines: From Ethnic Pride to Ethnic Terrorism.* New York 1997.

Wedgwood, C. V., *History and Home: Essays on History and the English Civil War.* New York 1987.

West, Rebecca, *Black Lamb and Grey Falcon.* New York und London 1941.

Woodward, Bob, *The Choice.* New York 1996.

Woodward, Susan L., *Balkan Tragedy.* Washington, D. C.: The Brookings Institution, 1995.

– »Avoiding Another Cyprus or Israel«, in: *The Brookings Review,* Winter 1998.

Zimmermann, Warren, *Origins of a Catastrophe: Yugoslavia and its Destroyers.* New York 1996.

Verzeichnis der Karten

Personenregister

Plavšić, Biljana 525, 528, 534, 542 – 543
Pomfret, John 519
Poos, Jacques 49, 485
Portillo, Michael 123, 509
Powell, Colin 83, 339
Prlić, Jadranko 445
Puljić, Vinko 498

Quandt, William 321

Rabin, Itzhak 381, 400
Radić , Predrag 518
Ramish, Tim 270
Reagan, Ronald 67, 340, 389, 562
Redman, Charles 98, 245, 371
Richardson, John 59
Rifkind, Malcolm 123, 263, 315, 509
Roberts, Ivor 177 – 178, 310
Rohde, David 374, 378 – 379, 391
Roosevelt, Theodore 562
Rose, Michael 294, 342
Rosenblatt, Lionel 76, 119
Rosenthal, Jack 75
Rostow, Walt 136
Rubin, Robert 396
Rühe, Volker 92
Rusk, Dean 136
Ryan, Michael E. 165, 555

Sacirbey, Muhamed 16, 33 – 34, 58, 137, 155 – 156, 161 – 162, 178, 205 – 206, 208, 214, 221 – 222, 224, 257, 259, 262, 276 – 281, 283 – 286, 288, 296, 305 – 306, 314, 350, 359, 361, 378, 404, 417, 432 – 433, 438, 442, 445, 463, 465, 467 – 468, 471 – 472
Sadat, Anwar As 321 – 322
Safire, William 182
Santer, Jacques 116
Sapiro, Miriam 270, 276, 383, 473
Sarinić, Hrvoje 408
Saunders, Harold 321
Scheljew, Schelju 300
Schewzow, Leontij 398
Schönbohm, Jörg 95

Schwan, Aric 225
Sciolino, Elaine 89
Scowcroft, Brent 47
Serwer, Dan 365, 370 – 371
Shalikashvili, John 30 – 31, 108, 122 – 123, 189 – 190, 273, 328 – 329, 339, 342, 346 – 347, 425, 472, 475, 481, 483, 485, 501, 503, 538 – 539
Shattuck, John 119, 296 – 299, 331, 402, 508
Shearer, Brooke 36, 66, 384
Sherman, Wendy 132
Shinseki, Eric 535, 538
Silajdžić, Haris 58, 108, 158, 212, 222, 245 – 246, 258, 277, 280, 282, 294, 296, 318, 357, 363 – 364, 377, 385, 389, 397, 404, 411 – 412, 414, 417, 419, 427 – 431, 433, 437, 442, 452 – 459, 463, 465 – 466, 528
Simitis, Costas 503
Slocombe, Walter 153, 166, 192, 209, 323, 328, 415, 425, 438
Smith, Leighton 161, 165, 189 – 192, 203, 214, 231, 233, 499 – 501, 505, 508, 510, 516, 518, 555
Smith, Rupert 112, 192, 209, 214, 248 – 249, 259, 294 – 295
Solana, Javier 461
Soros, George 521
Spiegel, Daniel 193, 220
Spiro, Chris 380, 442
Stanišić, Jovica 526
Steinberg, James 122, 132, 455, 460, 464, 476
Steiner, Michael 364, 370, 372, 394, 515, 553
Stephanopoulos, George 67, 201
Stern, Fritz 96, 568
Stevenson, Adlai 198 – 199
Stoltenberg, Thorvald 317, 367, 370, 383, 402, 412
Summers, Larry 396
Šušak, Gojko 108, 304, 432, 459

Talbott, Strobe 30 – 31, 36, 64, 66, 71, 94, 98 – 99, 104, 125, 127, 132,

PIPER

Colin Powell
mit Joseph E. Persico
Mein Weg

Aus dem Amerikanischen von Enrico Heinemann,
Norbert Juraschitz und Reinhard Tiffert. 656 Seiten. Geb.

Kein Mann seiner Hautfarbe erreichte jemals so hohe politische
und militärische Ämter in den USA wie Colin Powell, keiner ist so
populär. Hier erzählt er anschaulich und offen seine beispiellose
Karriere. Er bietet so einen aufregenden Einblick in das Machtzentrum der USA – und gleichzeitig in die Weltpolitik der letzten
Jahre.
Er beschreibt seine zahlreichen Kontakte mit den Größen der Weltpolitik, ob es nun Gorbatschow, Mitterrand oder Margaret Thatcher
sind. Dem Leser werden dabei einzigartige Einblicke in das innerste
Machtzentrum der USA geboten. Nach seiner Berufung zum Generalstabschef der US-Armee folgt der wichtigste Abschnitt seiner
Karriere: Powell, der Stratege des Golfkriegs, läßt den Leser teilhaben an den vielfältigen Entscheidungsprozessen während der
größten militärischen Operation in der Geschichte der Vereinten
Nationen.

PIPER

François Furet
Das Ende der Illusion

Der Kommunismus im 20. Jahrhundert.
Aus dem Französischen von Karola Bartsch, Eliane Hagedorn,
Christiane Krieger und Barbara Reitz. 724 Seiten. Leinen.

François Furet, der prominenteste französische Historiker der
Gegenwart, analysiert den Kommunismus im 20. Jahrhundert,
seine Ideen, seine Wirkungen und sein Scheitern – gleichzeitig ist
dieses Buch ein Nachruf der besonderen Art auf unser Jahrhundert.

»Kein Zweifel, über dieses brisante Buch wird man noch lange
diskutieren. Zumal es sich keineswegs um ein Pamphlet mit über-
spitzten Thesen handelt, sondern um eine erstaunlich durch-
komponierte, elegant formulierte Analyse, deren große Vorbilder
Hannah Arendt und Raymond Aron, aber auch George Orwell und
Arthur Koestler sind.«
Die Zeit

PIPER

Stéphane Courtois, Nicolas Werth, Jean-Louis Panné, Andrzej Paczkowski, Karel Bartosek, Jean-Louis Margolin

Das Schwarzbuch des Kommunismus

Unterdrückung, Verbrechen und Terror. Mit dem Kapitel »Die Aufarbeitung des Sozialismus in der DDR« von Joachim Gauck und Ehrhart Neubert. Aus dem Französischen von Irmela Arnsperger, Bertold Galli, Enrico Heinemann, Ursel Schäfer, Karin Schulte-Bersch, Thomas Woltermann. 976 Seiten. Geb.

Dieses Buch wird den Blick auf dieses Jahrhundert verändern. Es zieht die grausige Bilanz des Kommunismus, der prägenden Idee unserer Zeit. 80 Millionen Tote, so rechnen die Autoren vor, hat die Vision der klassenlosen Gesellschaft gekostet, mehr als der Nationalsozialismus zu verantworten hat.
Mit dieser These lösten die Autoren eine beispiellose Debatte aus, ähnlich wie bei Daniel Goldhagens Buch. Es geht den Autoren nicht nur um eine Generalinventur des Terrors, sie benennen auch Mitwisser, intellektuelle Mittäter im Westen.

»›Das Schwarzbuch des Kommunismus‹ ist nicht nur eine Chronik der Verbrechen, sondern auch eine Unglücksgeschichte jener ›willigen Helfer‹ im Westen, die sich 90 Jahre lang blind und taub machten.«
Frankfurter Allgemeine